Quo Vadis, Humanismus?

Wolfgang Frindte

Quo Vadis, Humanismus?

Wie wir unsere Menschlichkeit erhalten können – Historische Kontexte, Psychologische Reflexionen, Judenfeindliche Angriffe

Wolfgang Frindte
Institut für Kommunikationswissenschaft
Friedrich-Schiller-Universität Jena
Jena, Thüringen, Deutschland

ISBN 978-3-658-36637-7   ISBN 978-3-658-36638-4   (eBook)
https://doi.org/10.1007/978-3-658-36638-4

Die Deutsche Nationalbibliothek verzeichnet diese Publikation in der Deutschen Nationalbibliografie; detaillierte bibliografische Daten sind im Internet über http://dnb.d-nb.de abrufbar.

© Der/die Herausgeber bzw. der/die Autor(en), exklusiv lizenziert durch Springer Fachmedien Wiesbaden GmbH, ein Teil von Springer Nature 2022
Das Werk einschließlich aller seiner Teile ist urheberrechtlich geschützt. Jede Verwertung, die nicht ausdrücklich vom Urheberrechtsgesetz zugelassen ist, bedarf der vorherigen Zustimmung des Verlags. Das gilt insbesondere für Vervielfältigungen, Bearbeitungen, Übersetzungen, Mikroverfilmungen und die Einspeicherung und Verarbeitung in elektronischen Systemen.
Die Wiedergabe von allgemein beschreibenden Bezeichnungen, Marken, Unternehmensnamen etc. in diesem Werk bedeutet nicht, dass diese frei durch jedermann benutzt werden dürfen. Die Berechtigung zur Benutzung unterliegt, auch ohne gesonderten Hinweis hierzu, den Regeln des Markenrechts. Die Rechte des jeweiligen Zeicheninhabers sind zu beachten.
Der Verlag, die Autoren und die Herausgeber gehen davon aus, dass die Angaben und Informationen in diesem Werk zum Zeitpunkt der Veröffentlichung vollständig und korrekt sind. Weder der Verlag noch die Autoren oder die Herausgeber übernehmen, ausdrücklich oder implizit, Gewähr für den Inhalt des Werkes, etwaige Fehler oder Äußerungen. Der Verlag bleibt im Hinblick auf geografische Zuordnungen und Gebietsbezeichnungen in veröffentlichten Karten und Institutionsadressen neutral.

Einbandgestaltung: deblik Berlin

Planung/Lektorat: Eva Brechtel-Wahl
Springer ist ein Imprint der eingetragenen Gesellschaft Springer Fachmedien Wiesbaden GmbH und ist ein Teil von Springer Nature.
Die Anschrift der Gesellschaft ist: Abraham-Lincoln-Str. 46, 65189 Wiesbaden, Germany

Danksagung

„Der wichtigste Gedanke des Humanismus ist die Idee, dass die gesamte Menschheit in jedem Menschen enthalten ist und dass der Mensch seine humanitas im historischen Prozess entwickelt" (Erich Fromm 1963).

Menschlichkeit ist ein Merkmal eines jedes Menschen. Sie entfaltet sich aber nur im mitmenschlichen Fühlen, Denken und Tun. Dieses müssen wir immer wieder neu lernen, um den Gegnern der Menschlichkeit trotzen zu können. Deshalb habe ich dieses Buch geschrieben. Für das Geschriebene hafte ich selbstverständlich ganz allein. Verschweigen will ich aber nicht die Namen der Menschen, denen ich zahlreiche Anregung zum Weiterschreiben verdanke:

- Dr. Julia Di Bartolo (Göttingen) und Dr. Matthias John (Jena) haben meine historischen Betrachtungen sachkundig, kritisch und hilfreich redigiert.
- Prof. Kitty Dumont (Johannesburg, Südafrika) und Dr. Daniel Geschke (Jena) halfen mir mit ihrer Expertise, die psychologischen und gesellschaftlichen Entwicklungen der Gegenwart in einem nicht allzu rosigen Lichte zu malen.
- Prof. Rainer Funk (Tübingen) danke ich für die kritisch-hilfreichen Kommentare zu einem früheren Manuskript über Erich Fromm.
- Von meiner unvergessenen und leider verstorbenen, mütterlichen Freundin Miriam Rieck (Haifa, Israel) habe ich gelernt, wie wichtig es ist, die Geschichten der Verfolgten und Überlebenden der Shoa sowie deren

Nachkommen festzuhalten, sie weiter zu tragen und den nachfolgenden Generationen zu überliefern.
- Besonders danke ich meiner Frau Ina, die mit ihrer scharfen naturwissenschaftlichen Brille den ganzen Text unter die Lupe genommen hat und mir half, vieles aus unterschiedlichen wissenschaftlichen Perspektiven beurteilen zu können.
- Auch diesmal hat sich der Bund mit dem Verlag Springer bewährt. Mein besonderer Dank gilt Frau Eva Brechtel-Wahl, Frau Janina Tschech und Herrn Kent Muller für die Hilfe beim Fertigstellen des Endmanuskripts.

Postscriptum im April 20222: Am 24. Februar 2022 begannen russische Truppen einen Angriffskrieg gegen die Ukraine. Seitdem starben Tausende Frauen, Männer und Kinder. Millionen sind auf der Flucht. Die vom russischen Präsidenten Wladimir Wladimirowitsch Putin befohlene Invasion ist ein weiterer Angriff auf die Menschlichkeit, auf den Humanismus.

Jena, im November 2021.

Inhaltsverzeichnis

1	**Prolog**	1
	Arezzo, Petrarca und ein deutscher Student	1
	Humanismus – Ein weites Feld	5
	Literatur	8

Teil I Geschichten über „Wiedergeburt" und „Erleuchtung"

2	**Von der Neujustierung des Menschseins**	13
	Gefahren und Bedrohungen	13
	Die Juden	14
	Vom Menschsein	17
	Literatur	19
3	**Renaissance, Kriege, freier Wille und Judenfeindlichkeit**	21
	Kunst und mehr	21
	Katastrophen und Kriege	23
	Humanistinnen und Humanisten	26
	Judenfeindlichkeit	33
	Literatur	34

4	**Zerstören, Erkennen, Erleben im 17. Jahrhundert**	39
	Krieg und Zerstörung	39
	Und wieder gegen die Juden	41
	Erkennen, erleben, erleuchten	43
	Literatur	48
5	**Sinnlichkeit, Vernunft und Aufklärung**	51
	Kriege und Katastrophen	51
	Musik – Berührung der Sinne und des Verstandes	54
	Erzählungen, Sprache, Vernunft	58
	Mendelssohn, Lessing, Lavater und andere	65
	Immanuel Kant	72
	Literatur	75

Teil II Geschichten über das „lange Jahrhundert"

6	**Die Französische Revolution: Freiheits- und Menschenrechte**	83
	Ein Bild im Musée Carnavalet	83
	Vom großen Terreur	86
	Literaten – Goethe und mehr	87
	Die Weltseele zu Pferde	91
	Literatur	95
7	**Psychologie auf dem Weg zur Wissenschaft vom Menschen**	99
	Psychologisieren vor und nach 1800	99
	Psychische Kuren	104
	Entdeckung des Gemüts	107
	Im Banne Kants und eine Idee beim Aufwachen	108
	Literatur	112

8	**Nationalisten, Revolutionäre, Judenfeinde und andere Gespenster in der ersten Hälfte des 19. Jahrhunderts**	117
	Befreiungskriege und Restauration	117
	Widerstand und eine Revolution	127
	Industrialisierung und Vormärz	132
	Literatur	141
9	**Nach 1848: Kapitalisierung, Pariser Kommune und Marx**	145
	Spannungen und Kapital	145
	Pariser Kommune und das Reich von „oben"	152
	Interludium	155
	Literatur	155
10	**„Judenfragen" und noch einmal Karl Marx**	157
	Von der Judenfeindlichkeit zum Antisemitismus	157
	Marx und der Antisemitismus	164
	Literatur	172
11	**Epochenumbruch, das Unbewusste und die Psychologie**	175
	„Fin de Siècle" und ethischer Humanismus	176
	Ein „Platz an der Sonne"	185
	Psychoanalyse	188
	Die akademische Psychologie im Umbruch	191
	Literatur	198

Teil III Geschichten über „Urkatastrophen"

12	**Revolutionen, Humanistisches, die goldenen Zwanziger und der Antisemitismus**	207
	Revolutionen	207
	Kriegszittern	215
	Dritter Humanismus	216

Humanistische Arbeitsgestaltung	219
Goldene Zwanziger und Antisemitismus	222
Literatur	228
13 Exkurs: Erich Fromm und der autoritäre Charakter	**233**
Die Untertanen	233
Erich Fromm – auf dem Weg	235
Das „Dritte Reich" und der „Gesellschafts-Charakter"	238
The Authoritarian Personality	246
Literatur	249
14 Totalitarismus und die „Endlösung"	**253**
Stalin, der Terror und der Zweite Weltkrieg	253
„Rassenhygiene" und „Endlösung"	264
Literatur	270

Teil IV Geschichten über reale, sozialistische und andere Humanismen

15 „Realer Humanismus", Sozialpsychologisches und Antizionismus	**275**
„Nie wieder"	276
Kulturbund	280
Humanistische Ambitionen	282
Kampf gegen Formalismus und die „Feinde des Sozialismus"	284
An der philosophischen Front	289
Sozialpsychologisches	292
Abbruch	297
Antizionismus und Antisemitismus	299
Literatur	305

16 Von der Würde des Menschen, Amerikanisierung der Psychologie, rechter und linker Antisemitismus — 313

Niederlage, Schuldfragen und die Würde des Menschen — 313

Thomas Mann, Goethe und der Humanismus — 319

„Back in town" – Die Frankfurter sind zurück — 322

Hoffnung und Utopie: Ernst Bloch und mehr — 325

Studentisch Bewegte — 328

Ein „geistreiches Ragout" aus Frankreich — 331

Humanisierung der Psychologie durch Amerikanisierung? — 334

Vom rechten und linken Antisemitismus — 343

Literatur — 350

17 Von der Gesellschaftlichkeit des Menschen – Sozialpsychologie als kritisch-emanzipatorische Wissenschaft — 361

Klaus Holzkamp (1927–1995) und die Kritische Psychologie — 362

Henri Tajfel (1919–1982) und die Theorie der Sozialen Identität — 364

Serge Moscovici (1925–2014) und Soziale Repräsentationen — 369

Kenneth J. Gergen und Sozialer Konstruktionismus — 373

Fazit — 374

Literatur — 377

18 Transhumanismus — 383

Verlängerter Leib und Transhumanismus — 383

Offene Fragen — 387

Gesellschaftlichkeit und mehr — 388

Literatur — 391

Teil V	„Der Schlaf der Vernunft gebiert Ungeheuer": Heutige Gefahren	
19	Humanismus und Angriffe auf die Menschlichkeit – kurzgefasst	397
	Literatur	400
20	Vom menschengemachten Klimawandel und seinen Leugnern	403
	Fünf vor Zwölf	403
	Zweifler, Skeptiker und Leugner	409
	Literatur	415
21	Fake News und Verschwörungsmythen in Corona-Zeiten	419
	Postfaktische Zeiten und Verschwörungsmythen	419
	Corona – Erinnerungen	424
	Verschwörungsmythen – Theoretisches	430
	Empirisches	433
	Sapre aude!	435
	Literatur	436
22	Rechtsextremismus und das Wagnis der Demokratie	441
	Angriffe	441
	Rechtsextremismus – Begriffliches	445
	Empirisches	447
	Ostdeutsche Besonderheiten	450
	Und nun?	459
	Literatur	460
23	Islamistischer Terrorismus, Islamismus, Islamfeindlichkeit	465
	Gäste und Gastfreundschaft	465
	Terrorismus	467
	Islamismus	476

	Islam- und Muslimfeindlichkeit	481
	Literatur	484
24	**Warum die Juden?**	**489**
	Es geschieht immer wieder	489
	Antisemitismus	493
	Eine Erinnerung	497
	Kleiner Exkurs: Postkoloniale Gedankenspiele, Antisemitismus und Israel	500
	Psychologische Hypothesen	503
	Antisemitische Ambivalenzen	506
	Literatur	510
25	**Epilog**	**515**
	Optimisten leben länger	515
	Erich Fromm und der sozialistische Humanismus	516
	Soziale Konstruktionen von Humanismus	519
	Brauchen wir eine humanistische Wende?	523
	Literatur	531
Ausgewähltes Personenregister		**535**

Über den Autor

Wolfgang Frindte, Prof. i. R. Dr. phil. habil., Diplompsychologe (Friedrich-Schiller-Universität Jena 1974), 1981 Promotion und 1986 Habilitation. Von 2008 bis März 2017 Leiter der Abteilung Kommunikationspsychologie am Institut für Kommunikationswissenschaft an der Friedrich-Schiller-Universität Jena. 1998–2005 Gastprofessur für Kommunikations- und Medienpsychologie bzw. Angewandte Sozialpsychologie am Institut für Psychologie der Leopold-Franzens-Universität Innsbruck. Februar bis April 2004 Fellow am Bucerius Institut der Universität Haifa (Israel). Forschungsschwerpunkte: Makro-soziale Stress und Terrorismusforschung, Fremdenfeindlichkeit, Antisemitismus, Rechtsextremismus, Digitale Medien und Gewalt.

1

Prolog

Arezzo, Petrarca und ein deutscher Student

„Die großen Männer des Humanismus der Renaissance – Erasmus, Pico della Mirandola, Postel und viele andere – machten aus dem Humanismus einen Begriff, bei dem der Nachdruck auf dem »Sosein des Menschen«, auf dem ganzen, dem vollkommenen Menschen liegt, dessen Aufgabe darin besteht, sich ganz zu entfalten und das zu werden, was er potentiell ist" (Fromm, 1999a, 20 f.; Original: 1966).

Die Idee zum Buch entstand 2019 in Arezzo. In der Stadt, südöstlich von Florenz und nordöstlich von Siena, leben knapp 100.000 Einwohner. *Giorgio Vasari* (1511–1574), Maler, Architekt und Kunsthistoriker, wurde in Arezzo geboren. Ihm verdanken wir u. a. die Lebensbeschreibungen von *Leonardo da Vinci*, *Raffael Sanzio* oder *Michelangelo Buonarroti*. *Francesco Petrarca* (1304–1374), Dichter und Geschichtsschreiber, mit dem der Renaissance-Humanismus begann, kam ebenfalls in Arezzo zur Welt. Als Petrarca sieben Jahre alt war, folgte er seinem Vater nach Avignon, dem damaligen Sitz des Papstes, studierte später in Montpellier und Bologna eine Zeit lang Rechtswissenschaft, empfing anschließend in Avignon die niederen Weihen der katholischen Kirche und widmete sich vor allem der Dichtkunst und der Geschichtsschreibung. Er schrieb in Latein, aber auch in der italienischen Volkssprache, war mit *Giovanni Boccaccio* befreundet und stand zeitweilig im Dienst der römischen Adelsfamilien Colonna und Visconti in Mailand.

In den Nischen des Hofes der Uffizien in Florenz stehen 28 Statuetten, die berühmte Toskaner darstellen, u. a. *Giotto, Leonardo da Vinci, Michelangelo*. Auch eine Mamorstatue von Petrarca ist dort aufgestellt. Sie wurde 1845 von *Andrea Leoni* (1781–1854) geschaffen und zeigt Petrarca in einem Übermantel gekleidet, der der Toga eines freien römischen Bürgers sehr ähnlich ist. Auf dem Kopf trägt Petrarca einen Lorbeerkranz und in der linken Hand ein Papierstück. Seinen Blick wendet Petrarca zum Himmel, wohl um sich – wie es *Régine Bonnefoit* (1999, S. 144) nahelegt – für seine Dichtung inspirieren zu lassen.

Am Ostermorgen im Jahre 1327 will Petrarca in Avignon eine schöne Frau gesehen haben, in die er sich wohl unsterblich verliebte, so wie sich Dante Alighieri Jahrzehnte zuvor in Beatrice verguckte, und die fortan die Adressatin seiner Liebesgedichte wurde. Die schöne Laura könnte Laure de Sade (1310–1348) gewesen sein, eine Ahnin des späteren Marquis de Sade (1740–1814). Sie war, als Petrarca sie gesehen haben könnte, bereits verheiratet und starb, nachdem sie elf Kinder geboren hatte, 1348 an der Pest. Vom Tode Lauras erfuhr Petrarca im Mai 1348 (Bergdolt, 1992). In zahlreichen Sonetten hat er seine Trauer über diesen Tod beklagt.

Die platonischen Gedichte, die Petrarca an die geheimnisvolle Laura schrieb, haben auch die männliche Liebeslyrik bis ins 19. und 20. Jahrhundert beeinflusst: der Mann klagt über sein Liebesleid, über die Schönheit der Frau, die er liebt, die aber seine Liebe nicht erwidert. Vom Petrarkismus, mit dem der Stil dieser Lyrik bezeichnet wird, war wohl auch der junge Goethe angetan, als er seine „Leiden des jungen Werthers" schrieb (vgl. Fechner, 1982). Allerdings haben die Literaturhistoriker auch einen weiblichen Petrarkismus ausfindig gemacht, so z. B. die Dichterin Louise Labé, die von 1524 bis 1566 in Frankreich lebte (Nickel, 2011, S. 154).

In einem Brief an einen väterlichen Freund, dem Augustiner Mönch, Francesco Dionigi, schildert Petrarca einen Aufstieg auf den Mont Ventoux in der Provence. Gemeinsam mit seinem jüngeren Bruder Gherardo, zwei Dienern und den autobiografischen Betrachtungen des Kirchenlehrer Augustinus im Gepäck soll die Besteigung des Berges am 26. April 1336 stattgefunden haben. Über die Faktizität der Bergbesteigung wurde und wird hinlänglich gestritten (Rieks, 2005). Sicher scheint indes zu sein, dass Petrarca die Bergbesteigung nutzte, um im Angesicht der beeindruckenden Bergwelt zu schildern, wie er sich seiner eigenen Fähigkeiten gewiss wurde. Selbstreflexion und Selbstverwirklichung nennt man das heute.

Petrarca war nicht der erste, der im Angesicht der Berge die Dinge der Erde bewunderte, sondern vor allem die Größe des menschlichen Geistes wahrzunehmen meinte. Er war aber wohl einer der ersten, die ein

Gipfelerlebnis zum Anlass nahmen, um über die Einmaligkeit des Menschen zu sinnieren und sich selbst als geläuterter und zum Guten und Wahren bekehrter sowie zum Geben bereiter Mensch zu stilisieren.

> *Eines* gilt Petrarca schlechthin und unabdingbar als *das* Fundament, als *der* Grundpfeiler seines Daseins: die *Freiheit* – Freiheit nach außen und nach innen, in jedem Bezug. Wohl als Erster hat er das große Exempel einer neuen – einer wirklich ‚modernen' — Lebensform aufgestellt: der Lebensform des unabhängigen, bindungslosen Dichters und Schriftstellers. Frei will er von jeder Art von Amts- und Berufsverpflichtung bleiben" (Seidlmayer, 1958, S. 143; Hervorh. im Original).

Bildung, Kultivierung des Geistes, des eigenen wie auch der Anderen gehörten für Petrarca zu den Grundlagen menschlichen Zusammenlebens. Neben den Gedichten sowie seinen Briefen muss man deshalb auch Petrarcas Mühen hervorheben, die antiken Schriften, etwa von Cicero, Horaz, Platon, Seneca, Sokrates, Vergil und besonders von Augustinus wieder zu beleben. Damit wollte Petrarca nicht nur das Wissen über die Antike bereichern, sondern auch seinen eigenen historischen Horizont erweitern und so etwas wie ein humanistisches Geschichtsbewusstsein anregen (Shala, 2011, S. 82). Selbsterkenntnis, Freiheit und Mitmenschlichkeit könnten – aus heutiger Sicht – wohl die humanistischen Werte sein, an denen sich *Petrarca* orientierte und von denen er hoffte, sie mögen auch andere Menschen inspirieren.

1341 erhielt er auf dem Kapitol in Rom den Dichterlorbeer und wurde *poeta laureatus* sowie Bürger der Ewigen Stadt Rom. Er bereiste Frankreich, Belgien und Deutschland; auch in Aachen und Köln hielt er sich auf, glaubt man seinen Briefen (Speck & Neumann, 2004). Über die uneheliche, aber vom Papst geduldete Beziehung mit einer Frau, die ihm 1337 einen Sohn und 1343 eine Tochter gebar, weiß man relativ wenig. Seinen Lebensabend verbrachte Petrarca gemeinsam mit Tochter und Schwiegersohn im Dörfchen Arquà bei Padua. Dort ordnete er seine Schriften und Briefe für eine spätere Herausgabe.

An einem Sommerabend im August 2019 saßen meine Frau und ich in einem der Restaurants an der Piazza Grande, dem wunderschönen Platz in der Mitte der Altstadt von Arezzo. Wir sprachen über Laura; auch der Gedanke, dass Petrarca wahrscheinlich einer der ersten Bergsteiger war, der nur aus Lust und Laune einen knapp 2000 m hohen Berg bestieg, gefiel uns. Während wir darüber sprachen, kam der Kellner, der uns auf Deutsch begrüßte. Auf die neugierige Frage nach seiner Herkunft antwortete er, er sei Deutscher, in Dresden geboren, studiere in Padua Geschichte, Philosophie und Psychologie. In den Semesterwochen jobbe er gern in Arezzo. Nicht zuletzt wegen Petrarca. Der sei nun einmal seine große Leidenschaft, vor allem der große Gedichtzyklus, der Canzoniere, und Petrarcas Mühen, den Menschen die Menschlichkeit wieder nahezubringen. Heute werde, so der Dresdner beim Abschied, die Menschlichkeit wieder infrage gestellt und es bleibe nur zu hoffen, dass sich die Deutschen, die Menschen generell, auf ihre humanistischen Errungenschaften besinnen.

Mit den Worten *Humanismus* und *Errungenschaften* hatte der junge Mann aus Dresden mehrere Saiten berührt, deren Nachklang zum Grundton des vorliegenden Buches wurden. Wie steht es mit den humanistischen Grundlagen unseres Lebens und Zusammenlebens? Müssen wir uns nicht gerade heute dieser Fundamente versichern? Wer greift diese Fundamente an?

Um diese Fragen beantworten zu können, wende ich in den nachfolgenden Kapiteln ein Konstruktionsprinzip an, mit dem die humanistischen Anstrengungen seit Petrarca in dreifacher Weise gerahmt werden: Zum *einen* werden diese Anstrengungen in die jeweiligen historischen Kontexte eingeordnet; zum *zweiten* greife ich auf psychologische Reflexionen zurück, die sich in der Vergangenheit explizit oder implizit auf humanistische Konzeptionen beziehen; *drittens* mache ich schließlich auf judenfeindliche und antisemitische Äußerungen, Vorurteile, Diskriminierungen und Vernichtungsexzesse aufmerksam, um die Ambivalenzen der verschiedenen humanistischen Anstrengungen zu verdeutlichen.

In den *Teilen I* bis *IV* des Buches finden Leserinnen und Leser die Ergebnisse der Recherchen über den Humanismus. Es handelt sich um historische Collagen aus Gesellschaft, Politik, Wissenschaft und Kunst. Die Judenfeindlichkeit bzw. der Antisemitismus spielen dabei immer wieder eine zentrale Rolle. Die mehr oder minder ausgedrückten humanistischen Ambitionen der sich entwickelnden Psychologie werden ebenfalls beleuchtet. Im *Teil V* des Buches werden aus einer psychologische Perspektive die Mittel und Methoden analysiert, mit denen die humanistischen Fundamente unseres Zusammenlebens gegenwärtig angegriffen werden.

An früherer Stelle hatte ich behauptet, dass die Zeiten der großen realen Utopien von einer menschengerechten und friedlichen Zukunft jetzt erst richtig anfangen. Im *Epilog* zu diesem Buch beschreibe ich meine Vorstellungen und Hoffnungen von einer humanen Zukunft und halte es im Übrigen mit Erich Fromm, dass es für die Menschen auf Erden „[…] nur die Alternative gibt zwischen der Barbarei und einer neuen Renaissance des

Humanismus" (Fromm, 1999b, S. 283). Und so ist dieses Buch auch eine Hommage an *Erich Fromm*.

Eine technische Anmerkung sei noch erlaubt: Am Schluss des Buches finden die Leserinnen und Leser ein ausgewähltes Personenregister. Die Auswahl ist eine subjektive, Angaben in den Literaturverzeichnissen blieben ausgeschlossen, ausgewählt und ins Personenregister übernommen wurden die Namen derer, die man sich im positiven wie im negativen Sinne merken und deshalb im Text auffinden sollte.

Humanismus – Ein weites Feld

> „Im Allgemeinen entstand der Humanismus jeweils als Reaktion auf eine Bedrohung des Menschen" (Erich Fromm, 1999a, S. 22; Original: 1966).

Im August 1964 hatte die Regierung der USA beschlossen, mit massiver Gewalt in den Vietnamkrieg einzugreifen. Auf ihrer Seite kämpften neben südvietnamesischen Soldaten auch Truppen aus Australien, Neuseeland, den Philippinen, Südkorea und Thailand. Die Sowjetunion, China und Nordkorea unterstützten gemeinsam mit dem sozialistischen Lager die Armee des kommunistischen Nordvietnams. 1966 waren knapp 400.000 US-amerikanische Soldaten in Vietnam stationiert, die mit Bombardements, Napalm und anderen chemischen Waffen (bekannt u. a. unter dem Namen „Agent Orange") die Truppen Nordvietnams zu besiegen versuchten. Die Bilder des Krieges, der Massaker, der sterbenden Soldaten, der brennenden vietnamesischen Dörfer, der Menschen, die versuchten aus den Napalmwolken zu fliehen, gingen ebenso um die Welt wie Bilder von den Anti-Vietnam-Demonstrationen. Ein Foto ist besonders in Erinnerung geblieben. Es ist das Foto aus dem Jahre 1972, auf dem zu sehen ist, wie Kinder aus dem Dorf Trang Bang in der Nähe von Saigon nach einem Napalmangriff zu fliehen versuchen. Im Mittelpunkt des Bildes, das von der US-amerikanischen Nachrichtenagentur Associated Press (AP) verbreitet wurde, sieht man *Phan Thi Kim Phuc*, ein damals neunjähriges Mädchen, das sich die brennenden Kleider vom Leibe gerissen hat und um Hilfe fleht (Süddeutsche Zeitung, 2015).

Die Macht der Bilder und die schrecklichen Kriegs- und Fluchtgeschichten ließen auch die Intellektuellen in der Welt nicht ruhen. Im November 1966 konstituierte sich in London das Russel-Tribunal. Initiiert und geleitet von *Lord Bertrand Russel*, dem bekannten Philosophen, Logiker und Friedensaktivisten, hatte sich das Tribunal zum Ziel gesetzt, die US-amerikanischen

Kriegsverbrechen in Vietnam zu untersuchen und zu dokumentieren. Zu den Mitgliedern des Tribunals gehörten neben Russel u. a. die international angesehenen Schriftstellerinnen und Schriftsteller *Günther Anders*[1], *James Baldwin, Simone de Beauvoir, Jean-Paul Sartre* und *Peter Weiss* an (Russel & Sartre, 1968). Die erste inhaltliche Tagung des Tribunals, auf der u. a. die Verstöße der USA und der anderen beteiligten westlichen Länder gegen das Völkerrecht verhandelt wurden, fand im Mai 1967 in Stockholm statt.

Sicher hätte auch Erich Fromm an dieser Tagung teilgenommen, gehörte er doch ebenfalls sehr früh zu den Kritikern des Vietnamkrieges. Ein Herzinfarkt verhinderte die Teilnahme. Zwei Monate lag Fromm in einem New Yorker Krankenhaus und reiste danach in die Schweiz, um sich zu erholen. Sein humanistisches Menschenbild hatte Erich Fromm einige Monate zuvor anlässlich der Auszeichnung als „Humanist des Jahres im Publikationsorgan der *American Humanist Association*[2] so zusammengefasst:

> „Man kann die humanistische Weltanschauung folgendermaßen charakterisieren: Sie ist erstens gekennzeichnet durch den Glauben an die Einheit der Menschheit, durch den Glauben, dass es nichts Menschliches gibt, das nicht in jedem von uns zu finden wäre; zweitens durch die Betonung der Würde des Menschen; drittens durch die Betonung der Fähigkeit des Menschen, sich weiterzuentwickeln und zu vervollkommnen; schließlich viertens durch die Betonung von Vernunft, Objektivität und Frieden" (Fromm 1999a, S. 19; Original: 1966).

Fromms Charakterisierung des Humanismus beschreibt Möglichkeiten und wohl auch ein wenig Utopie. Der Humanismus ist nicht nur ein Teil der Renaissance und der Aufklärung; er ist ein Programm, in dessen Mitte die Frage nach der Humanität, der Menschlichkeit, steht (vgl. auch Cancik, 2016). Insofern ist es gar nicht so vermessen, einen großen Begriff, wie den des *Humanismus* ins Feld zu führen, um auf die Gefahren und Notwendigkeiten unserer Zeit hinzuweisen. Sicher, das Feld ist weit. Zumal die Berufung auf den Humanismus in heutigen Zeiten auch Gefahr läuft, nicht frei von leerem Pathos zu sein. Zumindest ist der Begriff ein unscharfer, weil er sich nicht einfach von anderen abgrenzen lässt.

---

[1] Günther Anders, eigentlich Günther Siegmund Stern, Sohn von William Stern, dem Begründer der Differentiellen und Persönlichkeitspsychologie (siehe Kap. 11).

[2] Seit 1933 verleiht die *American Humanist Association* diesen Titel an Personen mit nationalem und internationalem Ansehen, die sich auf der Grundlage humanistischer Werte für die Verbesserung der menschlichen Lebensumstände einsetzen. Im Jahre 2021 wurde der US-amerikanische Mediziner Anthony S. Fauci für sein Engagement in der Corona-Pandemie ausgezeichnet.

Verbunden ist der deutsche Begriff *Humanismus* vor allem mit dem Namen von *Friedrich Immanuel Niethammer* (1808). 1781 erschien allerdings bereits ein Buch von Alexander von Gleichen-Russwurm mit dem Titel „Kultur und Geist der Renaissance" und dem prägenden Untertitel „Das Jahrhundert des europäischen Humanismus" (v. Gleichen-Russwurm, 1781).

Wie so oft hat auch dieser Begriff zwar eine relativ kurze Geschichte, aber eine lange Vergangenheit. Die „[...] Grundlage des Humanismus", schreibt August Buck (1959, S. 373), „ist die Begegnung mit der Persönlichkeit des antiken Autors". Und diese Begegnung zwischen den antiken Denkern und Schreibern, wie Cicero, Seneca, Vergil und den Humanisten, falls man sie schon so nennen darf, begann im 14. Jahrhundert. Die frühen Humanisten, Francesco Petrarca, aber auch Poggio Braccolini (1380–1459) und andere, traten ein in ein virtuelles Zwiegespräch mit den antiken Autoren, um sich zu bilden und die menschliche Gesittung, die humanitas, zu vollenden. Den Namen, den diese Bildung in Anlehnung an Cicero erhielt, lautete „studia humanitatis" (Buck, 1959, S. 275). Und über *humanitatis*, die Menschlichkeit, und *humanitas*, das Menschsein, wurde bald ebenso fleißig nachgedacht wie über *humanus*, das Menschliche. Mit der *studia humanitatis* formulierten die frühen Humanisten, auch wenn sie sich noch nicht so nannten, ein Bildungsprogramm, um mit der Aneignung der antiken Autoren die sprachlich-formale Bildung sowie die Sachbildung zu fördern und auf diese Weise einen neuen Menschen nach dem Muster der Alten zu entwickeln (Buck, 1970, S. 123).

Es ist also gar nicht so abwegig, wenn einige Wissenschaftlerinnen und Wissenschaftler den Humanismus als Epochebegriff verwenden, um sein Wirken auf die Renaissance zu beschränken. Für Vertreterinnen und Vertreter anderer Communities hängt der Humanismus (in diesem Falle auch Neu-Humanismus genannt) vor allem mit dem humanistischen Bildungsideal des 18. und 19. Jahrhunderts zusammen, ein Bildungsideal und pädagogisches Reformprogramm, in dem das Studium der Antike ebenfalls einen zentralen Stellenwert einnimmt. Wieder andere sehen in einem „Dritten Humanismus" (in der Zeit zwischen dem Beginn des Wilhelminischen Kaiserreichs 1888 und dem Ende der Weimarer Republik) eine Weltanschauung, die von den Nationalsozialisten vereinnahmt und missbraucht wurde.

In der Literatur ist auch von islamischem Humanismus (Abuzaid, 2019), vom sozialistischen Humanismus (Fromm 1999c; Original: 1960) oder von antihumanistischen Diskursen (Faber, 2003), die Rede. *Julian Nida-Rümelin* und *Nathalie Weidenfeld* (2018) machen sich im Rahmen eines

Digitalen Humanismus Gedanken über eine Ethik im Zeitalter der Künstlichen Intelligenz. *Bernd Vowinkel,* (2018) entwirft das Weltbild eines neuen Humanismus. Für *Steven Pinker* (2018) sind die Ideale der Aufklärung und des Humanismus zeitlos. *Frieder Otto Wolf* (2019) hält einen praktischen Humanismus für das 21. Jahrhundert für möglich. *Thomas Fuchs* (2020) wendet sich gegen transhumanistische Entwürfe, deren Protagonisten mithilfe intelligenter Maschinen die körperlichen Grenzen des Menschen zu erweitern versuchen. *Paul Mason* (2019) sieht durch den Aufstieg autoritärer Parteien und Politiker, durch die rasante Verbreitung irrationaler Verschwörungstheorien sowie durch den Neoliberalismus die fundamentalen Werte der Menschlichkeit bedroht und verlangt eine radikale Verteidigung des Humanismus. *Julian Nida-Rümelin* fordert den Humanismus als Leitkultur ernst zu nehmen, da der gesamte Menschenrechtsdiskurs auf dem Humanismus beruhe (Nida-Rümelin, 2006, S. 119).

Es handelt sich also um ein – historisch wie ereignisreiches – weites Feld, von dem das vorliegende Buch handelt. Die Feldbegehung wird zu Auffassungen und Utopien von Menschlichkeit führen, geschichtliche und gesellschaftliche Umstände beschreiben, in denen sich Menschlichkeit bewährte oder an denen sie scheiterte, auf psychologische und andere wissenschaftliche und kulturelle Entdeckungen, Erfindungen und Inszenierungen stoßen, durch die Menschlichkeit befördert aber auch eingeschränkt werden kann, um schließlich auch intolerante und unmenschliche Geschehnisse, Äußerungen und Handlungen offenzulegen. Die Einstellung und das Verhalten gegenüber Jüdinnen und Juden werden sich dabei als Lackmustest eines jeglichen Humanismus erweisen.

Literatur

Abuzaid, M. A. (2019). Reformation, Humanismus und Islam – Eine nahöstliche Perspektive. In J. E. Klußman, M. Kreutz, & S. Aladdin (Hrsg.), *Reformation im Islam* (S. 205–224). Springer VS.

Bergdolt, K. (1992). Petrarca und die Pest. *Sudhoffs Archiv, 76*(1), 63–73.

Bonnefoit, R. (1999). Die Statuen der berühmten Toskaner im Hof der Uffizien. *Mitteilungen des Kunsthistorischen Institutes in Florenz – Max-Plank-Institut*, Band 43. Heft, *1*, 103–188.

Buck, A. (1959). Die «studia humanitatis» und ihre Methode. *Bibliothèque d'Humanisme et Renaissance, 21*(2), 273–290.

Buck, A. (1970). Italienischer Humanismus: Forschungsbericht. *Archiv für Kulturgeschichte, 52*(1), 121–140.

Cancik, H. (2016). Humanismus. In H. Cancik, H. Groschopp, & F. O. Wolf (Hrsg.), *Humanismus: Grundbegriffe* (S. 9–15). Walter de Gruyter.

Faber, R. (Hrsg.) (2003). *Streit um den Humanismus*. Königshausen & Neumann.

Fechner, J. U. (1982). Die alten Leiden des jungen Werthers – Goethes Roman aus petrarkistischer Sicht. *arcadia*, *17*(1), 1–17.

Fromm, E. (1999a; Original: 1966). Zum Problem einer umfassenden philosophischen Anthropologie. In *Erich-Fromm-Gesamtausgabe in 12 Bänden*, Bd. IX, herausgegeben von R. Funk. (S. 19–27). Deutsche Verlags-Anstalt.

Fromm, E. (1999b; Original: 1961). Der moderne Mensch und seine Zukunft. In *Erich-Fromm-Gesamtausgabe in 12 Bänden, Band XI*, herausgegeben von R. Funk. (S. 267–289). Deutsche Verlags-Anstalt.

Fromm, E. (1999c; Original: 1960). Den Vorrang hat der Mensch! Ein sozialistisches Manifest und Programm. In *Erich-Fromm-Gesamtausgabe in 12 Bänden, Band V*, herausgegeben von R. Funk. (S. 19–41). Deutsche Verlags-Anstalt.

Fuchs, T. (2020). *Verteidigung des Menschen. Grundfragen einer verkörperten Anthropologie*. Suhrkamp.

Mason, P. (2019). *Klare, lichte Zukunft. Eine radikale Verteidigung des Humanismus*. Suhrkamp.

Nickel, B. (2011). Petrarkistische Liebesmetaphorik als Referenzsystem europäischer Lyrik der Frühen Neuzeit und ihre Kritik bei Louise Labé und anderen. In M. Bernsen & B. Huss (Hrsg.), *Der Petrarkismus – ein europäischer Gründungsmythos* (S. 147–163). V&Runipress.

Nida-Rümelin, J. (2006). Humanismus als Leitkultur: Ein Perspektivenwechsel. In W. G. Fax & M. Auer (Hrsg.), *Kompetenz, Persönlichkeit, Bildung* (S. 117–137). C.H. Beck.

Nida-Rümelin, J., & Weidenfeld, N. (2018). *Digitaler Humanismus: Eine Ethik für das Zeitalter der künstlichen Intelligenz*. Piper.

Niethammer, F. P. I. (1808). *Der Streit des Philanthropinismus und Humanismus in der Theorie des Erziehungs-Unterrichts unsrer Zeit*. Friedrich Frommann.

Pinker, S. (2018). *Aufklärung jetzt: Für Vernunft, Wissenschaft, Humanismus und Fortschritt. Eine Verteidigung*. S. Fischer Verlag.

Rieks, R. (2005). Petrarcas Besteigung des Mont Ventoux. In U. Auhagen, S. Faller, & F. Hurka (Hrsg.), *Petrarca und die römische Literatur* (S. 233–248). Gunter Narr Verlag.

Russel, B., & Sartre, J.-P. (1968). *Das Vietnam Tribunal oder Amerika vor Gericht*. Rowohlt.

Seidlmayer, M. (1958). Petrarca, das Urbild des Humanisten. *Archiv für Kulturgeschichte*, 40. Jahrg., 141–193.

Shala, E. (2011). Francesco Petrarca – Wegbereiter des Humanismus. In M. Schmidt & M. Wendland (Hrsg.), *Der wunderbare florentinische Geist. Einblicke in die Kultur und Ideengeschichte des Rinascimento* (S. 77–83). KIT Scientific Publishing.

Speck, R., & Neumann, F. (Hrsg.). (2004). *Francesco Petrarca 1304–1374. Werk und Wirkung im Spiegel der Biblioteca Petrarchesca*. DuMont Buchverlag.
Süddeutsche Zeitung (2015). Ikonisches Foto aus dem Vietnamkrieg: Negativ 7a. https://www.sueddeutsche.de/medien/bilder-geschichte-negativ-7a-1.2451505; Zugegriffen: 15. Nov. 2020.
Von Gleichen-Russwurm, A. (1781). *Kultur und Geist der Renaissance. Das Jahrhundert des europäischen Humanismus*. Hoffmann und Campe Verlag.
Vowinkel, B. (2018). *Wissen statt Glauben!: Das Weltbild des neuen Humanismus*. Lola Books.
Wolf, F. O. (2019). *Humanistische Interventionen*. Alibri Verlag.

Teil I

Geschichten über „Wiedergeburt" und „Erleuchtung"

2

Von der Neujustierung des Menschseins

„Ich geh' und rufe: Friede, Friede, Friede" (Francesco Petrarca)[1]

Gefahren und Bedrohungen

Die Menschen im Europa des 14. Jahrhunderts hatten mit mannigfachen Krisen, Gefahren und Bedrohungen zu kämpfen. So zeigten sich Anfang des Jahrhunderts schon erste Anzeichen der dramatischen Klimaveränderung, die später als „Kleine Eiszeit" bezeichnet wurde und bis ins 19. Jahrhundert dauern sollte. Lange kalte Winter und kurze feuchte Sommer in Europa, Überschwemmungskatastrophen und Ernährungskrisen waren die Folgen (Blom, 2017). Frankreich und England befanden sich zwischen 1337 und 1453 im *Hundertjährigen Krieg.* Auch die benachbarten Reiche, wie Spanien, Schottland oder das Heilige Römische Reich, waren mehr oder weniger involviert. Es ging um Territorien, um Einfluss auf englische Besitzungen in Frankreich und um die Macht. Hunderttausende Menschen sollen in diesem Krieg ihr Leben verloren haben. Die Stauferkönige (Friedrich I. Barbarossa, Heinrich VI. und Friedrich II.) hatten ihren Einfluss auf die Päpste in Rom eingebüßt. Die französischen Könige hingegen hatten an Macht gewonnen und unter deren Druck verlegte Papst Clemens V. (wahrscheinlich 1250–1314) seinen Sitz ins französische Avignon. Dort blieben die Päpste zunächst bis 1378. Danach kam es durch das *Große Abendländische Schism*a (1378 bis

---

[1] Es handelt sich nach Übersetzung von Carl Förster (1827), um den Schlusssatz aus dem Gedicht „Italia, mia".

1417), eine Glaubensspaltung in der katholischen Kirche, zur Wahl von zwei Päpsten. Der eine residierte in Rom, der andere zog sich wieder nach Avignon zurück. Verunsicherungen, Misstrauen und Glaubenskämpfe unter den Christen Europas waren die Folge. *Petrarca* kritisierte nicht nur die Sittenlosigkeit und Gottlosigkeit am Hof zu Avignon, sondern träumte auch von der Wiederherstellung des alten römischen Ruhms. In Rom indes versuchte *Cola di Rienzo,* ein römischer Politiker, zwischen 1347 die Macht des Adels zu brechen, eine römische Republik auszurufen und sich selbst zum Volkstribun zu erheben. Zeitweilig bewunderte und unterstützte auch *Petrarca* die Vorhaben des *Cola di Rienzo,* den er am Hofe des Papstes in Avignon getroffen hatte als dieser versuchte, *Papst Clemens VI.* zur Rückkehr nach Rom zu bewegen. Später, von der päpstlichen Kurie in Avignon gewarnt, weil diese den Tribun *Cola di Rienzo* verurteilen und verbannen wollte, entzog *Petrarca* dem Aufrührer seine Unterstützung (Widmer, 2006, S. 140).

Zwischen 1347 und 1351 breitete sich die Pest über Europa aus. Zwanzig bis dreißig Prozent der europäischen Bevölkerung fielen ihr zum Opfer (Zimmermann, 1988). Nicht nur Petrarcas geliebte Laura starb den schwarzen Tod, auch viele seiner Freunde und sein einziger Sohn. Petrarca begann an der Gerechtigkeit Gottes zu zweifeln und kritisierte voller Abscheu die Rückständigkeit der ärztlichen Heilkunst und die Überheblichkeit der Astrologen, die offenbar auch Einfluss auf die Ausbildung der Mediziner zu nehmen versuchten (Bergdolt, 1992).

Die Juden

In den Kirchen und der profanen Öffentlichkeit aber wurden die Juden beschuldigt, die Pest durch Brunnenvergiftungen verursacht zu haben. Erstmals traten diese Beschuldigungen im Jahre 1348 in Savoyen auf und verbreiteten sich von dort nach Spanien, Nordfrankreich und Deutschland (vgl. Limor, 2000, S. 144). Auch die dadurch initiierten Massaker an den Juden nahmen diesen Weg. Geistliche und der Papst wiesen die Beschuldigungen zwar zurück, die Morde an den Juden nahmen dennoch ihren Lauf. In Straßburg, Worms, Würzburg, Frankfurt am Main, Köln, Erfurt und Nürnberg wurden die jüdischen Gemeinden fast vollständig ausgerottet.

Die Massaker an den Juden haben bekanntlich eine lange Geschichte, die weit vor dem 14. Jahrhundert begann. Besonders im fanatisierten Klima der Kreuzzüge (11–13. Jahrhundert) kam es zu schweren Pogromen gegen die „Christusmörder". So gehörten Massenmorde an den Juden, bei denen ganze Gemeinden ausgelöscht wurden (z. B. Rouen, Troyes, Metz, Speyer,

Mainz), fast schon zur notwendigen Startszene eines Kreuzzuges. Diese Pogrome entstanden z. T. aus der religiösen Überzeugung, die Juden seien die Feinde der Christen; auf ihnen läge ein Fluch, weil es Juden gewesen seien, die Jesus getötet hätten. Initiiert und inszeniert wurden die Pogrome jedoch in der Regel nicht durch die christliche Judenfeindschaft der Massen, sondern durch die Wortführer und Hauptorganisatoren der Kreuzzüge. So hatte einer ihrer Führer, Gottfried von Bouillon, den Schwur getan, nicht eher ins Heilige Land aufzubrechen, bis er an den Juden den Tod Christi gerächt habe, bis kein Träger eines jüdischen Namens mehr am Leben sei. Obwohl Kaiser Heinrich IV. 1090 in einem Schreiben (zur Kammerknechtschaft) alle Fürsten und Bischöfe aufforderte, sie mögen seine Kammerknechte, die Juden, in Schutz nehmen, kam es 1096 in Speyer zu einem Pogrom durch so genannte Kreuzfahrer an den Juden der Stadt. Mit dem Schlachtruf „Taufe oder Tod" setzten sich die Pogrome – meist gegen den Willen der jeweiligen Bischöfe – in Worms, Mainz, Trier, Regensburg und Metz fort. Rudolf Hirsch und Rosemarie Schuder (1989, S. 84 ff.) berichten, dass in Speyer am 3. Mai 1096 elf Juden von einer Horde von Kreuzfahrern ermordet wurden, weil sie sich geweigert hatten, sich taufen zu lassen. In Worms stachelten die Kreuzfahrer die Wormser Bürger mit dem Gerücht an, die Juden hätten einen Christen ermordet. Daraufhin wurden am 18. Mai 1096 achthundert jüdische Männer, Frauen und Kinder ermordet. In Mainz baten die Juden den Erzbischof Ruthardt um Hilfe, er möge sie gegen die mordenden Banden schützen. Für die versprochene Hilfe zahlten die Juden zweihundert Silberstücke. Als die Kreuzfahrer unter Führung des Raubritters *Emicho von Leitningen* sich der Stadt näherten, ließ der Bischof die Stadttore verschließen. Der Legende nach sei es dann zu einem Streit unter den Kreuzfahrern gekommen, in dessen Folge einer zu Tode kam. Die Kreuzfahrer machten auch dafür die Juden verantwortlich und begannen die Stadttore zu belagern. Mainzer Bürger öffneten daraufhin die Tore und die Kreuzfahrer stürmten die Stadt. Die Mainzer Juden hatten sich bewaffnet, wehrten sich aber erfolglos gegen den Ansturm. Von Mainz zogen die mordenden Kreuzfahrer weiter nach Köln, Trier, Metz und Regensburg. Im Zuge des zweiten Kreuzzuges und in Folge des 4. Laterankonzils, das Papst Innocenz III. vom 11. bis 30. November 1215 in Rom einberief, wiederholten sich die Pogrome, wiederum verbunden mit der Alternative Taufe oder Tod, in Deutschland und Frankreich. Rudolf Hirsch und Rosemarie Schuder sehen in den Beschlüssen des 4. Laterankonzils (1213 bis 1215) einen frühen „Vorläufer der Nürnberger Gesetze" (Hirsch & Schoder, 1989, S. 109). Auf dieser Synode wurde nicht nur beschlossen, Mischehen zwischen Juden und Christen zu verbieten, sondern die Juden mussten sich fortan durch eine einheitliche Tracht, durch einen kreisförmigen gelben Fleck auf der Oberbekleidung und durch den spitzen „Judenhut" äußerlich von den Christen unterscheiden. Aber auch um wirtschaftliche Fragen, wie das Geldverleihen, ging es auf dem Konzil. Anerkannt wurde z. B., dass Juden Geld auf Zinsen verleihen durften. Gleichzeitig unterlagen sie aber einer ruinösen Besteuerung durch den Kaiser, die Fürsten und Bischöfe, was wiederum zur Erhöhung der Zinssätze durch die jüdischen Geldverleiher, zur anschließenden Empörung der Schuldner und schließlich zu Pogromen führte (vgl. auch De Lange, 1991, S. 35 f.). Die damit von den Nichtjuden sozial konstruierte Verbindung zwischen Geldverleih und Judentum schuf den Begriff des „jüdischen Wuchers" und machte ihn zu einem Begriff der Schande.

„Es ist eine Ironie der Geschichte, dass das Zinsverbot, von der Kirche so rigoros ausgesprochen, seinen Ursprung im Alten Testament, in der Tora, im Gesetzbuch der Judäer hatte. ... Im zweiten Buch Moses, Exodus, heißt es im Kap. 22, Vers 24: »Wenn du einem Armen aus meinem Volk, der neben dir wohnt, Geld leihst, dann sei gegen ihn nicht wie ein Wucherer. Lege ihm keinen Zins auf«" (Hirsch & Schoder, 1989, S. 46).

Der Antijudaismus wurde durch die weltlichen und geistlichen Eliten dieser Zeit gezielt als Ventil inszeniert, um insbesondere den unteren Schichten eine für Staat oder Kirche ungefährliche Möglichkeit zu geben, die aus gesellschaftlichen Missständen und Schicksalsschlägen wie Hungersnöte oder Pestwellen resultierende Unzufriedenheit auszuleben. Neben den neutestamentarisch niedergeschriebenen und inszenierten Beschuldigungen des Christusmordes, der Stigmatisierung der Juden als Teufelssöhne durch den Klerus und dem Vorwurf der Brunnenvergiftung lassen sich weitere religiös motivierte Anschuldigungen anführen: Der Hostienfrevel, also die Zerstörung oder Durchstechung der Hostie und die Ritualmord-Legende. Ideologischer oder christlich-religiös inszenierter Hintergrund des Vorwurfs vom Hostienfrevel ist die sogenannte Transsubstantiationslehre der katholischen Kirche. Diese Lehre, die auf dem erwähnten 4. Laterankonzil im Jahre 1215 zum Dogma erhoben wurde, besagt, dass bei der Eucharistiefeier, also dem (Heiligen) Abendmahl, durch das dargebotene Brot (die Hostie, meist aus ungesäuertem Teig) und den gereichten Wein der Leib Christus und das von ihm vergossene Blut „wahrhaft, wesentlich und wirklich gegenwärtig" werden. In der Folge des Laterankonzils wurde den Juden vorgeworfen, sie würden die Hostien schänden, so wie sie einst Christus gemartert hätten. Zu diesem Zwecke würden sich die Juden Hostien beschaffen und diese mit Messern durchbohren, zerstoßen und verbrennen, um Jesus immer wieder neu zu verspotten. Solch inszenierte

Legenden wurden zum wiederholten Anlass für Pogrome gegen die jüdischen Gemeinden. So kam es nach einer angeblichen Hostienschändung im Jahre 1298 zu antijüdischen Aufständen zunächst in der Umgebung der Stadt Röttingen und anschließend in Rothenburg, Würzburg, Bamberg und Nürnberg (Limor, 2000, S. 143 f.).

Obgleich zwischen dem 12. und 15. Jahrhundert Päpste immer wieder Verordnungen erließen, in denen die Hostienschändung durch die Juden als falsch zurückgewiesen und die grundlegenden Rechte der Juden betont wurden, blieb der inszenierte Vorwurf über Jahrhunderte hinweg Verleumdungsmittel ohne Beweiszwang. Auch gegen die Legende vom Ritualmord an Christenknaben wandten sich die Päpste, allerdings meist ebenfalls ohne großen Erfolg. Der Vorwurf, die Juden würden zum Pessachfest Christenkinder kreuzigen oder schlachten, um deren Blut zu konsumieren, war ein mächtiges Werkzeug der Judenfeinde. Die Boshaftigkeit dieser Beschuldigung wird schon dadurch deutlich, dass Juden jeglicher Genuss von Blut durch ihre Religion untersagt ist. „Jedoch bleibe stark, keinesfalls das Blut zu essen, iss es nicht, auf die Erde schütte es wie Wasser, iss es nicht, damits dir und deinen Söhnen nach dir gut ergehe, weil du das in SEINEN Augen Gerade getan hast" (5. Moses 12, 23–26, in der Verdeutschung von Buber & Rosenzweig, 1987, S. 511).

Vom Menschsein

Europa war schon länger aus den Fugen geraten und die frühen Humanisten suchten nach dem geistigen Stoff, um ein neues Haus bauen zu können. Diesen Stoff fanden sie in der antiken Kunst und Kultur. Dort sahen sie die nachahmenswerten Grundlagen menschlichen Zusammenlebens. Klarheit und Eleganz in der Sprache, Schönheit in der Gestaltung des Lebens sowie Moral und Tugendhaftigkeit wurden zu Normen des menschlichen Umgangs erhoben. Es erwachte das Interesse des Menschen, sich selbst zu erkunden und Selbstanalyse zu betreiben, um Selbsteinsicht zu erlangen (Loos, 1988). Franz von Assisi (1181/1182–1226), Albertus Magnus (um 1200–1280), sein Schüler Thomas von Aquin (1225–1274), Dante Alighieri (1265–1321), William von Ockham (um 1288–1347) und nach ihnen Petrarca gehörten zu jenen, die es vormachten. So kommt im Verlaufe des 14. Jahrhunderts ein Leuchten über Europa. Ausgehend von Italien markiert dieses Leuchten den Beginn einer neuen kulturellen Epoche: die Renaissance oder Wiedergeburt (künstlerischer, wissenschaftlicher, kultureller Erkenntnisse) der Antike und des wahren Menschseins.

Supplementum

In der arabischen Welt leuchtete diese Epoche schon einige Jahrhunderte früher. In der Folge der arabischen Siegeszüge zwischen dem 7. und 9. Jahrhundert n. Chr. im Nahen und Mittleren Osten, Nordafrika, Sizilien, Süditalien und auf der iberischen Halbinsel kam es in den islamischen Herrschaftsbereichen zu einer „arabisch-islamischen Renaissance" sowie zu einer nahezu revolutionären Entwicklung des philosophischen, medizinischen und naturwissenschaftlichen Wissens. *Abū Ya'qūb ibn Ishāq al-Kindī* (um 800–873) gilt als einer der ersten einflussreichen arabischen Philosophen, die Übersetzungen der Werke von Aristoteles und Platon anfertigen ließen sowie sich auch mit psychologischen Themen beschäftigt haben, etwa mit den emotional-kognitiven Prozessen des Träumens und der Trauer. *Miskawayh, ibn Ya'qub* (um 932–1030) interessierte sich ebenfalls für psychologische Themen, wie Emotionen und Temperament, und soll wohl auch Heilmethoden für psychische Störungen entwickelt haben (Saleh, 2010, S. 39 f.). Aus dem Kreis der großen islamischen Gelehrten ragt einer besonders heraus: *Abū Alī al-Husain ibn Abd Allāh ibn Sīnā*, kurz: Ibn Sina oder, wie er im Lateinischen genannt wird, *Avicenna*. Avicenna war – aus heutiger Sicht – ein Multitalent, Universalgelehrter, Philosoph, Physiker, Dichter, Astronom; vor allem aber war er Arzt, der offenbar auch etwas von der Psychologie der Menschen verstand. Er wurde um 980 in der persischen Provinz Chorasan (heute zwischen Iran, Afghanistan und Turkmenistan gelegen) geboren und starb 1037. In Auseinandersetzung mit Aristoteles entwickelte Avicenna eine Konzeption der Seele, der Empfindungen, der Temperamente und der psychischen Störungen. Insofern wundert es nicht, wenn Avicenna auch zu den Vorläufern einer sich entwickelnden Psychologie gezählt werden kann. Aus psychotherapeutischer Perspektive dürften vor allem seine Hinweise zur Heilung psychischer Störungen interessant sein. Amir Babai (1999, S. 130) erwähnt u. a., dass Avicenna das vertrauensvolle Verhältnis zwischen Arzt und Patient als wichtige Grundlage der Heilung an verschiedener Stelle betonte (Avicenna, 1960). Auch die von Avicenna empfohlenen Behandlungsmethoden wirken fast modern: Neben Bädertherapien, Diät, Schlaf und Umgebungswechsel empfahl er sozio- und psychotherapeutische Behandlungen, zu denen auch Gesellschaftsspiele, Musik hören, Märchen und Geschichten erzählen oder sich erzählen lassen, gehörten. Nicht von ungefähr erfährt auch die jüdische Philosophie in der Hochzeit der „arabisch-islamischen Renaissance" einen Entwicklungsschub und kommt zu sich selbst (Scherer, 1993, S. 89). Das ist vor allem *Mosche ben Maimo* oder latinisiert: *Moses Maimonides* zu verdanken, geboren um 1135 im arabisch besetzten Córdoba und gestorben 1204 in Kairo. Maimonides war Philosoph, Astronom, Rechtsgelehrter und Mediziner. Er kommentierte die Mischna, die erste größere Niederschrift der Tora, verfasste die berühmten 13 Glaubenssätze (Schelosch essre Ikkarim) und war Leibarzt des Sultans von Ägypten. Albertus Magnus, Thomas von Aquin, Meister Eckhart und andere Scholastiker haben sich öfters auf ihn berufen. Im Übergang vom 13. zum 14. Jahrhundert wurde Maimonides auch von christlichen Übersetzern als Mediziner entdeckt. Die medizinische Heilkunst verstand er nicht nur Krankenpflege, sondern auch als Anleitung für eine gesunde Lebensweise (Hasselhoff, 2004, S. 32 f.).

Geradezu euphorisch äußert sich Friedrich Nietzsche über die Renaissance: „Die italienische Renaissance barg in sich alle die positiven Gewalten, welchen man die moderne Kultur verdankt: also Befreiung des Gedankens, Missachtung der Autoritäten, Sieg der Bildung über den Dünkel der Abkunft, Begeisterung für die Wissenschaft und die wissenschaftliche Vergangenheit der Menschen, Entfesselung des Individuums, eine Glut der Wahrhaftigkeit und Abneigung gegen Schein und bloßen Effekt (welche Glut in einer ganzen Fülle künstlerischer Charaktere hervorloderte, die Vollkommenheit in ihren Werken und nichts als Vollkommenheit mit höchster sittlicher Reinheit von sich forderten); ja, die Renaissance hatte positive Kräfte, welche in unserer bisherigen modernen Kultur noch nicht wieder so mächtig geworden sind" (Nietzsche, 1999, Teil 1, S. 356, Original: 1878).

Literatur

Avicenna (1960). *Das Buch von der Genesung der Seele*. Minerva.
Babai, A. (1999). *Zur Psychologie und Psychotherapie Ibn Sinas*. Galda + Wilch.
Bergdolt, K. (1992). Petrarca und die Pest. *Sudhoffs Archiv, 76*(1), 63–73.
Blom, P. (2017). *Die Welt aus den Angeln. Eine Geschichte der Kleinen Eiszeit von 1570 bis 1700 sowie der Entstehung der modernen Welt, verbunden mit einigen Überlegungen zum Klima der Gegenwart*. Carl Hanser Verlag.
Buber, M., & Rosenzweig, F. (1987). *Die Schrift. Band 1: Die fünf Bücher der Weisung* (Verdeutschung). Lambert Schneider.
De Lange, N. (1991). *Jüdische Welt*. Christian Verlag.
Förster, C. (1827). *Petrarca, Francesco, Italienische Gedichte. 3 Bände* in einem. Chr. Fr. Schade. http://www.zeno.org/Literatur/M/Petrarca,+Francesco/Lyrik/Canzoniere/Canzonen/16.+%5BZwar,+mein+Italien,+bleiben,+was+wir+sagen%5D. Zugegriffen: 15. Nov. 2020.
Hasselhoff, G. K. (2004). *Dicit Rabbi Moyses. Studien zum Bild von Moses Maimonides im lateinischen Westen vom 13. bis zum 15. Jahrhundert*. Königshausen & Neumann.
Hirsch, R., & Schuder, R. (1989). *Der gelbe Fleck*. Rütten & Loening.
Limor, O. (2000). Das verworfene Volk. In N. de Lange (Hrsg.), *Illustrierte Geschichte des Judentums* (S. 105–159). Campus Verlag.
Loos, E. (1988). *Selbstanalyse und Selbsteinsicht bei Petrarca und Montaigne*. Franz Steiner Verlag.
Nietzsche, F. (1999, Original: 1878). Menschliches, Allzumenschliches. Ein Buch für freie Geister. *Friedrich Nietzsche Werke*, Teil 1. Zweitausendeins.
Saleh, M. A. B. Q. (2010). Psychologie in der arabischen Welt: Politik Kultur und Wissenschaft. *Psychologie und Gesellschaftskritik, 34*(2), 33–54.

Scherer, G. (1993). *Philosophie des Mittelalters*. J.B. Metzler.
Widmer, B (2006). Das Pestjahr 1348 im Leben des Dichters Petrarca. Basler Zeitschrift für Geschichte und Altertumskunde, 106; http://doi.org/10.5169/seals-118510. Zugegriffen: 27. Nov. 2019.
Zimmermann, V. (1988). Krankheit und Gesellschaft: Die Pest. *Sudhoffs Archiv*, 7, 1–13.

3

Renaissance, Kriege, freier Wille und Judenfeindlichkeit

„Es war das goldene Zeitalter dieses Jahrtausends, trotz aller Flecken und Laster" (Nietzsche, 1999, Teil 1, S. 356).

Kunst und mehr

Im 15. und 16. Jahrhundert steht die Renaissance in voller Blüte. Die Zeichen der neuen Epoche finden sich in der Architektur, in der Malerei, in der Bildhauerei, in der Literatur (z. B. Hans Sachs, 1494–1576; William Shakespeare, 1564–1616) oder in den Entdeckungen der „Neuen Welt" (Christoph Columbus, 1451–1506; Amerigo Vespucci, 1454–1512). Nikolaus Kopernikus (1473–1543), Giordano Bruno (1548–1600) und Galileo Galilei (1564–1642) rührten an den Schlaf der Welt und rückten die Erde in den Raum, in dem sie sich tatsächlich bewegt, nämlich um die Sonne.[1]

Sandro Botticelli (1445–1510) malte die „Geburt der Venus", Leonardo da Vinci (1452–1519) das „Abendmahl" und die „Mona Lisa". Michelangelo Buonarroti (1475–1564) gestaltete zwischen 1501 und 1504 seine berühmte Statue des „David" und begann wenige Jahre später (ab 1508) seine Arbeit an den Decken- und Wandmalereien in der Sixtinischen Kapelle und am Grabmal für Julius II. in der Kirche San Pietro in Rom. Ab

---

[1] Eine Ahnung, dass sich die Erde um die Sonne drehen könnte, hatte bereits im 6. Jahrhundert n. Chr. der indische Astronom und Mathematiker Aryabhata (vgl. auch Hüfner & Löhken, 2016, S. 186).

1508 hielt sich auch Raffael (1483–1520) in Rom auf und malte u. a. die „Die Schule von Athen", ein Fresko, auf dem die griechischen Philosophen Aristoteles, Platon, Sokrates und andere abgebildet sind. In Deutschland entwickelten sich Albrecht Dürer (1471–1528), Lucas Cranach der Ältere (1472–1553), Lucas Cranach der Jüngere (1515–1586) und Hans Holbein der Ältere (um 1465–1524) zu bedeutenden Malern und Grafikern der Epoche. Auch Jan van Eyck (um 1390–1441), der die Tafeln des Genter Altar malte, oder Pieter Bruegel der Ältere (um 1525–1569) schufen nördlich der Alpen große Werke.

Um Missverständnissen vorzubeugen: In der Renaissance haben nicht nur Männer ihr Maltalent unter Beweis gestellt. Frauen, wenn auch in der Minderheit, konnten ebenfalls nicht nur hervorragend malen, sondern wurden ob ihres künstlerischen Talents hochgeschätzt. Christina Strunck (2017, S. 21) listet eine ganze Reihe von Frauen auf, die im 16. Jahrhundert als Hofkünstlerinnen bekannt waren. Eine der bedeutendsten war *Sofonisba Anguissola* (1531/32–1625). Sie wurde in Cremona geboren, stammte aus einer angesehenen Adelsfamilie, genoss eine humanistische Erziehung (was bedeutet, dass sie Grammatik, Rhetorik, Logik, Mathematik, Musik und Astronomie erlernte), lebte zeitweise am spanischen Königshof, soll mit Michelangelo und Rubens in Kontakt gestanden habe und starb im hohen Alter in Palermo auf Sizilien. Eines ihrer bekanntesten Werke hängt im *National Museum* in Poznań und zeigt drei Schwestern, die sich über ein Schachbrett beugen. Das größere Mädchen auf dem Bild zieht gerade eine Schachfigur, ihre Schwester gegenüber hebt schwörend die rechte Hand, so als wolle sie beeiden, dass sie bisher brav die Regeln des Spiels befolgt habe und ein drittes Mädchen schaut schelmisch lächelnd zu, während eine ältere Dame von rechts hinten auf das Schachbrett blickt. Entfernt im Hintergrund sieht man etwas verschwommen eine bergige Landschaft mit Burgruinen. Die Zentralperspektive beherrschte Sofonisba Anguissola also auch. Dabei handelt es sich um eine der großen Innovationen in der Malerei der Renaissance. Um auf der zweidimensionalen Fläche eines Bildes eine dreidimensionale Raumvorstellung zu vermitteln, schneiden sich – vereinfacht gesagt – alle Linien im Bild in einem sogenannten Fluchtpunkt, der auf der Horizontlinie liegt. Gegenstände und Personen, die auf dem Bild als entfernt wahrgenommen werden sollen, werden deshalb kleiner als die Dinge im Vordergrund dargestellt.

Katastrophen und Kriege

Arm an Krisen, Bedrohungen und Katastrophen waren die Zeiten im 15. und 16. Jahrhundert ebenfalls nicht. In den Jahren zwischen 1430 und 1440 erreichte die „Kleine Eiszeit" einen ihrer Höhepunkte. Die extrem kalten und langanhaltenden Winter in diesen Jahren führten zu massiven Ernteausfällen, überteuerten Getreidepreisen und Hungersnöten. In ganz Europa, vom Baltikum bis nach Südeuropa, von den Britischen Inseln bis nach Russland, lastete die Hungerkrise auf der Bevölkerung und unzählige Menschen starben an Hunger und Krankheit (Camenisch, 2015). Schwere Hochwasser (so z. B. die oft als Jahrtausendflut bezeichneten Überschwemmungen von europäischen Flüssen im Jahre 1501; Rohr, 2009), Sturmfluten an der Nordsee, Erdbeben auf dem Balkan, in Italien, im Osmanischen Reich, in Portugal, Spanien, aber auch in Südamerika oder Großbrände und Feuerbrünste in den mittelalterlichen Städten und die zahlreichen Kriege beeinflussten die Weltsicht der Menschen im 15. und 16. Jahrhundert. Angst und Furcht vor dem Unvorhersehbaren und die Suche nach Zeichen, um mögliche Naturkatastrophen vorherzusagen, prägten nicht nur das Alltagsbewusstsein, sondern finden sich auch in zeitgenössischen, pseudowissenschaftlichen Abhandlungen. Hofastrologen, Priester, Mönche oder Stadtchronisten beobachteten die Sterne, Planeten und Kometen, Sonnen- und Mondfinsternisse und auffällige Himmelserscheinungen, um kommende Ereignisse, Krisen und Katastrophen frühzeitig „erkennen" zu können. So sah Martin Luther im Halley'sche Kometen von 1531 und im Auftritt eines Meteors im Jahre 1532 Hinweise für den kommenden Weltuntergang (Rohr, 2013, S. 375).

Und dann natürlich die zahlreichen Kriege, in denen sich Söldner bekämpften, töteten und zahllose unschuldige Menschen zu Tode kamen: Im Sommer 1410 standen sich in der *Schlacht bei Grunwald* eine Streitmacht der Polen und Litauer – gemeinsam mit tatarischen Söldnern und weißrussischen Soldaten – auf der einen Seite und das Söldnerheer des *Deutschen Ordens* auf der anderen Seite gegenüber. Seit Anfang des 13. Jahrhunderts hatten die Ritter des Deutschen Ordens versucht, ihre Herrschaft weit in den Osten auszudehnen, die Länder zu plündern und die Menschen zu unterjochen. Nun, 1410 waren die Polen und Litauer entschlossen, der Herrschaft des Deutschen Ordens ein Ende zu bereiten und sie schafften es auch. Das Heer des Ordens wurde vernichtend geschlagen und fast alle führenden Ordensritter getötet. Der Sieg wurde zum Gründungsmythos der Polen (vgl. auch: Paravicini et al., 2012).

Auch in den *Hussitenkriegen* von 1419 bis 1436 ging es nicht nur um religiöse Macht, sondern ebenso um das tschechische Nationalbewusstsein angesichts der politischen Dominanz des deutschen Adels und der deutschen Siedler in den Städten Böhmens. Die Kämpfe zwischen den Hussiten und den katholischen Truppen des Kaisers müssen grausam gewesen sein. Aber wie so oft in der Geschichte hatten wieder die Juden unter den Kriegen zu leiden. So wurden sie *u. a.* verdächtigt, mit den Hussiten gemeinsame Sache gemacht zu haben. 1421 nahm Herzog Albrecht V. von Österreich diesen Vorwurf und einen angeblichen Hostienfrevel zum Anlass, die Juden aus seinem Herrschaftsbereich auszuweisen. 210 Jüdinnen und Juden, die sich nicht zwangstaufen lassen wollten, wurden verbrannt – bekannt als *Wiener Gesera* (Weinzierl, 1992, S. 19).

Der *Sächsische Bruderkrieg* von 1446 bis 1451, in dem Herzog Wilhelm III. und Kurfürst Friedrich II. um die Herrschaft stritten, war eine der blutigsten Auseinandersetzung auf Sächsischem und Thüringischem Boden Das einzig Positive, dass man diesem Krieg wohl abgewinnen könnte, dürfte die Gründung der Alma Mater Jenensis, der Jenaer Universität, sein.

Im *Hundertjährigen Krieg,* der bis in die Mitte des 15. Jahrhunderts im Westen Europas wütete, starb nicht nur *Jeanne d'Arc*. Die Engländer verloren – außer Calais – all ihre Besitztümer auf dem europäischen Kontinent. Tausende Söldner und zahllose unschuldige Menschen bezahlten mit ihrem Leben; geschätzt werden bis zu drei Millionen (Commons.ch., 2020). Nicht anders ging es zu bei der Eroberung Konstantinopels im Jahre 1453, in den englischen *Rosenkriegen* zwischen 1455 und 1485, den Venezianischen Türkenkriegen (1423–1430 und 1463–1479), den sogenannten Italienkriegen zwischen 1494 und 1559, in denen die europäischen Großmächte auf dem heutigen Gebiet Italiens um die Macht auf dem Kontinent stritten oder in den französischen *Religionskriegen* zwischen 1562 und 1598, die mehr als zwei Millionen Menschen das Leben gekostet haben (Commons.ch., 2020).

Anfang Januar 1492 übergaben muslimische Truppen unter Führung des Emirs *Abu Abdallah* kampflos die Stadt Granada an die Soldaten der spanisch-katholischen Königin Isabella I. von Kastilien und ihrem Ehemann König Ferdinand II. von Aragón. Damit war die letzte muslimische Bastion auf der iberischen Halbinsel gefallen und für die Juden ging ein „Goldenes Zeitalter" zu Ende, ein Zeitalter, in dem ihr Leben und Wirtschaften von den muslimischen Herrschern weitgehend toleriert wurde (Bossong, 2008, S. 8). Die Muslime hatten im Jahre 711 n. Chr. die iberische Halbinsel erobert, auf der seit der Zerstörung des Zweiten Tempels von Jerusalem im Jahre 70 n. Chr. auch viele Jüdinnen und Juden siedelten.

Nun sollte damit Schluss sein. Im März 1492 beschlossen die spanisch-katholischen Könige mit dem *Alhambra-Edikt*, dass die im nun vereinigten spanischen Königreich lebenden Jüdinnen und Juden entweder zum christlichen Glauben übertreten oder Spanien verlassen müssen (Bossong, 2008, S. 53 f.). Damit wurde, just in dem Jahr, als sich Christoph Columbus aufmachte, um den Westen der Erde zu erkunden und zu kolonialisieren, das Ende des Goldenen Zeitalters besiegelt. Die Jüdinnen und Juden, die sich weigerten, zum christlichen Glauben zu konvertieren, wanderten aus, nach Nordafrika, auf die griechische Halbinsel, in das Herrschaftsgebiet des Osmanischen Reiches, nach Venedig oder nach Jerusalem (Gerber, 2000, S. 204). Viele versuchten in das scheinbar sichere Portugal zu fliehen. Hier waren sie allerdings auch nicht sicher vor Zwangstaufen, religiös motivierten Pogromen oder Vertreibungen im Namen des christlichen Gottes. Zwischen 1496 und 1497 wurden die Juden in Portugal entweder zwangsgetauft oder aus dem Land getrieben. Für jene, die sich taufen ließen, den sogenannten Kryptojuden (Limor, 2000, S. 146 ff.), war das Leiden keinesfalls vorbei. Im Jahre 1506 fielen mehrere Tausend getaufte Jüdinnen und Juden in Lissabon einem Massaker zum Opfer (Gerber, 2000, S. 205). Die Pest hatte Lissabon heimgesucht und wieder einmal wurden die Juden – im Namen des christlichen Gottes – dafür verantwortlich gemacht.

Im Namen der Religion und des christlichen Gottes wurde auch der *Deutsche Bauernkrieg* initiiert. Mit dem Segen Martin Luthers schlachteten Söldner der deutschen Fürstenheere in diesem Krieg von 1524 bis 1526 zwischen 70.000 und 75.000 aufständische Bauern ab. Allein in der Schlacht bei Frankenhausen, einer der bedeutendsten Schlachten im Deutschen Bauernkrieg, starben am 15. Mai 1525 mehr als 6000 auf der Seite des Bauernheeres (vgl. auch: Blickle, 2002, S. 33).

Um die historische, religiöse und politische Bedeutung des Bauernkrieges erahnen zu können, lohnt sich ein Besuch im *Panorama Museum* auf dem Schlachtberg bei Bad Frankenhausen. Dort hängt bekanntlich das riesige Panoramabild zum Bauernkrieg. Das von *Werner Tübke* und seinen Mitarbeitern und Mitarbeiterinnen zwischen 1976 und 1987 geschaffene Gemälde ist 14 m hoch, 123 m lang und der Schlacht von 1525 gewidmet. Unter einem Regenbogen, dem Symbol der aufständischen Bauern um Müntzer, entfaltet sich in leuchtenden Farben nicht nur das Schlachtgetümmel, sondern eine ganze Epoche. In der Mitte steht *Thomas Müntzer* auf verlorenem Posten, während neben ihm der Tod ein Lied vom Ende trommelt. Relativ ungerührt vom Töten und Sterben der Bauern, wendet sich am unteren Rande des Bildes *Martin Luther* im Verein mit den kirchlichen und weltlichen Fürsten vom grausamen Geschehen ab.

Anfang Mai 1525, noch vor dem großen Schlachten, forderte Martin Luther die Fürsten und Herren sowie die Bauernschaft zum Frieden auf. Vor allem die Bauern wurden ermahnt: „Seyt unterthan nicht alleyne den gutenherren, sondern auch den bösen" (Luther, 1908a, S. 308; Original: 1525a). Ein Aufstand wider die Obrigkeit sei nur dann erlaubt, wenn er sich mit Gottesgegen gegen fürstliche Willkür richte. Ein gewaltsamer Aufstand aber sei gegen Gottes Wort und deshalb nicht erlaubt. Wenige Wochen später, nach der Schlacht bei Frankenhausen publizierte Luther seine Schrift „Wider die räuberischen und mörderischen Rotten der Bauern". Da die aufrührerischen Bauern „teuffels werk" trieben, müsse man sie „wurgen und stechen heymlich oder offentlich, wer da kann, und gedencken, das nicht gifftigers, schedlichers, teuffelischers seyn kan, denn eyn auffrurischer mensch…" (Luther, 1908b, S. 357 f.; Original: 1525b).

Nicht vergessen werden dürfen die zahllosen Gemetzel, in denen europäische (vor allem spanische und portugiesische) Eroberer im 15. und 16. Jahrhundert die Völker Mittel- und Südamerikas nahezu ausrotteten. Auch die Hexenverfolgung darf nicht unerwähnt bleiben, die im späten 16. und frühen 17. Jahrhundert ihren Höhepunkt erreichte. In Deutschland sollen ihr bis zu 20.000 Menschen zum Opfer gefallen sein (Behringer, 1987, S. 165).

So ganz abwegig ist es also nicht, von der Renaissance als einer Hölle zu sprechen (Schümer, 2016). Krisen, Katastrophen und Kriege hinterlassen Wirkungen. Opfer sind zu beklagen und die Verhältnisse müssen kritisiert werden. Die Humanisten im 15. und 16. Jahrhundert haben das getan. Sie haben sich geäußert, um die Verhältnisse zu verbessern.

Humanistinnen und Humanisten

Bevor beispielhaft versucht wird, einige Humanisten zu würdigen, die im 15. und 16. Jahrhundert das humanistische Denken nachhaltig beeinflussten, darf eines nicht vergessen werden: Die Zeit und die Umstände ermöglichten es in der Regel nur den Männern, sich öffentlich zur Kultivierung des menschlichen Geistes und eines menschengerechten Zusammenlebens zu äußern. Aber es waren eben nicht nur Männer. Auch Frauen traten als Autorinnen, Dichterinnen und moralische Instanzen an die Öffentlichkeit. Sie äußerten sich zu Ehe, Familie und die Rolle der Frauen in der Gesellschaft, zu Politik, Macht und Krieg (vgl. z. B. Bock,

2000). Eine der bekanntesten Frauen dürfte in dieser Hinsicht und zu diesen Zeiten *Christine de Pizan* gewesen sein. Sie wurde 1364 in Venedig geboren und starb vermutlich 1429 im französischen Poissy. Als Tochter eines begüterten italienischen Mediziners und Astronomen wuchs sie ab 1368 am Hof des französischen Königs Karl V. auf, heiratete einen königlichen Sekretär, bekam drei Kinder und wurde früh Witwe. Durch den Tod ihres Vaters und ihres Ehemannes musste Christine de Pizan ihren Lebensunterhalt selbst verdienen. Sie arbeitete als Kopistin und wurde als Autodidaktin bald Frankreichs erste Berufsschriftstellerin (Zimmermann, 1998a, S. 96–97). Zwischen 1399 und 1418 verfasste sie religiöse Gedichte und politische Texte, in denen sie die Rechte der Frauen verteidigte, Erziehungsbücher für Frauen und Männer sowie historische-biographische Schriften. Ein besonders einflussreiches Werk trägt den deutschen Titel „Das Buch von der Stadt der Frauen" („Le Livre de la Cité des Dames" geschrieben in den Jahren 1404 und 1405; deutsche Übersetzung: Pizan, 1986), ein Werk, das auch als „frühes Beispiel feministischer Literaturkritik und Kanonrevision betrachtet werden" kann (Zimmermann, 1998b, S. 17). Es handelt sich um ein Buch – geschrieben vor dem Hintergrund des *Hundertjährigen Krieges* – über eine imaginäre mittelalterliche Stadt, die umgeben von einer starken Festungsmauer den Frauen Schutz vor Verleumdung und Verfolgung sowie die Möglichkeit zur Entwicklung von Tugend, Ehre und Unbescholtenheit bieten soll. Auch andere große Frauen haben das humanistische Denken und Wirken in der Renaissance beeinflusst. Maddalena Scrovegni (1356–1429), Isotta Nogarola (1418–1466), deren Tante und spätere Herzogin von Mantua Antonia Nogarola (1380–1436) oder Veronica Gàmbara (1485–1550) und manch andere Autorinnen haben Gedichte und Briefe verfasst, mit denen sie, die Autorinnen, ihre humanistische Bildung bewiesen und ihre humanistischen Ansprüche angemeldet haben (vgl. Meyer, 2014). Und dies in Zeiten, die weder besonders komfortabel noch friedlich waren, denkt man z. B. wieder an die „Kleine Eiszeit" oder an die zahllosen Kämpfe und Kriege zwischen den italienischen Stadtstaaten.

In die Wirren der Zeiten müssen wir auch die Arbeiten der Humanisten, also der Männer, des 15. und 16. Jahrhunderts einordnen. Dazu gehören Rudolph Agricola (1443–1485), Johannes Reuchlin (1455–1522)[2],

---

[2] *Johannes Reuchlin*, Philosoph, Jurist, Diplomat, der auch als „Deutschlands erster Humanist" bezeichnet wird (Schwab, 1998), war Großonkel von Philipp Melanchton, ein herausragender Kenner des jüdischen Schrifttums und kämpfte entschieden für dessen Bewahrung. Nachdem die Juden im 14. und 15. Jahrhundert weitgehend aus den deutschen Regionen vertrieben wurden, sollte auch ihr Schrifttum vernichtet werden. Kaiser Maximilian I. beauftragte deshalb mehrere Experten, darunter auch Reuchlin, Gutachten über die Beschlagnahme jüdischer Schriften anzufertigen. Als einziger der

Sebastian Brant (1457 oder 1458–1521), Willibald Pirckheimer (1470–1530), Pietro Bembo (1470–1547), Baldassare Castiglione (1478–1529), Ulrich von Hutten (1488–1523), François Rabelais (ca. 1494–1553), Philipp Melanchthon (1497–1560), Michel de Montaigne (1533–1592) und viele andere.

Einer der besonders herausragt, dürfte *Giovanni Pico della Mirandola* (1463–1494) sein, von dem sich auch Johannes Reuchlin beeindruckten ließ (Beierwaltes, 1994). Pico wurde in der norditalienischen Stadt Mirandola als Sohn des Grafen von Mirandola und Concordia geboren, studierte in Bologna, Ferrara und Padua Recht und Philosophie und beschäftigte sich auch mit kabbalistischen und anderen jüdischen Schriften und Traditionen. So begeisterte er sich z. B. an den Kommentaren des jüdischen Renaissance-Humanisten *Yohanan Alemanno* (1435–1504) zum Hohelied Salomos (Herrmann, 2003). 1486 verfasst Pico 900 Thesen, mit denen er – unter dem Titel „Conclusiones philosophicae, cabalisticae et theologicae" – die bis dato vorliegenden philosophischen und theologischen Erkenntnisse quasi in einer Universalschrift zusammenzufassen versuchte. Bekannt ist Giovanni Pico della Mirandola aber vor allem durch seine Rede „Über die Würde des Menschen" („Oratio de hominis dignitate"). Es handelt sich bei diesem Text um das bekannteste Traktat, das in der Renaissance über die Menschenwürde geschrieben wurde (Buck, 1990, S. VII). Auf der Welt, so Pico (1990; Original: 1486), gebe es nichts Wunderbareres als den Menschen. Darum lässt Pico den göttlichen Schöpfer sagen: „Ich habe dich in die Mitte der Welt gestellt, damit du dich von dort aus bequemer umsehen kannst, was es auf der Welt gibt. Weder haben wir dich himmlisch noch irdisch, weder sterblich noch unsterblich geschaffen, damit du wie dein eigener, in Ehre frei entscheidender, schöpferischer Bildhauer dich selbst zu der Gestalt ausformst, die du bevorzugst. Du kannst zum Niedrigeren, zum Tierischen entarten; du kannst aber auch zum Höheren, zum Göttlichen wiedergeboren werden, wenn deine Seele es beschließt" (Pico, 1990, S. 7). Allein er, der Mensch, sei frei, sich selbst zu gestalten zum Guten wie zum Bösen. Diese Freiheit mache die Würde des Menschen aus (vgl. auch Wolf, 2009).

---

angefragten Experten plädierte Reuchlin für den Erhalt und die Würdigung der jüdischen Schriften, was schließlich zu einem handfesten Bücherstreit mit einem gewissen Johannes Pfefferkorn führte, der als zum Christentum konvertierter Jude in mehreren Schmähschriften die Verbrennung jüdischer Schriften forderte. Max Brod, Freund und Förderer von Franz Kafka, hat Reuchlin in einem lesenswerten Buch gewürdigt (Brod, 1965).

Diese Würde in bedrohlichen Zeiten und unter widrigen Bedingungen zu wahren, ist bekanntlich nicht leicht. Manchmal ist der Mensch aber auch nur ein Narr, der vor lauter Torheit, Maßlosigkeit, Selbstverliebtheit und Eigennutz diesen geistigen Reichtum des Menschseins, frei zu sein, verkennt. Auch das wussten die frühen Humanisten sehr wohl. Einer ihrer Bekanntesten war *Sebastian Brant,* in Straßburg geboren und dort 1521 auch gestorben. Brant war Professor für Rechtswissenschaft in Basel und später Syndikus (Jurist im Staatsamt) in seiner Geburtsstadt Straßburg. Er verfasste rechtswissenschaftliche und religiöse Texte und Gedichte. Seine bekannteste Schrift ist das 1494 erschiene Werk „Das Narrenschiff". Aus heutiger Sicht war dieses Buch, mit dem Brant dem Volke Lebensweisheiten und moralische Einsichten in satirischer Weise zu vermitteln versuchte, ein Bestseller. Das lag wohl auch an den über hundert Holzschnitten, mit denen der Text illustriert war. Auf dem „Narrenschiff" finden sich über 100 Narren zusammen, die sich auf dem Weg nach Narragonien begeben. Es treffen sich die Toren, Spieler, Geizhälse, Wucherer, Trinker, Ehebrecher, Menschen also, die den Lastern und Unsitten frönen. Mit der Beschreibung ihres Verhaltens und ihres Wollens will Sebastian Brant den Menschen einen Spiegel vorhalten, damit diese die wahren menschlichen Tugenden erkennen. In der Vorrede zum „Narrenschiff" heißt es u. a.: „In disen spiegel sollen schowen all geschlecht der mĕschĕ man vň frowe..." (Brant, herausgegeben von Friedrich Zarncke, 1854, S. 4). In diesen Spiegel sollen schauen die Menschen alle, Männer, Frauen. Dadurch können sie ermahnt werden, Weisheit, Vernunft und gute Sitten zu erwerben. Man könnte auch von einer angestrebten Selbsterkenntnis mittels Zerrspiegel sprechen. Brant entwarf zudem „...als Gegenbild zum Narrenschiff einen verklärten Zustand vollendeter Weisheit ohne materielles Eigentum, mit Gütergemeinschaft bei allgemeiner Bedürfnislosigkeit, die rückwärtsgewandte Utopie eines Goldenen Zeitalters nach antikem Muster" (Beutin, 1997, S. 89). Vorsichtig ausgedrückt: Brant versuchte sich – im Sinne des frühen Humanismus – an der Utopie eines guten Menschseins.

Mit den menschlichen Torheiten, der menschlichen Freiheit und dem guten Menschsein beschäftigte sich auch *Erasmus von Rotterdam* (geboren als Desiderius Erasmus vermutlich 1466–1536), der große Kirchenreformer. Erasmus war ein umtriebiger Mann. Er wurde 1492 zum Priester geweiht, studierte zwischen 1495 und 1499 an der Sorbonne in Paris, promovierte in Turin, lernte in Venedig den berühmten Drucker Aldus Manutius kennen (der auch Werke von Dante Alighieri und Petrarca druckte und mit Giovanni Pico della Mirandola befreundet war), wirkte in Freiburg im Breisgau und in Basel, wo er 1535 verstarb. Während seines Aufenthalts in

England traf er *Thomas Morus*. Sie wurden Freunde und haben sich offensichtlich auch geistig wechselseitig stark beeinflusst. Sein bekanntestes Buch „Lob der Torheit" („Encomium Moriae", auch: „Laus stultitiae", Erasmus von Rotterdam, 2014) aus dem Jahre 1511 widmete Erasmus ausdrücklich seinem Freunde Thomas Morus. Die Idee zu diesem Buch muss ihm, Erasmus, so liest man im Widmungsschreiben, 1509 im Pferdesattel auf dem Wege von Italien nach England und in Gedanken an seinen liebenswürdigen und gelehrten Freund Thomas Morus gekommen sein. In polemischer, satirischer und teils witziger Art und Weise kritisiert Erasmus in „Lob der Torheit" die damaligen gesellschaftlichen Verhältnisse sowie die Missbräuche in der katholischen Kirche und entfesselt, wie Stefan Zweig schreibt, „mit diesem Buch eine Revolution gegen alle Autoritäten" (Zweig, 2016, S. 32).

Auch gegen Krieg und für den Frieden hat Erasmus angeschrieben. 1517, wenige Jahre nachdem eine Liga des deutsche Kaisers Maximilian I., des französischen Königs Ludwig XII., des ungarischen Königs Vladislav II. und des Papstes Julius II. einen Krieg gegen die Republik Venedig anzettelte, erschien das Hauptwerk von Erasmus zur Friedensfrage, die Schrift „Querela pacis" („Klage des Friedens"; siehe auch Erasmus von Rotterdam, 1968). Obwohl die Menschen, so Erasmus, über Vernunft, Sprache und ein reiches Gefühlsleben und somit über alle Voraussetzungen verfügen, miteinander ein friedvolles Leben führen zu können, lassen sie nicht vom Krieg gegeneinander ab. Die Wurzel dafür sei der Eroberungswille der Fürsten, der vom Klerus auch noch gebilligt und unterstützt werde. In der Streitschrift „De libero arbitrio" (Vom freien Willen) aus dem Jahre 1524, die sich auch gegen Luther richtet, für den sich der freie Wille – lax gesagt – nach dem Sündenfall erledigt hatte, hebt Erasmus den freien Willen des Menschen als das besondere Vermögen hervor, „mit dem der Mensch sich dem, was zur ewigen Seligkeit führt, zuwenden oder von ihm abwenden kann" (Erasmus von Rotterdam, 1998, S. 29; Original: 1524).

Erasmus, der hin und wieder als „König der Humanisten" bezeichnet wird (Dazert, 2017, S. 115), scheint dieses Vermögen aber vor allem und unbedingt den Christenmenschen zusprechen zu wollen. Mit den Juden, die Juden bleiben wollten, hat er offenbar so seine Probleme; sie sind für ihn „das ungläubige Volk der Synagoge" (Erasmus von Rotterdam, zit. n. Augustijn, 1996, S. 108). Wenn er allerdings gegen den „Judaismus" wettert, meint Erasmus keinesfalls nur die Juden, sondern auch jene Christen, die sich auf die jüdischen Schriften, namentlich auf das „Alte Testament" berufen. Und so schreibt Cornelis Augustijn (1996) in seiner Analyse über das Verhältnis von Erasmus zu den Juden: „Die Juden bilden für Erasmus eine religiös definierte Gruppierung. Toleranz im eigentlichen

Sinne des Wortes ist gegenüber dieser Gruppe eine Selbstverständlichkeit. Als religiöse Gruppe stellen sie seit dem Auftreten Christi eine veraltete Formen-Religion dar. Da diese Einstellung auch innerhalb des Christentums gefunden wird, ist die Verbreitung jüdischen Gedankenguts eine Gefahr für die Christenheit" (Augustijn, 1996, S. 110 f.).

Nimmt man Erasmus von Rotterdam nun pars pro toto für die Humanisten des 15. und 16. Jahrhunderts, könnte man ausrufen: Der für alle Menschen gültige Humanismus ist – zumindest in der Renaissance – ein Mythos. Oder eine Utopie, um den Übergang zu *Thomas Morus* (1478–1535) zu finden, der – wie schon erwähnt – mit Erasmus von Rotterdam befreundet war. Morus war bekanntlich politischer Berater eines mächtigen Herrschers. Als Diplomat und als Lordkanzler im Dienste des englischen Königs Heinrich VIII., jener mit den vielen Frauen, von denen er zwei hinrichten ließ, unterstützte Morus zunächst die Politik seines Königs. Als dieser sich von der römisch-katholischen Kirche lossagte und sich zum Oberhaupt der Kirche von England erklärte, trat Morus vom Amt des Lordkanzlers zurück. Später, im Jahre 1535, wurde er deswegen eingekerkert und anschließend wegen Hochverrats geköpft. Interessant unter verschiedenen Gesichtspunkten ist sein 1516 veröffentlichtes Werk „Vom besten Zustand des Staates und der neuen Insel Utopia" (Morus, 1970, 1516). *Zum Ersten* ist da die Frage nach der Herkunft des Kerntitels „Utopia". *Thomas Schölderle* vermutet, nicht Thomas Morus, sondern zwei andere Personen kämen viel eher als Begriffserfinder in Betracht: „Erasmus, der das Manuskript für den Druck vorbereitete und sich um Begleitschreiben kümmerte, und Peter Gilles, der nicht nur als Figur in der ‚Utopia' auftaucht, sondern auch beim Verleger Dirk Martens in Löwen den Druckvorgang betreute" (Schölderle, 2017, S. 19). Träfe diese Vermutung zu, so wäre nicht, wie in der Literatur fast einhellig behauptet, Thomas Morus der Schöpfer des Wortes *Utopia*. *Zum Zweiten:* Von viel größerer Bedeutung ist natürlich der Inhalt der Morus'schen Schrift: Ein Jahr bevor Luther im Oktober 1517 seine Thesen an die Kirchentür zu Wittenberg schlägt und kurz vor dem Dienstantritt bei Heinrich VIII., äußert Morus in dieser Schrift eine scharfe Kritik an den bestehenden Verhältnisse im Königreich England, an den verlotterten Sitten der Adligen und an der Todesstrafe, mit der Menschen bestraft werden, die wegen ihrer Armut und aus Hunger zu Dieben wurden. Gegenüber diesen Verhältnissen entwirft Morus eine Utopie von einer Insel, auf der egalitäre Verhältnisse herrschen, das Geld abgeschafft ist, alle Menschen arbeiten, ein parasitärer Adel oder kirchlicher Klerus nicht existieren, eine menschenfreundliche Arbeitskultur vorherrscht, Kranke und Alte kostenlos gepflegt werden und auch der Schulbesuch nichts kostet. *Zum Dritten:* Indem Thomas Morus eine menschliche und friedvolle Gesellschaft von Gleichen unter Gleichen entwirft, nimmt er nicht nur die von den Renaissance-Humanisten angestrebte Bildung und Kultivierung des individuellen Geistes sowie den freien Willen in den Blick, sondern macht sich eben auch Gedanken über die gesellschaftlichen Verhältnisse und Strukturen, in denen sich der freie Wille des Einzelnen entfalten kann. Und damit wurde Morus – das wäre dann der *vierte Aspekt* – zum Vordenker progressiv-humanistischer Gesellschaftsentwürfe, wie sie von *Karl Marx, Ernst Bloch, Hans Jonas* oder *Erich Fromm* formuliert wurden. Man muss ja nicht gleich, wie weiland *Karl Kautsky*, in der „Utopia" von Morus die „machtvolle Verherrlichung des Kommunismus" vermuten (Kautsky, 1922, S. 49; zit. n. Starbatty, 1976, S. 216).

Während also Giovanni *Pico della Mirandola, Erasmus von Rotterdam* oder *Thomas Morus* über Menschlichkeit und menschliches Zusammenleben nachdachten und *Niccolò di Bernardo dei Machiavelli* (1469–1527) mit seinen Hauptwerken *Il Principe* („Der Fürst" 1513) und *Discorsi* („Staat und Politik", zwischen 1513 und 1519 zu Papier gebracht) die Politik von der Moral zu befreien versuchte, entwickelte sich in der Mitte Deutschlands derweil ab 1517 eine Revolution des Christentums, die Reformation.

Am 31. Oktober 1517 soll der Legende nach, Martin Luther seine 95 Thesen an die Schlosskirche zu Wittenberg genagelt haben. Weniger mit Legenden belastet ist hingegen die Tatsache, dass er um 1521 auf der Wartburg bei Eisenach begann, das „Neue Testament" und später – zurück in Wittenberg – auch das „Alte Testament" ins Deutsche zu übertragen. Gemeinsam mit Freunden, so mit dem Philosophen und Humanisten *Philipp Melanchthon* sowie den Theologen *Johannes Lang* und *Georg Spalatin*, bereitete Luther den Druck vor. 1522 erschien das „Neue Testament" in deutscher Sprache und mit relativ hoher Auflage. 1534 folgte dann das „Alte Testament" (vgl. auch Rupp, 1998).

Mit der Erfindung der beweglichen Buchdrucklettern durch *Johannes Gutenberg* um 1455 eröffneten sich erstmals ungeahnte Möglichkeiten. Texte konnten nun in großer Auflage hergestellt und verbreitet werden. In dieser Zeit erschienen zum Beispiel die sogenannten „Fugger-Zeitungen" aus Augsburg, in denen regelmäßig Informationen über Preise und Waren an den wichtigsten Handelsplätzen der damaligen Welt veröffentlicht wurden. Auch die von Luther übersetzte Bibel wurde vielfach gedruckt, verbreitete und beförderte auf diese Weise nicht nur die Durchsetzung der reformatorischen Ideen der Lutheraner, sondern auch die Lese- und Schreibfähigkeiten des „gemeinen" Volkes.

Judenfeindlichkeit

Martin Luthers judenfeindliche Pamphlete, Tischgespräche und Predigten müssen an dieser Stelle ebenfalls erwähnt werden. Ungeziefer-, Gift- und Seuchenmetaphern besaßen dabei besondere stilistische Relevanz. In seiner bekannten Schrift „Von den Juden und ihren Lügen" (aus dem Jahre 1543) meinte Luther, dass man ihre „Synagoga oder Schule mit feur anstecke und, was nicht verbrenen will, mit erden uber heuffe und beschütte". „Ein solch verzweivelt, durchböset, durchgifftet, durchteufelt ding ists umb diese Juden, so diese 1400 jar unser plage, pestilenz und alles unglück gewest und noch sind" (Luther, 1920, S. 522, 528; Original: 1543).

Zwischen 1290 und 1541 wurden die Juden, wenn sie sich nicht dem christlichen Glauben unterwerfen wollten, aus den meisten europäischen Ländern vertrieben: so zuerst aus England, dann aus Frankreich, Spanien, aus dem Erzbistum Magdeburg, aus Sachsen, aus Thüringen, aus Brandenburg. Den Vertreibungen gingen jeweils Edikte oder Verfügungen der Landesfürsten voraus. Aber, um keine Missverständnisse aufkommen zu lassen, die Juden versuchten sich, wenn auch mit beschränkten und friedlichen Mitteln gegen die Vertreibungen zu wehren. Und es ist von Wert an dieser Stelle an einen Juden zu erinnern, der in Wort, Schrift und Tat gegen die Vertreibungserlasse auftrat. Es handelt sich um *Josel von Rosheim*, auch Josef ben Gerson Loans, der um 1478 im elsässischen Hagenau geboren wurde und 1554 in Rosheim starb. Um 1510 wurde er von der elsässischen Landjudenschaft zum Vorsteher und später zum Fürsprecher und Interessenvertreter aller Juden in Deutschland ernannt. Von Kaiser Karl V. erhielt er bei dessen Krönung 1520 in Aachen ein Privileg – als „Befehlshaber unserer Judenschaft im Heiligen Reiche" – für ganz Deutschland und vertrat die Juden auf den Reichstagen in Worms 1521 sowie in Augsburg 1530 (Hirsch & Schuder, 1989). Im Juni 1537 machte sich Josel von Rosheim auf nach Wittenberg, um mit Martin Luthers Hilfe gegen das Austreibungsmandat der Juden aus Sachsen bei Kurfürst Johann Friedrich vorzusprechen. Luther empfing Josel von Rosheim nicht und weigerte sich auch, sich für die sächsischen Juden einzusetzen. In einem Brief schrieb Luther an Josel von Rosheim, in dem er den „lieben Freund" erinnerte, dass doch die Juden den Jesus verflucht und gelästert hätten und am liebsten „all die Seinen umb alles brächten, was sie sind und was sie haben" (Luther, 1938, S. 90). Sie, die Juden möchten sich doch einen anderen Fürsprecher suchen. Im Anschluss an seine letzte in Eisleben gehaltene Predigt am 14. Februar 1546 forderte Luther schließlich die Christen auf, die Juden zu vertreiben, wenn sie nicht bereit seien, sich zum Christentum bekehren zu lassen (Luther, 1914, S. 195–196).

Viele aschkenasische Juden flohen in dieser Zeit nach Osteuropa, vor allem in das polnisch-litauische Königreich. Der größte Teil der sephardischen Juden aus Spanien und Portugal wanderte nach Nordafrika und ins Osmanische Reich.

Ein gewisser Status quo für die europäischen Juden trat ein, nachdem Papst Paul IV. im Jahre 1555 mit der Bulle „Cum nimis absurdum" die Präsenz der Juden in Europa als gegeben formulierte und gleichzeitig strikte Anweisungen über die Behandlung der Juden formulierte. Ihnen wurde das Wohnen in abgesonderten Vierteln (den Ghettos) nun ebenso vorgeschrieben wie das Tragen sichtbarer Kennzeichen an ihrer Kleidung. Grundeigentum durften sie ebenfalls nicht besitzen, keine christlichen Bediensteten anstellen und keine freundschaftlichen Beziehungen zu Christen pflegen.

„Trotz ihrer repressiven Ausrichtung trugen die neuen Maßnahmen dazu bei, den Platz der Juden innerhalb der christlichen Welt zu sichern […] Waren die Vertreibungen gewissermaßen eine deutliche Bekundung, dass es für die Juden keinen Platz innerhalb der christlichen Welt gebe, wurde ihnen mit der Einrichtung von Ghettos eine klar definierte Nische in der Gesellschaft zugestanden" (Limor, 2000, S. 158).

Mit besonders humaner Freundlichkeit gegenüber den Juden hat das allerdings wenig zu tun.

Um dem gemeinen Volk Erklärungen für die ökonomischen Unsicherheiten, Seuchengefahren und drohenden Naturkatastrophen zu liefern, wurden im Europa des 14., 15. und 16. Jahrhunderts die falschen Bilder über die Juden genutzt und die Judenfeindlichkeit bewusst geschürt. Nur sehr wenigen jüdischen Händlern und Kaufleuten gelang es, sich dieser Judenfeindlichkeit zu erwehren und im späten Mittelalter bzw. zur Reformationszeit zu angesehenen Lieferanten der Fürstenhöfe aufzusteigen. Die überwiegende Mehrheit der jüdischen Bevölkerung lebte entweder eher schlecht als recht vom Hausier- und Trödelhandel bzw. von der Pfandleihe am Rande der Gesellschaft oder wurde gezwungen, die „Heimat" zu verlassen.

Literatur

Augustijn, C. (1996). *Erasmus. Der Humanist als Theologe und Kirchenreformer*. E. J. Brill.

Behringer, W. (1987). „Erhob sich das ganze Land zu ihrer Ausrottung...": Hexenprozesse und Hexenverfolgungen in Europa. In R. v. Dülmen (Hrsg.), *Hexenwelten* (S. 131–169). Fischer Taschenbuch.

Beierwaltes, W. (1994). Reuchlin und Pico della Mirandola. *Tijdschrift voor Filosofie, 56*(2), 313–336.
Beutin, W. (1997). Brant, Sebastian. In B. Lutz (Hrsg.), *Metzler Autoren Lexikon* (S. 88–90). JB Metzler.
Blickle, P. (2002). *Der Bauernkrieg: Die Revolution des Gemeinen Mannes.* C. H. Beck.
Bock, G. (2000). *Frauen in der europäischen Geschichte: Vom Mittelalter bis zur Gegenwart.* C. H. Beck.
Bossong, G. (2008). *Die Sepharden: Geschichte und Kultur der spanischen Juden.* C.H. Beck.
Brant, S. (1854). *Narrenschiff. Herausgegeben von Friedrich Zarncke.* Georg Wigands Verlag.
Brod, M. (1965). *Johannes Reuchlin und sein Kampf. Eine historische Monographie.* Kohlhammer.
Buck, A. (1990). *Einleitung zu Giovanni Pico della Mirandola "De hominis dignitate" – Über die Würde des Menschen.* Felix Meiner Verlag.
Camenisch, C. (2015). *Endlose Kälte. Witterungsverlauf und Getreidepreise in den Burgundischen Niederlanden im 15. Jahrhundert.* Schwabe Verlag.
Commons.ch. (2020). Tödlichste Kriege aller Zeiten. http://commons.ch/deutsch/wp-content/uploads/T%C3%B6dlichste-Kriege-aller-Zeiten-2.pdf. Zugegriffen: 12. Febr. 2020.
Dazert, D. (2017). *Distinktion als Lebensform.* Springer VS.
Erasmus von Rotterdam (2014, Original: 1511). *Lob der Torheit.* Übersetzt von Alfred Hartmann, herausgegeben von E. Major. Matrixverlag.
Erasmus von Rotterdam (1968, Original: 1517). Klage des Friedens, der bei allen Völkern verworfen und niedergeschlagen wurde. In S. Wollgast (Hrsg.), *Zur Friedensidee in der Reformationszeit.* Akademie-Verlag.
Erasmus von Rotterdam (1998; Original: 1524). *Vom freien Willen.* Herausgegeben von G. Wenz. Vandenhoeck & Ruprecht.
Gerber, J. S. (2000). Im Osten weilt mein Herz…. In N. de Lange (Hrsg.), *Illustrierte Geschichte des Judentums* (S. 161–221). Campus Verlag.
Herrmann, K. (2003). Golemtraditionen bei Johanan Alemanno. In G. Veltri & A. Winkelmann (2003). *An der Schwelle zur Moderne: Juden in der Renaissance* (S. 129–153). Brill.
Hirsch, R., & Schuder, R. (1989). *Der gelbe Fleck.* Rütten & Loening.
Hüfner, J., & Löhken, R. (2016). Sie dreht sich, doch unbemerkt: Der Nachweis der Erdrotation. *Physik in unserer Zeit, 47*(4), 185–191.
Kautsky, K. (1922). Thomas More. In Karl Kautsky (Hrsg.), *Vorläufer des neueren Sozialismus, 3. Band. Die beiden ersten großen Utopisten.* Dietz Verlag.
Limor, O. (2000). Das verworfene Volk. In N. de Lange (Hrsg.), *Illustrierte Geschichte des Judentums* (S. 105–159). Campus Verlag.
Luther, M. (1908a; Original: 1525a). Ermahnung zum Frieden auf die zwölf Artikel der Bauerschaft in Schwaben. *Weimarer Ausgabe,* Bd. 18,

S. 279 – 334. Hermann Böhlaus Nachfolger. https://archive.org/details/werkekritischege18luthuoft. Zugegriffen: 18. Febr. 2020.

Luther, M. (1908b; Original: 1525b). Wider die räuberischen und mörderischen Rotten der Bauern. *Weimarer Ausgabe*, Bd. 18, S. 344–361. Hermann Böhlaus Nachfolger. https://archive.org/details/werkekritischege18luthuoft. Zugegriffen: 18. Febr. 2020.

Luther, M. (1914; Original: 1546). Vermahnung wider die Juden. *Weimarer Ausgabe*, Bd. 51, S. 195–196. Hermann Böhlaus Nachfolger. https://archive.org/details/werkekritischege51luthuoft. Zugegriffen: 18. Febr. 2020.

Luther, M. (1920; Original: 1543). Von den Juden und ihren Lügen. *Weimarer Ausgabe*, Bd. 53, 412–552. Hermann Böhlaus Nachfolger. https://archive.org/details/werkekritischege53luthuoft. Zugegriffen: 18. Febr. 2020.

Luther, M. (1938; Original: 1537). Luther an den Juden Josel. *Weimarer Ausgabe*, Briefwechsel, Bd. 8, 89–91. Hermann Böhlaus Nachfolger. https://archive.org/details/werkebriefwechse08luthuoft. Zugegriffen: 18. Febr. 2020.

Meyer, U., & I. (2014). *Humanistinnen*. Ein-FACH-Verlag.

Morus, T. (1970; Original 1516). *Der utopische Staat*. Übersetzt und herausgegeben von K. J. Heinisch. Rowohlt.

Nietzsche, F. (1999, Original: 1878). Menschliches, Allzumenschliches. Ein Buch für freie Geister. *Friedrich Nietzsche Werke*, Teil 1. Zweitausendeins.

Paravicini, W., Petrauskas, R. & Vercamer G. (Hrsg.). *Tannenberg, Grunwald, Žalgiris 1410: Krieg und Frieden im späten Mittelalter*. Harrassowitz Verlag.

Pico, Giovanni della Mirandola (1990; Original: 1486). *De hominis dignitate – Über die Würde des Menschen*. Herausgegeben von August Buck. Felix Meiner Verlag.

Pizan, Christine de (1986). *Das Buch von der Stadt der Frauen*. Übersetzt und herausgegeben von Margarete Zimmermann. Orlanda Verlag.

Rohr, C. (2009). Der Umgang mit Naturkatastrophen im Mittelalter. *9. Interdisziplinäre Ringvorlesung „Krisen, Kriege, Katastrophen. Zum Umgang mit Angst und Bedrohung im Mittelalter" Interdisziplinäres Zentrum für Mittelalterstudien an der Universität Salzburg*. https://uni-salzburg.at/fileadmin/oracle_file_imports/1141159.PDF. Zugegriffen: 10. Febr. 2020.

Rohr, C. (2013). Macht der Sterne, Allmacht Gottes oder Laune der Natur? Astrologische Expertendiskurse über Krisen und Naturrisiken im späten Mittelalter und am Beginn der Neuzeit. In C. Meyer, K. Patzel-Mattern & G. Jasper Schenk (Hrsg.), *Krisengeschichte(n) – „Krise" als Leitbegriff und Erzählmuster in kulturwisssenschaftlicher Perspektive* (S. 361–385). Franz Steiner Verlag.

Rupp, H. F. (1998). Philipp Melanchthon – der vergessene „Praeceptor Germaniae"? *Jahrbuch für Historische Bildungsforschung, 4*, 45–63.

Schölderle, T. (2017). Thomas Morus und die Herausgeber – Wer schuf den Utopiebegriff? In A. Amberger & T. Möbius (Hrsg.), *Auf Utopias Spuren. Utopie und Utopieforschung* (S. 17–44). Springer VS.

Schwab, H.-R. (1998). *Johannes Reuchlin – Deutschlands erster Humanist*. Deutscher Taschenbuchverlag.

Schümer, Di. (2016). *Die Renaissance war die Hölle*. https://www.welt.de/print/wams/kultur/article157532143/Die-Renaissance-war-die-Hoelle.html. Zugegriffen: 12. Jan. 2019.

Starbatty, J. (1976). Die Entzauberung der „Utopia'- Zur Frage des Christlichen in der utopischen Ethik. *Zeitschrift für Wirtschaftspolitik, 25*(2–3), 215–230.

Strunck, C. (2017). Hofkünstlerinnen. Weibliche Karrierestrategien an den Höfen der Frühen Neuzeit. In B. U. Münch, A. Tacke, M. Herzog & S. Heudecker (Hrsg.), *Künstlerinnen: Neue Perspektiven auf ein Forschungsfeld der Vormoderne* (S. 20–37). Michael Imhof Verlag

Weinzierl, E. (1992). Das österreichische Judentum von den Anfängen bis 1938. In E. Weinzierl & O. D. Kulka (Hrsg.), *Vertreibung und Neubeginn. Israelische Bürger österreichischer Herkunft*. (S. 17–165). Böhlau Verlag.

Wolf, G. (2009). *Menschenbild und Bildungsideal in der italienischen Renaissance. Untersuchungen zu Ficino, Pico della Mirandola und Castiglione*. Dissertation. https://kups.ub.uni-koeln.de/2810/1/DISS_WOLF_2009.pdf. Zugegriffen: 13. Febr. 2020.

Zimmermann M. (1998a). Christine de Pizan. In U. Hechtfischer, R. Hof, I. Stephan & Flora Veit-Wild (Hrsg.), *Metzler Autorinnen Lexikon* (S. 96–97). J. B. Metzler, Stuttgart.

Zimmermann, M. (1998b). Gedächtnisort und utopischer Wunschraum: Christine de Pizans Stadt der Frauen. *FZG–Freiburger Zeitschrift für GeschlechterStudien, 4*(7), 7–23.

Zweig, S. (2016). *Triumph und Tragik des Erasmus von Rotterdam*. Anaconda Verlag.

4

Zerstören, Erkennen, Erleben im 17. Jahrhundert

„Endlich will ich alle samt und sonders erinnern, die wahren Ziele der Wissenschaft zu bedenken; man soll sie nicht des Geistes wegen erstreben, nicht aus Streitlust, nicht um andere gering zu schätzen, nicht des Vorteils, des Ruhmes, der Macht oder ähnlicher niederer Beweggründe wegen, sondern zur Wohltat und zum Nutzen fürs Leben; in Liebe sollen sie es vollenden und leiten" (Bacon, 1982, S. 16; Original: 1620).

Krieg und Zerstörung

In den Berliner Museen und auch in anderen europäischen Galerien kann man beeindruckende Bilder aus der Zeit des Dreißigjährigen Krieg betrachten. Zu den bekanntesten Kriegsmalern dieser Zeit gehört *Sebastian Vrancx* (1573–1647), ein flämischer Maler, der die Schlachten, das Töten und Plündern in seinen Gemälden festgehalten hat. Eines dieser Bilder (aus dem Jahre 1620) hängt im Historischen Museum zu Berlin und trägt den Titel „Soldaten plündern einen Bauernhof". Dargestellt ist, wie Landsknechte in den Bauernhof eindringen und die Bewohner mit Musketen und Degen bedrohen. In der Bildmitte will ein Landsknecht einen am Boden liegenden Mann erstechen. Zwei Frauen versuchen verzweifelt, den Landsknecht davon abzuhalten, während hinter ihnen ein kleines Kind mit erhobenen Armen schreit und links von der Gruppe ein Bauer erschlagen auf dem Boden liegt. Rechts im Bild flüchtet ein junger Mann in Richtung Ausgang. Die Flucht wird ihm nicht gelingen. Ein Landsknecht hat bereits sein Gewehr auf den jungen Mann gerichtet. Im Hintergrund wird eine junge Frau von einem anderen Soldaten mit erhobenen Degen bedroht. Die Frau versucht sich offenbar gegen den Zugriff des Mannes und einer möglichen Vergewaltigung zu wehren.

Die Zeiten waren ganz und gar nicht lustig und beileibe nicht friedlich: Im Jahre 1600 begann der Schwedisch-Polnische Krieg, der bis 1629 dauern sollte, das ganze Baltikum sowie das Herzogtum Preußen erfasste. Am 23. Mai 1618 warfen protestantisch gesinnte Böhmen die katholischen Stadthalter aus dem Fenster der Prager Burg (bekannt als der „Zweite Prager Fenstersturz"). Ähnliches hatte sich schon einmal im Jahre 1419 ereignet und zu den Hussitenkriegen geführt. Mit dem zweiten Fenstersturz erklärten die böhmischen Protestanten der katholischen Oberhoheit den Krieg und der Dreißigjährige Krieg begann. Ein Krieg, der von 1618 bis 1648 dauern sollte, in dem die Landsknechte des Heiligen Römischen Reiches und der Protestantischen Union Mitteleuropa verwüsteten und Millionen Menschen ihr Leben verloren, der aber auch mit einem großen Frieden beendet wurde (Münkler, 2017).

Hans Jakob Christoffel von Grimmelshausen beschreibt den mörderischen Kreislauf vom Leben, Jagen, Schlachten, Morden und Sterben der Landsknechte in seinem Schelmenroman „Der Abenteuerliche Simplicissimus Teutsch" mit einem Stakkato von Substantivierungen: „... Fressen und Saufen, Hunger- und Durstleiden, Huren und Buben, Raßlen und Spielen, Schlemmen und Demmen, Morden und Wieder-ermordet-Werden, Totschlagen und Wieder-zu-Tod-geschlagen-Werden, Tribulieren und Wieder-getrillt-Werden, Jagen und Wieder-gejagt-Werden, Ängstigen und Wieder-geängstigt-Werden, Rauben und Wieder-beraubt-Werden, Plündern und Wieder-geplündert-Werden, Sich-Förchten und Wieder-geförchtet-Werden, Jammer-Anstellen und Wieder-jämmerlich-Leiden, Schlagen und Wieder-geschlagen-Werden; und in Summa nur verderben und beschädigen, und hingegen wieder verderbt und beschädigt werden, war ihr ganzes Tun und Wesen" (Grimmelshausen, 1978, S. 47 f.; Original: 1669).

Die Pest prägte das 17. Jahrhundert ebenfalls. Anfang des Jahrhunderts brach sie in Schottland, Irland und England und auch in Deutschland aus. Im Jahre 1629 wütete sie in Frankreich und Norditalien, dort besonders in Venedig. Über die große Pest von London in den Jahren 1665 und 1666, an der wohl zirka 70.000 Menschen gestorben sind, berichtet Daniel Defoe im fiktiven, 1722 erschienenen Bericht „Journal of the plague year" („Die Pest zu London") und empfiehlt: „that the best Physick against the Plague is to run away from it" (zit. n. Liniger & Suter, 2013, S. 237). Weglaufen konnten die wenigsten.

Und immer neue Kriege: Nach dem Dreißigjährigen Krieg folgten der Nordische Krieg von 1655 bis 1660 zwischen Schweden, Polen und Russland, der Schwedisch-Brandenburgische Krieg zwischen 1674 und 1679, der Große Türkenkrieg zwischen den europäischen Mächten und dem Osmanischen Reich (1683–1699) mit der Belagerung von Wien, die mit einem Sieg der Truppen aus Österreich, Polen, Sachsen, Bayern, Schwaben und Franken abgewandt werden konnte oder der Pfälzischer Erbfolgekrieg zwischen 1642 und 1649. In England bekämpften sich zwischen 1642 und 1649 die Anhänger des Parlaments und die Monarchisten um König Karl I. im Englischen Bürgerkrieg, aus dem, nach der Hinrichtung von Karl, eine zeitweilige Republik unter Führung von *Oliver Cromwell* (1599–1658) hervorging. Allerdings muss man sich diese Republik keinesfalls als friedliches Gemeinwesen vorstellen. Ganz im Gegenteil. Cromwell errichtete – in heutigen Worten – eine Militärdiktatur und bekämpfte in brutaler Weise die Schotten und Iren, die ihre Selbstständigkeit zu wahren suchten und sich zeitweise mit den englischen Royalisten verbündeten. Zu gewisser Ruhe kamen die Inselbewohner erst, als es ihnen nach dem Tode Cromwells 1689 gelang, ihre „Glorreiche Revolution" zu vollenden und mit den „Bill of Rights" die rechtlichen Grundlagen für die heutige konstitutionelle Monarchie zu legen. Die „Bill of Rights" regelten bekanntlich nur die Beziehungen zwischen Monarchie und dem englischen Parlament. Menschen- und Freiheitsrechte wurden nicht thematisiert. Und im Parlament saßen damals keinesfalls die Vertreter aller Bevölkerungsschichten. *Georg Wilhelm Friedrich Hegel* kritisierte knapp 140 Jahre später, dass sich eine große Anzahl der Parlamentsstellen in den Händen weniger befand und eine bedeutende Anzahl der Sitze durch Bestechung und Bezahlung erworben werden konnte. Hegels Schlussfolgerung: „Es wird schwerlich irgendwo ein ähnliches Symptom von politischer Verdorbenheit eines Volkes aufzuweisen sein" (Hegel, 2016, S. 5; Original: 1831).

Und wieder gegen die Juden

Der Westfälische Frieden, mit dem 1648 der Dreißigjährige Krieg beendet wurde, läutete ein Zeitalter wachsender religiöser Toleranz ein, in deren Folge auch zahlreiche Juden aus Osteuropa und Afrika wieder nach Mittel- und Westeuropa zurückwanderten (vgl. auch Sorkin, 2000, S. 225 f.). Mit dem Ende des Krieges und dem Beginn der kapitalistischen Entwicklung verloren Handel & Kreditgeschäfte ihren anrüchigen Charakter. Den vormals gesellschaftlich stigmatisierten (jüdischen) Geldverleihern war es möglich, aufgrund der ansteigenden Nachfrage nach Kapital, Vermögen zu schaffen. Ähnliches trifft auch auf die Hausier- und Trödelhändler zu.

Doch wo Licht ist, da ist auch Schatten: Der Aufstieg der jüdischen Kaufleute ließ Konkurrenzen zwischen jüdischen und nichtjüdischen Händlern entstehen und gebar ein weiteres antijüdisches Vorurteil, das des jüdischen Kaufmanns, dessen „trickreiches, unredliches und geldgieriges" Geschäftsgebaren Ursprung des ökonomischen Erfolges war. Das Stereotyp des geldgierigen, raffsüchtigen und auf unlautere Weise zu wirtschaftlichem Erfolg gekommenen Juden hat sich, wie später noch gezeigt wird, bis in das 21. Jahrhundert gehalten. Dennoch, obwohl nur zögerlich und von Rückschlägen begleitet, kann das 17. Jahrhundert als Wendepunkt für die jüdische Geschichte verstanden werden. Die rechtliche Stellung der jüdischen Bevölkerung besserte sich erheblich. Davon profitierte allerdings zunächst nur eine verschwindend kleine Gruppe von Juden. Im Kurfürstentum Brandenburg von Friedrich Wilhelm I. war es der Hofjude *Israel Aaron*, der den Auftrag erhielt, für die Armee und den kurfürstlichen Hof Waren zu besorgen, die im Lande nicht produziert wurden. *Samuel Oppenheimer*, 1635 in Heidelberg geboren, wurde zum einflussreichen Hofjuden am Hofe des österreichischen Kaisers Leopold I. und nach ihm, im Jahre 1703, folgte der Finanzier *Samson Wertheimer*. *Moses Wulff* wurde 1685 als Hofjude des anhaltinischen Fürsten Johan Georg I. nach Dessau berufen. Der als „Jud Süß" bekannt gewordene *Joseph Oppenheimer* (1692–1738) war Finanzberater des Herzogs von Württemberg.

Neben den Hofjuden entwickelte sich im Verlaufe des 17. Jahrhunderts eine weitere Gruppe privilegierter Juden, die „Hafenjuden". „Die Hafenjuden setzten sich aus zwei Gruppen zusammen. Zum einen handelte es sich um Sepharden von der spanischen Halbinsel, um Flüchtlinge, die als Conversos außerhalb des Judentums lebten und es gewohnt waren, sich in die sie umgebende Gesellschaft zu integrieren, zum anderen um italienische Juden, die dank einer weniger dogmatischen Auslegung des Judentums stets im Austausch mit der europäischen Kultur gestanden hatten" (Sorkin, 2000, S. 229). Auch die Hafenjuden dienten den Herrschern als Lieferanten und Bankiers.

Zunehmend gereichten die Privilegien der Hofjuden auch den Judengemeinden zum Vorteil. Die Hofjuden fungierten als direkte oder indirekte Beschützer der armen Gemeinden, in denen sie nicht selten als Gemeindevorsteher fungierten. Auf diese Weise konnten sich die Judengemeinden direkt mit ihren Petitionen an die Fürsten wenden, um auf lokale Missstände aufmerksam zu machen. All dies war – so *Hannah Arendt* – ein großer Vorzug gegenüber der nichtjüdischen Bevölkerung, „die ohne alle

Beziehung zu den höheren Machthabern der Ausbeutung der feudalen Großgrundbesitzer meist hilflos ausgeliefert waren" (Arendt, 1986, S. 48).

Dass diese Vorzüge aber auch ins Gegenteil umschlagen konnten, darf nicht vergessen werden. In Wien folgte der Kaiser 1669 dem Druck der katholischen Kirche und ließ per Dekret die mittellosen und wenig bemittelten Juden ausweisen (Hirsch & Schuder, 1989, S. 452 ff.). Im Brandenburg von Friedrich Wilhelm I. beschwerten sich Zünfte und Gilden wegen der vom Kurfürsten geförderten Ansiedlung und Handelstätigkeit von Juden. In verschiedenen Edikten und Verordnungen wurde in der Regierungszeit von Friedrich Wilhelm I. die Zuwanderung von Juden nach Preußen begrenzt oder von der Zahlung hoher Summen abhängig gemacht.

Erkennen, erleben, erleuchten

In all dem Schrecken, dem Sterben und der Zerstörung rührten große Geister am Bild der Welt mit Worten, Entdeckungen und Erfindungen, die wie Blitze waren. Am 17. Februar 1600 wurde *Giordano Bruno* (1548–1600) wegen Ketzerei in Rom auf dem Scheiterhaufen verbrannt. Er hatte die Erde aus dem Mittelpunkt des Weltalls verbannt, als erster die Unendlichkeit und Ewigkeit der Welt betont und damit den christlichen Gott entthront sowie die philosophischen Grundlagen für ein wissenschaftliches Weltbild geschaffen (vgl. Blum, 1999). Mit dieser Sicht auf die Welt suchte *Johannes Kepler* (1571–1630) nach den Gesetzmäßigkeiten der Planetenbahnen. Seine Beobachtungen und Gesetze veröffentlichte er 1609 und 1619. Einige Jahre später folgte ihm *Galileo Galilei* mit seiner 1632 publizierten Schrift „Dialogo di Galileo Galilei sopra i due Massimi Sistemi del Mondo Tolemaico e Copernicano" (kurz: Dialogo), in der er sich mit dem ptolemäischen und dem kopernikanischen Weltsystem auseinandersetzt, letzteres für zutreffender ansieht, deshalb in die Fänge der Inquisition geriet, aus denen er sich bekanntlich nur durch Unterwerfung entziehen konnte.

Das Wissen und die Wege seiner Erlangung trieben auch *Francis Bacon* (1561–1626), *René Descartes* (1596–1650), *Baruch de Spinoza* (1632–1677) oder *Gottfried Wilhelm Leibniz* (1646–1716) um. Auch *Thomas Hobbes* (1588–1679) und *John Locke* (1632–1704) sollen an dieser Stelle zumindest erwähnt werden.

Francis Bacon (1. Viscount St. Albans, 1. Baron Verulam, 1561–1626) war Philosoph, Jurist und Lordkanzler unter Jakob I. Als Autor der Werke, die *William Shakespeare* zugeschrieben werden, wurde er ebenfalls gehandelt. Bekannt ist Bacon vor allem als Begründer des

Empirismus. Darunter versteht man eine wissenschaftstheoretische Strömung, deren Vertreter davon ausgehen, dass wissenschaftlich relevantes Wissen und darauf bezogene Theorien ausschließlich aus unseren Sinneserfahrungen, durch Beobachtung und experimentelle Methoden zu erlangen seien.

Ein Jahr nach seinem Tod erschien die kleine, unvollendete Schrift „Nova Atlantis" (Bacon, 1984; Original: 1620), in der er seine Utopie einer idealtypischen, wissenschaftlich und technisch entwickelten Gesellschaft beschreibt. Neben *Nova Atlantis* gehört das „Neue Organon" (Novum Organum, erschienen 1620) zu den populärsten Werken Bacons. Mit diesem Text begründete Bacon den englischen Materialismus, seine Auffassung über die Ziele wissenschaftlichen Arbeitens, seine Forderung nach enger Verbindung von Philosophie und Naturwissenschaft sowie seine Auffassung von einer rationalen, auf Beobachtung und Experiment fußenden Forschungsmethode. Wenn ich Bacon zu den Gelehrten zähle, deren Einfluss auf eine menschengerechte, humanistische Gestaltung von Welt und Wirklichkeit nicht zu unterschätzen ist, so tue ich das, weil ich meine, dass es ihm, *Francis Bacon*, immer auch um einen engen Zusammenhang von wissenschaftlicher Erkenntnis und menschlicher Wohlfahrt ging (vgl. auch Krohn, 2006, S. 14).

René Descartes beschäftigte sich mit Philosophie, Mathematik, Physik und Physiologie. Seine bekanntesten philosophischen Werke dürften der „Discours de la méthode" (1637, deutsch: „Abhandlung über die Methode..."), die „Meditationes de prima philosophia" („Meditationen über die Erste Philosophie") aus dem Jahre 1641 und die „Principia philosophiae" von 1644 („Die Prinzipien der Philosophie") sein, in denen er nicht nur über die Zweifel im Erkenntnisprozess, über die Existenz Gottes oder die Kraft des Denkens nachsinnt, sondern auch seinen berühmten Satz formuliert: „ego cogito, ergo sum" – „Ich denke, also bin ich" formuliert. Damit konstatiert Descartes ein Prinzip, dass man aus der Sicht der heutigen Psychologie durchaus infrage stellen kann, obgleich es für die damalige Zeit eine Revolution im Denken angestoßen hat: Das, was ich klar erkenne (wenn ich wahrnehme und denke), ist wahr (weil ich existiere). Bekanntlich entwickelte Descartes auch die Grundlagen für die Analytische Geometrie, also für den Teil der Mathematik, mit dem sich schon Euklid oder Pythagoras rumschlugen und der heute eine wichtige Rolle spielt, um räumliche Sachverhalte in Physik, Chemie oder Technik zu berechnen und darzustellen.

Es war sicher kein Zufall, dass *Erich Fromm* in den USA über mehrere Jahre hinweg Seminare zur „Ethik" Spinozas leitete (Funk, 1978, S. 203),

4 Zerstören, Erkennen, Erleben im 17. Jahrhundert

hatte doch auch er, Fromm, so wie Spinoza seine Probleme mit der jüdischen Orthodoxie (Kap. 13). *Baruch de Spinoza*, der Ketzer, der Verbannte, der Sprachbegabte und Philosoph, wurde 1632 in Amsterdam geboren und starb 1677 in Den Haag. Seine Eltern stammten aus Portugal und waren wegen der dortigen Zwangstaufen, denen sich die Juden unterwerfen mussten, und judenfeindlichen Pogromen geflohen (siehe auch: Kap. 3). Mit den gläubigen Juden in Amsterdam kam Spinoza allerdings nicht klar. Nach dem Studium der Werke von René Descartes, Francis Bacon, Thomas Hobbes, Giordano Bruno oder Thomas Campanella entwickelte er eine kritische Sicht auf die Grundfesten des jüdischen Glaubens. So leugnete Spinoza u. a. den göttlichen Ursprung der Tora. Die Amsterdamer jüdische Gemeinde sprach daraufhin den Bann (einen Cherem[1]) aus, der den Ausschluss aus der jüdischen Glaubensgemeinde zur Folge hatte. Um nicht in wirtschaftlicher Not zu enden, arbeitete Spinoza als Schleifer optischer Gläser. Quasi nebenbei publizierte er über die Ethik, die Toleranz, die Freiheit, die Ordnung der Dinge und das Universum (das er, vereinfacht gesagt, mit Gott gleichsetzte). Zu seinen bekanntesten Werken dürften der *Tractatus de intellectus emendatione*, die „Abhandlung über die Verbesserung des Verstandes", die 1661 entstanden ist, aber erst postum veröffentlicht wurde, die *Ethica, Ordine Geometrica Demonstrata* (Ethik gemäß der Geometrischen Ordnung dargelegt) ebenfalls erst postum 1677 erschienen, sowie der anonym 1670 publizierte *Tractatus theologico-politicus*, der „Theologisch-politischer Traktat" gehören. Für Spinoza sind die Wege zu Gott immer auch Wege zur Erkenntnis des unendlich Seienden, zur Einsicht in die Ordnung der Dinge, Wege zur Glückseligkeit. Gott ist für Spinoza nicht der Schöpfer der Welt, sondern die Welt selbst, zu der auch der Mensch gehört. Ein glückseliges, gutes Leben setze die intellektuelle Vervollkommnung voraus. Die menschliche Vernunft und Erkenntnis bedarf deshalb der Freiräume, die nötig und naturgegeben sind. Freiheit ist für Spinoza das höchste Ziel des Menschen. Am Schluss des theologisch-politischen Traktats fasst Spinoza seine Einsichten zusammen: Es sei unmöglich, den Menschen die Freiheit zu nehmen, zu sagen, was sie denken. Diese Freiheit könne jedem gelassen werden, ohne das Recht und die Autorität des Souveräns zu gefährden. Jeder könne diese Freiheit haben, ohne den Frieden im Staat zu bedrohen (Höffe, 2014, S. 13). Die ethische und

---

[1] „Der Cherem, der Bann, beziehungsweise seine Androhung diente der Durchsetzung rabbinischer Dekrete, aber auch dem Ausschluss von Ketzern, Abtrünnigen und anderen Menschen, die nach Meinung der jüdischen Autoritäten durch ihr Verhalten das Judentum in Misskredit brachten" (Deusel, 2014).

erkenntnistheoretische Grundlage seiner Einsichten beruhen auf einem, wie Erich Fromm es formuliert, Modell der menschlichen Natur, nach dem es möglich ist, die allen Menschen gemeinsamen und grundlegenden Aspekte zu erkennen und zu respektieren. „Für ihn (Spinoza, WF) ist der Mensch Selbstzweck und nicht Mittel zum Zweck einer ihn transzendierenden Autorität" (Fromm, 1999, S. 22; Original: 1947).

Um Wissen und Erkennen ging es auch *Gottfried Wilhelm Leibniz*, der mit Spinoza im brieflichen Kontakt stand und Ende 1676 auf dem Weg von Paris nach Hannover in Den Haag Station machte, um Spinoza zu besuchen. Leibnitz schuf bekanntlich nicht nur die Grundlagen der Integral- und Differentialrechnung, entwickelte das Dualsystem, auf dem u. a. die moderne Computertechnik beruht, sondern plädierte, um nur einige wenige seiner humanistischen Einsichten zu nennen, auch für ein Prinzip der Solidarität: Nicht nur einem Jedem das Seine zu geben und niemanden zu schädigen, sondern auch mit Anstand zu leben und anderen zu helfen (Zimmer, 2019, S. 6).

Über das Verhältnis zwischen Leibnitz und Spinoza ist viel spekuliert und gestritten worden. Einen Höhepunkt der Streitigkeiten bildete der Pantheismusstreit am Ende des 18. Jahrhunderts. Dieser begann mit einer Publikation von Friedrich Heinrich Jacobi (1743–1819) „Über die Lehre des Spinoza in Briefen an den Herrn Moses Mendelssohn". Beteiligt haben sich an diesem Streit auch weitere deutsche Geistesgrößen, wie Johann Wolfgang Goethe, Johann Gottfried Herder, Johann Kaspar Lavater, Gotthold Ephraim Lessing, später auch Johann Gottlieb Fichte, Georg Wilhelm Friedrich Hegel und andere. Ein zentraler Streitpunkt in diesen Auseinandersetzungen war die Lehre Spinozas, der bis dahin entweder verketzert oder als „toter Hund" verachtet wurde (Goldenbaum, 2009, S. 200). Dass die Streitpartner sich wechselseitig unterstellten, von Spinoza eigentlich keine Ahnung zu haben, sei nur am Rande erwähnt. Vor allem besagter Jacobi, später auch Herder und Hegel warfen Moses Mendelssohn vor, Spinoza ignoriert und verachtet zu haben. Tatsächlich aber hatte Mendelssohn bereits 1775 in seinen „Philosophischen Gesprächen" Spinoza als einen großen und Leibnitz ebenbürtigen Philosophen bezeichnet (Goldenbaum, 2009, S. 201). Eine nicht unwichtige Rolle im Pantheismusstreit dürften allerdings auch die öffentlichen Debatten um die Emanzipation der Juden gespielt haben. Das ist aber eine andere Geschichte, die uns noch beschäftigen wird (Kap. 5).

Neben den Philosophen wurden sich auch andere Gelehrte der Kraft ihres Denkens bewusst und suchten nach dem Innersten, was die Welt zusammenhält und bewegt: *Otto von Guericke* (1602–1686) erfand 1649 eine Luftpumpe und begründete mit seinen berühmten Magdeburger Halbkugeln die Vakuumtechnik. Dem Engländer *Sir Isaac Newton* (1643–1727) fiel 1660 angeblich ein Apfel auf den Kopf und er entdeckte das Gravitationsgesetz sowie die Gesetze der klassischen Mechanik. Auch die Differential- und Integralrechnung geht – gemeinsam mit Leibnitz – auf seine Kappe.

In der Kunst löste die Epoche des Barock die Renaissance und den Manierismus ab. Pomp, Luxus, Genuss, aber auch die Vergänglichkeit des Lebens, Not, Krankheit und der Tod sind zentrale Themen, die in ganz unterschiedlichen Kunstwerken und Gattungen dargestellt werden und die jeweilige Auffassung vom Menschlichen und Menschsein illustrieren. Wenn Wissen und Erkennen die Leitmotive der Gelehrten des 17. Jahrhunderts waren, so spielten in der Kunst das Erleben und Empfinden eine zentrale Rolle. *Gian Lorenzo Bernini* (1598–1680) gestaltete den Petersplatz in Rom, schuf die berühmte Büste der Medusa, das Grabmal für Papst Urban VIII. im Petersdom zu Rom[2] und manch andere Kunstwerke. Man muss einmal ganz oben auf dem Petersdom gestanden haben und auf den Petersplatz hinabschauen, um die Wirkung der Kolonnaden von Bernini erleben zu können. Das Oval der Säulengänge mit den Heiligenstatuen rechts und links des Platzes wirkt wie ein Amphitheater und soll es ja auch sein, um die großen Stücke mit dem Stellvertreter Gottes inszenieren zu können.

Die in Frankfurt am Main geborene Tochter des bekannten Kupferstechers Matthäus Merian, *Maria Sibylla Merian* (1647–1717), zeichnete wunderschöne Insekten- und Blumenbilder, deren detailreiche Darstellung einzigartig und anrührend ist. Heute wird Maria Merian auch als Pionierin der Entwicklungsbiologie und Ökologie gewürdigt (Kutschera, 2017). *Peter Paul Rubens* (1577–1640) malte opulente Menschenbilder mit großer Sinnlichkeit und mythischen oder alltäglichen Bezügen. Als Beispiel sei an die feuchtfröhliche und leicht schlüpfrige Bauernkirmes, die im Pariser Louvre zu bewundern ist, erinnert. *Rembrandt Harmenszoon van Rijn* (1606–1669) entwickelte sich zum bedeutendsten niederländischen Barockmaler. *Diego Velázquez* (1599–1660) porträtierte die spanischen Granden und wurde zu einem Vorbild für Francisco de Goya (1746–1828). Und natürlich die Musik von *Claudio Monteverdi* (1567–1643), *Alessandro Scarlatti* (1660–1725), *Domenico Scarlatti* (1685–1757), von *Heinrich Schütz* (1585–1672)

---

[2] Das ist jener Papst, der zunächst große Stücke auf Galilei hielt, dann dessen Schrift „Dialogo" verdammte, sich schließlich (und vermutlich) gegen eine Einkerkerung des Verdammten aussprach und Galilei „nur" unter Hausarrest stellen ließ.

oder von *Henry Purcell* (1659–1695). Ob es nun Oratorien, Kantaten, Opern oder Musik für profane Anlässe sind, die von diesen und anderen großen Musikern geschrieben und aufgeführt wurden, es war Musik von dieser und für diese Welt. Menschen erfreuten sich daran, konnten damit trauern und weinen, tanzen und lustig sein. Sie fühlten sich eins mit Gott, fanden mit der Musik einen Weg aus dem irdischen Übel oder ließen sich einfach nur unterhalten. Mit Mitteln der Musik (und der Malerei), so eine zentrale Auffassung im 16. und 17. Jahrhundert, sollten vor allem Affekte und Gefühle ausgelöst, ausgedrückt und dargestellt werden (vgl. auch Keil, 2018, S. 126 ff.).

Das Licht, das im 15. und 16. Jahrhundert von Italien aus die europäische Kultur überstrahlte und die Renaissance bedeutete, leuchtete mehr und mehr. Aufklärung, oder im Englischen „enlightenment" (Erleuchtung), nennt man das Zeitalter, das um 1700 begann und später die Moderne einleitete.

Literatur

Arendt, H. (1986; Original 1951). *Elemente und Ursprünge totaler Herrschaft*. Piper.
Bacon, F. (1982; Original: 1620). *Das Neue Organon (Novum Organon)*. Akademie Verlag.
Bacon, F. (1984; Original: 1627). *Neu-Atlantis*. Akademie Verlag.
Blum, P. R. (1999). *Giordano Bruno*. C. H Beck.
Deusel, A. Y. (2014). Cherem. *Jüdische Allgemeine*. https://www.juedische-allgemeine.de/glossar/cherem/. Zugegriffen: 21. Mai 2021.
Fromm, E. (1999; Original: 1947). Psychoanalyse und Ethik. *Erich-Fromm-Gesamtausgabe in 12 Bänden, Band II,* herausgegeben von R. Funk. Deutsche Verlags-Anstalt.
Funk, R. (1978). *Mut zum Menschen. Erich Fromms Denken und Werk, seine humanistische Religion und Ethik*. Deutsche Verlags-Anstalt.
Goldenbaum, U. (2009). Der Pantheismusstreit als Angriff auf die Berliner Aufklärung und Judenemanzipation. *Aufklärung, 21,* 199–226.
Grimmelshausen, H. J. C. von (1978; Original: 1669). *Der Abenteuerliche Simplicissimus Teutsch*. Aufbau-Verlag.
Hegel, G. W. F. (2016, Original: 1831). *Über die englische Reformbill*. Herausgegeben von K.-M. Guth. Contumax GmbH & Co. (Sammlung Hofenberg).
Hirsch, R., & Schuder, R. (1989). *Der gelbe Fleck*. Rütten & Loening.
Höffe, O. (2014). Einführung. In O. Höffe (Hrsg.), *Baruch de Spinoza. Theologisch-politischer Traktat* (S. 1–25). Akademie Verlag.
Keil, W. (2018). *Musikgeschichte im Überblick*. Wilhelm Fink Verlag.

Krohn, W. (2006). *Francis Bacon*. C. H. Beck.

Kutschera, U. (2017). Maria Sibylla Merian (1647–1717) Pionierin der Entwicklungsbiologie und Ökologie. *Biologie in unserer Zeit, 47*(1), 28–36.

Liniger, S. & Suter, R. (2013). Self-fulfilling Prophecies: Figurationen der Zeit bei Thomas Hobbes, James Nayler und Daniel Defoe. In J. B. Lande, R. Schlögl & R. Suter (Hrsg.), *Dynamische Figuren: Gestalten der Zeit im Barock* (S. 209–240). Rombach Wissenschaften.

Münkler, H. (2017). *Der Dreißigjährige Krieg: Europäische Katastrophe, deutsches Trauma 1618–1648*. Hamburg: Rowohlt Verlag.

Sorkin, D. (2000). Auf dem Weg in die Moderne. In N. De Lange (Hrsg.), *Illustrierte Geschichte des Judentums*. (S. 223–279). Frankfurt a. M.: Campus Verlag.

Zimmer, J. (2019). *Leibniz und die Folgen*. J.B. Metzler Verlag.

5

Sinnlichkeit, Vernunft und Aufklärung

„Eine Sprache erlanget Aufklärung durch die Wissenschaften und erlanget Kultur durch gesellschaftlichen Umgang, Poesie und Beredsamkeit" (Mendelssohn, 1974, S. 4; Original: 1784).

Kriege und Katastrophen

Im Frühjahr des Jahres 1700 machte sich der 15-jährigen *Johann Sebastian Bach* (1685–1750) mit seinem Schulfreund *Georg Erdmann* (1682–1736) auf, um vom thüringischen Ohrdruf nach Lüneburg zu wandern. In Ohrdruf hatte Bach die Lateinschule besucht und mit sehr guten Noten in Latein, Griechisch, Religion, Musik sowie in Mathematik und Geografie abgeschlossen. Im Lüneburger Michaeliskloster wird Bach auf Empfehlung seines älteren Bruders *Johann Christoph Bach* seine musikalische Ausbildung fortsetzen. Das Michaeliskloster ist zu dieser Zeit kein Kloster mehr, sondern eine protestantische Ausbildungsstätte, an der adlige Sprösslinge kraft ihrer Herkunft aber auch Jungen niederen Standes aufgrund eines Stipendiums, wie Bach und Erdmann, die Universitätsreife erwerben können. Sie wurden in der Kunst des Tanzens, des Gesangs, in Latein, Griechisch, Philosophie und Rhetorik unterrichtet (vgl. auch Kruse, 2014). Während der eine, Bach, Lüneburg 1702 wieder verlassen wird, um auf die Stufen seiner Musikkarriere zu steigen, wird sich der andere, Georg Erdmann, in Rechtswissenschaft ausbilden lassen, 1714 in die Dienste des russischen Zaren treten und unter dem Generalfeldmarschall *Anikita Iwanowitsch Repnin* am Großen Nordischen Krieg teilnehmen.

Dieser Krieg begann ebenfalls im Frühjahr 1700, just in der Zeit als Bach und Erdmann Lüneburg erreichten. Auf der einen Seite standen die Truppen des Russischen Zarenreichs, Soldaten aus dem Kurfürstentum Sachsen und dem von *Friedrich August* in Personalunion geführten Königreich Polen sowie eine Armee aus dem dänisch-norwegische Königreich und auf der anderen Seite die Armee der Großmacht Schweden. Einige Jahre später trat Preußen unter Führung des „Soldatenkönigs" Friedrich Wilhelm I. ebenfalls auf der Seite der Russen in den Krieg ein, der erst 1721 mit der Niederlage Schwedens sein Ende fand. Es war wohl der zweitlängste militärische Konflikt der Frühen Neuzeit (Querengässer, 2019). Über die Opfer gibt es keine verlässlichen Zahlen. Es könnten mehr als 300.000 gewesen sein.

Opfer und viel Leid gab es auch in den anderen Kriegen des 18. Jahrhunderts: Im Spanischen Erbfolgekriege zwischen 1701 und 1714, sowie zwischen 1740 und 1748, in einem erneuten Krieg gegen die Türken zwischen 1716 und 1718 und im Siebenjährige Krieg (1756–1763) zwischen Preußen und Kurhannover auf der einen und dem Habsburger Reich, Frankreich und Russland auf der anderen Seite. In Nordamerika kämpften zwischen 1754 bis 1763 Franzosen gegen Engländer und zwangen die von ihnen beherrschten indigenen Stämme als „Verbündete" am Kriegsgeschehen teilzunehmen, aus dem diese später letztlich als die eigentlichen Verlierer hervorgingen. Dann folgte dort der amerikanische Unabhängigkeitskrieg von 1775 bis 1783, an dem auf Druck des britischen Königs Georg III. auch deutsche Soldaten teilnehmen mussten.

Und dann waren da die fast alltäglichen Naturkatastrophen. Die Bauern in Deutschland hatten – besonders in der ersten Hälfte des 18. Jahrhunderts – mit großen Heuschreckenplagen zu kämpfen (Herrmann & Sprenger, 2010). Zwischen 1708 und 1714, in der Zeit des Großen Nordischen Krieges, grassierte wieder einmal die Pest in Europa. Zwischen dem 24. und 25. Dezember 1717 kam es an der Nordsee zu einer großen Sturmflut. In manchen Ortschaften verloren zwischen 50 und 80 % der Bevölkerung ihr Leben. In anderen Gegenden lag der Bevölkerungsverlust zwischen fünf und 25 % (Jakubowski-Tiessen, 1992, S. 57 ff.). In der sogenannten Neujahrsflut im Jahre 1721 folgten erneut gewaltige Überschwemmungen in fast allen Küstenbereichen der Nordsee.

1755 zerstörten ein Erdbeben und eine anschließende Flutwelle fast die gesamte Stadt Lissabon. Zwischen 15.000 bis 30.000 Menschen verloren dabei ihr Leben (Georgi, 2008, S. 99). Die Tsunami-Wellen sollen auch die Küsten Nordafrikas und Englands erreicht haben. Dieses Beben und die Jahreszahl „1755" wurden zu einer Metapher für die „geistesgeschichtlichen Umbrüche um die Mitte des 18. Jahrhunderts" (Rathey, 2009, S. 287).

Christiane Eifert (2002, S. 634 f.) macht auf die nachhaltige Wirkmächtigkeit des Lissaboner Bebens aufmerksam und nennt als Beispiele Heinrich v. Kleist (1777–1811), Johann Wolfgang Goethe (1749–1832), Theodor Fontane (1819–1898) oder Thomas Mann (1875–1955), die verschiedentlich das Beben nutzten, um auf Verunsicherungen in Folge natürlicher Katastrophen hinzuweisen.[1] Man kann das Erdbeben von Lissabon durchaus als ein Schlüsselereignis bezeichnen, das die Denker der Zeit mehr oder weniger aus ihren intellektuellen Bahnen warf; nicht zuletzt, weil das Erdbeben zu einem Gegenstand einer außergewöhnlichen und – für die damalige Zeit – relativ schnell reagierenden Berichterstattung wurde. Das Beben ereignete sich am 1. November 1755. Am 8. November berichtete die spanische Zeitung *Gazeta de Madrid* von den Zerstörungen in Lissabon. Zwei Wochen später folgten Berichte in Pariser und Londoner Zeitungen. Anfang Dezember 1755 konnte man in Berlin und Hamburg vom Erdbeben lesen und hören (Wilke, 2008, S. 75). Bald erschienen auch bildliche Darstellungen (Grafiken, Drucke, Gemälde) vom Erdbeben, ebenso Theaterstücke, Gedichte und Kantaten. *Christian Gottlieb Lieberkühn* (1730–1761), ein heute nahezu vergessener Schriftsteller und Feldprediger verfasste das Trauerspiel „Die Lissabonner", das im Januar 1757 in Breslau aufgeführt wurde (Lauer & Unger, 2008, S. 27). Ebenfalls als Reaktion auf das Lissaboner Erdbeben komponierte *Georg Philipp Telemann* (1681–1767) im Jahre 1756 sein Oratorium „Donnerode" (Rathey, 2009).

Für die Aufklärer der Zeit, wie *Voltaire, Jean-Jacques Rousseau* oder *Immanuel Kant,* sowie für manche Theologen und Prediger war das Erdbeben von Lissabon Anlass zum Streit über die „beste aller Welten", über den Einfluss des Menschen auf die Natur und über Gottes Gericht. Voltaire beklagte in einem „Gedicht über das Erdbeben von Lissabon" (Poème sur le désastre de Lisbonne) die unglückseligen Menschen, die bejammernswerte Erde, die Grausamkeit der Natur, wetterte gegen die Verfechter optimistischer Weltsichten und zweifelt an der Gerechtigkeit Gottes (Reinhardt, 2020). Rousseau fühlte sich daraufhin angesprochen. Nicht die Natur sei grausam, sondern der Mensch, der mit seinen Ansprüchen die Natur verderbe. Ähnlich argumentierte auch Kant und entwickelt nebenbei noch eine Erdbebentheorie, die sich allerdings kaum bestätigen ließ. In unterirdischen

---

[1] Kleist stützt sich in seiner Novelle „Das Erdbeben in Chili" auf Berichte über das Lissaboner Beben. Goethe erinnert sich an das Beben in seiner Autobiografie „Dichtung und Wahrheit". Fontane greift in seinem Alterswerk „Der Stechlin" die Metapher „Lissabon" auf, um etwas Großes zu bezeichnen, das passieren kann. Im „Zauberberg" von Thomas Mann wird Hans Castorp nach dem Beben von Lissabon gefragt.

Höhlen würden Feuer brennen, aus denen, wenn Wasser in die Höhlen eindringe, Gase entstehen könnten, die Explosionen und dann die Erdbeben verursachten (Kant, AA, Band I, Original: 1755).

Ein weiteres Erdbeben ereignete sich 1783 in der Region Kalabrien und auf Sizilien. Dabei sollen ebenfalls mehr als 30.000 Menschen gestorben sein. Auch dieses Beben hat seine musikalische Interpretation erfahren. *Carl Philipp Emanuel Bach* (1714–1788), Sohn von Johann Sebastian Bach und seit 1768 Nachfolger von Telemann als städtischer Musikdirektor und Kantor in Hamburg, komponierte 1783 für die Feier der Kapitäne der Hamburger Bürgerwehr ein Oratorium, dessen Libretto von *Christian Wilhelm Alers* (1737–1806), einem in der Nähe von Hamburg tätigen Pfarrer, verfasst wurde. In dem Libretto wird der „Hamburger Schutzgeist" gefragt, ob der Stadt ein naher Donnerschlag drohe. Der Schutzgeist verneint, weint aber über die Leiden eines „Bruders" Hamburgs, denn Gott habe die Zerstörung Messinas befohlen, also der Stadt Siziliens, die 1783 vom Erdbeben am stärksten betroffen war (Rathey, 2009, S. 298).

Musik – Berührung der Sinne und des Verstandes

Es besteht kein Zweifel, dass auch das 18. Jahrhundert eines der Musik war und *Carl Philipp Emanuel Bach* einer der Großen dieses Musik-Jahrhunderts, aber auch einer unter vielen anderen. Festhalten wollen wir aber, dass Carl Philipp Emanuel nicht nur mehr als 350 Sinfonien, Klavierkonzerte und Sonaten verfasste, sondern mit seiner Musik auch einen Stil mitprägte, den man auch den *Empfindsamen* nennen kann (Wohlfarth, 1998, S. 102 f.), ein Stil mit dem ein neues, dem irdischen Leben zugetanes, Gefühl ausgedrückt werden sollte. Die Musik wurde – einfach gesagt – unterhaltsamer. In der Literatur spielten übrigens Empfindsamkeit und Sinnlichkeit ebenfalls eine zunehmende Rolle. Anfangs hallte noch der Barock nach: In Italien, irgendwo zwischen Mantua, Rom und Venedig komponierte *Antonio Vivaldi* (1678–1741) die „Vier Jahreszeiten", zahlreiche Violinkonzerte und Sonaten und inszenierte seine Opern mit großem Aufwand, starb aber doch fast vergessen in Wien. *Johann Sebastian Bach,* Vater von Carl Philipp Emanuel, und wohl der Allergrößte, nicht nur unter den Musikern des Barock, schätzte Vivaldi ebenfalls. Von Eisenach aus, über Ohrdruf, Lüneburg, Weimar und Arnstadt, wo er seine erste Organistenstelle innehatte war, seine spätere Frau kennenlernte und sich

5 Sinnlichkeit, Vernunft und Aufklärung

auch schon mal mit Chorschülern prügelte, weiter für ein Jahr nach Mühlhausen, wieder Weimar, anschließend Köthen, wo er sich sehr wohl gefühlt haben soll, landete Bach schließlich in Leipzig als Thomaskantor. Die Entwicklung, die Bach auf diesem Wege zurückgelegt haben könnte, kann man sich sehr schön vorstellen, wenn man sich einige der Bach-Denkmale in Thüringen ansieht, auch wenn diese aus der Neuzeit stammen. Beginnen sollte man nicht in Eisenach; dort steht der erfolgreiche Bach im gesetzten Erwachsenenalter. Vorteilhafter wäre ein Blick zuerst auf das Denkmal in Arnstadt. Dort lehnt ein junger, lässiger Bach mit herausfordernder Miene und gestreckten Beinen an einem Meilenstein. Dann könnte man sich den Bach in Mühlhausen zu Gemüte ziehen. Hier steht er im Alter von 22 Jahren in Bronze gegossen auch nicht auf einem Sockel. sondern daneben. Das linke Bein steht auf einer Stufe, als ersteige er gerade die schon erwähnte Karriereleiter. Seine Betrachter schaut er freundlich und selbstbewusst an, in der Überzeugung, da müsse doch noch etwas kommen auf dem Weg zum Ruhm. Die Büste vor dem Bach-Haus in Köthen kann man sich sparen. Nicht, weil sich der Weg nach Köthen nicht lohnt, das tut er schon. Das Bach-Denkmal in Köthen macht nicht viel her. Dann lieber gleich nach Leipzig zur Thomaskirche. Im Kirchhof steht er hoch auf dem Sockel, auf den er hingehört. In Leipzig entstehen die großen Werke. Man denke an die „Johannespassion", an die „Matthäuspassion" oder an die „h-Moll-Messe" – Werke für den Gottesdienst und zur religiösen Erbauung; die zur Unterhaltung oder zu Übungen gedachten, sogenannten weltlichen Werke, z. B. die „Goldberg-Variationen", das „Wohltemperierte Klavier", die lustige „Kaffeekantate", sind ebenfalls große Musik.

Es gibt seit längerem eine Diskussion über das Verhältnis zwischen Bach und der Aufklärung. Die Bachforschung in der DDR ließ keinen Zweifel daran, dass Bach und *Georg Friedrich Händel* zu den Repräsentanten der Aufklärung gehören (z. B. Siegmund-Schultze, 1976). Meinrad Walter (1985) sieht diese Vereinnahmung Bachs durch den sozialistischen Humanismus kritisch und entdeckt auch antiaufklärerische Indizien in Bachs Werken. Anders dagegen Arend Hoyer; er findet in den Textpassagen einiger Bach-Kantaten durchaus aufklärerisches Potential (Hoyer, 2018, S. 36). Allerdings: Ob nun Bach und seine Musik zur Aufklärung beitrugen, ob die Aufklärer Bachs Musik zur Kenntnis genommen haben oder inwieweit in der Bachschen Musik gar Gedankengänge von Leibnitz zu entdecken sind (wie Geiringer, 1969, S. 202, festzustellen vermochte), ist eigentlich unerheblich. Johann Sebastian Bach, das Musikgenie hat sich seines eigenen Verstandes bedient, um Musik zu komponieren, die das Menschsein reicher und erlebbarer machte. Die Menschen, die seine Musik hörten, wussten, daß es menschengemachte Musik für Menschen war. Und das sollte doch wohl reichen, Bach einen großen Humanisten zu nennen.

> **Supplementum**
>
> Wenn da nicht manche Einwände existierten: Im Bachhaus zu Eisenach wurde 2016 eine kleine Ausstellung mit dem Titel „Luther, Bach – und die Juden" gezeigt. Es ging um antijüdische Botschaften in der Bachschen Kirchenmusik, namentlich in seinen Passionswerken, in denen mit lautem Chorgesang die Juden für den Tod Jesus am Kreuz verantwortlich gemacht werden. *Die Zeit* fragte angesichts der Ausstellung: „War Johann Sebastian Bach Antisemit, nur weil er Luther vertonte?" (Hagedorn, 2016). Das News-Portal der Erfurter Universität fragte ebenfalls und zwar Prof. Dr. *Jascha Nemtsov*, Mitglied der Forschergruppe „Dynamik ritueller Praktiken im Judentum in pluralistischen Kontexten von der Antike bis zur Gegenwart" am Max-Weber-Kolleg der Universität Erfurt: „War Bach ein Antisemit, Herr Prof. Nemtsov?". Jascha Nemtsov antwortete: „Wir können davon ausgehen, dass der Antisemitismus zu Bachs Zeiten eher die Regel als eine Ausnahme war. Antisemitische Anschauungen, die schon immer zum christlichen Weltbild gehörten, bekamen durch die lutherische Reformation zusätzliche Impulse. Die Frage, ob Bach ein Antisemit war, wäre daher ungefähr genauso spannend, wie die Frage, ob er im Alter geschnarcht hat, wenn man nicht vermuten würde, dass seine diesbezüglichen Ansichten irgendwie sein Werk beeinflusst haben könnten" (aktuell.uni-erfurt, 2016).

Von *Georg Friedrich Händel* (1685–1759), von *Georg Philipp Telemann* (1681–1767) oder von den späteren Vertretern der Klassik, wie *Franz Joseph Haydn* (1732–1809), *Wolfgang Amadeus Mozart* (1756–1791) und dem jungen *Ludwig van Beethoven* (1770–1827) sind uns keine antijüdischen Ausfälle bekannt. Nur weil wir sie nicht kennen, muss das aber nichts besagen.

Von Händel ist indes noch etwas Schönes zu berichten. Händel, der Hallenser, den es über Hamburg, Hannover und Italien nach London verschlug, oder besser: der nach London ging, weil er dort eigentlich Urlaub machen wollte, komponierte bekanntlich viel Unterhaltendes und Erhebendes, u. a. den „Messiah" mit dem bekannten Halleluja, die „Feuerwerksmusik", die „Wassermusik", etliche Opern und das Oratorium „Judas Maccabaeu". In dem Oratorium geht es um den heldenhaften Sieg von *Jehuda Makkabi* über die hellenistischen Unterdrücker im 2. Jahrhundert vor Christus. Händel hatte allerdings nicht die Absicht, den Hebräern oder gar den Juden ein religiöses Singspiel zu widmen. Gewidmet hat er das Stück dem Herzog von Cumberland, Sohn von König George II.

Der Herzog hatte 1745 in einem grausamen Gemetzel die schottischen Anhänger der Stuarts, die Nachfolger des früheren Königs James II., endgültig geschlagen.

Ein Vertreter des eingangs erwähnten *Empfindsamen Stils* in der Musik wollen wir, quasi stellvertretend für manch andere, an dieser Stelle noch würdigen: *Christoph Willibald Gluck* (1714–1787), Komponist von Balletten, Kantaten, Liedern, Arien, Opern und ein großer Reformer der Opernkompositionen. Seine Oper „Orpheus und Eurydike" (im Original: „Orphée et Euridice" mit italienischem Libretto, Erstfassung 1762; später folgten noch weitere Überarbeitungen) gilt als Reformoper. Die bis dato übliche Abfolge von Rezitativen, Arien und Szenen wurde aufgebrochen und wich einer durchkomponierten, musikalisch-dramatisch erzählten und inszenierten Geschichte.

Ob die Musik im 18. Jahrhundert noch dem Barock verbunden war oder empfindsam und unterhaltsam dargeboten wurde, auf jeden Fall berührte sie die Sinne der Zuhörerinnen und Zuhörer. Nicht zuletzt auch deshalb, weil sie, die Musik, stürmischer, drängender und kritischer wurde. Dazu abschließend noch ein Beispiel: 1785 begann *Wolfgang Amadeus Mozart* seine Zusammenarbeit mit dem jüdischen Librettisten *Lorenzo Da Ponte* (1749–1838). Da Ponte oder Emmanuele Conegliano, so sein ursprünglicher Name, schrieb für Mozart u. a. die italienischen Libretti für die Opern „Le nozze di Figaro" (nach einem Schauspiel des Franzosen Pierre Augustin Caron de Beaumarchais), „Don Giovanni" und „Così fan tutte". Im Mittelpunkt des „Figaro", dessen Uraufführung 1786 in Wien stattfand, steht die Hochzeit des Kammerdieners Figaro, der seine Ehe mit der Kammerzofe Susanna gegen den Willen des Grafen Almaviva durchzusetzen versucht. Almaviva möchte sein früheres „Recht auf die erste Nacht" doch noch irgendwie verwirklichen und versucht Susanna zu verführen. Als er seinen Pagen Cherubino bei Susanna entdeckt, kommandiert er diesen ab zum Militär: „… vacante è un posto d'uffizial nel reggimento mio; io scelgo voi; partite tosto; addio" (frei der Posten eines Offiziers in meinem Regiment; ich ernenne Euch; geht schnell; lebt wohl). Und Figaro singt dazu: "Cherubino alla vittoria, alla gloria militar!" (Cherubino, auf zum Siege, auf zu hohem Waffenruhm!). Dem Grafen gelingt es bekanntlich im Verlaufe der Oper und durch manche Irrungen, Verwirrungen und Verkleidungen nicht, Susanna in sein Bett zu kriegen. Das Recht auf die erste Nacht ist kein allgemeines Gesetz mehr. Die Zeiten sind vorbei und die Macht des Adels neigt sich seinem Ende zu – drei Jahre vor dem großen Tanz der Revolutionäre in Frankreich. Ein wenig Widerstand findet sich bei Figaro auch schon: Will der Herr Graf ein Tänzchen nun wagen, mag er's mir sagen, ich spiel ihm auf. Und so fort. So werden im „Figaro" auch die überkommenen und veralteten Vorrechte des Adels kritisiert; zwar wesentlich zurückhaltender und subtiler als in der französischen Vorlage von Beaumarchais, aber immerhin.

Wenn man, wie Ulrich Johannes Schneider (Schneider, 2007, S. 266 f.), unter Aufklärung auch die Emanzipation der Sinne und die Manifestation von Sinnlichkeit versteht, dann ließe sich durchaus die These aufstellen, dass Gefühl und Verstand, Sinnlichkeit bzw. Empfindsamkeit und Erkenntnis je zwei Zwillingsschwestern sein müssten, um deren Wohlergehen sich die Aufklärer mühten.

Erzählungen, Sprache, Vernunft

Bleiben wir aber zunächst beim Appell an Vernunft und Verstand. Dieser Appell findet sich bei den großen Denkern der Aufklärungszeit in verschiedenen Variationen, bei Giambattista Vico (1668–1744), Christian Wolff (1679–1754), Christian Thomasius (1655–1728), Voltaire (1694–1778), David Hume (1711–1776), Jean-Jacques Rousseau (1712–1778), Denis Diderot (1713–1784), Christian Fürchtegott Gellert (1715–1769), Paul-Henri Thiry d'Holbach (1723–1789), Moses Mendelssohn (1729–1786), Gotthold Ephraim Lessing (1729–1781), Georg Christoph Lichtenberg (1742–1799), Johann Gottfried Herder (1744–1803), Johann Wolfgang von Goethe (1749–1832), Friedrich von Schiller (1759–1805), Immanuel Kant (1724–1804) und bei manch anderen.

Ich wähle aus, folge dabei meinen Vorlieben und beginne mit *Giambattista Vico* (1668–1744). Ob dieser zu den Aufklärern gezählt werden kann, ist – wie bei Bach – sicher Ansichtssache. Als Humanist, Philosoph und Verfasser von „Principi di una Scienza Nuova d' intorno alla commune natura delle nazioni" (1725, deutsche Übersetzung: „Prinzipien einer neuen Wissenschaft über die gemeinsame Natur der Völker", 2009) spielt Vico indes auch heute noch eine Rolle. Ich bin vor Jahren bei der Suche nach den „Vätern" und „Müttern" des Sozialen Konstruktionismus auf Vico gestoßen. Die Konstruktivisten, ob die Radikalen (z. B. von Glasersfeld, 1987) oder die sozial Gestimmten (z. B. Shotter, 1986), berufen sich gern auf Giambattista Vico.

Was ist so spannend an diesem Italiener? Es ist ein besonderer Humanismus, der sich u. a. aus dem Studium der Werke von Dante, Petrarca und Pico della Mirandola und jenen von Cicero oder Horaz speist. Überhaupt hat es Vico mit der Geschichte und den Geschichten. Wir können, so Vico, nur das erkennen, was wir Menschen selbst gemacht haben. Das ist das sogenannte Vico-Axiom: „Der Mensch macht die Geschichte" (Fellmann, 1976) und kann sie deshalb auch erkennen. Diese Geschichte findet sich in den Erzählungen, Mythen und Ritualen aus „grauer Vorzeit". Die so überlieferten Geschichten können wir Menschen erschließen. Die Welt der Natur hingegen sei nicht erkennbar bzw. erklärbar, weil von Gott gemacht (vgl. Amoroso, 2006, S. 78). Die Sache mit den überlieferten Erzählungen und Mythen etc., die man untersuchen müsse, um die menschliche Geschichte zu erkennen, hat natürlich später Goethe und Herder begeistert. Auch Karl Marx war von Vico und seiner Unterscheidung von Menschheitsgeschichte und Naturgeschichte angetan (Marx, 1977, MEW, Band 23, S. 393; Original: 1867). Allerdings gibt es doch einige Unterschiede zwischen Vico und Marx. Während Marx und Engels die Geschichte als eine durch die ökonomischen Prozesse und Verhältnisse bestimmte Entwicklung ansahen, geht es bei Vico um die Vorstellungen, die Menschen im Verlaufe ihrer Geschichte entwickeln und die für sie, also für die Menschen, verpflichtenden Charakter haben (Fellmann, 1976). Die Unterschiede zwischen materieller Praxis und ideellen Leitvorstellungen sind also schon gewaltig. Die humanistische Innovation von Vicos Auffassungen findet sich zum einen in der Aufforderung, eben die Geschichte dieser Ideen zu studieren, was Herder später beherzigte und zum anderen in der Forderung, Bedingungen für eine universalwissenschaftliche Ausbildung zu schaffen, um die Geschichte der Geschichten erforschen zu können (vgl. auch Eusterschulte, 2002, S. 17 ff.).

Und um auf eine praktische Konsequenz dieser Forderung nach universalwissenschaftlicher Ausbildung zu erwähnen, sei mit einem – zugegebenermaßen – etwas ethnozentrischen Blick auf einen Meilenstein in der deutschen Psychotherapie hingewiesen, der ebenfalls ohne Aufklärung nicht gesetzt worden wäre: Bekanntlich wurden wichtige Grundlagen für die psychotherapeutischen Ansätze der Jetztzeit im ausgehenden 19. Jahrhundert entwickelt. Vor allem auf die Psychoanalyse von *Sigmund Freud* (1856–1939) wird dabei in der Regel verwiesen. *André Knote* (2015) hat in einer beeindruckenden Arbeit zeigen können, dass interessante Ursprünge der Psychotherapie indes weit vor 1800, in den Zeiten der Frühaufklärung, zu finden sind: Unter der Bezeichnung „psychologische Cur" trat bereits vor 1750 ein ärztliches Behandlungskonzept auf den Plan, das man mit Recht als praktische Konsequenz der Aufklärung und als einen Vorläufer der Psychotherapie bezeichnen kann.

Wichtige Grundlagen einer neuen Wissenschaft, die bald *Psychologie* genannt wird, hatte der Philosoph und Aufklärer *Christian Wolff* (1679–1754) bereits in seiner erstmalig 1720 herausgegebenen *Deutschen Metaphysik* niedergelegt. Voll ausgearbeitet findet sich die wolffische Psychologie in den lateinischen Ausgaben der *Psychologia Empirica* aus dem Jahre 1732 und der *Psychologia Rationalis* von 1734. Allerdings verzichtete Wolff in seinen deutschen Schriften noch auf die Anwendung des Wortes Psychologie und schrieb stattdessen von der Seelenlehre. *Johann August Unzer* (1727–1799), der gelegentlich auch als „philosophischer Arzt" bezeichnet wird, unterschied zwischen körperlicher und seelischer Krankenbehandlung, benutzte auch schon den Begriff eines ‚Psychologus' und forderte 1750, ein Arzt müsse die Seelenlehre studieren, um auch die seelische Krankenbehandlung betreiben zu können. 1751 veröffentlichte der Mediziner Johann Christian Bolten (1727–1757) seine Schrift „Gedancken von psychologischen Curen". Psychologische Kuren seien dann indiziert, wenn die Seele krank ist. Und deshalb müsse der Arzt, ganz im Sinne Unzers, die Gesetze der Seele kennen. Die dafür die notwendigen Erkenntnisse stelle die Psychologie zur Verfügung.

Noch vor Bolten, Wolff und Unzer hatte sich der Jurist und Philosoph *Christian Friedrich Thomasius* (1655–1728) kritisch mit der geistlichen Seelenkur auseinandergesetzt, Verstand und Vernunft als Grundlage einer Ontologie erklärt (Arto-Haumacher, 1995, S. 54) und eine, dem Menschen gemäße Kur des *Verstandes* (sic!) gefordert (Knote, 2015, S. 132 f.). Durch die Entwicklung einer methodischen Gesprächsführung versuchte Thomasius, der als einer der ersten in Deutschland deutschsprachige Vorlesungen anbot (Lewin & Margraf, 1984, S. 18), die Affektlage anderer Menschen zu erkennen und zu erforschen. Diese Methode entwickelte Thomasius in Anlehnung an *Sokrates,* den er von den antiken Philosophen wohl am meisten schätzte. Bekannt ist diese Methode auch als *sokratischer Dialog.* Die Empfehlung dazu lautete: „Raisonire durch continuirliches Fragen und Antworten mit deinen Zuhörern" (Thomasius, 1691, S. 128). Mit seinen Studenten hat Thomasius diese Theorie der Gesprächsführung auch in der Praxis angewandt. In Gesprächen gab er den Studenten Hinweise im Umgang mit den Affekten und Ratschläge zur Erlangung einer Gemütsruhe (vgl. Schneiders, 1971, S. 222). Ernst Bloch würdigte Thomasius in schöner Weise als einen aufrechten Mann, der aus der Regel „Was du willst, dass dir geschehe, das tue den anderen" die Konsequenz gezogen habe, der äußere Frieden lasse sich durch die Verbesserung der Individuen befördern (Bloch 1985, S. 333; Original: 1961).

Christian Fürchtegott Gellert (1715–1769), der ebenfalls zu den Frühaufklärern gehört, stand übrigens mit Thomasius im Briefkontakt und hatte Vorlesung in Geschichte, Philosophie und Literatur bei ihm gehört (Gellert, 1983). Gellert verfasste Theaterstücke, die heute weitgehend vergessen sind, aber auch zahlreiche Fabeln oder Gedichte, von denen einige von Beethoven und Hayden vertont wurden und auch heute noch gelesen werden. In seinem Roman „Leben der schwedischen Gräfin von G." plädiert Gellert, (1984, Original: 1747) nicht nur für Tugendhaftigkeit, Bescheidenheit und Moral, sondern schildert auch am Beispiel eines Juden, den er als „großen Wohltäter" und treuherzigen und ehrlichen Menschen auftreten lässt, dass *Menschenliebe* eine unbedingte Anerkennung fremder Religionen einschließen müsse (vgl. auch Overhoff, 2004, S. 68 f.).

Auch der Dichter *Friedrich Gottlieb Klopstock* (1724–1803), der in Jena studiert hat und sich für den „Empfindsamen Stil" in der Literatur stark machte, kannte und schätzte Thomasius. Bekannt ist Klopstock, falls man sich an ihn erinnert, durch einfühlsame Gedichte und besonders durch seine „Messias Gesänge", die zwischen 1749 und 1773 in Halle an der Saale erschienen sind. *Christian Dietrich Grabbe,* ein Dramatiker des deutschen Vormärz, hielt allerdings Klopstocks Messias für ein „altes unfehlbares Schlafmittel" (Friedrich et al., 2011, S. X). Klopstock schrieb Aphorismen, Abhandlungen, Dramen, zu Herzen gehende Oden, schwülstige Gedichte über Gott, das Vaterland, die Fürsten oder die deutsche Sprache, aber auch über die Liebe und andere Alltäglichkeiten. Das Besondere an Klopstocks Gedichten und Oden sind nicht nur die freien Rhythmen, in denen sie verfasst sind und von denen auch Goethe sich beeinflussen ließ. Es waren vor allem die Leidenschaft und Empfindsamkeit, die – sozusagen – den Grundton lieferten. Auf einen – wie wir heute sagen würden – interessanten und fatalen Attributionsfehler hat Klopstock ebenfalls aufmerksam gemacht: dem übermäßigen Schließen von sich auf Andere. Klopstock nennt das „Von dem Fehler, andere nach sich zu beurteilen" (Klopstock, 1962, S. 945).

Zeitweise war Klopstock der Großen Französischen Revolution zugeneigt, erhielt gar von der französischen Nationalversammlung 1792 das Ehrenbürgerrecht, distanzierte sich aber bald vom Jakobinischen Regime. Bemüht hat sich der Dichter auch um eine deutsche Nationalliteratur. Sein patriotisches Drama „Hermanns Schlacht" und dessen Fortsetzungen („Hermann und die Fürsten" sowie „Hermanns Tod"), erschienen zwischen 1769 und 1787, mögen zwar einem patriotisch gestimmten Zeitgeist huldigen, sind aus meiner Sicht aber affektgeladene, urdeutsch-nationale Machwerke. Vielleicht lässt sich Klopstock, so wie Gellert, in einen Zweig der Aufklärung einordnen, den man die „empfindsame Aufklärung" nennen könnte (Schönborn & Viehöver, 2009). Das Credo einer solchen Aufklärung könnte dann sein: „Bediene Dich Deiner ganzen Sinne!".

Ein solches Credo könnte auch der Leitspruch von *Christoph Martin Wieland* (1733–1813) gewesen sein. Wieland war ab 1772 Prinzenerzieher am Weimarer Hofe, übersetzte neben Schriften aus der griechischen Poesie und Philosophie auch zahlreiche Shakespeare-Werke, verfasste etliche eigene Gedichte und Erzählungen sowie Singspiele und gab die einflussreiche Zeitschrift „Der teutsche Merkur" (1773–1789) und später den „Neuen Teutschen Merkur" (1790–1810) heraus. Ob er ein guter Dichter war, sei dahingestellt. Dass er der erste war, der Dramen von Shakespeare ins Deutsche übersetzte, sollte dagegen in den höchsten Tönen gelobt werden.

Mit den Zeitschriften, in denen Aufsätze über Literatur, Kunst, Politik, Rezensionen, Briefe und Fortsetzungsromane erschienen, etablierte Wieland eine Kulturzeitschrift, die „…eine entscheidende Rolle für die Kultur, Kommunikation und Aufklärung im gesamten deutschen Sprachraum" (Heinz, 2004, S. 22) einnahm. Etwa 1.500 Autoren publizierten im „Teutschen Merkur" und „Neuen Teutschen Merkur". Um nur einige Beispiele zu nennen: Friedrich Schiller veröffentlichte im „Teutschen Merkur" z. B. seine „Geschichte des Dreißigjährigen Krieges". Goethe lieferte anfangs hin und wieder Gedichte oder Aufsätze. Lavaters Ergüsse zur Physiognomik wurden ebenso rezensiert wie die darauf bezogenen Lichtenbergschen Verrisse. *Johann Heinrich Voß* (1751–1826) stellte Vorarbeiten zu Homers *Odyssee* zur Diskussion. Wieland selbst verfasste wohl mehr als ein Drittel der Beiträge, so u. a. über Thomas Morus, Erasmus von Rotterdam, die Unabhängigkeit Amerikas oder die Französische Revolution. Immer ging es ihm dabei darum, seine Sicht auf die Aufklärung zu schärfen und unters Volk zu bringen (z. B. Schaefer, 1996, S. 30).

Johann Gottfried Herder (1744–1803) war zu Zeiten Wielands ebenfalls in Weimar und gehört mit diesem sowie mit Friedrich Schiller und Johann Wolfgang Goethe zum *Klassischen Viergestirn Weimars*. In seiner Kulturanthropologie hebt er die Sprache als Mittler zwischen Mensch und Natur hervor. Herders Kritik an den z. B. von Immanuel Kant geäußerten Rasse-Auffassungen muss in diesem Zusammenhang auch erwähnt werden. Kant und manch andere Philosophen des 18. und 19. Jahrhunderts versuchten Unterschiede zwischen den Völkern (und deren Kultur) durch Verweise auf biologische Grundlagen als stabile Merkmale zu erklären. Herder hingegen sah die unterschiedlichen Völker als gleichwertig an, schloss aber nicht aus, dass sich das alltägliche Leben und die kulturellen Standards der verschiedenen Völker unterscheiden, weshalb man eben den Alltag und die Alltagskultur der Völker erforschen müsse. So kamen wohl auch seine Werke *Stimmen der Völker in Liedern* (1775), eine Sammlung von Volksliedern aus ganz Europa, und *Abhandlung über den Ursprung der Sprache* (1772) zustande. Die Sprachwissenschaftler zählen Herder zu den ersten, die nach dem Ursprung der Sprache fragten; auch für die Kulturanthropologinnen und Psychologinnen[2] ist Herder einer der Stammväter ihres Faches. Und ein großer Aufklärer war er ebenfalls: „Der Mensch ist zur Vernunftfähigkeit organisiert" (Herder, 1965a; Original: 1784). Zwischen 1793 und 1797 erschienen seine berühmten „Briefe zur Beförderung der Humanität". Herder spricht von Humanität, weil ihm Begriffe, wie Menschheit, Menschlichkeit, Menschenrechte, Menschenpflichte, Menschenwürde oder Menschenliebe zu trivial und nicht hinreichend erscheinen, um das zu benennen, um was es ihm geht. Humanität sei der Charakter unseres Geschlechts, also Wesen des Menschen. Dieser Charakter sei uns zwar angeboren, müsse aber erst ausgebildet, gebildet werden. „Humanität ist der Schatz und die Ausbeute aller menschlichen Bemühungen, gleichsam die *Kunst unsres Geschlechtes*. Die Bildung zu ihr ist ein Werk, das unablässig fortgesetzt werden muss, oder wir sinken, höhere und niedere Stände, zur rohen Tierheit, zur *Brutalität* zurück [...] *Briefe zu Beförderung der Brutalität* wird doch kein ehrliebender Mensch wollen geschrieben haben" (Herder, 2013, S. 102; Hervorh. im Original). Dabei hat Herder nicht nur die Bildung für das Gute und Schöne im Sinne, so wie es die ästhetische Erziehung bei Schiller nahelegen könnte. Herder geht es um mehr: um die Bildung der Denkart, der Gesinnung und der Sitten. Dazu gehöre eben auch das Wissen über die Gesänge der Alten, das Erleben von Musik, die Kenntnis von Dichtern und Denkern der Antike und der neuen Zeit. Das erinnert an Petrarca, den frühen Humanisten aus Italien. In seinen Briefen verweist Herder mehrfach auf Petrarca, weil dieser „[...] einer der ersten (war), der sich durch unablässigen Fleiß eine fast klassische Denkart angebildet hat" (Herder, 2013, S. 355). Die Humanität ist für Herder, nicht etwas, zu dem ein Volk, und schon gar nicht nur das der Deutschen, allein finden kann. Die Wahrheit müsse von allen gesucht und der Garten der Humanität von allen und möglichst gemeinsam bestellt werden.

---

[2] Leserinnen und Leser werden bemerkt haben, dass ich die männlichen Vertreter der Fächer immer mitmeine.

Supplementum

Ganz frei von antijüdischen Stereotypen war Herder allerdings auch nicht. Obwohl ein großer Bewunderer des jüdischen Altertums und des Reichtums der biblischen Schriften schreibt er auch schon mal vom jüdischen Volk als „parasitische Pflanze" und „Geschlecht schlauer Unterhändler" (Herder 1965b; Original: 1787; vgl. auch Bein, 1965, S. 128). Sicher, *Jakob Katz* hat schon recht, wenn er meint, dass Herder nicht zu den „bösartigen Judengegnern" (Katz, 1993, S. 142) gezählt werden darf, aber bedenklich sind Herders Einwürfe schon. Die eigentlichen Judengegner, die sich Ende des 18. Jahrhunderts in Stellung brachten, um gegen die Emanzipation der Juden und die Aufklärung zu hetzen, waren Leute wie *Traugott Friedrich Hartmann* (1749–1833) oder *Karl Wilhelm Friedrich Grattenauer* (1773–1838). Hartmann kommt in seinem Werk „Untersuchung ob die bürgerliche Freiheit der Juden gestattet sei" zu dem Schluss, „[...] eben so wenig wird ein vernünftiger Staat die Juden sogleich zu Bauern, Handwerksleuten, niedrigen und hohen Staatsdienern erklären können, ohne sich nicht seine weit brauchbarern und nützlichern Leute auszurotten" (Hartmann, 1783, S. 208) Und Grattenauer schreibt in seiner Schrift „Ueber die physische und moralische Verfassung der heutigen Juden" aus dem Jahre 1791 von den Juden als ein unmoralisches Volk der Wucherer und Gauner, von denen man sich befreien müsse. Kein Volk habe eine solch schlechte Moral wie die Juden, solch abscheuliche Sitten und elende Denkungsart (Grattenauer 1791, S. 3). So lange die Juden Juden seien, dürften sie keine Bürgerrechte unter Christen erwerben und genießen (ebd., S. 128). Hartmann, Grattenauer und andere richteten ihre Judenfeindlichkeit im Besonderen gegen die Juden in Preußen und seiner Hauptstadt Berlin.

Nach dem Siebenjährigen Krieg (1756–1763) und der Auflösung des polnischen Staates zwischen 1772 und 1795 wanderten viele Jüdinnen und Juden in deutsche Gebiete, besonders nach Preußen. Nach verschiedenen preußischen Verordnungen, mit denen das Leben der Juden in Preußen eingeschränkt wurde, erließ Friedrich II. von Preußen 1750 das „Revidierte General-Privilegium und Reglement". Damit sollte das jüdische Leben neu geregelt werden. So wurden die in Preußen lebenden Juden in Abhängigkeit von ihren materiellen und finanziellen Ressourcen in soziale Kategorien eingeteilt. Es gab – vereinfacht gesagt – die „Generalprivilegierten", zu denen nach wie vor die „Hofjuden" gehörten, die das Geld besorgten, um die Kriegszüge und das Leben am preußischen Hof zu garantieren. Es gab die Juden, die dafür, dass sie und ihre Nachkommen im preußischen Staat leben durften, bezahlen mussten. Eine weitere Gruppe waren die Bediensteten, wie Rabbiner, Schullehrer, Schächter, deren Wohnrecht auf die Dauer ihrer jeweiligen Anstellung begrenzt war und schließlich die Juden und deren Familien, die wegen ihrer Armut keinen oder nur einen zeitlich begrenzten Schutz bzw. gar kein Recht auf Sesshaftigkeit besaßen (vgl. auch Dieckmann, 2017). Trotz dieser Einschränkungen wuchsen die jüdischen Gemeinden in Preußen. 1784 lebten in Berlin zirka 3600 Jüdinnen und Juden, im gesamten preußischen Königreich zwischen 150.000 und 175.000 (Volkov, 2000, S. 4). Die Privilegierten, begüterte Juden, die als Bankiers, Finanziers oder Münzlieferanten tätig waren, wie beispielsweise *Veitel Heine Ephraim* (1703–1775) oder *Isaak Daniel Itzig* (1750–1806), waren zwar sehr reich; ihre Zahl allerdings verschwindend gering. Mehr als 50 % der jüdischen Arbeitskräfte waren als Tagelöhner, Handlungsgehilfen oder Hausangestellte tätig (Volkov, 2000, S. 7). Dazu kam eine große Zahl von Juden ohne festen Wohnsitz, die als „Betteljuden" durch die preußischen Lande zogen, dort aber eigentlich per Dekret nicht geduldet waren. Wie auch immer: Ob nun als privilegierte „Hofjuden", mehr oder weniger geschützte und geduldete Arbeitskräfte oder als geächtete Nichtsesshafte, die Jüdinnen und Juden „störten" die christlich-preußische Ordnung.

So oder so, Ende des 18. Jahrhunderts begann ein Zeitalter der jüdischen Emanzipation. 1778 gründete *David Friedländer* mit seinem Freund Moses Mendelssohn die erste öffentliche „Jüdische Freyschule", in der die jüdischen Schüler in Schreiben, Rechnen, Hebräisch, Deutsch und auch Französisch unterrichtet wurden (Jüdische-gemeinden.de). *Henriette Herz*, Frau des jüdischen Arztes und Philosophen *Marcus Herz*, gründete in Berlin einen ersten literarischen Salon, der zwischen 1780 und 1803 zum Treffpunkt von jüdischen und nichtjüdischen Intellektuellen, Künstlern, Literaten und jungen Adligen wurde. Jean Paul, Friedrich Schiller, die Brüder Friedrich und August Wilhelm Schlegel, Wilhelm und Alexander von Humboldt und Friedrich Schleiermacher haben den Salon besucht (Greulich-Janssen, 2007). Gast im Salon der schönen Frau Hertz war hin und wieder auch der preußische Staatsrat *Christian Wilhelm Dohm*, der sich für die staatsbürgerliche Gleichstellung der Juden einsetzte. Dohm veröffentlichte 1781 – wohl auf Anregung von Moses Mendelssohn – ein Buch mit dem Titel „Über die bürgerliche Verbesserung der Juden" (Dohm, 1781). Dieser Titel markierte sehr bald einen „…unter christlichen und jüdischen Intellektuellen geführten Diskurs, mit dem eine allmähliche Angleichung jüdischer Rechte an die der Mehrheitsgesellschaft durch Erziehung angestrebt wurde" (Battenberg, 2010). 1790 gründete *Rahel Varnhagen von Ense,* damals noch unverheiratete Rahel Levin, eine Freundin von Henriette Herz, ebenfalls einen literarischen Salon, der jüdische und nichtjüdische Intellektuelle, Politiker und Adlige anzog und zum Experimentierfeld für die Überwindung nationaler, rassischer, religiöser oder ständischer Schranken und Vorurteile (Danzer, 2007, S. 162) werden sollte.

Das Zeitalter der jüdischen Emanzipation ist ohne einen ganz Großen unter den Aufklärern, ohne den Juden Moses Mendelssohn, nicht denkbar.

Mendelssohn, Lessing, Lavater und andere

Im Jüdischen Museum zu Berlin habe ich jüngst eine Druckgrafik mit dem Titel „Lavater und Lessing bei Moses Mendelssohn entdeckt. Es handelt sich um einen Stich, dessen Vorlage ein Gemälde von *Moritz Daniel Oppenheim*

(1800–1882) ist. Auf dem Bild und seiner Vorlage sehen wir *Moses Mendelssohn* (1729–1786) an einem Tische mit einem Schachbrett sitzen. Er soll ein begnadeter Schachspieler gewesen sein. Ihm gegenüber hat der Zürcher Pfarrer *Johann Kaspar Lavater* (1741–1801) Platz genommen. Hinter den beiden und vor einem großen Bücherregal steht *Gotthold Ephraim Lessing* (1729–1781). Im Hintergrund rechts betritt eine Frau mit einem Tablett den Raum.

Ein Dreiertreffen von Mendelssohn, Lavater und Lessing hat es nie gegeben. Eine große Freundschaft zwischen Moses Mendelssohn, dem großen jüdischen Aufklärer, und Gotthold Ephraim Lessing, dem Pastorensohn, indes schon. Moses Mendelssohn, geboren am 6. September 1729 in Dessau und gestorben am 4. Januar 1786 in Berlin, war 1743 nach Berlin gekommen, arbeitete zunächst als Hauslehrer und später als Buchhalter in der Fabrik des Seidenhändlers Bernhard Isaak. Bald machte er sich aber einen Namen als Philosoph und Aufklärer. 1752 soll Mendelssohn Lessing tatsächlich beim Schachspielen kennengelernt haben: *Gotthold Ephraim Lessing*, der große Menschenfreund, Aufklärer und Humanist, der Dichter und Verfasser von Lustspielen (z. B. „Die Juden", 1749; „Minna von Barnhelm", 1767), Trauerspielen (z. B. „Miss Sara Sampson", 1755 und „Emilia Galotti", 1772), ästhetischen Schriften (z. B. über die Verfertigung von Theaterstücken) und des dramatischen Gedichts „Nathan der Weise" (1779).

Auch wenn die Handlung im Jerusalem zur Zeit des Dritten Kreuzzuges im Jahre 1192 spielt, ist unübersehbar, dass Lessings „Nathan" deutliche Züge des Aufklärers Moses Mendelssohn trägt. Die freundschaftliche Beziehung, die Lessing mit Mendelssohn verband, hat auch entscheidenden Anteil am Zustandekommen des „Nathan". In der Schlüsselszene des Dramas – der bekannten „Ringparabel" – lässt *Saladin*, der muslimische Eroberer Jerusalems, Nathan zu sich rufen und legt ihm die Frage vor, welche der drei monotheistischen Religionen er denn für die wahre halte: „[…] – Da du nun so weise bist: so sage mir doch einmal – Was für ein Glaube, was für ein Gesetz hat dir am meisten eingeleuchtet?" Nathan, der Aufklärer, antwortet nach einiger Bedenkzeit mit der „Parabel des Ringes" und dem Hinweis, dass Gott die drei Religionen (Christentum, Islam und Judentum) gleichermaßen liebe und es deshalb darauf ankomme, was der Mensch mit seinem Leben und seiner Umwelt mache.

Die Ringparabel gilt als ein Schlüsseltext der Aufklärung und als dramaturgisch inszenierte Darstellung der Toleranzidee. Lessing geht in seiner Aufklärung noch einen Schritt weiter: Es geht ihm nicht nur um die Duldung der Anderen und deren Religion, sondern um die Anerkennung eines Menschen als Menschen, der *unabhängig* von seiner Religion anderen Menschen gleichwertig gegenübersteht. So wird z. B. die Besiegelung der Freundschaft mit dem Tempelherrn von Nathan mit folgenden Worten eingeleitet: „Sind Christ und Jude eher Christ und Jude, / Als Mensch? Ah! wenn ich einen mehr in Euch/gefunden hätte, dem es genügt, ein Mensch zu heißen". Damit fordert Lessing ein Humanitätsideal, in dessen Mittelpunkt der Begriff des Menschen sowie das individuelle Handeln, an dem die Menschen zu messen sind, stehen und nicht eine bestimmte Religionszugehörigkeit zum Maßstab für das Gute und Schöne gemacht werden sollten.

Mit dem Guten, Schönen und Erhabenen des Menschen beschäftigte sich auch der Schweizer Pfarrer *Johann Kaspar Lavater*, der Schachpartner Mendelssohns auf besagtem Bilde. Mit seinen „Physiognomischen Fragmenten zur Beförderung der Menschenkenntnis und Menschenliebe" (1772) löste Lavater geradezu eine Modewelle aus. Sein in ganz Europa verbreitetes Buch behandelt die Frage, wie aus bestimmten Gesichtsformen auf bestimmte Charaktere geschlossen werden kann. Dabei ging er von der Vermutung aus, dass die ruhige und bewegte „Oberfläche des Menschen", von ihm Physiognomie genannt, etwas Wahres über den Menschen verrate. In den europäischen Gesellschaften brach damals die Sucht aus, Gesichtsprofile deuten zu lassen – so wie man später, mit kaum weniger Berechtigung, die Handschrift deuten ließ, um Aufschluss über den Charakter der Schreiberin oder des Schreibers zu erhalten. Lavater ließ Porträts „bedeutender Menschen" anfertigen, um diese mit den Charakteren dieser Personen zu vergleichen und auf diese Weise seine Lehre von der Physiognomik zu begründen. Auch Goethe war zeitweise von Lavaters Deutungen begeistert. In seiner Autobiografie „Aus meinem Leben. Dichtung und Wahrheit" (1830, hier: 1984) berichtet er über seine brieflichen Kontakte und Treffen mit Lavater. Das mehrbändige Buch Lavaters bezeichnet Goethe zunächst als „genial-empirisch, als methodisch-kollektiv" (Goethe, 1984, S. 724 f.), um dann distanzierter zu gestehen, es riefe „eine komisch-heitere Empfindung" hervor.

Was Goethes heitere Empfindungen angeregt haben könnte, ist heute schwerlich nachzuvollziehen. Es könnte aber sein, dass es solche Formulierungen und Schlussfolgerungen, wie die folgenden waren. In einem Manuskript von Lavater aus dem Jahre 1789 (gedruckt, 1802), das er Freunden gewidmet hat, kann man u. a. lesen: „Wessen Figur schief; Wessen Mund schief; Wessen Gang schief; Wessen Handschrift schief ist, das ist, – nach ungleichen, sich durchkreuzenden Direktionen geht – dessen Denkungsart, dessen Charakter, dessen Manier zu handeln, ist schief, inkonsequent, einseitig, sophistisch, falsch, listig, launisch, widersprechend, kaltschalkhaft, hart, gefühllos" (Lavater, 1802, S. 8). Man ahnt Lavaters (naive) Theorie: Da, wo das Äußere eines Menschen schief, also nicht harmonisch ist, dort kann auch das Denken, der Charakter, das Psychische nicht ausgeglichen sein.

Der kleine und dennoch geistig so große *Georg Christoph Lichtenberg* (1742–1799), Professor für Naturwissenschaft an der Universität Göttingen, hielt von Lavaters „Theorie" gar nichts. In seiner Schrift „Über Physiognomik; wider die Physiognomen. Zu Beförderung der Menschenliebe und Menschenkenntnis" (erschienen, 1778) vermerkt Lichtenberg bissig: „Denn ob Physiognomik überhaupt, auch in ihrer größten Vollkommenheit, je Menschenliebe befördern werde, ist wenigstens ungewiss: daß aber mächtige, beliebte und dabei tätige Stümper in ihr, der Gesellschaft gefährlich werden können, ist gewiss" (Lichtenberg, 1998a, S. 264; Original: 1778). Auch an anderer Stelle hat sich Lichtenberg nicht gerade wohlwollend über Lavater geäußert, so schon vor 1778 in einer Streitschrift mit dem vollständigen Titel „Timorus, das ist, Vertheidigung zweyer Israeliten, die durch die Kräftigkeit der Lavaterischen Beweisgründe und der Göttingischen Mettwürste bewogen den wahren Glauben angenommen haben" (Lichtenberg, 1998b, S. 205 ff.; Original: 1773)[3]. Anlass dieser Streitschrift Lichtenbergs war eine 1769 von Lavater verfasste Taufpredigt, die er mit einer Vorrede versehen an Moses Mendelssohn geschickt hatte. Dieser war als „erste(r) große(r) jüdische(r) Philosoph der deutschen Aufklärung" kein Unbekannter mehr in Deutschland (Volkov, 2000, S. 10). Zwei Jahre vor Lavaters unseliger Schrift hatte Mendelssohn mit seinem Buch „Phädon oder über die Unsterblichkeit der Seele" (1767) Aufsehen erregt und die Brücke zwischen der deutschen Aufklärung und der jüdischen *Haskalah*[4] geschlagen. Als gläubiger Jude und jemand, der sich für die Gleichberechtigung der Juden in Europa einsetzte, wurde Mendelssohn nun in der besagten Vorrede von Lavater aufgefordert, entweder das Christentum zu widerlegen oder sein Jüdischsein aufzugeben und zu konvertieren. Über dieses Ansinnen Lavaters empörte sich auch Lichtenberg und schreibt von Lavaters „Unverstand und Mangel an philosophischer Welt" (Lichtenberg, 1998b, S. 232). In den Sudelbüchern wurde Lichtenberg noch deut-

---

[3] Lichtenberg bezieht sich mit seiner Streitschrift auf die Predigt Lavaters, aber auch auf Bekehrung zweier Göttinger Juden (mittels Göttinger Mettwürste, wie Lichtenberg ironisch formuliert) im Sommer 1771 (siehe Kommentar des Herausgebers zu Lichtenbergs Streitschrift, Lichtenberg, 1998d, S. 82 ff.).

[4] Das ist die Ende des 18. Jahrhunderts entstandene jüdische Aufklärung, zu der neben Mendelssohn, die Gründer jüdischer Schulen David Friedländer (1750–1834) und Israel Jacobson (1768–1828), der Schriftsteller Saul Ascher (1767–1822) oder der Freund Mendelssohns Hartwig Wessely gehörten (Sorkin, 2000).

licher: „Geh' heilloser Schwätzer [...]. Was muss Johann Kaspar Lavater für ein Mann sein, dem bei Lesung einer schönen Gesinnung Mendelsohns der Wunsch aufstoßen kann: wär er doch ein Christ. Warum wünscht er ihm nicht bei der Gelegenheit auch das volle preußische Maß" (Lichtenberg, 1998c, S. 161).

Zurück zur Mendelssohn: In seinen Erwiderungen auf Lavaters Taufpredigt und die Forderung, sich auch taufen zu lassen, konterte Mendelssohn beherrscht, überlegen und diplomatisch. Er bekennt sich zu seinem Judentum, zu den Gesetzen seiner Väter und weist respektvoll auch Lavaters Ansinnen, das Christentum zu widerlegen, zurück (vgl. auch Mevorah, 2010).

1771 sollte Moses Mendelssohn in die Berliner Akademie gewählt werden, was aber wegen seines Jüdischseins von Friedrich dem Großen, König in Preußen, abgelehnt wurde. Vielleicht haben diese Zurückweisung und der Angriff von Lavater ihn, Mendelssohn, veranlasst, sich nun einem Vorhaben zu widmen, dass eigentlich gar nicht geplant war: die Übersetzung des Pentateuch, der Fünf Bücher Moses, ins Deutsche. In einem Brief an seinen Freund August Hennings, der zu dieser Zeit dänischer Legationsrat in Berlin war, schreibt Mendelssohn am 29. Juni 1779:

„Nach dem ersten Plan meines Lebens, so wie ich ihn in meinen besseren Jahren entwarf, war ich weit entfernt, jemals ein Bibelherausgeber oder Uebersetzer zu werden. Ich wollte mich bloß darauf einschränken, des Tages seidene Zeuge anfertigen zu lassen, und in Nebenstunden der Philosophie einige Liebkosungen abzugewinnen. Es hat aber der Vorsehung gefallen, mich einen ganz anderen Weg zu führen. Ich verlor die Fähigkeit zu meditieren, und mit ihr Anfangs den größten Teil meiner Zufriedenheit. Nach einiger Untersuchung fand ich, daß der Überrest meiner Kräfte noch hinreichen könne, meinen Kindern und vielleicht einem ansehnlichen Theil meiner Nation einen guten Dienst zu erzeigen, wenn ich ihnen eine bessere Uebersetzung und Erklärung der heiligen Bücher in die Hände gebe, als sie bisher gehabt. Dieses ist der erste Schritt zur Cultur, von welcher meine Nation leider! in einer solchen Entfernung gehalten wird, daß man an der Möglichkeit einer Besserung beynahe verzweifeln möchte" (Mendelssohn an August Hennings am 29. Juni 1779, zit. n. Weinberg, 1989, S. 97).

Wichtige Teile der Übersetzung erschienen zwischen 1770 und postum 1788. Die *Maskilim,* also die Anhänger der *Haskalah,* begrüßten Mendelssohns Vorhaben, sahen sie darin doch Möglichkeiten, um einerseits die rationale Deutung des Judentums sowie dessen Säkularisierung voranzutreiben und andererseits den Nichtjuden den Reichtum jüdischen Schrifttums nahezubringen. Für Mendelssohn war die Übersetzung Teil seines Aufklärungsprogramms. Dieses wiederum hat er im September 1784 in einem kleinen Aufsatz mit dem Titel „Was heißt aufklären?" kurz, aber gewichtig dargelegt (Mendelssohn, 1974, S. 4 ff.; Original: 1784). In diesem Aufsatz bezieht sich Mendelssohn auf den Beitrag eines Berliner Pfarrers, namens *Johann Friedrich Zöllner*. Zöllner hatte sich in der „Berliner Monatsschrift" vom Dezember 1783 über die Zivilehe aufgeregt, also für den ohne kirchlichen Segen geschlossenen Ehebund, und dafür den „Sittenverfall", die Aufklärung und die Aufklärer verantwortlich gemacht. Auch habe er, Zöllner, eine Antwort, was denn „Aufklärung" eigentlich sei, bisher nirgendwo gefunden.

Mendelssohn antwortete nun in der „Berliner Monatsschrift" vom September 1784 auf die vom Pfarrerleben gestellte Frage. Zentrales Maß und Ziel aller Bestrebungen und Bemühungen sei, so Mendelssohn, die Bestimmung des Menschen als Mensch. Mit diesen Bemühungen meint Mendelssohn vor allem die Bildung, die sich wiederum in Kultur und Aufklärung aufteilen lasse. Kultur richte sich auf das Praktische des menschlichen Lebens, z. B. auf den gesellschaftlichen Umgang, die Poesie oder die Beredsamkeit. Aufklärung hingegen beziehe sich auf das Theoretische, auf die vernünftige Erkenntnis und die Fertigkeit zum vernünftigen Nachdenken über die Dinge des menschlichen Lebens.

„Eine Sprache erlanget *Aufklärung* durch die Wissenschaften und erlanget Kultur durch gesellschaftlichen Umgang, Poesie und Beredsamkeit" (Mendelssohn, 1974, S. 4; Hervorh. im Original).

Fast am Schluss seines Aufsatzes schreibt Mendelssohn den folgenden Satz, der uns eindringlich auf die heutigen haltlosen Zeiten sowie auf die aktuellen Angriffe auf unsere humanistischen Errungenschaften verweist: „Missbrauch der Aufklärung schwächt das moralische Gefühl, führt zu *Hartsinn, Egoismus, Irrelegion* und *Anarchie,* Missbrauch der Kultur erzeuget *Üppigkeit, Gleißnerei, Weichlichkeit, Aberglauben* und *Sklaverei* (Mendelssohn, 1974, S. 8; Hervorh. im Original).[5]

Freiheit statt Absolutismus, Gleichheit statt Ständeordnung, Erfahrung und wissenschaftliche Erkenntnis statt Aberglauben, Toleranz statt Dogmatismus – so lauten die Ideen der Aufklärer. Für die Juden sollte das bedeuten, auch ihnen müsse die Gleichheit gegenüber allen anderen Menschen zugestanden und ihre freie Religionsausübung toleriert werden. Das hieße auch, den Widerspruch – Akzeptanz der Juden als Menschen,

---

[5] Gleißnerei oder Gleisnerei bedeutet so viel wie Heuchelei und Scheinheiligkeit.

sofern sie ihr Jüdischsein als Privatsache betrachteten – wie den gordischen Knoten zu zerschlagen.

> **Supplementum**
>
> Dass sich die Gegner der Juden gegen eine solche Beantwortung der „Judenfrage" vehement wehren würden, wurde auch Lessing recht schnell klar. Nach seinem Theaterstück „Die Juden" und noch vor dem „Nathan" hatte Lessing einen Streit mit dem Hamburger Hauptpastor Johann Melchior Goeze über die Schriften von Moses Mendelssohn austragen müssen. Schon in diesem Streit ging es um die Toleranz gegenüber den Juden. Lessing stand zu dieser Zeit im Dienste des Herzogs Karl von Braunschweig und der verbot Lessing die öffentliche Auseinandersetzung mit Goeze. Lessing nutzte daraufhin die dramatische Inszenierung und schrieb seinen „Nathan", um seine Auffassungen zu publizieren. Die hinterließen offenbar wenig Eindruck bei den Judenfeinden. Die Schriften von Traugott Friedrich Hartmann und Karl Wilhelm Friedrich Grattenauer habe ich bereits erwähnt. Dass sich Lichtenberg hin und wieder antijüdischer Stereotype bediente und die Juden für ein „erbärmliches Volk" (Lichtenberg, 1998c, S. 934) hielt, wollen wir noch ergänzen. Judenfeindliche Stereotype und Klischees finden sich bei Lichtenberg, sofern er sich nicht mit konkreten, lebendigen Juden, wie mit Moses Mendelssohn, befassen muss, dem er durchaus verdienstvolles Wirken zuschreibt. Die Juden (an und für sich) betrachtet er dagegen mit der Vorurteilsbrille seiner Zeit als falsch, hinterhältig, kriminell, amoralisch und gerissen (Schäfer, 1998, S. 33, S. 159). Für Frank Schäfer ist Lichtenberg, trotz der vielen lobendenden Worte, die dieser für Mendelssohn übrighat, „ein einigermaßen typischer Repräsentant aufgeklärter Judenfeindschaft" (Schäfer ebd., S. 159). *Adolph Freiherr Knigge*, jener, der die berühmten Benimmbücher geschrieben hat, war ebenfalls ein aufgeklärter Mensch. So handelt sein Buch „Über den Umgang mit Menschen" aus dem Jahre 1788 weniger von Etikette und deren Befolgung, als von den Pflichten und Selbstreflexionen eines aufgeklärten Bürgers beim Umgang mit sich und anderen. Dort finden sich im Kapitel „Über den Umgang mit Juden" allerdings jene judenfeindlichen Klischees über die Hof-, Wucher-, Schacher- und abergläubische Wanderjuden, die auch anderen aufgeklärten nichtjüdischen Zeitgenossen nicht fremd waren (vgl. auch: Rüllmann, 2001, S. 153 ff.). Dass sich Voltaire, Diderot oder Rousseau, die großen französischen Aufklärer und Verfechter des Toleranzgedankens, in manchen ihrer Werke nicht sonderlich judenfreundlich äußerten, wenn sie die Juden als Juden, also in ihrem religiös-nationalen Selbstverständnis, beschreiben, sei gleichfalls nicht verschwiegen.

In diesem Zusammenhang wollen wir noch an einen fast vergessenen guten Bekannten von Friedrich Schiller erinnern, an Rudolph Zacharias Becker, Illuminat und radikaler Aufklärer, geboren 1752 in Erfurt, gestorben 1822 in Gotha. Von ihm erschien 1788 ein „Not-und Hülfsbüchlein für Bauersleute", das wohl eine Auflage von mehr als 500.000 Exemplaren erreicht haben soll. Neben Gesundheitsratschlägen, Verhaltensregeln zur Lebensrettung, Kochrezepten, Erziehungs- und Eheratschlägen findet sich auch ein kurzer Abschnitt über Juden. Er fängt, wie so viele, mit Moses Mendelssohn an, den zu preisen wohl keinen besonderen Mut erforderte. Aber dann heißt es, anders als beim Freiherrn von Knigge: „Das Exempel dieses Mannes und noch mehrerer braver, gelehrter und geschickter Juden, hat mich noch mehr überzeugt, daß es sehr gottlos und unchristlich ist, die Juden zu hassen, zu verfolgen oder zu verspotten. Denn sie sind unsere Brüder, und Gott hat sie erschaffen, daß sie eben so glücklich sein sollen, als wir" (Becker, 1980, S. 426; Original: 1788).

Immanuel Kant

Und damit sind wir beim großen Philosophen aus Königsberg. Auch *Immanuel Kant* (1724–1804). ließ sich bekanntlich nicht lange bitten und beantwortete die Frage, nach dem, was Aufklärung sei, ebenfalls (Kant, AA, Band VIII; Original: 1784). Seine Antwort mag die mittlerweile berühmtere sein, wurde aber erst drei Monate später, in der Dezemberausgabe 1784 der „Berliner Monatsschrift" publiziert. Die berühmte Passage aus der Kantschen Schrift ist es wert, immer wieder einmal zitiert zu werden: „Aufklärung ist der Ausgang des Menschen aus seiner selbst verschuldeten Unmündigkeit. Unmündigkeit ist das Unvermögen, sich seines Verstandes ohne Leitung eines anderen zu bedienen. Selbstverschuldet ist diese Unmündigkeit, wenn die Ursache derselben nicht am Mangel des Verstandes, sondern der Entschließung und des Mutes liegt, sich seiner ohne Leitung eines anderen zu bedienen. Sapere aude! Habe Mut, dich deines eigenen Verstandes zu bedienen! ist also der Wahlspruch der Aufklärung" (Kant, 1784, S. 481; hier zitiert nach Kant 1974, S. 9).

Nun könnte man zwar mit *Karl Marx* mäkeln, dass die Unmündigkeit nicht selbst verschuldet sein kann, weil die Menschen zwar ihre eigene Geschichte machen, dies aber nicht aus freien Stücken tun, „[...] nicht unter selbstgewählten, sondern unter unmittelbar vorgefundenen, gegebenen und überlieferten Umständen" (Marx, 1960, MEW, Band 8, S. 115; Original: 1852). Marx schreibt das über sechzig Jahre später und die Botschaft „Bediene Dich Deines eigenen Verstandes" ist nun einmal der starke, nicht zu überbietende Slogan der Aufklärung. Im Rahmen dieser Aufklärung geht es eben auch um die Frage „Was ist der Mensch?", deren Beantwortung für Kant – folgt man seinen Ausführungen in einem Brief vom 4. Mai 1793 an den Theologen und Schriftsteller *Carl Friedrich*

Stäudlin – eine oder gar die Hauptaufgabe der Philosophie sei (Kant, AA, Band XI, S. 429; Original: 1793).

Es muss eine Sternstunde für Kant gewesen sein, als ihm seine Buchhändler im Sommer 1762 die beiden Hauptwerke Rousseaus, den Roman *Émile oder Über die Erziehung* und die politische Schrift *Du contrat social ou Principes du droit politique* (Vom Gesellschaftsvertrag oder Prinzipien des politischen Rechtes) aus Holland nach Königsberg mitbrachte. So erzählt es *Karl Vorländer* (1993, Teil 1, S. 118; Original: 1924), der – nebenbei bemerkt – den deutschen Sozialisten auch den kategorischen Imperativ im Sinne Kants nahezubringen versuchte: „Handle nur nach derjenigen Maxime, durch die du zugleich wollen kannst, dass sie ein allgemeines Gesetz werde" (Kant, AA, Band IV, S. 421; Original: 1785).

Kurzum, Kant, der in Rousseau einen Bruder im Geiste sah, einen, der wie er, Kant scharfsinnig über die Vernunft, die Sittlichkeit und die Moral des Menschseins nachdachte. Für Rousseau ist der Mensch von Natur aus weder gut noch böse, weder tugend- noch lasterhaft, sondern ein in Freiheit geborener Naturmensch, der zu einem Gleichen unter Gleichberechtigten in einer *freiwillig* gebildeten Gemeinschaft werden könne (Grawert, 2012, S. 495). Kant geht ebenfalls vom Naturmenschen aus, der aber seine Fähigkeiten zu Vernunft und Moral aus sich heraus und unter vernünftigen und gesellschaftlich geregelten Verhältnissen entwickeln müsse. Beide, Kant wie Rousseau, dürften sich indes in ihrem humanistischen Credo einig gewesen sein, dass der Mensch gut werden *kann* und ein friedliches Miteinander der Menschen möglich *sei*.

Die kleine Schrift „Zum ewigen Frieden. Ein philosophischer Entwurf" von *Immanuel Kant* aus dem Jahre 1795 lässt sich ebenfalls ohne Mühe zu den großen humanistischen Visionen zählen. In sechs Präliminarartikeln entwickelt er seine Idee, wie ein dauerhafter Frieden in und zwischen Staaten hergestellt werden kann. Im Präliminarartikel 5 heißt es: „Kein Staat soll sich in die Verfassung und Regierung eines anderen Staates gewalttätig einmischen". Und im Präliminarartikel 6 schreibt Kant: „Es soll sich kein Staat im Kriege mit einem andern solche Feindseligkeiten erlauben, welche das wechselseitige Zutrauen im künftigen Frieden unmöglich machen müssen: als da sind Anstellung der Meuchelmörder (percussores), Giftmischer (venefici), Brechung der Capitulation, Anstiftung des Verraths (perduellio) in dem bekriegten Staat etc." (Kant, AA, Band VIII, S. 346; Original: 1795). Humanistisch sind diese Vorschläge schon allein deshalb, weil sie – aus heutiger Sicht – auf globale Bedingungen verweisen, unter denen Menschen einen Ausweg aus ihrer selbst verschuldeten Unmündigkeit finden könnten. Kants kleine Schrift blieb nicht ohne Wirkung. Das Völkerrecht, die Gründung der vereinten Nationen und der heutige bilaterale Umgang von Staaten dürften von Kants philosophischem Entwurf beeinflusst sein, auch wenn immer wieder und häufiger gegen seine Präliminarien verstoßen wird.

> **Supplementum**
>
> Karl Vorländer, der eigentlich große Stücke auf seinen Kant hält, beklagt, dass dieser gelegentlich bei Tische die Juden als Vampire bezeichnet habe (Vorländer, 1993, Teil 2, S. 74). In einer Fußnote seiner Schrift „Anthropologie in pragmatischer Hinsicht" schreibt Kant vom Wuchergeist der „unter uns lebenden Palästiner" (Kant, AA, Band VII, S. 205) und meint keinesfalls die Palästinenser, was ja ebenfalls eine rassistische Diffamierung wäre. Nein, Kant meint die Juden. Auch von einer „Euthanasie des Judenthums" (ebd., S. 53) ist die Rede und – wie *Gudrun* Hentges (2004, S. 14) zu zeigen vermag – ist die semantische Lage eindeutig: Kant fordert von den Juden die Übernahme einer rein moralischen Religion (eben das Christentum) und damit den Verzicht auf die Gesetze und Satzungen der Väter, um so dem Judentum (nicht den einzelnen Jüdinnen und Juden) den Garaus zu machen. Mit einzelnen Juden war Kant, dies muss erwähnt werden – allerdings durchaus freundlich, wenn nicht gar in Freundschaft verbunden. Mit Moses Mendelssohn pflegte er einen intensiven und freundlichen Briefkontakt und legte auf dessen Urteil großen Wert. Auch seinen jüdischen Studenten, allen voran Marcus Herz (1747–1803), David Friedländer (1750–1835) und Issak Abraham Euchel (1756–1804), war Kant sehr zugetan. Besonders zu *Marcus Herz* hatte er ein sehr freundschaftliches, fast väterliches Verhältnis. Herz hörte von 1766 bis 1770 bei Kant Vorlesungen und nahm an dessen philosophischen Disputationen teil. Mit einem Empfehlungsbrief an Moses Mendelssohn ging Herz anschließend nach Berlin und wirkte nach Abschluss seines Studiums dort als Philosoph und hoch angesehener Arzt (Graupe, 1961, S. 313 f.). Herzens Frau, Henriette Herz, war die schon gewürdigte Gründerin des ersten jüdischen Salons in Berlin.
>
> Auch auf Ausschnitte einer Vorlesung, die Kant ab 1772/73 in Königsberg unter dem Titel „Physische Geographie" gehalten hat, ist zu verweisen. Es muss eine populäre und gut besuchte Vorlesung gewesen sein, folgt man Karl Vorländer (1993, Teil 2, S. 65). Kant hat diese Vorlesung allerdings nie publiziert. Der heute zugängliche Text stützt sich auf Vorlesungsmitschriften, die Kants Schüler und Kollege Friedrich Theodor Rink 1802 als Buch veröffentlichte. Ich zitiere auszugsweise aus Kants „Gesammelten Schriften", Band IX, und dort aus dem Abschnitt „Vom Menschen" (Kant, AA, Band IX, S. 311–320):
>
> "Man kann sagen, daß es nur in Afrika und Neuguinea wahre Neger giebt. Nicht allein die gleichsam geräucherte schwarze Farbe, sondern auch die schwarzen, wollichten Haare, das breite Gesicht, die platte Nase, die aufgeworfenen Lippen, machen das Merkmal derselben aus, ingleichen plumpe und große Knochen [...] In Afrika nennt man Mohren solche Braune, die von den Mauren abstammen. Die eigentlich Schwarzen aber sind Neger [...] Die Mohren, ingleichen alle Einwohner der heißen Zone, haben eine dicke Haut, wie man sie denn auch nicht mit Ruthen, sondern gespaltenen Röhren peitscht, wenn man sie züchtigt, damit das Blut einen Ausgang finde, und

nicht unter der dicken Haut eitere. [...] In den heißen Ländern reift der Mensch in allen Stücken früher, erreicht aber nicht die Vollkommenheit der temperirten Zonen. Die Menschheit ist in ihrer größten Vollkommenheit in der Race der Weißen. Die gelben Indianer haben schon ein geringeres Talent. Die Neger sind weit tiefer und am tiefsten steht ein Theil der amerikanischen Völkerschaften. [...] Der Einwohner des gemäßigten Erdstriches, vornehmlich des mittleren Theiles desselben ist schöner an Körper, arbeitsamer, scherzhafter, gemäßigter in seinen Leidenschaften, verständiger, als irgendeine andere Gattung der Menschen in der Welt. Daher haben diese Völker zu allen Zeiten die andern belehrt, und durch die Waffen bezwungen (Kant, AA, Band IX, S. 317).

Das waren keine semantischen Ausrutscher, die sich Kant in seinen Vorlesungen leistete. Kants Äußerungen über die Verschiedenartigkeit der Rassen im Allgemeinen und über die Überlegenheit der Weißen im Besonderen sind Teil seiner Rassentheorie. Es wundert deshalb nicht, wenn heutige Vertreterinnen und Vertreter der *postcolonial studies* Immanuel Kant als theoretischen Vordenker des Kolonialismus und des Rassismus betrachten (Dhawan, 2017). Zu den postkolonialen Studien gehören jene wissenschaftlichen Bemühungen, die sich mit den Wirkungen und Folgen kolonialer Willkür des „Westens" beschäftigen. Darauf wird später noch einzugehen sein (Kap. 24). Zur Ehrenrettung Kants muss allerdings ergänzt werden, dass er sich im zunehmenden Alter von seinen rassistischen Auffassungen mehr oder weniger distanzierte. So kritisierte er in der erwähnten Schrift „Zum ewigen Frieden" die moderne Sklaverei und den europäischen Kolonialismus (vgl. auch Herb, 2018, S. 393). Ein schaler Nachgeschmack bleibt dennoch.

Und bald folgten die Französische Revolution von 1789 und die Napoleonischen Kriege zwischen 1792 und 1815.

Literatur

Aktuell.uni-erfurt (2016). Nachgefragt: „War Johann Sebastian Bach ein Antisemit, Herr Prof. Nemtsov?". https://www.uni-erfurt.de/forschung/aktuelles/forschungsblog-wortmelder/nachgefragt-war-johann-sebastian-bach-ein-antisemit-herr-prof-nemtsov. Zugegriffen: 20. Nov. 2020.
Amoroso, L. (2006). *Erläuternde Einführung in Vicos„ Neue Wissenschaft"*. Königshausen & Neumann.
Arto-Haumacher, R. (1995). *Gellerts Briefpraxis und Brieflehre*. Deutscher Universitätsverlag.
Battenberg, F. (2010). Judenemanzipation im 18. und 19. Jahrhundert. In Europäische Geschichte Online (EGO), herausgegeben vom Institut für Europäische Geschichte (IEG), Mainz 2010-12-03. http://www.ieg-ego.eu/battenbergf-2010-de. Zugegriffen: 1. Dez. 2020.
Becker, R. Z. (1980; Original: 1788). *Noth- und Hülfsbüchlein für Bauersleute*. Nachdruck der Erstausgabe von 1788. Herausgegeben und mit einem Nachwort versehen von Reinhart Siegert. Harenberg.

Bein, A. (1965). „Der jüdische Parasit". *Vierteljahreshefte für Zeitgeschichte*, 2. Heft, S. 121–149.
Bloch, E. (1985; Original: 1961). *Naturrecht und menschliche Würde*. Suhrkamp Taschenbuch.
Danzer, G. (2007). Rahel Varnhagen – eine Frau entdeckt sich über die Kultur. In E. Pilz (Hrsg.), *Bedeutsame Frauen des 18. Jahrhunderts*. (S. 157ff.). Königshauen & Neumann.
Dhawan, N. (2017). Die Aufklärung retten: Postkoloniale Interventionen. *Zeitschrift für Politische Theorie, 7*, 249–255.
Dieckmann, I. A. (2017). Juden in Brandenburg (1671 bis 1871). Historisches Lexikon Brandenburgs. http://brandenburgikon.net/index.php/de/sachlexikon/juden-in-brandenburg-1671-bis-1871. Zugegriffen: 1. Dez. 2020.
Dohm, C. W. (1781). *Über die bürgerliche Verbesserung der Juden*. Friedrich Nicolai.
Eifert, C. (2002). Das Erdbeben von Lissabon 1755. *Historische Zeitschrift, 274*(3), 633–664.
Eusterschulte, A. (2002). Kulturentwicklung und –verfall. Giambattista Vicos kulturgeschichtliche Anthropologie. In R. Faber & E. Rudolph (Hrsg.), *Humanismus in Geschichte und Gegenwart*. (S. 17–44). Mohr Siebeck.
Fellmann, F. (1976). *Das Vico-Axiom: Der Mensch macht die Geschichte*. Verlag Karl Alber.
Friedrich, H.-E., Haefs, W., & Soboth, C. (2011). *Literatur und Theologie im 18. Jahrhundert*. Walter de Gruyter.
Geiringer, K. (1969). Der Einfluss der Aufklärung auf JS Bachs künstlerisches Denken. *Studia Musicologica Academiae Scientiarum Hungaricae, 11*, 1/4, S. 201–206.
Gellert, C. F. (1983). *C. F. Gellerts Briefwechsel. Band I, 1756–1759, herausgegeben von John Francis Reynolds*. Walter de Gruyter.
Gellert, C. F. (1984; Original: 1747). *Leben der schwedischen Gräfin von G*. Insel Verlag.
Georgi, M. (2008). Das Erdbeben von Lissabon in der englischen Publizistik. In G. Lauer & T. Unger (Hrsg.) *Das Erdbeben von Lissabon und der Katastrophendiskurs im 18. Jahrhundert*. (S. 96–109). Wallstein Verlag.
Goethe, J. W. (1984; Original: 1830). *Aus meinem Leben. Dichtung und Wahrheit*. Aufbau Verlag.
Grattenauer, K. W. F. (1791). *Ueber die physische und moralische Verfassung der heutigen Juden*. Voss.
Graupe, H. M. (1961). Kant und das Judentum. *Zeitschrift für Religions-und Geistesgeschichte, 13*(4), 308–333.
Grawert, R. (2012). Die demokratische Republik – von Rousseau zu Kant. *Der Staat, 51*(4), 491–523.
Greulich-Janssen, G. (2007). Henriette Herz – die erste deutsche Salonière. In E. Pilz (Hrsg.), *Bedeutsame Frauen des 18. Jahrhunderts*. (S. 83ff.). Königshauen & Neumann.

Hagedorn, V. (2016). „Sein Blut komme über uns". War Johann Sebastian Bach Antisemit, nur weil er Luther vertonte?. https://www.zeit.de/2016/30/johann-sebastian-bach-luther-eisenach-antisemitismus. Zugegriffen: 14. Febr. 2019.

Hartmann, T. F. (1783). *Untersuchung ob die bürgerliche Freiheit der Juden gestattet sei.* Siegismud Friedrich Hesse.

Heinz, A. (2004). Auf dem Weg zur Kulturzeitschrift. Die ersten Jahrgänge von Wielands „Teutschem Merkur". http://www.goethezeitportal.de/db/wiss/wieland/aheinz_merkur.pdf. Zugegriffen: 28. Nov. 2020.

Hentges, G. (2004). Das Janusgesicht der Aufklärung. Antijudaismus und Antisemitismus in der Philosophie von Kant, Fichte und Hegel. In S. Salzborn (Hrsg.), *Antisemitismus – Geschichte und Gegenwart.* Netzwerk für politische Bildung, Kultur und Kommunikation e.V.

Herb, K. (2018). Unter Bleichgesichtern. Kants Kritik der kolonialen Vernunft. *ZfP – Zeitschrift für Politik, 65*(4), 381–398.

Herder, J. G. (1965a; Original: 1784). Der Mensch ist zur Vernunftfähigkeit organisiert. In Philosophie der Geschichte der Menschheit. http://www.zeno.org/Literatur/M/Herder,+Johann+Gottfried/Theoretische+Schriften/Ideen+zur+Philosophie+der+Geschichte+der+Menschheit/Erster+Teil/Viertes+Buch/1.+Der+Mensch+ist+zur+Vernunftf%C3%A4higkeit+organisieret. Zugegriffen: 29. Nov. 2020.

Herder, J. G. (1965b; Original: 1791). Hebräer. In Philosophie der Geschichte der Menschheit. http://www.zeno.org/Literatur/M/Herder,+Johann+Gottfried/Theoretische+Schriften/Ideen+zur+Philosophie+der+Geschichte+der+Menschheit/Dritter+Teil/Zw%C3%B6lftes+Buch/3.+Hebr%C3%A4er. Zugegriffen: 29. Nov. 2020.

Herder, J. G. (2013, Original: 1793–1797). *Briefe zur Beförderung der Humanität.* Herausgeber: K.-M. Guth. Verlag der Contumax GmbH (Book on Demand, Norderstedt).

Herrmann, B. & Sprenger, J. (2010). Das landesverderbliche Übel der Sprengsel in den brandenburgischen Gemarkungen – Heuschreckenkalamitäten im 18. Jahrhundert. In P. Masius, J. Sprenger & E. Mackowiak (Hrsg.), *Katastrophen machen Geschichte.* (S. 79–118). Universitätsverlag.

Hoyer, A. (2018). *Was Musik andächtig macht: Drei Leipziger Kirchenkantaten Johann Sebastian Bachs, liturgiewissenschaftlich unter die Lupe genommen.* Theologischer Verlag.

Jakubowski-Tiessen, M. (1992). *Sturmflut 1717. Die Bewältigung einer Naturkatastrophe in der frühen Neuzeit.* Oldenbourg Verlag.

Kant, I. (1974; Original: 1784). Beantwortung der Frage: Was ist Aufklärung? In E. Bahr (Hrsg.), *Was ist Aufklärung?.* Reclam.

Kant, I. (AA, Band I, Original: 1755). Geschichte und Naturbeschreibung der merkwürdigsten Vorfälle des Erdbebens, welches an dem Ende des 1755sten Jahres einen großen Theil der Erde erschüttert hat. *Gesammelte Schriften, Band I,* S. 429–461, Hrsg.: Bd. 1–22 Preußische Akademie der Wissenschaften, Bd.

23 Deutsche Akademie der Wissenschaften zu Berlin, ab Bd. 24 Akademie der Wissenschaften zu Göttingen. Walter de Gruyter & Co. https://korpora.zim.uni-duisburg-essen.de/kant/aa01/429.html. Zugegriffen: 10. Okt. 2020.

Kant, I. (AA, Band IV, Original: 1785). Grundlegung zur Metaphysik der Sitten. In Kant, I., *Gesammelte Schriften, Band IV*, S. 385–463, Hrsg.: Bd. 1–22 Preußische Akademie der Wissenschaften, Bd. 23 Deutsche Akademie der Wissenschaften zu Berlin, ab Bd. 24 Akademie der Wissenschaften zu Göttingen. Walter de Gruyter & Co. https://korpora.zim.uni-duisburg-essen.de/kant/aa04/421.html. Zugegriffen: 10. Okt. 2020.

Kant, I. (AA, Band IX). Physische Geographie, Vom Menschen. In Kant, I. *Gesammelte Schriften, Band IX*, S. 311–320, Hrsg.: Bd. 1–22 Preußische Akademie der Wissenschaften, Bd. 23 Deutsche Akademie der Wissenschaften zu Berlin, ab Bd. 24 Akademie der Wissenschaften zu Göttingen. Walter de Gruyter & Co. https://korpora.zim.uni-duisburg-essen.de/kant/aa09/311.html. Zugegriffen: 10. Okt. 2020.

Kant, I. (AA, Band VII, Original: 1796/97). Anthropologie in pragmatischer Hinsicht. In Kant, I. *Gesammelte Schriften, Band VII*, S. 117–333, Hrsg.: Bd. 1–22 Preußische Akademie der Wissenschaften, Bd. 23 Deutsche Akademie der Wissenschaften zu Berlin, ab Bd. 24 Akademie der Wissenschaften zu Göttingen. Walter de Gruyter & Co. https://korpora.zim.uni-duisburg-essen.de/kant/aa07/117.html. Zugegriffen: 10. Okt. 2020.

Kant, I. (AA, Band VIII, Original:1795). Zum ewigen Frieden. Ein philosophischer Entwurf. In Kant, I. *Gesammelte Schriften, Band VIII*, S. 341–386, Hrsg.: Bd. 1–22 Preußische Akademie der Wissenschaften, Bd. 23 Deutsche Akademie der Wissenschaften zu Berlin, ab Bd. 24 Akademie der Wissenschaften zu Göttingen. Walter de Gruyter & Co. https://korpora.zim.uni-duisburg-essen.de/kant/aa08/341.html. Zugegriffen: 10. Okt. 2020.

Kant, I. (AA, Band VIII; Original: 1784). Beantwortung der Frage: Was ist Aufklärung? In Kant, I. *Gesammelte Schriften, Band VIII*, S. 33–42, Hrsg.: Bd. 1–22 Preußische Akademie der Wissenschaften, Bd. 23 Deutsche Akademie der Wissenschaften zu Berlin, ab Bd. 24 Akademie der Wissenschaften zu Göttingen. Walter de Gruyter & Co. https://korpora.zim.uni-duisburg-essen.de/kant/aa08/033.html. Zugegriffen: 10. Okt. 2020.

Kant, I. (AA, Band XI, Original: 1793). Brief vom 4. Mai 1793 an Friedrich Stäudlin. In Kant, I. *Gesammelte Schriften, Band XI*, S. 429, Hrsg.: Bd. 1–22 Preußische Akademie der Wissenschaften, Bd. 23 Deutsche Akademie der Wissenschaften zu Berlin, ab Bd. 24 Akademie der Wissenschaften zu Göttingen. Walter de Gruyter & Co. https://korpora.zim.uni-duisburg-essen.de/kant/aa11/429.html. Zugegriffen: 10. Okt. 2020.

Katz, J. (1993). *Messianismus und Zionismus*. Jüdischer Verlag.

Klopstock, F. G. (1962; Original: 1758). Von dem Fehler andere nach sich zu beurteilen. http://www.zeno.org/Literatur/M/Klopstock,+Friedrich+Gottlieb/

Aufs%C3%A4tze+und+Abhandlungen/Von+dem+Fehler,+andere+nach+sich+zu+beurteilen. Zugegriffen: 20. Nov. 2020.
Knote, A. (2015). *Von der geistlichen Seelenkur zur psychologischen Kur*. Wilhelm Fink.
Kruse, A. (2014). *Die Grenzgänge des Johann Sebastian Bach. Psychologische Einblicke*. Springer Spektrum.
Lauer, G. & Unger, T. (2008). Angesichts der Katastrophe. Das Erdbeben von Lissabon und der Katastrophendiskurs im 18. Jahrhundert. In G. Lauer & T. Unger (Hrsg.) *Das Erdbeben von Lissabon und der Katastrophendiskurs im 18. Jahrhundert*. (S. 13–46). Wallstein Verlag.
Lavater, J. C. (1772). *Physiognomischen Fragmenten zur Beförderung der Menschenkenntnis und Menschenliebe*. Weidmanns Erben & Heinrich Steiner und Compagnie.
Lavater, J. C. (1802). *Lavaters vermischte physiognomische Regeln: ein Manuscript für Freunde*. Jacobäer. Via Google Books http://bit.ly/2B2o9lc. Zugegriffen: 21. März 2018.
Lewin, W., & Margraf, M. (1984). *Georg Friedrich Händel. Ein Sachse unter Angelsachsen*. Neues Leben.
Lichtenberg, G. C. (1998a; Original: 1778). Über die Physiognomik. *Schriften und Briefe, Band III* (S. 256ff.). Herausgegeben von W. Promies. Zweitausendeins.
Lichtenberg, G. C. (1998b; Original: 1773). Timorus. *Schriften und Briefe, Band III* (S. 205ff.). Herausgegeben von W. Promies. Zweitausendeins.
Lichtenberg, G. C. (1998c). Sudelbücher I. *Schriften und Briefe, Band I*. Herausgegeben von W. Promies. Zweitausendeins.
Lichtenberg, G. C. (1998d). *Kommentar zu Band III. Herausgegeben von W. Promies*. Zweitausendeins.
Marx, K. (1960; Original: 1852). Der achtzehnte Brumaire des Louis Bonaparte. In *Karl Marx & Friedrich Engels, Werke, Bd. 8*. Dietz.
Marx, K. (1977; Original: 1867). Das Kapital. In *Karl Marx & Friedrich Engels, Werke, Bd. 23*. Dietz.
Mendelssohn, M. (1974; Original: 1784). Über die Frage: was heißt aufklären? In E. Bahr (Hrsg.), *Was ist Aufklärung?* Reclam.
Mevorah, B. (2010). Johann Kaspar Lavaters Auseinandersetzung mit Moses Mendelssohn über die Zukunft des Judentums. *Zwingliana, 14*(8), 431–450.
Overhoff, J. (2004). *Die Frühgeschichte des Philanthropismus (1715–1771): Konstitutionsbedingungen, Praxisfelder und Wirkung eines pädagogischen Reformprogramms im Zeitalter der Aufklärung*. Max Niemeyer Verlag.
Querengässer, A. (2019). *Das kursächsische Militär im Großen Nordischen Krieg 1700–1717*. Ferdinand Schöningh.
Rathey, M. (2009). Carl Philipp Emanuel Bachs Donnerode: Zur politischen Funktion des „Erhabenen" in der zweiten Hälfte des 18. Jahrhunderts. *Archiv für Musikwissenschaft, 66 Jahrgang, Heft, 4*, 286–305.

Reinhardt, V. (2020). Erschütterung aller Gewissheiten. Voltaire, das Erdbeben von Lissabon und die politischen Konsequenzen. In N. Campagna & R. Voigt (Hrsg.), *Das Jahrhundert Voltaires. Vordenker der europäischen Aufklärung.* (S. 87–100). Nomos.

Rüllmann, A. (2001). Adolph Freiherr Knigge und die Juden. In H. Gronke, T. Meyer & B. Neißer (Hrsg.), *Antisemitismus bei Kant und anderen Denkern der Aufklärung* (S. 153–241). Königshausen und Neumann.

Schaefer, K. (1996). *Christoph Martin Wieland.* J.B. Metzler.

Schäfer, F. (1998). *Lichtenberg und das Judentum.* Wallstein-Verlag.

Schneider, U. J. (2007). Fluchtpunkt Aufklärung. In M. Middel (Hrsg.), *Dimensionen der Kultur-und Gesellschaftsgeschichte* (S. 260–272). Universitätsverlag.

Schneiders, W. (1971). *Naturrecht und Liebesethik – Zur Geschichte der praktischen Philosophie im Hinblick auf Christian Thomasius.* Nummer 3 in Studien und Materialien zur Geschichte der Philosophie. Hildesheim: Georg Olms Verlag.

Schönborn, S., & Viehöver, V. (Hrsg.). (2009). *Gellert und die empfindsame Aufklärung: Vermittlungs-, Austausch-und Rezeptionsprozesse in Wissenschaft, Kunst und Kultur.* Erich Schmidt Verlag.

Shotter, J. (1986). A sense of place: Vico and the social production of social identities. *British Journal of Social Psychology, 25*(3), 199–211.

Siegmund-Schultze, W. (1976). *Johann Sebastian Bach.* Verlag Reclam Jun.

Sorkin, D. (2000). Auf dem Weg in die Moderne. In N. De Lange (Hrsg.), *Illustrierte Geschichte des Judentums* (S. 223–279). Campus Verlag.

Thomasius, C. (1691). *Ausübung Der Vernunfft=Lehre/Oder: Kurtze/deutliche und wohlgegründete Handgriffe/wie man in seinen Kopffe aufräumen und sich zu Erforschung der Wahrheit geschickt machen; [...].* Christoph Salfeld.

Vico, G. (2009; Original). 1725). *Prinzipien einer neuen Wissenschaft über die gemeinsame Natur der Völker: Band I und II.* Felix Meiner Verlag.

Volkov, S. (2000). *Die Juden in Deutschland 1780–1918.* Oldenbourg Verlag.

Von Glasersfeld, E. (1987). *Wissen, Sprache und Wirklichkeit.* Vieweg.

Vorländer, K. (1993; Original: 1924). *Immanuel Kant – Der Mann und das Werk.* Felix Meiner Verlag.

Walter, M. (1985). J. S. Bach und die Aufklärung? Kritische Bemerkungen zum Bachverständnis der DDR-Musikwissenschaft. *Archiv für Musikwissenschaft, 42 Jahrgang, Heft, 4,* 229–240.

Weinberg, W. (1989). Moses Mendelssohns Übersetzungen und Kommentare der Bibel. *Zeitschrift für Religions-und Geistesgeschichte, 41*(2), 97–118.

Wilke, J. (2008). Das Erdbeben von Lissabon als Medienereignis. In G. Lauer & T. Unger (Hrsg.) *Das Erdbeben von Lissabon und der Katastrophendiskurs im 18. Jahrhundert.* (S. 75–95). Wallstein Verlag.

Wohlfarth, H. (1998). Die Auswirkungen des Aufklärungsdenkens auf die Musik des achtzehnten Jahrhunderts. In J. Jahnke (Hrsg.), *Aufklärung – Projekt der Vernunft* (S. 101–112). Centaurus Verlag.

Teil II

Geschichten über das „lange Jahrhundert"

6

Die Französische Revolution: Freiheits- und Menschenrechte

„Hegel bemerkte irgendwo, dass alle großen weltgeschichtlichen Tatsachen und Personen sich sozusagen zweimal ereignen. Er hat vergessen, hinzuzufügen: das eine Mal als Tragödie, das andere Mal als Farce" (Marx, 1960, S. 115; Original: 1852).

Ein Bild im Musée Carnavalet

24 Jahre nach Kants Tod schrieb Heinrich Heine: „Was ist aber diese große Aufgabe unserer Zeit? Es ist die Emanzipation. Nicht bloß die der Irländer, Griechen, Frankfurter Juden, westindischen Schwarzen und dergleichen gedrückten Volkes, sondern es ist die Emanzipation der ganzen Welt …" (Heine, 1968, S. 294; Original: 1828). So *sollte* es geschehen und es begann am Ende des 18. Jahrhunderts mit der Großen Französischen Revolution. Mit ihr hätte der Humanismus praktisch werden können. Allerdings ging die Geschichte anders aus als von vielen erhofft. Am 14. Juli 1789 stürmten die Pariser Bürger und Bürgerinnen die Bastille, das Staatsgefängnis, und die Revolution begann. Der König kapitulierte am 17. Juli. Etwas mehr als einen Monat später, am 26. August 1789, verabschiedete die inzwischen gegründete französische Nationalversammlung, die „Erklärung der Menschen- und Bürgerrechte".

Unweit vom Pariser Victor-Hugo-Museum im Stadtteil Marais, in dem seit Jahrhunderten die Mehrheit der Pariser Juden siedelte, befindet sich in der Rue de Sévigné das Musée Carnavalet. Es widmet sich vor allem der

Pariser Stadtgeschichte und auch der Französischen Revolution. In einem der Ausstellungssäle hängt ein klassizistisches Gemälde, das, nun ja, beim ersten Hinsehen einen etwas kitschigen Eindruck macht. Gemalt wurde das Bild von Jean-Jacques-François Le Barbier (1738–1826) wahrscheinlich kurz nach der Französischen Revolution. Es trägt den Titel „La Déclaration des droits de l'homme et du citoyen" (Erklärung der Menschen- und Bürgerrechte). Zwei weibliche Gestalten sitzen auf einem hohen Sockel, eine Frau, die sich gerade von den Ketten befreit hat, und ein weiblicher Engel, von dem die Frau ein Zepter als Symbol der Herrschaft überreicht bekommt. Über beiden in der Mitte eines Dreiecks strahlt das Auge Gottes. Diese Darstellung hat jüdisch-christliche Wurzeln, findet sich auch als „Auge der Vorsehung" bei den Freimaurern und kann als die Dreiheit von Allwissenheit, Schönheit und Stärke Gottes gedeutet werden (vgl. auch Dosch, 1999). Nicht erst seit Dan Browns Knaller „Illuminati" wird das „Auge der Vorsehung" auch als Symbol der Illuminaten betrachtet.

Wenn man, wie Peter Hacks (2008, S. 67) vor einiger Zeit, die Illuminaten mitverantwortlich für die Französische Revolution macht, ließe sich das „Auge der Vorsehung" auf dem Gemälde von Barbier als Bestätigung für die Hacksche Vermutung nehmen. Dieser Spekulation, die für Hacks natürlich keine ist, folge ich nicht. Der Sockel, auf dem die zwei weiblichen Wesen sitzen, ist nämlich ausgefüllt mit Text. Aufgeschrieben sind die 17 Artikel der Erklärung über die Menschen- und Bürgerrechte. Wie ernst es dem Maler Barbier und vielleicht auch seinen Auftraggebern mit dieser Erklärung war, kann man ganz gut an der zweispaltigen Gestaltung dieses Textes und seines schwarzen Hintergrunds erkennen. Eingerahmt von einem Lorbeerkranz scheint der Text auf zwei schwarzen Steinplatten geschrieben, ähnlich so, wie auf früheren Renaissancebildern die Heiligen Tafeln dargestellt werden, die Moses vom Berge Sinai mitbrachte. Und das wäre dann keine Spekulation, auch schon gar nicht im Sinne von Peter Hacks, wenn wir mit der bildlichen Darstellung von Barbier die Annahme verbinden, auch die Franzosen und Französinnen, zumindest ein großer Teil von ihnen, sahen in der Erklärung der Menschen- und Bürgerrechte eine durchaus heilige, unantastbare Errungenschaft.

Im Artikel 1 dieser Erklärung steht zu lesen: „Die Menschen werden frei und gleich an Rechten geboren und bleiben es. Gesellschaftliche Unterschiede dürfen nur im allgemeinen Nutzen begründet sein" (Fritzsche, 2016, S. 225). Die Rechte der Frauen spielten in dieser Erklärung indes keine explizite Rolle, auch nicht die der Juden. Allerdings tauchte, nachdem die französische Nationalversammlung im September 1791 die erste republikanische Verfassung verabschiedete, eine Schrift auf, in der die Frauenrechte als Menschenrechte eingeklagt und festgehalten wurden. In dieser Schrift („Dèclaration des droits de la femme et de la citoyenne", Erklärung der Rechte der Frau und Bürgerin), geschrieben von *Olympe de Gouges* (geboren als Marie Gouze, 1748–1793), wird u. a. die Anerkennung der Frauen als gleichberechtigte und gleichermaßen verpflichtete Gesellschaftsmitglieder gefordert. Olympe de Gouges war keine Unbekannte in den französischen Intellektuellenkreisen. Sie stand den Girondisten nahe, jener Gruppe von Mitgliedern der französischen Nationalversammlung aus dem Département Gironde, die eigentlich Gegner der konstitutionellen Monarchie waren, aber wegen Royalismus in der Phase des Terrors (1792–1794) verfolgt wurden. Auch Olympe de Gouges wurde als Royalistin angeklagt, hingerichtet und sehr bald vergessen (vgl. Gerhard, 2009, S. 15 ff.).

Obwohl der gleichberechtigte Status der Juden in der „Erklärung der Menschen- und Bürgerrechte" nicht explizit erwähnt wird, forderten einige Abgeordnete der französischen Nationalversammlung, dass den Juden ebenfalls die gleichen Rechte zugestanden werden müssen. Bekannt ist vor allem die Entschiedenheit, mit der sich Stanislas de Clermont-Tonnerres in einer Rede für die Gleichberechtigung der Juden einsetzt, als er während der Emanzipationsdebatte im Dezember 1789 den berühmten Satz sagte: „Den Juden als Nation muss man alles verweigern; als Individuen muss man ihnen alles zugestehen" (Sznaider, 2008, S. 10). Für diese zunächst durchaus revolutionäre Entscheidung sollten die Juden jedoch einen hohen Preis zahlen: „Sie wurden nur als Individuen und nur unter der Bedingung, dass sie auf einen eigenen Status als Gemeinde und Nation verzichteten, zu gleichberechtigten Citoyens erklärt. Sie sollten, so bekräftigte es Napoleon 1806, keine Nation in der Nation bilden" (Schulte, 2004, S. 76). Die bürgerliche Nation sollte *einerseits* keine Unterschiede mehr zwischen Juden und Nicht-Juden machen, während die Juden *andererseits* auf ihre kategoriale Selbstdefinition als Juden zu verzichten hätten. Den Juden seien die gleichen Menschenrechte wie den Nicht-Juden zu gewähren; Bürgerrechte als sozial geachtete und geschützte Minderheit müssten ihnen allerdings verweigert werden. Wie auch immer: Im Januar 1790 erhielten die sephardischen Juden in Bordeaux und Avignon und ein Jahr später die Juden in ganz Frankreich die volle Staatsbürgerschaft (Gerson, 2011, S. 136).

Vom großen Terreur

In der Literatur wird die Große Französische Revolution häufig in drei Phasen eingeteilt (z. B. Schulin, 2004): in eine Phase des Kampfes um Freiheits- und Menschenrechte (1789–1791), in die Phase von 1792 bis 1794, in der die Revolution von innen und von außen bedroht, die Monarchie abgeschafft und die Republik durch einen großen Terror errichtet wurde, sowie in die Phase von 1795 bis 1799, in der ein sogenanntes Direktorium die politische Macht in Frankreich übernahm, bis der große, kleine Korse, Napoléon Bonaparte, diese, also die Macht, vollends an sich riss.

Geschult darin, den Puls der Zeit zu erspüren, haben die deutschen Dichter und Denker die Fieberkurve der Französischen Revolution in Worte zu fassen versucht. Immanuel Kant, Johann Gottfried Herder, Johann Gottlieb Fichte, Georg Wilhelm Friedrich Hegel, Johann Christian Friedrich Hölderlin, Christoph Martin Wieland, der Naturforscher Johann Georg Adam Forster, auch Freiherr von Knigge und viele andere begrüßten zunächst die Revolution und ihren Wahlspruch „Liberté, Égalité, Fraternité" (Freiheit, Gleichheit, Brüderlichkeit)[1]. Friedrich Gottlieb Klopstock, von dem schon die Rede war, bekennt sich kurz nach dem Sturm auf die Bastille zum revolutionären Frankreich: „Frankreich schuf sich frei. Des Jahrhunderts edelste That hub da sich zu dem Olympus empor", so heißt es in dem Gedicht „Kennet Euch selbst" aus dem Jahre 1789 (zit. n. von Hippel, 1989, S. 51). Wieland bemerkt ein gutes Jahr nach dem Sturm in einem Brief an den Schriftsteller und Juristen Gerhard Anton von Halem, es sei eine Glückseligkeit, dass „[…] wir Zeitgenossen und Zuschauer dieses größten und interessantesten aller Dramen, die jemals auf dem Weltschauplatze gespielt wurden, gewesen sind" (Wieland an G. A. v. Halem am 30.11.1790; zit n. Träger, 1975, S. 40).

Hegel, Hölderlin und Schelling wohnten 1789 noch im Tübinger Stift, sollen aber, so wird erzählt, am zweiten Jahrestag der Erstürmung der Bastille einen Freiheitsbaum gepflanzt haben. Viele Jahre später, nun Professor in Berlin, nannte Hegel in seinen „Vorlesungen über die Philosophie der Geschichte" die Französische Revolution einen „herrlichen

---

[1] Diese Losung wurde allerdings erst zur Feier des 1. Jahrestages der Erstürmung der Bastille zur Parole der Revolutionäre und mal Camilile Desmoulins, einem der Revolutionsführer, zugeschrieben (Kienzle, 1991); ein andermal wird Antoine-François Momoro, ebenfalls ein Revolutionspolitiker, als derjenige genannt, dem der Durchbruch der Losung zu verdanken ist (Greive, 1969); auch Maximilien de Robespierre soll sie im Dezember 1790 in einer Rede erstmalig genannt haben (Kaufmann, 2015).

Sonnenaufgang": „Alle denkenden Wesen haben diese Epoche mitgefeiert. Eine erhabene Rührung hat in jener Zeit geherrscht, ein Enthusiasmus des Geistes hat die Welt durchschauert, als sei es zur wirklichen Versöhnung des Göttlichen mit der Welt nun erst gekommen" (Hegel, 1924, S. 228; Original: 1822–1831).

Mit dem Beginn des großen Terreur, der Terrorherrschaft des französischen Wohlfahrtsausschusses (ein Vollzugsorgan der Nationalversammlung) – geführt von *Georges Danton* und später von *Maximilien de Robespierre* – vergrößerte sich die Distanz der fortschrittlichen und humanistisch gesinnten, deutschen Intellektuellen zum Geschehen in Frankreich. Die Skepsis wuchs, als die radikalen Entwicklungen in Paris zunahmen, der König endgültig gestürzt wurde und preußisch-österreichische Truppen im August 1792 auf Paris marschierten.

Literaten – Goethe und mehr

Auch Goethe war dabei. Mehr oder weniger widerwillig zog er auf Befehl seines Landesherrn, des Herzogs Carl August von Sachsen-Weimar-Eisenach, und auf der Seite der preußischen und österreichischen Armee in den Krieg gegen die französischen Revolutionäre. Mit seinem Diener Paul Goetze verließ Goethe am 8. August 1792 Weimar, um mit seinem Herzog in Paris einzuziehen. Daraus wurde bekanntlich nichts. Knapp 200 km vor Paris beim Dorfe Valmy an der Marne kam der Feldzug zum Stehen. Mit schweren Geschützen feuerten die Gegner aufeinander. Ob nun mit der „Kanonade von Valmy" wirklich eine neue Epoche der Weltgeschichte eingeläutet wurde, wie Goethe dreißig Jahre später meinte, lässt sich bezweifeln.[2] Die Preußen zogen sich Anfang Oktober 1792 zurück. Die französischen Revolutionäre feierten dies als Sieg, besetzten Mainz, riefen dort (zunächst einmal) die Republik aus und schafften die Monarchie in Frankreich (zunächst einmal) ab. Der französische König Ludwig XVI. wurde des Hochverrats beschuldigt und am 21. Januar 1793 hingerichtet.

Im November 1792 war Goethe wieder in Weimar und begann alsbald mit der Arbeit am Drama „Die Aufgeregten", das aber erst 1817 als Fragment publiziert wurde. Im Gespräch mit Eckermann sagte Goethe, er habe dieses Stück „[...] zur Zeit der Französischen Revolution geschrieben [...]

---

[2] Gemeint ist Goethes berühmtes Selbstzitat: „Von hier und heute geht eine neue Epoche der Weltgeschichte aus, und ihr könnt sagen, ihr seid dabei gewesen" (Goethe, 1962, S. 117).

und man kann es gewissermaßen als mein politisches Glaubensbekenntnis jener Zeit ansehen" (Eckermann, 1987, S. 471). In dem Stück nimmt eine kleine Gruppe von Bauern die Französische Revolution als Beispiel, um den Aufstand gegen die adlige Herrschaft zu probieren. Der Aufstand verpufft, als eine Gräfin, „soeben aus Paris zurück" den Dörflern versichert, künftige Ungerechtigkeit zu vermeiden. Im Gespräch mit seinem Eckermann interpretiert Goethe sein Stück mit dem Hinweis, dass alle „Versuche, irgendeine ausländische Neuerung einzuführen, wozu das Bedürfnis nicht im tiefen Kern der eigenen Nation wurzelt, [...] daher töricht und alle beabsichtigten Revolutionen solcher Art ohne Erfolg" sind (Eckermann, 1987, S. 473). Eine ähnliche Absage an den revolutionären Unmut in Deutschland findet sich auch in dem satirischen Goethe-Stück „Der Bürgergeneral" (ebenfalls 1793 geschrieben), in dem die Revolution als „grobe Inszenierung eines kleinen Betrügers" (Fink, 1999, S. 55) vorgeführt wird. Freilich, Goethe mochte Revolutionen generell nicht leiden.

Friedrich Schiller war bekanntlich auch kein offener Parteigänger der Französischen Revolution, wurde aber im August 1792, nicht zuletzt wegen seines Stücks „Die Räuber" zum Ehrenbürger Frankreichs ernannt (Voss, 1990, S. 85). Am 8. Februar 1793, kurz nachdem der französische König hingerichtet wurde, teilte Schiller seinem Freund Christian Gottfried Körner (1756–1831) mit: „Ich kann seit 14 Tagen keine franz[ösischen] Zeitungen mehr lesen, so ekeln diese elenden Schindersknechte mich an" (Dörr, 2006, S. 41). Zwischen 1793 und 1794 verfasste Schiller seine Briefe „Über die ästhetische Erziehung des Menschen". Von der Französischen Revolution ist in den Briefen nicht explizit die Rede, wohl aber vom „Drama der jetzigen Zeit", von einer „losgebundene(n) Gesellschaft", die in das „Elementarreich" (5. Brief) zurückfalle. Schiller von der französischen Schreckensherrschaft nach 1789 enttäuscht und angewidert, suchte nach den Wegen, die revolutionären Ideale der Freiheit und Gleichheit ohne Gewalt, durch ein „unsichtbare(s) Reich der Sitten" (4. Brief) zu realisieren. Nötig für die Realisation sei es, den Menschen in einen ästhetischen sowie moralischen Zustand zu versetzen (24. Brief). Bildung und der Sinn für Schönheit seien dafür die Mittel der Wahl: „Durch die Schönheit wird der sinnliche Mensch zur Form und zum Denken geleitet; durch die Schönheit wird der geistige Mensch zur Materie zurückgeführt und der Sinnenwelt wiedergegeben" (18. Brief).[3]

---

[3] Alle Verweise auf die Briefe stammen aus der online über das Portal „projekt-gutenberg" zugänglichen Ausgabe „Friedrich Schiller. Über die ästhetische Erziehung des Menschen in einer Reihe von Briefen" (Schiller, 1795).

Das ist schön geschrieben und wohl auch im Geiste der humanistischen Vordenker verfasst. Es ist eine utopische Vorstellung, den Menschen zum guten, friedvollen und gerechten Menschen allein durch eine Erziehung zum Schönen machen zu wollen. Wir merken es uns und ordnen Schiller in die Reihe der Humanisten des 18. und 19. Jahrhunderts ein.

Johann Gottlieb Fichte (1762–1814) gehörte zu Beginn der 1790er Jahre zu den aufstrebenden Stars der deutschen Philosophie. Mit Kants Schiften vertraut, vor allem mit der „Kritik der praktischen Vernunft" (erstmals 1788 erschienen), und mit dessen Hilfe legte er 1792 sein Erstlingswerk „Versuch einer Kritik aller Offenbarung" vor und wurde berühmt. Zumindest so bekannt, dass sich Goethe in Weimar dafür einsetzte, den jungen Fichte an die Universität Jena zu holen. 1794 wird er nach Jena berufen. Ein Jahr zuvor, in Frankreich herrschte der große Terreur, veröffentlichte er seinen „Beitrag zur Berichtigung der Urteile des Publikums über die französische Revolution" (Fichte, 1973; Original: 1793). Die Revolution sei wichtig für die gesamte Menschheit und das Recht auf Revolution sei die Befugnis jedes einzelnen, aus dem eigenen Staat auszuscheiden, um mit Gleichgesinnten politisch souveräne Verbände zu konstituieren und in friedlich-naturrechtlichen Beziehungen miteinander zu leben (vgl. auch Schottky, 1973, S. XXXIII). Das spricht für einen Humanismus, dem sich Fichte verpflichtet fühlte und ist zumindest deutlicher als Goethes kleingeistiger Umgang mit den revolutionären Spannungen zwischen Bürgertum und reaktionärem Feudalismus.

> **Supplementum**
>
> In Fichtes Beitrag zur Berichtigung besagter Urteile über die Französische Revolution finden sich allerdings auch einige unsägliche judenfeindliche Aussagen. Den Juden seien zwar die Menschenrechte zu gewähren: „Aber ihnen Bürgerrechte zu geben, dazu sehe ich wenigstens kein Mittel, als das, in einer Nacht ihnen allen die Köpfe abzuschneiden und andere aufzusetzen, in denen auch nicht eine jüdische Idee sey. Um uns vor ihnen zu schützen, dazu sehe ich wieder kein anderes Mittel, als ihnen ihr gelobtes Land zu erobern, und sie alle dahin zu schicken" (Fichte, 1965, S. 150; Original: 1793).

Mit Goethe, der Obrigkeit und seinen Studenten geriet Fichte bald in Konflikt. Entgegen den Vorgaben der kirchlichen Obrigkeit bot er sonntags Vorlesungen über Moral an. Auch gegen studentische Verbindungen wetterte er in seinen Vorlesungen. Die Studenten warfen ihm darauf die Scheiben seines Hauses ein. Und schließlich wurde Fichte in einen, an der

Jenaer Universität schon länger schwelenden Atheismus-Streit verwickelt. Im Herbst 1798 sah sich Goethe veranlasst, für die Entlassung Fichtes zu votieren. Dieser kam dem Verfahren zuvor, bat selbst um Entlassung und verließ im Frühjahr 1799 Jena, um über Erlangen und Königsberg schließlich an der Berliner Universität zu landen. Dort treffen wir ihn später wieder.

Zuvor ist aber noch auf ein anderes Zusammentreffen aufmerksam zu machen. Zwischen 1796 und 1800 fanden sich in Jena Männer und Frauen zusammen, die zu den Wegbereiterinnen der deutschen Romantik werden sollten. Auch Fichte war anfangs Teil und sicher auch ein Anstoß dieser Bewegung. Mit seiner Forderung, den Blick zunächst nach innen, auf sich selbst, auf das eigene Ich, zu richten, um dann nach außen auf die Welt zu sehen, setzte er das Ich als das Absolute, aus dem heraus, die Welt geschaffen wird. Oder einfacher gesagt: Der Mensch sei die Instanz, die als einzige frei und fähig ist, sich und die Welt zu erkennen und zu schaffen. Das Ich schaffe quasi die Welt aus sich heraus. Goethe lästert zwar über das „Oßmannstädter Ich" (gemeint ist Fichte, der auf dem Gut Oßmannstedt bei Weimar 1795 seine Wissenschaftslehre entwickelte); die künftigen Romantiker begrüßen indes die Fichtesche Vorstellung vom freien, selbstbewussten Subjekt (vgl. auch Safranski, 2007, S. 70 ff.).

Und was tun die Romantiker? Sie romantisierten. In Jena trafen sich *August Wilhelm Schlegel* und *Friedrich Schlegel*, *Caroline Schlegel*, die Frau von August, *Ludwig Tieck*, *Novalis* (Georg Philipp Friedrich von Hardenberg), *Clemens Brentano*, *Friedrich Schelling*, *Sophie Mereau* und *Dorothea Veit* (Tochter von Moses Mendelssohn), um über Goethe und dessen Liebe zur Antike zu spotten, zu musizieren, zu philosophieren, um phantastische Geschichten, Märchen und Mythen zu erzählen und zu inszenieren oder um das Mittelalter zu idealisieren. Die sinnliche Liebe spielte ebenfalls eine große Rolle bei den Romantikerinnen und Romantikern. Julia Di Bartolo (2008) zeigt das am Beispiel von Sophie Mereau. *Sophie Mereau* (1770–1806) war am Ende des 18. Jahrhunderts und im Übergang zum 19. Jahrhundert eine vielgelesene Schriftstellerin, hatte mehrere Liebschaften, war zweimal verheiratet (zuletzt mit Clemens Brentano), und sah in der sinnlichen Liebe eine grundlegende Voraussetzung für ein vollkommenes und glückliches Leben (Di Bartolo, 2008, S. 78). Anfangs waren die Romantiker auch der Französischen Revolution von 1789 sehr zugetan, sahen sie doch ihre Auffassung von der Freiheit des Subjekts durch die Geschehnisse in Frankreich zunächst bestätigt. Das änderte sich sehr bald und ihre Berufung auf die deutschen Mythen, Legenden und Geschichten erhielt, spätestens als Napoléon sich zum Alleinherrscher der Franzosen erklärte, einen neudeutsch-nationalistischen Grundton. Darauf komme ich später noch einmal zu sprechen.

Kehren wir zunächst noch einmal zu *Immanuel Kant* zurück, von dessen Schriften sich nicht nur Fichte und Schiller beeinflussen ließen. Kant äußerte sich zum „Weltereignis" der französischen Revolution sehr ambivalent. Seine Sicht auf die Ereignisse in Frankreich schwankte „[…] zwischen einer moralischen Verpönung und einer enthusiastischen Anerkennung" (Michalski, 2017, S. 96). Beide Tendenzen finden sich in seinen letzten größeren Schriften, in der „Metaphysik der Sitten" von 1797 und im „Streit der Fakultäten" von 1798. Einerseits spricht Kant dem Volke das wirkliches Recht ab, gegen seine Repräsentanten im Parlament aktiv Widerstand zu leisten: „[…] kein Recht des Aufstandes (seditio), noch weniger des Aufruhrs (rebellio), am allerwenigsten gegen ihn als einzelne Person (Monarch) unter dem Vorwande des Mißbrauchs seiner Gewalt (tyrannis) Vergreifung an seiner Person, ja an seinem Leben" (Kant AA, Band VI, S. 320). Andererseits sieht er in der Revolution, der Französischen, „ein solches Phänomen in der Menschengeschichte", das nicht mehr aus dem – mit unseren Worten – historischen Gedächtnis gelöscht werden kann, „[…] weil es eine Anlage und ein Vermögen in der menschlichen Natur zum Besseren aufgedeckt hat, dergleichen kein Politiker aus dem bisherigen Laufe der Dinge herausgeklügelt hätte, und welches allein Natur und Freiheit, nach inneren Rechtsprincipien im Menschengeschlechte vereinigt, aber, was die Zeit betrifft, nur als unbestimmt und Begebenheit aus Zufall verheißen konnte" (Kant, AA, Band VII, S. S. 88).

Die Weltseele zu Pferde[4]

Im Jahre 1798 als der „Streit der Fakultäten" erschien, war die „Weltseele" bereits auf ihr Pferd gestiegen, um Europa zu beherrschen. *Napoléon Bonaparte* hatte 1797 mit der französischen Revolutionsarmee das Königreich Sardinien-Piemont und die Lombardei erobert, war in Österreich einmarschiert und kämpfte mit seinen Truppen 1798 und 1799 in Ägypten gegen das osmanisch-ägyptische Heer und die Mameluken. Zurück in

---

[4] Diese Anekdote, die auch heute noch gern in Jena erzählt wird, kolportiert eine Aussage Hegels in einem Brief an Friedrich Immanuel Niethammer vom 13. Oktober 1806. In diesem Brief schreibt Hegel, er habe den „Kaiser – diese Weltseele" durch die Stadt Jena hinausreiten und es sei „in der Tat eine wunderbare Empfindung, ein solches Individuum zu sehen, das hier auf einen Punkt konzentriert, auf einem Pferde sitzend, über die Welt übergreift und sie beherrscht" (zit. n. Schild, 2018, S. 58).

Frankreich zettelte er am 18. Brumaire VIII, dem 9. November 1799, einen Staatsstreich an und wurde am 24. Dezember 1799 Erster Konsul der Französischen Republik. Am 21. März 1804 wurde unter seinem maßgeblichen Druck der *Code civil des Français* (auch Code Napoléon) erlassen, das für viele Jahrzehnte gültige und einflussreiche französische Gesetzbuch zum Zivilrecht. Festgeschrieben wurden in diesem Gesetzbuch u. a. die allgemeinen, für jeden und jede gültigen Freiheitsrechte und die Gleichheit vor dem Gesetz, die Gewerbefreiheit und freie Berufswahl, die Abschaffung des Zunftzwangs, die Trennung zwischen Kirche und Staat und der Schutz des Privateigentums (vgl. auch Schubert & Schmoeckel, 2005).

Supplementum

Am 4. Februar 1794 beschloss die französische Nationalversammlung die Abschaffung der Sklaverei. Das geschah nicht ohne Druck. In der damals ertragreichsten französischen Kolonie Saint-Domingue (dem heutigen Haiti) schuftete etwa eine halbe Million Sklaven, die meisten stammten aus Afrika, auf den dortigen Zuckerplantagen. Der Wahlspruch der französischen Revolution „Liberté, Égalité, Fraternité" blieb auch dort nicht ohne Wirkung. 1791 erhoben sich die Sklaven, um für ihre Freiheit zu kämpfen. 1793 proklamierte der französische Gouverneur von Saint-Domingue, Léger-Félicité Sonthonax, das Ende der Sklaverei in der Kolonie. 1802 befahl Napoléon Bonaparte, die Sklaverei wiederherzustellen und schickte Expeditionstruppen auf die Insel. Der Versuch, die kolonialen Verhältnisse zu restaurieren, scheiterte jedoch. Am 1. Januar 1804 gründeten ehemalige Sklaven auf Saint-Domingue den ersten unabhängigen Staat Lateinamerikas, konstituierten ihn als Monarchie und gaben ihm den Namen Haiti. Der Name Haiti oder Ayiti sollte an die Ureinwohner der Insel, an die Arawak, erinnern, die nach der Landung von Christoph Columbus ausgelöscht wurden (Wilk, 2020, S. 236). Im Jahre 1806 zerfiel der Staat Haiti in einen von ehemaligen afrikanischstämmigen Sklaven dominierten Teil im Norden und einen südlichen Teil, in dem vornehmlich Menschen mit gemischt afrikanisch-europäischer Herkunft lebten. Obwohl die weitere Geschichte Haitis von Teilung, Wiedervereinigung, Bürgerkriege, Militärputsche, Interventionen durch die USA und manch anderen Krisen und Katastrophen gekennzeichnet ist, lässt sich doch mit Fug und Recht behaupten, dass der Freiheitskampf auf Saint-Domingue und die Gründung eines unabhängigen Staats großen Einfluss auf die nachfolgenden Unabhängigkeitskämpfe in Lateinamerika hatten. Die vollständige und tatsächliche Abschaffung der Sklaverei in Frankreich und seinen Kolonien erfolgte übrigens erst nach der Februarrevolution im Jahre 1848.

Am 2. Dezember 1804 krönte sich Napoléon zum Kaiser der Franzosen. Und es begann bald die zweite Phase der sogenannten Koalitionskriege (oder Napoleonischen Kriege), in denen verbündeten europäischen Feudalstaaten und Frankreich um die Vorherrschaft in Europa kämpften. Um nur die wichtigsten zu nennen: die Seeschlacht bei Trafalgar (Oktober 1805), die Schlacht bei Austerlitz (im Dezember 1805), Schlacht von Jena und Auerstedt (im Oktober 1806), Schlacht bei Eggmühl (im April 1809), die Kriege auf der Iberischen Halbinsel (1807 bis 1814), der Russlandfeldzug (1812), die Völkerschlacht bei Leipzig (im Oktober 1813) und dann die Schlacht bei Waterloo (am 18. Juni 1815). Am 14. Oktober 1806 wurde die preußisch-sächsische Armee bei Jena und Auerstedt von Napoléons Truppen vernichtend geschlagen. In der Nacht vom 14. zum 15. Oktober besetzten französische Kavalleristen Goethes Haus am Weimarer Frauenplan. Die Soldaten bedrohten den Dichter, Denker und Geheimrat mit der blanken Waffe, so wird berichtet. Nur der Geistesgegenwart seiner Frau *Christiane Vulpius* sei es zu verdanken, dass es im Hause zu keinen weiteren Gewalttaten gekommen sei. Wohl aus Dankbarkeit, so ist es einem Brief Goethes vom 17. Oktober 1806 an den Pfarrer Wilhelm Christoph Günther zu entnehmen, heiratet der Dichter am 19. Oktober seine „kleine Freundin" Christiane (Jena & Stolz, 2007, S. 69).

Über das Zusammentreffen von Napoléon und Goethe während des Erfurter Fürstentages vom 27. September bis 14. Oktober 1808 ist viel geschrieben worden, auch über den Brief Goethes vom 2. Dezember 1808 an seinen Verleger Johann Friedrich Cotta. Goethe gesteht in diesem Brief bekanntlich, dass ihm nichts Höheres und Erfreulicheres begegnen konnte, als vor dem französischen Kaiser zu stehen. Viele Jahre später im Gespräch mit seinem Eckermann ist Goethe immer noch euphorisiert und bekennt (sofern wir dem Zeugnis Eckermanns Glauben schenken), dass Napoléon sich im „Zustand einer fortwährenden Erleuchtung befunden (habe), weshalb auch sein Geschick ein so glänzendes war, wie es die Welt vor ihm nicht sah und vielleicht auch nach ihm nicht sehen wird [...] In späteren Jahren dagegen scheint ihn jene Erleuchtung verlassen zu haben, so wie sein Glück und sein guter Stern". Und weiter: „Jene göttliche Erleuchtung, wodurch das Außerordentliche entsteht, werden wir immer mit der Jugend und der *Produktivität* im Bunde finden, wie denn Napoléon einer der produktivsten Menschen war, die je gelebt haben. Ja, ja, mein Guter, man braucht nicht bloß Gedichte und Schauspiele zu machen, um produktiv zu sein, es gibt auch eine *Produktivität der Taten*". (Goethe zu Eckermann am 11. März 1828, Eckermann, 1987, S. 578 f., Hervorh. im Original). Ob Goethe sich mit diesem Satz nicht auch selbst zu beschreiben versuchte, bleibt vage, ist aber ebenso wenig von der Hand zu weisen wie die Vermutung, Goethe habe in Napoléon quasi die Verkörperung seines *Faust* gesehen. „Der

Tragödie Erster Teil" erschien bekanntlich im Mai 1808; bis 1831 quälte sich Goethe, um „Der Tragödie Zweiter Teil" fertigzustellen.

> **Supplementum**
>
> Zwischen 1808/1809 und 1831 saß Goethe an der „Dichtung und Wahrheit" über sein Leben. In vier Bänden und 20 Kapiteln, auch Bücher genannt, reflektierte er über die ersten knapp 30 Jahre seines Lebens. Berühmt und bekannt ist seine Schilderung des Frankfurter Ghettos, das er in Kinder- und Jugendjahren wohl besucht hat. Goethe schreibt von der Enge, dem Schmutz, dem Gewimmel, dem Akzent einer unerfreulichen Sprache und vom „unangenehmsten Eindruck". Auch an „[...] die alten Märchen von Grausamkeit der Juden gegen Christenkinder" fühlte er sich angesichts der ihm fremden Menschen erinnert. Und doch sah er in ihnen, den Juden, „[...] das auserwählte Volk [...] Menschen, tätig, gefällig", denen man „[...] seine Achtung nicht versagen" konnte (Goethe, 1984, S. 148). Als junger Mann, dem nicht nur die hübschen jüdischen Mädchen gefielen, besuchte er jüdische Hochzeiten, nahm an Beschneidungen teil und lernte das Laubhüttenfest kennen. Für Klaus Berghahn ist Goethes Schilderung des jüdischen Lebens in Frankfurt symptomatisch für dessen Einstellungen zu den Juden und dem Judentum. „Die Masse der Juden, wie er sie im Frankfurter Ghetto erlebt hatte, blieb ihm fremd, wenn er sie nicht sogar verachtete. Er sah sie, aber er erkannte sie nicht. Es kann daher auch nicht weiter überraschen, dass Goethe sich zwar für die Emanzipation der Juden interessierte, jedoch selbst nichts dazu beitrug, ja sie im Grunde ablehnte" (Berghahn, 2001, S. 211 f.). Angesichts der großen Sympathien, die von jüdischer Seite dem Großen in Weimar entgegengebracht wurden, mag diese Einschätzung Verwunderung hervorrufen. Aber so muss es wohl gewesen sein. Goethes Bild von Juden und dem Jüdischen war ein ambivalentes. Einerseits schätzte er das Volk der Schrift, andererseits hielt er wenig von den jüdischen Emanzipationsbemühungen. 1823 wurde im Herzogtum Sachsen-Weimar eine neue Judenordnung verabschiedet, die auf dem Grundsatz „Gleiche Rechte und gleiche Verbindlichkeiten für alle Staatsuntertanen" aufbaute, eine gewisse Gleichstellung der Jüdinnen und Juden gegenüber der nichtjüdischen Mehrheit garantierte und auch Ehen zwischen Juden und Christen gestattete. Gegen die letzte Bestimmung wandte sich Goethe mit Entschiedenheit (auch Geiger, 1904, S. 644).

Zurück zum Code Civil: In nahezu allen von Napoléon zeitweise besetzten Gebieten wurde dieser Kodex rechtswirksam eingeführt und zum Vorbild für die Rechtsprechung in den nachfolgenden Jahrzehnten. In Deutschland – und nicht nur dort – ergriff die Französische Revolution von 1789 zwar nicht die Massen, eröffnete aber eine neue Epoche des Nachdenkens über Macht, Diktatur, menschliches Zusammenleben und Menschenrechte.

„Erstmals wurden Menschen- und Bürgerrechte eingeführt, erstmals gab es allgemein anerkannte demokratische Grundwerte in Europa, wie sie heute in den europäischen Staaten selbstverständlich sind. Zum ersten Mal gab es demokratische Verfassungen einschließlich Gewaltenteilung und Kontrolle der Gewalten, [...] erstmals wurde die Trennung von Staat und Kirche vorgenommen – eine wesentliche Voraussetzung für unsere Demokratie heute. Zum ersten Mal wurde so etwas wie ein Sozialsystem im Staat eingeführt, eine Voraussetzung für den modernen Sozialstaat. Und schließlich kam durch die Französische Revolution in der Person Napoléons nicht nur der Kriegsherr auf die politische Bühne, sondern auch ein großer Reformer, dessen Reformen noch bis in das 21. Jahrhundert hinein ihre Spuren hinterlassen haben" (Woyke, 2016, S. 32 f.).

Literatur

Berghahn, K. L. (2001). Ein klassischer Chiasmus: Goethe und die Juden, die Juden und Goethe. *Goethe Yearbook, 10*(1), 203–221.
Di Bartolo, J. (2008). *Selbstbestimmtes Leben um 1800. Sophie Mereau, Johanna Schopenhauer und Henriette von Egloffstein in Weimar-Jena*. Universitätsverlag Winter.
Dörr, N. (2006). Friedrich Schiller und die Französische Revolution. Die Rezeption der Französischen Revolution bei Schiller und anderen deutschen Intellektuellen. *MRM – MenschenRechtsMagazin*, Heft 1. https://publishup.uni-potsdam.de/opus4-ubp/frontdoor/deliver/index/docId/3631/file/seite_36_46.pdf. Zugegriffen: 17. Apr. 2020.
Dosch, R. (1999). *Deutsches Freimaurerlexikon*. Bauhütten.
Eckermann, J. P. (1987). *Gespräche mit Goethe in den letzten Jahren seines Lebens*. Aufbau.
Fichte, J. G. (1973; Original: 1793). *Beitrag zur Berichtigung der Urteile des Publikums über die französische Revolution*. Herausgegeben von R. Schottky. Felix Meiner Verlag.
Fichte, J. G. (1965; Original: 1793). Beitrag zur Berichtigung der Urteile des Publikums über die französische Revolution. *Sämtliche Werke, Band 6*. De Gruyter. https://archive.org/details/smtlichewerke06fichuoft. Zugegriffen: 24. Febr. 2020.
Fink, G.-L. (1999). Goethe und die Revolutionen seiner Zeit. In J. Voss (Hrsg.), *Goethe im sozialen und kulturellen Gefüge seiner Zeit* (S. 41–88). Bouvier.
Fritzsche, K. P. (2016). *Menschenrechte: Eine Einführung mit Dokumenten*. Ferdinand Schöningh.
Geiger, L. (1904). Das Weimarer Judengesetz von 1823. *Monatsschrift für Geschichte und Wissenschaft des Judentums, 48*(11/12), 641–660.

Gerhard, U. (2009). *Frauenbewegung und Feminismus: Eine Geschichte seit 1789*. C. H. Beck.

Gerson, D. (2011). Französische Revolution. In W. Benz (Hrsg.), *Handbuch des Antisemitismus. Judenfeindschaft in Geschichte und Gegenwart, Band 4* (S. 134–136). De Gruyter.

Goethe, J. W. (1962, Original: 1822). Kampagne in Frankreich. *Berliner Ausgabe. Poetische Schriften, Band 15*. Berlin und Weimar: Aufbau.

Goethe, J. W. (1984; Original: 1830). *Aus meinem Leben. Dichtung und Wahrheit*. Aufbau.

Greive, A. (1969). Die Entstehung der französischen Revolutionsparole „Liberté, Egalité, Fraternité". *Deutsche Vierteljahrsschrift für Literaturwissenschaft und Geistesgeschichte, 43*(4), 726.

Hacks, P. (2008). *Zur Romantik*. Eulenspiegel.

Hegel, G.W.F. (1924; Vorlesungen gehalten zwischen 1822–1831). *Vorlesungen über die Philosophie der Geschichte*. Reclam.

Heine, H. (1968; Original: 1828). Italienische Reise von München nach Genua. In *Heinrich Heine Werke, Band 2*. Insel.

Jena, D., & Stolz, R. (2007). *Reisewege Napoleons in Thüringen*. Weimarer Taschenbuch.

Kant, I. (AA, Band VI, Original: 1797). Metaphysik der Sitten. *Gesammelte Schriften, Band VII*, S. 203–495, Hrsg.: Bd. 1–22 Preußische Akademie der Wissenschaften, Bd. 23 Deutsche Akademie der Wissenschaften zu Berlin, ab Bd. 24 Akademie der Wissenschaften zu Göttingen. De Gruyter & Co. https://korpora.zim.uni-duisburg-essen.de/kant/aa06/203.html. Zugegriffen: 10. Dez. 2020.

Kant, I. (AA, Band VII, Original: 1798). Der Streit der Fakultäten. *Gesammelte Schriften, Band VII*, S. 1–116, Hrsg.: Bd. 1–22 Preußische Akademie der Wissenschaften, Bd. 23 Deutsche Akademie der Wissenschaften zu Berlin, ab Bd. 24 Akademie der Wissenschaften zu Göttingen. De Gruyter & Co. https://korpora.zim.uni-duisburg-essen.de/kant/aa07/089.html. Zugegriffen: 10. Dez. 2020.

Kaufmann, M. (2015). Freiheit/Gleichheit. In H. Thoma (Hrsg.), *Handbuch Europäische Aufklärung* (S. 222–231). J.B. Metzler.

Kienzle, B. (1991). Freiheit, Gleichheit, Brüderlichkeit bei Kant. *Archiv für Geschichte der Philosophie, 73*(2), 171–187.

Marx, K. (1960; Original: 1852). Der achtzehnte Brumaire des Louis Bonaparte. In *Karl Marx & Friedrich Engels, Werke, Band 8*. Dietz.

Michalski, R. (2017). Was bedeutet die französische Revolution heute? Die Bemerkungen über Kants Interpretation von signum rememorativum. *Studies in the History of Philosophy, 8*(3), 95–115.

Safranski, R. (2007). *Romantik. Eine deutsche Affäre*. Hanser.

Schild, W. (2018). Napoléon und Hegel. In C. Enders, M. Kahlo & A. Mosbacher (Hrsg.), *Europa nach Napoléon* (S. 57–77). Paderborn: mentis Verlag.

Schiller, F. (1795). Ueber die ästhetische Erziehung des Menschen, in einer Reihe von Briefen. https://www.projekt-gutenberg.org/schiller/aesterz/aesterz.html. Zugegriffen: 25. Feb. 2020.

Schottky, R. (1973). *Einleitung zu „Fichte, Johann Gottlieb: Beitrag zur Berichtigung der Urteile des Publikums über die französische Revolution*. Felix Meiner.

Schubert, W., & Schmoeckel, M. (Hrsg.). (2005). *200 Jahre Code civil: Die napoleonische Kodifikation in Deutschland und Europa*. Böhlau.

Schulin, E. (2004). *Die Französische Revolution*. C. H. Beck.

Schulte, C. (2004). Freiheit für die Juden. In *Die Zeit* vom 8.7.2004, S. 76.

Sznaider, N. (2008). *Gedächtnisraum Europa: Die Visionen des europäischen Kosmopolitismus. Eine jüdische Perspektive*. transcript.

Träger, C. (1975). *Die französische Revolution im Spiegel der deutschen Literatur*. Reclam.

Von Hippel, W. (1989). *Freiheit, Gleichheit, Brüderlichkeit? Die Französische Revolution im deutschen Urteil 1789–1945*. dtv.

Voss, J. (1990). Der Mann, der Schiller 1792 zum Ehrenbürger Frankreichs machte. Philippe Jacques Rühl (1737–1795). *Francia, 17*(2), 81–93.

Wilk, S. (2020). Der Haitianische Unabhängigkeitskrieg in der Literatur: Spielarten des historischen Romans bei Hans Christoph Buch, Jean-Claude Fignolé und Madison Smartt Bell. In N. Ueckmann & R. Weiershausen (Hrsg.), *Sklavenaufstände in der Literatur* (S. 231–255). Springer Fachmedien.

Woyke, W. (2016). *Weltpolitik im Wandel*. Springer VS.

7

Psychologie auf dem Weg zur Wissenschaft vom Menschen

„Man müßte nicht Mensch seyn, wenn man nicht auf das, was in Frankreich jetzt vorgeht, Achtung gäbe. Aber leider sind meine Hoffnungen davon sehr gesunken […] Ich sehe, wie in unserer wissenschaftlichen Revolution, bisher nur noch Zerstörung, nirgends etwas Aufgebautes. Zu der ersteren haben die Menschen Kraft und Verstand; dieses, scheint es, ist über ihr Vermögen" (Christian Garve, Brief an Christian Felix Weiße am 14.11.1789; zit. n. Jahnke, 2002, S. 153).

Psychologisieren vor und nach 1800

Christian Garve (1742–1798), Philosoph und Aufklärer, der heute fast vergessen ist, hat Philosophie und Mathematik in Frankfurt an der Oder, Halle und in Leipzig studiert. Er schrieb in essayistischer Art über Themen, die heute der Moralphilosophie, der Soziologie und der Psychologie zugerechnet werden könnten, so z. B. „Versuch ueber die Prüfung der Fähigkeiten" 1779) oder „Ueber Gesellschaft und Einsamkeit" (1797/1800). Von den Großen der Zeit wurde Garve auch als Popularphilosoph zu Unrecht verunglimpft (vgl. auch Vowinkel, 1989, S. 139). Interessant ist Garves Vergleich zwischen der Französischen Revolution von 1789 und einer vermeintlichen wissenschaftlichen Revolution. Jürgen Jahnke (2002, S. 154 f.) macht darauf aufmerksam, dass das Reden und Schreiben über „Umwälzung", „Reformation" oder eben „Revolution" in der Wissenschaft zu jener Zeit keine Einzelerscheinung war. Auch die Psychologie war um 1800 im Umbruch, oder besser gesagt: auf dem Wege über die Anthropologie, Wissenschaft zu werden. Psychologie als die Wissenschaft vom menschlichen Erleben und Verhalten müsste ja aus heutiger Sicht geradezu prädestiniert sein, das Erkenntnissystem für humanitäres Nachdenken bereitzustellen. Denn, so der Philosoph Johann Gottlieb Heynig 1796 in der Einleitung zu seinem *Psychologischen Magazin:* „Um des Menschen willen muss ja alles geschehen, was geschieht, um seiner Vervollkommnung, Verbesserung, Aufklärung soll sich alles herumdrehen, von ihm müssen alle Untersuchungen und Beobachtungen ausgehen, auf ihn wieder zurückkehren" (Heynig 1796, S. 9; zit. n. Eckardt & John, 2001, S. 139).[1]

Es trifft also nicht ganz zu, wenn der deutsche Psychologe *Hermann Ebbinghaus* auf dem 4. Internationalen Kongress für Psychologie, der 1900 in Paris stattfand, den mittlerweile viel zitierten Satz prägte, die Psychologie habe zwar eine lange Vergangenheit[2], aber nur eine kurze Geschichte. Für Ebbinghaus begann diese kurze Geschichte in der Mitte des 19. Jahrhunderts mit der Anwendung naturwissenschaftlicher Methoden, mit denen man versuchte, das Psychische in „berechenbare" Zahlen zu verwandeln. Besieht man sich dagegen die Anzahl der Veröffentlichungen, die Vielfalt der Debatten und die unterschiedlichen Themen, in denen bereits vor 1800 über das Psychische reflektiert wurde, so kommt man nicht umhin, das ausgehende 18. Jahrhundert als „… den wesentlichen Wendekreis in der Entwicklung der Psychologie" (Sprung & Sprung, 1987, S. 9) zu betrachten.

Psychologisiert wurde am Ende des 18. und zu Beginn des 19. Jahrhunderts unter verschiedenen Namen von Vielen über Vieles in verschiedenen Zusammenhängen. Es war von „Psychologie", „Seelenlehre", „Erfahrungsseelenkunde", „Phänomenologie der Seele" oder „Empirischer Psychologie" die Rede (Jahnke, 2002, S. 159). Eine wichtige Weichenstellung findet sich schon beim Frühaufklärer *Christian Wolff.* Ausgehend von der Erkenntnis, dass die Moralphilosophie zu ihrer Begründung der Psychologie bedürfe, trennte Wolff die Psychologie in eine „Psychologia rationalis" (1734) und eine „Psychologia empirica" (1732). Vereinfacht gesagt, beschäftigt sich die erste als Teil der Philosophie mit der

---

[1] Nicht verschwiegen sei an dieser Stelle, dass auch Johann Gottlieb Heynig (1772–1837) nicht ganz frei von antijüdischen Stereotypen und Ressentiments war und von der Verblendung, Verdorbenheit und Unvernuft der Juden nörgelte (z. B. Heynig, 1835, S. 37 ff.).

[2] Auf die „lange Vergangenheit" der Psychologie müssen wir an dieser Stelle nicht eingehen, weder auf das Schichtenmodell der Seele von *Platon*, noch auf *Aristoteles* Schrift „Da anima" („Über die Seele") oder auf die Temperamentslehre des *Galenos von Pergamon*, auch nicht auf *Abū Alī al-Husain ibn Abd Allāh ibn Sīnā,* kurz: Ibn Sina oder, wie er im Lateinischen genannt wird, *Avicenna*, den wir bereits gewürdigt haben (Kap. 2).

metaphysischen Begründung der Seele und deren Möglichkeiten. Die zweite, die *Psychologia empirica,* sei Erfahrungswissenschaft, die sich auf Selbstbeobachtung und Begriffsbildung zu stützen versucht, um das Seelische zu erforschen (vgl. auch Hinske, 1999).

Zu den einflussreichen Vordenkern einer künftigen Psychologie gehören auch der schon erwähnte Christian Friedrich Thomasius (siehe Kap. 5), der einflussreiche Leipziger Mediziner und Philosoph Ernst Platner (1744–1818) oder der Göttinger Philosoph Michael Hißmann (1752–1784). Hißmann gehörte zu den Materialisten unter den Aufklärern, so wie vor ihm John Locke oder Thomas Hobbes. Aus heutiger Sicht würde man Hißmann als Vertreter der Assoziationspsychologie bezeichnen. Die Seelenlehre sei kein Teilgebiet der Metaphysik, sondern müsse sich auf Erfahrung stützen. Auch wenn es kaum möglich sei, den Geist oder die Seele an sich zu erkennen, so gebe es doch Hinweise, wie etwa erfahrbare Zusammenhänge von geistigen und körperlichen Zuständen, aus denen auf die Denkfähigkeit des Gehirns geschlossen werden könne (vgl. z. B. Wunderlich, 2012, S. 75). Und natürlich muss an dieser Stelle auch an *Immanuel Kant* erinnert werden, z. B. an die „Kritik der reinen Vernunft" (1781), die „Kritik der praktischen Vernunft" (1788), die „Metaphysische Anfangsgründe der Naturwissenschaft" (1786) oder an die „Anthropologie in pragmatischer Hinsicht (1798). Kant behandelt dabei den Verstand, die Gefühle, das Begehren oder Fragen des Charakters, also im weitesten Sinne – auch wenn das die philosophischen Experten anders sehen sollten – durchaus als Beschaffenheiten des Psychischen. Allerdings finden sich in den „Metaphysische(n) Anfangsgründe(n) der Naturwissenschaft" auch jene apodiktischen Feststellungen, wie:

„Ich behaupte aber, dass in jeder besonderen Naturlehre nur so viel eigentliche Wissenschaft angetroffen werden könne, als darin Mathematik anzutreffen ist [...] Noch weiter aber als Chemie, muss empirische Seelenlehre jederzeit von dem Range einer eigentlich so zu nennenden Naturwissenschaft entfernt bleiben, erstlich weil Mathematik auf die Phänomene des inneren Sinns und ihre Gesetze nicht anwendbar ist" (Kant, AA, Band IV, S. 470 f.).

Über die Folgen der Kantschen Setzung wird noch berichtet, zunächst aber noch ein Hinweis auf einen anderen Meilenstein auf dem Weg zur Psychologie. *Karl Philipp Moritz* (1756–1793), bekannt auch als Autor des Romans „Anton Reiser", befreundet u. a. mit Moses Mendelssohn und mit Johann Wolfgang Goethe, gründete 1783 das „Magazin zur Erfahrungsseelenkunde". Neben Moritz wurde das Magazin zeitweise auch von *Salomon Maimon* (1751–1800), einem jüdischen Aufklärer aus der

Haskalah, und von *Carl Friedrich Pockels* (1757–1814) herausgegeben. Bis 1793 erschienen zehn Magazinbände mit Beiträgen namhafter Autoren und Autorinnen. Darunter waren Ärzte, Philosophen, Taubstummenlehrer und Theologen. Moses Mendelssohn unterstützte das Magazin ebenso wie der Arzt und Philosoph *Marcus Herz,* jener, der bei Kant studiert hat und dessen Gattin den berühmten Berliner Literatursalon ins Leben rief. Die Themen des Magazins waren vielfältig. Es erschienen Fallbeispiele über Mörder und Selbstmörder, über Hypochonder, über Taubstumme, Beiträge über psychische Pathologien, über Sinnliches und Übersinnliches oder Charakteranalysen über Heranwachsende. *Salomon Maimon* schrieb über Schwachsinn, Seelenarzneikunde und über Telepathie. *Carl Friedrich Pockels* publizierte über Sprache und Erinnerung, über Ahnungen und Visionen. *Marcus Herz* lieferte theoretische Überlegungen zu Sprache und Denken. *Immanuel David Mauchart,* ein Schüler von Herz, schrieb über „merkwürdige" Seelenkrankheiten und „ungewöhnliche" Gedächtnisse. *Ernestine Christine Reiske* (1735–1798), eine der drei Frauen, die im Magazin publizierten, berichtete verschiedene Seelenkrankheiten und schilderte ihre eigene Heilung (vgl. ausführlich: Internet-Ausgabe des Magazins durch die Berlin-Brandenburgische Akademie der Wissenschaften). Das „Magazin zur Erfahrungsseelenkunde" muss sehr erfolgreich gewesen sein und wurde auch im Ausland wahrgenommen. Es ist die erste große deutsche psychologische Zeitschrift, ein hervorragender Beleg für eine frühe empirische, aufklärende Psychologie. Sieht man sich die Beiträge genauer an, kommt man nicht umhin festzustellen, dass es den Autorinnen und Autoren besonders um „…Erfahrungsformen des Leidens an der Gesellschaft" ging (Staeuble, 1985, S. 26). Sie klärten auf, indem sie sich und andere zum Objekt der Beobachtung machten und dies auch der Öffentlichkeit kundtaten, nicht nur im „Magazin zur Erfahrungsseelenkunde".

In der „Allgemeinen Literaturzeitung", dem damals auflagenstärksten Rezensions- und Mitteilungsblatt im deutschsprachigen Raum (1785 in Jena gegründet und später in Halle bis 1849 weitergeführt), erschienen zwischen 1785 und 1799 beinahe 1000 Titel mit psychologischem Inhalt, sowohl Monografien als auch verschiedene deutsche sowie ausländische Zeitschriftenaufsätze (John, 2002, S. 167). Mitgearbeitet an der „Allgemeinen Literaturzeitung" hat zeitweise auch *Carl Christian Erhard Schmid,* ein Kantianer, Professor für Logik, Metaphysik, Theologie und Philosophie. Schmid war vor seiner akademischen Karriere Hauslehrer von Novalis und Vikar in der Dorfkirche zu Wenigenjena, wo er, nebenbei bemerkt, 1790 Charlotte von Lengefeld und Friedrich Schiller traute (John, 2001a, S. 84). 1791 veröffentlichte er ein Lehrbuch für „Empirische Psychologie" (Schmid,

1791). In dieser und anderen Schriften versuchte Schmid eine empirische Psychologie trotz der Einschränkungen, wie sie Immanuel Kant (siehe oben) formuliert hatte, zu begründen. Eine empirische Psychologie stütze sich auf die menschliche Selbsterfahrung, auf analytische Beobachtungen, und könne die rationale Psychologie ergänzen. Darüber kam es zu einem heftigen Streit zwischen ihm, *Johann Gottlieb Fichte* (1762–1814) und *Friedrich Wilhelm Joseph Schelling* (1775–1854). Fichte, so der Vorwurf Schmids, versuche mit seiner Wissenschaftslehre die Psychologie als Wissenschaft überflüssig zu machen; auch Schelling wolle letztlich die Psychologie als eigenständige Wissenschaft aufgeben (Eckardt & John, 2001, S. 170 f.).

Die Psychologie etablierte sich um 1800 nicht nur zu einem beliebten Einführungsfach für Philosophen, Juristen, Theologen und Mediziner[3], sondern auch zu einer praktischen Ratgeberwissenschaft für die Pädagogik. So erschienen in dieser Zeit "„…Einführungen in die Seelenlehre für Kinder, Gymnasiasten und Frauenzimmer" (John, 2002, S. 166), z. B. 1780 die „Kleine Seelenlehre für Kinder" von *Joachim Heinrich Campe* (1746–1818), der übrigens, so wie Schiller und Klopstock, 1792 Ehrenbürger der französischen Republik wurde. Das kleine Büchlein, das mehrere Auflagen erfuhr, richtete sich, wenn auch in kindgemäßer Sprache, vor allem an Erzieher und Lehrer. Es sollte diese in ihren Bemühungen unterstützen, Kinder in Religion und Sittenlehre zu unterweisen. In vierzehn fiktiven Gesprächen zwischen Erwachsenen und Kindern werden Fragen der Sinneswahrnehmung (Geruch, Geschmack, Gehör, etc.), der Vorstellung oder der Seele behandelt (siehe auch Koerrenz, 2010).

Besagter Joachim Heinrich Campe, den Pädagogen gern zu den Vertretern der „Philanthropischen Pädagogik", also der Pädagogik der Menschenfreunde, zählen, erstellte zwischen 1785 und 1792 mit Gleichgesinnten auch eine „Allgemeine Revision des gesamten Schul- und Erziehungswesens. Von einer Gesellschaft praktischer Erzieher". In diese sehr umfangreiche Schriftenreihe sind zahlreiche psychologische Erkenntnisse der damaligen Zeit eingeflossen. So macht Campe u. a. einen Vorschlag zu einer Gymnastik der Seelenfähigkeiten mit speziellen Vorschriften „…zur Uebung a. der Sinneskräfte, b. des Verstandes, c. der Vernunft, d. der Einbildungskraft, e. des Gedächtnisses, f. des Witzes und Scharfsinns, g. des sittlichen

---

[3] So finden sich bereits am Ende des 18. Jahrhunderts in den Vorlesungsverzeichnissen namhafter Universitäten (Jena, Halle, Leipzig, Göttingen) Ankündigungen von Lehrveranstaltungen, in denen die Psychologie entweder als Propädeutik für die Philosophie, als empirische Wissenschaft oder in verschiedenen Anwendungsbereichen (z. B. der Medizin oder der Kriminalistik) thematisiert wird (Ziche, 2001).

Gefühls" (Campe, 1785, S. XXXIIf.). Man darf Campe getrost als großen Humanisten ansehen, der auf der Grundlage einer sensualistischen Psychologie, nach der jegliche Erkenntnis von den jeweiligen Sinneseindrücken abhängig sei, ein Erziehungsprogramm vorlegte, mit dem es möglich sein sollte, die natürliche Entfaltung der menschlichen Seelenkräfte von frühester Kindheit an zu fördern (vgl. auch Herrmann, 1996). Zu den Vertretern der Philanthropischen Pädagogik gehörten zu dieser Zeit auch Johann Bernhard Basedow (1724–1790), Rudolph Zacharias Becker (1752–1822) und Christian Gotthilf Salzmann (1744–1811), Gründer des Schnepfenthaler Philanthropins bei Waltershausen in Thüringen, in dem Johann Christoph Friedrich GutsMuths (1759–1839) den dortigen „wohlgeborenen" Zöglingen u. a. das Turnen und die Gartenarbeit beibrachte.

Johann Heinrich Pestalozzi (1746–1827), 1792 von der französischen Nationalversammlung ebenfalls zum Ehrenbürger ernannt, bemühte sich gleichfalls um Menschenbildung, vor allem um eine Elementarbildung für Kinder und Jugendliche aus den sogenannten „niederen Volksschichten" der Landbevölkerung. Ohne psychologische Erkenntnisse kam auch Pestalozzi nicht aus. Das zeigt sich besonders in der Unterscheidung der Kräfte, die in der Erziehung in gleichwertiger und harmonischer Weise gefördert und entwickelt werden müssen. Bekannt und oft zitiert, in Pestalozzis Arbeiten allerdings nur selten erwähnt, sind diese Kräfte mit der Kopf-Herz-Hand-Metapher bezeichnet. Gemeint ist eine Triade von intellektuellen Kräften (Wahrnehmung, Denken, Urteilen), Gefühlen (Glaube, Liebe) und physischen Kräften (körperliche Gewandtheit). Um diese Kräfte entwickeln zu können, nutzte Pestalozzi eine „Elementarbildungsmethode", die auf den Erwerb elementarer Kulturtechniken ausgerichtet, in ihrer praktischen Ausübung überwiegend mechanische Übungen beinhaltet und nicht fern von einem Lernen durch Konditionierung ist (siehe auch Osterwalder, 2008).

Psychische Kuren

Psychologisiert und aufgeklärt wurde am Ende des 18. Jahrhunderts in vielfältiger und populärer Weise. Lesebücher für „Glückliche und Unglückliche" erschienen, Beiträge über Hypochondrie, über die „Spleens der Männer" und die „Hysterie der Frauen" wurden veröffentlicht, Untreue, Blindheit, Sünden, Verirrungen, Trunksucht thematisiert usw. (ausführlich: Eckardt & John, 2001, S. 151 ff.). Mit dem Übergang vom 18. zum 19. Jahrhundert begannen auch die ersten systematischen Behandlungen von psychosomatischen und psychopathologischen Leiden. Eine besondere Popularität genoss zu dieser Zeit der Mesmerismus, eine auf den Arzt *Franz Anton Mesmer* (1734–1815) zurückgehende Heilmethode. Mesmer wollte den Einfluss der Planeten auf das menschliche Nervensystem nachweisen und meinte, dabei eine Kraft entdeckt zu haben, die er „thierischen Magnetismus" nannte, eine unsichtbare Kraft, die die Beziehungen zwischen Körper und Seele vermittle. Darauf aufbauend entwickelte Mesmer „magnetische Kuren", mit denen er psychische und psychosomatische Beeinträchtigungen zu heilen versuchte (Mesmer, 1776). Zunächst experimentierte er mit Magneten, mit deren Hilfe er seine Patienten in Trance zu setzen versuchte. Später vereinfachte er seine „Kur-Techniken". Der Magnetiseur oder Arzt berührte den Patienten am Kopf und strich anschließend gleichmäßig knapp über dessen Körperoberfläche, um so die Beziehung zwischen Körper und Seele zu harmonisieren. Dadurch sollen wohl die Patienten ebenfalls in Trance gefallen sein. Unabhängig von der Wirksamkeit derartiger Kuren erfreute sich der Mesmerismus nicht zuletzt bei den Romantikern einer großen Beliebtheit. Jean Paul, Achim von Arnim, E.T.A. Hoffmann, Heinrich von Kleist, Albert von Chamisso, Ludwig Tieck, Clemens Brentano, Friedrich Schlegel und besonders Novalis haben sich von Mesmers Ideen inspirieren lassen (Barkhoff, 2016). Inwieweit die Ideen und praktischen Methoden von Franz Anton Mesmer (1734–1815) die moderne Psychotherapie beeinflusst haben, ist indes umstritten (vgl. z. B. Peter, 2005).

Wirkungsvoller dürften die Arbeiten von *Johann Christian Reil* (1759–1833) gewesen sein. Reil arbeitete als praktischer Arzt, wurde später Professor der Medizin in Halle, hatte anschließend einen Lehrstuhl an der Berliner Charité, war während der Völkerschlacht bei Leipzig leitender Feldarzt und starb bei dieser Arbeit an Typhus. Seine Schrift „Rhapsodieen über die Anwendung der psychischen Curmethode auf Geisteszerrüttungen" (1803) gehört zu den ersten grundlegenden Werken der Psychotherapie. Reil gilt als Erfinder des Wortes „Psychiatrie" (Marneros & Pillmann, 2005, S. 1). Er arbeitete eng mit dem scharfsinnigen Philosophen *Johann Christoph Hoffbauer* (1766–1827) zusammen, mit dem er dann später die „Beyträge zur Beförderung einer Kurmethode auf psychischem Wege" herausgab (1808–1812). Anstelle des damaligen Umgangs mit Irren und Schwachsinnigen, die meist eingesperrt wie Zuchthäusler und Verbrecher, „angeschmiedet an Ketten, in ihrem eigenen Unrath verfaulen" (Reil 1803, S. 14), wollte Reil eine menschengerechte Behandlung der psychisch Kranken, eben die psychische Kur, setzen.

Worum geht es in der „psychischen Kur"? Im Vordergrund stehen nach Reil zunächst – wie bei Christian Friedrich Thomasius (Kap. 5) – eine genaue Kenntnis von der Seele der Kranken, dessen Zutrauen zum Seelenarzt, aber auch das suggestive Einwirken des Arztes auf den Kranken und Zwangsmaßnahmen, wie das Eintauchen in kaltes Wasser sowie erzieherische Übungen und Zerstreuungen durch Arbeit, tanzen, malen oder singen (ausführlich: Petzold, 1957). Hypochonder und Trübsinnige bekamen auch schon mal Mohnsaft verabreicht, um ihre „thierische Lust" anzuregen. Dem „weltdummen Platoniker", der zum Narren wurde, weil er im weiblichen Geschlecht die Funken eines höheren Wesens glühen sah, wurde die Gesellschaft einer „Bordell-Nymphe" empfohlen, damit er auf den Boden der Tatsachen zurückfinde.

Dass Reils Kurmethode eine ziemlich autoritäre Angelegenheit war und in ihrer praktischen Umsetzung kaum dem humanistischen Ideal der Aufklärung zu entsprechen schien, verdeutlicht die Zusammenfassung seiner Grundsätze:

„So gängeln wir den Kranken von der untersten Stufe der Sinnlosigkeit durch eine Kette von Seelenreizen aufwärts zum vollen Vernunftgebrauch. Durch die ersten rohen und körperlichen Eindrücke aufs Gemeingefühl wecken wir ihn aus seinem Taumel und nötigen ihn zum Gehorsam. Die mechanischen mit Bewegung verbundenen Beschäftigungen erhalten ihn gesund, bei Laune, gewöhnen ihn zur Ordnung und zerstreuen ihn durch ein leichtes Spiel der Seelenkräfte. In der Folge wird sein Geist vorzüglich in Anspruch genommen. Seinen Sinnen und der Phantasie werden Anschauungen aufgedrungen, die er als passiver Zuschauer beachten muß. Dann nötigt man ihn zur eigenen Tätigkeit und übt die Seelenvermögen, besonders die es am meisten bedürfen" (Reil, 1803, zit. n. Petzold, 1957, S. 175).

Indes Reils Kurmethode hinterließ Wirkungen. So fand der Leipziger Arzt und Psychiater *Johann Christian August Heinroth* (1773–1843) in den Reilschen „Beyträgen zur Beförderung einer Kurmethode auf psychischem Wege" den eigentlichen Herd der psychischen Medizin. Heinroth gilt als Vertreter einer „romantischen Psychiatrie" und als Schöpfer des Begriffs „psychosomatisch" bzw. „psychisch-somatisch" (Heinroth, 1818, S. 49).[4] 1811 bis zu seinem Tode hatte er in Leipzig den weltweit ersten Lehrstuhls für „Psychische Therapie" inne. Mit Kriminalpsychologie befasste sich Heinroth ebenfalls (Heinroth, 1833) sowie mit der Zurechnungsfähigkeit des 1824 hingerichteten Johann Christian Woyzecks (Heinroth 1824), jenem Woyzeck, dem Georg Büchner 1837 ein literarisches Denkmal setzen wird.

---

[4] Steinberg weist allerdings darauf hin, dass der Begriff „Psycho-Somatic" bereits 1811 von dem englischen Dichter Samuel Taylor Coleridge benutzt wurde (Steinberg, 2007, S. 416).

Für seelische Störungen, z. B. die Melancholie oder Depressionen, machte Heinroth besonders eine unmoralische Lebensführung und sündhafte Verfehlungen der betreffenden Menschen verantwortlich. Deshalb empfahl er, die Vorstellungen und die Gemütszustände des Patienten zu ändern, etwa durch Entfernung aus seiner Umgebung, durch kräftige Aufregung des Gemüts, durch mancherlei neue Anreize oder durch Reisen, die Heinroth in solchen Fällen gar als „Universal-Medizin" empfahl (Wernli, 2020, S. 196). Quasi als Vorgriff auf spätere psychoanalytische Sichtweisen führte Heinroth die Störungen des Seelenlebens auf Erfahrungen aus der frühen Kindheit und Jugend sowie auf mangelnde oder falsche Erziehung zurück. Also schrieb er eine religiös gewandete, moralische Warn- und Aufklärungsschrift an die Eltern, Erzieher und „psychischen Ärzte", um sie auf die Grundfehler der Erziehung aufmerksam zu machen. „Die Leitung des Unmündigen zur Mündigkeit wird also das seyn, was wir Erziehung überhaupt oder im Allgemeinen zu nennen haben. Eine Leitung muß die Erziehung seyn: denn der zu Erziehende soll seinen Weg selbst gehen lernen; und kann ihn nur ohne Leitung nicht finden. Die Leitung findet aber ihre Grenzen an der erreichten Mündigkeit: denn weiter als einerseits bis zur vollen Erkenntniß der Bestimmung, andererseits bis zum vollen Gebrauch der Freiheit darf sie nicht gehen, weil von nun an der Mensch selbst für die That seines Lebens verantwortlich wird. Die Erziehung erreicht demnach ihr Ende mit dem angehenden Jünglings- und Jungfrauen-Alter, also im Durchschnitt zwischen dem funfzehnten und sechszehnten Jahre" (Heinroth, 1828, S. 47 f.).

Entdeckung des Gemüts

Gar nicht so fern von Karl Philipp Moritz, Carl Christian Erhard Schmid, Joachim Heinrich Campe, Johann Christian Reil oder Johann Christian August Heinroth und den anderen Gelehrten, die um 1800 das Psychologisieren als Mittel der Aufklärung entdeckten, entwickelten sich in den Kreisen der Romantiker um die Gebrüder *Schlegel*, *Caroline Schlegel*, *Ludwig Tieck*[5], *Novalis*, *Clemens Brentano*, usw. eine, nun ja, rebellischere Auf-

---

[5] 1796 veröffentlichte Ludwig Tieck übrigens eine Erzählung mit dem Titel „Der Psycholog". In der etwas spröden Erzählung taucht ein Psychologe auf, der nicht nur viel reist, sondern auch Irrenanstalten besucht und viel mit anderen Menschen redet. Man kann davon ausgehen, dass Tieck nicht ganz unvertraut mit den psychologischen Einsichten seiner Zeit war, hatte er doch u. a. 1792/1793 Vorlesungen über Erfahrungsseelenlehre in Halle, einem damaligen Zentrum psychologischer Vorlesungstätigkeit, gehört (ausführlich: John, 2001b, S. 115 ff.).

fassung vom Psychischen. Die Romantiker, um diese nicht ganz zutreffende Gruppenbildung zu benutzen, haben bekanntlich nicht nur romantische Lieder gedichtet, Märchen erzählt oder Hymnen an die Nacht gerichtet. Sie entdeckten das Gemüt und die Gefühle, suchten nach dem Sinn und dem Ort der Seele, diskutierten über Kreativität und Dummheit, interessierten sich für Träume und den Wahnsinn.

Friedrich Schlegel (1772–1829) hielt von der Einteilung in rationale und empirische Psychologie gar nichts. Psychologie mag zwar durchaus im Zentrum der Philosophie stehen, die psychologisch interessanten Phänomene, wie „Tod, Schmerz, Weiblichkeit – Tollheit, Traum, Schlaf" waren ihm, Schlegel, auf seiner Suche nach der Seele offenbar wichtiger (Schlegel, Kritische Ausgabe, Band V, zit. n. Röttgers, 1991, S. 40). *Novalis* (Georg Philipp Friedrich von Hardenberg; 1772–1801) war ebenfalls auf der Suche nach der Seele und vermutet deren Sitz dort, wo sich Innen- und Außenwelt berühren. Um sich diesem Sitz zu nähern, könne die „sogenannte Psychologie" wohl kaum helfen (Novalis, 1978–1987, Band 2, S. 771). Gefühle, das Unbewusste, Träume und die damit verbundenen „geselligen Verhältnisse", wie die Liebe – da sind sich Schlegel, Novalis und die anderen Frühromantiker weitgehend einig – sollten im Zentrum psychologischen Nachdenkens stehen.

Im Banne Kants und eine Idee beim Aufwachen

Die Psychologie befand sich, sensu Seelenkunde, noch fest im Griff der Philosophen. Und das hatte auch mit der erwähnten apodiktischen Feststellung *Immanuel Kants* zu tun, die Mathematik sei auf die Phänomene des inneren Sinns und ihre Gesetze nicht anwendbar. Immanuel Kant sprach der Psychologie allerdings damit keinesfalls ab, Wissenschaft zu sein oder werden zu können. Die Psychologie müsse vielmehr erst eine empirische Wissenschaft werden, um Wissenschaft sein zu können. Fahrenberg (2008, S. 5) zitiert dazu aus der „Kritik der reinen Vernunft":

„…sie (die Psychologie, WF) kommt dahin, wo die eigentliche (empirische) Naturlehre hingestellt werden muss, nämlich auf die Seite der angewandten Philosophie, zu welcher die reine Philosophie die Prinzipien a priori enthält, die also mit jener zwar verbunden, aber nicht vermischt werden muss. Also muss empirische Psychologie aus der Metaphysik gänzlich verbannet sein, und ist schon durch die Idee derselben davon gänzlich ausgeschlossen. Gleichwohl wird man ihr nach dem Schulgebrauch doch noch immer (obzwar nur als Episode) ein Plätzchen darin verstatten müssen, und zwar aus ökonomischen Bewegursachen, weil sie noch nicht so reich ist, daß sie allein ein Studium ausmachen, und doch zu wichtig, als daß man sie ganz ausstoßen, oder anderwärts anheften sollte, wo sie noch weniger Verwandtschaft als in der Metaphysik antreffen dürfte. Es ist also bloß ein so lange aufgenommener Fremdling, dem man auf einige Zeit einen Aufenthalt vergönnt, bis er in einer ausführlichen Anthropologie (dem Pendant zur empirischen Naturlehre) seine eigene Behausung wird beziehen können" (Kant, AA, Band III, S. 548).

Die Psychologie solle also noch ein wenig in der Philosophie verweilen, bis sie einen eigenen Platz zu finden vermag. Nun hatten die angehenden Psychologen, es waren ausschließlich Männer, mehrere Möglichkeiten mit Kants Einwurf umzugehen. Sie konnten Kant folgen und von der durchaus nachvollziehbaren Einsicht ausgehen, dass unser Verstand seine Gesetze nicht aus der Natur schöpft, sondern sie dieser vorschreibt (Kant, AA, Band IV, S. 320). Das klingt sehr konstruktivistisch und wird gern von heutigen Psychologinnen und Psychologen zitiert, um auf die klassischen Wurzeln konstruktivistischer Psychologiekonzeptionen zu verweisen. Bis dahin, bis zum Konstruktivismus in der Psychologie ist es aber noch ein weiter Weg. Die Psychologen nach Kant hatten allerdings auch die Möglichkeit, das Aufklärungsprojekt zum Beispiel auf dem Felde der Erziehung, der Medizin oder der Arbeit voranzutreiben, quasi so etwas wie eine Angewandte Psychologie zu entwickeln. Von Johann Christian Reil, der schließlich auch Kantianer war (Steinmann, 2013, S. 187) und sicher dessen Einwürfe über die Psychologie gelesen hat, war schon die Rede. Die psychischen Kuren als Frühform psychologisch inspirierter Therapie lassen sich durchaus als Teil einer möglichen Angewandten Psychologie verstehen. Allerdings führte von solchen Projekten, wie sie etwa Reil oder Heinroth verfolgten, kein gerader Weg zur Psychologie als Wissenschaft. Das dürfte auch für jene praktischen Ansätze zutreffen, die Kritik an den gesellschaftlichen Zuständen um 1800 zu üben versuchen. Irmingard Staeuble (1985, S. 27) verweist in diesem Zusammenhang darauf, dass das Projekt einer empirischen Psychologie ein Pedant im Umkreis der frühsozialistischen Gesellschaftskritik in England und Frankreich hatte. So orientierten sich zum Beispiel *Robert Owen* (1771–1858) in England oder *Charles Fourier* (1772–1837) in Frankreich an einer empirischen- sensualistischen Erkenntnistheorie und Psychologie, nach der die sozialen Umstände für die sittlichen Beschaffenheiten der Menschen verantwortlich sind. Deshalb sei eine Revolution der Erziehung notwendig, um eine revolutionierte Gesellschaft schaffen zu können (vgl. auch Gehrig, 2007, S. 90).

Die empirische Psychologie als angewandte Wissenschaft hätte also nach 1800 viel zu tun gehabt. Indes ihre Entwicklung verlief in eine andere Richtung. Und die wurde maßgeblich von *Johann Friedrich Herbart* (1776–1841) beeinflusst. Herbart studierte in Jena Philosophie bei Fichte, war anschließend Hauslehrer in der Schweiz und traf 1798 dort Pestalozzi. 1805 wurde er außerordentlicher Professor in Göttingen und 1809 Professor für Philosophie und Pädagogik in Königsberg auf dem Lehrstuhl von Immanuel Kant. 1833 kehrte Herbart wieder an die Universität Göttingen zurück. Angeregt durch Pestalozzis Erziehungsideen strebte er eine psychologische Grundlegung der Pädagogik an. Erziehung solle Sittlichkeit ermöglichen, sittliche Charakterstärke herausbilden, die Entwicklung der Individualität fördern. Ein Großteil der Lücken im pädagogischen Wissen rühre allerdings von den Mängeln der Psychologie her.

Um diese Mängel zu beheben, machte sich er sich dran, die Ordnung und Gesetzmäßigkeit der Seele zu erforschen und eine „Mechanik" der Vorstellungen zu entwerfen. Seelische Prozesse entstünden durch die Verknüpfung und wechselseitige Beeinflussung von Vorstellungen. Allerdings erfolge diese Beeinflussung nicht im „luftleeren" Raum, sondern „in Verbindung mit Anderen". Denn: „Den völlig Einzelnen kennen wir gar nicht; wir wissen nur so viel mit Bestimmtheit, dass die Humanität ihm fehlen würde. Noch mehr: wir kennen eigentlich nur den Menschen in *gebildeter* Gesellschaft". Der Mensch sei ein Produkt dessen, was wir Weltgeschichte nennen. „Wir dürfen ihn nicht aus der Geschichte herausreißen" (Herbart, 1824/1825, S. 2 f.; Hervorh. im Original).

Wie das häufig so ist, wenn Schüler ihre Lehrer zu übertrumpfen versuchen, nahm Herbart den Königsberger Immanuel Kant beim Wort, um es gegen ihn zu richten. Die weitere Bearbeitung der Psychologie, so Herbart (1816, S. 7), erfordere die höhere Mathematik. Und so dachte er sich Formeln und Zahlenverhältnisse aus, um seine Auffassung von den assoziativen Beziehungen zwischen seelischen Vorstellungen mathematisch zu belegen und zu beweisen, Mathematik lasse sich doch auf die inneren Sinne anwenden. Man könnte es ein deduktives Vorgehen nennen, was Herbart tat, weil er auf experimentelle Prüfungen seiner ausgedachten numerischen Relationen verzichtete (Galliker, 2016, S. 75). Kurios erscheinen die Formeln Herbarts aus heutiger Sicht allemal. Nichtsdestotrotz wird *Johann Friedrich Herbart* heute gern als einer der Ersten bezeichnet, der sich an eine wissenschaftliche Begründung der Psychologie wagte (z. B. Fahrenberg, 2008; kritisch dagegen: Eckardt, 2010, S. 45 ff.).

An Herbart und seinen Ideen über die Neugründung der Psychologie auf der Basis von Erfahrung und Mathematik orientierten sich bald auch

7 Psychologie auf dem Weg zur Wissenschaft vom Menschen

Gustav Theodor Fechner (1801–1887) und *Wilhelm Wundt* (1832–1920). Fechner, der sich übrigens auch mit Träumen beschäftigte und in diesem Zusammenhang von Sigmund Freud in besonderer Weise gewürdigt wurde (Freud, 1987, S. 50; Original: 1900; siehe auch Kap. 11), verstand das Psychische als psychophysische Einheit und versuchte vom Physischen bzw. physiologischen Prozessen auf das Psychische zu schließen. Angeregt wurde Fechner u. a. vom Anatomen und Physiologen *Ernst Heinrich Weber* (1795–1878). Dieser hatte verschiedene Studien zu Empfindungsunterschieden durchgeführt, so u. a. die sogenannten Stechzirkelversuche, mit denen er prüfte, wann zwei Berührungsreize auf der Haut mittels eines Stechzirkels als ein Reiz empfunden werden. Fechner führte diese Versuche fort und entdeckte das Fechnersche Gesetz, das als *Weber-Fechnersches Gesetz* bekannt ist (Fechner, 1860). Fechner habe, so wird berichtet, die Idee für dieses Gesetz am 22. Oktober 1850 morgens in seinem Bette gehabt. Es handelt sich dabei um eine Maßformel, die vereinfacht besagt: Die Stärke einer Empfindung wächst mit dem Logarithmus der Reizstärke oder mathematisch formuliert: $E = c \times \log R$, wobei E die Empfindung, c eine Konstante und R den Reiz symbolisieren. Ich muss das nicht weiter erklären und vermerke nur, Fechner begründete die „Psychophysik", die als Lehre von den Beziehungen zwischen physischen Reizen und den psychischen Empfindungen bekannt ist und von manchen heutigen Psychologen als Meilenstein auf dem Weg zu einer Kognitiven Wahrnehmungspsychologie angesehen wird.

Auch Wilhelm Wundt, um noch einige Jahrzehnte vorauszuschauen, war an der psychophysischen Einheit interessiert und wandte sich gegen Kant, der es für nicht möglich hielt, dass die Psychologie eine Experimentalwissenschaft sein könne. Mit seinen Büchern, wie den „Grundzügen der physiologischen Psychologie" (erschienen 1874) und dem „Grundriss der Psychologie" (1896) schlug Wundt ein neues Kapitel in der empirischen Psychologie auf. Von nun ab solle sich die Psychologie auf die experimentelle Messung der einfachen psychischen Vorgänge (Empfindungen und Sinneswahrnehmungen) fokussieren. Die höheren psychischen Prozesse und Strukturen (das Denken, die Sprache, Phantasie, Religion, Sitte usw.) seien hingegen experimentell nicht zu untersuchen. Deshalb lagerte Wundt sie zunächst einmal aus seinem Forschungsprogramm aus und behandelte sie später unter dem Titel „Völkerpsychologie". Dazu später mehr.

Um das Thema nicht ganz aus den Augen zu verlieren, lässt sich vielleicht so viel noch zum Zustand der Psychologie sagen: Um 1800 waren Wissenschaftler angetreten, um eine eigenständige, von der Philosophie emanzipierte und empirisch orientierte Psychologie zu entwickeln.

Fünfzig Jahre später lag mit dem Fechnerschen Gesetz eine mathematisch formulierte Maßformel vor, über die sich die damaligen Psychologen freuen konnten, galt sie doch auch als ein Versuch, zumindest auf einem kleinen überschaubaren Gebiet den Philosophen aus Königsberg widerlegt zu haben. Ein kleiner Schritt für einen Psychologen, aber ein großer Sprung für die Psychologie? Nun ja, ziemlich verkürzt, könnte man ebenso formulieren: Sieht man einmal von den Bemühungen um die *Anwendung* psychologischer Erkenntnisse in Pädagogik oder Psychiatrie ab, so betrat die Psychologie in der Mitte des 19. Jahrhunderts die wissenschaftliche Bühne mit einer einfachen logarithmischen Formel. Mit den Sorgen und Nöten der Alltagsmenschen sowie mit den humanistischen Ansprüchen der Aufklärung hatte diese Formel nichts zu tun. Die Psychologie nach 1800 hatte noch einen langen Weg vor sich, um mit passenden Theorien sowie geeigneten Methoden dem psychologischen Wesen des Menschen auf die Spur zu kommen und ihrem humanistischen Anliegen gerecht zu werden.

Literatur

Barkhoff, J. (2016). *Magnetische Fiktionen: Literarisierung des Mesmerismus in der Romantik*. J.B. Metzler.
Berlin-Brandenburgische Akademie der Wissenschaften. Internet-Ausgabe des „Magazins der Erfahrungsseelenkunde". http://telota.bbaw.de/mze/#. Zugegriffen: 10. Dez. 2020.
Campe, J. H. (1785). *Allgemeine Revision des gesamten Schul- und Erziehungswesens. Von einer Gesellschaft praktischer Erzieher,* Erster Teil. Carl Ernst Bohn. https://scripta.bbf.dipf.de/viewer/. Zugegriffen: 10. Dez. 2020.
Eckardt, G. (2010). *Kernprobleme in der Geschichte der Psychologie*. VS Verlag.
Eckardt, G., & John, M. (2001). Anthropologische und psychologische Zeitschriften um 1800. In G. Eckardt, M. John, T. van Zantwijk, & P. Ziche (Hrsg.), *Anthropologie und empirische Psychologie um 1800* (S. 133–188). Böhlau.
Fahrenberg, J. (2008). Die Wissenschaftskonzeption der Psychologie bei Kant und Wundt als Hintergrund heutiger Kontroversen. Psycharchives. https://psydok.psycharchives.de/jspui/bitstream/20.500.11780/626/1/Wissenschaftskonzeptionen_der_Psychologie_bei_Kant_und_Wundt.pdf. Zugegriffen: 9. Dez. 2020.
Fechner, G. T. (1860). *Elemente der Psychophysik in zwei Bänden*. Breitkopf & Härtel.
Freud, S. (1987; Original: 1900). *Die Traumdeutung*. Fischer Taschenbuch.
Galliker, M. (2016). *Ist die Psychologie eine Wissenschaft?* Springer.

Gehrig, T. (2007). Erziehungsvorstellungen im „Frühsozialismus". In B. Dollinger, C. Müller, & W. Schröer (Hrsg.), *Die sozialpädagogische Erziehung des Bürgers* (S. 69–92). VS Verlag.

Heinroth, J. C. A. (1818). *Lehrbuch der Störungen des Seelenlebens oder der Seelenstörungen und ihrer Behandlung*. F. C. W. Vogel.

Heinroth, J. C. A. (1825). *Ueber die gegen das Gutachten des Herrn Hofrath D. Clarus von Herrn D. E. M. Marc in Bamberg abgefaßte Schrift: War der am 27. August 1824 zu Leipzig hingerichtete Mörder J. C. Woyzeck zurechnungsfähig?* Hartmann.

Heinroth, J. C. A. (1828). *Von den Grundfehlern der Erziehung und ihren Folgen. Für Eltern, Erzieher, und psychische Ärzte*. F. C. W. Vogel.

Heinroth, J. C. A. (1833). *Grundzüge der Criminal-Psychologie; oder: Die Theorie des Bösen in ihrer Anwendung auf die Criminal-Rechtspflege*. Ferdinand Dümmler.

Herbart, J. F. (1816). *Lehrbuch zur Psychologie*. August Wilhelm Unzer.

Herbart, J. F. (1824/25). *Psychologie als Wissenschaft, neu gegründet auf Erfahrung, Metaphysik und Mathematik. 2 Bände*. August Wilhelm Unzer.

Herrmann, U. (1996). „Nöthige Erinnerung, daß die Kinder Kinder sind". Zum 250. Geburtstag von Joachim Heinrich Campe. In Historische Kommission der Deutschen Gesellschaft für Erziehungswissenschaft (Hrsg.), *Jahrbuch für Historische Bildungsforschung, Band 3* (S. 117–132). Juventa.

Heynig, J. G. (1835, 9. Auflage). *Die Unsterblichkeit der menschlichen Seele*. Selbstverlag.

Hinske, N. (1999). Wolffs empirische Psychologie und Kants pragmatische Anthropologie: Zur Diskussion über die Anfänge der Anthropologie im 18. Jahrhundert. *Aufklärung, 11*(1), 97–107.

Jahnke, J. (2002). „Wissenschaftliche Revolution" um 1800. Auch in der Psychologie. *Psychologie und Geschichte, 10*(3/4), 153–163.

John, M. (2001a). Carl Christian Erhard Schmid und die Naturwissenschaften. In O. Breitbach & P. Ziche (Hrsg.), *Naturwissenschaften um 1800* (S. 83–95). Verlag Hermann Böhlaus Nachfolger.

John, M. (2001b). Psychologen um 1800: „denn sie sind jetzt nicht mehr so selten wie ehedem". In G. Eckardt, M. John, T. van Zantwijk, & P. Ziche (Hrsg.), *Anthropologie und empirische Psychologie um 1800* (S. 111–131). Böhlau.

John, M. (2002). „Empirische Psychologie" im System der Wissenschaften um 1800. *Psychologie und Geschichte, 10*(3/4), 166–177.

Kant, I. (AA, Band III, Original: 1781). Metaphysische Anfangsgründe der Naturwissenschaft. *Gesammelte Schriften, Band III*, S. 1ff., Hrsg.: Bd. 1–22 Preußische Akademie der Wissenschaften, Bd. 23 Deutsche Akademie der Wissenschaften zu Berlin, ab Bd. 24 Akademie der Wissenschaften zu Göttingen. De Gruyter & Co. https://korpora.zim.uni-duisburg-essen.de/kant/aa03/548.html. Zugegriffen: 12. Dez. 2020.

Kant, I. (AA, Band IV, Original: 1783). Prolegomena zu einer jeden künftigen Metaphysik, die als Wissenschaft wird auftreten können. *Gesammelte Schriften*,

Band IV, S. 253ff., Hrsg.: Bd. 1–22 Preußische Akademie der Wissenschaften, Bd. 23 Deutsche Akademie der Wissenschaften zu Berlin, ab Bd. 24 Akademie der Wissenschaften zu Göttingen. De Gruyter & Co. https://korpora.zim.uni-duisburg-essen.de/kant/aa04/253.html. Zugegriffen: 10. Dez. 2020.

Kant, I. (AA, Band IV, Original: 1786). Metaphysische Anfangsgründe der Naturwissenschaft. *Gesammelte Schriften, Band IV*, S. 465ff., Hrsg.: Bd. 1–22 Preußische Akademie der Wissenschaften, Bd. 23 Deutsche Akademie der Wissenschaften zu Berlin, ab Bd. 24 Akademie der Wissenschaften zu Göttingen. de Gruyter & Co. https://korpora.zim.uni-duisburg-essen.de/kant/aa04/465.html. Zugegriffen: 10. Dez. 2020.

Koerrenz, R. (Hrsg.) (2010). *Joachim Heinrich Campe: Seelenlehre für Kinder*. IKS Garamond.

Marneros, A., & Pillmann, F. (2005). *Das Wort Psychiatrie: … wurde in Halle geboren; von den Anfängen der deutschen Psychiatrie*. Schattauer.

Mesmer, F. A. (1776). *Schreiben über die Magnetkur*. Ohne Ort.

Novalis. (1978–1987). *Werke, Tagebücher und Briefe Friedrich von Hardenberg in drei Bänden*, herausgegeben von H.-J. Mähl und R. Samuel. Hanser.

Osterwalder F. (2008). Johann Heinrich Pestalozzi (1746–1827). In B. Dollinger (Hrsg.), *Klassiker der Pädagogik*. VS Verlag.

Peter, B. (2005) Mesmer, Franz Anton. In G. Stumm u.a. (Hrsg.), *Personenlexikon der Psychotherapie*. Springer.

Petzold, I. (1957). Johann Christian Reil, Begründer der modernen Psychotherapie?. *Sudhoffs Archiv für Geschichte der Medizin und der Naturwissenschaften, 41*(2), 159–179.

Reil, J. C. (1803). *Rhapsodieen ueber die Anwendung der psychischen Curmethode auf Geisteszerrüttungen*. Curtsche Buchhandlung.

Röttgers, K. (1991). Romantische Psychologie. *Psychologie und Geschichte, 3*(1/2), 24–64.

Schmid, C. C. E. (1791). *Empirische Psychologie*. Verlag der Crökerschen Handlung.

Sprung, L. & Sprung, H. (1987). Gustav Theodor Fechner in der Geschichte der Psychologie – Leben, Werk und Wirken in der Wissenschaftsentwicklung des 19. Jahrhunderts. In W. Meischner (Hrsg.), *Psychologiehistorische Manuskript*, 1/1987. Karl-Marx-Universität, Sektion Psychologie.

Staeuble, I. (1985). „Subjektpsychologie" oder „subjektlose Psychologie" – Gesellschaftliche und institutionelle Bedingungen der Herausbildung der modernen Psychologie. In M. G. Ash & U. Geuter (Hrsg.), *Geschichte der deutschen Psychologie im 20. Jahrhundert* (S. 19–44). Westdeutscher.

Steinberg, H. (2007). Die Geburt des Wortes „psychosomatisch" in der medizinischen Weltliteratur durch Johann Christian August Heinroth. *Fortschritte der Neurologie und Psychiatrie, 75*(07), 413–417.

Steinmann, M. (2013). „Geläuterte Empirie": Johann Christian Reils (1759–1813) Versuche zur Grundlegung der Medizin im Spannungsfeld von Tradition,

Kantianismus und spekulativer Philosophie. *Medizinhistorisches Journal, 48*(2), 186–216.

Vowinkel, G. (1989). Christian Garve und das Ende der Glückseligkeitslehre. *Zeitschrift für Soziologie, 18*(2), 136–147.

Wernli M. (2020). Vorbeiziehende Wolken. In R. Borgards & B. Dedner (Hrsg.), *Georg Büchner und die Romantik. Abhandlungen zur Literaturwissenschaft* (S. 183–198). J.B. Metzler.

Wunderlich, F. (2012). Empirismus und Materialismus an der Göttinger Georgia Augusta – Radikalaufklärung im Hörsaal? *Aufklärung, 24,* 65–90.

Wundt, W. (1874). *Grundzüge der physiologischen Psychologie*. Engelmann.

Wundt, W. (1896). *Grundriss der Psychologie*. Kröner.

Ziche, P. (2001). Anthropologie und Psychologie als Wissenschaften. In G. Eckardt, M. John, T. van Zantwijk, & P. Ziche (Hrsg.), *Anthropologie und empirische Psychologie um 1800* (S. 73–109). Böhlau.

8

Nationalisten, Revolutionäre, Judenfeinde und andere Gespenster in der ersten Hälfte des 19. Jahrhunderts

„Herr, zerbrich den Stecken unserer Treiber und lass dein Reich zu uns kommen – das Reich der Gerechtigkeit. Amen" (Büchner, 1979, S. 186 f.; Original: 1834).

Befreiungskriege und Restauration

Mit der Gründung des Rheinbundes im Juli 1806, dem Ende des Heiligen Römischen Reiches im August 1806 und mit dem Sieg der Napoleonischen Truppen über Preußen bei Jena und Auerstedt im Oktober 1806 kamen nicht nur die Ideale der Französischen Revolution in die europäischen Lande (Freiheit statt Absolutismus, Gleichheit statt Ständeordnung, Brüderlichkeit statt Feindschaft). Der Widerstand gegen die Napoleonische Herrschaft wuchs ebenso wie die Abwehrreaktionen auf die Europäisierung dieser Ideale. Wichtiger Ideengeber für den Widerstand war – wieder einmal – *Johann Gottlieb Fichte*. Zwischen dem 13. Dezember 1807 und dem 20. März 1808 hielt er in Berlin, das von den Truppen Napoléons besetzt war, seine „Reden an die deutsche Nation", vierzehn an der Zahl. Veröffentlicht wurden sie im Mai 1808 (von Manz, 2016, S. 36). Nachdem die deutsche Nation für Fichte nahezu ausgelöscht sei, müsse eine neue deutsche Nationalerziehung dafür sorgen, ein neues deutsches Menschengeschlecht heranbilden zu können. Nationalerziehung ziele auf die Erziehung zur Sittlichkeit und Gemeinschaft, bedeute philosophischen Unterricht, körperliche Übungen, die – da bezieht sich Fichte auf Pestalozzi – „[…] mit der geistigen nothwendig Hand in Hand gehend fortschreiten muss" (Fichte,

2013, S. 207; Original: 1808). So sei es möglich, dass sich „[...] eine einzige fortfließende und zusammenhängende Flamme vaterländischer Denkart sich verbreite und entzünde" (ebd., S. 305).

Die Reden haben gezündet. Sie wirkten, weil sie zum Zeitgeist passten, zumindest zu jenem, der in den deutschen, vornehmlich den preußischen Landen Gestalt annahm. Auf eine Nationalerziehung, so wie sie Fichte vorschwebte, haben in dieser Zeit auch andere, mehr oder weniger einflussreiche Männer aufmerksam machen wollen. Die Zentralgestalt dürfte *Heinrich Friedrich Karl vom und zum Stein* (1757–1831) gewesen sein. 1804 wurde Stein Minister im preußischen Generaldirektorium in Berlin, eine für die Finanzen, die Wirtschaft und Innenpolitik verantwortliche Oberabteilung des preußischen Staats. Als die Truppen Napoléons 1806 Berlin besetzen, war es Stein, der die preußische Staatskasse rettete und nach Königsberg verbrachte. Kurzzeitig wurde Stein vom preußischen König 1806 entlassen, um 1807 – nach dem Tilsiter Frieden – schon wieder als Staatsminister in preußischen Diensten aufzutauchen. In dieser Zeit arbeitete Stein an der Reformierung des preußischen Staatswesens und setzte ein Edikt durch, um die Bauern aus der feudalen Abhängigkeit zu befreien.1808 wurde er auf Druck von Napoléon erneut aus den Diensten des preußischen Königs entlassen. Napoléon hatte wohl erfahren, dass Stein gemeinsam mit Vertrauten (u. a. mit Neidthardt von Gneisenau, 1760–1831, zu dieser Zeit Inspekteur der preußischen Festungen) die Bewaffnung des Volkes und einen Volksaufstand plante. In einem „Politischen Testament" vom 24. November 1808 forderte Stein u. a. eine politische Nationalerziehung und eine Reformierung des Unterrichts (vgl. Johnston, 1990, S. 34 f.). Nationalerziehung, Volksaufstand und Kampf gegen Napoléon spielten auch im Denken und in den Werken von *Ernst Moritz Arndt* (1769–1860) eine zentrale Rolle. In seinen dreibändigen Schriften „Geist der Zeit", die vom Reichsfreiherrn vom und zum Stein gefördert und unterstützt wurden, spiegelte sich die von Fichte geforderte Nationalerziehung wider. So wie Fichte und Stein bemühte sich Arndt um die Erlösung der Deutschen von der Napoleonischen Herrschaft (Johnston, 1990, S. 19, S. 53).

Mit der Nationalerziehung im Besonderen hatte es auch *Friedrich Ludwig Jahn* (1778–1852), der nach verschiedenen Versuchen, einen Studienabschluss in Halle, Frankfurt an der Oder und Greifswald zu erreichen, und nach mehreren Anstellungen als Hauslehrer (u. a. in Jena) schließlich 1810 in Berlin landete. Dort popularisierte er nicht nur das Turnen, dessen Bedeutung er übrigens bei *Johann Christoph Friedrich GutsMuths* und *Christian Gotthilf Salzmann* im Thüringischen Schnepfenthal gelernt hatte, sondern entwickelt in seiner 1810 erschienen Schrift „Deutsches Volkstum" ein Programm zur nationalorientierten „Volkserziehung". Es ging darum, Jugendlichen und jungen Männern eine patriotische Gesinnung zu vermitteln und sie körperlich zu stählen, um als künftige Rekruten in den Krieg gegen Napoléons Truppen zu ziehen. Das war ganz im Sinne von Ernst Moritz Arndt und von Fichte. *Heinrich von Kleist* (1777–1811), *Theodor Körner* (1791–1813) und *Friedrich Schleiermacher* (1768–1834) forderten ebenfalls eine Nationalerziehung, um den deutschen Gemein- und Widerstandssinn zu stärken. Kleist tat dies mit besonderer Leidenschaft. In seiner Ode „Germania an die Kinder", geschrieben 1809, fordert er die Deutschen auf: „Dämmt den Rhein mit ihren Leichen", gemeint sind die Leichen der Franzosen (Safranski, 2007, S. 189).

Hinter allem stand der Reichsfreiherr vom und zum Stein, der 1808 nach seiner Entlassung aus preußischen Diensten zum Berater des russischen Zaren avancierte und Arndt als seinen Sekretär nach Petersburg holte. Von dort finanzierte Stein die deutsch-nationalen Dichter und Denker sowie den militärischen Widerstand gegen Napoléon. Geld floss reichlich auch aus englischen Quellen (Johnston, 1990, S. 46). Aber noch duckten sie sich weg, die Deutschen, und trauten sich nicht so recht, in aller Öffentlichkeit der französischen Besatzung zu widerstehen. Das änderte sich erst Ende 1812. Napoléons Russland-Feldzug mit mehr als 600.000 Mann scheiterte am Widerstand der russischen Truppen und an den Widrigkeiten des Winters. Während dieses Krieges starben auf der Seite Napoléons nicht nur Franzosen. In seiner Grand Armée dienten Bayern, Italiener, Polen, Preußen, Österreicher, Schweizer, Sachsen, Westphalen. Zahllose verloren ihr Leben. Die Grand Armée zog sich zerschlagen im Dezember 1812 aus Russland und Polen und anschließend aus Ostpreußen zurück. Im Auftrage des russischen Zaren und gegen den Willen des preußischen Königs übernahm Reichsfreiherr vom und zum Stein die Verwaltung Ostpreußens und organisierte mit den preußischen Generälen *York von Wartenburg*, *Neidhardt von Gneisenau* und *Carl von Clausewitz* die Bildung von Landwehr-Regimenter. Im März 1813 verließen die letzten Truppen Napoléons Berlin. Die Berliner und Berlinerinnen machten Bekanntschaft mit russischen Kosaken. Der Preußenkönig verkündete im Februar die allgemeine Wehrpflicht und verbündete sich mit dem russischen Zaren gegen Napoléon. Nun formierte sich in den deutschen Landen der Widerstand, dichterisch, martialisch, soldatisch.

Ernst Moritz Arndt gab 1813 seine „Lieder für Teutsche" heraus, träumte von einem Gott, „[…] der Eisen wachsen ließ" (Arndt, 1813, S. 81) und rief den teutschen Männern zu: „Heraus! Heraus! Zu Tod und Sieg! Die

Schande soll vergehen, der Welschen List und Trug! Die Ehre soll erstehen, wo Hermann Römer schlug" (ebd., S. 126). *Theodor Körner* verherrlichte „Lützows wilde Jagd" und fiel im August 1813 bei einer Schlacht im Mecklenburgischen als Mitglied des Lützowschen Freikorps. Johann Gottlieb Fichte, seit 1810 Dekan der Philosophischen Fakultät an der Berliner Friedrich-Wilhelms-Universität, bildete mit akademischen Kollegen, so u. a. mit Friedrich Schleichermacher einen „Landsturm" und übte sich im Kriegsspiel. Man soll Fichte, so berichten es Zeitzeugen, auf dem Wege zu den Übungen „[…] bis an die Zähne bewaffnet, zwei Pistolen im breiten Gürtel, einen Pallasch (Säbel, WF) hinter sich herschleppend" (zit. nach Dörfler-Dierken, 2017, S. 316) gesehen haben. Rüdiger Safranski zitiert aus einem Brief von Bettina von Arnim, die Fichte wohl nur mit eisernem Schild und langem Dolch sah (Safranski, 2007, S. 186). Von Albert Dietrich Schadow (1797–1869), der als Freiwilliger an den Befreiungskriegen teilnahm und später ein angesehener Architekt wurde, gibt es eine Zeichnung, die 1862 in der „Gartenlaube" nachgedruckt wurde und auf der Fichte als Landwehrmann mit leichtem Bauchansatz nun doch wieder mit zwei Pistolen und Säbel abgebildet ist (Die Gartenlaube, 1862).

Wie auch immer, jetzt rafften sich die Intellektuellen zur „kollektiven Tathandlung" (Safranski, 2007, S. 185) gegen Napoléon auf. Man turnte mit Jahn, um sich fit für künftige Zeiten zu machen oder handelte eher im Konspirativen, wie Friedrich Schleiermacher, der sich an Unternehmen der preußischen Reformpartei um Reichsfreiherr vom und zum Stein und Karl August von Hardenberg beteiligte, um Volkskrieg und Umsturz zu organisieren, aber auch wichtige Reformen im Bildungsbereich anzustoßen. Andere, wie Friedrich Schlegel, beobachteten die Geschehnisse aus der Distanz. Der ehemalige Romantiker Schlegel begab sich in den Dienst des Österreichischen Hofs, wurde k. k. Hofsekretär bei der Armee-Hofkommission und leitete ab 1810 die vom Fürsten Metternich gegründeten Zeitung „Der Oesterreiche Beobachter" (Breuer, 2017, S. 20).

Und noch andere taten etwas sehr Deutsches, sie gründeten Vereine. So zum Beispiel *Achim von Arnim,* auch ein Romantiker, ein später oder, wie Rüdiger Safranski schreibt, einer der 1809 zum romantischen „Dreigestirn" von Heidelberg gehörte (Safranski, 2007, S. 181). 1810 ging von Arnim nach Berlin und gründete 1811 den Verein „Die christlich-deutsche Tischgesellschaft". Zu den Mitgliedern gehörten neben dem Vereinsgründer u. a. Mitglieder aus dem preußischen Hochadel, preußische Beamter und Militärs, wie Carl v. Clausewitz, Professoren der Berliner Universität, so Schleiermacher und Fichte, Schriftsteller, wie Heinrich von Kleist oder Clemens Brentano. Man bezahlte für die Mitgliedschaft, traf sich zum

Essen, hielt patriotische Tischreden und Vorträge. Frauen, „Philister", also die aus Sicht romantischer Patrioten borniertern, allzu nüchternen Aufklärer, und Juden, auch die getauften, waren von der Mitgliedschaft ausgeschlossen (ausführlich Nienhaus, 2013, S. 7 ff.).

> **Supplementum**
>
> Auch sonst war der Verein nicht sonderlich freundlich gegenüber Jüdinnen und Juden. Bekannt geworden sind vor allem die von Arnim gehaltene Tischrede „Über die Kennzeichen des Judenthums" und Brentanos Satire „Der Philister vor, in und nach der Geschichte". Arnim wie Brentano verspotteten die Juden, verhöhnten ihren Glauben und verknüpften christlichen Judenhass mit der Ablehnung der (jüdischen) kapitalistischen Markt- und Geldwirtschaft. Ein Beispiel, das man sich auf der Zunge zergehen lassen muss: „Die Juden, als von welchen noch viele Exemplare in persona vorräthig, die von jeder ihren zwölf Stämmen für die Kreuzigung des Herrn anhängenden Schmach Zeugnis geben können, will ich gar nicht berühren, da jeder, der sich ein Kabinett zu sammeln begierig, nicht weit nach ihnen zu botanisieren braucht; er kann diese von den egyptischen Plagen übrig gebliebenen Fliegen in seiner Kammer mit alten Kleidern, an seinem Theetische mit Theaterzetteln und ästhetischem Geschwätz, auf der Börse mit Pfandbriefen, und überall mit Ekel, und Humanität und Aufklärung, Hasenpelzen und Weißfischen genugsam einfangen" (Brentano, 1811, S. 4).
>
> Mit derartigen antijüdischen Inszenierungen konterkarierten nicht nur die Romantiker staatliche Bemühungen, den Juden „Emanzipation", also Gleichberechtigung zu ermöglichen. Vor allem vom leitenden preußischen Minister, Fürst *Karl August von Hardenberg,* und vom Direktor der Sektion für Kultus und Unterricht im Preußischen Ministerium des Inneren, *Wilhelm Freiherr von Humboldt,* also von zwei Feudalherren wurde das so genannte „Preußische Emanzipationsedikt" konzipiert und 1812 verabschiedet. Mit diesem Edikt reagierte die Preußische Regierung auf die vernichtende Niederlage gegen Napoléon. Preußens ökonomische und militärische Macht musste durch Modernisierung des Staates wiederhergestellt werden. Dafür war es notwendig, Standesschranken wie Leibeigenschaft, Zunftzwang und Sonderrechte für Juden aufzuheben. Mit dem Emanzipationsedikt vom 11.03.1812 erlangten die preußischen Juden Bürgerrechte. Das wäre die Lösung des Widerspruchs – Akzeptanz der Juden als Menschen, sofern sie ihr Jüdischsein als Privatsache betrachteten – im Interesse der Juden gewesen. Die feierten die Reform, veranstalteten Gottesdienste, gelobten dem preußischen König echte Treue und unbedingten Gehorsam und kämpften ein Jahr später auf den Schlachtfeldern der Befreiungskriege Seite an Seite mit ihren nichtjüdischen Mitbürgern (vgl. auch Hirsch & Schoder, 1989, S. 486).

Auch im Thüringischen, respektive in Sachsen-Weimar, tat sich etwas und man sah 1812/1813 die Zeit des Aufbegehrens gegen die Napoleonische Herrschaft für gekommen. An der Jenaer Universität hielt der Rechtswissenschaftler und Hofrat Johann *Anton Ludwig Seidensticker* (1766–1817) in dieser Zeit Vorlesungen über den Code Napoléon bzw. Code Civil. So ist es der *Allgemeinen Literaturzeitung* aus diesen Jahren zu entnehmen. Man kann vermuten, dass sich Seidensticker in seinen Vorlesungen auch auf seine eigenen Schriften stützte, so auf sein 1808 erschienenes Buch „Einleitung in den Code Napoléon" (Seidensticker, 1808) und ab 1811 auf „Kritische Literatur des gesamten napoleonischen Rechts" (Seidensticker, 1811). War er, Seidensticker, 1808 noch ein Befürworter des Code Napoléon (Peters 2018, S. 49), so findet sich im Buch aus dem Jahre 1811 gleich in der Einleitung ein ziemlich kritischer Satz, der fast nach Aufruhr ruft: „Und so ruht denn fast ganz Europa, durch den französischen Thron, auf einer Willenserklärung der französischen Nation, und – auf der Schuld der Besiegten und Unterworfenen, welche es dahin kommen ließen, daß jene Willenserklärung Gewalt über sie äußern konnte" (Seidensticker, 1811, S. 3).

Entschiedener noch als Seidensticker äußerte sich der Historiker *Heinrich Luden* (1778–1847) in seinen Vorlesungen und Schriften. Seine in der Schrift „Ansichten des Rheinbundes" (Luden, 1809) erhobene Forderung der "Unabhängigkeit von außen und Freiheit im Innern" verkündete er nun auch vom Universitätskatheder. Luden war seit 1806 Professor (seit 1810 ein ordentlicher) für Geschichte an der Jenaer Universität. Seine Kritik an der feudalen Verfassung der deutschen Kleinstaaten verknüpft er mit der Kritik an der französischen Besatzung. Diese, die französische Besatzung, müsse erst einmal beendet werden, um jene, die feudalen Zustände, verbessern zu können. Vor allem Ludens Appelle an seine Studenten, als Deutsche nicht die Geschichte der Deutschen zu vergessen, sondern deren Geschichte und die des Vaterlands zu studieren, scheint bei seinen Hörern Eindruck hinterlassen haben. Robert und Richard Keil, zwei deutsch-nationale Burschenschaftler, berichten 1865, dass sich die Jenaer „[…] Studirenden in dem Wintersemester 1812/13 um Luden's Katheder sich gedrängt und in der Stille des Abends seiner begeisternden Entwicklungen der bedeutsamsten Momente in der neuesten Geschichte mit immer steigender Theilnahme gehorcht" haben (Keil & Keil, 1865, S. 57). Patriotische Lieder von Arndt und Körner wurden in Ludens Vorlesung wohl ebenfalls gesungen (Ulbricht, 2004, S. 139). Und so darf man getrost davon ausgehen, dass es *Ludwig Adolf Wilhelm von Lützow* (1782–1834), der sich im Februar 1813 in Jena aufhielt, leichtgefallen sein muss, die Studenten zu begeistern, seinem Freikorps beizutreten.

In der Aula der Friedrich-Schiller-Universität Jena hängt ein berühmtes Gemälde von *Ferdinand Hodler*. Hodler malte das Bild in den Jahren 1908/1909. Es trägt den Titel „Auszug der deutschen Studenten in den

Freiheitskrieg von 1813" und ist ein Geschenk des Jenaer Kunstvereins an die Jenaer Universität. Auf einer Leinwand mit einer Fläche von 358 cm in der Höhe und 546 cm in der Breite sieht man in der oberen Hälfte mit Gewehren und aufgestecktem Bajonett bewaffnete marschierende Soldaten in den Uniformen des Lützowschen Freikorps. Ihre Gleichschritte sind ausladend und forsch, die Gesichter, sofern man sie erkennen kann, wirken ernst, angestrengt und auch ein wenig grimmig. In der unteren Hälfte bereiten sich andere Soldaten zum Ritt in den Krieg gegen Napoléon vor. Sie stehen mit ihren Pferden im Matsch des schmelzenden Schnees. Ein Soldat schwingt sich auf sein Pferd. Zwei andere sind noch beim Satteln. Ein vierter wirft sich den Tornister über, ein fünfter zieht seinen Uniformmantel an, während ein sechster die linke Hand zum Gruß erhebt oder zum Aufbruch auffordert. All das spielt sich vor einer winterlichen, in kreidigen Farben gemalten Landschaft ab. Besonders glücklich sehen sie alle nicht aus.

Im Oktober 1813 wurde die Grand Armée in der Völkerschlacht bei Leipzig von den verbündeten Truppen Russlands, Preußens, Österreichs und Schweden besiegt. Im April 1814 dankte Napoléon ab. Paris war besetzt. Im Juni 1815 folgte die totale Niederlage in der Schlacht von Waterloo. Jetzt wäre es möglich gewesen, mit den schon 1806 durch Stein, Hardenberg und Humboldt in Preußen und von *Friedrich Immanuel Niethammer* (1766–1848)[1] in Bayern installierten Bildungs- und Gesellschaftsreformen einen humanistischen Neuanfang zu wagen. Tatsächlich spielten ja die Errungenschaften des frühen Humanismus und der Aufklärung, die Freiheit des Individuums, die Berufung auf die Vernunft und die Betonung der Toleranz, in den Unterrichts- und Bildungskonzeptionen von Hardenberg, Humboldt und Niethammer eine zentrale Rolle.

Die europäischen Obrigkeiten hatten indes andere Ziele. Vom September 1814 bis Juni 1815 tanzte in Wien der Kongress. Als Abgesandte des preußischen Königs waren Hardenberg und Humboldt zugegen. Und wenn nicht getanzt wurde, dann stritten, verhandelten und beschlossen die Ver-

---

[1] Niethammer studierte in Jena, war dort zwischen 1798 und 1804 außerordentlicher Professor für Theologie und verkehrte mit Hegel, Hölderlin, Schelling, Schiller, Goethe sowie anderen Größen vor Ort. Zwischen 1795 und 1798 gab Niethammer gemeinsam mit Fichte das „Philosophische Journal einer Gesellschaft deutscher Gelehrten" heraus. Später wurde Niethammer Zentralschulrat in Bayern und erarbeitete eine umfassende Reform des bayerischen Schulwesens. In seinem Buch „Der Streit des Philanthropinismus und Humanismus in der Theorie des Erziehungs-Unterrichts unsrer Zeit" (1808 in Jena erschienen) macht er sich, vereinfacht gesagt, für zwei pädagogische Wege stark: zum einen für einen humanistischen, in dem es vor allem um die Vermittlung der „Alten Sprachen" gehen sollte und zum anderen für einen „philanthropischen" Weg, der die praxisbezogene, zweckorientierte, auf das Reale gerichtete Bildung beinhaltet (vgl. auch Schauer, 2005).

treter der Siegermächte die Neuaufteilung Europas und eine Heilige Allianz zwischen Österreich, Preußen und Russland. Die christliche Religion wurde als Grundlage der politischen Ordnung hervorgehoben und die feudalen Strukturen in den meisten europäischen Ländern wiederhergestellt. Das Nationale gewann die Oberhand über das Internationale.

Die Studenten in Deutschland und mit ihnen einige ihrer Professoren hatten nach dem Sieg über Napoléon ebenfalls anderes im Sinn. Viele kehrten aus den Kriegen zurück, in dem sie in Freikorps oder Landwehren gekämpft hatten. Patriotismus bildete das Hauptmerkmal ihrer Überzeugungen. Um diese in den Alltag der Universitäten übernehmen zu können, griffen sie Ideen auf, die *Friedrich Ludwig Jahn* und *Karl Friedrich Friesen* (1784–1814) schon 1810 mit der Gründung ihres „Deutschen Bundes" verbanden: „Volkserziehung" im Dienste für das Vaterland. In diesem Geiste gründeten die Studenten am 12. Juni 1815 in Jena die Urburschenschaft und feierten im Oktober 1817 das Wartburgfest. Der Anstoß zur Gründung der Burschenschaft ging von den Landsmannschaften Vandalia (sic!), Curonia, Franconia, Saxionia und Thuringia aus. Sie lösten sich auf, um mit der Urburschenschaft eine national übergreifende Organisation zu schaffen. Das Große und Ganze war auch hier die Konzentration auf ein gemeinsames patriotisch-nationales Gemeinschaftsgefühl. „Freiheit und Selbständigkeit des Vaterlandes" sei das „Heiligste und Höchste", an denen sich die Burschen orientieren wollten, so stand es wohl in der 1815 verabschiedeten Verfassung der Urburschenschaft (Keil & Keil, 1865, S. 78).

In diesem Geiste trafen sich die deutschen Burschen 1817 auf der Wartburg – in Erinnerung an das Reformationsjahr 1517 und an den 4. Jahrestag der Völkerschlacht bei Leipzig. Eingeladen hatten die Jenaer Burschen, glaubt man den Berichten der beiden deutschnationalen Burschenschaftler Robert und Richard Keil (ebd., S. 120), ihre „studentischen Brüder" aus Berlin, Breslau, Erlangen, Gießen, Göttingen, Greifswald, Heidelberg, Kiel, Königsberg, Leipzig, Marburg, Rostock und Tübingen. Zirka 450 bis 500 Studenten und einige Professoren, so der Mediziner und Philosoph Lorenz Oken (1779–1851) und der seit 1816 in Jena lehrende Philosoph Jakob Friedrich Fries (1773–1843) folgten der Einladung.[2] Es wurden, ganz im Geiste von Jahn Turnvorführungen organisiert, nationale Lieder gesungen, erstmals die schwarz-rot-goldene

---

[2] Detlev Claussen nennt Fries den „Herrführer" der antisemitischen Teutomanie (Claussen, 1987, S. 105).

Fahne geschwungen, Reden gehalten und Forderungen formuliert. Auch Fries grüßte die „Deutschen Jünglinge", erinnerte an Luther und beschwor den Geist der Wahrheit, der Freiheit und der deutschen Einheit (Fries, 1999, S. 64; Original: 1818). Lorenz Oken veröffentlichte wenig später in der Zeitschrift „Isis" einen Bericht vom Fest auf der Burg. Die Studenten, so schreibt Oken, woher sie auch kommen mögen, aus Österreich, Preußen, Thüringen oder sonst woher, seien universale Menschen. Diese Universalität erstrecke sich aber nicht auf die ganze Welt, sondern habe zum Ziel, dass die Studenten (und das ganze deutsche Volk samt seiner Fürsten) gebildete Deutsche werden, „die sich alle gleich sind, und deren Geschäft überall frey ist" (Oken, 1999, S. 57; Original: 1817). Okens Bericht schließt mit einer Liste von Büchern und anderen Dingen, die von den Studenten auf dem Markt von Eisenach dem „Feuergericht" übergeben wurden.

Ja, auf dem Wartburgfest wurden Bücher verbrannt. Glaubt man wieder den beiden Brüdern Robert und Richard Keil, so war diese „muthwillige Verbrennungsszene" nicht geplant und im Übrigen nur Ausdruck eines Studentenwitzes und „des jugendlichen Unwillens gegen die illiberale Richtung so mancher Autoren" (Keil & Keil, 1865, S. 124). Ganz so wird es nicht gewesen sein. Verbrannt wurden, um nur einige der wichtigsten Schriften zu nennen: der Code Civil, Bücher, die sich kritisch mit Jahn und seinem Turnen beschäftigten, das Buch „Geschichte des deutschen Reichs" von August von Kotzebue (1761–1819) oder das Buch „Germanomanie" von Saul Ascher (1767–1822). Benjamin Ortmeyer zitiert Saul Ascher, der sich 1818 zum Wartburgfest und der Verbrennung seines Buches u. a. so äußerte:

„Um das Feuer der Begeisterung zu erhalten, muss Brennstoff gesammelt werden, und in dem Häuflein Juden wollten unsere Germanomanen das erste Bündel Reiser zur Verbreitung der Flamme des Fanatismus hineinlegen […] So verbrannten sie z. B. die Schrift: die Germanomanie; etwa weil ich darin behaupte, dass jeder Mensch ebenso organisiert wie der Deutsche ist; dass das Christentum keine deutsche Religion ist …" (Ortmeyer, 1991, S. 9). Außerdem warfen die Studenten Dinge ins Feuer, die aus ihrer Sicht zu den symbolischen „alten Zöpfen" der Vergangenheit gehörten, wie eine Adelskette, ein Korporalstock und einen alten Soldatenzopf. So berichtet es auch Hans Ferdinand Maßmann (Maßmann, 1817, S. 24 ff.), ein glühender Anhänger von Friedrich Ludwig Jahn und einer der Hauptorganisatoren des Wartburgfestes war. Jakob Friedrich Fries soll die Liste der zu verbrennenden Bücher wenige Wochen vor dem Fest auf der Wartburg abgesegnet haben (Ries, 2019, S. 129). Heinrich Heine schreibt 1840 in seiner Denkschrift „Ludwig Börne" und im Rückblick auf das Wartburgfest: „[…] auf der

Wartburg herrschte [...] jener unbeschränkte Teutomanismus, der viel von Liebe und Glaube greinte, dessen Liebe aber nichts anders war als Hass des Fremden und dessen Glaube nur in der Unvernunft bestand, und der in s einer Unwissenheit nichts Besseres zu erfinden wusste, als Bücher zu verbrennen!" (Heine, 1968a, S. 415; Original: 1840).

Wenige Tage nach dem Wartburgfest, am 21.10.1817, verlieh die Universität Jena auf Antrag von Heinrich Luden dem Turner Jahn die Ehrendoktorwürde. Jahn habe, so Luden in seiner Laudatio, nicht nur die deutschen Jünglinge zur Befreiung des Vaterlands aufgerufen, sondern eine bessere Zukunft dieses Vaterlands angestrebt (Hahn, 2019, S. 66).

Die Rede von Fries auf der Wartburg, der Bericht von Oken über das Fest und vor allem die patriotische Aufmüpfigkeit der Studenten waren wohl nicht ganz im Sinne der Regierungen in den restaurierten europäischen Feudalstaaten. Die Befreiung von der Napoleonischen Herrschaft entsprach zwar ganz und gar ihren Interessen; Forderungen nach einem einheitlichen Deutschland, in dem alle gleich sind, gingen dann doch etwas zu weit.

Und als am 23. März 1819 auch noch der antiliberale Dichter *August Friedrich Ferdinand von Kotzebue* (1761–1819), der ein mittelmäßiger Schriftsteller und russischer Geheimagent gewesen sein soll, durch den Jenaer Burschenschaftler Karl Ludwig Sand ermordet wurde, war das Fass am überlaufen. Die Regierungen Österreichs und Preußens beschwerten sich beim Großherzog in Weimar. Der wies seinen Minister Goethe an, die Zeitschrift „Isis" zu verbieten und den Professoren Fries und Oken die Lehrbefugnis zu entziehen. Auch Jahn kam nicht ungeschoren davon. Sein „Deutscher Bund" und das Turner-Wesen wurden von österreichischen Spitzeln als umstürzlerisch eingeschätzt (Ries, 2019, S. 129). Die preußische Regierung verbot seine Turnbewegungen und steckte Jahn wegen Hochverrats für einige Jahre hinter Gittern.

Auf Drängen des Fürsten Metternich verabschiedeten Vertreter der deutschen Länder (darunter aus Baden, Hannover, Österreich, Preußen, Sachsen, Württemberg und Mecklenburg) im August 1818 die „Karlsbader Beschlüsse". Damit wurden alle Bestrebungen, sich für einen freien, deutschen Nationalstaat einzusetzen, stark eingeschränkt. Die Bildung einer deutschlandweiten und vereinten Burschenschaft (die „Allgemeine Deutsche Burschenschaft") wurde verboten, die Presse- und Rede- und Lehrfreiheit beschnitten und jegliches Revolutionieren untersagt. Wilhelm von Humboldt, der sich wohl am stärksten mit seinen Reformen für eine freie und allgemeine, humanistische Bildung eingesetzt hatte und sich gegen die Beschlüsse von Karlsbad äußerte, wurde vom preußischen König 1819 in den Ruhestand versetzt.

1822 sprach eine Kabinettsorder des preußischen Königs den Juden das Recht ab, höhere Militärposten zu besetzen; eine andere Order im selben Jahr verbot den Juden das Recht zur Bekleidung von akademischen Lehr- und Schulämtern, ein Recht, das ihnen im Emanzipationsedikt zugesagt worden war.

> **Supplementum**
>
> Mit der Restauration der alten Verhältnisse wurden auch die Pogrome gegen die Juden wieder inszeniert. Die Judenverfolgung begann mit den „Hepp-Hepp – Jud' verreck" – Rufen und den darauffolgenden Überfällen auf Juden am 3. August 1819 in Würzburg. Die Pogrome setzten sich in ganz Deutschland fort, erreichten Frankfurt a. M., Hamburg, Krakau, Graz, Wien und Kopenhagen (Katz, 1994). Zwischen 1819 und 1848 fanden fast in jedem Jahr irgendwo in Deutschland judenfeindliche Unruhen, Plünderungen, Misshandlungen und Synagogenverwüstungen statt. Ben-Chanan (1997, S. 6 f.) gibt folgende Aufzählung wieder: 1820, 1821, 1826 in Würzburg, 1830 in München, Hamburg, Hanau, Breslau, Mannheim, Karlsruhe, 1831 in Breslau und Reichhall, 1833 in Mühlbach/Baden, 1834 im Rheinland, 1835 in Hamburg, 1843 in Karlsruhe, 1844 wieder in Breslau, 1845 in Regensburg, 1846 in Buchau, 1847 in Berlin und Paderborn, 1848 in 130 Städten in ganz Europa.

Widerstand und eine Revolution

Gegen die Restauration der alten monarchistischen Herrschaftsverhältnisse entwickelte sich zunehmend der Widerstand. In Spanien kam es zu Aufständen gegen die herrschenden Bourbonen. Auf Sizilien schlugen österreichische Truppen die republikanischen Bewegungen nieder. Zwischen 1821 und 1830 versuchten die Griechen, sich gegen die Besatzung durch die Osmanen zu wehren. Die Polen erhoben sich gegen die russisch-zaristische Besatzung und verloren. Im Juli 1830 brach in Frankreich die Revolution (die „Julirevolution") aus, König Karl X. musste abdanken und das französische Parlament wählte Lous-Philippe I. zum neuen König, der später wegen seiner liberalen Haltung „Bürgerkönig" genannt wurde. Der französische Revolutionswind wehte nach Belgien und führte zur Abtrennung des Landes von den Niederlanden. In Südamerika brodelte es ebenfalls. Dort kämpften die Einheimischen um die Unabhängigkeit von Spanien und Portugal.

Hinter der Fassade des Biedermeier formierten sich in Deutschland widerständige Kräfte. In der ehemals französisch besetzten Pfalz, die seit 1816 zum Königreich Bayern gehörte, trafen sich am 27. Mai 1832, inspiriert vom Geist der französischen Julirevolution, mehrere Tausend Menschen[3] auf der Burgruine bei Hambach und feierten das heute legendäre Hambacher Fest. Männer und Frauen aus ganz Deutschland, aus Frankreich, Polen und England kamen. Burschenschaftler aus Heidelberg, Jena und anderen Universitätsstädten waren dabei, ebenso Beamte, Handwerker, Kaufleute, Bauern. Einer der Ehrengäste war *Ludwig Börne* (1786–1837), ein Demokrat, Patriot und ehemaliger Weggefährte Heines. Gefordert wurde auf dem Hambacher Fest nicht nur die Einheit Deutschlands, sondern auch die Presse-, Meinungs- und Versammlungsfreiheit sowie eine „Volksherrlichkeit" und die „Ernennung Europas in diesem Sinne" (Wirth, 1832, S. 81). Man kann Letzteres durchaus als Forderung für ein vereintes, freies, vom Volk regiertes Europa verstehen.

Als Reaktion auf das Aufbegehren des Volkes schickte der Bayerische König auf Drängen von Metternich Soldaten in die Pfalz, damit wieder Ruhe unters Volk komme. Die Organisatoren des Hamburger Festes wurden wegen Hochverrat angeklagt und verurteilt. Die Bundesversammlung der Mitgliedsstaaten des Deutschen Bundes in Frankfurt am Main liquidierte die Pressefreiheit, verbot Vereine und verfolgte die Liberalen.

So leicht ließ sich der Widerstandsgeist indes nicht beruhigen. Namentlich Studenten, die am Hambacher Fest teilgenommen hatten, begehrten weiter auf. Am 3. April 1833 versuchten etliche Personen, darunter Studenten aus Heidelberg, Würzburg, Erlangen und Gießen, die Haupt- und Konstablerwache in Frankfurt zu überfallen. Damit sollte ein Signal gesetzt und eine Revolution in Deutschland initiiert werden. Die Aufständischen hofften auf die Unterstützung von Handwerksburschen und Bauersleuten. Die kamen nicht und die ganze Sache schlug fehl. Und wieder reagierte die Reaktion. Die gefassten Aufrührer wurden verurteilt; einige flohen nach Frankreich (Hauschild, 2016, S. 200 ff.). Sicher etwas pathetisch ließe sich behaupten: Die Teilnehmer des Hambacher Festes und auch die Aufrührer in Frankfurt wollten die humanistischen Werte, die den Freiheits- und Menschenrechten der Französischen Revolution zugrunde lagen, nun endlich und zwar durch eine weitere Revolution in die Tat umsetzen. Die Zeit für eine solche Revolution war indes noch nicht reif genug.

---

[3] Nach Angaben von Johann-Georg-August Wirth (1798–1848), der zu den Mitorganisatoren des Hambacher Festes gehörte und 1848 Abgeordneter der Nationalversammlung in der Frankfurter Paulskirche war, sollen es mindestens 30.000 Personen gewesen sein (Wirth, 1832, S. 14).

8 Nationalisten, Revolutionäre, Judenfeinde und andere Gespenster ...

Und die Dichter und Denker, was taten sie in dieser Zeit der Restauration? Sie waren fleißig. Ich wähle aus und lasse andere, wie Arndt, von Arnim, von Chamisso, Hölderlin, von Kleist, Körner, die Brüder Schlegel, Tieck und andere rechts liegen: Der Geheimrat Goethe vollendete im Sommer 1931 den zweiten Teil seiner Faust-Tragödie. Fünf Tage vor seinem Tod, am 22. Mai 1832, schrieb Goethe an seinen Freund Wilhelm von Humboldt, dass „[...] nach einem so langen, tätig nachdenkenden Leben" das Werk den „[...] künftigen Lesern zur geneigten Einsicht" übergeben werden kann (Goethe, 1973a, S. 735; Original: 1832). Die Gesellschaft, die *Faust* am Ende der Tragödie erahnt, gehört sicher auch zu den großen, oft umstrittenen und fehlgedeuteten *humanistischen* Utopien, die durchaus auch vom jungen, erleuchteten und produktiv tätigen Napoléon stammen könnte: „Solch ein Gewimmel möchte ich sehn, auf freiem Grund mit freiem Volke stehn" (Goethe, 1973b, S. 528)[4].

Im Mittelpunkt von „Faust. Der Tragödie zweiter Teil" steht die „klassische Walpurgisnacht", in der bekanntlich neben Faust und Mephistopheles fast all jene Gestalten auftreten, die man aus der griechischen und römischen Mythologie oder aus mittelalterlichen Geschichten zu kennen meint – Helena, Leda, Homunkulus, Plutus, Pan, Nymphen, Philemon und Baucis usw. In einem Gespräch mit seinem Eckermann, am 21. Februar 1831, soll Goethe gesagt haben: „Die alte Walpurgisnacht [...] ist monarchisch, indem der Teufel dort überall als entschiedenes Oberhaupt respektiert wird; die klassische aber ist durchaus republikanisch, indem alles in der Breite neben einander steht, sodass der eine so viel gilt wie der andere, und niemand sich subordiniert und sich um den andern bekümmert" (Goethe zu Eckermann am 21. Februar 1831, 1973c, S. 726). Inwieweit Goethe mit diesem Satz nicht nur seine Auffassung von republikanischem Umgang, sondern auch seine Sympathie für den selben ausdrücken wollte, ob er sich überhaupt so ausgedrückt hat, wissen wir nicht, vermuten es aber schon. Goethe war ein treuer Anhänger seines Großherzogs. Er sympathisierte mit Napoléon; das wissen wir ebenfalls. Gegenüber den Aufständen der Volksmassen war er mehr als skeptisch; auch das wurde bereits erörtert. Revolutionen konnte er nicht leiden; auch darüber wurde berichtet. Den Patriotismus und den Republikanismus der Franzosen, als er ihnen 1792 in der Kampagne gegenüberstand, soll er hin-

---

[4] Wie die Faustsche Vision vom freien Volk auf freiem Grund immer wieder zu politischen Zwecken instrumentalisiert wurde, ob in der Nazizeit oder im Sozialismus, berichtet u. a. Herfried Münkler (2010).

gegen bewundert haben. Als positiven Gegenpol, oder besser: als „Antidot des Egoismus", betrachtete Goethe den Republikanismus allemal (Fink, 1999, S. 88).

Heinrich Heine erholte sich im Sommer 1830 auf dem englischen Helgoland. Dort erfuhr er von der französischen Julirevolution. In seiner Denkschrift über Ludwig Börne aus dem Jahre 1840 vermerkt Heine unter der Überschrift „Helgoland, den 10. August: „Fort ist meine Sehnsucht nach Ruhe. Ich weiß jetzt wieder, was ich will, was ich soll, was ich muss … Ich bin der Sohn der Revolution und greife wieder zu den gefeiten Waffen, worüber meine Mutter ihren Zaubersegen gesprochen…" (Heine, 1968a, S. 383). Ein Jahr später ist er selbst in Paris und wird bleiben. Im Juli 1831 besuchte er die Pariser Gemäldeausstellung im Louvre. In Cottas „Morgenblatt für gebildete Stände" berichtet er im Oktober und November über diese Ausstellung. Ein Bild, das ihn besonders beeindruckte, ist das Gemälde „Die Freiheit führt das Volk" von Eugène Delacroix. Delacroix hat dieses Bild nach der Julirevolution 1830 gemalt. In der Mitte des Bildes auf den Trümmern der Barrikaden steht die barbusige Kämpferin Marianne, die Symbolfigur der Französischen Republik, mit der französischen Trikolore in der einen und einem Gewehr mit aufgepflanzten Bajonett in der anderen Hand. Auf dem Kopf trägt sie die Freiheitsmütze der Jakobiner. Links von ihr schwingt ein Junge mit schwarzer Mütze und Schultasche triumphierend zwei Revolver; bewaffnete Männer folgen ihr. Zu den Füßen der Kämpferin für die Freiheit liegen Tote und Verletzte. Im Hintergrund steigt Rauch aus den Türmen von Notre Dame. Heine schreibt zu dem Bild: „Heilige Julitage von Paris! Ihr werdet ewig Zeugnis geben von dem Uradel der Menschen, der nie ganz zerstört werden kann. Wer euch erlebt hat, der jammert nicht mehr auf den alten Gräbern, sondern freudig glaubt er jetzt an die Auferstehung der Völker. Heilige Julitage! Wie schön war die Sonne und wie groß war das Volk von Paris!" (Heine, 1968b, S. 15; Original: 1831).

Bei aller Skepsis gegenüber dem Republikentum, das Heine zwei Jahre später „unpassend, unersprießlich und unerquicklich" findet (Heine, 1968c, S. 59; Original: 1833), so ganz kann er seine Sympathie für das revolutionäre Aufbegehren, für die revolutionäre Tat im Sinne der Freiheit nicht verbergen. Kurz nach seinem Bericht über die Pariser Gemäldeausstellung erschienen in der Augsburger „Allgemeinen Zeitung" seine Mitteilungen über die „Französischen Zustände", gegen die alsbald die preußischen und österreichischen Obrigkeiten zu Felde zogen. Heine galt als „gefährlicher, demagogisch wirkender, unverbesserlicher Schriftsteller" (Heine, 1968d, Anmerkungen des Herausgebers, S. 630). Nachdem seine Mitteilungen über die französischen Zustände als Buch erschienen waren, hatte er nicht nur mit der deutschen Zensur zu kämpfen, sondern auch mit den Radikaldemokraten um Ludwig Börne in Deutschland. Die warfen Heine nämlich Neigungen zum Monarchismus und Royalismus vor. Gerade dies dürfte seine Bekanntheit in Deutschland noch verstärkt haben. Vermutlich wurde auch *Georg Büchner* (1813–1837) auf diesem Wege auf Heinrich Heine aufmerksam. Für beide war die humanistische Idee der Freiheit des Einzelnen etwas Großes, gar Heiliges. Ihre Sicht auf die Revolution unterschied sich allerdings. Büchner wusste durch seinen Vater von den Folgen des erwähnten Überfalls auf die Haupt- und Konstablerwache in Frankfurt. Büchners Vater war Arzt und versorgte die Verletzten dieses Überfalls (Hauschild, 2016, S. 207). Die französischen Zustände kannte Büchner ebenfalls durch sein Studium in Straßburg in den Jahren 1831 und 1833. Über die deutschen, namentlich die hessischen, Zustände war Büchner gleichfalls bestens informiert. In der von ihm mitgegründeten „Gesellschaft für Menschenrechte" waren neben Studenten auch Handwerker aktiv. 1834 veröffentlichten Büchner und Friedrich Ludwig Weidig (1791–1837) ihre Flugschrift „Der Hessische Landbote", in der nach einer knappen Einleitung der berühmte Aufruf „Friede den Hütten! Krieg den Palästen!" (Büchner 1979, Original: 1834) auftaucht. Büchner und Weidig wollten mit ihrer Flugschrift eine Revolution gegen die „da oben" anstoßen. Büchner wurde nach Verbreitung der Schrift steckbrieflich gesucht, sein Mitautor Weidig starb im Gefängnis. Im Schlussabsatz des Textes steht zu lesen:

„Ihr wühltet ein langes Leben die Erde auf, dann wühlt ihr euren Tyrannen ein Grab. Ihr bautet die Zwingburgen, dann stürzt ihr sie, und bauet der Freiheit Haus. Dann könnt ihr eure Kinder frei taufen mit dem Wasser des Lebens. Und bis der Herr euch ruft durch seine Boten und Zeichen, wachet und rüstet euch im Geiste und betet ihr selbst und lehrt eure Kinder beten: »Herr, zerbrich den Stecken unserer Treiber und lass dein Reich zu uns kommen – das Reich der Gerechtigkeit. Amen.«" (Büchner, 1979, S. 186 f.).

Eine Utopie wird formuliert, eine Vision, die nach der Revolution gegen jene in den Palästen denen in den Hütten Freiheit und Frieden verspricht, eine wahrlich humanistische Botschaft. Aber eben eine Utopie. Die in den Palästen konnten immer noch und jene in den Hütten wollten noch nicht anders.

Eine nicht utopische, dafür sehr praktische, menschenfreundliche Entdeckung, muss aber unbedingt noch erwähnt werden, der „Kindergarten" des Thüringers *Friedrich Wilhelm August Fröbel* (1782–1852). In Oberweißbach im Thüringer Wald geboren, studierte Fröbel zunächst in Jena Naturwissenschaften und arbeitete dann als Erzieher und Hauslehrer. 1808 reiste er das erste Mal in die Schweiz, um Pestalozzi und dessen Erziehungsmethoden kennenzulernen. Er blieb dort zwei Jahre. Anschließend setzte er sein Studium in Göttingen und Berlin fort. 1813 zog er mit dem Lützower Freikorp in den Krieg gegen die Franzosen und gründete 1816 in Thüringen eine „Allgemeine Deutsche Erziehungsanstalt". Hier sammelte Fröbel seine ersten pädagogischen Erfahrungen, die er 1826 in dem Buch „Menschenerziehung" zusammenfasst. Dann ging es wieder in Schweiz, gründete eine Erziehungsanstalt, leitete ein Waisenhaus und schrieb seine Erfahrungen in dem Buch „Erneuerung des Lebens erfordert das neue Jahr 1836" nieder. Zurück nach Deutschland eröffnete Fröbel 1837 im Thüringischen Blankenburg eine „Pflege-, Spiel- und Beschäftigungsanstalt" für Kleinkinder, aus der 1840 der „Allgemeine deutsche Kindergarten" werden sollte. Dort wurde gespielt, gesungen, gebastelt, musiziert, getanzt und die Welt entdeckt. Würfel, Walze und Kugel gehören seitdem zu den elementaren Spielzeugen in einem Kindergarten und Lernen mit Kopf, Herz und Hand kennzeichnet auch heute noch das Grundprinzip eines Kindergartens. Mit seiner Pädagogik wollte Fröbel die Freiheit und Selbstbestimmung der Kinder fördern und entwickeln (Winkler & Sauerbrey, 2017, S. 195) – ein wahrhaft humanistisches Anliegen. Kaum ein Exportgut aus Deutschland hat jemals wieder eine solche internationale Wirksamkeit und Nachhaltigkeit erreichen können.

Industrialisierung und Vormärz

Die Industrialisierung nahm Mitte der 1830er Jahre auch in Deutschland Fahrt auf. In dieser Zeit wurden in Deutschland das Eisenbahnnetz, die Kohleproduktion und auch die Eisen- und Stahlherstellung ausgebaut. Die erste Eisenbahn fuhr 1835 zwischen Nürnberg und Fürth. Bald folgten Verbindungen zwischen Berlin und Potsdam, Braunschweig und Wolfenbüttel, Leipzig und Dresden. Die großen Industriezentren an der Ruhr oder in Oberschlesien entstanden. Mit der Gründung des Deutschen Zollvereins im Jahre 1834, eine auf Initiative Preußens erfolgte Wirtschafts- und Zollunion der Länder des Deutschen Bundes, intensivierte sich der Handelsaustausch zwischen den deutschen Mitgliedsländern (vgl. auch Kreutzmann, 2015). Auch das Pressewesen wurde durch die Einführung neuer dampfgetriebener Schnellpressen industrialisiert. 1833 erschien nach englischem Vorbild in Leipzig das *Pfennig-Magazin*, eine Zeitung, die sich mit Bild und Text an die ganze Familie richtete und bald die Auflage der angesehenen *Vossischen Zeitung* übertraf; quasi ein Vorläufer einer großen deutschen Boulevard-

Zeitung von heute. Familien-Illustrierte, wie die Leipziger *Illustrirte Zeitung* (1843) folgten bald.

Während in den Industrie- und Handelsmonopolen viele neue Arbeitsplätze entstanden, obwohl der Wohnraum knapp und die Arbeitsbedingungen miserabel waren, gerieten die Menschen in den deutschen Agrargebieten (z. B. Südwestdeutschland) und dort, wo z. B. Textilprodukte noch in heimischer Arbeit (z. B. in Schlesien) hergestellt wurden, in große Not. 1844 kam es in der preußischen Provinz Schlesien zum Aufstand der Baumwollweber. Sie und ihre Familienmitglieder arbeiteten in Heimarbeit und mussten ihre Produkte an Fabrikanten und Verleger zu Spottpreisen verkaufen. Die Arbeit war hart, auch die Kinder mussten mitarbeiten. Die technischen Neuerungen der Textilindustrie standen den Webern nicht zur Verfügung. Um Lohnerhöhungen zu erreichen, versuchten die Weber mit den Verlegern zu verhandeln. Die lehnten das Ansinnen der Weber ab. Daraufhin stürmten mehrere Weber am 4. und 5. Juni 1844 die Häuser der Verleger. Preußische Soldaten setzten dem Aufstand ein Ende und töteten elf Weber, weitere Menschen wurden schwer verletzt. Trostlos und blutig endete der Aufstand, aber der Vormärz begann sich zu formieren, sowohl im Wirtschaftlichen als auch im Politischen; auf der einen Seite in Form eines verstärkten Nationalismus und auf der anderen Seite in den verstärkten Aufrufen zum Widerstand und zur Revolution.

Karl Marx (1818–1883) betrat die revolutionäre Bühne ebenfalls. Er hatte 1835 zunächst ein Studium der Rechtswissenschaft an der Universität Bonn begonnen und war dann 1836 an die Berliner Universität gewechselt. Dort traf er auf den Philosophen und Religionskritiker Bruno Bauer (1809–1882) und manch andere, hat die Arbeiten von Ludwig Feuerbach (1804–1872), ebenfalls ein Kritiker der christlichen Religion, gelesen und vor allem Hegels Philosophie kennengelernt und als kritikwürdig wahrgenommen. Hegel war zwar längst tot, er starb schon 1831 an Cholera, aber, wenn man so will, sein Weltgeist wirkte nach. Indes, die Studenten und Doktoranden der Philosophie und Geschichte gingen zunehmend auf Distanz zum alten Hegel. Im Rahmen eines „Doktorklubs von jungen Hegelianern", besser bekannt als „Junghegelianer", machten sich die jungen Intellektuellen dran, Hegel vom Kopf auf die Füße zu stellen (so formulierte es Friedrich Engels viele Jahre später in seiner Schrift über Ludwig Feuerbach, Engels, 1981, MEW, Band 21, S. 293; Original: 1888). Im dialektischen Prinzip, von Platon und Aristoteles schon als wichtiges Erkenntnis- und Beweisverfahren gewürdigt, von Hegel als *die* Methode des Begreifens von Welt weiterentwickelt, erahnten die Junghegelianer das Entwicklungs- und Bewegungsprinzip der wirklichen Welt. Die Ahnung wurde zuvörderst von Ludwig

Feuerbach (so in seiner „Kritik der Hegelschen Philosophie" aus dem Jahre 1839) ausgesprochen. In seinem Hauptwerk „Das Wesen des Christentums" (1841 erschienen) machte Feuerbach mit seiner Kritik an der Religion dann klar, dass es ihm um die *wirklichen,* natürlichen Dinge, Zustände und Prozesse geht, unter denen sich Religion überhaupt erst entwickeln und entfalten kann. Auch die humanistischen Implikationen, die sich aus dieser Kritik ergeben, liegen auf der Hand: Weg von der Gottesgläubigkeit, hin zum Menschen, seinen Existenzbedingungen und zur Menschenfreundlichkeit (vgl. auch Feuerbach, 1984, S. 320; Original: 1848).

Das ist der Materialismus, an dem Marx anknüpfte und sich zum führenden Kopf der kritischen Hegel-Kritiker entwickelte. Ihn zähle nicht nur ich zu den modernen Wegbereitern eines revolutionären Humanismus[5]. Im Oktober 1842 wurde Marx Mitarbeiter und Redakteur der *Rheinischen Zeitung.* Er blieb es nur ein Jahr. Die preußische Zensur setzte ihm und der Zeitung mächtig zu und drohte mit Verboten. Sieht man sich einige der Artikel an, die Marx in dem einen Jahr als Redakteur publizierte, muss man sich nicht wundern. Marx kritisiert die preußischen Zensurinstruktionen, berichtet über die Pressefreiheit bzw. Unfreiheit im Rheinland oder macht sich über die Kommunismus-Auffassung der „Augsburger Allgemeinen Zeitung" lustig. In einem dieser Artikel schreibt er von der „neuesten Philosophie" und meint auch jene neue, religionskritische Philosophie von Feuerbach: „Sie (also die neueste Philosophie; WF) betrachtet den Staat als den großen Organismus, in welchem die rechtliche, sittliche und politische Freiheit ihre Verwirklichung zu erhalten hat und der einzelne Staatsbürger in den Staatsgesetzen nur den Naturgesetzen seiner eignen Vernunft, der menschlichen Vernunft gehorcht" (Marx, 1961, MEW, Band 1, S. 104; Original: 1842). Das ist zwar nicht kreuzgefährlich und aufrührerisch, entspricht aber den Einsichten und Maximen der Humanisten, der Aufklärer sowie der französischen Revolutionäre und muss der preußischen Obrigkeit höchst suspekt gewesen sein.

1843 heiratete Marx Jenny von Westphalen und ging mit ihr alsbald nach Paris. Dort trafen beide auch Heinrich Heine. Vom sowjetischen Maler und Stalinpreisträger Nikolai Nikolajewitsch Shukow (1908–1973) gibt es eine recht bekannte Zeichnung, auf der ein Zusammentreffen von

---

[5] Den Begriff eines *revolutionären Humanismus* stammt von Leo Kofler (1968). Leo Kofler (1907–1995) überlebte die Judenvernichtung und den Nationalsozialismus in Schweizer Emigrantenlagern, ging 1947 nach Halle an der Saale, wurde dort Professor für Geschichtsphilosophie. Bevor man ihn wegen Trotzkismus verhaften konnte, floh Kofler 1950 nach Westdeutschland. Dort blieb er ein marxistischer Denker „zwischen allen Stühlen" (Gursky, 2004, S. 27).

Karl und Jenny Marx mit Heine dargestellt ist. Marx lehnt stehend an einem Kamin und blickt, leicht ironisch oder eher skeptisch, so scheint es, auf Heine. Ein Jahr vorher hatte Marx im o.g. Zeitungsartikel von einem „Pariser Korrespondenten, ein(em) Konvertiten" geschrieben, „[…] der die Geschichte behandelt wie ein Konditor die Botanik" (Marx, 1961, MEW, Band 1, S. 106). Marx meinte vermutlich Heine. Der sitzt im Bild links in einem Sessel, gestikuliert mit beiden Händen und sieht dabei die schöne und kluge Jenny an. Sie hat sich ebenfalls in einem Sessel vor ihrem Gatten niedergelassen, stützt mit ihrem rechten Arm ihr Kinn und schaut nachdenklich und ein wenig verträumt in das Kaminfeuer.

Jenny Marx muss Heine gemocht und er sie verehrt haben. Zwischen Karl Marx und Heine entwickelte sich ebenfalls eine besondere Freundschaft. In der von Karl Marx mit Arnold Ruge (1802–1880) in Paris gegründeten Zeitschrift „Deutsch-Französischen Jahrbücher", von der aber nur ein Exemplar erschien, findet sich zum Beispiel ein Spottgedicht Heines auf den damaligen Bayern-König. Auch sonst scheinen sich Karl Marx und Heinrich Heine wechselseitig in ihren Arbeiten befruchtet zu haben. Beiden lag die Emanzipation der Menschen, unabhängig von Herkunft, Geschlecht und ethnischer Zugehörigkeit am Herzen (vgl. auch Höhn, 1997, S. 129 ff.).

Während der Bearbeitung der „Deutsch-Französischen Jahrbücher" intensivierte sich auch die Zusammenarbeit zwischen Marx und Friedrich Engels, der für die Zeitschrift einen kritischen Beitrag zur Nationalökonomie und zur Lage Englands ablieferte. Es dürfte diese frühe Zusammenarbeit gewesen sein, durch die Marx – quasi mit der Nase – auf die fundamentale Bedeutung der ökonomischen Verhältnisse im Leben der Menschen gestoßen wurde. In Paris entstehen 1844 u. a. die „Ökonomisch-philosophischen Manuskripte", 1845 die „Thesen über Feuerbach" und die „Heilige Familie", zwischen 1845 und 1846 „Die deutsche Ideologie" und 1847 „Das Elend der Philosophie. Antwort auf Proudhons „Philosophie des Elends". In den „Ökonomisch-philosophischen Manuskripten", spricht *Karl Marx* vom Menschen als Gattungswesen, weil alle Menschen gemeinsame Wesenseigenschaften besitzen. So wie die Tiere lebe auch der Mensch von den Naturprodukten. Gegenüber dem Tier habe der Mensch aber das Bedürfnis, seine Lebenstätigkeit selbst zu gestalten. In der *freien, bewussten Lebenstätigkeit* unterscheide sich der Mensch vom Tier. Geht man nun von „einem gegenwärtigen Faktum aus" (Marx, 1985, MEW, Band 40, S. 511; Original: 1844), also nicht von irgendeinem Urzustand, sondern von den tatsächlichen Arbeits- und Lebensverhältnissen, dann müsse man feststellen, dass die Arbeiter keinen Bezug mehr zu dem haben, was sie produzieren, keinen Bezug mehr zur Arbeit (als Tätigkeit zur Befriedigung ihrer Bedürfnisse), keinen Bezug zu sich selbst (als schöpferische Menschen) und keinen Bezug mehr zu anderen Arbeitern (als gesellschaftlich tätige Menschen). Für dieses Nicht-mehr-in-Beziehung-Sein nutzt Marx den in der Philosophie tradierten und bei Hegel zentral gewordenen Begriff der *Entfremdung*. Während Hegel darunter aber die Selbstentäußerung und Vergegenständlichung des Geistes versteht, verwendet Marx 1844 den Begriff, um die negativen Folgen des Arbeitens unter kapitalistischen Verhältnissen zu analysieren.

Die Schrift die „Heilige Familie" ist das erste Werk, das Marx und Engels gemeinsam veröffentlicht haben. Es trägt den vollständigen und einigermaßen bösen Titel „Die heilige Familie, oder Kritik der kritischen Kritik. Gegen Bruno Bauer & Consorten". Bruno Bauer hatte sich schon recht früh als Kritiker der orthodoxen Hegelanhänger, den Alt-Hegelianern, einen Namen gemacht und war federführend bei der theoretischen Begründung einer linkshegelianischen Auffassung, der auch Marx lange Zeit sehr zugetan war. Abrechnet wird nun mit Bauer und den ehemaligen linkshegelianischen Freunden, indem Feuerbach und darüber hinaus ein „realer Humanismus" ins Feld geführt werden.

„Herr Bruno" vertrete eine „*kritisch karikierte Vollendung* der *Hegelschen Geschichtsauffassung*" (Marx & Engels, 1970, MEW, Band 2, S. 89; Original: 1845; Hervorh. im Original). Es sei nicht die Geschichte, die sich quasi zum Selbstzweck (als Weltgeist) entfalte und entwickle, wie Bauer und andere Junghegelianer unter Berufung auf Hegel – aus Sicht von Marx und Engels – meinen. Vielmehr sei es der wirkliche, lebendige Mensch, der besitze, kämpfe und die Geschichte mache. Damit wird der angekündigte revolutionäre Humanismus ein wenig sichtbarer.

An Bauer, also dem Herrn Bruno, ließen Marx und Engels keinen grünen Zweig. Kurz nach Bauers Tod im Jahre 1882 gab sich Friedrich Engels wieder etwas versöhnlicher: „In Berlin starb am 13. April ein Mann, der früher einmal als Philosoph und Theolog eine Rolle gespielt, seit Jahren aber, halb verschollen, nur von Zeit zu Zeit als »literarischer Sonderling« die Aufmerksamkeit des Publikums auf sich gezogen hatte. Die offiziellen Theologen, unter ihnen auch Renan, schrieben ihn ab und schwiegen ihn deshalb einstimmig tot. Und doch war er mehr wert als sie alle und hat mehr geleistet als sie alle in einer Frage, die auch uns Sozialisten interessiert: in der Frage nach dem geschichtlichen Ursprung des Christentums" (Engels, 1962, MEW, Band 19, S. 297).

Die „Deutsche Ideologie" haben Marx und Engels zwar geschrieben, aber zeit ihres Lebens nie veröffentlicht. Auch hier geht es um die Kritik an Bauer und die Linkshegelianer um Max Stirner (1806–1856). Die Distanz zu Feuerbach wird ebenfalls deutlich, wie generell zur Philosophie. Man könne, so Marx und Engels, den Menschen durch das Bewusstsein, durch die Religion, durch was man sonst will, von den Tieren unterscheiden. Sie selbst, also die Menschen, „[…] fangen an, sich von den Tieren zu unterscheiden, sobald sie anfangen, ihre Lebensmittel zu *produzieren*" (Marx & Engels 1969, MEW, Band 3, S. 21; Hervorh. im Original).

Und auch dieser Satz findet sich in der „Deutschen Ideologie", ein Satz, der fast schon den Status eines Aphorismus hat: „Die Sprache ist so alt wie das Bewusstsein – die Sprache ist das praktische, auch für andre Menschen existierende, also auch für mich selbst erst existierende wirkliche Bewusstsein, und die Sprache entsteht, wie das Bewusstsein, erst aus dem Bedürfnis, der Notdurft des Verkehrs mit anderen Menschen" (Marx & Engels 1969, MEW, Band 3, S. 30). Mit anderen Worten: Die menschliche Sprache ist das soziale, praktische Mittel oder Medium, mit dem wir unsere Erfahrungen, unsere Vorstellungen und unser Wissen von der Welt ausdrücken, und dieses Mittel ist auch das Instrument oder Medium des sozialen Verkehrs, also der sozialen Wechselwirkung zwischen Menschen. Das ist gar nicht so weit weg von heutigen Erkenntnissen über die Sprache als Form gesellschaftlichen Handelns.

Eine ähnliche Auffassung, ohne sich auf Marx und Engels zu beziehen, findet sich übrigens auch in der Völkerpsychologie von *Moritz (Moses) Lazarus* (1824–1903) und *Chajim Heymann Steinthal* (1823–1899). Lazarus hat Philosophie und Psychologie studiert und war zunächst Professor an der Universität Bern, danach Dozent für Philosophie an der Kriegsakademie in Berlin und dann bis zu seiner Emeritierung Philosophieprofessor an der Universität zu Berlin. *Heymann Steinthal*, ein Schwager von Lazarus, war außerordentlicher Professor an der Berliner Universität und Dozent für Religionsphilosophie und die kritische Historie des Alten Testaments an der 1870 gegründeten *Hochschule für die Wissenschaft des Judenthums*. Beide, Lazarus und Steinthal, gründeten 1860 die *Zeitschrift für Völkerpsychologie und Sprachwissenschaft*. Ziel des damit verbundenen Forschungsprogramms war es, erstens die bis dahin existierende Individualpsychologie durch eine gesellschaftliche Dimension zu ergänzen und die Perspektive auf die Gesellschaftlichkeit des Menschen zu richten und zweitens vor allem die menschliche Sprache und ihre Produkte zu untersuchen, da sich in der Sprache die Gesellschaftlichkeit des Menschen ausdrücke. Lazarus und Steinthal sprechen allerdings nicht von Gesellschaftlichkeit des Menschen, sondern vom *Volksgeist*, als das, „[…] was die bloße *Vielheit* der *Individuen* erst zu einem *Volke* macht" (Lazarus & Steinthal 1860, zit. n. Eckardt, 2015, S. 23; Hervorh. im Original).

Dieser kleine Ausflug in die Völkerpsychologie sei erlaubt, weil Lazarus und Steinthal, beeinflusst von Herder, Hegel, Humboldt und Johann Friedrich Herbart, von einem *gesellschaftlichen* Wesen des Menschen ausgehen und annehmen, dass der Mensch nur „[…] im Zusammenhang mit seinesgleichen das werden kann und das leisten kann, was er soll" (Lazarus & Steinthal 1860, zit. n. Eckardt, ebd., S. 22). Das ist zwar nicht das, was Marx in der sechsten Feuerbach-These ausdrückt, aber nahe dran. Marx und Engels geht es nämlich um mehr, als nur zu zeigen, dass Menschen im Umgang mit anderen ihre Geschichte machen. Dies wäre ja schon eine durchaus neue Sicht auf den oder die Menschen und die Menschlichkeit. Vielmehr legen die beiden nun den Fokus auf die tatsächlichen historischen Entwicklungen und Widersprüche, auf die Aufhebung von Entfremdung und die Bedingungen, unter denen die „originelle und freie Entwicklung der Individuen" möglich wird. Und dabei kommt auch der „Kommunismus" ins Spiel, als einzige Gesellschaft, in der diese freie Entwicklung keine Phrase ist, sondern „ein Zusammenhang der Individuen, ein Zusammenhang, der teils in den ökonomischen Voraussetzungen besteht, teils in der notwendigen Solidarität der freien Entwicklung Aller, und endlich in der universellen Betätigungsweise der Individuen auf der Basis der vorhandenen Produktivkräfte" (Marx & Engels, 1969, MEW, Band 3, S. 424 f.; Original: 1845/1846).

Die „Thesen über Feuerbach" hat Marx ebenfalls nie veröffentlicht; Engels, der die Thesen in Marxens Notizbuch fand, machte sie erst 1888 publik. Die Thesen sind allseits bekannt, zwei sollen dennoch besonders herausgehoben werden, die sechste und die elfte. In der sechsten heißt es u. a.: „Feuerbach löst das religiöse Wesen in das menschliche Wesen auf. Aber das menschliche Wesen ist kein dem einzelnen Individuum innewohnendes Abstraktum. In seiner Wirklichkeit ist es das Ensemble der gesellschaftlichen Verhältnisse" (Marx, 1969, MEW, Band 3, S. 6; Original: 1845). Diese These mag für Nichtmarxisten und solche, die Marx eh als überholt betrachten, ein Gräuel sein. Nicht das Individuum, sondern die gesellschaftlichen Verhältnisse müssen analysiert werden, um das Wesen des Menschen zu begreifen. Das geht nun aber doch weit über die Humanisten der Renaissance und der Aufklärung hinaus. Nicht in der individuellen Schönheit oder Hässlichkeit, nicht in der individuellen Gutartigkeit oder Bösartigkeit findet sich das menschliche Wesen. Da hilft auch Psychologie nicht weiter, wie wir später sehen werden. Und noch einmal, um nicht missverstanden zu werden: Mit der sechsten Feuerbachthese beziehen sich Marx und Engels *nicht* auf das Individuum. Sie meinen *nicht* das Wesen des Einzelnen, einer singulären Persönlichkeit, fände sich im Ensemble der gesellschaftlichen Verhältnisse. Die Summe von Produktivkräften, Kapitalien und sozialen Verkehrsformen, die jedes Individuum und jede Generation als etwas Gegebenes vorfinden und mitgestalten, liefern, so wird es auch in der „Deutschen Ideologie" wiederholt, den „realen Grund", auf dem eine humanistische Sicht auf das Wesen des Menschen *beginnen* muss (Marx & Engels, MEW, Band 3, 1969, S. 38).

Kurz und zur Erinnerung noch die 11. Feuerbachthese: „Die Philosophen haben die Welt nur verschieden *interpretiert;* es kömmt darauf an, sie zu *verändern*" (Marx 1969, MEW, Band 3, S. 7). Darum, um die Weltveränderung, geht es vielen Dichtern und Denkern des Vormärz, also jener Zeit, in der sich die revolutionäre Situation vor 1848 zu entwickeln begann. Georg Büchner verfasste nicht nur den „Hessischen Landboten", sondern auch die Dramen „Woyzeck" und „Dantons Tod", die Erzählung „Lenz" und die politische Satire „Leonce und Lena". All dies, um seine Kritik an den bestehenden Verhältnissen zum Ausdruck zu bringen. Georg Herwegh (1817–1875), Ferdinand Freiligrath (1810–1876), Georg Weerth (1822–1856), Adolf Glasbrenner (1810–1876), Robert Blum (1807–1848) und manch andere dichteten gegen den deutschen Nationalismus und für einen Widerstand gegen die bestehenden Verhältnisse.

„Trotz des oftmals abstrakten Pathos der liberalen Zeitlyrik", schreibt Peter Stein, „und trotz mancher Illusion in den demokratisch-revolutionären Gedichten war die politische Lyrik in den 40er Jahren nicht nur die beherrschende literarische Gattungsform, sondern sie wirkte auch unzweifelhaft mobilisierend für die politische Revolution" (Stein, 2019, S. 290).

Nicht mobilisierend, eher beruhigend, wollten die anderen Dichter und Dichterinnen wirken, jene, die – metaphorisch gesprochen – auf der anderen Seite oder gar nicht auf Seiten der Revolution standen, die Dichter des Biedermeier. Zum Beispiel: Annette von Droste-Hülshoff (1797–1848) oder Adalbert Stifter (1805–1868), die die christliche Ordnung bewahren und die Natur besingen wollten; Franz Grillparzer (1791–1872), Joseph von Eichendorff (1788–1857) und Johann Nestroy (1801–1862) die das Volk mit historischen Dramen, volksnahen Lustspielen oder spätromantischer Lyrik versorgten. Ganz anders dagegen die nicht minder volksnahe Vormärz-Lyrik der Vor-Revolutionäre. Zum Beispiel das „Hungerlied" von Georg Weerth aus dem Jahre 1844: „Verehrter Herr und König/Weißt du die schlimme Geschicht? / Am Montag aßen wir wenig, / Und am Dienstag aßen wir nicht. / Und am Mittwoch mußten wir darben, / Und am Donnerstag litten wir Not; / Und ach, am Freitag starben/Wir fast den

Hungertod! / Drum laß am Samstag backen/Das Brot, fein säuberlich – / Sonst werden wir sonntags packen/Und fressen, o König, dich!" (Weerth, 1956/1957, S. 193; Original: 1844).

Als schließlich im Februar 1848 in Frankreich wieder einmal eine Revolution ausbrach und dort die Zweite Französische Republik ausgerufen wurde, waren auch in Deutschland die Zeiten zum Widerstand gekommen. Am 1. März 1848 begannen im Badischen erste Aufstände, die sich alsbald über ganz Deutschland (den Deutschen Bund), Preußen, Österreich und andere europäische Länder ausbreiteten. Friedrich Engels (1820–1895) nahm im Frühjahr 1849 als Inspekteur der Barrikaden im rheinländischen Elberfeld, heute Teil von Wuppertal, am revolutionären Aufstand teil. Nach der Niederlage floh Engels in die Schweiz und ging dann nach England. Georg Herwegh und Wilhelm Liebknecht kämpften ebenfalls im Badischen auf Seiten der Aufständischen, Ferdinand Freiligrath und Ferdinand Lassalle vor allem mit spitzer Feder. Richard Wagner war seit 1843 Kapellmeister in Dresden. Im Mai 1849 beteiligte er sich dort, gemeinsam mit dem russischen Anarchisten Mikhail Alexandrowitsch Bakunin und Gottfried Semper, am Versuch, eine Republik zu errichten. Es brachte letztlich wenig. 1849 wurden all die Aufstände niedergeschlagen. In Frankfurt am Main trafen sich in der Paulskirche die Mitglieder der Nationalversammlung, verabschiedeten eine Verfassung des deutschen Reiches und wählten den preußischen König Friedrich Wilhelm IV. zum Kaiser der Deutschen. Der König lehnte die Krone ab und die Gegenrevolution nahm ihren Lauf. Die Meinungs-, Presse- und Versammlungsfreiheit wurde in ganz Europa weiter eingeschränkt. Die führende Revolutionäre kamen ins Gefängnis oder gingen ins Exil. Karl Marx, der aus Frankreich nach Deutschland zurückgekehrt war, verließ 1849 das europäische Festland und emigrierte mit Frau und Kindern nach London.

Noch vor der Märzrevolution, aber unter dem Eindruck der französischen Februarrevolution von 1847, hatten Marx und Engels das „Manifest der Kommunistischen Partei" verfasst. Mit dem bekannten und vielfach zitierten Eingangssatz haben beide nicht nur ein Gespenst beschrieben, sondern auch ein Gespenst auf die Menschheit losgelassen: „Ein Gespenst geht um in Europa – das Gespenst des Kommunismus" (Marx & Engels, MEW, Band 4, 1980, S. 461; Original: 1847/1848).

Literatur

Arndt, E. M. (1813). Lieder für Teutsche. Bayerische Staatsbibliothek digital. https://reader.digitale-sammlungen.de/de/fs1/object/display/bsb10104690_00001.html. Zugegriffen: 23. März 2020.

Ben-Chanan, Y. (1997). Juden und Deutsche. Polis, 24, Wiesbaden: *Schriftenreihe der Hessischen Landeszentrale für politische Bildung*. https://hlz.hessen.de/wp-content/uploads/2020/01/polis24web.pdf. Zugegriffen: 21. Febr. 2020.

Brentano, C. (1811). *Der Philister vor: in und nach der Geschichte. Scherzhafte Abhandlung. Faksimiledruck des in Berlin im Jahre 1811 erschienenen Originals*. Ernst Frensdorff. https://books.google.de/books?hl=de&lr=&id=t4hBAAAAY AAJ&oi=fnd&pg=PA2&dq=Brentano+%2B+Der+Philister+vor,+in+und+nac h+der+Geschichte. Zugegriffen: 24. März 2020.

Breuer, U. (2017). In Österreichs Diensten (1808–1818). In F. Schlegel-Handbuch (Hrsg.), *Johannes Endres* (S. 18–24). J. B. Metzler.

Büchner, G. (1979; Original: 1834). *Dichtungen*. Verlag Philipp Reclam.

Claussen, D. (1987). *Grenzen der Aufklärung. Die gesellschaftliche Genese des modernen Antisemitismus*. Fischer.

Dörfler-Dierken, A. (2017). Fichtes Reden an die deutsche Nation. Multivalenzen fördern missbräuchliche Rezeptionen. In K. Hagemann, M. Hofbauer & M. Rink (Hrsg.), *Die Völkerschlacht bei Leipzig* (S. 303–328). De Gruyter.

Die Gartenlaube. (1862). https://de.wikisource.org/wiki/Datei:Die_Gartenlaube_(1862)_b_396.jpg. Zugegriffen: 10. Dez. 2020.

Eckardt, G. (2015). *Sozialpsychologie – Quellen zu ihrer Entstehung und Entwicklung*. VS Springer.

Engels, F. (1981, Original: 1988). Ludwig Feuerbach und der Ausgang der klassischen deutschen Philosophie. *Karl Marx & Friedrich Engels, Werke, Band 21*. Dietz.

Engels, F. (1962, Original: 1882). Bruno Bauer und das Urchristentum. In *Karl Marx & Friedrich Engels, Werke, Band 19*. Dietz.

Feuerbach, L. (1984; Original: 1848/1849). Vorlesungen über das Wesen der Religion. *Gesammelte Werke, Band 6*. Akademie.

Fichte, J. G. (2013, Original: 1808). *Fichtes Reden an die deutsche Nation*. Severus.

Fries, J. F. (1999; Original: 1818). An die deutschen Burschen. In A. Hummel & T. Neumann (Hrsg.), *Quellen zur Geschichte Thüringens* (S. 65–69). Landeszentrale für politische Bildung.

Fink, G.-L. (1999). Goethe und die Revolutionen seiner Zeit. In J. Voss (Hrsg.), *Goethe im sozialen und kulturellen Gefüge seiner Zeit* (S. 41–88). Bouvier.

Goethe, J. W. (1973a). An Wilhelm von Humboldt am 22. Mai 1832. *Berliner Ausgabe. Dramatische Dichtungen, Band 8*. Aufbau.

Goethe, J. W. (1973b). Faust. Der Tragödie zweiter Teil. *Berliner Ausgabe. Dramatische Dichtungen, Band 8*. Aufbau.

Goethe, J. W. (1973c). Zu Eckermann am 21. Februar 1831. *Berliner Ausgabe. Dramatische Dichtungen, Band 8*. Aufbau.
Gursky, A. (2004). Verfolgung und Verhaftung politisch Missliebiger an der Philosophischen Fakultät der Martin-Luther-Universität Halle 1948–1958. *Zeitschrift des Forschungsverbundes SED-Staat, 15*(15), 17–33.
Hahn, H.-W. (2019). Nadelstiche gegen Restauration und Reaktion. Politisch motivierte Jenaer Ehrenpromotionen zwischen 1815 und 1858. In M. Fröhlich, O. W. Lembcke & F. Weber-Stein (Hrsg.), *Universitas. Ideen, Individuen und Institutionen in Politik und Wissenschaft*. (S. 65–76). Nomos.
Hauschild, J.-C. (2016). *Georg Büchner: Biographie*. J. B. Metzler.
Heine, H. (1968a; Original: 1840). Ludwig Börne. Eine Denkschrift. In *Heinrich Heine Werke, Band 4*. Insel.
Heine, H. (1968b; Original: 1831). Französische Maler. In *Heinrich Heine Werke, Band 3*. Insel.
Heine, H. (1968c; Original: 1833). Nachtrag 1833. *In Heinrich Heine Werke, Band 3*. Insel.
Heine, H. (1968d). Anmerkungen des Herausgebers. *In Heinrich Heine Werke, Band 3*. Insel.
Hirsch, R., & Schuder, R. (1989). *Der gelbe Fleck*. Rütten & Loening.
Höhn, G. (1997). *Heine-Handbuch. Zeit, Person, Werk*. J.B. Metzler.
Johnston, O. W. (1990). *Der deutsche Nationalmythos: Ursprung eines politischen Programms*. J.B. Metzler.
Katz, J. (1994). *Die Hep-Hep-Verfolgungen des Jahres 1819*. Metropol.
Keil, R. & Keil, R. (1865). *Die Gründung der deutschen Burschenschaft in Jena*. Friedrich Mauke.
Kofler, L. (1968). *Perspektiven des revolutionären Humanismus*. Rowohlt.
Kreutzmann, M. (2015). Föderalismus und zwischenstaatliche Integration im Deutschen Zollverein (1834–1867). In G. Ambrosius, C. Heinrich-Franke, & C. Neutsch (Hrsg.), *Föderalismus in historisch vergleichender Perspektive* (S. 11–46). Nomos.
Luden, H. (1809). *Ansichten des Rheinbundes*. Justus Friedrich Danckwerts.
Maßmann, H. F. (1817). *Kurze und wahrhaftige Beschreibung des großen Burschenfestes auf der Wartburg bei Eisenach am 18ten und 19ten des Siegesmonds 1817*. Ohne Verlagsangabe. https://books.google.de/books?hl=de&lr=&id=oKRgAAAAcAAJ&oi=fnd&pg=PA1&dq=Hans+Ferdinand+Ma%C3%9Fmann:+Kurze+und+wahrhaftige+Beschreibung+des+gro%C3%9Fen+Burschenfestes+auf+der+Wartburg+bei+Eisenach. Zugegriffen: 27. März 2020.
Marx, K. (1961; Original: 1842). Der Kommunismus und die Augsburger „Allgemeine Zeitung". *Karl Marx & Friedrich Engels, Werke, Band 1*. Dietz.
Marx, K. (1961; Original: 1842). Der leitende Artikel in Nr. 179 der „Kölnischen Zeitung". *Karl Marx & Friedrich Engels, Werke, Band 1*. Dietz.
Marx, K. (1961, Original: 1844). Zur Kritik der Hegelschen Rechtsphilosophie. *Karl Marx & Friedrich Engels, Werke, Band 1*. Dietz Verlag.

Marx, K. (1961; Original: 1844). Zur Judenfrage. *Karl Marx & Friedrich Engels, Werke, Band 1*. Dietz.
Marx, K. (1985; Original: 1844). Ökonomisch-philosophische Manuskript. *Karl Marx & Friedrich Engels, Werke, Band 40*. Dietz.
Marx, K. (1970; Original: 1845). Die heilige Familie, oder Kritik der kritischen Kritik. Gegen Bruno Bauer & Consorten. *Karl Marx & Friedrich Engels, Werke, Band 2*. Dietz.
Marx, K. & Engels, F. (1969; Original: 1845/46). Die deutsche Ideologie. In *Karl Marx, Friedrich Engels, Werke, Band 3*. Dietz Verlag.
Marx, K. & Engels, F. (1969; Original: 1845). Thesen über Feuerbach. In *Karl Marx, Friedrich Engels, Werke, Band 3*. Dietz.
Marx, K. & Engels, F. (1980; Original: 1847/48). Manifest der Kommunistischen Partei. In *Karl Marx, Friedrich Engels, Werke, Band 4*. Dietz.
Münkler, H. (2010). *Die Deutschen und ihre Mythen*. Rowohlt.
Nienhaus, S. (2013). *Geschichte der deutschen Tischgesellschaft*. Max Niemeyer.
Niethammer, F. P. I. (1808). *Der Streit des Philanthropinismus und Humanismus in der Theorie des Erziehungs-Unterrichts unsrer Zeit*. Friedrich Frommann.
Oken, L. (1999; Original: 1817). Der Studentenfrieden auf der Wartburg. In A. Hummel & T. Neumann (Hrsg.) (1999), Quellen zur Geschichte Thüringens (S. 65–69). Landeszentrale für politische Bildung.
Ortmeyer, B. (1991). *Argumente gegen das Deutschlandlied. Geschichte und Gegenwart eines Lobliedes auf die deutsche Nation*. Bund-Verlag.
Ries, K. (2019). Die erste „Demo" in Deutschland. Das Wartburgfest von 1817 als radikal-demokratischer Aufbruch. In M. Fröhlich, O. W. Lembcke & F. Weber-Stein (Hrsg.), *Universitas. Ideen, Individuen und Institutionen in Politik und Wissenschaft* (S. 111–133). Nomos.
Safranski, R. (2007). *Romantik. Eine deutsche Affäre*. Hanser.
Schauer, M. (2005). Friedrich Immanuel Niethammer und der bildungspolitische Streit des Philanthropinismus und Humanismus um 1800. *Pegasus-Onlinezeitschrift*, 5(1). https://journals.ub.uni-heidelberg.de/index.php/pegasus/article/view/35650. Zugegriffen: 15. Dez. 2020.
Seidensticker, J. A. L. (1811). *Kritische Litteratur des gesamten Napoleonischen Rechts, Band 1*. Cottaische Buchhandlung.
Seidensticker, J. A. L. (1808). *Einleitung in den Codex Napoleon, handelnd von dessen Literatur – Geschichte – Plan und Methode – Verbindung mit der übrigen französischen Legislation*. Cottaische Buchhandlung.
Stein, P. (2019). Vormärz. In W. Beutin u.a. (Hrsg.), *Deutsche Literaturgeschichte. Von den Anfängen bis zur Gegenwart*. J. B. Metzler.
Ulbricht, J. H. (2004). „Herrmann heeßt'r. Germanenphantasien als deutsche Selbstbilder zwischen Befreiunngs- und Vernichtungskriegen. In J. Baumgartner & B. Wedemeyer-Kolwe (Hrsg.), *Aufbrüche, Seitenpfade, Abwege: Suchbewegungen und Subkulturen im 20. Jahrhundert* (S. 135–146). Verlag Königshauen & Neumann.

Von Manz, H. G. (2016). Johann Gottlieb Fichte. In J. Urbich (Hrsg.), *Kindler kompakt Philosophie 19. Jahrhundert* (S. 33–38). J.B. Metzler.
Weerth G. (1956; Original: 1844). *Sämtliche Werke in fünf Bänden. Band 1*. Aufbau.
Winkler, M. & Sauerbrey, U. (2017). *Friedrich Fröbel und seine Spielpädagogik: Eine Einführung*. Ferdinand Schöningh.
Wirth, J. G. A. (1832). *Das Nationalfest der Deutschen*. Philipp Christmann.

– **9**

Nach 1848: Kapitalisierung, Pariser Kommune und Marx

„Ihr könnt die Philosophie nicht aufheben, ohne sie zu verwirklichen" (Marx 1861, MEW, Band 1, S. 384; Original: 1844).

Spannungen und Kapital

Die politischen Konflikte der Zeit hatte Karl Marx schon 1849, kurz nach der Märzrevolution auf einen Punkt gebracht. In einer Reihe von Leitartikeln mit dem Titel „Lohnarbeit und Kapital" (Marx, 1961, MEW, Band 6, S. 397 ff.; Original: 1849) versuchte er in der „Neuen Rheinischen Zeitung" den Arbeitern in verständlicher Weise, wie er schreibt, die ökonomischen Verhältnisse zu erklären, „[…] welche die materielle Grundlage der jetzigen Klassenkämpfe und Nationalkämpfe bilden" (ebd., S. 397). Und diese materielle Grundlage, eben das Verhältnis von Lohnarbeit und Kapital, ist gekennzeichnet, so schreibt es 1877/1878 Friedrich Engels (also noch zu Lebzeiten von Marx) durch den „Widerspruch zwischen gesellschaftlicher Produktion und kapitalistischer Aneignung", der an den Tag trete „als Gegensatz von Proletariat und Bourgeoise" (Engels, 1972, MEW, Band 20, S. 253; Original: 1877/1878). Damit waren Ross und Reiter, oder besser: die Antipoden der kommenden Klassenkämpfe, benannt und die Waffen konnten ins Feld geführt werden.

Das Kapital investierte in die Industrialisierung und die entwickelte sich ab 1850 in dynamischer Weise. Die erweiterten Straßen-, Wasser- und Eisenbahnwege erlaubten eine beispiellose Vernetzung der Wirtschaftsräume in Europa und darüber hinaus. Die Entwicklung der Verbreitungsmedien tat ein Übriges. Die seit 1853 erscheinende „Gartenlaube" avanciert im 19. Jahrhundert zur erfolgreichsten deutschen Familienillustrierten. Ihre Auflage stieg von 100.000 (1861) auf 275.000 (1895). In den 1820er und 1830er Jahren wurde die Fotografie erfunden und eine neue Etappe in der Selbstwahrnehmung der Menschen eingeleitet (Stiegler, 2001). 1837 baute Samuel Morse den ersten Schreibtelegrafen. Bis 1870 war fast die ganze Welt *Morsecode-vernetzt*. Anfang der 1860er Jahre kam die erste in Serie hergestellte Schreibmaschine auf den Markt. 1876 erhielt *Alexander Graham Bell* das Patent für den von ihm vorgelegten Entwurf eines Telefons, das sich an einem Modell von *Philipp Reis* orientierte. Im August 1858 wurde das erste Tiefseekabel zwischen Südwestirland und Neufundland in Betrieb genommen, funktionierte aber erst ab 1866. 1895 stellten die Brüder Skladanowsky in Berlin und die Brüder Lumiére in Paris die ersten, zwar nur sekundenlangen, Filme vor.

Und Kriege gab es auch wieder: Das osmanische Reich, verbündet mit Frankreich und Großbritannien, bekriegte sich von 1853 bis 1856 mit Russland, das seine Territorien zu erweitern suchte. Am sogenannten Krimkrieg, einer der ersten modernen Stellungskriege, nahm auch die britische Krankenschwester *Florence Nightingale* (1820–1910) teil, der wir – aus heutiger Sicht – wichtige Grundlagen der modernen Krankenpflege verdanken. In Italien kämpfte *Giuseppe Garibaldi* (1807–1882) mit seinen Rothemden gegen die Österreicher und für die Unabhängigkeit Italiens, die aber erst 1870 mit der Besetzung Roms gelang.

Eine kleine Abschweifung sei mir an dieser Stelle gestattet: Das *Risorgimento* (abgeleitet vom italienischen Verb „sorgere", sich erheben, aufstehen), diese kulturelle, politische und militärische Bewegung zur Wiederherstellung eines italienischen Staates unter der Herrschaft der Italiener und Italienerinnen, darf man getrost auch als Reaktion auf die Restauration der absolutistischen Verhältnisse nach 1815 betrachten; selbst wenn die Bewegung sehr heterogen war und sowohl republikanische, liberale, nationalistische als auch monarchistische Strömungen innerhalb der Bewegung für ein geeintes, unabhängiges Italien kämpften.

Die Vermutung, die Opern von *Giuseppe Verdi* (1813–1901) hätten das italienische Volk in seinem Unabhängigkeitsstreben beflügelt, ist mir sehr sympathisch. Man denkt dabei sofort an „Nabucco", uraufgeführt am März 1842 in Mailand, wenige Jahre vor der Revolution von 1848: „Del Giordano le rive saluta/di Sionne le torri atterrate…/ O mia patria sì bella e perduta! / O membranza sì cara e fatal!…". Die Annahme über den starken motivierenden Einfluss der Verdi-Opern auf das Freiheitsstreben der Italienerinnen und Italiener in der damaligen Zeit scheint allerdings eher einem Mythos zu entsprechen (vgl. Pauls 1996). Ganz unerheblich dürfte der Einfluss der Verdi-Opern auf das italienische Nationalbewusstsein aber auch wieder nicht gewesen sein.

Darüber, wie dieses Nationalbewusstsein entsteht und was es aus psychologischer Perspektive sein kann, hat sich während des *Risorgimento* einer der Protagonisten der Bewegung Gedanken gemacht: *Carlo Cattaneo* (1801–1869). Er war nicht nur Patriot, Republikaner, Philosoph und Schulreformer, sondern prägte in einer Reihe von Vorlesungen zwischen 1859 und 1866 als einer der ersten Europäer den Begriff „psicologia sociale" (Cattaneo, 2000). Darunter verstand er eine Sozialpsychologie assoziierter Geister („Psicologia delle menti associate"), die er als Bindeglied zwischen der Ideologie des Individuums und der Ideologie der Gesellschaft betrachtete. Aus heutiger und etwas spekulativer Sicht könnte man Cattaneos sozialpsychologische Auffassung von den assoziierten Geistern, als kommunikative Verknüpfung von Ideen und Vorstellungen (Nolte 2008, S. 317), auch als eine Idee von der Funktion kollektiver Intelligenzen (vulgo: Schwarmintelligenz) bezeichnen. Psychologie, so Cattaneo (2000), sei keine müßige Wissenschaft, sondern müsse Teil einer großartigen nationalen Enzyklopädie („d'unasplendida enciclopedia nazionale") werden, mit deren Hilfe die Menschen unterstützt und der niedrige geistige Menschenverstand überwunden werden könne. Um die Arbeitsteilung und die Intensität des Unterrichts weiter zu erhöhen, sollten an jeder Universität kostenlose und gelegentliche Kurse für jene zugelassen werden, die eine neue Ordnung der Ideen einbringen könnten. Wenn das kein humanistisches Anliegen ist?!

Um das Nationalbewusstsein im weitesten Sinne, allerdings in kriegerische Form, ging es auch im Bürgerkrieg 1861 bis 1865 in den USA. An diesem Krieg beteiligten sich auch emigrierte deutsche Kämpfer der Revolution von 1848. Der Bürgerkrieg, in dem sich die konföderierten Südstaaten und die vereinten Nordstaaten wegen der Sklaverei fast zerfleischten, gehört aus heutiger Sicht zu den ersten brutalen Kriegen der Moderne. Er kostete mehr als 600.000 Menschen das Leben. Auch fundamentale humanistischen Werte, wie sie in der Unabhängigkeitserklärung der Vereinigten Staaten von 1776 („Declaration of Independence"; offiziell: „The Unanimous Declaration of The Thirteen United States of America") niedergeschrieben sind, wurden infrage gestellt, so etwa die unveräußerlichen Menschenrechte des einzelnen Menschen („that among these are Life, Liberty and the pursuit of Happiness"). Zwar konnte die Sklaverei abgeschafft werden, die Spaltung in den scheinbar aufgeklärten Norden und einen nach wie vor anachronistischen Süden sollte lange bleiben.

Damit verbunden entwickelten sich, vereinfacht gesagt, zwei diametral entgegengesetzte kollektive Deutungsmuster von Welt und Wirklichkeit. Die Mitglieder der Mittel- und Oberschicht des Südens verklärten die „[…] Tugenden des Südens wie Höflichkeit, Anmut, Kultiviertheit gegenüber der angeblich von Geldgier bestimmten Lebensauffassung des Nordens" (Vorländer, 1997, S. 140). Im Norden huldigten die Industriellen und deren Anhänger einen Sozialdarwinismus, um die rasante Industrialisierung des Landes als erfolgreichen Kampf im „survival of the fittest" zu rechtfertigen. Hans Vorländer (1997, S. 144) zitiert eine Erklärung von John D. Rockefeller (1839–1937), damals einer der reichsten Männer auf Erden: „The growth of a large business is merely a survival of the fittest … It is merely the working-out of a law of natural and a law of God". Wichtiger Ideengeber dieses Sozialdarwinismus war *Herbert Spencer* (1820–1903), ein englischer Philosoph und Soziologe, der 1864, noch vor Charles Darwin, die populäre Formulierung „survival of the fittest" prägte (Vester 2009, S. 59). Spencer gehört nicht zu den Humanisten, besonders humanistisch sind seine philosophischen oder soziologischen Erörterungen ebenfalls nicht.

Im nicht minder schrecklichen preußisch-österreichischen Krieg von 1866 und der Schlacht bei Königgrätz ging es um die Vorherrschaft in Deutschland. Im Ergebnis dieses Krieges wurde der Norddeutsche Bund gegründet und damit eine erste Stufe für die Vereinigung Deutschlands „von oben" geschaffen.

Die kapitalistische Industrialisierung wirkte in der zweiten Hälfte des 19. Jahrhunderts revolutionär in dem Sinne, dass sie alle Lebensbedingungen und Lebensformen ergriff und veränderte. Zwar war das Handwerk um diese Zeit in Deutschland noch immer die vorherrschende Produktionsweise. Der Kapitalismus bestimmte aber auch diese, z. B. durch die Abhängigkeit der Handwerker von den Kaufleuten, die die handwerklichen Produkte billig einkauften, den Lohn drückten und auf dem Markt große Profite machten. Hinzu kam die Konkurrenz mit der industriellen Produktion, durch die Waren nicht nur massenhaft, sondern auch billiger produziert werden konnten.

Mit der Industrialisierung wuchs die Bevölkerung, in Deutschland zwischen 1816 und 1864 um 54 %, allerdings mit großen regionalen Unterschieden. Vor allem in Sachsen, Preußen und den preußischen Provinzen stiegen die Bevölkerungszahlen rasant. Dort, wo sich die Lebens- und Arbeitsverhältnisse durch den Zusammenbruch der handwerklichen Produktionsformen oder durch die industrielle Ausbeutung verschlechterten, wuchs die Zahl derer, die die deutschen Länder verließen, ebenfalls. Reinhard Rürup vermerkt, dass zwischen 1841 und 1871, auch bedingt durch Hungersnöte, rund 2,47 Mio. Menschen auswanderten, über 90 % nach Amerika (Rürup, 1992, S. 22 ff.). Kinderarbeit, Missachtung der Frauen, Elend der Lohnabhängigen, menschenunwürdige Wohnverhältnisse, gesellschaftliche Verwerfungen und Verlust an Mitmenschlichkeit prägten zunehmend den Alltag im Industriekapitalismus. Dagegen agierten diejenigen, die sich als Ausgebeutete wahrnahmen, die Lohnarbeiter, Handwerker und kleinen Angestellten. Sie bildeten Organisationen und Vereine, um sich gegen das Kapital zu organisieren. Den „Bund der Kommunisten" hatte ich schon erwähnt. 1863 gründete *Ferdinand Lassalle* den „Allgemeinen Deutschen Arbeiterverein" (ADAV). Lassalle (eigentlich Ferdinand Johann Gottlieb Lassal, 1825–1864) war Philosoph, Jurist, Schriftsteller, ehemaliger Junghegelianer, guter Bekannter von Heine, Engels und Marx, Liebhaber vieler Frauen sowie Teilnehmer an der Märzrevolution von 1848/1849. Ein Jahr nach der Vereinsgründung starb Lassalle bei einem Duell, was uns später noch beschäftigen wird. In diesem Jahr, also 1864, schlossen sich in London Kommunisten aus verschiedenen Ländern Europas und den USA zur *Internationalen Arbeiterassoziation* (IAA) zusammen, die später als die *I. Internationale* bezeichnet werden sollte. Der Idee für diesen Zusammenschluss lag eigentlich eine Forderung der französischen Sozialistin *Flora Tristan* (1803–1844) zugrunde, die – noch vor dem „Kommunistischen Manifest" – in ihrem Buch „Arbeiterunion" die Arbeiter *und* Arbeiterinnen aufforderte, sich zu vereinigen (vgl. auch Notz, 2014). *August Bebel* und *Wilhelm Liebknecht* machten 1869 einen Gegenverein zum erwähnten ADAV auf, die „Sozialdemokratische Arbeiterpartei". Nach manchen Irrungen, Wirrungen und Streitigkeiten vereinten sich die beiden Konkurrenten 1875 in Gotha zur „Sozialistische Arbeiterpartei Deutschlands", dem Vorläufer der ältesten demokratischen Partei Deutschlands, der SPD. Auf ihrem Vereinigungsparteitag in Gotha verabschiedeten die Delegierten ein Programm, eben das Gothaer Programm, mit dem sich bekanntlich Karl Marx äußerst kritisch auseinandersetzte. Ihm war das Programm in seinen ökonomischen Passagen zu ungenau, falsch, nicht revolutionär genug und zu stark von den Ideen Ferdinand Lassalles geprägt. Auch die Rolle der „Arbeiterklasse" fand Marx nicht genügend gewürdigt und sprach auch die „bösen" Worte von der „Diktatur des Proletariats" aus. Ich werde mich darüber nicht weiter auslassen, zumal alle gesellschaftlichen, politischen und kriegerischen Folgen dieses Ausspruchs hoffentlich Geschichte sind. Einen anderen Satz aus der Marxschen „Kritik des Gothaer Programms" hebe ich indes gern hervor:

„In einer höheren Phase der kommunistischen Gesellschaft, nachdem die knechtende Unterordnung der Individuen unter die Teilung der Arbeit, damit auch der Gegensatz geistiger und körperlicher Arbeit verschwunden ist; nachdem die Arbeit nicht nur Mittel zum Leben, sondern selbst das erste Lebensbedürfnis geworden; nachdem mit der allseitigen Entwicklung der Individuen auch ihre Produktivkräfte gewachsen und alle Springquellen des genossenschaftlichen Reichtums voller fließen – erst dann kann der enge bürgerliche Rechtshorizont ganz überschritten werden und die Gesellschaft auf ihre Fahne schreiben: Jeder nach seinen Fähigkeiten, jedem nach seinen Bedürfnissen!" (Marx 1962, MEW, Band 19, S. 21, Original: 1875).

Der letzten Satz ist wichtig. Er wird oft als die Marxsche Vorstellung von Gleichheit, Gerechtigkeit und Verteilungsprinzipien in einer kommunistischen Gesellschaft interpretiert (Busch, 2005) und hätte sich damit angeblich erledigt. Allerdings ist der Gedanke offenbar nicht totzukriegen. Er taucht immer mal wieder als Beschreibung oder als Metapher auf, etwa, wenn über eine gerechte Sozialpolitik in der sozialen Marktwirtschaft sinniert wird, wenn Philosophen über das sittliche Überleben der Menschheit nachdenken oder Soziologen die Postwachstumsgesellschaften analysieren. Gleichheit und Gerechtigkeit erfordere in der nachkapitalistischen Gesellschaft – so Karl Marx – zwar die Akzeptanz gleicher Rechte, aber auf der Grundlage unterschiedlicher individueller Bedürfnisse. Nur so könne die freie Entwicklung eines jeden zur Bedingung für die freie Entwicklung aller werden.

Die „Kritik des Gothaer Programms" ist zu Lebzeiten von Marx nicht veröffentlicht worden. Erst 1890/1891 erschien eine Fassung in der u. a. von August Bebel, Wilhelm Liebknecht gegründeten Zeitschrift „Die Neue Zeit". Dafür erschien 1867 der erste Band von Marxens Hauptwerk „Das Kapital. Kritik der politischen Ökonomie" (Marx, 1977; MEW, Band 23, Original: 1867). In diesem Buch, dem noch zwei weitere, von Engels herausgegebene Bände folgen sollten (1885 und 1894), geht es nicht um den *individuellen* Menschen, nicht um *Menschlichkeit* oder *Humanismus,* sondern um die Analyse der kapitalistischen Gesellschaft und darum „[...] diese versteinerten Verhältnisse dadurch zum Tanzen zwingen, daß man ihnen ihre eigne Melodie vorsingt", so hatte es Marx zwei Jahrzehnte früher in der „Kritik der Hegelschen Rechtsphilosophie" geschrieben (Marx, 1961, MEW, Band 1, S. 381; Original: 1844). Also analysiert Marx im „Kapital" nun diese Verhältnisse. Die Menschen, die diese Verhältnisse eingehen, werden ausschließlich als „[...] Personifikation ökonomischer Kategorien", als [...] „Träger von bestimmten Klassenverhältnissen und Interessen" (Marx, 1977, MEW, Band 23, S. 16) betrachtet. Gelegentlich nutzt Marx dafür auch den Begriff der „Charaktermasken" (z. B. ebd., S. 91), die die

Menschen unter Umständen tragen, wenn sie sich als Vertreter gesellschaftlicher Verhältnisse gegenübertreten.[1]

So beginnt das „Kapital" auch nicht mit den Menschen, die aufeinandertreffen, sondern mit der Analyse der Ware, weil der Reichtum der kapitalistischen Gesellschaften als „ungeheure Warensammlung" *erscheint*. Diese Erscheinung gilt es zu analysieren, um deren Wesen zu begreifen. Und wie sehen die Analyseergebnisse aus? Im Kern entwickelte Marx u. a. folgende Theorien (vgl. zusammengefasst und kritisch beleuchtet von Braun, 2019):

- die *Werttheorie*, in der vom Doppelcharakter der Ware als Tausch- und Gebrauchswert, vom Doppelcharakter der warenproduzierenden Arbeit, von der Verwandlung von Geld in Kapital die Rede ist;
- eine *Theorie über den tendenziellen Fall der Profitrate*, nach der sich mit der Zeit die Gewinnmöglichkeiten in der kapitalistischen Marktwirtschaft immer weiter verschlechtern;
- eine *Theorie über die zunehmende Konzentration bzw. Akkumulation des Kapitals* (Stichwort: Unternehmens- und Konzernkonzentration);
- eine Theorie über die *zunehmende Verelendung der industriellen Reservearmee;* die Theorie besagt, dass mit der Akkumulation von Reichtum auf der Seite des Kapitals eine zunehmende Verarmung auf der Seite der Arbeiter folge;
- eine *Krisentheorie*, wonach die kapitalistische Gesellschaft mit periodisch wiederkehrenden Wirtschaftskrisen zu kämpfen habe und schließlich zugrunde gehe.

Auch Umweltschützerinnen und Umweltschützer finden im „Kapital" kapitale Hinweise. So setzte sich Marx mit den Arbeiten des Chemikers Justus von Liebig auseinander. Liebig analysierte u. a. die negativen Folgen der Anwendung von Chemie auf die Landwirtschaft. Aus dieser Analyse zieht Marx den Schluss, dass jeder Fortschrift der Agrikultur, um die Fruchtbarkeit der Boden zu steigern, unweigerlich auch zur Zerstörung dieser Fruchtbarkeit führen müsse (Marx, 1977, MEW, Band 23, S. 529; Original: 1867).

---

[1] Man könnte versucht sein zu behaupten, diese Charaktermasken tragen die Menschen dann, wenn sie sich nicht als einzelne Individuen, sondern als Vertreter bestimmter Gruppen oder sozialer Kategorien wahrnehmen. So wird es zumindest in der *Theorie der Sozialen Identität* erklärt (Tajfel & Turner 1986; siehe auch Kap. 17).

Ob diese Theorien und Vermutungen auf die damaligen Verhältnisse passten und inwieweit sie auch heute noch aktuell sind, soll an dieser Stelle gar nicht diskutiert werden. Kritiker halten Marx heute für den falschen Propheten, andere sehen im „Kapital" noch immer den wichtigsten Beitrag zum Verständnis des Kapitalismus. Marx schreibt zwar im Vorwort zur ersten Auflage des „Kapitals", jeder Anfang sei schwer und besonders das erste Kapitel (in dem die Grundlagen für die Werttheorie gelegt werden) habe es in sich. Ob die lesenden Arbeiter das Buch kurz nach seinem Erscheinen überhaupt gelesen und es gar mit Enthusiasmus aufgenommen haben, darf indes stark bezweifelt werden. Zu sperrig war der Text und zu fern von den konkreten Sorgen des Proletariats. Das änderte sich erst im Verlaufe der 1870er Jahre und besonders als Friedrich Engels mit seinem Buch „Herrn Eugen Dührings Umwälzung der Wissenschaft", dem Anti-Dühring, für eine Popularisierung der Marxschen „Kritik der politischen Ökonomie" (Engels, 1972, MEW, Band 20, Original: 1877/1878) sorgte.

Pariser Kommune und das Reich von „oben"

Vorher aber, vor der schriftlichen Popularisierung der Marxschen Ideen, wurden die „versteinerten Verhältnisse" durch die *Pariser Kommune* zum Tanzen gebracht. Der französische Kaiser Napoleon III., ein Neffe von Napoléon Bonaparte, hatte sich mit dem Preußenkönig Wilhelm I. wegen des spanischen Thronfolgers überworfen und am 18./19. Juli 1870 den Preußen den Krieg erklärt. Bekanntlich war der preußische Ministerpräsident Fürst Bismarck mit seiner „Emser Depesche" an dem Schlamassel nicht ganz unschuldig. Bismarck hatte, als der preußische König gerade in Bad Ems kurte, ein diplomatisches Schreiben der Franzosen gekürzt und so verändert an die Zeitungen weitergegeben, dass der öffentliche Eindruck ungerechtfertigter französischer Forderungen entstand. Um es kurz zu machen: Die Franzosen reagierten mit besagter Kriegserklärung (ausführlicher Fesser, 2019, S. 22 ff.). Am Krieg gegen die Franzosen beteiligten sich der gesamte *Norddeutsche Bund* unter preußischer Führung und Armeen aus Bayern, Württemberg, Baden und Hessen. Die Franzosen verloren fast alle Kämpfe, Napoleon III. geriet in Gefangenschaft, Paris wurde belagert und eine französische Übergangsregierung schloss einen Waffenstillstand. Bismarck arbeitete wieder einmal hinter den Kulissen und erreichte, dass die deutschen Fürsten den Preußenkönig als Deutschen Kaiser akzeptierten. Am 18. Januar 1871 erfolgte die Kaiserproklamation im Schloss zu Versailles.

9 Nach 1848: Kapitalisierung, Pariser Kommune und Marx

Illustriert wird diese Proklamation nicht selten durch eines der Historienbilder von *Anton Alexander von Werner*. Der zum Kaiser erhobene Preuße Wilhelm thront auf einem Podest im Spiegelsaal von Versailles. Neben ihm deutsche Fürsten. Vor dem Kaiser, quasi eine Stufe tiefer, steht Bismarck in weißer Uniform umgeben von jubelnden Offizieren mit erhobenen Säbeln. Ein ganz anderes Bild stammt von *Ernest Meissonier,* einem der bekanntesten französischen Maler aus der zweiten Hälfte des 19. Jahrhunderts, und hängt im Pariser Musée d'Orsay. Es wurde 1884 gemalt und trägt den Titel „Le siège de Paris en 1870". Paris, als Frau mit schwarzem Schleier und Löwenfell dargestellt, erhebt sich vor einer zerrissenen Trikolore. Zu Füßen der Frau liegen verletzte und tote französische Soldaten. Links von ihr laden Soldaten eine Kanone. Rechts sucht ein alter Mann nach Lebenden und eine Mutter hebt ihr wahrscheinlich totes Kind einem Soldaten entgegen. Rauch und Verwesung gehen von dem Geschehen aus.

Die Demütigung der Niederlagen, das opportunistische Verhalten der eigenen französischen Regierung und die sozialen Verhältnisse in Frankreich (ein Großteil der französischen Arbeiter lebte in Hunger und Armut) – all das, brachte nun die Verhältnisse zum Dampfen. Am 18. März 1871 erhoben sich Pariser Bürger und Bürgerinnen, vor allem Arbeiterinnen, Arbeiter und Handwerker, gegen die Nationalversammlung. Angeführt wurde der Aufstand von der französischen Nationalgarde mit mehr als 350.000 Mann, in der ebenfalls vor allem Arbeiter und Arbeitslose als Freiwillige agierten. Die Bürgerinnen und Bürger von Paris wählten in freien Wahlen eine eigene Regierung, die Kommune. Der Rat der Kommune versuchte durch eine Anzahl von Dekreten, Paris und ganz Frankreich umzugestalten. Eine allgemeine Volksbewaffnung wurden eingeführt, die Gleichberechtigung der Frauen gesetzlich verankert, Staat und Kirche getrennt, Wirtschafts- und Bildungsreformen beschlossen, die Freiheit des Einzelnen sowie die Gewissensfreiheit betont, politische Gefangene freigelassen, aber auch die Pressefreiheit eingeschränkt. 72 Tage dauerte der Aufstand der Kommunarden. Derweil bereiteten die Gegner der Kommune unter Führung der nach Versailles geflohenen Regierung den Gegenschlag vor. Unterstützt wurden sie dabei von ihren „Erbfeinden", den Deutschen und dem Reichskanzler Bismarck. Der sagte der Versailler Regierung Unterstützung im Kampf gegen die Kommune zu und empfahl, zahlreiche französische Soldaten aus deutscher Kriegsgefangenschaft zu entlassen, damit diese sich der französischen Regierungsarmee anschließen konnten, um gegen die Kommune zu kämpfen. Schließlich setzten die Soldaten der französischen Regierungsarmee der Pariser Kommune ein blutiges Ende.

Mehr als 17.000 Kommunarden kamen dabei zu Tode, knapp 40.000 wurden gefangen genommen und abgeurteilt.

Am 18. April 1871 wurde Karl Marx vom Generalrat der Internationalen Arbeiterassoziation beauftragt, eine „Adresse" an alle Mitglieder zur Entwicklung in Frankreich herauszugeben. Die Schrift wurde am 13. Juni 1871 unter dem Titel „Der Bürgerkrieg in Frankreich" in englischer Sprache veröffentlicht. Marx schreibt u. a.: „Die Mannigfaltigkeit der Deutungen, denen die Kommune unterlag, und die Mannigfaltigkeit der Interessen, die sich in ihr ausgedrückt fanden, beweisen, daß sie eine durch und durch ausdehnungsfähige politische Form war, während alle früheren Regierungsformen wesentlich unterdrückend gewesen waren. Ihr wahres Geheimnis war dies: Sie war wesentlich eine Regierung der Arbeiterklasse, das Resultat des Kampfs der hervorbringenden gegen die aneignende Klasse, die endlich entdeckte politische Form, unter der die ökonomische Befreiung der Arbeit sich vollziehen konnte" (Marx 1962, MEW, Band 17, S. 342; Original: 1871).

Friedrich Engels wird zwanzig Jahre später den „Bürgerkrieg in Frankreich" von Marx noch einmal herausgeben, und die Pariser Kommune als „[…] Diktatur des Proletariats" bezeichnen (Engels 1962, MEW, Band 17, S. 625; Original: 1891). Mit diesem Namen wird das „Gespenst des Kommunismus" von nun an durch die Welt geistern, seine Anhänger befeuern und seine Gegner verschrecken. Und das Gespenst wird ein gewalttätiges sein. Das hatten Marx und Engels bereits im „Manifest der Kommunistischen Partei" verkündet:

„Die politische *Gewalt* im eigentlichen Sinne ist die organisierte Gewalt einer Klasse zur Unterdrückung einer andern. Wenn das Proletariat im Kampfe gegen die Bourgeoisie sich notwendig zur Klasse vereint, durch eine Revolution sich zur herrschenden Klasse macht und als herrschende Klasse *gewaltsam* die alten Produktionsverhältnisse aufhebt, so hebt es mit diesen Produktionsverhältnissen die Existenzbedingungen des Klassengegensatzes, die Klassen überhaupt, und damit seine eigene Herrschaft als Klasse auf" (Marx & Engels 1980, MEW, Band 4, S. 482; Original: 1847/48; Hervorh. WF).

Wenn das der revolutionäre Humanismus sein sollte, dann scheint das wenig mit dem Humanismus zu tun zu haben, wie ihn sich die Renaissance-Humanisten und Aufklärer vorgestellt hatten, denen es ja um Selbsterkenntnis, Freiheit und Mitmenschlichkeit ging. Freiheit und Mitmenschlichkeit standen aber auch auf der Seite derer nicht sonderlich hoch im Kurs, die gegen die Pariser Kommune gekämpft hatten und die monarchistischen Verhältnisse nach 1871 wieder zu restaurieren versuchten. In Deutschland wurden Sympathisanten der Kommune, wie Wilhelm Liebknecht und August Bebel, wegen Hochverrats verurteilt. Nach mehreren Attentatsversuchen auf den Kaiser Wilhelm I. gelang es Bismarck eine Mehrheit der Abgeordneten zu gewinnen, um die berüchtigten Sozialistengesetze zu verabschieden. Für die nächsten Jahre, bis 1890, wurden damit sozialistische, sozialdemokratische und kommunistische Parteien, Vereine und Versammlungen sowie deren publizistische Tätigkeit weitgehend untersagt.

Interludium

Als würden sie, ähnlich wie Giovanni Trapattoni 1998, sagen: „Wir haben fertig". Das kommt einem in den Sinn, wenn man sich das Denkmal von Karl Marx und Friedrich Engels am Berliner Marx-Engels-Forum anschaut. Das bronzene Denkmal stammt noch aus DDR-Zeiten. Es wurde von *Ludwig Engelhardt* entworfen und 1986 eingeweiht. Karl Marx sitzt, seine Hände liegen auf den Oberschenkeln. Friedrich Engel steht links neben ihm im Mantel. Die Gesichter schauen etwas streng nach Osten, dorthin, wo die Sonne aufgeht. Ansonsten sieht es fast so aus, als würden die beiden Bärtigen auf das Ende eines Fotoshootings warten, um weggehen zu können und im nächsten Pub ein Bier auf ihre Hinterlassenschaften sowie auf ihre Kritiker zu trinken. Sie haben getan, was getan werden musste. Mehr war halt nicht drin. Und nun ist es auch mal gut. Sollen die anderen doch zusehen, wie sie mit dem Geschaffenen klarkommen. Hinterlassen haben sie, vor allem Marx, einen kategorischen Imperativ, nachdem alle Verhältnisse umzuwerfen sind, „[...] in denen der Mensch ein erniedrigtes, ein geknechtetes, ein verlassenes, ein verächtliches Wesen ist" (Marx, 1861, MEW, Band 1, S. 385; Original: 1844).

Die Verhältnisse haben Marx und Engels nicht umgeworfen, aber ziemlich durch einander gebracht. Und nun sitzen die beiden in Berlin und warten darauf, was nach ihnen noch so geht. Denn: „Marx' Gespenster" tanzen noch (Derrida, 1995) und auch jene Wesen, die es zu erschrecken galt. An Karl Marx kommt man nicht vorbei, wenn es um die Quellen eines modernen revolutionären Humanismus geht. Im Guten wie im Bösen.

Literatur

Braun, G. (2019). Marx als Prophet? In U. Kern & D. Neuberger (Hrsg.), *Karl Marx. Aspekte seines Wirkens* (S. 87–107). Springer Gabler.

Busch, U. (2005). Schlaraffenland – eine linke Utopie? *Utopie kreativ, 181,* 978–991.

Cattaneo, C. (2000; Original: 1853–1863). *Psicologia delle menti associate.* Editori Riuniti.

Derrida, J. (1995). *Marx' Gespenster.* Fischer.

Engels, F. (1972, erstmals veröffentlicht: 1876/1878). Herrn Eugen Dührings's Umwälzung der Wissenschaft. In *Karl Marx & Friedrich Engels, Werke, Band 20.* Dietz.

Engels, F. (1962; Original: 1891). Einleitung zu „Der Bürgerkrieg in Frankreich" von Karl Marx. In *Karl Marx & Friedrich Engels, Werke, Band 17.* Dietz.

Fesser, G. (2019). *Sedan 1870: Ein unheilvoller Sieg.* Verlag Ferdinand Schöningh.

Marx, K. (1962; Original: 1849). Lohn und Arbeit. *In Karl Marx & Friedrich Engels, Werke, Band 6.* Dietz Verlag.

Marx, K. (1962, Original: 1875). Kritik des Gothaer Programms. In *Karl Marx & Friedrich Engels, Werke, Band 19.* Dietz Verlag.

Marx, K. (1977; Original: 1867). Das Kapital. In *Karl Marx & Friedrich Engels, Werke, Band 23.* Dietz Verlag.

Marx, K. (1961, Original: 1844). Zur Kritik der Hegelschen Rechtsphilosophie. *Karl Marx & Friedrich Engels, Werke, Band 1.* Dietz Verlag.

Marx, K. (1962; Original: 1871). Der Bürgerkrieg in Frankreich. In *Karl Marx & Friedrich Engels, Werke, Band 17.* Dietz Verlag.

Marx, K. & Engels, F. (1980; Original: 1847/48). Manifest der Kommunistischen Partei. In *Karl Marx & Friedrich Engels, Werke, Band 4.* Dietz Verlag.

Notz, G. (2014). „Proletarier aller Länder, vereinigt euch!" Vor 150 Jahren wurde die Internationale Arbeiterassoziation (IAA) gegründet. *ak – analyse & kritik. Zeitung für linke Debatte und Praxis,* Nr. 597.

Rürup, R. (1992). *Deutschland im 19. Jahrhundert. 1815–1871.* Vandenhoeck & Ruprecht.

Stiegler, B. (2001). *Philologie des Auges: die photographische Entdeckung der Welt im 19. Jahrhundert.* Wilhelm Fink.

Tajfel, H. & Turner, J. (1986). The social identity theory of intergroup behavior In S. Worchel & W. G. Austin (Hrsg.), *Psychology of intergroup relations* (S. 7–24, 2. Aufl.). Nelson-Hall.

Vorländer, H. (1997). *Hegemonialer Liberalismus. Politisches Denken und politische Kultur in den USA 1776–1920.* Campus Verlag.

10

"Judenfragen" und noch einmal Karl Marx

„Dies ist das Geheimnis, warum über Israel verhängt ist, dass alle Völker der Welt es versklaven: Es soll aus den Völkern jene göttlichen Funken herausholen, die unter sie gefallen sind. Darum war es notwendig, Israel in alle vier Winde zu zerstreuen, damit es alle emporhebe" (Chajjim Vital, 1543–1620; Sefer Halik-kutim, 89b, zitiert nach: Fohrer, 1991, S. 21).

Von der Judenfeindlichkeit zum Antisemitismus

Am Schluss seiner „frommen Helene" lässt *Wilhelm Busch* (1832–1908) den Onkel Nolte sinnieren: „Das Gute – dieser Satz steht fest – Ist stets das Böse, was man lässt!". Leider konnte es auch Wilhelm Busch nicht lassen, sich mit seinen Gedichten und Zeichnungen an der Inszenierung antisemitischer Stereotype zu beteiligen. Onkel Nolte holt das fromme Lenchen bekanntlich zu anfangs der Geschichte aufs Land, weil das städtische Leben doch allzu viel Lasterfreuden bereithält. Da ist die sittenlose Presse, da sind die zierlichen Mosjös und die Damen „mit den süßen himmlisch hohen Prachtpopös". Auf den Gassen wimmelt aber noch mehr: „Und der Jud mit krummer Ferse, / Krummer Nas' und krummer Hos'/ Schlängelt sich zur hohen Börse/Tiefverderbt und seelenlos" (Busch, 1959, S. 204; Original: 1872).[1]

---

[1] Stereotype Bilder über die Juden mit der krummen Nase und dem schlauen Blick finden sich auch in der Geschichte von „Plisch und Plum" und dort in der Karikatur des „Schmulchen Schievelbeiner" (Busch, 1959, S. 479; Original: 1882).

In den Jahren nach 1870/1871 wird die Börse zur öffentlich verbreiteten Metapher für das Spinnennetz, dass die Juden weben, um sich die Welt zu unterwerfen (Raphael, 1995, S. 106). Es geht schlicht und ergreifend um die falschen Bilder vom Juden, der in seiner Unersättlichkeit, seiner Wucherei, seelenlos die guten Christenmenschen bedrängt und übers Ohr haut.

Nach der Gründung des Deutschen Reiches im Jahre 1871 boomte die deutsche Wirtschaft. Der nunmehr gesamtdeutsche Markt ohne Zollgrenzen und wirtschaftsfreundliche Gesetze sowie eine Menge Geldes, das durch Reparationszahlungen aus Frankreich floss, beförderten die wirtschaftliche Entwicklung, die Gründung von zahlreichen Banken und Aktiengesellschaften (so z. B. 1871 die Schering AG oder 1872 die Dresdner Bank AG, die Deutsche Bank war bereits 1870 als Aktiengesellschaft gegründet worden). Auch die Freude an Börsenspekulationen erreichte bei jenen, die es sich leisten konnten, Spitzenwerte. Das änderte sich sehr bald. 1873 kam es, von Wien ausgehend, zu einer Finanz- und Überproduktionskrise, die bald England, die USA und auch Deutschland erreichte.

Und wer war schuld? Die Juden. So sahen es auf jeden Fall die modernen Judenfeinde. 1874 und 1875 erschien in der „Gartenlaube" eine Reihe von Artikeln zum besagten Börsen- und Gründerkrach. Der Verfasser war Otto Glagau (1834–1892). Ein Jahr später folgte eine stark erweiterte Sammlung der Artikel als Buch (Glagau 1876). Glagau macht vor allem die Juden für den Börsenkrach und die Finanzkrise in Europa verantwortlich; eigentlich macht er die Juden für alles Üble verantwortlich. Ein längeres Beispielzitat:

„Aber mit der Uebermacht, welche die Juden erringen, mit den grossen Reichthümern, welche sie zusammenraffen, kann man auch merken, wie sie mehr und mehr dem Materialismus und der Corruption verfallen […]. Die in Berlin sich so breit machende Prostitution, die auf hiesigen Theatern blühenden Possenzoten und aus dem Französischen übertragenen Ehebruchsdramen und Demimondestücke (frivole, anrüchige Stücke, WF) werden wesentlich von den Juden begünstigt und gefördert; wie denn auch frivole Bücher, obscöne Bilder ihren Hauptsatz unter Juden finden […]. Vorzugsweise aus Juden recrutieren sich die Wucherer und ‚Halsabschneider', die Kuppler und Hehler, die Polizeispione und politischen Denuncianten" (Glagau, 1876, S. 345).

Die „Judenfrage" durch Aufklärung und Bildung zu lösen, konnte schon Mitte des 19. Jahrhunderts in Deutschland als gescheitert angesehen werden. Die Aufklärung war gescheitert, weil nicht alle Gesellschaftsmitglieder des nationalstaatlichen Gemeinwesens in gleicher Weise durch Bildung erreichbar waren und weil die soziale „Erblichkeit" emotional besetzter Vorurteile (über Fremde, über Andere, über Juden) unterschätzt wurde. Nicht zuletzt hing das Scheitern auch mit der deutschen Romantik zusammen. Ihr ging es nicht darum, die Unterschiedlichkeit und gleichberechtigte Existenz verschiedener Sprachen, Kulturen und Traditionen zu akzeptieren und zu tolerieren, sondern die Dominanz der deutschen Sprache, Geschichte und Kultur zu betonen. In Bezug auf die Emanzipation der Juden scheiterte die Aufklärung, weil sie das Judentum (anders als in der vorbürgerlichen Gesellschaft) ausschließlich in religiösen Kategorien interpretierte und zu überwinden versuchte. Das „falsche Bewusstsein" über die Juden als „Handelsvolk" konnte die Aufklärung nicht widerlegen. Sowohl gegen die ausschließlich religiöse Fremdinterpretation als auch gegen das Stigma, wuchernde Händler zu sein, mussten sich die Juden wehren, wenn sie ihre soziale Identität als Juden nicht aufzugeben bereit waren. Wollten die Juden dem Assimilationsdruck der deutschen Gesellschaft nachgeben, mussten sie die kulturelle Konformität als Vorbedingung für ihre soziale und politische Emanzipation akzeptieren. Folgen in diesen Fällen waren entweder die Scham über die eigene Herkunft oder – wie später im Falle des Zionismus – die Rückbesinnung auf und die Identifikation mit den sprachlichen und kulturellen Traditionen des eigenen Volkes. Die Aufklärung scheiterte nicht zuletzt, weil sie auf einen zunehmenden Nationalismus in der deutschen Bevölkerung traf, der – auch in anderen europäischen Ländern – vor allem durch die nicht erfüllbaren Träume von territorialer Überlegenheit und Gewalt gespeist wurde. Der Doppelcharakter dieses Nationalismus realisierte sich zum einen in der Selbsterhöhung des jeweils eigenen Staatsvolkes und zum anderen im Zwang auf bisher als „ethnisch fremd" beurteilte Gruppen, sich der Dominanz des Staatsvolkes unterzuordnen. Dabei erwiesen sich die Juden als die Gruppe innerhalb des eigenen Nationalstaates, auf die sich dieser Zwang am ehesten anwenden ließ bzw. angewandt werden „musste". Judenfeindschaft hatte sich zum Antisemitismus entwickelt, aus der brutalen Gewalt gegen Juden war die kalkulierte, weil ideologisch fundierte Gewalt gegen Juden als Juden geworden.

Aber: Ganz ohne Ergebnis blieben die „Emanzipationsbemühungen" für die Juden nicht:

„Vor allem durften Juden jetzt ihren Wohnort frei wählen, unbegrenzt Familien gründen, jeden beliebigen Beruf ausüben – allerdings nicht im öffentlichen Dienst und, in Preußen, nicht im Offizierskorps. Auch wurden sie von den entehrenden Sondersteuern befreit. Zu den wichtigsten neu gewonnenen Rechten gehörte auch das auf Bildung. Alle öffentlichen Schulen und Universitäten standen Juden jetzt offen. In wenigen Jahrzehnten schon konnten viele deutsche Juden es zu bedeutendem Wohlstand bringen. Finden wir im deutschen Judentum vor 1800 einen Anteil von 1–2 % Angehörige der Oberschicht, dagegen 75 % Bettel- und Elendsjuden, so betrugen die Zahlen 1848 für Preußen: 30 % Groß- und Mittelbürger, 25 % Kleinbürger; 40 % der deutschen Juden lebten noch immer am oder unter dem Existenzminimum. Gegen Ende des 19. Jahrhunderts ist die Zahl der Unterschichtjuden in Deutschland auf zirka 5 % gesunken. In knapp einem Jahrhundert war also der größere Teil der deutschen Juden ins Besitz- und Bildungsbürgertum aufgestiegen. Keineswegs waren jetzt alle Juden reich, aber die meisten waren wohlhabend oder hatten zumindest ihr Auskommen" (Ben-Chanan, 1997, S. 16).

Trotz der immer wiederkehrenden Anfeindungen und des gefährlichen, rassistisch fundierten Bodensatzes antijüdischer Agitation waren die Integrationsbestrebungen der jüdischen Bevölkerung also nicht erfolglos. Juden sahen sich als Teil des deutschen Vaterlandes. Ihr Patriotismus und der Wunsch nach Herstellung der deutschen Einheit unterschieden sich nicht von der politischen Denkweise der christlichen Bevölkerung. Die „Judenfrage" war damit aber nicht gelöst. Als der besagte Börsenkrach von 1873 in Deutschland mit der allgemeinen Wirtschaftskrise in den „Gründerkrach" überging, wurden dafür die Juden verantwortlich gemacht. Die falschen Bilder über die Juden, so wie sie die traditionelle christliche Judenfeindschaft produzierte, wurden nun mit neuen, der kapitalistischen Entwicklung entsprechenden Bildern (z. B. von der „jüdischen Vorherrschaft" oder der „jüdischen Weltherrschaft") angereichert. In dieser Phase der wirtschaftlichen Depression erschienen reihenweise antisemitische Artikel, die das Judenbild vieler Deutscher beeinflussten. Reinhard Rürup (1987) spricht von einem „postemanzipatorischen Phänomen", um den Antisemitismus nach der Reichsgründung zu beschreiben. Es ist ein Antisemitismus, der die faktischen und/oder gesetzlich verankerten Rechte der Juden wieder rückgängig zu machen versucht. Er tat dies massenwirksam und er wurde massenmedial inszeniert. Die antisemitischen Agitatoren sprachen in großen Sälen vor Hunderten von Menschen; sie bedienten sich der modernen Verbreitungsmedien, Zeitungen, Zeitschriften, Broschüren und Flugblätter (Ben-Chanan, 1997, S. 23). Große Tageszeitungen (wie die altkonservative „Preußische Zeitung" oder die katholische Zentrumsparteizeitung „Germania"), regionale Blätter, aber auch – wie erwähnt – so populäre Zeitschriften, wie die kleinbürgerliche „Gartenlaube" oder die satirische Wochenschrift „Simplicissimus" übernahmen die antisemitische Inszenierung. Zur „Judenfrage" erschienen zwischen 1873 und 1890 mehr als 500 Schriften.

Mit seinen antiliberalen und antikapitalistischen Strömungen richtete der Antisemitismus sich insbesondere gegen die Freiheits- und Gleichheitsideale der Französischen Revolution. Zur gleichen Zeit markierte in Frankreich die Dreyfus-Affäre den Übergang zum modernen Antisemitismus. Der französische Artilleriehauptmann *Alfred Dreyfus* (1859–1935), Elsässer und erster Jude im französischen Generalstab, wurde 1894 fälschlicherweise der Spionage für das Deutsche Reich und des Landesverrats bezichtigt und zu lebenslanger Haft verurteilt. Nachdem französische Intellektuelle, allen voran *Émile Zola,* die führenden Militärs und Politiker wegen falscher Anschuldigungen kritisierten und ihnen Versagen vorwarfen, wuchs sich das Ganze zu einer Staatsaffäre aus. 1899 wurde Dreyfus begnadigt und erst 1906 rehabilitiert. Die Affäre um Alfred Dreyfus zeigte die Möglichkeiten von zivilcouragiertem Handeln auf, machte aber auch die gesellschaftliche Spaltung in Anti-Semiten und Anti-Anti-Semiten deutlich. *Theodor Herzl* (1860–1904) hatte die Dreyfus-Affäre als Korrespondent der Wiener Zeitung „Neue Freie Presse" beobachtet und daraus die Schlussfolgerung gezogen, ein friedliches und humanes Zusammenleben von Juden und Nicht-Juden sei in Europa nicht möglich (vgl. auch Kotowski, 2007).

Neben Otto Glagau gehörte Wilhelm Marr zu den ersten antisemitischen Agitatoren neuen Stils in Deutschland. Marr (1819–1904) war Journalist und kritisierte, wie Glagau, in dem 1879 erschienen Pamphlet „Der Sieg des Judenthums über das Germanenthum" den wirtschaftlichen und politischen Einfluss der Juden und versuchte den Antisemitismus rassistisch und biologistisch zu begründen. Ab 1881 gab Marr „Zwanglose antisemitische Hefte" heraus und versuchte eine „Antisemitenliga" zu gründen, um das deutsche Vaterland „vor der vollständigen Verjudung" zu retten (Hirsch & Schuder, 1989, S. 501). Der Ansatz der „Antisemitenliga" kann als Vorläufer des ideologischen Rassenantisemitismus angesehen werden. Die von Marr lancierte „Antisemiten-Petition" aus den Jahren 1880/81 forderte den Ausschluss der Juden von öffentlichen Ämtern und half das Schlagwort „Antisemitismus" im Deutschen Reich bekannt zu machen. Die Petition wurde von 250.000 Bürgern unterzeichnet.

Einflussreich als Antisemit war auch der protestantische Hofprediger Adolf Stoecker (1835–1909), der ebenfalls im Jahr 1879 mit seiner judenfeindlichen Rede „Unsere Forderungen an das moderne Judentum" die antisemitische Bühne betrat. Mit der von Stoecker gegründeten antisemitischen „Christlich-Sozialen Partei" wurde der politische Antisemitismus zur Massenbewegung. Unterstützt wurde Stoecker vom Historiker Heinrich von Treitschke (1834–1896), von dem der später von den Nationalsozialisten übernommene Satz: „Die Juden sind unser Unglück" stammt (von Treitschke, 1881, S. 4). Treitschke löste damit den Skandal des „Berliner Antisemitismusstreits" aus, in dem sich der Historiker Theodor Mommsen, aber auch der Breslauer Rabbiner Manuel Joël, der Soziologe Werner Sombart, der Mediävist Harry Breslau und der Historiker Heinrich Graetz scharf gegen den Antisemitismus und seine scheinhistorische Begründung wandten.

1889 gründete Max Liebermann von Sonnenberg (1848–1911) die antisemitische „Deutschsoziale Partei". 1890 kam die „Antisemitische Volkspartei" dazu. Bei den Reichstagswahlen im Jahre 1890 erhielten die antisemitischen Parteien 48.000 Stimmen; 1893 bekamen sie 263.000 Stimmen und zogen mit 16 Abgeordneten in den Reichstag. Obwohl in späteren Wahlen der Zulauf zu diesen Parteien wieder rückläufig war, blieben viele Vereine und Verbände fortan antisemitisch eingestellt, so u. a. der 1893 gegründete Bund der Landwirte, der ebenfalls 1893 gegründete deutschnationale „Handlungsgehülfenverband", der 1890 von Bürgern aus der Mittelschicht gegründete Alldeutsche Verband, der Reichskammerbund oder das angesehene Offizierskorps. Auch die deutsche Studentenschaft äußerte sich zunehmend antisemitischer. Beispielsweise übernahm der „Kyffhäuserverband" judenfeindliche Inhalte in seine politische Programmatik und hat dadurch nicht unwesentlich zur antisemitischen Prägung der nachwachsenden geistigen Elite des Kaiserreichs beigetragen. Diese Vereine und Bünde blieben auch in der Weimarer Republik bestehen und gingen 1933 als antisemitischer Grundstock in der NSDAP auf (vgl. Ben-Chanan, 1997, S. 24).

Flankiert und nachhaltig pseudotheoretisch aufgeladen wurden die politischen Inszenierungen des Antisemitismus durch rassentheoretische Schriften z. B. von Graf Gobineau (1816–1882), der eine Überlegenheit der „arischen Rasse" zu erkennen meinte, Richard Wagner (1813–1883), der zunächst unter dem Pseudonym Karl Freidank, später mit seinem Klarnamen, eine musikalische Unfähigkeit der „jüdischen Rasse" am Beispiel von Meyerbeer und Mendelssohn-Bartholdy behauptete, Paul Böttcher, der sich Paul de Lagarde nannte (1827–1891) und die Unschädlichkeit des „jüdischen Ungeziefers" forderte, Karl Eugen Dühring (1833–1921), jener Dühring, der samt seiner umwälzenden Wissenschaft von Friedrich Engels verspottet wurde und der sich selbst für den eigentlichen Begründer des Antisemitismus hielt und schließlich Houston Stewart Chamberlain (1855–1927), Richard Wagners Schwiegersohn, von dem der Begriff „Reinheit der arischen Rasse" stammt.

Wir blicken kurz in Richard Wagners Schrift vom „Judenthum in der Musik" und finden dort u. a. dies: „Der Jude, der bekanntlich einen Gott ganz für sich hat, fällt uns im gemeinen Leben zunächst durch seine äußere Erscheinung auf, die, gleichviel welcher europäischen Nationalität wir angehören, etwas dieser Nationalität unangenehm Fremdartiges hat: wir wünschen unwillkürlich mit einem so aussehenden Menschen Nichts gemein zu haben" (Wagner, 1869, S. 13).

Wagner hat den jüdischen Gottesdienst verachtet, Giacomo Meyerbeer (geboren als Jacob Liebmann Meyer Beer), den bekannten und erfolgreichen Opernkomponisten, beneidet und Mendelssohn-Bartholdy erst bewundert und ihn später als unfähig diffamiert. Wagners Antisemitismus ist eine ambivalente Mischung von begehrten und beneideten sowie diffamierenden Merkmalen. Insofern dürfte Wagner sich kaum von anderen Antisemiten der Zeit unterscheiden. Friedrich Nietzsche, der bekanntlich anfangs ein großer Fan von Richard Wagner war und sich hin und wieder nicht gerade judenfreundlich äußerte, verabschiedete sich schließlich vom teutschen Tonkünstler auch wegen dessen Antisemitismus. „Mein größtes Erlebnis", schreibt Nietzsche 1888, „war eine *Genesung,* Wagner gehört bloß zu meinen Krankheiten" (Nietzsche, 1999, Teil 2, S. 291; Hervor. im Original).

Werner Bergmann sieht das Neue im Antisemitismus des ausgehenden 19. Jahrhunderts.

„[…] in seinem Charakter als soziale und kulturelle Bewegung, in der Berufung auf den Volkswillen, in der Rhetorik von der Befreiung des Judentums als Lösung aller Probleme und in der Legitimation durch ‚wissenschaftliche' Theorien und ‚historische' Argumente. Mit der Verknüpfung nationaler und christlicher Vorstellungen entwickelte sich der Antisemitismus zu einer allgemeinen Weltanschauung, die die Juden als ‚Symbol der Zeit' […] benutzte, das für die als bedrohlich erlebten Züge der Modernität insgesamt stand […] Mit dieser Generalisierung der ‚Judenfrage' wurden politische, soziale und ökonomische Interessengegensätze aus ihrem Kontext gelöst und zu einem prinzipiellen Gegensatz von Deutsch-/Germanentum vs. Judentum gemacht" (Bergmann, 2002, S. 42 f.).

Die besondere Brisanz der Umdeutung bestand also in der Universalität des modernen Antisemitismus. Damit wurde eine einfache und brauchbare Ideologie geschaffen, mittels derer man sämtliche ökonomische, politische und soziale Schwierigkeiten auf die seit Jahrhunderten ungeliebte jüdische Minderheit abwälzen konnte.

Marx und der Antisemitismus

In seinen Briefen an Friedrich Engels sprang Marx in der Regel ziemlich ruppig mit Ferdinand Lassalle um. In einem Brief vom 30. Juli 1862 an den „lieben Engels" schreibt Marx über Lassalle u. a.: „Es ist mir jetzt völlig klar, dass er, wie auch seine Kopfbildung und sein Haarwuchs beweist, – von den Negern abstammt, die sich dem Zug des Moses aus Ägypten anschlossen (wenn nicht seine Mutter oder Großmutter von väterlicher Seite sich mit einem Nigger kreuzten). Nun, diese Verbindung von Judentum und Germanentum mit der negerhaften Grundsubstanz müssen ein sonderbares Produkt hervorbringen. Die Zudringlichkeit des Burschen ist auch niggerhaft" (Marx an Engels in Manchester, 30. Juli 1862, Marx, 1964a, b, c, MEW, Band 30, S. 259).

Am 2. September 1864 teilt Marx per Telegramm seinem Freund Engels mit, dass Lassalle in einem Duell, dass er mit einem früheren Verlobten seiner Geliebten ausgetragen hatte, lebensgefährlich verwundet und anschließend gestorben sei (Marx an Engels in Manchester, 2. September 1864, Marx, 1964a, b, c, MEW, Band 30, S. 427). Im Kondolenzbrief, den Marx am 12. September 1864 an Sophie von Hatzfeldt, der Förderin von Ferdinand Lassalle, schrieb, bezeichnet Marx Lassalle als einen der Menschen, auf die er, Marx, viel hielt (Marx, 1964a, b, c, MEW, Band 30, S. 673; Original: 1864). Vielleicht lässt sich vor diesem Hintergrund die o.g. diskriminierende Beschreibung des jüdischen Niggers Lassalle doch eher als Ausdruck eines privaten Marxschen Antisemitismus lesen, eines antisemitischen Vorurteils des getauften Juden Marx, der mit zwei Zungen spricht und schreibt?

Diese Annahme von den „zwei Zungen" ist nicht ganz von der Hand zu weisen. Marx und Engels korrespondieren in ihren privaten Briefen in einem direkten, persönlichen und frechen Stil, der sich von jenem, in dem ihre für die Publikation vorgesehenen Arbeiten abgefasst sind, in gravierender Weise unterscheidet. Während in den Briefen Personen schonungslos charakterisiert (auch beschimpft und mit Klatsch überhäuft) werden, geht es in den Publikationen von Marx und Engels um die gnadenlose Analyse gesellschaftlicher Umstände, Zustände und Prozesse, hinter der die Privatheit der Individuen zurückzutreten hat. Man könnte also die Bösartigkeiten, die der Jude Marx und der Nichtjude Engels über den Juden Lassalle austauschen, als Treppenwitze der Geschichte betrachten. Aber die zwischen Marx und Engels ausgetauschten Bösartigkeiten wirken nach und werden genutzt, manifeste oder latente antisemitische Vorurteile in die Jetztzeit zu transportieren.

Viel wirkungsvoller und bis heute nachhaltiger ist allerdings eine kleine Schrift, die Marx, 1844 mit dem Titel „Zur Judenfrage" in den „Deutsch-Französischen Jahrbüchern" veröffentlichte (Marx, 1961, MEW, Band 1, 347–377; Original: 1844). Marx schrieb diesen Artikel in Erwiderung auf Bruno Bauer. Bauers Kernthesen in den von Marx kritisierten Schriften liefen auf die Forderung hinaus, die Juden sollten sich, um sich von Unterdrückung und Diskriminierung befreien und politisch emanzipieren zu können, ebenso wie übrigens die Christen auch, zunächst einmal vom christlichen Staat emanzipieren. Voraussetzung dafür wiederum sei die Aufgabe ihrer Religion und ihres Judentums generell. Das weist Marx zurück und schlägt seinerseits zu. Und wie! Die Empörung, die Marx mit seinem Konter auslöste, ist bis heute zu spüren, in wissenschaftlich seriösen Argumentationen (vgl. Arendt, 1986; Löwenthal, 1990; Schoeps, 1998; Silberner, 1983 u. a.) ebenso wie in populärwissenschaftlichen Darstellungen (z. B. de Lange, 2000). Auch die deutschen Nationalisten der Jetztzeit haben von der Schrift des jungen Marx Kenntnis genommen (vgl. z. B. Landtag NRW, 2020; Kleine Anfrage des Abgeordneten Herbert Strotebeck, AfD).

Die Versuche, Marx vor den Vorwürfen zu retten, seine Schrift gehöre zu den „Klassikern des Antisemitismus", sind ebenfalls zahlreich. Vor allem die exzellente Analyse von Thomas Haury (2002) gehört hierher; aber auch Klaus Holz' umfangreiche Arbeit zum „Nationalen Antisemitismus" (2001), Detlef Claussens „Grenzen der Aufklärung – Die gesellschaftliche Genese des modernen Antisemitismus" (1987) und Leo Löwenthals Skizze über Karl Marx (Löwenthal, 1990). Leo Löwenthal (1990) meint, Marxens Schrift „Zur Judenfrage" sei.

„… das klassische Dokument eines Antisemiten, dessen Geschichte noch nicht geschrieben ist, nämlich des jüdischen Antisemitismus. Diese kleine Schrift, die jeder einmal gelesen haben sollte, enthält Sätze von einer antisemitischen Härte und Pointiertheit, frei von aller Konzession und all jenen widerwärtigen Komplimenten, die nichtjüdische Antisemiten vor dem Juden als Einzelpersönlichkeit zu machen pflegen" (Löwenthal, 1990, S. 64).

Marx entwickelt seine Argumentation in *zwei* Schritten: Der *erste* ist ausschließlich auf die Bauersche Arbeit „Die Judenfrage" (Bauer, 1843a) bezogen. Marx wirft Bauer vor, er sehe im Judentum „eine beleidigende Tatsache für das religiöse Auge des Christen. Sobald sein Auge aufhört, religiös zu sein, hört diese Tatsache auf beleidigend zu sein" (Marx, 1961,

MEW, Band 1, S. 372). Die einseitige Forderung, Emanzipation der Juden sei nur durch die Juden selbst möglich und notwendig, ist für Marx nicht nur nicht akzeptabel, sondern vor allem halbherzig. Politische Emanzipation der Juden sei, so Marx, durchaus möglich ohne sich „vollständig und widerspruchslos vom Judentum loszusagen" (Marx, ebd., S. 361). Dies vor allem deshalb, weil das „Privilegium des Glaubens … ein allgemeines Menschenrecht" (Marx, ebd., S. 363) sei. *Politische* Emanzipation aber ist nicht mit der vollständigen „menschlichen Emanzipation" identisch, sondern sei „die Reduktion des Menschen, einerseits auf das Mitglied der bürgerlichen Gesellschaft, auf das *egoistische unabhängige* Individuum, andererseits auf den *Staatsbürger,* auf die moralische Person" (Marx, ebd., S. 370; Hervorhebungen im Original). Mit beiden Reduktionen will sich Marx nicht abfinden, weil sie nicht seiner Auffassungen vom menschlichen Wesen, so wie in der sechsten Feuerbachthese formuliert, entsprechen. Um dem menschlichen Wesen gerecht zu werden, müsse es um *menschliche* Emanzipation gehen. Die interessiert ihn und die fordert er ein. Auch für die Juden. In Hegelscher Manier schließt Marx seinen *ersten* Argumentationsschritt ab:

„Erst wenn der wirkliche individuelle Mensch den abstrakten Staatsbürger in sich zurücknimmt und als individueller Mensch in seinem empirischen Leben, in seiner individuellen Arbeit, in seinen individuellen Verhältnissen, *Gattungswesen* geworden ist, erst wenn der Mensch seine ‚forces propres' als gesellschaftliche Kräfte erkannt und organisiert hat und daher die *gesellschaftliche* Kraft nicht mehr in der Gestalt der *politischen* Kraft von sich trennt, erst dann ist die menschliche Emanzipation vollbracht" (Marx, 1961, MEW, Band 1, 370).

Das ist zu erklären: Marxistisch orientierte Wissenschaftlerinnen und Wissenschaftler haben daraufhin gewiesen, dass mit dem Marxschen Begriff des „Gattungswesen" ein neues Verständnis des menschlichen Wesens substituiert werde (vgl. z. B. Sève, 1972, S. 82; und nochmals die sechste Feuerbachthese). In der „Deutschen Ideologie" wird dieser Begriff bekanntlich noch einmal spezifiziert. Ich habe diese Spezifikation an früherer Stelle angedeutet, wirft sie doch ein Licht auf das, was sich Marx unter menschlicher Emanzipation vorstellt. Menschliche Emanzipation heißt nicht nur politische, staatliche, sondern vor allem und primär individuelle Kontrolle und Beherrschung der Produktivkräfte, Kapitalien und sozialen Verkehrsformen, heißt Lebensformen, „worin die freie Entwicklung eines jeden die Bedingung für die freie Entwicklung aller ist" (Marx & Engels, 1980, MEW, Band 4, S. 482; Original: 1847/1848).

Das ist wahrlich utopisch und nicht minder humanistisch; ob es realistisch ist, müssen andere beantworten. Ich wage aber zu behaupten, dass eine solche Auffassung von menschlicher Emanzipation nicht nur die Voraussetzung für die Überwindung des Antisemitismus impliziert, sondern mit den Worten von Leo Löwenthal (1990, S. 64) einer „wahrhaft maimonidischen Haltung", also einer universalistischen Sicht auf die Gesamtheit von Wirklichkeit entspricht.[2] Spiegelt eine solche Auffassung nicht auch im positiven Sinne jüdisches Selbst- und Zukunftsverständnis wider? Bekanntlich hat der jüdische Messianismus sehr unterschiedliche Formen entwickelt. Er reicht von der Wiedererrichtung des Reiches Davids bis zu utopischen Vorstellungen über ein universales Friedensreich. Es geht aber nicht nur um Erlösung im religiösen Sinne, sondern auch um eine Erlösung vom Bösen und Übel dieser Welt. Genau das scheint auch die Marxsche Utopie beschreiben zu wollen. Fast euphorisch schreibt Leo Löwenthal deshalb über Marx:

"Karl Marx ist die wirkliche Fortsetzung der in Maimonides kulminierenden Rationalisierung des Judentums. Er führt in grandioser Einseitigkeit und denkerischer Überlegenheit die Linie des universalistischen Erkenntnisprozesses fort. So ist der Enkel einer langen Reihe von Rabbinern, obwohl er schon als Kind getaufter Eltern das Licht der Welt erblickt, ein treuer Erbe edelster rabbinischer Tradition geworden" (Löwenthal, 1990, S. 62).

Dass eine solche Bewertung manchem schwerfällt, macht der *zweite* Argumentationsschritt deutlich, mit dem sich Marx auf Bauers Schriften einlässt. Dieser zweite Schritt widmet sich Bauers Schrift „Die Fähigkeit der heutigen Juden und Christen, frei zu werden" (Bauer, 1843b). Nach Marx behandele Bauer die Emanzipation der Juden als theologische Frage; tatsächlich müsse aber nach den gesellschaftlichen Elementen gefragt werden, die zu überwinden seien, um die Emanzipationsfähigkeit der Juden erklären zu können. Betrachtet werden dürfe nicht der „Sabbatjude", sondern der „Alltagsjude". Und in dieser Betrachtung zieht Marx offenbar gewaltig vom antisemitischen Leder. Zunächst bestimmt Marx den Ausgangspunkt, eben „den Alltagsjuden" seiner Suche: Das Geheimnis der Religion müsse im „wirklichen Juden" gesucht werden. Dieser, der „wirkliche Jude" wird wie folgt charakterisiert: „Welches ist der weltliche Grund des Judentums? Das *praktische* Bedürfnis, der *Eigennutz*. Welches ist der weltliche Kultus des

---

[2] Maimonides; *Mosche ben Maimo*, 30.3.1135–13.12.1204, bedeutendster jüdischer Philosoph des Mittelalters, Gesetzeslehrer und Leibarzt des Sultans von Ägypten (siehe auch Kap. 2).

Juden? Der *Schacher.* Welches ist sein weltlicher Gott? Das *Geld*" (Marx, 1961, MEW, Band 1, S. 372; Original: 1844; Hervorh. im Original).

Dies gesetzt und die im ersten Argumentationsschritt entfalteten Ableitungen mitdenkend (siehe oben), liegt die Schlussfolgerung für Marx auf der Hand:

„Nun wohl! Die Emanzipation vom *Schacher* und vom *Geld,* also vom praktischen, realen Judentum wäre die Selbstemanzipation unsrer Zeit … Wir erkennen also im Judentum ein allgemeines *gegenwärtiges antisoziales* Element, welches durch die geschichtliche Entwicklung, an welcher die Juden in dieser schlechten Beziehung eifrig mitgearbeitet, auf seine jetzige Höhe getrieben wurde, auf eine Höhe, auf welcher es sich notwendig auflösen muss" (Marx, ebd., S. 372 f.; Hervorh. im Original).

Diese Schlussfolgerung wird nun erläutert und auf die Spitze getrieben:

„Weil das reale Wesen des Juden in der bürgerlichen Gesellschaft sich allgemein verwirklicht, verweltlicht hat, darum konnte die bürgerliche Gesellschaft den Juden nicht von der *Unwirklichkeit* seines *religiösen* Wesens, welches eben nur die ideale Anschauung des praktischen Bedürfnisses ist, überzeugen. Also nicht nur im Pentateuch oder im Talmud, in der jetzigen Gesellschaft finden wir das Wesen des heutigen Juden, nicht als ein abstraktes, sondern als ein höchst empirisches Wesen, nicht nur als Beschränktheit des Juden, sondern als die jüdische Beschränktheit der Gesellschaft. Sobald es der Gesellschaft gelingt, das *empirische* Wesen des Judentums, den Schacher und seine Voraussetzungen aufzuheben, ist der Jude *unmöglich* geworden, weil sein Bewusstsein keinen Gegenstand mehr hat, weil die subjektive Basis des Judentums, das praktische Bedürfnis vermenschlicht, weil der Konflikt der individuell-sinnlichen Existenz mit der Gattungsexistenz des Menschen aufgehoben ist. Die *gesellschaftliche* Emanzipation des Juden ist die *Emanzipation der Gesellschaft vom Judentum*" (Marx, 1961, MEW, Band 1, S. 377; Hervorh. im Original).

Der letzte Satz, der auch am Ende von Marxens Schrift steht, ist die Quintessenz des Ganzen. Der Vorhang wird geschlossen und alle Fragen bleiben offen, oder? Keinesfalls. Damit ging das Fragen erst los: Was mag Marx bewogen haben, die Juden derart zu diffamieren? Haben wir es gar mit einem zugespitzten Ausdruck jüdischen Selbsthasses zu tun? Gab Marx mit seiner Schrift den linken Antisemiten eine Anleitung zum Handeln in die Hand? Oder haben wir Marx nur missverstanden? Alles ist möglich und wird deshalb auch in diversen Veröffentlichungen reflektiert. Sehen wir uns einige Interpretationen der Marxschen Argumentation genauer an: Julius Schoeps macht darauf aufmerksam, dass man nur dann, wenn man Marxens Aussagen wörtlich nehme, ihm Judenfeindlichkeit unterstellen könne.

Von seinen Zeitgenossen seien Marxens Aussagen nicht immer verstanden worden. Und auch „[…] manche der Marx-Jünger und Marx-Epigonen haben die Identifikation von Judentum und Kapitalismus nur dazu benutzt, um mit Berufung auf Karl Marx und seine Äußerungen zur ‚Judenfrage' ihre antisemitischen Vorurteile und Einstellungen zu legitimieren" (Schoeps, 1998, S. 159).

Dass der Jude Marx die Juden in seiner Analyse nicht geschont hat, sie – und damit auch sich selbst (?) – als antisoziales Element bezeichnete, wird nicht selten als Ausdruck eines „Jüdischen Selbsthasses" beschrieben und erklärt. Dieser Begriff wurde 1930 von dem deutschen Philosophen Theodor Lessing (Lessing, 1930) eingeführt.[3] Es handelt sich dabei, wie Sander L. Gilman ausführt, um „eine Art der Selbstverleugnung …, die es unter Juden zu allen Zeiten gegeben hat" (Gilman, 1993, S. 11). Sozialpsychologisch gesprochen, haben wir es beim Selbsthass mit einer Ingroup-Diskriminierung zu tun, die vor allem dann auftritt, wenn die Grenzen der eigenen Bezugsgruppe (also der Ingroup) als undurchlässig wahrgenommen werden, ein Wechsel von einer sozialen Gruppe in eine andere als nicht möglich erscheint. Allerdings werden in dieser sozialpsychologischen Begriffsfassung weder der Realitätsverlust der Ingroup-Wahrnehmung noch die sozialen Ursachen derartiger Etikettierung deutlich. Gilman ist es auch, der auf den „selbsthassenden Juden" (Gilman, 1993, S. 225) und auf die von Ernst Josef Lesser vorgelegte Fallstudie „Karl Marx als Jude" (Lesser, 1924) verweist. Lesser habe gezeigt, wie jüdisch Marxens Sprache auch dann sei, wenn er die Juden verdamme. Was immer er (Marx) auch unternehme, erweise ihn als „Vollblut-Juden".

Hannah Arendt kann mit einer solchen Charakterisierung nichts anfangen. Die antijüdischen Äußerungen von Marx sind aus ihrer Sicht Ausdruck eines innerjüdischen Konflikts, den man ganz und gar missverstehe, „wenn man in ihnen einen jüdischen ‚Selbsthass' zu entdecken meint" (Arendt, 1986, S. 164). Dieser „innerjüdische Konflikt" sei der zwischen den „Ausnahmejuden des Reichtums, die notwendigerweise Juden blieben" und den jüdischen Intellektuellen, die wenigstens anscheinend das Judentum verlassen mussten, „wenn sie nicht verhungern wollten" (ebd., S. 163).

---

[3] Theodor Lessing wurde am 8.2.1872 als Sohn eines jüdischen Arztes geboren. Er lehrte als Privatdozent für Pädagogik und Philosophie an der Technischen Hochschule Hannover und ab 1919 auch an der Volkshochschule. Nachdem Lessing 1925 mit einem Artikel im Prager Tagblatt vor der Wahl des in Hannover lebenden Hindenburg zum Reichspräsidenten gewarnt hatte, erzwang die überwiegend nationalistisch eingestellte Studentenschaft Lessings Beurlaubung. Nach konkreten Drohungen gegen ihn verließ Lessing 1933 Hannover und emigrierte zunächst nach Prag, dann nach Marienbad. Dort wurde er in der Nacht vom 30. zum 31. August 1933 von Nationalsozialisten ermordet.

Es dürfte zu billig sein, Hannah Arendt nun ihrerseits jüdischen Selbsthass zu unterstellen. Damit wäre nur das Feld wechselseitiger Etikettierungen eröffnet, das Problem der Marxschen Argumentationen zur „Judenfrage" aber keinesfalls gelöst.

Marx als Marxist? Das Fragezeichen muss sein, steht doch zunächst zu fragen: Was Marxismus ist und heute sein kann? Eine Antwort auf diese Frage scheint im Hinblick auf Marxens Argumentation zur „Judenfrage" nicht unwichtig. Marxismus ist Kritik der historisch gewordenen sozialen Wirklichkeit. Das ist keine primär moralische oder ideologische Kritik, sondern vor allem die Kritik der politischen Ökonomie, die „Ableitung und Entwicklung der ökonomischen Formen und Wirkungszusammenhänge der bürgerlichen Gesellschaft" (Haug, 1976, S. 185). In dieser historischen Kritik sozialer Formen des Gegenwärtigen geht es nicht um die Lage konkreter Personen, sondern um „abstrakt gesellschaftliche Personen", um „ökonomische Charaktermasken der Personen", die „nur die Personifikationen der ökonomischen Verhältnisse sind, als deren Träger sie sich gegenübertreten" (Marx, 1977, MEW, Band 23, S. 100; Original: 1867).

Nun, 1844, als Marx seine Schrift „Zur Judenfrage" veröffentlichte, war der Sechsundzwanzigjährige auf dem Weg, diese kritische Methode zur *Analyse der historisch gewordenen ökonomischen Verhältnisse* zu entwickeln. Wohl gemerkt, auf dem Weg! Marx analysiert in seiner Schrift nicht das konkrete Verhalten einzelner Juden; es geht ihm um die Kritik der Macht des Geldes und des „Geldmenschen".

„Das Geld ist das dem Menschen entfremdete Wesen seiner Arbeit und seines Daseins, und dies fremde Wesen beherrscht ihn, und er betet es an" (Marx, 1961, MEW, Band 1, S. 375; Original: 1844).

Der egoistische, eigennützige Geldmensch wird von Marx eben nicht als konkreter jüdischer Kapitalist beschrieben, sondern als Personifikation der sozialen Verhältnisse, wie sie als *Erscheinung* von der bürgerlichen Gesellschaft *wahrgenommen* werden. Ob Marx diese Erscheinung, die „chimärische Nationalität des Juden" mit der „Nationalität des Kaufmanns, überhaupt des Geldmenschen" gleichzusetzen, auch als das *Wesen* begreift, das es zu *erkennen* gilt, bleibt zunächst offen. Ich gehe einmal davon aus, dass Marx über die historischen Hintergründe Bescheid wusste, durch die die Juden in Folge des IV. päpstlichen Laterankonzils im Jahre 1215 durch die Christen zu der stigmatisierten sozialen Gruppe *gemacht* wurden.

Thomas Haury (2002, S. 176) hebt hervor, dass Marx den Begriff von einer „chimärischen Nationalität der Juden" von Bauer übernimmt, um ihn (Bauer und dessen Begriff) materialistisch umzustülpen und auf die spezifische gesellschaftliche Praxis der Juden zu verweisen. Dass Marx in dieser

„chimärischen Nationalität" der Juden keinesfalls ein Merkmal sah, dass ausschließlich dem Judentum zuzuschreiben sei, macht auch folgender Satz deutlich: „Das grund- und bodenlose Gesetz des Juden ist nur die religiöse Karikatur der grund- und bodenlosen Moralität und des Rechts überhaupt, der nur *formellen* Riten, mit welchen sich die Welt des Eigennutzes umgibt" (Marx, 1961, MEW, Band 1, S. 375; Hervorh. im Original). Mit anderen Worten: Dort, wo die „Alltagsjuden" als eigennützige Schacher erscheinen, spiegeln sie nur die allgemeine (unmoralische) Herrschaft des Geldes in der bürgerlichen Gesellschaft wider. Sie sind nichts anderes als „Personifikationen der ökonomischen Verhältnisse", die von ihnen nicht erschaffen wurden. In dieser Interpretation ließen sich die Marxschen Argumentationen vor allem als Kritik an diesen ökonomischen Verhältnissen und weniger als Kritik an den Juden lesen.

Detlef Claussen wird noch deutlicher in seiner Sicht auf Marxens Schrift: „Nach Marx von 1843 herrschen nicht die Juden, sondern das Geld. Aber das ist Schein, falscher Schein, den der Marx der ‚Judenfrage' noch nicht durchschaut. Er nimmt den Repräsentanten der Ökonomie für die ganze: das Geld für die Gesamtheit der ökonomischen Verhältnisse. Nicht die ‚Geldmacht' herrscht über die Politik, wie Marx in ‚Zur Judenfrage' schreibt, sondern die Politik wird von der Ökonomie bestimmt. Die empirischen Juden werden dadurch aber von Marx nicht als die wahren Herrscher dargestellt. Wer dies behauptet, macht aus dem jungen Marx den späten Wagner" (Claussen, 1987, S. 70 f.).

Denn – und noch einmal Claussen: „Noch ist Marx verborgen, wie er zu einer bestimmten Erkenntnis der bürgerlichen Gesellschaft gelangen kann. Er wird selbst Opfer der Geschichtslosigkeit seiner Analyse, die das Verhältnis von Abstraktion und Konkretion verkehrt. Im Geld glaubt er den Schlüssel der Gesellschaftserkenntnis gefunden zu haben; das Geld besitzt auf dieser Abstraktionsstufe nur die Wirkung eines Schlüssellochs, das einen verzerrten Blick auf die gesellschaftliche Wirklichkeit erlaubt. ‚Mensch' und ‚Jude' bleiben geschichtslose Metaphern für gesellschaftliche Verhältnisse" (Claussen, 1987, S. 70).

Diese gesellschaftlichen Verhältnisse der bürgerlichen Gesellschaft werden nicht durch das Geld, nicht durch Handel und Geldverleih, sondern durch Warenproduktion und – wie der spätere Marx im „Kapital" darstellt – mehrwertschaffende Arbeit bestimmt. Marxens Fokus in seiner Schrift zur „Judenfrage" ist auf die Zirkulationssphäre gerichtet. Die prototypischen Charaktermasken, die dort zu finden sind, scheinen die Juden zu sein, die Jahrhunderte lang in diese Sphäre gedrängt wurden. Erst mit dem „Kapital" entwickelt Marx eine Perspektive, aus der sich die *historisch gewordenen ökonomischen Verhältnisse* kritisieren lassen. Die sich daraus ergebenden Möglichkeiten zur Beantwortung der „Judenfrage" und zum Umgang mit dem Antisemitismus wurden von Karl Marx nicht mehr aufgegriffen; sie gehören zu einer anderen Geschichte, die Horkheimer und Adorno (1969, Original 1944) und andere zu erzählen versuchten. So schreiben Horkheimer und Adorno im unverkennbaren Bezug auf Marx, ohne ihn allerdings zu erwähnen: „Die Juden hatten die Zirkulationssphäre nicht allein besetzt. Aber sie waren allzu lange in sie eingesperrt, als dass sie nicht den Hass, den sie seit je ertrugen, durch ihr Wesen zurückspiegelten. Ihnen war im Gegensatz zum arischen Kollegen der Zugang zum Ursprung des Mehrwerts weithin verschlossen. Zum Eigentum an Produktionsmitteln hat man sie nur schwer und spät gelangen lassen" (Horkheimer & Adorno, 1969, S. 183).

Schlussendlich: Den modernen Antisemitismus kann Marx nicht erklären. Mit dem als Antizionismus getarnten Antisemitismus seiner Nachfolger in den kommunistischen Parteien und den neuen linken Bewegungen, hat Marx aber auch nichts zu tun. Seine mit antijüdischen Stereotypen gespickte Beschreibung der „antisozialen Elemente" im Judentum machen es allerdings nicht leicht, den Humanismus im Marxschen Werk zu entdecken.

Literatur

Arendt, H. (1986; Original 1951). *Elemente und Ursprünge totaler Herrschaft*. Piper.
Bauer, B. (1843a). *Die Judenfrage*. Verlag Friedrich Otto.
Bauer, B. (1843b). *Die Fähigkeit der heutigen Juden und Christen, frei zu werden*. Verlag des Literarischen Comptoirs.
Ben-Chanan, Y. (1997). Juden und Deutsche. Polis, 24, Wiesbaden: *Schriftenreihe der Hessischen Landeszentrale für politische Bildung*. https://hlz.hessen.de/wp-content/uploads/2020/01/polis24web.pdf. Zugegriffen: 21. Febr. 2020.
Bergmann, W. (2002). *Geschichte des Antisemitismus*. C. H. Beck.
Busch, W. (1959). Die fromme Helene. *Busch-Werke, Historisch-kritische Gesamtausgabe* (Bd. 2, herausgegeben von Friedrich Bohne). Standard.
Claussen, D. (1987). *Grenzen der Aufklärung. Die gesellschaftliche Genese des modernen Antisemitismus*. Fischer.
De Lange, N. (Hrsg.). (2000). *Illustrierte Geschichte des Judentums*. Campus Verlag.
Engels, F. (1962; Original: 1883). Das Begräbnis von Karl Marx. In *Karl Marx & Friedrich Engels, Werk, Bd. 19*. Dietz Verlag.
Fohrer, G. (1991). *Glaube und Leben im Judentum*. Quelle & Meyer.

Gilman, S. L. (1993). *Jüdischer Selbsthass. Antisemitismus und die verborgene Sprache der Juden*. Jüdischer Verlag.

Glagau, O. (1876). *Der Börsen- und Gründungs-Schwindel in Berlin* (4. Aufl.). Verlag von Paul Frohberg.

Haug, W. F. (1976). *Vorlesungen zur Einführung ins „Kapital"*. Pahl-Rugenstein.

Haury, T. (2002). *Antisemitismus von links*. Hamburger Edition.

Hirsch, R., & Schuder, R. (1989). *Der gelbe Fleck*. Rütten & Loening.

Holz, K. (2001). *Nationaler Antisemitismus. Wissenssoziologie einer Weltanschauung*. Hamburger Edition.

Horkheimer, M., & Adorno, T. W. (1969, Original 1944). *Dialektik der Aufklärung*. Fischer.

Kotowski, E.-V. (2007). Der Fall Dreyfus und die Folgen. Aus *Politik und Zeitgeschichte (APuZ)*, Heft 50, 10. Dezember 2007.

Landtag NRW. (2020). Kleine Anfrage des Abgeordneten Herbert Strotebeck (AfD). https://www.landtag.nrw.de/Dokumentenservice/portal/WWW/dokumentenarchiv/Dokument/MMD17-8861.pdf;jsessionid=7DC94CCB3219C103A8E55BDE788FE092. Zugegriffen: 12. April 2020.

Lesser, E. J. (1924). Karl Marx als Jude. *Der Jude, 8*, 173–181.

Lessing, T. (1930). *Jüdischer Selbsthass*. Jüdischer Verlag.

Löwenthal, L. (1990). *Der Untergang der Dämonologien*. Reclam.

Marx, K. (1964a, Original: 1862). Marx an Engels in Manchester, 30. Juli 1862. In *Karl Marx, & Friedrich Engels, Werke, Band 30*, Berlin: Dietz Verlag.

Marx, K. (1964b, Original: 1864). Marx an Engels in Manchester, 2. September 1864. In *Karl Marx & Friedrich Engels, Werke, Band 30*. Dietz Verlag.

Marx, K. (1964c; Original: 1864). Marx an Sophie von Hatzfeldt in Berlin, 12. September 1864. In *Karl Marx & Friedrich Engels, Werke, Band 30*, Berlin: Dietz Verlag.

Marx, K. (1961; Original: 1844). Zur Judenfrage. In *Karl Marx & Friedrich Engels, Werke, Band 1*. Dietz Verlag.

Marx, K., & Engels, F. (1980; Original: 1847/48). Manifest der Kommunistischen Partei. In *Karl Marx & Friedrich Engels, Werke, Band 4*, Berlin: Dietz Verlag.

Marx, K. (1977; Original: 1867). Das Kapital. In *Karl Marx & Friedrich Engels, Werke, Band 23*. Berlin: Dietz Verlag.

Nietzsche, F. (1999, Original: 1888). Der Fall Wagner. *Friedrich Nietzsche Werke* (Teil 2). Zweitausendeins.

Raphael, F. (1995). Der Wucherer. In J. H. Schoeps & J. Schlör (Hrsg.), *Antisemitismus und Mythen* (S. 103–118). Piper.

Rürup, R. (1987). *Emanzipation und Antisemitismus. Studien zur "Judenfrage" der bürgerlichen Gesellschaft*. Suhrkamp.

Schoeps, J. H. (1998). *Das Gewaltsyndrom. Verformungen und Brüche im deutsch-jüdischen Verhältnis*. Argon.

Sève, L. (1972). *Marxismus und Theorie der Persönlichkeit*. Dietz Verlag.

Silberner, E. (1983). *Kommunisten zur Judenfrage*. Westdeutscher Verlag.

Von Treitschke, H. (1881). *Ein Wort über unser Judenthum*. Verlag G. Reimer.
Wagner, R. (1869). *Das Judenthum in der Musik*. Verlagsbuchhandlung von J.J. Weber.

11

Epochenumbruch, das Unbewusste und die Psychologie

„[…] das einzige Wort, welches noch imstande wäre, das dem Ruin entgegenrüstende Europa zu erlösen – heißt: »Die Waffen nieder!«" (von Suttner, 1892, S. 304; Hervorh. im Erstdruck von 1889).

Belle Epoque oder Fin de siècle, so wird meist die Zeit zwischen dem Ende des 19. Jahrhunderts bis zum Beginn des Ersten Weltkriegs, *„the great seminal catastrophe of this century"* (Kennan, 1979, S. 3; Hervorh. im Original), bezeichnet. Schön war diese Zeit wohl nur im Vergleich mit den Kriegsgeschehnissen, die danach passierten. In Europa rüsteten die Großmächte ihre Waffenarsenale auf. Das deutsche Kaiserreich suchte im Wettstreit mit England, Frankreich, Belgien und anderen europäischen Mächten nach einem eigenen kolonialen „Platz an der Sonne". Nationalistische und rassistische Kreise äußerten laut ihre Ansprüche auf die Vorherrschaft Deutschlands in der Welt. Die industrielle Revolution führte zur massenhaften Industrialisierung, aber auch zu Armut und Alkoholismus in weiten Teilen der Bevölkerung. Durch das Sozialistengesetz, im deutschen Reichstag durch Betreiben des Reichskanzler Otto von Bismarck 1878 verabschiedet, verlor die Sozialdemokratische Partei als Organisation stark an Einfluss. Aber auch große Entdeckungen (z. B. die Entdeckung der Radioaktivität, wofür Marie Curie und Henri Becquerel 1903 den Nobelpreis erhielten, die Schaffung der Grundlagen für die Quantenphysik durch Max Planck im Jahre 1900, die Veröffentlichung der Speziellen Relativitätstheorie durch Albert Einstein 1905, die Publikation der Studie *Die Traumdeutung* durch Sigmund Freud (1899; auf 1900 vordatiert) und literarisch-künstlerische Entwicklungen (in Architektur, Literatur, Malerei und Musik) prägten die Zeit von der Jahrhundertwende bis zum Ersten Weltkrieg und danach. Berlin, München, Prag und Wien entwickelten sich neben Paris zu großen europäischen Kulturzentren.

1865 gründete sich der *Allgemeine Deutsche Frauenverein*. Es war der Beginn der organisierten Frauenbewegung in Deutschland. Nun, am Ende des 19. Jahrhundert, verstärkten sich Interessengegensätze zwischen den deutschen Frauenbewegungen. Die bürgerlichen Frauen strebten eine Verbesserung ihrer gesellschaftlichen Stellungen an. Der Proletarischen Frauenbewegung, angeführt von Clara Zetkin, ging es, wie vielen sozialistisch gesinnten Männern auch, um die revolutionäre Veränderung der gesamten Gesellschaft (Hopf, 1997, S. 21 ff.). Bei aller Unterschiedlichkeit in den Zielen und den Methoden gab es eines, das die bürgerlichen, die revolutionären, die gemäßigten und die radikalen Vertreterinnen und Vertreter der Frauenbewegungen einte: die humanistische Überzeugung, Männer und Frauen müssen gleichberechtigt sein, weil sie zwar verschieden, aber gleichwertig sind. Angesichts dominierender Denkmuster von männlichen Ideologen und Gelehrten war das keine Selbstverständlichkeit. Der in Wissenschaftlerkreisen sehr angesehene Psychiater und Neurologe *Paul Julius Möbius* (1853–1907) publizierte 1900 eine Schrift mit dem Titel „Über den physiologischen Schwachsinn des Weibes", ein Buch, das mehrere Auflagen erfuhr und auf große Resonanz stieß (vgl. auch Steinberg, 2004). Gescheite Männer, schreibt Möbius u. a., können zwar gescheite Töchter haben, aber „[…] diese behalten ihren kleinen Weiberkopf, und auch ihre Leistungen erlangen nicht männliche Größe" (Möbius, 1908, S. 7, 8. Auflage). Auch dies gehörte zum Zeitgeist des Fin de siècle. Die Jahre um die Wende vom 19. zum 20. Jahrhundert bis zum Beginn des Ersten Weltkrieges waren eben widersprüchlich wie die Jahrzehnte zuvor. Vor allem waren es Jahre zwischen Aufbruchs- und Endzeitstimmung, zwischen wirtschaftlicher und industrieller Expansion sowie soziale Entfremdung.

„Fin de Siècle" und ethischer Humanismus

„Ein fürchterlicher Knall vielleicht, ein Erdbeben […] Die Welt konnte untergehen! […] Es schlug zwölf. Ich wollte die Schläge mitzählen, aber schon beim ersten Schlag erhob sich ein Brausen in der Luft, dass ich mich ängstlich duckte und das Weiterzählen vergaß. Die Glocken begannen das neue Jahrhundert einzuläuten. […] Lebe wohl, du gutes altes Jahrhundert! Lebe wohl! »Was wird das für eine neue Zeit geben, was wird sie wohl bringen, wer weiß«" (Becher, 1975, S. 12 f.; Original: 1940).

So schildert *Johannes R. Becher* (1891–1958) in seinem autobiografisch gefärbten Roman „Abschied", geschrieben im Moskauer Exil 1940, den Beginn des 20. Jahrhunderts. In den 1920er Jahren gehörte Becher zu den Expressionisten der deutschen Literaturszene, später trat er der KPD bei, wurde 1954 der erste Kulturminister der DDR und Verfechter eines sozialistischen Humanismus. Becher war neun Jahre alt, als das neue Jahrhundert begann und vermutlich zu jung, um dieses Geraune vom Ende einer Epoche wahrzunehmen. Geraunt wurde in den Feuilletons, den Kulturspalten der großen Zeitungen, in einschlägigen Literaturmagazinen, von Kulturkritikern, Philosophen und Journalisten. Das Geraune hatte seit den 1880er Jahren auch einen Namen, der sich sehr schnell in Europa verbreitete: „Fin de Siècle", Worte, die übersetzt eigentlich nur „Ende des Jahrhunderts" bedeuten. Alexandra Beilharz (1996, S. 19 ff.) weist darauf hin, dass der Name als Begriff zwar meist auf ein gleichnamiges 1888 uraufgeführtes Theaterstück von *Francis de Jouvenot* und *Henry Jean Charles Micard* zurückgeführt wird, aber wohl bereits 1885 im Titel eines Gedichts von *Henri Chantavoine* auftauchte. *Fritz Mauthner* (1849–1923), skeptischer Philosoph und satirischer Essayist, meinte zwar, „Fin de Siècle" sei das „leerste und sinnloseste Wort" (Mauthner 1981, S. 13; hier zitiert nach: Mauthner, 1981, S. 298). Von der Hand zu weisen, sind die Endzeitstimmungen jedoch nicht. Der Begriff wurde zum Markenzeichen für die Stimmung in einer untergehenden Epoche und symbolisiert gleichzeitig, dass etwas Neues bevorstehe. Als Indikatoren der Untergangsstimmung werden oft jene künstlerischen Werke aus der Malerei, der Literatur oder der Musik angesehen, in denen der Verfall der bürgerlichen Gesellschaft sowie ihrer Traditionen zelebriert und die Konflikte der Zeit thematisiert werden. Ich denke dabei zum Beispiel an *Gustav Klimt* (1862–1918) oder *Egon Schiele* (1890–1918), zwei große Protagonisten der Wiener Moderne. Die Bilder von *Edvard Munch* (1863–1944) kommen mir ebenfalls in den Sinn. Munch betrieb mit seiner Malerei nicht nur eine „Phänomenologie der Seele in Bildern" (Forssmann, 1994, S. 525), sondern befreite die Malerei auch „…von historischem Ballast und akademischer Manier" (Forssmann ebd., S. 531 f.); nicht nur mit dem allseits bekannten Gemälde „Der Schrei" aus dem Jahre 1893 oder dem Bild „Marats Tod" von 1897.

Besonders wirkungsmächtig dürften die literarischen Produkte aus dieser Zeit sein. Im Herbst 1889 wurden in Berlin durch die „Freie Bühne" die Theaterstücke „Gespenster" von Henrik Ibsen und „Der Sonnenaufgang" von Gerhart Hauptmann aufgeführt. In beiden Gesellschaftsdramen geht es um die patriarchalischen Familienstrukturen in der bürgerlichen

Gesellschaft, um die vergebliche Suche nach Selbstverwirklichung, um die Abhängigkeit vom Ererbten, ein wenig auch, wie es Winfried Georg Sebald (1976) einmal formulierte, um den symbolischen Tod der Väter. Darum und um den Zerfall einer großbürgerlichen Familie dreht sich auch *Thomas Manns* Roman „Die Buddenbrooks" (zwischen 1896 und 1900 geschrieben, 1901 erstmals veröffentlicht). Kritik am Schein der bürgerlichen Tugendhaftigkeit übte *Arthur Schnitzler* in seinem bekanntesten Theaterstück „Der Reigen". Einzelne Szenen des Stücks wurden 1903 in München aufgeführt. Die Uraufführung des gesamten Werkes fand erst 1920 in Berlin statt und löste dort einen riesigen Theaterskandal aus. In dem Stück versuchen sich zehn Personen aus unterschiedlichen sozialen Schichten im Wechselspiel des Beischlafs und scheitern an den überkommenen bürgerlichen Geschlechterrollen sowie an der Unfähigkeit eines freien Umgangs mit der eigenen Sexualität (siehe auch: Fischer & Nickisch, 2017).

Eine Abrechnung mit der Doppelmoral, der Dekadenz und dem Verfall des kaiserlichen Deutschlands am Ende des 19. und zu Beginn des 20. Jahrhunderts präsentierte *Heinrich Mann* in dieser Zeit auch in seinen Romanen „Im Schlaraffenland. Ein Roman unter feinen Leuten" aus dem Jahre 1900 und „Professor Unrat oder das Ende eines Tyrannen", 1905 als Buch erschienen. Dass beide Werke nicht frei von judenfeindlichen Stereotypen sind, sollte dabei, weil mittlerweile gut dokumentiert, nicht übersehen werden (z. B. Thiede, 1998). Die „feinen Leute" im „Schlaraffenland" werden durch ihren Namen fast alle als Juden markiert, zum Beispiel: Türkheimer, Abell, Bediener, Goldherz, Kaflisch, Liebling, Ratibohr, Schmeerbauch oder Süß. Auch ihr Äußeres, ihr Verhalten, ihre sozialen Beziehungen beschreibt Heinrich Mann mit deutlichen Hinweisen auf das Jüdische seiner Protagonisten. Heinrichs jüngerer Bruder Thomas Mann hatte bekanntlich ebenfalls einen Hang, vornehmlich die negativen Protagonisten, also die Antagonisten seiner Erzählungen mit jüdisch klingenden Namen und antisemitischen Klischees zu versorgen (siehe auch: Elsaghe, 1999).

Die Erzählung „Die Weise von Liebe und Tod des Cornets Christoph Rilke" von *Rainer Maria Rilke* (1875–1926) aus dem Jahre 1899 kann ebenfalls zu den Stimmungswerken des „Fin de Siècle" gezählt werden. Die Ambivalenz von Leben und Tod, die Liebe und die Glorifizierung des Heldentums sind die Hauptthemen der Erzählung. Kein Wunder, dass dieses Werk in den Weltkriegen sehr populär war. Man kann Rilke zugutehalten, dass er zwanzig Jahre später schrieb: „Da war nicht Krieg gemeint, da ich dies schrieb/in einer Nacht. Kaum Schicksal war gemeint, / nur Jugend.

Andrang, Ansturm, reiner Trieb/und Untergang der glüht und sich verneint" (Rilke, 1956, S. 236; Original: 1919; zit n. Noeske, 2018, S. 115).

Apropos „Jugend": Sie avancierte im Übergang zum 20. Jahrhundert zur Chiffre für Hoffnung, Daseinsfreude und Glaube an den Menschen. 1896 gründeten *Georg Hirth* und *Fritz von Ostini* in München die Zeitschrift „Jugend" mit dem Untertitel „Münchner Illustrierte Wochenschrift für Kunst und Leben". Der Zeitschriftentitel avancierte zum Label für eine neue Kunstepoche, für den Jugendstil. Nackte Männer und Frauen zierten bald die Titelseiten, neue Mode wurde vorgestellt, später berühmt gewordene Dichter, zum Beispiel *Richard Dehmel, Christian Morgenstern* oder *Jakob Wassermann,* veröffentlichten Gedichte und Geschichten. Die Zeitschrift wurde sozusagen zum Sprachrohr für all jene, denen die Untergangstimmung des Fin de siècle auf den Geist ging. Im Heft 1 des dritten Jahrgangs schreibt Fritz von Ostini dann auch unter dem Titel „Anti-Fin de siècle": „Nein! Nieder mit Allen, die das Wort vom Jahrhundertende zum Schwindel missbrauchen […] denn die Weltgeschichte wird mit der Aenderung der drei letzten Ziffern der Jahreszahl nicht das Tausendstel einer Sekunde stillstehen" (Von Ostini 1898; zit n. Laufer, 2001, S. 13). Die Literaten des „Fin de Siècle" produzierten eben nicht nur kulturpessimistische und gesellschaftskritische Werke; sie wollten auch etwas Neues, Progressives, vielleicht dem Menschlichen Gemäßes schaffen, was auch immer das sein konnte (siehe auch: Wunberg 1999).

Bertha von Suttner (1843–1914), geboren als Gräfin Kinsky von Wchinitz und Tettau ging – noch vor der Wende zum 20. Jahrhundert – allen voran. Als Journalistin und Pazifistin schrieb sie gegen den Krieg und plädierte für eine friedliche und humane Welt. 1889 erschien ihr Roman „Die Waffen nieder". „Heute", heißt es da optimistisch, „gibt es fast Niemand mehr, der diesen Traum (vom Frieden, WF) nicht träumte oder der dessen Schönheit nicht zugeben wollte. Und auch Wache gibt es – ganz helle Wache, – welche die Menschheit aus dem langen Schlaf der Barbarei erwecken wollen und thatkräftig, zielbewusst sich zusammenschaaren, um die *weiße Fahne* aufzupflanzen. Ihr Schlachtruf ist: »Krieg dem Kriege«; ihr Losungswort – das einzige Wort, welches noch imstande wäre, das dem Ruin entgegenrüstende Europa zu erlösen – heißt: »Die Waffen nieder!«" (von Suttner 1892, S. 304; Hervorh. im Erstdruck von 1889). 1905 bekommt Bertha Suttner den Friedensnobelpreis.

Theodor Hertzka (1845–1924) schrieb 1890 einen Roman mit dem Titel „Freiland, ein soziales Zukunftsbild". Der jüdische Ökonom und Publizist entwirft in diesem Buch eine Utopie von einer sozialen Bewegung, die ihr Gemeinwesen auf sozialer Gerechtigkeit und Freiheit zu gründen versucht

(Hertzka, 1890). Hertzkas Vornamensvetter, *Theodor Herzl* (1860–1904), war im August 1897 zum Präsidenten der Zionistischen Weltorganisation gewählt worden und formulierte 1902 die nachhaltige Utopie einer jüdischen Gesellschaft in Palästina (Herzl, 2015; Original: 1902). Die Utopie einer geeinten jüdischen Gemeinschaft war auch das Grundmotiv von *Martin (Mordechai) Buber* (1878–1965) in dieser Zeit und zeit seines Lebens. 1901 sieht er eine „jüdische Renaissance" aufscheinen, erkennt aber auch, dass der jüdischen Minderheit in der Diaspora das verbindende Element verloren gegangen sei (Buber, 1901, 1903). Dieses Element ist für Buber – anders als bei Theodor Herzl – nicht primär die Suche nach einer physischen Heimat der Judenheit.[1] Buber geht es vor allem um die geistige und kulturelle Erneuerung des Judentums, eine Position, die er selbst später den „Hebräischen Humanismus" nennen wird. „Hebräischer Humanismus bedeutet also: erstens, Zurückgreifen auf die sprachliche Überlieferung unserer klassischen Antike, auf die hebräische Bibel; zweitens, Aufnahme der Bibel nicht um ihres literarischen, geschichtlichen und nationalen Wertes willen, wie wichtig auch all dies im Übrigen ist, sondern um des normativen Wertes des biblischen Menschenbildes willen" (Buber, 1941, S. 4; zit. n. Conradi, 2019, S. 6). Ein wichtiger Schritt, um den Hebräischen Humanismus mit Leben zu füllen, wird die gemeinsam mit *Franz Rosenzweig* verwirklichte Verdeutschung des Alten Testaments, des Pentateuch, sein (siehe Kap. 12). Im Jahre 1906, begann Martin Buber mit der Herausgabe einer Buchreihe mit dem Titel „Die Gesellschaft – Sammlung sozialpsychologischer Monographien". Bis 1912 erschienen 40 Bände u. a. mit Monographien von Georg Simmel, Fritz Mauthner, Ferdinand Tönnies, Werner Sombart, Eduard Bernstein, Gustav Landauer, Willy Hellpach und Hugo Münsterberg. Bubers Absicht war, mit der Sammlung auf die Bedeutung des Zwischenmenschlichen, das er zum Wesen des Menschen zählt, aufmerksam zu machen. Der Mensch schließe sich „[…] aus verschiedenartigen zusammen, die miteinander erst ihn ausmachen, die einander zu ihm ergänzen, deren Beziehung, Wechselwirkung und Gemeinschaft eben das Zwischenmenschliche ist" (Buber, 2019, S. 106). 1923 erhob Buber in „Das

---

[1] 1899 nahm Buber am 3. Zionistischen Kongress in Basel teil und wurde Redakteur der zionistischen Zeitschrift „Die Welt", die Theodor Herzl 1897 gegründet hatte. Auf dem 5. Zionistischen Kongress im Jahre 1901 stellte Buber sein Programm zur geistigen und kulturellen Erneuerung des Judentums vor und überwarf sich daraufhin mit Herzl. 1902 gründete Buber gemeinsam mit Berthold Feiweil (1875–1937) den „Jüdischen Verlag"; Chaim Weizmann (1874–1952), der später ein berühmter Chemiker und der erste israelische Staatspräsident werden soll, war ebenfalls an der Gründung des Verlages beteiligt (Schenker, 2003).

Dialogische Prinzip" das Zwischenmenschliche zur Zentralkategorie seiner humanistischen Psychologie (Buber, 1997; Original: 1923).

Einen gewissen Hang zum Zwischenmenschlichen hatten wohl auch die frühen Vertreter der Freikörperkultur. Um die Wende vom 19. zum 20. Jahrhundert wurden die ersten Vereine der Nacktkultur und des Nacktsports u. a. im Kontext der sogenannten Lebensreformbewegungen gegründet. Die Vertreterinnen und Vertreter dieser Bewegungen suchten nach neuen Wegen der Lebensgestaltung. Dazu gehörten auch die jungen Leute der Wandervogel-Bewegung, überwiegend Jugendliche und junge Erwachsene aus bürgerlichem Hause, die ihr Heil in der freien Natur suchten, um den Zwängen der „Drill- und Gehorsamkeitserziehung" (Stambolis, 2018, S. 36) zu entfliehen. Andere fanden die neuen Lebensformen in der Naturheilkunde, im Verzicht auf Alkohol- und andere Rauschmittel, in der vegetarischen Ernährung oder eben in der Freikörperkultur. Naturvereine gründeten Freiluftbäder; Lebensreformer öffneten Körperkultursanatorien; Zeitschriften und Bücher verbreiteten die neuen Lehren; in mehr oder weniger geheimen Logen wurde das Nacktsein als Befreiung von den zwei großen Übeln der Welt – dem Kapitalismus und dem Sozialismus – proklamiert (Traub, 2014, S. 54). In ihren gesellschaftskritischen und reformorientierten Bemühungen unterschieden sich die Anhänger der verschiedenen Bewegungen allerdings beträchtlich. Während die einen eher rassenhygienische, völkische und z. T. antisemitische Auffassungen vertraten und einen „gesunden Volkskörper" formen wollten (Wedemeyer-Kolwe, 2004, S. 209), meinten die anderen, zukunftsbezogene alternative Lebensweisen verkünden zu können (vgl. auch: Linse, 2005, S. 319).

Um eine zukunftsbezogene und selbstbewusste Lebensweise ging es auch den Turnern in jüdischen Turn- und Sportvereinen, die sich nach dem Zweiten Zionistenkongress 1898 in Deutschland gründeten, so zum Beispiel die *Bar-Kochba-Vereine* in Berlin und Hamburg. 1901 fragte der Philologe *Moses Friedländer* in einem Artikel in der Jüdischen Turnzeitung, „warum wir nicht in der Deutschen Turnerschaft turnen" (zit. n. Wildmann, 2009, S. 1). Friedländers Antwort auf die von ihm gestellte Frage lautete u. a. „Es gibt einen tieferen, idealen Grund, jüdische Turnvereine allenthalben, wo Juden wohnen, ins Leben zu rufen […]. Dies ist die Notwendigkeit unter Juden in Deutschland das Bewusstsein ihrer besonderen Nationalität durch das kräftige erprobte Mittel der Turnerei nach deutschem Vorbild wieder zu wecken" (Wildmann, ebd., S. 66). Das Anrufen der „besonderen Nationalität" der Juden blieb in den jüdischen Gemeinden zum einen nicht unwidersprochen. Zum anderen markierte der Bezug auf die jüdische

Nationalität eben auch jenen Riss zwischen den jüdischen und nichtjüdischen Deutschen, der sich durch den Antisemitismus der Deutschen im 19. Jahrhunderts noch vergrößert hatte. Die jüdischen Turnvereine waren nicht nur eine Reaktion auf die Judenfeindlichkeit in deutschen Turnvereinen, sondern eine Reaktion auf den nationalen Antisemitismus im ganzen Lande. Nicht nur jüdische Turner hatten erkannt, dass das große Projekt der Assimilation gescheitert war. Der Übergang zur ambivalenten Moderne des 20. Jahrhunderts mit all seinen Unmenschlichkeiten hatte längst begonnen.

Und was machten die Humanisten in dieser Zeit? Seit Beginn des 19. Jahrhunderts hatte sich der Begriff *Neuhumanismus* eingebürgert, mit dem sich die humanistischen Denker vom Renaissance-Humanismus zu unterscheiden versuchten. Im Zentrum des Neuhumanismus stand zunächst die, besonders von Wilhelm von Humboldt und Friedrich Immanuel Niethammer Jahrzehnte zuvor vertretene Auffassung, allen Ständen müsse eine *allgemeine Menschenbildung* zugutekommen. Das war als Ziel für alle Schulen, auch für die „niederen" Elementarschulen gedacht. Dort konzentrierte sich der Unterricht im Verlaufe des 19. Jahrhunderts indes vornehmlich auf die Vermittlung von Lesen, Schreiben, Rechnen sowie auf das Üben von Gehorsam gegenüber Staat, Kirche, Familie und anderen Autoritäten. Die Menschenbildung, als „Erziehung zur Humanität", sollte sich an den Inhalten des Altertums orientieren und nahezu ausschließlich die Lernziele an den humanistischen Gymnasien bestimmen (vgl. auch Lefèvre, 1998). Hier ging es vor allem darum, den Schülern Latein, Griechisch und Geschichte beizubringen. Ende der 1860er Jahre bestand der Unterricht zum Beispiel in einem bayerischen humanistischen Gymnasium zu 65 % aus Latein-, Griechisch und Deutschunterricht; 17 % des gesamten Stundenplans nahm der Mathematikunterricht ein, zehn Prozent der Geschichtsunterricht und acht Prozent der Religionsunterricht (Von Pettenkofer, 1869, S. 6). Die humanistischen Gymnasien wurden so zu den Rückzugsorten für all jene, die sich zwar der humanistischen Bildung verschrieben hatten, nun aber im quasi staatlich und kirchlich geschützten Raum in den antiken Quellen des Humanismus schwelgen durften. Der Epochenumbruch machte allerdings auch vor den humanistischen Gymnasien nicht Halt. Die stark klassisch ausgerichteten Bildungsziele der humanistischen Gymnasien entsprachen kaum mehr den gesellschaftlichen Erfordernissen. Gefragt waren zunehmend „reale" Fähigkeiten, um den industriellen und wissenschaftlichen Umbrüchen der Zeit gerecht zu werden. So wundert es nicht, dass ab 1900 die humanistischen Gymnasien ihr Recht abgeben mussten, „den alleinigen Zugang zu den Universitäten zu ermöglichen" (Lefèvre, 1998; S. 39).

Neben den humanistischen Gymnasien gab es allerdings noch andere Rückzugsorte für „eingefleischte" Humanisten. Zu diesen Orten gehörten am Ende des 19. Jahrhunderts auch diverse ethische Vereine und Klubs, wie die „Deutsche Gesellschaft für ethische Kultur" (DGEK)[2], deren Mitglieder sich mühten, als Reaktion auf die Friktionen der Moderne im aufstrebenden Industriekapitalismus Werte der Moral, Solidarität und der Gemeinschaft zu bewahren und so etwas wie einen „ethischen Humanismus" auf religiöser Grundlage auf den Weg zu bringen (Groschopp, 2011, S. 169 ff.). Zu den Protagonisten dieser Bewegung gehörten *Wilhelm Julius Foerster* (1832–1921) sowie sein Sohn, *Friedrich Wilhelm Foerster* (1869–1966). Wilhelm Julius Foerster war Direktor der Berliner Sternwarte, 1891 bis 1892 Rektor der Berliner Universität, Mitbegründer der Bildungsgesellschaft „Urania" und Gründungsmitglied des 1890 gegründeten „Vereins zur Abwehr des Antisemitismus". Friedrich Wilhelm Foerster erhielt 1914 einen Ruf als Professor für Philosophie an die Münchener Universität, musste später vor den Nationalsozialisten fliehen und emigrierte schließlich in die USA. Beide, Vater und Sohn, traten engagiert gegen Nationalismus, Militarismus und Antisemitismus auf.

Für die Beförderung der sozialen Wohltätigkeit sowie für eine bessere Ausbildung der Frauen engagierten sich im DGEK auch Jeanette Schwerin (1852–1899), Gründerin des Berliner „Vereins für Frauenwohl", Alice Salomon (1872–1948), die später die erste „Soziale Frauenschule" in Berlin ins Leben rief oder Bona Peiser (1864–1929), die sich für die „Hebung der Volksbildung" einsetzte (ausführlich: Deutsches Zentralinstitut für soziale Fragen, 2018). Die Mitglieder des DGEK wollten Not mildern, die Armutsfürsorge und Wohlfahrtspflege verbessern, generell humanitäre Hilfe leisten. Grundsätzliche politische Forderungen, wie die Einführung eines Achtstundentages, lehnte die „Deutsche Gesellschaft für ethische Kultur" hingegen ab (vgl. auch Groschopp, 2011, S. 183). So wundert es wohl auch nicht, dass *August Bebel* (1840–1913) von derartigen Bewegungen nicht viel hielt. 1896 nahm Bebel in Zürich an einem Kongress des Schweizer „Ethnischen Bundes" teil, der von Anhängern und Freunden der ethischen Kultur organisiert worden war. Auf dieser Tagung soll sich Bebel, so Horst Groschopp (2011, S. 187), von der „Humanitätsduselei" der Ethiker abgegrenzt und ihre Arbeit als belanglos für die Befreiung der Arbeiterklasse

---

[2] „Die Gründungsmitglieder lehnten sich in ihrer Zielsetzung an das Konzept der Society for Ethical Culture an. Diese ethische Bewegung war 1876 von dem 1857 nach Amerika ausgewanderten jüdischen Philosophen Felix Adler (1851–1933) initiiert worden" (Deutsches Zentralinstitut für soziale Fragen, 2018, S. 24).

erklärt haben. Wem es um die Sache der Arbeiter gehe, der solle sich für die Verstaatlichung der Produktionsmittel einsetzen. Nun, falls Bebel es so gesagt haben sollte, dann hatte er nur die „halbe" Marxsche Wahrheit ausgesprochen. Nicht die Verstaatlichung der Produktionsmittel, sondern die Aufhebung der alten, eben kapitalistischen Produktionsverhältnisse und mit ihnen der radikale, revolutionäre Umbruch der gesellschaftlichen Verhältnisse „an und für sich" hatten Marx und Engels im Auge.

Während sich also europäische Intellektuelle und Künstler vor und nach 1900 der Endzeitstimmung hingaben, Pädagogen oder Philosophen über die Nützlichkeit klassischer Bildung stritten und couragierte Bildungsbürger Sozialhilfe leisteten, mühten sich die Arbeiter, Handwerker und Bauern, ihren Alltag unter den Bedingungen der rasanten kapitalistischen Industrialisierung zu bewältigen. Gehörten 1876 etwa knapp 57 % aller Erwerbstätigen in Deutschland zu den Lohnarbeitern, waren es 1907 bereits etwas mehr als 76 %. Das sogenannte Bildungsbürgertum, also jene, die bis 1900 die humanistischen Gymnasien frequentiert hatten, umfasste nur gerade mal ein Prozent der deutschen Gesamtbevölkerung. In den letzten zwei Jahrzehnten des 19. Jahrhunderts hatte sich die soziale Lage der arbeitenden Klasse in Deutschland allerdings verbessert. Die Arbeitslöhne der Industriearbeiter stiegen in dieser Zeit, von 1871 bis 1913, beinahe um das Doppelte (Ziemann, 2016). Auf Initiative des Reichskanzlers Otto von Bismarck (1815–1898) wurde 1883 für die Arbeiter eine Krankenversicherung eingeführt; 1884 folgte eine Unfallversicherung, 1889 eine Alters- und Unfallversicherung. Später, nachdem Bismarck schon abgetreten war, kam eine allgemeine Rentenversicherung hinzu. Bismarcks Initiative geschah nicht aus lauter Jux und Tollerei oder gar aus einem humanistischen Impetus heraus. Bismarck reagierte auf den Druck der Straße, der Streiks, zum Beispiel im Ruhrgebiet, im Saarland und in Schlesien, auf Druck der Gewerkschaften und nicht zuletzt auf Druck der Sozialdemokratie, die er durch die Sozialistengesetze in Ketten zu legen versuchte. Trotz einiger materieller und sozialer Verbesserungen hatten sich durch die Industrialisierung die ökonomischen und sozialen Ungleichheiten um 1900 allerdings weiter verschärft. Einkommen, Wohnverhältnisse, Lebenschancen waren nach wie vor sehr ungleich verteilt (Kocka, 1983, S. 74). Man könnte auch sagen: Die Wirklichkeiten der Zeit erforderten tatsächlich einen realistischen Humanismus, oder mit anderen Worten: eine an den inhumanen Lebenswirklichkeiten der arbeitenden Bevölkerung geschulte Mitmenschlichkeit.

Ein „Platz an der Sonne"

Die Führung des deutschen Kaiserreichs hatte anderes im Sinn. Am 27. Juli 1890 hielt Wilhelm II. seine berüchtigte „Hunnenrede". Damit verabschiedete der Kaiser ein deutsches Expeditionskorps, dass nach China verschifft wurde, um dort gemeinsam mit britischen, US-amerikanischen, französischen, italienischen, japanischen, russischen und österreichischen Truppen, den „Boxeraufstand" niederzuschlagen.

Seit den „Opiumkriegen" (1839–1842 und 1856–1860) zwischen Großbritannien und dem chinesischen Kaiserreich war China auf einem Weg der erzwungenen Modernisierung. Die Kontakte mit den westlichen Ländern verstärkten sich und deren Einfluss auf die chinesische Politik ebenfalls. Dagegen richtete sich im Frühjahr 1900 ein Volksaufstand, der als „Boxeraufstand" in die Geschichte eingegangen ist. Führende Mitglieder des Aufstandes gehörten Kampfkunstorganisationen an, in denen u. a. das Schattenboxen zu den Trainingsmethoden gehörte; deshalb also der Aufstand der „Boxer". Sie wandten sich gegen die chinesischen Herrscher, gegen ausländische Handelsorganisationen und Gesandtschaften sowie gegen Missionare und christliche Kirchen. Im Frühjahr verbündeten sich die „Boxer" mit Teilen der chinesischen Armee. Am 20. Juni 1900 wurde der deutsche Gesandte, *Clemens von Ketteler*, von einem chinesischen Soldaten erschossen. Daraufhin beschloss die deutsche Führung die erwähnte Entsendung eines Expeditionskorps in der Stärke von 17.000 Mann nach China. Mit seiner „Hunnenrede" befahl der deutsche Kaiser den Soldaten: „Pardon wird nicht gegeben, Gefangene nicht gemacht. Wer Euch in die Hände fällt, sei in Eurer Hand. Wie vor tausend Jahren die Hunnen unter König Etzel sich einen Namen gemacht [...], so möge der Name Deutschlands in China in einer solchen Weise bekannt werden, dass niemals wieder ein Chinese es wagt, etwa einen Deutschen auch nur scheel anzusehen" (Röhl, 2018, S. 111). In China übernahmen die Deutschen die militärische Führung der zirka 60.000 Mann umfassenden internationalen Truppe, die nun gegen die „Boxer" und die chinesische Armee zu Felde zogen.

Deutschland war bisher bekanntlich bei der kolonialen Aufteilung der Welt „zu kurz" gekommen und beanspruchte nun ebenfalls einen „Platz an der Sonne", so der Reichskanzler *Bernhard von Bülow* in einer Rede vor dem deutschen Reichstag im Dezember 1897. Für den deutschen Kaiser und seine Berater war der Krieg gegen die „Boxer" die Gelegenheit, den besagten Anspruch noch deutlicher als bisher zu artikulieren.

Den kolonialen „Platz an der Sonne" versuchten die Deutschen seit 1880 auch an anderen Stellen der Welt zu besetzen, in Afrika oder im Pazifik und dies meist im Einklang mit den anderen europäischen Kolonialmächten. Auf der sogenannten „Westafrika-Konferenz", zu der Otto von Bismarck Vertreter von dreizehn europäischen Staaten, den USA und des Osmanischen Reiches vom 15. November 1884 bis zum 26. Februar 1885 nach Berlin eingeladen hatte, wurde in einer Schlussakte faktisch die koloniale Aufteilung Afrikas, respektive der Welt, beschlossen.

„Und es mag am deutschen Wesen einmal noch die Welt genesen" (zit. n. Volkmann, 2018, S. 5), so lautet ein Teil der letzten Strophe eines Gedichts aus dem Jahre 1861 von *Emanuel Geibel* (1815–1884). Dieses, vielleicht noch erbauliche, auf die ersehnte deutsche Einheit gerichtete Gedicht, wurde zu Beginn des 20. Jahrhunderts zum Kampfesruf für die deutschen Kolonisatoren. Die vollständige letzte Strophe des Gedichts lautet übrigens: „Macht und Freiheit, Recht und Sitte, / Klarer Geist und scharfer Hieb/ Zügeln dann aus starker Mitte/Jeder Selbstsucht wilden Trieb, / Und es mag am deutschen Wesen/Einmal noch die Welt genesen" (Geibel, 1883, S. 214).

Und mit Macht und scharfen Hieben gingen die Deutschen in den Kolonien im Übergang zum 20. Jahrhunderts auch zur Sache. 1884 hatte Otto von Bismarck (1815–1898) das Gebiet des heutigen Namibia zum „Schutzgebiet Deutsch-Südwestafrika", also zur deutschen Kolonie erklärt. Die einheimischen Hereros und Namas wurden von den Kolonisatoren zu Menschen zweiter Klasse deklassiert und entrechtet. Sie verloren ihr Land und somit die wichtigste Grundlage ihrer Existenz. Im Januar 1904 begehrten die Hereros auf und wehrten sich gegen die Unterdrückung. Unter dem Kommando von Generalleutnant *Lothar von Trotha* (1848–1920) schlugen die Kaiserlichen Schutztruppen den Aufstand blutig nieder. Die Überlebenden ließ von Trotha in Konzentrationslagern internieren oder in die Wüste treiben, wo die meisten verdursteten. Im Oktober 1904 erhob sich auch der Stamm der Nama gegen die deutschen Kolonialherren. Ihr Kampf endete 1907 ebenfalls mit einer Niederlage. Zirka 80 % der Hereros und mehr als die Hälfte der Nama verloren in diesen Kolonialkriegen ihr Leben (siehe auch: Kößler & Melber, 2004). Es war Völkermord, die vorsätzliche inhumane, eben unmenschliche Ausrottung von Volksgruppen.

Auch die deutsche Sozialdemokratie ist nicht ganz unschuldig an diesem Genozid. Im Jahre 1889 hatte August Bebel das Wesen der Kolonialpolitik als „…Ausbeutung einer fremden Bevölkerung in der höchsten Potenz" gebrandmarkt (Bebel 1889, zit. n. Conrad, 2008, S. 28). 1906 sprach er im Reichstag dann von der Kolonialpolitik, die unter Umständen eine

Kulturtat sein könne. Es komme nur darauf an, wie die Politik betrieben werde. „Kommen die Vertreter kultivierter und zivilisierter Völkerschaften [...] zu fremden Völkern als Befreier, [...] als Helfer in der Not, um ihnen die Errungenschaften der Kultur und Zivilisation zu überbringen, um sie zu Kulturmenschen zu erziehen, geschieht das in dieser edlen Absicht und in der richtigen Art und Weise, dann sind wir Sozialdemokraten die ersten, die eine solche Kolonisation als große Kulturmission zu unterstützen bereit sind" (Bebel 1906, zit. n. Conrad, ebd.).

War dies nur eine Aussage, um vor der Reichstagswahl 1907 am nationalkonservativen Rand zu fischen, ein „Zugeständnis an den Zeitgeist" oder wollten die Sozialdemokraten nur das Stigma, „vaterlandslose Gesellen"[3] zu sein, loswerden?

Am 4. August 1914, August Bebel war ein Jahr zuvor gestorben, erklärte die SPD-Fraktion im Deutschen Reichstag ihre Zustimmung zu den Kriegskrediten. Nur wenige Fraktionsmitglieder der SPD stimmten dagegen, so Rosa Luxemburg, Clara Zetkin, Karl Kautsky und Franz Mehring. Am 1. August 1914 hatte das Deutsche Reich Russland den Krieg erklärt, am 3. August folgte die Kriegserklärung an Frankreich. Es begann die allgemeine Mobilmachung und mit einem gewaltigen Schuss Nationalismus zogen die deutschen Soldaten in den Krieg. Am 4. August hatte Kaiser Wilhelm II. in einer Thronrede den berühmten Satz ausgesprochen: „Ich kenne keine Parteien mehr, ich kenne nur noch Deutsche". Ob die deutsche Bevölkerung nun tatsächlich so kriegsbegeistert war, wie oft angenommen, darf indes bezweifelt werden. Zwischen 8,5 und 17 Mio. Menschen, Soldaten und Zivilisten, sollen in den Stahlgewittern und Stellungskämpfen, durch Bombenangriffe, Krankheiten, Hungersnöte und ethnische Säuberungen während des Ersten Weltkrieges gestorben sein. Zehntausende Soldaten kamen durch Giftgasangriffe ums Leben (Woyke, 2016, S. 70). Das Giftgas für die Deutschen hatte der Chemiker *Fritz Haber* (1868–1934) entwickelt. Unter Einsatz „aller Kräfte die Gegner niederzuringen" betrachtete Haber als seine „sittliche Pflicht" und die jedes Deutschen (zit. n. Szöllösi-Janze, 1998 S. 261). 1918 bekam Haber, Absolvent eines humanistischen Gymnasiums, den Chemie-Nobelpreisträger für das von ihm entwickelte Ammoniak-Syntheseverfahren (das Haber–Bosch-Verfahren). 1933 emigrierte Haber nach England. Er war Jude.

---

[3] Die Bezeichnung „vaterlandslose Gesellen" wird dem Reichskanzler Bismarck zu geschrieben und geht wohl auf die Zeit kurz vor den „Sozialistengesetzen" zurück. Nachdem August Bebel 1871 die Pariser Kommune verteidigt hatte, wurde er 1872 zu zwei Jahren Festungshaft verurteilt. Seitdem galten er und die Sozialdemokraten als „vaterlandslose Gesellen" (siehe auch: Kocka, 2016, S. 398).

Psychoanalyse

1931 bat das „Comité permanent des Lettres et des Arts de la Societé des Nations", das Völkerbundinstitut für geistige und kulturelle Zusammenarbeit, Repräsentanten des Geisteslebens, sich über Themen auszutauschen, die dem Interesse des Völkerbundes dienen könnten. *Albert Einstein* schrieb daraufhin am 30. Juli 1932 einen Brief an *Sigmund Freud* und fragte: "Gibt es einen Weg, die Menschen vom Verhängnis des Krieges zu befreien?" (Freud, 1988a, Anm. d. Herausgebers, S. 511). Freud antwortete im September desselben Jahres u. a.: „Sie verwundern sich darüber, daß es so leicht ist, die Menschen für den Krieg zu begeistern, und vermuten, daß etwas in ihnen wirksam ist, ein Trieb zum Hassen und Vernichten, der solcher Verhetzung entgegenkommt. Wiederum kann ich Ihnen nur uneingeschränkt beistimmen. Wir glauben an die Existenz eines solchen Triebes und haben uns gerade in den letzten Jahren bemüht, seine Äußerungen zu studieren. Darf ich Ihnen aus diesem Anlass ein Stück der Trieblehre vortragen, zu der wir in der Psychoanalyse nach vielem Tasten und Schwanken gekommen sind? Wir nehmen an, daß die Triebe des Menschen nur von zweierlei Art sind, entweder solche, die erhalten und vereinigen wollen – wir heißen sie erotische, ganz im Sinne des Eros im *Symposion* Platos, oder sexuelle mit bewusster Überdehnung des populären Begriffs von Sexualität —, und andere, die zerstören und töten wollen; wir fassen diese als Aggressionstrieb oder Destruktionstrieb zusammen" (Freud, 1988a, S. 418, Hervorh. im Original).

Mit den Trieben hatte sich Freud schon seit Längeren beschäftigt, so in den „Drei Abhandlungen zur Sexualtheorie" aus dem Jahre 1905 (Freud, 1988b). Die strikte Unterscheidung zwischen erotischem und aggressivem Trieb bzw. Sexualtrieb und Todestrieb, von denen er im Brief an Einstein berichtet, formulierte Freud erst 1920 – nicht zuletzt unter dem Einfluss des Ersten Weltkrieges – in seiner Studie „Jenseits des Lustprinzips". Auch wenn Freud diese Unterscheidung eine Hypothese nennt, die weitere Studien erfordere (Freud, 1988a, S. 72) und manche Psychoanalytikerinnen und -analytiker diese Einführung eines Todestriebes für eine innertheoretische Notwendigkeit halten, war dies – aus unserer Sicht – keine Sternstunde der Menschheit. Zur Erklärung für Krieg und Gewalt ist diese Hypothese schlicht ungeeignet.

Den Todestrieb als Erklärungsprinzip, für was auch immer, können wir also abhaken, die Psychoanalyse nicht. 1900 veröffentlichte Freud in „Die Traumdeutung" seine Entdeckungen über das *Unbewusste* (Freud, 1987;

Original: 1900). Das „Unbewusste" war zwar in der Philosophie, der Romantik und der frühen Psychologie nichts Unbekanntes (Fromm, 1999, S. 228 ff.; Original: 1951). Freud legte nun aber mit seiner Entdeckung nicht nur die Grundlage für das Verständnis und die Therapie psychischer Leiden, vornehmlich der neurotischen Störungen; er schlug auch eine differenzierte Ordnung der psychischen Strukturen vor. Das Psychische lasse sich nicht auf das Bewusste zu reduzieren, sondern das Unbewusste sei das eigentlich Psychische. Unterschieden müsse aber zwischen dem Unbewussten, das bewusstseinsunfähig sei und einem Vorbewussten, das zum Bewusstsein kommen könne (Freud, 1987, S. 499). Wir haben es also schließlich mit drei Ebenen zu tun: dem Unbewussten, dem Vorbewussten und dem Bewussten. Das Unbewusste umfasse die verdrängten Inhalte nicht adäquat bewältigter Erlebnisse und Geschehnisse.

Supplementum

Arthur Schnitzler (1862–1931) hat wie Sigmund Freud Medizin studiert und vor seiner Schriftsteller- und Dramatiker-Karriere als praktizierender Arzt gearbeitet. An Träumen und dem Unbewussten war er aus persönlichen und künstlerischen Gründen besonders interessiert. Er notierte seine Träume in Tagebüchern, schrieb über das Unbewusste sowie die Psychoanalyse aus medizinfachlicher Sicht und thematisierte das Unbewusste auch in seinen Werken, z. B. im Einakter „Paracelsus", dessen Uraufführung 1898 in Wien wohl auch Freud besucht haben soll. Zum 60. Geburtstag Schnitzlers im Jahre 1922 schrieb Freud an den Dramatiker: „Ich will Ihnen aber ein Geständnis ablegen, welches Sie gütigst aus Rücksicht für mich für sich behalten […] wollen. […] Ihr Determinismus wie Ihre Skepsis – was die Leute Pessimismus heißen – ihr Ergriffensein von den Wahrheiten des Unbewussten, von der Triebnatur des Menschen, ihre Zersetzung der kulturell-konventionellen Sicherheiten, […] das alles berührte mich mit einer unheimlichen Vertrautheit" (zit. n. Anz & Pfohlkann, 2006, S. 166).

Ob nun die Traumdeutung die Via regia ist, das Unbewusste aufzudecken (Freud, 1987, S. 494), sei dahingestellt. Erich Fromm ist zwar nicht ganz mit der Freudschen Traumtheorie einverstanden. Die Traumdefinition, die Fromm bevorzugt, scheint mir aber durchaus kompatibel mit der Traumtheorie Freuds zu sein: „Angesichts der Tatsache, dass es keine Äußerung der Seelentätigkeit gibt, die nicht im Traum auftaucht, glaube ich, dass die einzige Definition des Wesens des Traumes, die dieses Phänomen weder entstellt noch bagatellisiert, die allgemein gehaltene Definition ist: *Träumen ist eine sinn- und bedeutungsvolle Äußerung jeglicher Seelentätigkeit im Schlaf-*

zustand" (Fromm, 1999, S. 186; Original: 1951; Hervorh. ebenfalls im Original).

Im Übrigen halte ich die Entdeckung der psychischen Schichtung und des Einflusses des Unbewussten auf Körper und Geist für epochal. Das Psychische, unser menschlicher Geist, bezieht sich nicht nur auf das Vergangene, Gegenwärtige und Zukünftige, sondern auch auf das Verborgene, Verdrängte oder Vergessene aus Vergangenheit, Gegenwart und Zukunft. Eine ähnliche, aktuelle Formulierung findet sich bei John Bargh (2018), dem es zu verdanken ist, die wissenschaftliche Beschäftigung mit dem Unbewussten am Ende des 20.Jahrhunderts auch in der akademischen Psychologie zu verankern. Viele Jahrzehnte über hatte diese nämlich Sigmund Freud und seine Einsichten ignoriert oder als unwissenschaftlich abgetan (vgl. auch: Nitzschke, 1989). Im Jahre 1900 war dies nicht anders; entweder wurden Freuds Auffassungen über das Unbewusste und die Psychoanalyse als Sensation bejubelt oder als unwissenschaftlich kritisiert.

Eine Ausnahme muss an dieser Stelle allerdings vermerkt werden. *Kurt Lewin*, 1880 im heutigen Polen geboren und 1947 in Boston/USA gestorben, war schon vor seiner Emigration aus dem nationalsozialistischen Deutschland im Jahre 1933 auf die Psychoanalyse Freuds aufmerksam geworden. Helmut E. Lück und Wolfgang Rechtien (1989) erwähnen, dass sich Lewin bereits vor 1914 mit der Psychoanalyse und der Traumdeutung beschäftigt habe. So sammelte er wohl Träume von Angehörigen und Freunden, um sie zu interpretieren. Auch sonst darf man getrost davon ausgehen, dass sich Lewin von der Freudschen Psychoanalyse in mancher Weise anregen ließ. So griff er die von Freud beschriebenen unbewussten Triebbedürfnisse auf, übersetzte sie in sein Begriffsinventar und sprach von „Quasi-Bedürfnisse", von Absichten, die nicht in Handlungen umgesetzt werden (Lewin, 1926; Habermas, 2001, S. 417 f.). Folgen solcher nicht umgesetzten Handlungsabsichten können nachhaltige Erinnerungen, Frustrationen oder Ersatzhandlungen sein. Mitarbeiterinnen Kurt Lewins haben die Folgen derartiger Behinderungen experimentell untersucht und u. a. gezeigt, a) dass unerledigte Aufgaben und Handlungen besser erinnert werden als erledigte (das ist der bekannte Zeigarnik-Effekt; Bluma Zeigarnik, 1927), b) unerledigte Handlungen einen Spannungszustand erzeugen, der zur Wiederaufnahme der Handlungen führen kann (der Ovsiankina-Effekt; Maria Ovsiankina, 1928), c) unerledigte Handlungen Ärger verursachen können (Tamara Dembo, 1931) oder d) falls die beabsichtigten Handlungen nicht realisiert werden können, nach Ersatzhandlungen Ausschau gehalten wird, um die Spannungen abbauen zu können (Wera Mahler, 1933).

Freud hatte allerdings nicht die Absicht, irgendwelche einzelnen psychischen Strukturen und Prozesse zu erforschen, sondern ihm ging es darum, die Psyche als Ganzes zu erklären, um den Menschen (zumindest einem Teil seiner Patientinnen und Patienten) zu helfen, sich gegenüber den unbewussten, verdrängten, vergessenen Erlebnissen zu emanzipieren. Freuds „Traumdeutung" aus dem Jahre 1900 darf getrost als *das* Manifest der Psychoanalyse betrachtet werden. Das Unbewusste drückt sich nicht einfach nur im Traum aus, sondern ist jener Teil des Psychischen, mit dem das menschlichen Subjekts als Individuum ungewollt und unkontrolliert Stellung zur Wirklichkeit bezieht.

Die akademische Psychologie im Umbruch

Nachdem Wilhelm Wundt im Jahre 1879 an der Universität Leipzig das weltweit erste Institut für experimentelle Psychologie gegründet hatte, wurde Leipzig zum Mekka für deutsche und ausländische Psychologen. Später berühmt gewordene deutsche und ausländische Psychologen haben am Institut von Wundt gearbeitet, studiert oder sich als Gast aufgehalten. Um nur einige Beispiele zu nennen: der US-amerikanische Persönlichkeitspsychologe *James McKeen Cattell* (1860–1944), der deutsch-amerikanische Psychologe und Mitbegründer der Arbeits- und Organisationspsychologie *Hugo Münsterberg* (1863–1916), der deutsche Psychologe *Walther Moede* (1888–1958), der später erste sozialpsychologische Experimente zum Leistungsvorteil von Gruppen durchführte, der russische Psychiater und Neurophysiologe *Wladimir Michailowitsch Bechterew* (1857–1927), der Franzose *Émile Durkheim* (1858–1917), auf den sich später so berühmte Soziologen, wie Pierre Bourdieu, Michel Foucault, Marcel Mauss, Maurice Halbwachs, Claude Lévi-Strauss und der Sozialpsychologe Serge Moscovici berufen werden, der polnisch-britische Kulturanthropologe *Bronisław Malinowski* (1884–1842), der US-amerikanische Philosoph, Soziologe und Sozialpsychologe *George Herbert Mead* (1863–1931), einer der Gründungsväter des Symbolischen Interaktionismus, der Brite *Charles Spearman* (1863–1945), ein Pionier der Intelligenzforschung (und gemeinsam mit Felix Krueger, 1874–1948, Erfinder der Faktorenanalyse) oder der US-amerikanische Ethnologe und Linguist *Edward Sapir* (1884–1939).

Zu Beginn des 20. Jahrhundert hatte sich die Psychologie weit entwickelt und ausdifferenziert. *William Stern* (1871–1938), damals Professor für Pädagogik in Breslau und später – bis zu seiner Flucht vor den Nazis im Jahre 1933 in die USA – Professor in Hamburg, stellt 1900 fest: „Viele neue

Psychologien gibt es, aber noch nicht *die* neue Psychologie" (Stern, 1900, S. 415, zit. n. Staeuble, 1985, S. 36). Zwischen 1880 und 1923 wurden die Psychologischen Institute in Berlin, Bonn, Göttingen, Hamburg, Jena, Köln, Wien, Würzburg, Frankfurt a.M., Halle und München gegründet. Allerdings gab es noch keine Lehrstühle für Psychologie. Die Leiter der Institute hatten in den meisten Fällen Professuren für Philosophie, Medizin oder Physiologie inne. Das hielt sie und ihre Mitarbeiter nicht davon ab, fleißig über das Psychische zu publizieren. *William Thierry Preyer* (1841–1897), zeitweise Professor für Physiologie in Jena und ein scharfer Kritiker der humanistischen Gymnasien, veröffentlichte 1882 ein Buch über „Die Seele des Kindes" und begründete damit die moderne Entwicklungspsychologie. *Hermann Ebbinghaus* (1850–1909) schuf mit seinen Gedächtnis-Experimenten, die er in Berlin und Breslau durchführte, noch vor der Jahrhundertwende die Grundlagen für eine empirische Psychologie und machte sich für die Ablösung der Psychologie von der Philosophie stark. 1890 gründeten Ebbinghaus und Arthur König auf Anregung von Hermann v. Helmholtz die „Zeitschrift für Psychologie und Physiologie der Sinnesorgane". *Emil Kraepelin* (1856–1926) versuchte die Experimentalpsychologie für eine experimentelle Psychiatrie nutzbar zu machen. *Ernst Meumann* (1862–1915), Schüler von Wilhelm Wundt und Professor für Philosophie in Zürich, später u. a. in Königsberg und Leipzig, war Mitbegründer der Zeitschriften „Archiv für die gesamte Psychologie" (ab 1903). *William Stern* veröffentlichte 1900 das Buch „Über Psychologie der individuellen Differenzen: Ideen zu einer differentiellen Psychologie". Mit der überarbeiteten Neuauflage „Die differentielle Psychologie in ihren methodischen Grundlagen" (1994; Original: 1911) legte Stern dann das Standardwerk für eine moderne Persönlichkeits- und Differentielle Psychologie vor. 1903 gründete er die Zeitschrift „Beiträge zur Psychologie der Aussage", aus der 1908 die „Zeitschrift für angewandte Psychologie" hervorging. Zwischen 1887 und 1904 entstanden eine ganze Reihe psychologischer Fachgesellschaften. *Robert Sommer* (1864–1937) und *Georg Elias Müller* (1850–1934) gründeten schließlich 1904 die „Gesellschaft für experimentelle Psychologie", deren erster Kongress im selben Jahr stattfand und die als Vorläufer für die „Deutsche Gesellschaft für Psychologie" gelten darf.

Willy Hellpach (1877–1955), ebenfalls ein Schüler von Wilhelm Wundt, habilitierte sich 1906 an der Technischen Hochschule Karlsruhe und hatte 1902 unter Berufung auf den umstrittenen Historiker Karl Lamprecht eine Kulturepoche des „Nervösen" diagnostiziert (Hellpach, 1902/1903), eine Diagnose, die um die Jahrhundertwende besonders in Wien die Runde machte (z. B. Krafft-Ebing, 1895), von Sigmund Freud in den

„Drei Abhandlungen zur Sexualtheorie" aus dem Jahre 1905 aber vehement zurückgewiesen wurde. In seiner akademischen Antrittsrede meinte Willy Hellpach nun, eine bürgerliche Nervosität von einer proletarischen unterscheiden zu können. Die bürgerliche Nervosität hänge mit einer Reizüberflutung zusammen und die proletarische sei durch die Monotonie der Arbeit verursacht (Hellpach, 1907, zit. nach Ratkau, 1994, S. 217). Nach dem Ersten Weltkrieg wird sich Hellpach wieder mit der Arbeitsmonotonie in den Fabriken beschäftigen und eine vermeintliche Lösung präsentieren (Lang & Hellpach, 1922; *siehe* Kap. 12).

Aber: Diese vielen Psychologien (respektive: Psychologen) lagen im Streit untereinander und sie stritten sich mit den Philosophen. Streitobjekte waren der Gegenstand der Psychologie, ihre Methoden und theoretischen Ausrichtungen. In Berlin und Würzburg entwickelten sich zu Beginn des 20. Jahrhunderts die berühmten experimentellen Schulen der *Gestalt- und Denkpsychologie.* Wilhelm Wundt hielt von der experimentellen Untersuchung der höheren geistigen Prozesse gar nichts und wollte, so wie bei der Gründung seines Instituts 1879, das psychologische Experiment auf die Erforschung der psychophysischen Grundeinheiten (Empfindungen, einfache Vorstellungsverbindungen) beschränken. Alles, was sozusagen, das wollende und denkende Individuum ausmache, sei Gegenstand der Geisteswissenschaften oder Teil der Völkerpsychologie (Wundt, 1908). So ähnlich sah das auch der Philosoph *Wilhelm Dilthey* (1833–1911), der das Experiment für die Untersuchung der eigentlichen psychologischen Probleme für völlig ungeeignet hielt und für eine „Verstehende Psychologie", also für eine beschreibende und interpretierende Psychologie plädierte. Das Seelenleben erwachse nicht aus einzelnen Teilen, auf die sich die experimentell arbeitende „Erklärenden Psychologie" konzentriere, sondern bestehe aus einem Strukturzusammenhang, den es als Ganzes zu erforschen gelte, um das Einzelne verstehen zu können (Dilthey, 1894; vgl. auch Eckardt, 2010, S. 93). Dagegen wandte sich Herrmann Ebbinghaus und es entspann sich die Dilthey-Ebbinghaus-Kontroverse (Galliker, 2013, S. 193 ff.). Eine ähnlich gelagerte Kontroverse gab es zwischen Wilhelm Wundt und den Protagonisten der Würzburger Denkpsychologie. Einer ihrer Hauptvertreter, *Karl Bühler* (1879–1963), entwickelte ein experimentelles Verfahren, das man als „Selbstbeobachtung unter experimentellen Bedingungen" bezeichnen könnte und das der Methode des lauten Denkens in der heutigen Kognitiven Psychologie sehr ähnlich ist. Dabei erhält ein Proband eine Problemlöse-Aufgabe vorgelegt und wird aufgefordert, seine Erlebnisse während der Problemlösung zu Protokoll zu geben. Eine solche Methode hielt Wilhelm Wundt schlicht für unwissenschaftlich. Es sei nicht möglich, dass ein Proband denken und sich gleichzeitig beim Denken beobachten könne (Wundt, 1907). Bühler konterte, dass in seinen Experimenten so etwas gar nicht vorgesehen sei, sondern es ginge immer um zwei sukzessiv ablaufende Schritte, zunächst die „Denkarbeit" und danach der Bericht darüber (Bühler, 1908).

Zwischen 1907 und 1913 eskalierten die Streitigkeiten zwischen den empirisch arbeitenden Psychologen und ihren Kollegen aus der Philosophie erneut. Nun hatten sich die Psychologen gegen Anwürfe der Philosophen zu erwehren, die Psychologie nehme ihnen, den Philosophen, den theoretischen Gegenstand und damit letztlich auch ihre Lehrstühle weg. Wilhelm Wundt schrieb 1913, die Kontroverse zuspitzend, sein polemisches Essay „Die Psychologie im Kampf ums Dasein" und legte den Finger in die Wunde, indem er auf die Standesinteressen und Vorurteile der Philosophen gegenüber den Psychologen aufmerksam machte (Wundt 1913; vgl. auch Ash, 1985).

Man mag diese Kontroversen heute als Marginalien abtun, damals, zu Anfang des 20. Jahrhunderts, berührten sie die Grundfesten der sich emanzipierenden Psychologie als eigenständige Wissenschaft. Und zwar aus folgenden Gründen: Der Streit zwischen Dilthey und Ebbinghaus markiert aus heutiger Sicht das lange währende Schisma zwischen einer naturwissenschaftlich orientierten und einer auf die Ganzheit des Psychischen fixierten Psychologie. Die Frage, die die Gegner im Streit umtrieb, drehte sich letztlich darum, ob die Psychologie eine Geistes- oder eine Naturwissenschaft sei. Die Kontroverse zwischen Wundt und Bühler scheint dagegen – oberflächlich betrachtet – nur ein Streit um Methodenfragen gewesen zu sein, berührt aber ebenfalls die Grundfragen einer zukünftigen Psychologie. Karl Bühler und die Vertreter der Würzburger Denkpsychologie haben in ihren Experimenten die Probanden nicht einfach nur als „Objekte" der Forschung betrachtet und sie – wie weiland *Gustav Theodor Fechner* (siehe: Kap. 7) – einfach irgendwelchen Reizen ausgesetzt, um ihre Reaktionen zu testen, sondern die „Versuchspersonen" als Subjekte ihres Denkens und Tuns akzeptiert.

Die Wundt-Bühler-Kontroverse besitzt allerdings noch eine andere Dimension. Bühler ging davon aus, dass die Probanden in seinen Experimenten und denen seiner Würzburger Kollegen in der Lage sind, über ihre Gedächtnisleistungen bewusst zu reflektieren. Psychologische Forschungen aus der Jetztzeit belegen aber, dass Denk- und Gedächtnisleistungen ebenso von unbewussten, automatisierten Schemata und Heuristiken beeinflusst werden können. Cristina Massen und Jürgen Bredenkamp kommen deshalb zu dem Schluss, „...dass viel für die einst von Wilhelm Wundt vertretene Position spricht" (Massen & Bredenkamp, 2005, S. 109). Die unbewussten Strukturen und Prozesse, die das Denken und Fühlen zu beeinflussen vermögen, konnten Bühler und Kollegen noch nicht erforschen und nachweisen. Das Unbewusste war zur damaligen Zeit ein Refugium der Psychoanalyse und der standen sowohl Wundt, Bühler und andere Akademiker skeptisch gegenüber (z. B. Stern, 1913, S. 10; Wundt, 1911, S. 636; vgl. auch Fahrenberg, 2018, S. 100).

Die erwähnten Streitigkeiten zwischen den empirisch arbeitenden Psychologen und ihren Kollegen aus der Philosophie sowie Wundts Kampfschrift „Die Psychologie im Kampf ums Dasein" führte zu ganz anderen Konsequenzen. Psychologen, wie *Karl Marbe* (1869–1953), *Ernst Meumann*, *William Stern* und andere griffen Wundts Kampfansage auf und versuchten in zahlreichen Publikationen die Nützlichkeit der Psychologie für praktische Zwecke zu verdeutlichen. Sie wiesen auf die Bedeutung psychologischer Erkenntnisse für die Kunst-, Literatur-, Sprach- und Rechtswissenschaft hin. Auch bei der Lösung zentraler philosophischer Probleme könne die empirische Psychologie nützlich sein. Der Innsbrucker *Franz Hillebrand* (1863–1926), ein Psychologe, der sich mit der experimentellen Erforschung von Raumwahrnehmungen beschäftigte und 1897 das experimentell ausgerichtete Psychologische Institut an der Universität Innsbruck gründete, schrieb gegen die „reinen" Philosophen gerichtet: „Wie viele nutzlose Kontroversen wären der Metaphysik und Erkenntnistheorie erspart geblieben, wenn die Untersuchungen über Wesen und Ursprung unserer Raum- und Zeitanschauung […] von den ‚reinen' Philosophen der Beachtung wert gehalten würden, anstatt dass die Fiktion ihres aprioristischen Charakters noch bis zum heutigen Tag ihr Unwesen triebe" (Hillebrand, 1913; zit n. Ash, 1985, S. 55 f.).

Die Psychologie und die Psychologen suchten somit ihr Heil in der Flucht ins Praktische. Als *William Stern* um 1900 die Differentielle Psychologie begründete, führte er den Begriff der *Psychotechnik* in den psychologischen Diskurs ein. Die Differentielle Psychologie setze sich, so Stern, als angewandte Wissenschaft zwei Ziele: „Menschenkenntnis (Psychodiagnostik) und Menschenbehandlung (Psychotechnik)" (Stern, 1994, S. 7; Original: 1911). 1914 nutzt *Hugo Münsterberg* diesen Begriff, um die planmäßige Anwendung der Psychologie in der Wirtschaft und Industrie zu benennen (Münsterberg 1912, 1914). Münsterberg, hatte bei Wundt promoviert und wechselte nach einem Aufenthalt in Freiburg, wo er ein psychologisches Labor aufbaute und Vorlesungen zur angewandten Psychologie hielt, Anfang des 20. Jahrhunderts an die Harvard Universität in Boston. Dort etablierte er sich bald mit deutsch- und englischsprachigen

Arbeiten, die zu den Grundlagen der späteren Arbeits- und Organisationspsychologie gezählt werden. Einen wichtigen Hintergrund für Münsterbergs Arbeiten lieferten die Rationalisierungsbewegungen, die sich nach 1900 besonders im Taylorismus kundtaten. *Frederick W. Taylor* (1856–1915) hatte ein arbeitsorganisatorisches Konzept entwickelt, um die Bedingungen in einer Organisation so zu optimieren, dass die Leistungen der Organisationsmitglieder maximiert werden können. Dagegen war Münsterberg bestrebt, mittels der Psychotechnik als angewandte Psychologie „eine vorwärtsblickende Gestaltung des praktischen Lebens im Dienste der Kulturaufgaben" zu erreichen (Münsterberg 1914, S. 6; zit n. Jaeger, 1985, S. 99). Nahezu auf alle Bereiche der Gesellschaft müsse sich die angewandte Psychologie ausrichten, auf Gesundheit, Wirtschaft, Recht, Erziehung, Kunst, Wissenschaft und Militär. Da kam der Erste Weltkrieg gerade recht. Dieser bot zahlreichen Psychologen nun ein Feld, um die psychologischen Erkenntnisse anzuwenden. Entweder, um soziale Anerkennung zu erlangen, oder aus national-patriotischer Überzeugung ließen sich etliche deutsche Psychologen darauf ein, ihre Wissenschaft in den Dienst des „wehrhaften Reiches" zu stellen. Horst Gundlach (1996, S. 131) zitiert einen Artikel aus der Zeitschrift „Umschau" vom August 1914: „Die Eroberung aller Lebensgebiete durch die experimentelle Psychologie schreitet siegreich fort. [...] In unserer, vom Donner der Geschütze durchhallten Zeit dürfte es doppelt interessant sein, davon zu hören, daß die experimentelle Psychologie auch dem Militär dienstbar gemacht werden soll. Es ist nicht ein Psychologe, der die Forderung erhebt, sondern ein Jünger des Mars selbst".

Während die älteren Psychologen, wie Wilhelm Wundt oder Oswald Külpe (1862–1915), der Begründer der Würzburger Denkpsychologie, über den „wahrhaften Krieg", die Einheit des deutschen Volkes, den englischen Hauptfeind oder über den „Tod fürs Vaterland" öffentlich sinnierten (z. B. Wundt, 1914; Külpe, 1915; siehe auch: Stock, 2017), gingen jüngere Psychologen in Deutschland (aber auch den USA) an die Kriegsfront, um nach den psychischen Auswirkungen des Krieges zu fahnden, die Bedeutung der Kameradschaft oder Veränderung von Wertvorstellungen zu untersuchen oder nach Möglichkeiten zu suchen, geeignete Soldaten für kriegerische Tätigkeiten auszuwählen.

Walter Moede (1888–1958) begann 1915, ein psychologisches Prüfungslaboratorium für Militärkraftfahrer aufzubauen. Auch an eine Arbeitsgemeinschaft zur psycho-physiologischen Analyse des Schießens wurde gedacht. Um geeignete Soldaten als Funker, Flugzeugbeobachter oder Richtkanoniere auswählen und ausbilden zu können, entwickelten Psychologen Methoden zur Messung der Wahrnehmung und Hörfähigkeit. In der Artillerie wurden psychologische Eignungstests zur Prüfung der Sehschärfe eingesetzt. *Gustav Kafka* (1883–1953) und *Otto Selz* (1881–1943), der 1943 in Auschwitz ermordet wurde, erforschten das Verhalten von Flugzeugpiloten. *Narziß Ach* (1871–1946) und *David Katz* (1884–1953)[4] untersuchten Kriegsversehrte, um deren psycho-physische Arbeitsfähigkeit durch Training wiederherstellen zu können (Geuter, 1985, S. 146 ff.). *William Stern* befasste sich intensiv mit dem Seelenleben von Kindern und Jugendlichen angesichts des Krieges (Stern, 1915). Der Volksschullehrer und Wundt-Schüler *Rudolf Schulze* ließ Mädchen und Jungen u. a. Bilder von Wilhelm II., von Hindenburg oder von der Einsegnung von gefallenen Kriegsfreiwilligen beurteilen, um so die Gefühle der Kinder erfassen zu können (Lück & Rothe, 2017, S. 122 ff.).

In den USA, wo es fast an jeder Universität im Gegensatz zu Deutschland selbständige Lehrstühle für Psychologie gab, etablierte sich die Intelligenzmessung als Verfahren zur Beurteilung und Auslese von Soldaten und Offizieren. Im Sommer 1918, kurz vor Kriegsende, sollen monatlich 12.000 bis 20.000 Mann getestet worden sein (Gundlach, 1996, S. 138).

Eine besonders distanzierte Sicht auf den Ersten Weltkrieg dagegen entwickelte *Kurt Lewin*. Er ging 1914 freiwillig in den Krieg und wurde 1918 schwer verwundet. Im Jahre 1917 veröffentlichte er eine kleine Schrift mit dem Titel „Kriegslandschaft" (Lewin, 1982, Original: 1917), die heute zu den frühen Meilensteinen der Umweltpsychologie gezählt werden darf. Lewin zeigt, wie sich die Wahrnehmung einer Landschaft verändern kann, je nachdem aus welcher individuellen Perspektive sie beobachtet und aus welchem Grunde sie betreten wird, um als Soldat Schutz vor den Stahlgewittern zu suchen oder als Spaziergänger die Natur zu genießen. Als Soldat im Kampfeinsatz wird eine friedliche Landschaft zur Kriegszone mit all ihren Gefahren und möglichen Schutzräumen. Lewins Hauptfrage, die ihn auch später im US-amerikanischen Exil umtreiben wird, dreht sich im Allgemeinen um die Strukturen und Kräfte innerhalb eines psychologischen Feldes (Wieser, 2014). Im Besonderen geht es darum, wie eine idyllische Landschaft unter kriegerischen Bedingungen zur Gefahrenzone werden kann, in der man sich „…ständig geduckt und abwehrbereit zu verhalten…" hat (Lewin, 1982, S. 322; Original: 1917).

---

[4] Narziß Ach bekannte sich schon vor 1933 zum Nationalsozialismus und zu Hitler. David Katz konnte rechtzeitig aus Nazi-Deutschland emigrieren, ging zunächst nach England und erhielt 1937 einen Ruf an die Universität Stockholm. Dort organisierte er 1951 den 13. Internationalen Kongress für Psychologie (Wolfradt et al., 2017).

Besonders kriegsentscheidend war die Psychologie im Ersten Weltkrieg sicher nicht. Aber, um es zugespitzt zu formulieren: Die angewandte Psychologie stellte sich im Ersten Weltkrieg darauf ein, die Menschen in humaner Weise für inhumane Verhältnisse und Umgangsformen fit zu machen.

Literatur

Anz, T., & Pfohlkann, O. (Hrsg.). (2006). *Psychoanalyse in der literarischen Moderne. Eine Dokumentation.* Verlag LiteraturWissenschaft.de.

Ash, M. G. (1985). Die experimentelle Psychologie an den deutschsprachigen Universitäten von der Wilhelminischen Zeit bis zum Nationalsozialismus. In M. G. Ash & U. Geuter (Hrsg.), *Geschichte der deutschen Psychologie im 20. Jahrhundert* (S. 45–82). Westdeutscher Verlag.

Bargh, J. (2018). *Vor dem Denken: Wie das Unbewusste uns steuert.* Droemer Verlag.

Becher, J. R. (1975; Original: 1940). *Abschied.* Aufbau Verlag.

Beilharz, A. (1996). *Die Décadence und Sade: Untersuchungen zu erzählenden Texten des französischen Fin de siècle.* J.B. Metzler.

Buber, M. (1901). Jüdische Renaissance. Ost und West. In *Illustrierte Monatsschrift für das gesamte Judentum* (Heft 1, S. 7–10). Calvary.

Buber, M. (1963; Original: 1903). Renaissance und Bewegung. In M. Buber. *Der Jude und sein Judentum.* Melzer Verlag.

Buber, M. (2019; Original: 1906). Geleitwort zur Sammlung „Die Gesellschaft. Sammlung sozialpsychologischer Monographien". In von F. Ferrari, S. Franchini & M. De Villa (Hrsg.), *Schriften zur politischen Philosophie und zur Sozialphilosophie* (S. 101–107, Martin Buber Werkausgabe, Bd. 11.1 und 11.2). Gütersloher Verlagshaus.

Buber, M. (1997; Original: 1923). *Das Dialogische Prinzip.* Verlag Lambert Schneider.

Buber, M. (1941). Hebräischer Humanismus. *Neue Wege 35*(14). https://www.e-periodica.ch/digbib/view?pid=new-001:1941:35::747#435. Zugegriffen: 9. Febr. 2021.

Bühler, K. (1908). Antwort auf die von Wundt erhobenen Einwände gegen die Methode der Selbstbeobachtung an experimentell erzeugten Erlebnissen. *Archiv für die gesamte Psychologie, 12*, 93–122.

Conrad, S. (2008). *Deutsche Kolonialgeschichte.* C.H. Beck.

Conradi, E. (2019). Mitmenschlichkeit in der modernen jüdischen Sozialethik. Elemente kommunitarischen Denkens bei Martin Buber, Käte Hamburger und Hermann Cohen. In W. Reese-Schäfer (Hrsg.), *Handbuch Kommunitarismus* (S. 151–169). Springer VS.

Dembo, T. (1931). Der Ärger als dynamisches Problem. *Psychologische Forschung, 15*, 1–44.

Deutsches Zentralinstitut für soziale Fragen. (2018). *Von der Armenpflege zum Sozialstaat und zur Zivilgesellschaft*. Berlin: Deutschen Zentralinstitut für soziale Fragen (DZI). https://www.dzi.de/wp-content/uploads/2018/10/DZI-Anthologie-webDS.pdf. Zugegriffen: 19. Dez. 2020.

Dilthey, W. (1894). *Ideen über eine beschreibende und zergliedernde Psychologie* (S. 1309–1407). Sitzungsberichte der Preußischen Akademie der Wissenschaften zu Berlin 1894.

Eckardt, G. (2010). *Kernprobleme in der Geschichte der Psychologie*. VS Verlag für Sozialwissenschaften.

Elsaghe, Y. A. (1999). „Herr und Frau X. Beliebig"? Zur Funktion der Vornamensinitiale bei Thomas Mann. *German Life and Letters, 52*(1), S. 58–67.

Fahrenberg, J. (2018). *Wilhelm Wundt (1832–1920)*. Pabst Science Publishers.

Fischer, C. & Nickisch, M. (2017). Arthur Schnitzler. In M. Brauneck (Hrsg.), *Kindler Kompakt: Drama des 20. Jahrhunderts* (S. 49–52). J.B. Metzler.

Forssman, E. (1994). Edvard Munch: Sein Werk und die Kunstwissenschaft heute. *Zeitschrift für Kunstgeschichte, 57*. Heft, 3, 521–532.

Freud, S. (1987; Original: 1900). *Die Traumdeutung*. Fischer Taschenbuch Verlag.

Freud, S. (1988a; Original: 1932). *Essays III, Auswahl 1920–1937*, herausgegeben von Dietrich Simon. Verlag Volk und Welt (und Böhlau Verlag).

Freud, S. (1988b; Original: 1905). *Essays I, Auswahl 1890–1914*, herausgegeben von Dietrich Simon. Verlag Volk und Welt (und Böhlau Verlag).

Fromm, E. (1999; Original: 1951). Märchen, Mythen, Träume. In von R. Funk (Hrsg.), *Erich-Fromm-Gesamtausgabe in 12 Bänden* (Bd. IX). Deutsche Verlags-Anstalt.

Galliker, M. (2013). Das geisteswissenschaftliche Forschungsprogramm der Psychologie. Diltheys» Ideen über eine beschreibende und zergliedernde Psychologie «sowie die Antwort von Ebbinghaus. In G. Scholtz (Hrsg.), *Diltheys Werk und die Wissenschaften: Neue Aspekte* (S. 193–207). V&R unipress.

Geibel, E. (1883). *Deutschlands Beruf, Gesammelte Werke* (Bd. 3). Verlag der Cotta'schen Buchhandlung.

Geuter, U. (1985). Militär und Psychologie im Deutschen Reich 1914–1945. In M. G. Ash & U. Geuter (Hrsg.), *Geschichte der deutschen Psychologie im 20. Jahrhundert* (S. 146–171). Westdeutscher Verlag.

Groschopp, H. (2011). *Dissidenten, Freidenker und Kultur in Deutschland*. Tectum Verlag.

Gundlach, H. (1996). Faktor Mensch im Krieg. Der Eintritt der Psychologie und Psychotechnik in den Krieg. *Berichte zur Wissenschaftsgeschichte 19*(2–3), 131–143.

Habermas, T. (2001). Eine nicht ganz zufällige Begegnung: Kurt Lewins Feldtheorie und Siegfried Bernfelds Psychoanalyse im Berlin der späten 20er Jahre. *Zeitschrift für Psychologie, 209*, 416–431.

Hellpach, W. (1902/1903). Soziale Ursachen und Wirkungen der Nervosität. *Politisch-anthropologische Revue, 1* (S. 43–53, 126–134).

Hellpach, W. (1907). *Technischer Fortschritt und seelische Gesundheit: Akademische Antrittsrede, gehalten am 25. Juni 1906.* Carl Marhold Verlagsbuchhandlung.
Hertzka, T. (1890). *Freiland, ein soziales Zukunftsbild.* Duncker & Humblot.
Herzl, T. (2015; Original: 1902). *Altneuland.* Omnium Verlag.
Hillebrand, F. (1913). Die Aussperrung der Psychologen. *Zeitschrift für Psychologie, 67,* 1–21.
Hopf, C. (1997). *Frauenbewegung und Pädagogik: Gertrud Bäumer zum Beispiel.* Verlag Julius Klinkhardt.
Jaeger, S. (1985). Zur Herausbildung von Praxisfeldern der Psychologie bis 1933. M. G. Ash & U. Geuter (Hrsg.), *Geschichte der deutschen Psychologie im 20. Jahrhundert* (S. 83–112). Westdeutscher Verlag.
Kennan, G. F. (1979). *The Decline of Bismarck's European Order. Russian Relations 1875–1890.* Princeton University Press.
Kocka, J. (1983). Industrialisierung und Arbeiterbewegung in Deutschland vor 1914. In W. Jacobmeyer (Hrsg.), *Industrialisierung, sozialer Wandel und Arbeiterbewegung in Deutschland und Polen bis 1914* (S. 67–79). Selbstverlag. https://www.econstor.eu/bitstream/10419/112309/1/205858.pdf. Zugegriffen: 19. Dez. 2020.
Kocka, J. (2016). Bismarck und die Entstehung des deutschen Sozialstaats. *Francia, 43,* 397–408. https://doi.org/10.11588/fr.2016.0.44803
Kößler, R., & Melber, H. (2004). Völkermord und Gedenken. Der Genozid an den Herero und Nama in Deutsch-Südwestafrika 1904–1908. In M. Brumlik & I. Wojak (Hrsg.), *Völkermord und Kriegsverbrechen in der ersten Hälfte des 20. Jahrhunderts* (S. 37–76). Campus Verlag.
Krafft-Ebing, R. (1895). *Nervosität und neurasthenische Zustände.* Alfred Hölder, K. u. K. Universitäts-Buchhändler.
Külpe, O. (1915). *Die Ethik und der Krieg.* Hirzel.
Lang, R., & Hellpach, W. (1922). *Gruppenfabrikation.* Julius Springer.
Laufer, U. (2001). Zeitenwende – Wendezeit. Geburt und Werdegang eines Jahrtausend-Countdowns. Deutsches Museum. http://www.deutsches-museum.de/fileadmin/Content/data/020_Dokumente/040_KuT_Artikel/2001/25-1-10.pdf. Zugegriffen: 2. Jan. 2020.
Lefèvre, E. (1998). Humanismus und humanistische Bildung. In H. Engler (Hrsg.), *Humanismus in Europa* (S. 1–43). Winter.
Lewin, K. (1926). *Vorsatz, Wille und Bedürfnis mit Vorbemerkungen über die psychischen Kräfte und Energien und die Struktur der Seele.* Springer.
Lewin, K., & (1982; Original 1917). Kriegslandschaft. In C.-F. Graumann (Hrsg.), *Kurt-Lewin Werkausgabe* (Bd. 4, S. 315–325). Hans Huber.
Linse, U. (2005). Lebensreformbewegung. In C. Auffarth u.a. (Hrsg.), *Metzler Lexikon Religion* (S. 851–853). J.B. Metzler.
Lück, H. E., & Rechtien, W. (1988). *Freud und Lewin: historische Methode und" Hier-und-Jetzt".* Fernuniversität Hagen Arbeitsbereich Psychologie: Manuskript.

https://www.researchgate.net/publication/340933223_Freud_und_Lewin_-_Historische_Methode_und_Hier-und-Jetzt. Zugegriffen: 10. Jan. 2021.

Lück, H. E. & Rothe, M. (2017). Kinder erleben den Weltkrieg. Empirische Untersuchungen zu Beginn des Krieges. *Journal für Psychologie, 25*(1), 111–142.

Mahler, W. (1933). Ersatzhandlungen verschiedenen Realitätsgrades. *Psychologische Forschung, 18*, 27–89.

Massen, C., & Bredenkamp, J. (2005). Die Wundt-Bühler-Kontroverse aus der Sicht der heutigen kognitiven Psychologie. *Zeitschrift für Psychologie, 213*(2), 109–114.

Mauthner, F. (1981). Fin de siècle und kein Ende. In E. Ruprecht & D. Bänsch (Hrsg.), *Manifeste und Dokumente zur deutschen Literatur 1890–1910* (S. 298–300). J.B Metzler.

Möbius, P. J. (1908; 1. Aufl. 1900). *Über den physiologischen Schwachsinn des Weibes.* Carl Marhold Verlagsbuchhandlung.

Münsterberg, H. (1912). *Psychologie und Wirtschaftsleben. Ein Beitrag zur angewandten Experimental- Psychologie.* Verlag Johann Ambrosius Barth.

Münsterberg, H. (1914). *Grundzüge der Psychotechnik.* Verlag Johann Ambrosius Barth.

Nitzschke, B. (Hrsg.). (1989). *Freud und die akademische Psychologie. Beiträge zu einer historischen Kontroverse.* Psychologie Verlags Union.

Noeske, N. (2018). Geteilt geboren durch den Eisernen (Schutz-)Vorhang – Berghaus' Inszenierung von Siegfried Matthus' Cornet. In N. Noeske & M. Tischer (Hrsg.), Ruth Berghaus und Paul Dessau: Komponieren – choreographieren – inszenieren. Böhlau.

Ovsiankina, M. (1928). Die Wiederaufnahme unterbrochener Handlungen. *Psychologische Forschung, 11*, 302–379.

Ratkau, J. (1994). Die wilhelminische Ära als nervöses Zeitalter, oder: Die Nerven als Netz zwischen Tempo- und Körpergeschichte. *Geschichte und Gesellschaft, 20*(2), 211–241.

Rilke, R. M. (1956). *Sämtliche Werke. Zweiter Band.* Insel.

Röhl, J. C. G. (2018). *Wilhelm II. Der Weg in den Abgrund – 1900–1941.* C.H. Beck.

Schenker, A. (2003). *Der Jüdische Verlag 1902–1938: Zwischen Aufbruch, Blüte und Vernichtung.* Max Niemeyer Verlag.

Sebald, W. G. (1976). Mord an den Vätern – Bemerkungen zu einigen Dramen der spätbürgerlichen Zeit. *Neophilologus, 60*(3), 432–441.

Staeuble, I. (1985). „Subjektpsychologie" oder „subjektlose Psychologie" – Gesellschaftliche und institutionelle Bedingungen der Herausbildung der modernen Psychologie. In M. G. Ash & U. Geuter (Hrsg.), *Geschichte der deutschen Psychologie im 20. Jahrhundert* (S. 19–44). Westdeutscher Verlag.

Stambolis, B. (2018). Autonomie und Selbstbestimmung: Der Wandervogel vor dem Ersten Weltkrieg. In C. Selheim, U. G. Großmann & B. Stambolis (Hrsg.),

Aufbruch der Jugend: Deutsche Jugendbewegung zwischen Selbstbestimmung und Verführung, Heidelberg: arthistoricum.net. https://books.ub.uni-heidelberg.de/arthistoricum/catalog/book/359. Zugegriffen: 02. Jan. 2020.

Steinberg, H. (2004). Zum 150. Geburtstag von Paul Julius Möbius (1853–1907). *Der Nervenarzt, 75*(1), 97–100.

Stern, W. (1900). Die psychologische Arbeit des 19. Jahrhunderts. *Zeitschrift für pädagogische Psychologie, 2,* 413–436.

Stern, W. (1903). Angewandte Psychologie. *Beiträge zur Psychologie der Aussage, 1,* 4–45.

Stern, W. (1913). *Die Anwendung der Psychoanalyse auf Kindheit und Jugend. Ein Protest.* Verlag Johann Ambrosius Barth.

Stern, W. (Hrsg.). (1915). *Jugendliches Seelenleben und Krieg. Materialien und Berichte. Beiheft 12 zur Zeitschrift für angewandte Psychologie und psychologische Sammelforschung.* Verlag Johann Ambrosius Barth.

Stern, W. (1994; Original: 1911). *Die Differentielle Psychologie in ihren methodischen Grundlagen.* Verlag Hans Huber; ursprünglich erschienen in Leipzig, Verlag Johann Ambrosius Barth.

Stock, A. (2017). „Wer Funken sät wird Feuer ernten". Oswald Külpe und seine Ethik des Kriegs. *Journal für Psychologie, 25*(1), 39–66.

Szöllösi-Janze, M. (1998). *Fritz Haber, 1868–1934: Eine Biographie.* C.H Beck.

Thiede, R. (1998). *Stereotypen vom Juden. Die frühen Schriften von Heinrich und Thomas Mann. Zum antisemitischen Diskurs der Moderne und dem Versuch seiner Überwindung.* Metropol.

Traub, U. (2014). *Theater der Nacktheit: zum Bedeutungswandel entblößter Körper auf der Bühne seit 1900.* transcript Verlag.

Volkmann, C. (2018). *Emanuel Geibels Aufstieg zum literarischen Repräsentanten seiner Zeit.* J.B. Metzler.

Von Suttner, B. (1892). *Die Waffen nieder! Eine Lebensgeschichte* (Zwei Bände, Bd. 2). Edgar Pierson Verlag.

Von Pettenkofer, M. (1869). *Wodurch die humanistischen Gymnasien für die Universität vorbereiten: Rede an die Studirenden der Ludwig-Maximilians-Universität zu München*, gehalten am 4. Dezember 1869. J.G. Weiß. https://epub.ub.uni-muenchen.de/22285/1/50.pdf. Zugegriffen: 16. Dez. 2020.

Wedemeyer-Kolwe, B. (2004). *„Der neue Mensch": Körperkultur im Kaiserreich und in der Weimarer Republik.* Königshausen & Neumann.

Wieser, M. (2014). Von der Kriegslandschaft zur Topologie der Persönlichkeit: Strategien der Sichtbarmachung im Werk Kurt Lewins. *Psychologie und Gesellschaftskritik, 38*(3), 7–25.

Wildmann, D. (2009). *Der veränderbare Körper.* Mohr Siebeck.

Wolfradt, U., Billmann-Mahecha, E., & Stock, A. (Hrsg.). (2017). *Deutschsprachige Psychologinnen und Psychologen 1933–1945.* Springer.

Woyke, W. (2016). *Weltpolitik im Wandel.* Springer VS.

Wunberg, G. (1969). Utopie und fin de siècle. Zur deutschen Literaturkritik vor der Jahrhundertwende. Ein Vortrag. *Deutsche Vierteljahrsschrift für Literaturwissenschaft und Geistesgeschichte, 43*(4), 685.

Wundt, W. (1907). Über Ausfrageexperimente und über die Methoden zur Psychologie des Denkens. *Psychologische Studien, 3*, 301–306.

Wundt, W. (1908–1911). *Grundzüge der physiologischen Psychologie.* (6. Aufl.). Engelmann.

Wundt, W. (1911). *Vorlesungen über die Menschen- und Tierseele* (5. Aufl.). Verlag von Leopold Voss.

Wundt, W. (1914). *Über den wahrhaften Krieg. Rede gehalten in der Alberthalle zu Leipzig am 10. September 1914.* Kröner.

www.dhm.de. https://www.dhm.de/archiv/ausstellungen/namibia/stadtspaziergang/pdf/10_reichstag.pdf. Zugegriffen: 19. Dez. 2020.

Zeigarnik, B. (1927). Über das Behalten von erledigten und unerledigten Handlungen. *Psychologische Forschung, 9*, 1–85.

Ziemann, B. (2016). Die moderne Industriegesellschaft. Bundeszentrale für politische Bildung. https://www.bpb.de/izpb/224739/die-moderne-industriegesellschaft. Zugegriffen: 16. Dez. 2020.

Teil III

Geschichten über „Urkatastrophen"

12

Revolutionen, Humanistisches, die goldenen Zwanziger und der Antisemitismus

„Wenn der Mensch unbegrenzt formbar wäre, hätte es keine Revolutionen gegeben…" (Erich Fromm, Die Revolution der Hoffnung. Für eine Humanisierung der Technik, 1999, S. 306; Original: 1968).

Revolutionen

Von *Wladimir Iljitsch Uljanow – Lenin* (1870–1924) gibt es Fotos mit Katze. Eine der bekanntesten Ablichtungen stammt vermutlich von *Grigori Petrowitsch Goldstein* (1870 als Gerschon-Lejzer Perezowitsch Goldstein geboren und 1941 gestorben), Lenins Haus- und Hoffotograf. Auf dem Foto schaut Lenin freundlich in die Kamera und hält im rechten Arm eine schwarz-weiße Katze, die er zärtlich mit seiner linken Hand streichelt. Wer Katzen liebe, so ein Spruch aus der Kindheit, der sei auch den Menschen freundlich und in Liebe zugetan. Mit Lenins Menschenfreundlichkeit, gar Menschenliebe ist es allerdings nicht so einfach, *persönlich, philosophisch* und auch *politisch* nicht.

Seit 1898 war Lenin mit *Nadeschda Konstantinowna Krupskaja* (1869–1939) verheiratet, geliebt hat er wohl vor allem seine Mutter, die 1916 starb, und die französische Revolutionärin *Inès Elisabeth Armand* (1874–1920). Mit ihr hatte Lenin zwischen 1909 und 1913 eine Liebesbeziehung, die in den offiziellen Dokumenten bis hinein in die 1990er Jahre, so in den Lenin-Werken, nur als Kampfgemeinschaft auftauchte. Erst nach dem Zusammenbruch der Sowjetunion konnte man über die romantische und stürmische Beziehung zwischen Lenin und Inès Armand mehr erfahren. Im Winter

1914/1915 schrieb Inès Armand an Lenin, sie plane ein Buch über Frauen und die „Freiheit der Liebe". In zwei Briefen übte Lenin daraufhin heftige Kritik an Armands „Forderung der Frau nach Freiheit der Liebe". Freiheit der Liebe sei keine proletarische, sondern eine bürgerliche Forderung. Schließlich gehe es „[…] um die *objektive Logik* der Klassenbeziehungen in Liebesdingen" (Lenin, 1963, Band 35, S. 156; Hervorh. im Original). Nun ja, so viel zum *Persönliche*n.

Ein großer Philosoph, der über Menschenfreundlichkeit, Mitmenschlichkeit, gar Humanismus nachdachte, war Lenin indes auch nicht. Zu Zeiten, als (fast) alle Studierenden in der DDR Lenins Schrift „Materialismus und Empiriokritizismus" (Lenin 1975, Band 14; Original: 1908) lesen mussten, galt dieses Werk als aktuelle philosophische Basis, um die humanistischen Grundfragen „unserer Zeit" verstehen und lösen zu können (Rupprecht, 1979). Zum Hintergrund der Schrift: Sie erschien im September 1908 und enthält quasi das Fazit einer längeren Auseinandersetzung zwischen verschiedenen Fraktionen der Sozialdemokratischen Arbeiterpartei Russlands nach den revolutionären Unruhen zwischen 1905 und 1907. Höhepunkt der Unruhen war der sogenannte Blutsonntag am 22. Januar 1905. An diesem Tag marschierten Tausende Arbeiterinnen und Arbeiter zum Winterpalast in Sankt Petersburg. Dort wollten sie dem Zaren eine Bittschrift für bessere Arbeits- und Lebensbedingungen (z. B. Herabsetzung der Steuern, Einführung des Achtstundentags, Beendigung des Russisch-Japanischen Krieges) überreichen. Vor dem Palast schossen Soldaten auf die Bittsteller. Mehrere hundert Menschen wurden getötet. Daraufhin verstärkten sich die Proteste, Streiks und Unruhen im ganzen Land. Zar Nikolaus II. erließ zwar einige Reformen und erlaubte die Einführung der Duma, des gesamtrussischen Parlaments; zu grundlegenden gesellschaftlichen Veränderungen im Zarenreich führten die Proteste nicht (vgl. auch Jacob, 2020, S. 74 f.). Lenin, der zu Beginn des Jahres 1905 noch im westeuropäischen Exil war, kam nach Russland zurück, schrieb über die „Zwei Taktiken der Sozialdemokratie in der demokratischen Revolution" und stellte fest, dass die objektiven wie subjektiven Bedingungen für eine „vollständige Befreiung" der Arbeiter- und Bauerschaft noch nicht gegeben seien. (Lenin, 1958, Band 9). Trotzdem forderte er einen bedingungslosen Kampf gegen das Zarenregime und musste deswegen erneut emigrieren. Wieder ging er in den Westen, über Finnland in die Schweiz.

Währenddessen machten sich einige von Lenins Mitstreitern Gedanken darüber, wie man dem „einfachen" russischen Volk, die Ideen des Sozialismus und der proletarischen Revolution nahebringen könnte. Der Philosoph und Ökonom *Alexander Alexandrowitsch Bogdanow* (1873–1928), der Kulturpolitiker und spätere Volkskommissars für Bildung *Anatoli Wassiljewitsch Lunatscharski* (1875–1933) und andere russische Intellektuelle sympathisierten in diesem Kontext mit den philosophischen Auffassungen des österreichischen Physikers und Philosophen *Ernst Mach* (1838–1916), der als Mitbegründer des sogenannten Empiriokritizismus in die Geschichte eingegangen ist. Die Sympathisanten versuchten, Machs Ideen mit den Auffassungen der Sozialdemokratischen Arbeiterpartei Russlands zu versöhnen (vgl. Wittich, 1999). Das gefiel Lenin ganz und gar nicht, sah er darin doch den gefährlichen Angriff des Idealismus auf die hehren Grundlagen des Materialismus.

Ernst Mach vertrat eine, wie wir heute sagen würden, radikalkonstruktivistische Theorie über das Verhältnis von Realität und Empfindungen. Während, um kurz in die Geschichte der Psychologie zu blicken (siehe Kap. 7), für Theodor Fechner und Wilhelm Wundt auf einen Reiz eine Empfindung folge, sind die Empfindungen bei Mach nicht Resultate, „[…] sondern die Grundbausteine, die Elemente, aus denen die Welt überhaupt entsteht" (Benetka & Slunecko, 2019 S. 105 f.).

Sicher, man mag sich wundern, warum Lenin in den brodelnden Zeiten die Muße fand, um über erkenntnistheoretische Probleme mehr als 350 Seiten zu schreiben. Nun, er sah im Machschen Empiriokritizismus einen „[…] wahren Feldzug gegen die Philosophie des Marxismus" (Lenin, 1975, Band 14, S. 9). Dagegen wollte er seinerseits ins Felde ziehen und den Abtrünnigen aus den eigenen Reihen nachweisen, dass der Fideismus, nach dem der Glaube die einzige Grundlage der Erkenntnis sei, ein philosophischer und politischer Irrtum ist. Es ging ihm, Lenin, aber auch um eine Machtdemonstration gegenüber den Renegaten. Obwohl seine elementaren philosophischen Kenntnisse eine solche Machtdemonstration eigentlich hätten ausschließen müssen, hat er, wie der Physiker Friedrich Adler an Ernst Mach schrieb, „… wirklich alle Literatur durchgebüffelt, aber nicht die Zeit gehabt, um sich hineinzudenken" (Adler, Brief an Mach vom 23. Juni 1909; zit. n. Wittich, 1999, S. 82 f.). Auf den besagten 350 Seiten schreibt Lenin über Empfindungen, Prinzipialkoordination, über den Solipsismus bei Mach und Avenarius, über Kant und die Dinge an sich, den Idealisten Wilhelm Wundt, über Materie, über die Krise der Physik, Ernst Haeckel, die Wahrheit und vor allem über seine Abbildtheorie. Wahrnehmungen und Vorstellungen seien Abbilder der Dinge, die außerhalb von uns existieren (Lenin 1975, Band 14, S. 103); das menschliche Denken „ist dann »ökonomisch«, wenn es die objektive Welt *richtig* widerspiegelt" (ebd., S. 166; Hervorh. im Original). „Die objektive, d. h. vom Menschen und von der Menschheit unabhängige Wahrheit anerkennen heißt, auf diese oder jene Weise die absolute Wahrheit anerkennen" (ebd., S. 127).

Man könnte Lenins Abbildtheorie aus einer heutigen, zugebenermaßen etwas überheblichen, Sicht kritisieren. Es ließe sich beispielsweise behaupten: Empfindungen sind nicht nur Abbilder von Reizen aus der Außenwelt, sondern auch Ergebnis der eigendynamischen, neurophysiologischen Hirnprozesse. Ökonomisch kann menschliches Denken auch dann sein, wenn es sich auf Schemata und Heuristiken stützt, mit denen die objektive Welt u. U. verkürzt abgebildet und dennoch irgendwie bewältigt wird. Produktiver als ein solch neuzeitliches Bashing sind hingegen Vergleiche zwischen Lenins Abbildtheorie und dem damaligen Wissensstand. Es ließe sich an Immanuel Kant erinnern und die Gesetze der Natur, die der menschliche Verstand dieser zuschreibt; oder an das Unbewusste, mit dem – nach Freud – der Mensch ungewollt Stellung zur Wirklichkeit und der objektiven Außenwelt bezieht; oder auch an die Erkenntnisse der Würzburger Denkpsychologen, nach denen Menschen Subjekte ihres eigenen Denkens sind (Kap. 11). Kurz und gut: Mit der Abbildtheorie und dem Kampf gegen den Empiriokritizismus von Ernst Mach fiel Lenin hinter jene Erkenntnisse zurück, die man durchaus zu den bis dato errungenen humanwissenschaftlichen Einsichten über Empfindungen, Denken, Vernunft und Wirklichkeit zählen konnte.

Bleibt das *Politische:* Als der Erste Weltkrieg ausbrach, weilte Lenin zur Kur in Österreich, wurde dort als Bürger eines „feindlichen Landes" verhaftet und – nachdem sich die sozialdemokratischen Abgeordneten Viktor Adler und Hermann Diamant für ihn verbürgten – im September 1914 wieder freigelassen. Mit Ehefrau Nadeschda Krupskaja und seiner Schwiegermutter emigrierte er wenig später in die Schweiz, wohnte zunächst in Bern und zog dann nach Zürich in die berühmte Spiegelgasse Nummer 14. In der Nachbarwohnung, in Spiegelgasse Nummer 12, starb 1837 Georg Büchner und das Haus in der Spiegelgasse 11 war das Geburts- und Wohnhaus von Johann Kaspar Lavater (siehe: Kap. 5). Einige Häuser weiter, in der Nummer 1, gründete der Dichter Hugo Ball 1916 gemeinsam mit Richard Huelsenbeck, Tristan Tzara, Hans Arp und anderen die Gruppe *Dada*.

Dort in der Spiegelgasse saß Lenin nun, schrieb über den „Imperialismus als höchstes Stadium des Kapitalismus", verfasst Broschüren zur Revolution und las Hegels „Wissenschaft der Logik". In dem Konspekt, das Lenin dazu anfertigte, schreibt er u. a.: „Das Bewusstsein des Menschen widerspiegelt nicht nur die objektive Welt, sondern schafft sie auch" (Lenin, 1971a, b, Band 38, S. 203; Original: September/Oktober 1914). Könnte das nicht ein Leitsatz für eine doch noch große dialektische und humanistisch orientierte

12 Revolutionen, Humanistisches, die goldenen Zwanziger ...

Erkenntnistheorie sein? Der Zeitgeist tickte, wenn man so will, indes anders. Es herrschte Krieg in Europa.

Im September 1915 nahm Lenin mit *Lew Dawidowitsch Bronstein*, genannt Leo Trotzki (1879–1940) an der Zimmerwalder Konferenz in der Nähe von Bern teil, auf der Vertreter europäischer Arbeiterparteien ein von Trotzki entworfenes Manifest verabschiedeten, in dem die „Proletarier Europas" zum gemeinsamen Kampf gegen den Krieg und „für einen Frieden ohne Annexionen und Kriegsentschädigung" aufgerufen wurden (Trotzki, 2015). Das Manifest erregte Aufsehen, hinterließ aber kaum praktische Wirkungen. Der Erste Weltkrieg ging weiter.

Im Frühjahr 1917 weilte Lenin immer noch in Zürich. Die russische Februarrevolution hatten er und seine Mitstreiter verpasst. Der Zar war gestürzt und die provisorische Regierung unter *Alexander Fjodorowitsch Kerenski* (1881–1970) übernahm im Februar 1917, nach gregorianischem Kalender im März, die Macht, musste sie allerdings mit den Räten, dem *Sowjet der Arbeiter- und Soldatendeputierten,* teilen. Um den Mantel der Geschichte doch noch ergreifen zu können, verhandelten Lenin und seine Getreuen in der Schweiz mit dem Deutschen Reich, um eine Bahnreise durch Deutschland nach Petrograd, dem vormaligen Sankt Petersburg, zu ermöglichen. Das lag in beiderseitigem Interesse. Lenin wollte nach Russland, um die dortige Situation in Folge des Krieges, der katastrophalen Wirtschaftslage und der Kriegsmüdigkeit auszunutzen und weiter zu revolutionieren. Das Deutsche Reich kämpfte immer noch einen Mehrfrontenkrieg. Mit Lenin verknüpfte die deutsche Regierung die Hoffnung, einen Separationsfrieden im Osten zu erreichen und so Kräfte für den Krieg im Westen frei machen zu können.

Am 3. bzw. 16. April (nach gregorianischem Kalender) 1917 kam Lenin mit seiner Ehefrau und weiteren Revolutionären, darunter Karl Radek, Grigori Sinowjew und (sic) Inès Armand in Petrograd an. Am 7. bzw. 20. April 1917 veröffentlichte die *Prawda* Lenins „Aprilthesen" – „Über die Aufgaben des Proletariats in der gegenwärtigen Revolution". Den Krieg geißelt er als „räuberischen imperialistischen Krieg" und fordert eine „Republik der Sowjets der Arbeiter-, Landarbeiter- und Bauerndeputierten im ganzen Lande, von unten bis oben" (Lenin, 1959, Band 24, S. 5). Ob sich die Arbeiter, Soldaten und Matrosen, die im Juli 1917 in Petrograd den Aufstand gegen die provisorische Regierung probten, dieser Forderung bewusst waren, ist ungewiss. Die Aufständischen wollten die Herrschaft der provisorischen Kerenski-Regierung beenden und unter der Losung „Alle Macht den Sowjets" ihre eigene Herrschaft errichten, was indes misslang.

Zirka 600 Tote und Verletzte zählte man am Ende der chaotischen Tage (Koenen, 2017, S. 738).

Als absehbar war, dass der Juliputsch zu scheitern drohte, und Lenin erfuhr, die Kerenski-Regierung werfe ihm vor, ein Agent der Deutschen zu sein, floh er nach Finnland. Dort hielt er sich der Legende nach im September 2017 in einer Laubhütte auf. Hier entwarf er in „Staat und Revolution" seine Vorstellung vom Klassenkampf, den Aufgaben des Proletariats in der Revolution und vom Sturz der Kapitalisten durch die eiserne Faust der bewaffneten Arbeiter. Die Unterdrücker, die Ausbeuter, die Kapitalisten „[…] müssen wir niederhalten, um die Mehrheit von der Lohnsklaverei zu befreien, ihr Widerstand muss mit Gewalt gebrochen werden, und es ist klar, dass es dort, wo es Unterdrückung, wo es Gewalt gibt, keine Freiheit, keine Demokratie gibt" (Lenin, 1960, Band 25, S. 475; Original: 1917).

Der Satz ist spitzfindig. Befreiung der Mehrheit sei nur durch Gewalt möglich; Gewalt zerstöre aber Freiheit und Demokratie. Ob Lenin mit einer solchen dialektischen Auslegung einverstanden gewesen wäre, ist fraglich. Mitte Oktober ließ er sich vom Zentralkomitee seiner Partei nach Petrograd zurückrufen. Ende Oktober, nach gregorianischem Kalender am 7. November 1917, übernahmen die Bolschewiki gewaltsam die Macht in Petrograd. Die provisorische Regierung wurde abgesetzt und ein Rat der Volkskommissare gebildet. Am Abend des 7. November trat der „Allrussische Sowjetkongress der Arbeiter- und Soldatendeputierten" zusammen. Lenin wurde zum Vorsitzeden des Rats der Volkskommissare gewählt und verlas am nächsten Tag das „Dekret über den Frieden", in dem allen kriegsführenden Völkern und Regierungen sofortige Verhandlungen „über einen gerechten demokratischen Frieden" angeboten wurden (Lenin, 1961a, b, Band 26, S. 239). Am Abend des 8. November 1917 hielt Lenin auf dem Kongress das Schlusswort und sagte einen erstaunlichen Satz: „Nach unseren Begriffen ist es die Bewusstheit der Massen, die den Staat stark macht. Er ist dann stark, wenn die Massen alles wissen, über alles urteilen können und alles bewusst tun" (Lenin ebd., S. 246). Das hätte die Grundlage für eine menschenfreundliche Philosophie des Friedens werden können, wurde es aber nicht. Anfang Januar 1918 schreibt Lenin in einem Manuskript mit dem Titel „Wie soll man den Wettbewerb organisieren?": „Kampf auf Leben und Tod gegen die Reichen und ihre Kostgänger, die bürgerlichen Intellektuellen, gegen die Gauner, Müßiggänger und Rowdys" (Lenin, 1961a, b, Band 26, S. 409). Man solle die Gauner und Müßiggänger ins Gefängnis stecken, Klosetts reinigen lassen und als schädliche Elemente überwachen.

Nachdem die Bolschewiki in den Wahlen, die nach den ersten Revolutionstagen im November 1917 durchgeführt wurden, nicht die Mehrheit erhalten hatten, stürzten sie das Parlament, die Konstituierenden Versammlung. Die Macht lag nun allein in den Händen der Bolschewiki und der Arbeiter- und Soldatenräte. Am 3. März 1918 unterzeichneten die Vertreter der Bolschewiki und der Mittelmächte (voran das Deutsche Reich und Österreich-Ungarn) den „Friedensvertrag von Brest-Litowsk". Danach begann der Bürgerkrieg in Russland. Im Dongebiet, im Nordkaukasus und in Sibirien erhoben sich die Kosaken gegen die Bolschewiki. Offiziere der ehemaligen Zarenarmee versuchten in Sibirien eine Militärdiktatur zu errichten. Anhänger der sozialrevolutionären Partei verbündeten sich mit ausländischen Soldaten, die sich noch auf russischem Gebiet befanden, um einen Aufstand gegen die Bolschewiki zu organisieren. Britische, französische, griechische, japanische und amerikanische Truppen landeten am japanischen Meer, in Nordrussland und am Schwarzen Meer, um die Weiße Armee zu unterstützen, die sich aus Teilen der Zarenarmee, aus Freiwilligen und zum Wehrdienst gezwungenen Soldaten zusammensetzte. Am Ende des Bürgerkrieges 1921/1922 hatten etwa eine Million Soldaten ihr Leben im Kampf verloren; zwei Millionen Soldaten waren an Epidemien und Hunger gestorben; mehrere Millionen Tote gab es unter den Zivilisten; knapp 300.000 Menschen starben in Arbeitslagern, in Gefängnissen oder durch Hinrichtungen, darunter auch die Familie des Zaren (vgl. auch Hildermeier, 1998, S. 151 und S. 264).

Der Bürgerkrieg war der Auftakt für den Staatsterror in Sowjetrussland und der späteren Sowjetunion. Es wurden Kontrollorgane, wie die Tscheka, geschaffen, „…deren Mitarbeiterzahl von 12.000 im Jahre 1918 auf 40.000 Ende desselben Jahres und schließlich auf 280.000 Anfang 1921 steigen würde. Es folgten Konzentrationslager für politische Gegner und die gnadenlose Unterdrückung und Verfolgung politisch Andersdenkender. Die Revolution war korrumpiert worden und entstanden war aus dieser Korrumpierung ein bolschewistisches Parteienregime, eine Diktatur unter der Führung Lenins, ein totalitärer Staat, in dem der Marxismus nur noch auf dem Papier existierte" (Jacob, 2020, S. 144). Das hat nun wahrlich nichts mehr mit dem Humanismus zu tun.

Im Westen dagegen nichts Neues. Dort ging der Krieg auch nach dem Frieden von Brest-Litowsk bis zum November 1918 weiter: Granaten, Bomben, Gas, Grabenkrieg. Ende September 1918 wurde die Lage für die deutschen Soldaten immer aussichtsloser.

Am 9. November 1918 wurde in Deutschland die Monarchie gestürzt. Der SPD-Politiker Philipp Scheidemann rief vom Balkon des deutschen

Reichstages die Republik aus. Karl Liebknecht tat das gleiche einige Stunden später vom Balkon des Berliner Schlosses. Die SPD gründete in Berlin einen Arbeiter- und Soldatenrat und handelte mit der USPD die Besetzung einer künftigen Regierung aus. Nach langen Anläufen sahen sich die Vertreter des Deutschen Reichs am 11. November 1918 gezwungen, einen Waffenstillstand mit Frankreich und Großbritannien zu unterzeichnen. Währenddessen versuchte der neu gegründete Spartakusbund, aus dem am 1. Januar 1919 die KPD hervorging, unter der Leitung von Rosa Luxemburg und Karl Liebknecht eine Räteregierung zu bilden. Streiks, Massenproteste, Straßenkämpfe, militärische Auseinandersetzungen zwischen reaktionären Freikorps und revolutionären Matrosen über Weihnachten 1918 folgten. Anfang Januar 1919 kam es in Berlin zu einem Generalstreik und zu bewaffneten Kämpfen, die als „Spartakusaufstand" in die Geschichte eingingen. Auf Befehl von *Gustav Noske* (1868–1946), Mitglied der SPD und Oberbefehlshaber der Truppen in und um Berlin, rückten Freikorps in Berlin ein, stürmten von Spartakisten besetzte Gebäude und töteten zahlreiche Aufständische. Am 15. Januar 1919 ermordeten Freikorps-Soldaten Rosa Luxemburg und Karl Liebknecht.

Am 19. Januar 1919 fanden die Wahlen zur verfassungsgebenden Nationalversammlung statt. Erstmals durften auch die Frauen von ihrem Wahlrecht Gebrauch machen. Aus den Wahlen ging die SPD als stärkste Fraktion hervor. Im Februar 1919 wählte die Nationalversammlung in Weimar Friedrich Ebert zum Reichspräsidenten. Die Streiks und Aufstände gingen weiter. Im März kam es erneut zu Kämpfen zwischen Spartakisten und den von Noske befehligten Truppen. Berüchtigt sind die Märzkämpfe bis heute vor allem wegen des Erschießungsbefehls, den Noske damals verkündete: Jede Person, die mit Waffen gegen die Regierungstruppen kämpfe, sei sofort zu erschießen (Keil & Stibbe, 2020, S. 554). Im April 1919 scheiterte nach blutigen Kämpfen die Bayerische Räterepublik, mit der Pazifisten, wie Gustav Landauer, Erich Mühsam, Ernst Toller und Kommunisten, wie Rudolf Egelhofer, Eugen Leviné oder Max Levien, einen sozialistischen Gegenentwurf zu den herrschenden Verhältnissen zu etablieren versuchten.

Mit der Unterzeichnung des Friedensvertrages von Versailles im Juni 1919 und dem Inkrafttreten der ersten demokratischen Verfassung im August 1919 begann die Weimarer Republik. Im März 1920 misslang der Kapp-Putsch, ein konterrevolutionärer Versuch, die Weimarer Republik zu stürzen. Im Oktober 1923 hatten die SPD und die KPD gemeinsame Regierungen in Sachsen und Thüringen gebildet und zum Schutz *Proletarische Hundertschaften* formiert. Wenige Wochen später marschierte auf Befehl der Reichsregierung die Reichswehr in Sachsen und Thüringen ein. Die „Einheitsregierungen" wurden aufgelöst. Der November-Putsch von 1923, mit dem Adolf Hitler und seine Anhänger die parlamentarische Demokratie in Bayern kippen wollten, scheiterte zwar; aber nun waren sie, die Nationalsozialisten, sichtbar geworden. Zunächst marschierten sie nur. Bald werden sie den größten Angriff auf den Humanismus starten und die Weltgeschichte in unmenschlicher Weise prägen.

Kriegszittern

Im Albertinum, den Dresdner Kunstsammlungen, hängt das berühmte Triptychon „Der Krieg" von Otto Dix. Er war 1914 freiwillig in den Krieg gezogen, 1918 verletzt und wohl auch traumatisiert zurückgekehrt. Gemalt hat Dix den „Krieg" zwischen 1929 und 1932, in einer Zeit, in der die goldenen Zwanziger zu Ende gingen und sich neue Kriegsgefahren anbahnten. Das Triptychon besteht mit Predella aus vier Tafeln. Auf der einen sieht man Soldaten in einem grauen Morgen in die Schlacht ziehen. Auf der mittleren Tafel ist das Schlachtfeld zu einem Feld des Todes geworden. Ein Soldat mit Gasmaske steht in einem Trümmerfeld, das übersät von Leichen ist. Die rechte Tafel zeigt verletzte und sich wechselseitig stützende Krieger, die keine mehr sind. Sie kehren heim; der Krieg ist verloren. Auf der vierten Tafel, der Predella, liegen Soldaten, im Unterstand oder in ihren Gräbern. Es ist aus.

Nach dem Waffenstillstand im November 1918 kamen zirka sechs Millionen Soldaten und über 800.000 Kriegsgefangene zurück ins Deutsche Reich (Deutsches Historisches Museum, 2014). Darunter waren zahllose Kriegsversehrte, Männer, die Arme, Beine oder beides im Krieg verloren hatten, deren Lungen durch das Gas zerfressen waren oder die ihr Augenlicht verloren hatten; Menschen, die an Lähmungen litten oder als Kriegszitterer heimkehrten. Dort warteten aber auch zahllose Witwen und Waisen vergeblich auf ihre Familienväter.

Schätzungen über die Zahl der Kriegsversehrten schwanken zwischen 700.000 und 2,7 Mio. (vgl. auch Kienitz, 2001 S. 375). Die Zahlen lassen sich auch deshalb nicht exakt feststellen, weil Menschen mit psychopathologischen Kriegsfolgen entweder ihre Leiden nicht öffentlich machten oder gar nicht erst als Versehrte in den offiziellen Statistiken auftauchten. Überdies wurden psychopathologische Störungen, wie zum Beispiel das Kriegszittern (unkontrolliertes Zittern der Arme oder Beine nach traumatischen Kriegserlebnissen), das wir heute als posttraumatische Belastungsstörung bezeichnen würden, meist nicht als dauerhafte Erwerbsminderung anerkannt. Zwar gab der Staat in der Weimarer Republik einerseits viel Geld für die Kriegsversehrtenfürsorge aus; 1924/1925 sollen es 16,3 % des Staatshaushalts gewesen sein (Harrasser, 2019, S. 45). Andererseits waren die Hürden, um als Kriegsversehrter mit psychischen Beschwerden anerkannt zu werden, sehr hoch. So hatte das Reichsversicherungsamt 1926 eine Grundsatzentscheidung getroffen, nach der eine Neurose als Unfallfolge nicht rentenpflichtig sei. Diese Entscheidung stützte sich auf Arbeiten von Karl Bonhoeffer[1], der als Psychiater und Neurologe an der Berliner Charité lehrte. Bonhoeffer und seine Mitarbeiter hatten sich mit dem erwähnten Kriegszittern beschäftigt und nahmen an, dass die „Ausgleichsfähigkeit des Organismus" nach psychischen Belastungen unbegrenzt sei, eine dauerhafte Erwerbsminderung durch eine Unfallneurose nicht vorstellbar wäre und es den Betroffenen eigentlich nur um den Erwerb einer Rente gehe (zit. n. Pross, 1988, S. 152).

Dritter Humanismus

Auch andere Erforscher der Seele machten sich nach dem Ersten Weltkrieg ihre Gedanken. 1921 prägte *Eduard Spranger* (1882–1963) in einem Vortrag auf der „Versammlung der Freunde des humanistischen Gymnasiums" den Begriff *Dritter Humanismus* (Stiewe, 2011, S. 4). Spranger war damals Dekan der Philosophischen und Naturwissenschaftlichen Fakultät an der Berliner Universität sowie ein führender Vertreter der Pädagogik und Psychologie. 1905 hatte er bei dem Pädagogen Friedrich Paulsen und dem Psychologen Carl Stumpf promoviert und 1909 eine Habilitationsschrift mit dem Thema „Wilhelm von Humboldt und die Humanitätsidee" vorgelegt. Darin setzte er sich auch mit Kant, Schiller sowie den alten Griechen auseinander und plädierte für eine Fortschreibung der Idee des Humanismus. Allerdings solle sich die Bildung weniger am Altertum als an der deutschen klassischen Literatur und dem deutschen Idealismus orientieren (Spranger 1909, S. 497; zit. n. Ortmeyer, 2008, S. 16). Politisch hatte sich Spranger schon recht früh als Verfechter deutsch-nationaler Ideen geäußert. In einem Aufsatz aus dem Jahre 1916 warnte er vor der „sozialistischen und materialistischen Barbarei" und dem Gedanken „eines freien Menschentums" (Spranger

---

[1] Karl Bonhoeffer war der Vater von Dietrich und Klaus Bonhoeffer, die wegen ihrer Teilnahme am Widerstand gegen Hitler im April 1945 hingerichtet wurden.

1916; zit. n. Ortmeyer, ebd., S. 22). Konsequenterweise forderte Spranger dann 1921 auch eine Schulreform, um Schule als „umfassende Lebensgemeinschaft" zu gestalten, in der der uralte deutsche Geist wieder lebendig werde und ein neues deutsches Nationalbewusstsein entwickelt werden könne (Spranger 1921; zit. n. Ortmeyer, ebd., S. 276 f.). Spranger votierte mit seiner humanistischen Idee der dritten Art, wie Barbara Stiewe schreibt (2011, S. 24), „…für ein korporativ organisiertes, starkes Staatswesen mit elitärer Führungsspitze". Die revolutionären Prozesse nach dem Ersten Weltkrieg und die Weimarer Republik waren ihm höchst suspekt. 1933 wandte er sich gegen das von Nationalsozialisten verabschiedete „Gesetz zur Wiederherstellung des Berufsbeamtentums" und reichte seinen Rücktritt als Hochschullehrer ein. Das Rücktrittsgesuch nahm er bald wieder zurück, blieb aber politisch auf Distanz zum Nationalsozialismus und entfaltete zwischen 1932 und 1945 eine rege Publikationstätigkeit. So schrieb er u. a., um nur eine kleine, sehr willkürliche Auswahl zu nennen, über den Parlamentarismus, den er für ungeeignet halte (Spranger 1932), über die Psychoanalyse, die die geistige Volksgesundheit zerstöre (Spranger 1933), über Jungmännererziehung (1934), über die Volksseele, die Sehnsucht nach einem Führer habe (Spranger 1938), über Völkercharakterologie und Bastardstämme in Südafrika (Spranger 1939), über das Volkstum (Spranger 1941/1942) oder über den Krieg als Vater aller Dinge (Spranger 1941).[2] 1945 übernahm Spranger den Posten des ersten Nachkriegsrektors der Humboldt-Universität zu Berlin. Später wurde er seines Amtes enthoben und folgte 1946 einem Ruf nach Tübingen. Von dort übte er einen bedeutenden Einfluss auf die bundesdeutsche Hochschul- und Bildungspolitik aus, schrieb aber auch 1951 über die deutsche Wehrmacht, die „[…] ein wertvolles Stück allgemeiner Volkserziehung" gewesen sei. (Spranger 1951, zit. n. Ortmeyer, 2008, S. 102). Micha Brumlik (2005) kommt, nach der Auswertung von Briefen Sprangers zu dem Schluss, er, Spranger, sei ein „in der Wolle gefärbter Antisemit" gewesen (Brumlik, 2005, zit. n. Ortmeyer, 2008; S. 339).

Der „Dritte Humanismus" war nicht nur das wissenschaftliche und politische Programm von Eduard Spranger. Auch andere Wissenschaftler, Politiker, Journalisten und Nachdenker (wie die Anhänger des George-Kreises) haben sich vom „Dritten Humanismus" und seinem Bildungsprogramm anregen lassen, so *Werner Wilhelm Jaeger* (1888–1961). Jaeger, der wohl der prominenteste Vertreter des erneuerten Humanismus war, kritisierte

---

[2] Alle angegebenen Quellen habe ich aus dem Forschungsbericht „Eduard Spranger und die NS-Zeit" von Benjamin Ortmeyer (2008) entnommen.

in den Jahren der Weimarer Republik in Vorträgen und Publikationen, die „Amerikanisierung" der Gesellschaft, die Krise des Arbeitswillens und die Überhandnahme des Materialismus. Dagegen versuchte er ein Bildungsprogramm in Stellung zu bringen, dass sich wesentlich auf die antiken Quellen beziehen sollte (vgl. ausführlich: Mehring, 1999, S. 111 ff.). Trotz seiner kritischen Haltung gegenüber einer amerikanisierten Moderne und vor allem wegen der jüdischen Herkunft seiner Frau übersiedelte Jaeger 1936 in die USA.

Man kann den Dritten Humanismus als eine unselige Reaktion auf den Ersten Weltkrieg und die revolutionären Nachkriegsjahre betrachten. Das von Spranger, Jaeger und anderen mit dem Dritten Humanismus angestrebte Bildungsprogramm zielte auf männliche Kämpfertugenden, wie Opferbereitschaft, Treue, Leidensfähigkeit und Führersinn (Stiewe, 2011, S. 220 f.). Gewollt oder ungewollt beförderte der Dritte Humanismus mit seinen völkisch-nationalistischen Merkmalen damit die spätere Affinität seiner Anhänger zum Nationalsozialismus.

Ein späterer Freund Sprangers wählte einen anderen Weg. *Albert Schweitzer* (1875–1965)[3], promovierter Philosoph, Theologe, Mediziner und Musiker, war 1913 mit seiner Frau in das damaligen Französisch-Äquatorialafrika, das heutigen Gabun, gegangen, um in Lambarene ein Urwaldhospital aufzubauen. Als Deutsche wurden sie 1917 aus der französischen Kolonie ausgewiesen und in Frankreich interniert. 1923, ein Jahr, bevor Schweitzer nach Lambarene zurückkehrt, veröffentlichte er seine „Kulturphilosophie" in zwei Bänden (Band 1 „Verfall und Wiederaufbau der Kultur" sowie Band 2 „Kultur und Ethik"). Im Zentrum der „Kulturphilosophie" steht die berühmte Formel von der „Ehrfurcht vor dem Leben": „Ehrfurcht vor dem Leben ist Ergriffensein von dem unendlichen, unergründlichen, vorwärtstreibenden Willen, in dem alles Sein begründet ist" (Schweitzer, 1996, S. 282; Original: 1923). Mit der Ehrfurcht vor dem Leben brachte Schweitzer seine humanistische Weltsicht auf den Punkt: Der Mensch solle Solidarität mit jedem Lebewesen empfinden. Leben habe etwas Wertvolles und Geheimnisvolles an sich und jedes Lebewesen habe ein Recht auf Leben; jedes Lebewesen will nicht nur leben, sondern soll es auch (Zürcher, 2015, S. 32). „Die Zukunft der Kultur hängt also davon ab, ob es dem Denken möglich ist, zu einer Weltanschauung zu gelangen, die den Optimismus, das heißt die Welt- und Lebensbejahung, und die Ethik sicherer und elementarer zu machen" (Schweitzer, 1996, S. 68).

---

[3] Eduard Spranger und Albert Schweitzer lernten sich 1959 in Tübingen kennen. Ihr anschließender Briefwechsel ist „Ausdruck ihrer späten Freundschaft" (Zager & Gräßer, 2017, S. 20).

Über das Verhältnis Albert Schweitzers zu Afrika sowie über sein stereotypes Bild von „unmündigen Afrikanern" lässt sich streiten. Seine Kritik am Kolonialismus, sein Einsatz in den 1950 und 1960er Jahren gegen die atomare Aufrüstung und sein Engagement für eine friedliche Welt machten ihn zum Vorbild für andere humanistisch gesinnte Menschen (Schick, 2019).

Humanistische Arbeitsgestaltung

Willy Hellpach (1877–1955) trieben Anfang der 1920er Jahre andere Sorgen um. Im Ersten Weltkrieg war Hellpach als Arzt an der Front. 1920 bis 1925 hatte er eine Professur an der Technischen Hochschule in Karlsruhe inne und gründete dort das erste *Institut für Sozialpsychologie* in Deutschland. Zwischen 1922 bis 1925 wirkte er als badischer Unterrichtsminister, anschließend für ein Jahr als badischer Staatsminister. Zwischen 1928 und 1930 war er Reichstagsabgeordneter der „Deutschen Demokratischen Partei". Danach trat er als Politiker zurück und wurde Honorarprofessor für Psychologie in Heidelberg (Gundlach, 1985). 1922 veröffentlicht Hellpach mit Richard Lang eine kleine Schrift unter dem Titel „Gruppenfabrikation" (Lang & Hellpach, 1922). Richard Lang hatte bei Daimler-Benz Fabrikationsgruppen eingerichtet, die in Teamarbeit größere Teile eines Autos relativ autonom herstellten. Diese Art der Produktion verstanden Lang und Hellpach auch als Alternative zum Taylorismus. Aufschlussreich sind in unserem Zusammenhang Hellpachs einführende Bemerkungen zur Gruppenfabrikation. Die Probleme des revolutionären Aufbegehrens und die Versuche einer sozialistischen Veränderung der Gesellschaft nach dem Ersten Weltkrieg hängen aus seiner Sicht mit der „Massierung der Massen" (Lang & Hellpach 1922, S. 14), mit dem Zusammendrängen vieler Menschen in den Fabriken, der radikalen Kommerzialisierung der Arbeit und der „Arbeitszerstückelung" zusammen. Dadurch würden die Menschen mürrisch, freudlos, knurrig und frostig, schlössen sich den politischen Arbeiterbewegungen an und bedrohten die Demokratie. Dagegen könnten keine moralischen Appelle helfen; vielmehr müsse die Arbeitszerstückelung aufgehoben werden. Die von Richard Lang entwickelte Gruppenfabrikation sei dafür besonders geeignet. Mit ihr ließe sich ein neuer, lebenswerter Raum in der Fabrik schaffen.

Es handelt sich bei der „Gruppenfabrikation" zweifellos um einen frühen industriepsychologischen Ansatz zur Humanisierung der Arbeit (Ulich, 2020, S. 23 ff.). Am Problem der gesellschaftlichen Entfremdung und der

Stellung der Arbeiter im kapitalistischen Produktionsprozess änderten die Bemühungen von Richard Lang und Willy Hellpach indes nichts oder nur sehr wenig.

Zwei Jahre vor der Veröffentlichung der „Gruppenfabrikation" hat sich *Kurt Lewin* ebenfalls mit diesen Problemen beschäftigt. Vor dem Hintergrund der Novemberrevolution und den Nachkriegskrisen versuchte Lewin die Psychologie politisch nutzbar zu machen. 1920 veröffentlichte er die kleine Schrift „Die Sozialisierung des Taylorsystems. Eine grundsätzliche Untersuchung zur Arbeits- und Berufspsychologie", um „...vom Standpunkt des gerechten Gemeinschaftslebens, vom Standpunkt des Sozialismus aus, zu den Methoden und Zielen der angewandten Psychologie prinzipiell Stellung zu nehmen ist" (Lewin, 1920, S. 5). Lewins Arbeit erschien in der Schriftenreihe „Praktischer Sozialismus".

Supplementum

Die Schriftenreihe „Praktischer Sozialismus" wurde vom Philosophen *Karl Korsch* (1886–1961), einem Freund Kurt Lewins, herausgegeben. Korsch wurde in einem kleinen Ort in der Lüneburger Heide geboren, wuchs in der Nähe von Meiningen auf und ging auch dort zur Schule. Nach dem Abitur studierte er u. a. in München, Berlin und Jena Rechtswissenschaft, Philosophie und Ökonomie. Promotion (1910) und Habilitation (1919), jeweils zu einem rechtswissenschaftlichen Thema, schloss Korsch ebenfalls an der Universität Jena ab. 1918 war er Mitglied im Meininger Soldaten- und Arbeiterrat und 1923 kurzzeitig Justizminister in der Koalitionsregierung von SPD und KPD in Thüringen. Wegen „linker Opposition" wurde er 1926 aus der KPD ausgeschlossen. Von 1923 bis 1933 war er Professor für Zivil-, Kriminal- und Arbeitsrecht in Jena, konnte auf Betreiben der bürgerlichen Regierung, die nach der Einheitsregierung von SPD und KPD in Thüringen an die Macht kam, sein Lehramt allerdings nie ausüben. In den 1920er Jahren gehörte Karl Korsch neben Georg Lukács zu jenen einflussreichen marxistischen Wissenschaftlern, die die Hegelschen Wurzeln und die humanistischen Grundlagen im Marxschen Theoriengebäude untersuchten. Nach der Machtergreifung der Nationalsozialisten 1933 emigrierte Korsch über Dänemark und Großbritannien in die USA. Trotz verschiedener, befristeter Lehraufträge an amerikanischen Universitäten gelang es Korsch nie, eine feste akademischen Anstellungen zu bekommen. Seine verschiedenen Bewerbungen, die auch Kurt Lewin durch Empfehlungsschreiben unterstützte, wurden meist aus ideologischen Gründen abgelehnt (Van Elteren, 1990).

In der Schrift „Zur Sozialisierung des Taylorsystems" entwirft Kurt Lewin ein Programm zur demokratischen Umgestaltung der Produktionsweise (John et al., 1989). Lewin ging es darum, die Menschen nicht nur wie Maschinen als „Rechenfaktoren" zu betrachten, was aus seiner Sicht „etwas ausgesprochen Kapitalistisches" an sich habe (Lewin, 1920, S. 10), sondern sie als Subjekte ernst zu nehmen. Wenn anstelle des Einzelnutzens das Gemeinwohl das Ziel des Produktionsprozesses werde, würde die Produktion einen Teil ihrer Entwürdigung verlieren. Lewin schreibt von den zwei „Gesichtern" der Arbeit. Arbeit sei zum einen Kraftaufwand und Voraussetzung für das Leben. Zum anderen besitze die Arbeit auch einen Lebenswert. Neben der Arbeitsproduktivität müsse gleichzeitig dieser „Lebenswert der Arbeit" gesteigert werden, um die Arbeit menschenwürdiger zu machen. „Der Fortschritt der Arbeitsweise gehe also nicht auf möglichste Verkürzung der Arbeitszeit, sondern auf Steigerung des Lebenswertes der Arbeit, mache sie reicher und menschenwürdiger" (Lewin, 1920, S. 12). Um in diesem Sinne die Interessen der Arbeiter zu gewährleisten, sei eine enge Zusammenarbeit von Betriebsleitung, Arbeitern und Psychologen anzustreben. Lewins Überlegungen zielten also nicht oder nicht nur – wie im Taylorismus oder den eignungspsychologischen Ansätzen in der Psychotechnik (Kap. 11) – auf die Anpassung der arbeitenden Subjekte an die Anforderungen der kapitalistischen Produktionsweise, sondern auf die ganz praktikable Humanisierung und Demokratisierung der Arbeitsprozesse.

Kurt Lewin war nie Mitglied in einer politischen Partei, als Marxist habe er sich nie bezeichnet und in seinen politischen Bekenntnissen sei er – nach Aussage seiner Tochter Miriam Lewin (1984, zit. n. Van Elteren 1999, S. 13) – immer sehr vorsichtig gewesen. Wie auch immer: Der demokratisch-humanistische Anspruch zieht sich ebenso durch Lewins spätere Arbeiten. In einem mit seiner zweiten Ehefrau, Gertrud Lewin, publizierten Beitrag zu „Demokratie und Schule" aus dem Jahre 1941 liest man:

„Die Grundlage der Demokratie besteht nicht im allgemeinen Stimmrecht, Mehrheitsentscheidungen und anderen organisatorischen Verfahrensweisen. Dies ist der technisch notwendige Überbau auf der Grundlage einer demokratischen Atmosphäre, ihre Konsequenz und Ausdrucksweise. Die Atmosphäre wird durch ein sehr subtiles Bekunden erzeugt, dass Menschen grundsätzlich gleich sind und Anrecht auf gleiche Achtung und Rücksicht haben" (Lewin & Lewin 1982, S. 286; Original: 1941).

> **Supplementum**
>
> In den USA entwickelte Kurt Lewin eine sozialpsychologische Feldtheorie und auf deren Basis u. a. die Theorien über Führungsstile, Gruppendynamik und Gruppenkonflikte. Wegweisend sind seine Arbeiten zur psychologischen Bedeutung von Zeit, zur Aktionsforschung, zum sozialpsychologischen Training und zur Rolle der Gatekeeper (siehe ausführlich Metzger, 1984). Auch der mittlerweile geflügelte Ausspruch *aus dem Felde gehen* stammt von Kurt Lewin. Er ist nicht nur einer der Väter der modernen Sozialpsychologie, sondern auch ein wichtiger Ideengeber für die Humanistische Psychologie (Straub, 2014), die Wirtschaftspsychologie (Nerdinger et al., 2008), die Umweltpsychologie (Hellbrück & Kals, 2012) oder die moderne Kommunikationspsychologie (Frindte & Geschke, 2019).

Goldene Zwanziger und Antisemitismus

Von Otto Dix kommt man nicht los. Zwei Jahre vor dem Triptychon „Der Krieg" malte er die „Großstadt"; ebenfalls ein Triptychon. Das Bild hängt im Kunstmuseum Stuttgart. Auf der linken Tafel ist ein einbeiniger Kriegsversehrter abgebildet. Gestützt von einer Krücke und angebellt von zwei Hunden schaut er etwas lüstern auf halbbekleidete Halbweltdamen. Neben ihm liegt ein Schicksalsgenosse, betrunken oder tot. Die mittlere Tafel wird dominiert von einer Tanzkapelle, die – schaut man auf die Instrumente – wohl eine Jazzband ist. Auf der Tanzfläche sieht man leichtbekleidete Frauen und Männer im Smoking, die Charleston, Shimmy oder Twostep tanzen bzw. leicht blasiert auf die Kapelle und die Tanzenden blicken. Halbnackte oder mit aufreizendem Pelz bekleidete Damen gehen auf der rechte Tafel achtlos an einem auf dem Boden sitzenden Kriegskrüppel vorüber. Die Dekadenz der Reichen und Schönen und das Leid der Zukurzgekommenen.

Nach der Hyperinflation im Jahre 1923, einer anschließenden Währungsreform und der Gewährung internationaler Anleihen stabilisierte sich die wirtschaftliche Lage in Deutschland im Jahre 1924 deutlich. Die goldenen Zwanziger begannen. Die Industrie konnte ihre Produktion steigern. Der Lebensstandard vieler Menschen verbesserte sich. Die deutsche Film- und Rundfunkbranche boomte. Und die Menschen tanzten, gingen ins Theater, in Konzerte, in die Varietés. Jazzmusik, Bubikopf, kurze Röcke, Erotik, Kokolores und Koks, Gender-Mix und Freikörperkultur, Gewalt und Kriminalität, Sexualaufklärung und Prostitution, Hochkonjunktur und Armut – all das und noch mehr kennzeichnete die kurze Zeit der goldenen Zwanziger zwischen 1924 und 1929. Paul Godwin und die Jazz-Symphoniker spielten und sangen

„Ich fahr mit meiner Klara in die Sahara"; Brigitta Mira sang „Die Männer sind alle Verbrecher"; Fritz Löhner-Beda textete „Heinrich, wo greifst Du denn hin".

1923 veröffentlichte Georg Lukács sein wohl berühmtestes Werk „Geschichte und Klassenbewusstsein". Es handelt sich um eine Aufsatzsammlung, in der Lukács dem Proletariat aufgrund seiner Stellung im kapitalistischen Produktionsprozess die Rolle des Subjekts in der Geschichte zuschreibt, die „Verwandlung der Geschichte" aber vom „Klassenbewusstsein" des Proletariats abhängig macht. Dieses Bewusstsein sei keine spontane Abbildung einer objektiven Klassenlage, sondern das Proletariat müsse sich dieser Lage erst bewusstwerden. Darin steckt auch eine Absage an die Leninsche Abbildtheorie. Es ist aber zuvörderst die optimistische Vision, dass das Proletariat – anders als die Bourgeoise – das Privileg besitze, sich über seine Lage und die der gesamten Gesellschaft bewusst zu werden und – unter Umständen – die Gesellschaft in freier Tat zu verwandeln (Lukács, 1985, S. 361; Original: 1923).

1924 trafen sich in Wien Intellektuelle und gründeten einen Gesprächskreis, der später unter dem Namen „Wiener Kreis" zu einer einflussreichen philosophischen Bewegung werden wird. Zu dem mehr als zwanzig Mitglieder umfassenden Kreis gehörten u. a. der Physiker Moritz Schlick, der Philosoph und Mathematiker Rudolf Carnap, der Alleskönner Otto Neurath, der Mathematiker Kurt Gödel; Ludwig Wittgenstein war geistig und durch seinen „Tractatus logico-philosophicus" ebenfalls anwesend. 1925 wurde in der Berliner Staatsoper *Unter den Linden* die Oper „Wozzeck" von Alban Berg uraufgeführt und Erwin Piscator inszenierte an der Volksbühne Berlin u. a. eine historische Revue zum KPD-Parteitag unter dem Titel „Trotz alledem". Die „goldenen Jahre der Physik" erreichten 1925 ihren Höhepunkt. Werner Heisenberg, Max Born und Pascual Jordan prägten in diesem Jahr nicht nur den Begriff Quantenmechanik, sondern lieferten auch einen mathematischen Zugang, um Unstimmigkeiten und Ungereimtheiten der bisherigen Quantenphysik aus dem Weg zu räumen. 1926 zog das Bauhaus – nach politischem Druck durch die Thüringer Regierung – von Weimar nach Dessau. Walter Gropius, Wassily Kandinsky, Paul Klee, Ludwig Mies van der Rohe, Laszlo Moholy-Nagy, Oskar Schlemmer, Gunta Stölzl, Lilly Reich und und … schufen dort die bedeutende Schule für Kunst, Design und Architektur. Joséphine Baker tanzte 1926 im Bananenröckchen im Theater am Kurfürstendamm und Claire Waldoff (1884–1957) sang in der Revue „Von Mund zu Mund", komponiert von Friedrich Hollaender: „Raus mit'n Männern aus'm Reichstag und raus mit'n Männern aus'm Landtag und raus mit'n Männern aus'm Herrenhaus. Wir machen draus ein Frauenhaus". 1927 kam Fritz Langs Film „Metropolis" in die deutschen Kinos. 1928 wurde in Berlin die „Dreigroschenoper" von Bertolt Brecht und Kurt Weil aufgeführt. Im selben Jahr gründete sich auf Initiative von Magnus Hirschfeld (1868–1935) in Kopenhagen die „Weltliga der Sexualreform". 1929 erhielt Thomas Mann den Nobelpreis für Literatur, kam der Roman „Im Westen nichts Neues" von Erich Maria Remarque als Buch in den Handel, erschien „Berlin Alexanderplatz" von Alfred Döblin und Marlene Dietrich war in einer Hauptrolle in dem Stummfilm „Ich küsse ihre Hand, Madame" zu sehen. Karl Mannheim veröffentlichte sein grundlegendes Werk „Ideologie und Utopie" und die Operette „Das Land des Lächelns" von Franz Lehár wurde uraufgeführt. usw. usf.

Die Goldenen Zwanziger waren ein Experimentierfeld der Avantgarde, eine „Unterwanderung der bürgerlichen Kultur" (Reckwitz, 2020, S. 289) sowie Inszenierungsmöglichkeiten für Architektur, Kunst, Literatur, Musik, Wissenschaft und Glamour. Vieles, von den Experimenten und Inszenierungen gehört heute zum humanistischen Erbe; einfach deshalb, weil damit unser Bild vom Menschsein erweitert und geschärft wurde.

Zu den zwanziger Jahren gehört indes auch der Antisemitismus. Vor allem zwischen 1919 und 1924 machte sich das bemerkbar. Gewalttätige Angriffe auf Juden häuften sich. Aus Sicht eines nicht geringen Teils der Bevölkerung waren die Juden Schuld an den gesellschaftlichen Veränderungen, an der Kriegsniederlage, der Novemberrevolution und an der wirtschaftlichen Not. Der Erste Weltkrieg band alle Deutschen zwar zeitweise in vermeintlich patriotische Pflichten ein. Doch verschärfte er auch die sozialökonomische Lage, sodass die antisemitische Ideologie neuen Aufschwung bekam. Schon während des Krieges tauchten die Vorwürfe von den „jüdischen Drückebergern" und „jüdischen Kriegsgewinnlern" auf (Ullrich, 2019, S. 58). Nach seinem Sturz lastete Kaiser Wilhelm II. die Kriegsniederlage den „jüdischen" Führern der Arbeiterbewegung an und forderte die „Ausrottung" der Juden. 1919 erschien eine deutsche Übersetzung der „Protokolle der Weisen von Zion". In dieser 1903 in der Presse des zaristischen Russlands lancierten antisemitischen Sammlung von angeblichen Mitschriften jüdischer Geheimsitzungen wurde behauptet, die Juden strebten eine „Weltherrschaft" an. Es handelt sich bei dieser Sammlung um eine Fälschung, die möglicherweise in Frankreich in der Zeit von 1894 bis 1899 produziert wurde, in der Zeit also, in der in Frankreich mit der Dreyfus-Affäre eine neue Welle des Antisemitismus entstand. In wenigen Jahren wurden mehrere 100.000 Exemplare der antisemitischen Schrift in Deutschland verkauft (Hein, 1996, S. 134 f.). Auch in Frankreich, Großbritannien und den USA wurden die „Protokolle" in den 1920er Jahren in großer Auflage vertrieben und zu der weit verbreitetsten antisemitischen Schrift des 20. Jahrhunderts. Henry Ford, der Gründer des Autoherstellers Ford Motor Company, ließ 1920 die „Protokolle" in einer Millionenauflage drucken. Adolf Hitler zitiert in „Mein Kampf" aus den „Protokollen". Und noch heute beziehen sich viele Antisemiten und Verschwörungstheoretiker auf dieses antisemitische Machwerk. In der islamischen Welt gehört es nach wie vor zu den Bestsellern.

Im Februar 1919 wurde der erste Ministerpräsident Bayerns, Kurt Eisner, ermordet. Im Mai 1919 ermordeten Freikorps-Soldaten den Philosophen und Pazifisten Gustav Landauer. Matthias Erzberger, ein führender Politiker der Zentrumspartei, wurde im August 1921 ebenfalls durch völkisch-nationale Freikorps-Soldaten getötet. Im Juni 1922 folgte der Mord an Walther Rathenau (1867–1922), dem damaligen Reichsaußenminister. Rathenau war Jude und Deutscher, „…der mit seiner zweifachen Identität kämpfte, aber darauf bestand, dass beides vereinbar war" (Volkov, 2012, S. 227). Den Mord hatte die „Organisation Consul", eine terroristische Brigade des Freikorps, in Auftrag gegeben. Man vergesse nicht: Rosa Luxemburg, Karl Liebknecht, Kurt Eisner, Gustav Landauer und Walther Rathenau waren Juden, Matthias Erzberger ein Judenfreund (Pommerlin, 1986, S. 319).

Nicht nur die deutschnationalen Antisemiten machten Anfang der 1920er Jahre mobil. In den Reihen der Kommunistischen Partei (KPD) gab es ebenfalls Mitglieder, die auf antisemitische Stereotype, wie das „jüdische Kapital", die „jüdischen Kapitalisten" oder das „Judenkapital" zurückgriffen, um – wie auch immer – Zustimmung im bürgerlichen Lager zu erheischen. So soll Ruth Fischer, damals Vorsitzende der Berliner KPD, im Juli 1923 in einer Rede vor völkischen Studenten gesagt haben: „Tretet die Judenkapitalisten nieder, hängt sie an die Laterne, zertrampelt sie". Der „Vorwärts", das Zentralorgan der SPD, zitierte diese Rede nach Aussagen eines Augenzeugen, verbrieft ist der Satz allerdings nicht (Keßler 2014, S. 129). Clara Zetkin, Mitglied der KPD, Friedenskämpferin, Frauenrechtlerin und Reichstagsabgeordnete warnte auf einem KPD-Parteitag im März 1924 dagegen vor „faschistischen Antisemiten" und „antisemitischen Unterströmungen" in den eigenen Reihen (zit. n. Haury 2002, S. 278).

Im November 1923 kam es in Berlin zum sogenannten Scheunenviertel-Pogrom. Am Anfang stand, wie so oft, ein Gerücht über die Juden, das Gerücht nämlich, osteuropäische Juden hätten Gelder, die eigentlich für die Unterstützung von Arbeitslosen vorgesehen waren, veruntreut, gestohlen oder den staatlichen Behörden abgekauft. Daraufhin verhaftete die Berliner Polizei mehrere hundert jüdische Männer, Frauen und Kinder. Jüdische Geschäfte wurden überfallen und Juden beraubt. Alfred Döblin nahm

1924 die Ausschreitungen gegen die Juden im Scheunenviertel zum Anlass, um sich mit der Judenfeindlichkeit, dem Schicksal jüdischer Emigranten und der Möglichkeit eines eigenen jüdischen Staats auseinanderzusetzen (Döblin, 1924). Auch der „Centralverein deutscher Staatsbürger jüdischen Glaubens", der größte jüdische Verein in Deutschland, gegründet 1893, reagierte auf die antisemitischen Ausschreitungen und gab 1924 die „Anti-Anti-Blätter zur Abwehr" heraus (zu finden auch auf den Seiten der Universitätsbibliothek der Humboldt-Universität). Ein Jahr später meldet sich der Soziologe Franz Oppenheimer (1864–1943), zu Wort und nennt den Antisemitismus einen „Sonderfall einer überaus verbreiteten primitiven gruppenseelischen Tatsache: des Gruppenhasses" (Oppenheimer, 1925, S. 148). Der Antisemitismus sei, wie Klassenhass, Massenhass und Rassenhass eine Begleiterscheinung des Kapitalismus. 1926 erschien eine Schrift von Fritz Bernstein mit dem Titel „Der Antisemitismus als Gruppenerscheinung" (Nachdruck 1980 mit einem Nachwort von Henri Tajfel).[4] Bernstein sah ähnlich wie Oppenheimer im Antisemitismus eine besondere Form von Gruppenfeindschaft, „[...] welche gegen schwache und unterlegene ethnische Minoritätsgruppen gerichtet ist" (Bernstein, 1980, S. 219). Arnold Zweig bezog ebenfalls Stellung zu den antisemitischen Vorfällen nach dem Ersten Weltkrieg und der Novemberrevolution. 1919 erschien Zweigs Aufsatz „Die antisemitische Welle" in der „Weltbühne", die damals von Siegfried Jacobsohn und nach dessen Tod ab 1926 von Kurt Tucholsky geleitet wurde. 1920 veröffentlichte Zweig mehrere Artikel zum „heutigen Antisemitismus" in der Monatszeitschrift „Der Jude". 1927 folgte „Caliban oder Politik und Leidenschaft", ein „Sach- und Kampfbuch" (Zweig, 1993, S. 13; Original: 1927). Antisemitismus, so Zweig, sei ein Massenphänomen, dass nicht individualpsychologisch, sondern als „Gruppenaffekt" Teil nationalistischer Abgrenzungsversuche verstanden werden müsse.

Zwei andere große Denker, Martin (Mordechai) Buber (1878–1965) und Franz (Louis August) Rosenzweig (1886–1929), setzten in dieser Zeit dem Antisemitismus etwas ganz Großes, Optimistisches, entgegen – die Verdeutschung des Alten Testaments. Zwischen Dezember 1925 und 1927 erschienen „Die fünf Bücher der Weisung", die Übersetzung des ersten Teils der hebräischen Bibel. So haben Buber und Rosenzweig die ersten Zeilen aus den Fünf-Büchern verdeutscht: „Im Anfang schuf Gott den Himmel

---

[4] Fritz (Peretz) Bernstein wurde 1890 als Shlomo Fritz Bernstein in Meiningen geboren, ist in Eisenach aufgewachsen, zunächst nach Holland ausgewandert, dann 1936 nach Palästina geflüchtet und 1971 in Jerusalem gestorben. Bernstein gehörte 1948 zu den Unterzeichnern der israelischen Unabhängigkeitserklärung. Später hatte er in Israel verschiedene Ministerämter bekleidet.

und die Erde. / Die Erde aber war Irrsal und Wirrsal. / Finsternis über Urwirbels Antlitz" (Buber & Rosenzweig, 1987, S. 9; Original: 1925).

Franz Rosenzweig starb 1929. Martin Buber entkam dem Faschismus, emigrierte 1938 nach Palästina, wurde Professor an der Hebräischen Universität in Jerusalem und setzte dort seine Übersetzungsarbeit fort. Für beide ist das Alte Testament, wie sie es in Anlehnung an die deutsche Umgangssprache nennen, die größte Urkunde der Wirklichkeit. Sie hebt sich ab von den anderen großen Büchern der Weltreligion, weil sie „[…] das Volk gegen die nationale Selbstzwecksetzung, die Gruppeneigensucht, den »Atem der Weltgeschichte«" stellt. Mit dieser Urkunde wird das (jüdische) Volk verpflichtet, „[…] die Gemeinschaft der Seinen als Modell einer Gemeinschaft der so vielen und so verschiedenen Völker…" zu errichten (Buber, 2012, S. 39). Und im Zentrum dieses Modells steht die Verheißung des Friedens. Das Optimistische, oder euphorischer formuliert: das Humanistische in der Verdeutschung der Tora steckt weniger im Ringen um die passenden deutschen Wörter. Darüber haben Buber und Rosenzweig, umfangreich Bericht gegeben. Das Humanistische der Verdeutschung findet sich im Glauben Bubers, auch nach dem „Kampf um Israel" (Buber, 1933) werden sich noch Menschen finden, die die Hebräische Bibel in verdeutschter Sprache lesen wollen.

Seine humanistische *Psychologie* hat Martin Buber 1923 in seinem, nicht minder großen Werk „Das Dialogische Prinzip" explizit formuliert. „Der Mensch wird am Du zum Ich. Gegenüber kommt und entschwindet, Beziehungsereignisse verdichten sich und zerstieben, und im Wechsel klärt sich, von Mal zu Mal wachsend, das Bewusstsein des gleichbleibenden Partners, das Ichbewusstsein" (Buber, 1997, S. 32; Original: 1923). Die Beziehung zwischen Ich und Du ist das Grundmuster menschlicher Kommunikation. Damit diese gelingt, bedarf es der Anerkennung des Anderen als meinesgleichen. Nur so können sich echte Gemeinschaften und ein echtes Gemeinwesen verwirklichen, „[…] in dem die Einzelnen wirklich werden, aus deren verantwortendem Dasein sich das öffentliche Wesen erneuert" (Buber, ebd., S. 267).

Sicher, in der Zeit der Goldenen Zwanziger schien es so, als würde der Antisemitismus auf dem Rückzug sein. Die Sorge und die Angst vor judenfeindlichen Angriffen indes blieben. Im März 1927 bat Arnold Zweig in einem Brief an Sigmund Freud darum, ihm, Freud, das Buch „Caliban" widmen zu dürfen. Freud freute sich und es begann ein reger Briefaustausch zwischen den beiden. In einem Brief an Arnold Zweig schreibt Freud am 2.12.1927: „In der Frage des Antisemitismus habe ich wenig Lust, Erklärungen zu suchen, verspüre eine starke Neigung, mich meinen

Affekten zu überlassen, und fühle mich in der ganz unwissenschaftlichen Einstellung bestärkt, dass die Menschen so durchschnittlich und im großen Ganzen doch elendes Gesindel sind" (Freud, 1969, S. 11; Original: 1927).

1929 waren die goldenen Jahre abrupt vorbei. Die Weltwirtschaftskrise, ausgelöst durch den Zusammenbruch der New Yorker Börse, erreichte Europa und Deutschland. Während die einen noch tanzten, Freizügigkeit und sexuelle Gleichberechtigung genossen, radikalisierten sich die anderen. Und der Antisemitismus nahm wieder Fahrt auf. Die Gewalt gegen Juden wurde brutaler, organisierter und tödlicher. Die Abgesänge auf die Humanität und die Protagonisten der Unmenschlichkeit waren bald nicht mehr zu überhören und zu übersehen.

Literatur

Benetka G., & Slunecko T. (2019). Ernst Machs Bedeutung für die Herausbildung einer naturwissenschaftlichen Psychologie – Zur Geschichte eines Missverständnisses. In F. Stadler (Hrsg.), *Ernst Mach – Zu Leben, Werk und Wirkung*. Springer Nature Switzerland.

Bernstein, F. (1980, Original: 1926). *Der Antisemitismus als Gruppenerscheinung*. Jüdischer Verlag.

Brumlik, M. (2005). „…dieses Problem, von dem wir bis zuletzt nichts geahnt hatten" – Nohl, Spranger, der Antisemitismus und die Frauen. *Sozialwissenschaftliche Literatur-Rundschau (SLR). Sozialarbeit, Sozialpädagogik, Sozialpolitik, soziale Probleme*, 28. Jg. Heft, 50, 5–14.

Buber, M., & Rosenzweig, F. (1987). *Die Schrift. Band 1: Die fünf Bücher der Weisung* (Verdeutschung). Lambert Schneider.

Buber, M. (1901). Jüdische Renaissance. Ost und West. *Illustrierte Monatsschrift für das gesamte Judentum*, Heft 1, S. 7–10. Calvary.

Buber, M. (1933). *Kampf um Israel*. Schocken Verlag.

Buber, M. (1963; Original: 1903). Renaissance und Bewegung. In Martin Buber. *Der Jude und sein Judentum*. Melzer Verlag.

Buber, M. (1997; Original: 1923). *Das Dialogische Prinzip*. Verlag Lambert Schneider.

Buber, M. (2012). Schriften zur Bibelübersetzung. In *Martin Buber Werkausgabe* (Bd. 14). Gütersloher Verlagshaus.

Deutsches Historisches Museum. (2014). Kriegsheimkehrer und Kriegsversehrte. https://www.dhm.de/lemo/kapitel/weimarer-republik/industrie-und-wirtschaft/kriegsheimkehrer-und-kriegsversehrte.html. Zugegriffen: 7. Jan. 2021.

Döblin, A. (1924). „Zionismus und westliche Kultur", Vortrag. In A. Döblin (Hrsg.), *Schriften zur Jüdischen Frage*. S. Fischer Verlag.

Freud, S. (1969). Brief an Arnold Zweig 1927. In E. L. Freud (Hrsg.), *Sigmund Freud – Arnold Zweig Briefwechsel*. S. Fischer Verlag.

Frindte, W., & Geschke, D. (2019). *Lehrbuch Kommunikationspsychologie*. Beltz/Juventa.

Fromm, E. (1999; Original: 1968). Die Revolution der Hoffnung. Für eine Humanisierung der Technik. In *Erich-Fromm-Gesamtausgabe in 12 Bänden, Band IV*, herausgegeben von R. Funk. Deutsche Verlags-Anstalt.

Gundlach, H. (1985). Willy Hellpach; Attributionen. In C. F. Graumann (Hrsg.), *Psychologie im Nationalsozialismus* (S. 165–195). Springer.

Harrasser, K. (2019). Maschine als Trauma: Die Prothesen der Kriegsversehrten. In K. Liggieri & O. Müller (Hrsg.), *Mensch-Maschine-Interaktion* (S. 43–51). J.B. Metzler.

Haury, T. (2002). *Antisemitismus von links*. Hamburger Edition.

Hein, A. (1996). *„Es ist viel »Hitler« in Wagner": Rassismus und antisemitische Deutschtumsideologie in den „Bayreuther Blättern"*. Niemeyer.

Hellbrück, J., & Kals, E. (2012). *Umweltpsychologie*. Springer VS.

Hildermeier, M. (1998). *Geschichte der Sowjetunion, 1917–1991: Entstehung und Niedergang des ersten sozialistischen Staates*. C.H. Beck.

Jacob, F. (2020). *1917 – Die korrumpierte Revolution*. Büchner-Verlag.

John, M., Eckardt, G., & Hiebsch, H. (1989). Kurt Lewin's early intentions (dedicated to his 100th birthday). *European Journal of Social Psychology, 19*(2), 163–169.

Keil, A., & Stibbe, M. (2020). Ein Laboratorium des Ausnahmezustands: Schutzhaft während des Ersten Weltkriegs und in den Anfangsjahren der Weimarer Republik-Preußen und Bayern 1914 bis 1923. *Vierteljahrshefte für Zeitgeschichte, 68*(4), 535–573.

Keßler, M. (2013). *Ruth Fischer. Ein Leben mit und gegen Kommunisten (1895–1961)*. Böhlau Verlag.

Kienitz, S. (2001). Der Krieg der Invaliden. Helden-Bilder und Männlichkeitskonstruktionen nach dem Ersten Weltkrieg. *Militärgeschichtliche Zeitschrift, 60*(2), 367–402.

Koenen, G. (2017). *Die Farbe Rot. Ursprünge und Geschichte des Kommunismus*. C.H. Beck.

Lang, R., & Hellpach, W. (1922). *Gruppenfabrikation*. Julius Springer.

Lenin, W. I. (1958). Zwei Taktiken der Sozialdemokratie in der demokratischen Revolution. In *Lenin Werke* (Bd. 9). Dietz Verlag.

Lenin, W. I. (1959). Über die Aufgaben des Proletariats in der gegenwärtigen Revolution. In *Lenin Werke* (Bd. 24). Dietz Verlag.

Lenin, W. I. (1960). Staat und Revolution. In *Lenin Werke* (Bd. 26). Dietz Verlag.

Lenin, W. I. (1961a). Rede über den Frieden. In *Lenin Werke* (Bd. 26). Dietz Verlag.

Lenin, W. I. (1961b). Wie soll man den Wettbewerb organisieren? In *Lenin Werke* (Bd. 26). Dietz Verlag.

Lenin, W. I. (1963). Brief an Inès Armand vom 17. Januar 1917. In *Lenin Werke* (Bd. 35). Dietz Verlag.
Lenin, W. I. (1971a). Konspekt zu Hegels „Wissenschaft der Logik". In *Lenin Werke* (Bd. 38). Dietz Verlag.
Lenin, W. I. (1971b). Konspekt zur „Wissenschaft der Logik". In *Lenin Werke* (Bd. 38). Dietz Verlag.
Lenin, W. I. (1975). Materialismus und Empiriokritizismus. In *Lenin Werke* (Bd. 14). Dietz Verlag.
Lewin, K., & Lewin, G. (1941/1982). Demokratie und Schule. In C.-F. Graumann (Hrsg.), *Kurt-Lewin-Werkausgabe* (S. 285–291, Bd. 6). Huber, Klett-Cotta.
Lewin, K. (1920). Die Sozialisierung des Taylor-Systems. *Schriftenreihe Praktischer Sozialismus, 4*, 3–36.
Lukács, G. (1985; Original: 1923). Die Verdinglichung und das Bewusstsein des Proletariats (aus: Geschichte und Klassenbewusstsein). In G. Lukács, *Über die Vernunft in der Kultur. Ausgewählte Schriften 1909–1969*. Reclam Verlag.
Mehring, R. (1999). Humanismus als „Politicum". Werner Jaegers Problemgeschichte der griechischen „Paideia". *Antike und Abendland, 45*(1), 111–128.
Metzger, W. (1984). Der Einfluss von Kurt Lewin auf die Entwicklung der Sozialpsychologie. In A. Heigl-Evers (Hrsg.), *Sozialpsychologie, Band 1, Kindlers „Psychologie des 20. Jahrhunderts"*. Beltz.
Nerdinger, F. W., Blickle, G., & Schaper, N. (2008). *Arbeits-und Organisationspsychologie*. Springer.
Oppenheimer, F. (1925). Der Antisemitismus im Lichte der Soziologie. *Der Morgen, Monatsschrift der deutschen Juden, Juni, 1925*, 148–161.
Ortmeyer, B. (2008). *Eduard Spranger und die NS-Zeit. Forschungsbericht 7.1*. Johann Wolfgang Goethe-Universität.
Pommerin, R. (1986). Die Ausweisung von „Ostjuden" aus Bayern 1923: Ein Beitrag zum Krisenjahr der Weimarer Republik. *Vierteljahreshefte für Zeitgeschichte, 34*(3), 311–340.
Pross, C. (1988). *Wiedergutmachung: Der Kleinkrieg gegen die Opfer*. Athenäum.
Reckwitz, A. (2020). *Das hybride Subjekt. Eine Theorie der Subjektkulturen von der bürgerlichen Moderne zur Postmoderne*. Suhrkamp Verlag.
Rupprecht, F. (1979). Aktuelle Aspekte von Lenins Werk „Materialismus und Empiriokritizismus". *Deutsche Zeitschrift für Philosophie, 27*(5), 618–622.
Schick, D. (2019). Albert Schweitzer. In D. Frey (Hrsg.), *Psychologie des Guten und Bösen* (S. 121–139). Springer.
Schweitzer, A. (1996; Original: 1923). *Kulturphilosophie. Verfall und Wiederaufbau der Kultur. Kultur und Ethik*. C.H. Beck.
Stiewe, B. (2011). *Der „Dritte Humanismus". Aspekte deutscher Griechenrezeption vom George-Kreis bis zum Nationalsozialismus*. de Gruyter.
Straub, J. (Hrsg.). (2014). *Der sich selbst verwirklichende Mensch: über den Humanismus der humanistischen Psychologie*. transcript Verlag.

Trotzki, L. (2015). *Das Zimmerwalder Manifest*. https://www.marxists.org/deutsch/archiv/trotzki/1915/09/zimmerwald.htm. Zugegriffen: 05. Jan. 2020.
Ulich, E. (2020). *Arbeitspsychologie* (7. Aufl.). Hochschulverlag.
Ullrich, A. (2019). *Von „jüdischem Optimismus" und „unausbleiblicher Enttäuschung"*. Walter de Gruyter.
Universitätsbibliothek der Humboldt-Universität. https://www.digi-hub.de/viewer/image/BV041840737/1/. Zugegriffen: 5. Mai 2021.
Van Elteren, M. (1990). Die Sozialpsychologie Lewins, marxistische Soziologie und Geschichte. *Psychologie und Geschichte, 2. Heft, 1*, 1–18.
Volkov, S. (2012). *Walther Rathenaus – Ein jüdisches Leben in Deutschland*. C.H.Beck.
Wittich, D. (1999). Lenins „Materialismus und Empiriokritizismus" – Entstehung, Wirkung, Kritik. *Sitzungsberichte der Leibniz-Sozietät (Berlin), 30*(3).
Zager, W., & Gräßer, E. (Hrsg.). (2017). *Albert Schweitzer. Theologischer und philosophischer Briefwechsel 1900–1965*. C.H. Beck.
Zürcher, J. (2015). Notiz zum Begriff „Ehrfurcht" und „Ehrfurcht vor dem Leben". *Albert-Schweitzer-Rundbrief, Nr., 107*, 31–36.
Zweig, A. (1993; Original: 1927). *Caliban oder Politik und Leidenschaft. Versuch über die menschlichen Gruppenleidenschaften dargetan am Antisemitismus*. Aufbau-Verlag.

# 13

Exkurs: Erich Fromm und der autoritäre Charakter

„Diederich schwenkte den Hut, er brüllte auf, dass die Herren im Wagen ihr Gespräch unterbrachen. Der rechts neigte sich vor, – und sie sahen einander an, Diederich und sein Kaiser. Der Kaiser lächelte kalt prüfend mit den Augenfalten und die Falten am Mund ließ er ein wenig herab. Diederich lief ein Stück mit, die Augen weit aufgerissen, immer schreiend und den Hut schwenkend, und einige Sekunden lang waren sie, indes ringsum dahinten eine fremde Menge ihnen Beifall klatschte, in der Mitte des leeren Platzes und unter einem knallblauen Himmel ganz miteinander allein, der Kaiser und sein Untertan" (Heinrich Mann „Der Untertan", Leipzig, 1918, S. 405).

Die Untertanen

Die Protagonisten der Unmenschlichkeit haben schon zu Beginn des 20. Jahrhunderts ihre Hüte jubelnd in die Luft geworfen. Einer der wenigen, die das früh registrierten und schonungslos kritisierten, war *Heinrich Mann* (1871–1950). Während sein Bruder *Thomas Mann* zwischen 1915 und 1918 die „Betrachtungen eines Unpolitischen" ausbrütete und gegen die „Feinde Deutschlands in seinen eigenen Mauern" wetterte, (Mann, 2001), hatte Heinrich Mann seinen Roman „Der Untertan" längst abgeschlossen. Vielleicht ist es das bekannteste Buch, das Heinrich Mann geschrieben hat; sicher dürfte es zu den schärfsten Analysen der politischen Machtverhältnisse des deutschen Untertanengeistes im deutschen Kaiserreich gehören. Diederich Heßling, der Hauptheld im Roman, ist der Prototyp des deutschen „Radfahrers", der nach oben buckelt und nach unten tritt.

„Wer treten will, muss sich treten lassen", so Heßlings Motto. Heinrich Mann begann den Roman 1906 und schloss ihn 1914 ab; 1918 erschien er offiziell im Kurt-Wolff-Verlag Leipzig, nach dem bereits 1916 einige wenige Exemplare gedruckt worden waren. *Kurt Tucholsky* besprach den Roman 1919 in der „Weltbühne" und bezeichnete das Buch als das „Herbarium des deutschen Mannes". „Denn", so Tucholsky, „diese beiden Charaktereigenschaften sind an Heßling, sind am Deutschen auf das subtilste ausgebildet: sklavisches Unterordnungsgefühl und sklavisches Herrschaftsgelüst. Er braucht Gewalten, Gewalten, denen er sich beugt wie der Naturmensch vor dem Gewitter, Gewalten, die er selbst zu erringen sucht, um andere zu ducken" (Tucholsky, 1919, hier zit. n. Tucholsky, 1972, S. 409).

Heinrich Mann erzählt die Sozialisation eines Sozialcharakters, der einige Jahre später schreckliche regimetragende Wirklichkeit werden sollte, der Sozialcharakter des „Autoritären":

„Einmal nur, in Untertertia, geschah es, dass Diederich jede Rücksicht vergaß, sich blindlings betätigte und zum siegestrunkenen Unterdrücker ward. Er hatte, wie es üblich und geboten war, den einzigen Juden seiner Klasse gehänselt, nun aber schritt er zu einer ungewöhnlichen Kundgebung. Aus Klötzen, die zum Zeichnen dienten, erbaute er auf dem Katheder ein Kreuz und drückte den Juden davor in die Knie. Er hielt ihn fest, trotz allem Widerstand; er war stark! Was Diederich stark machte, war der Beifall ringsum, die Menge, aus der heraus Arme ihm halfen, die überwältigende Mehrheit drinnen und draußen. Denn durch ihn handelte die Christenheit von Netzig. Wie wohl man sich fühlte bei geteilter Verantwortlichkeit und einem Selbstbewusstsein, das kollektiv war!" (Mann, 1918, S. 8).

Das ist der autoritäre Sozialcharakter, der sich antisemitisch inszeniert. Die Theorien des autoritären Charakters sind wohl die wirkungsmächtigsten, nachhaltigsten und umstrittensten Ansätze, mit denen Sozialwissenschaftlerinnen und Sozialwissenschaftler den Faschismus, den Einfluss der nationalsozialistischen Bewegung auf „Hitlers willige Vollstrecker" (Goldhagen, 1996) und den Vernichtungs-Antisemitismus zu erklären versuchen. Freilich ohne wissenschaftlichen Anspruch (oder vielleicht gerade deshalb) gelang es Heinrich Mann, mit dem „Untertan" ein Musterbeispiel ideologischer Forschung vorzulegen. Seit mehr als 70 Jahren steht dieser autoritäre Sozialcharakter nun im Mittelpunkt eines gigantischen Forschungsprogramms, mit dem diejenigen Elemente der Persönlichkeitsstruktur analysiert werden, „die zu feindseligen Reaktionen gegenüber religiösen und ethnischen Minoritäten prädisponieren" (Horkheimer 1968, S. VII).

Erich Fromm – auf dem Weg

Vor allem Erich Fromm ist es zu verdanken, dass der Begriff des *autoritären Charakters* das theoretische Feuer entzündete, an dem sich noch heute viele Forscherinnen und Forscher wärmen. *Erich Seligmann Pinchas Fromm* wurde am 23. März 1900 in Frankfurt am Main geboren. Seine Eltern, Naphtali Fromm und Rosa Fromm, waren orthodoxe Juden und Nachkommen bekannter und einflussreicher Rabbiner. In einer späteren autobiografischen Skizze schreibt Fromm über sein religiöses Interesse als Kind und Jugendlicher, die Schriften des Alten Testaments hätten ihn mehr als andere bewegt und gefesselt, schränkt aber auch ein, dass sich dieses Interesse vor allem auf die Schriften der Propheten Jesaja, Amos und Hosea richtete und hier vor allem auf die Utopie des Friedensreiches (Fromm, 1999a, S. 40; Original: 1962): „Da werden sie ihre Schwerter zu Pflugscharen und ihre Spieße zu Sicheln machen. Denn es wird kein Volk wider das andere das Schwert erheben, und sie werden hinfort nicht mehr lernen, Krieg zu führen" (Jesaja, 2, 4–5).

Den ursprünglichen Wunsch, Rabbiner zu werden, verwarf Fromm nach seinem Abitur und belegte zunächst für zwei Semester das Fach Rechtswissenschaft in Frankfurt am Main. Später wechselte er nach Heidelberg, um Psychologie, Philosophie und Soziologie, unter anderem bei Max Weber und dessen Bruder Alfred, zu studieren. 1919 gründete Fromm gemeinsam mit dem liberalen Rabbiner Georg Salzberger (1882–1975) in Frankfurt eine jüdische Volkshochschule. Unter der Leitung von Franz Rosenzweig wurde diese Einrichtung ab 1920 zum berühmten „Freien Jüdischen Lehrhaus", an dem junge Juden mit den jüdischen Traditionen vertraut gemacht wurden, um so eine Erneuerung des jüdischen Lebens in Deutschland zu erreichen (Akrap, 2011, S. 49). *Gershom Scholem* lehrte zweitweise am Lehrhaus, ebenso *Martin Buber, Leo Löwenthal, Siegfried Kracauer.*

> **Supplementum**
>
> Der Name „Lehrhaus" verweist als *Bet ha-Midrasch* auf eine jüdische Lern- und Lehrtradition, die mehr als 2000 Jahre alt ist. So wurde das Freie Jüdische Lehrhaus in Frankfurt am Main sehr bald zum Vorbild für ähnliche Einrichtungen in Berlin, Breslau, Köln, Dresden, Karlsruhe, Mannheim, Stuttgart, Wiesbaden. 1938 wurde das Frankfurter Lehrhaus von den Nazis geschlossen.

1922 promovierte Erich Fromm bei Alfred Weber. Die Dissertation trägt den Titel „Das Jüdische Gesetz: Zur Soziologie des Diaspora-Judentums". Fromm untersucht in dieser Arbeit den Zusammenhalt in den jüdischen Gemeinschaften der Karäer oder Karaim (eine jüdische Gemeinschaft innerhalb der Turkvölker), der Chassidim und im deutschen Reformjudentum. Während der Arbeit an seiner Dissertation entdeckte Fromm die Psychoanalyse von Sigmund Freud, so u. a. dessen Arbeiten „Jenseits des Lustprinzips" (1920), „Massenpsychologie und Ich-Analyse" (1921) oder „Das Tabu der Virginität" (1918). Ab 1925 ließ sich Fromm selbst als Psychoanalytiker ausbilden. Er unterzog sich einer Lehranalyse bei Wilhelm Wittenberg in München und setzte diese ab 1928 bei Hanns Sachs (1881–1947) am Berliner Psychoanalytischen Institut fort. Verstärkt und gefördert wurde Fromms Interesse an der Psychoanalyse, durch seine Bekanntschaft mit der Psychoanalytikerin *Frieda Reichmann* (1889–1957). Fromm ließ sich von ihr analysieren, beide verliebten sich und heirateten 1926[1].

Ab 1930 praktizierte Fromm selbst als Psychoanalytiker. Mit seiner Ehefrau gründete er 1929 das Frankfurter Psychoanalytische Institut (das heutige Sigmund-Freud-Institut). Karl Landauer und der Schweizer Heinrich Meng (1887–1972; Mitbegründer der Psychohygiene-Bewegung) wurden zu Leitern des Instituts berufen, das noch im Gründungsjahr als Gastinstitut im Frankfurter Institut für Sozialforschung Unterkunft fand (Funk, 1999a, S. XVII). Das Institut für Sozialforschung wurde 1929 kommissarisch von Friedrich Pollock geleitet, 1931 übernahm Max Horkheimer die Leitung.

In Berlin hatte Fromm enge Beziehungen zum Kreis linker, marxistisch orientierter Psychoanalytiker um *Otto Fenichel* (1897–1946), *Wilhelm Reich* (1897–1957) und *Siegfried Bernfeld* (1992–1953), die ihn inspiriert haben, über das Verhältnis von Psychoanalyse und Marxismus nachzudenken. Wilhelm Reich hatte 1929 ein Buch mit dem Titel „Dialektischer Materialismus und Psychoanalyse" veröffentlicht, das von Otto Fenichel in der von Sigmund Freud herausgegebenen Zeitschrift „Imago" wohlwollend rezensiert wurde (Fenichel, 1931). Siegfried Bernfeld (geboren als Selig Bernfeld) kam im österreichisch-galizischem Lemberg (heute: Lwiw in der Ukraine) zur Welt, wuchs in Wien auf und war zwischen 1925 und 1932

---

[1] Die Ehe zwischen Erich Fromm und Frieda Fromm-Reichmann zerbrach 1931 und wurde 1942 in den USA geschieden. Beide blieben aber freundschaftlich verbunden. Frieda Fromm-Reichmann emigrierte 1933 nach Palästina, ging dann aber 1935 in die USA, wo sie (u. a. mit Erich Fromm) 1943 das *William Alanson White Institute of Psychiatry, Psychoanalysis and Psychology* in New York gründete. Sie gilt heute als Pionierin der analytisch orientierten Psychotherapie von Psychosen. Sie starb 1957.

in Berlin tätig. Aus seiner Absicht, die Freud'sche Psychoanalyse und den Marxismus zu verknüpfen, machte auch er keinen Hehl.

Marxsche Werke hatte Fromm allerdings bereits während seines Studiums in Heidelberg kennengelernt. Aus seinen Publikationen zwischen 1928 und 1933 lässt sich entnehmen, dass er sich mit Marxens „Der achtzehnten Brumaire des Louis Bonaparte", mit der „Deutschen Ideologie" und der „Heiligen Familie" von Marx und Engels und mit dem „Kapital" beschäftigt hat. Werke von Eduard Bernstein, Karl Kautsky oder dem russischen Philosophen Nikolai Iwanowitsch Bucharin standen ebenfalls auf Fromms Lektüreliste. So wundert es nicht, dass sich Erich Fromm 1929/1930 endgültig vom Jüdischen Lehrhaus in Frankfurt am Main verabschiedete, um ins „Café Marx" (dem Institut für Sozialforschung; Löwenthal, 1980, S. 70) zu wechseln. Die enge Verbindung zwischen dem Frankfurter Psychoanalytischen Institut, in dem Fromm, wie gesagt, als Mitbegründer tätig war, und dem Institut für Sozialforschung (IfS) erleichterte den Übergang. Erich Fromm wurde dort 1930 als ordentliches Mitglied aufgenommen und als Leiter der sozialpsychologischen Abteilung eingestellt. 1932 publizierte er in der ersten Ausgabe der „Zeitschrift für Sozialforschung", dem wissenschaftlichen Publikationsorgan des Instituts für Sozialforschung, die programmatische Schrift „Über die Methode und Aufgabe einer Analytischen Sozialpsychologie: Bemerkungen über Psychoanalyse und historischen Materialismus". Wie diese Analytische Sozialpsychologie aussehen soll, beschreibt Fromm folgendermaßen:

„Die sozialpsychologischen Erscheinungen sind aufzufassen als Prozesse der aktiven und passiven Anpassung des Triebapparates an die sozial-ökonomische Situation. Der Triebapparat selbst ist – in gewissen Grundlagen – biologisch gegeben, aber weitgehend modifizierbar; den ökonomischen Bedingungen kommt die Rolle als primär formende Faktoren zu. Die Familie ist das wesentlichste Medium, durch das die ökonomische Situation ihren formenden Einfluss auf die Psyche des einzelnen ausübt. Die Sozialpsychologie hat die gemeinsamen – sozial relevanten – seelischen Haltungen und Ideologien – und insbesondere deren unbewusste Wurzeln – aus der Einwirkung der ökonomischen Bedingungen auf die libidinösen Strebungen zu erklären" (Fromm, 1999b, S. 46; Original: 1932).

Noch vor dieser „Inauguraladresse" und seiner Anstellung am IfS startet Erich Fromm 1929 gemeinsam mit Hilde Weiss, Anna Hartoch, Herta Herzog und Ernst Schachtel eine große sozialpsychologische Feldstudie. *Paul L. Lazarsfeld* fungierte als wissenschaftlicher Berater für die statistische Auswertung.

> **Supplementum**
>
> Paul F. Lazarsfeld (1901–1976) wurde in Wien geboren, promovierte 1924 über ein mathematisch-physikalisches Thema, war zwischen 1929 und 1933 Mitarbeiter am Wiener Psychologischen Institut (u. a. bei Charlotte und Karl Bühler) und emigrierte 1933 in die USA. Mit Marie Jahoda und Hans Zeisel veröffentlichte er 1933 die beispielgebende Studie „Die Arbeitslosen von Marienthal. Ein soziographischer Versuch über die Wirkungen langandauernder Arbeitslosigkeit" (Jahoda, Lazarsfeld & Ziesel, 1933). In den USA arbeitete Lazarsfeld vor allem auf kommunikationswissenschaftlichem Gebiet. 1940 realisierte er mit Bernard R. Berelson und Hazel Gaudet die große Studie „The People's Choice" (Lazarsfeld, Berelson, & Gaude, 1944) und entwickelte das berühmte Modell des „Zwei-Stufen-Flusses der Kommunikation" (Two-Step-Flow-Model), das ganz wesentlich zu einem Paradigmenwechsel in der kommunikationswissenschaftlichen Forschung beitrug.

Das „Dritte Reich" und der „Gesellschafts-Charakter"

Mit der Studie „Arbeiter und Angestellte am Vorabend des Dritten Reiches", so der spätere Titel, aus dem Jahre 1929 wollten Fromm und Kolleginnen[2] Einstellungen und politische Verhaltensweisen von Angestellten und Arbeitern untersuchen. Dafür wurde ein umfangreicher Fragebogen entwickelt, der aus 271 weitgehend offenen Fragen bestand. Gefragt wurde u. a. nach der beruflichen Lage, dem Lebensstandard, nach Parteizugehörigkeit, Wahlverhalten, Weltanschauung, politische Anschauungen, Haltungen zu Mitmenschen, nach Auffassungen zur Erziehung, nach Führung etc. Mithilfe von freien und christlichen Gewerkschaften wurden insgesamt 3000 Fragebögen verteilt. 1150 Fragebögen kamen ausgefüllt zu den Forscherinnen und Forschern zurück. Bis 1936 wurden knapp 600 unter der Federführung von Erich Fromm ausgewertet. Hintergrund dieser Studie ist die Ende der 1920er und Anfang der 1930er Jahre zunehmende Massenarbeitslosigkeit in Deutschland und die damit verbundene massenhafte Verelendung breiter Schichten der Bevölkerung. So lag die Arbeitslosigkeit in Deutschland im Jahre 1928 unter 1,5 Mio., stieg aber bis 1933 auf fast 5,5 Mio. an. Aus marxistischer Sicht, die damals von vielen Sozialwissenschaftlern geteilt wurde, hätte das eigentlich zu einer gesellschaftlichen Revolution führen müssen; die trat aber nicht ein. Die Krisen der

---
[2] Die männlichen Kollegen sind damit selbstverständlich mitgemeint.

kapitalistischen Produktionsweise hatten sich zwar zugespitzt, führten aber nicht zwangsläufig zu einem sozialistischen Klassen- und Revolutionsbewusstsein in der deutschen Arbeiterschaft. Das Proletariat polarisierte sich, ein großer Teil schien sich entgegen seinen ökonomischen Interessen zunehmend der faschistischen Ideologie zuzuwenden, und die Arbeiterparteien SPD und KPD waren nicht in der Lage diese Entwicklung aufzuhalten. Die politischen Wahlergebnisse verdeutlichten die zunehmende politische Polarisierung; vor allem wanderten breite Massen der Arbeiterschaft nach „rechts" ab und wählten die NSDAP, die 1933 schließlich an die Macht kam. 1928 wählten 0,8 % aller Wählerinnen und Wähler die NSDAP, im Juli 1932 waren es schon 37,3 % und im März 1933 schließlich 52,4 %. In dieser gesellschaftlichen Situation stellten sich Erich Fromm und seine Kolleginnen die Frage, warum sich die politischen (Partei-)Orientierungen der Arbeiter und Angestellten nicht mit den tatsächlichen Einstellungen (oder besser: den unbewussten Motiven) decken. Sofern es möglich ist, so die Annahme, die tiefverwurzelten (unbewussten) politischen Einstellungen aufzudecken, könnte man u. U. vorhersagen, ob die Arbeiter und Angestellten gegen eine Machtübernahme durch die Nazis kämpfen oder sie unterstützen werden. Die Auswertung und Veröffentlichung der Studie aus dem Jahre 1929 verzögerte sich indes um mehrere Jahre.

Das dürfte verschiedene Gründe haben: Im Jahre 1931 erkrankte Fromm an Lungentuberkulose und hielt sich bis 1934 mit Unterbrechungen in Davos in der Schweiz auf. Nachdem die Nationalsozialisten Anfang 1933 die Macht in Deutschland übernommen hatten, war das Schicksal des Instituts für Sozialforschung besiegelt. Unmittelbar nach der Ernennung Hitlers zum Reichskanzler im Januar 1933 siedelte Max Horkheimer nach Genf um. Am 13. März 1933 wurde das Institut von der Kriminalpolizei geschlossen und danach dem NS-Studentenbund zur Verfügung gestellt. Ende Juli wurde Horkheimer über die Entscheidung der Gestapo informiert, dass das Institut wegen staatsfeindlicher Bestrebungen beschlagnahmt worden sei. Bereits im Februar 1933 hatte Max Horkheimer alles darangesetzt, um das bewegliche Eigentum des Instituts (Bücher, Dokumente, Materialien) außer Landes zu schaffen, zunächst nach Genf, später nach Paris und dann in die USA. 1934, Fromm war inzwischen in die USA emigriert, entschied Horkheimer, das Institut an die New Yorker Columbia University zu verlegen. Möglicherweise gingen durch den erzwungenen, schnellen Weggang aus Deutschland große Teile der beantworteten Fragebögen aus o.g. Studie verloren.

1936 erschien dann im Pariser Verlag *Librairie Félix Alcan* ein Forschungsbericht zu „Studien über Autorität und Familie" als fünfter Band der Schriften des Instituts für Sozialforschung (Fromm et al., 1936). In einer „Ersten Abteilung" dieser Publikation entwickelt Horkheimer die philosophisch-historischen Grundlagen des Verhältnisses von Autorität in der modernen Gesellschaft. Ebenfalls in der „Ersten Abteilung" versucht Fromm (1999c) eine Integration von Marxismus und psychoanalytischer Theorie, in dem er darauf verweist, dass die ökonomische und soziale Struktur der kapitalistischen Gesellschaft einen Menschentypus forme, der durch eine spezifische autoritäre Charakterstruktur, nämlich durch eine lustvolle Unterwerfung unter Autoritäten, gekennzeichnet sei. Ein „Ideengeschichtlicher Teil", geschrieben von Herbert Marcuse, schließt die „Erste Abteilung". In einer „Zweiten Abteilung" des Forschungsberichts werden qualitative und quantitative Studien und Ergebnisse über das Verhältnis zur Autorität in deutschen Familien aus der Arbeiterschaft und der Mittelklasse vorgestellt. Es handelt sich dabei um eine 1932 mit deutschen Spezialärzten durchgeführte Erhebung über Sexualmoral, eine in der Schweiz, Belgien, Frankreich, Holland und Österreich erfolgte „Sachverständigenerhebung" über Autorität und Familie, eine Fragebogenuntersuchung mit Schweizer Jugendlichen ebenfalls über Autorität und Familie und um einen kurzen, von Erich Fromm verfassten, Bericht über die Studie aus dem Jahre 1929. Fromm stellt den Fragebogen und ein paar knappe Befunde vor, um die – aus seiner Sicht – ermittelten grundlegenden Charaktertypen zu illustrieren: den autoritären, den revolutionären und den ambivalenten Charakter. Eine erste, ausführliche Veröffentlichung Befunde erfolgte erst 1980 (Fromm & Bonß, 1999; Original: 1980).

Macht man sich nun die Mühe einer gründlichen Lektüre dieses umfangreichen Berichts, kann man sich des Eindrucks nicht erwehren, dass Erich Fromm und Kolleginnen eine für die damalige Zeit (1929–1930) einmalige Verknüpfung von statistisch-deskriptiven und qualitativ-interpretativen Auswertungsmethoden genutzt (und dies dokumentiert) haben, um die Erhebungsdaten aufzubereiten. Über die Qualität der Befunde lässt sich indes streiten.

Menschen mit autoritären Haltungen, so Erich Fromm, würden es erstreben und genießen, sich höheren Mächten, einem Staat, einem Führer, dem Naturgesetz, der Vergangenheit oder Gott, zu unterwerfen. „Der Starke und Mächtige wird eben um diese Eigenschaften willen bewundert und geliebt, der Schwache und Hilflose gehasst und verachtet" (Fromm & Bonß, 1999, S. 169).

Sieht man einmal von den nicht leicht zu durchschauenden Auswertungsstrategien ab, so lassen sich aus Rohmanuskripten der Studie u. a. folgende Ergebnissen ableiten (Fromm & Bonß, 1999, 188 f.):

- Nur etwa 15 % der „Linken" stimmten mit der „sozialistischen Linie sowohl im Denken als auch im Fühlen" überein und waren u. U. bereit, den „Mut, die Opferbereitschaft und die Spontanität" aufzubringen, „die zur Führung der weniger aktiven Elemente und zur Besiegung des Gegners notwendig sind".
- Sieben Prozent der Sozialdemokraten und 27 % der Kommunisten „waren weitgehend konsistent radikal".
- Außerdem schienen neun Prozent derjenigen, die sich zur Sozialdemokratie bekennen, eindeutig autoritär orientiert zu sein; bei den Kommunisten waren das nur ein Prozent, bei den Bürgerlichen 28 % und unter den Nationalsozialisten fanden sich 47 % mit eindeutig autoritären Orientierungen.

Es ist eigentlich egal, inwieweit diese und die anderen Ergebnisse der frühen Studie den damaligen gesellschaftlichen Wirklichkeiten entsprechen. Anzunehmen ist auf jeden Fall, dass Erich Fromm und seine Kolleginnen einerseits besorgt waren über die mangelnde Bereitschaft der Arbeiter und Angestellten, sich gegen die Ideologie der Nationalsozialisten zu wehren. Andererseits wollte Fromm wohl auf die Gefahren aufmerksam machen, die von autoritären Haltungen eines großen Teils der Arbeiterschaft und besonders von den Nationalsozialisten ausgehen könnten.

Zunächst noch eine andere Geschichte: Nach seiner Emigration musste Fromm zahlreiche persönliche und gesundheitliche Rückschläge verkraften. Ende 1933 starb in Deutschland sein Vater Naphtali, auch die Lungentuberkulose brach 1938 während eines Aufenthalts in Europa wieder aus und zwang ihn zu einem erneuten Sanatoriumsaufenthalt im Schweizerischen Davos. Und dann kam noch der Streit mit Mitarbeitern des Instituts für Sozialforschung (IfS) dazu. Wohl nicht zuletzt inspiriert von den Neo-Freudianern (wie Karen Horney, die ihm eine Gastdozentur in Chicago besorgte, und Harry Stack Sullivan) hatte Fromm bereits in früheren Arbeiten die Libido- und Instinkttheorie Freuds kritisiert. So z. B. in der schon erwähnten Arbeit „Über Methode und Aufgabe einer Analytischen Sozialpsychologie" aus dem Jahre 1932, in einem 1935 in der Zeitschrift für Sozialforschung erschienen Beitrag zur gesellschaftlichen Bedingtheit der psychoanalytischen Therapie (Fromm 1999d) oder in der 1936 mit Horkheimer und Marcuse erfolgten Publikation zu den „Studien über Autorität und Familie". Den endgültigen Abschied von Freuds Libidotheorie vollzog Fromm spätestens 1937. Rainer Funk machte mich diesbezüglich auf einen Aufsatz aufmerksam, den Fromm zwischen Herbst 1936 und Frühjahr 1938 verfasste, aber nie veröffentlichte. Mit einem ausführlichen

Kommentar von Rainer Funk findet sich dieser Aufsatz mit dem Obertitel „Die Determiniertheit der psychischen Struktur durch die Gesellschaft" heute im *Nachlassband XI der Erich-Fromm-Gesamtausgabe*. Nach Freud bildet sich der menschliche Charakter über die verschiedenen Phasen der Libidoentwicklung (oral, anal, phallisch…) aus. Für Fromm hingegen sind es die verschiedenen Arten und Weisen, in und mit denen der Mensch in Beziehung zur Welt und zu anderen Menschen tritt und in denen sich der Charakter entwickelt. Insofern ist die individuelle Charakterentwicklung ein lebenslanger Prozess und endet nicht mit dem Abschluss der Kindheit, so wie es Freud nahelegt (z. B. Freud, 1981; Original: 1905). Zwar sei die Familie das wichtigste Medium der Charakterentwicklung (da ist sich Fromm mit Freud einig), nicht minder wichtig sind aber die gesellschaftlichen und klassenmäßigen Hintergründe der Familie, die sich in typischen Charakterzügen von Gruppen, Gemeinschaften und Klassen ausdrücken. Die meisten psychischen Erscheinungen (Gefühle, Strebungen, Fantasien, Leidenschaften usw.) des Menschen seien aus seiner sozialen Bezogenheit zu erklären und nicht aus einer Triebnatur, die einer mechanischen Logik von Spannung und Entspannung, Lust und Unlust folge. Auch sei der Mensch als ein primär soziales Wesen zu begreifen, und nicht als ein selbstgenügsames.[3]

Der besagte Aufsatz, in dem Fromm seine Kritik an Freud formuliert und eine Modifikation vorschlägt, die „[…] in mancher Hinsicht der Theorie des Historischen Materialismus näher zu stehen (scheint) als die Freud'sche Libidotheorie" (Fromm, 1999e, S. 173), sollte in der Zeitschrift für Sozialforschung, dem Publikationsorgan des IfS, erscheinen. „Doch anders, als dies Fromm erwartete, fiel sein sozial-psychoanalytischer Ansatz bei einer Besprechung am 7. September 1937 bei Horkheimer und anderen Institutsmitgliedern in Ungnade" (Funk, 1999b, S. 641). Horkheimer (und wohl auch andere Institutsmitglieder) lehnten die Veröffentlichung des Aufsatzes ab. Die geplante *vollständige* Publikation der Arbeiter- und Angestellten-Erhebung von Fromm und Kolleginnen aus dem Jahre 1929, über die – wie erwähnt – Fromm in den „Studien über Autorität und Familie" nur knapp berichtet, wurde ebenfalls nicht umgesetzt.

Mit der klassischen psychoanalytischen Technik schien Erich Fromm ebenfalls sehr unzufrieden gewesen zu sein. Fromm sah das psychoanalytische Gespräch zwischen Analytiker und Patient nicht als Beziehung

---

[3] Rainer Funk bezeichnet den Aufsatz „Die Determiniertheit der psychischen Struktur durch die Gesellschaft" als den für die Theorieentwicklung Fromms wichtigsten Beitrag, den es unter den nachgelassenen Schriften gibt (Funk, 1999b, S. 639).

zwischen einem patriarchalischen, autoritären „Übervater" und einem „kranken Kind", sondern als Begegnung zweier gleichberechtigter Menschen, in der der Analytiker oder die Analytikerin ein hohes Maß an Empathie aufbringen muss. Das dürfte die Anhänger Freuds nicht gefreut haben und es scheint im Institut für Sozialforschung zu offener Kritik an Fromm gekommen zu sein. Rainer Funk zitiert einen Brief von Fromm an Martin Jay aus dem Jahre 1971, in dem Fromm deutlich zu machen versucht, dass Horkheimer mit der Frommschen Reinterpretation der Psychoanalyse nicht einverstanden gewesen sei und dass dies auch mit dem Einfluss von Adorno auf Horkheimer zusammenhänge (Funk, 1999a, S. XXI). Dabei darf natürlich nicht vergessen werden, dass weder Horkheimer noch Adorno ausgebildete Psychoanalytiker waren und die Psychoanalyse nur aus Lektüre kannten.

1939 trennte sich Erich Fromm vom New Yorker Institut für Sozialforschung. Adorno, der vermittelt durch Horkheimer ab 1938 in einem medienwissenschaftlichen Projekt (das „Princeton Radio Research Project") unter der Leitung von Paul F. Lazarsfeld arbeitete, damit aber nicht zurechtkam, erhielt daraufhin eine volle Stelle im New Yorker Institut für Sozialforschung. Fromm verlor seinen lebenslangen Vertrag als Mitarbeiter des Instituts. In den späteren Publikationen tauchte sein Name nicht und wenn, dann höchstens als Randnotiz auf, so als hätte es seine Arbeit und seinen Einfluss auf die Forschungen des Instituts nie gegeben.

Am 25. Mai 1940 wurde Erich Fromm US-amerikanischer Staatsbürger und begann seine Lehrtätigkeit an der bekannten „New School for Social Research" in New York. Für viele Emigranten und Emigrantinnen aus Europa wurde diese Universität in Manhattan nach 1934 zu einem wichtigen Zufluchts- und Arbeitsort, so z. B. für *Wilhelm Reich,* für den Musikwissenschaftler und Komponisten *Hanns Eisler,* für den Mitbegründer der Gestalttheorie *Max Wertheimer,* für die österreichische Sozialpsychologin *Marie Jahoda,* für den Philosophen *Hans Jonas* oder für die Philosophin *Hannah Arendt.*

1941 erschien Fromms großes Buch „Die Furcht vor der Freiheit". Detlef Oesterreich (1996, S. 38) sieht in diesem Buch eine Weiterführung der Marxschen Entfremdungstheorie, nach der der Kapitalismus die traditionelle und damit sichere Identitätsfindung der Menschen im Feudalismus zerstöre und ihnen eine Freiheit gegeben habe, die sie nicht bewältigen konnten. Deshalb hoffe der Einzelne durch Unterwerfung unter einen Führer und durch Aufgabe von Individualinteressen zugunsten von Gruppeninteressen die verloren gegangene Sicherheit wiederzugewinnen. Zu Beginn des Buches schreibt Fromm: „Neben den ökonomischen und gesellschaftlichen Bedingungen, die zum Faschismus geführt haben, gibt es ein den Menschen selbst betreffendes Problem, das wir verstehen müssen". Nämlich „…jene dynamischen Faktoren in der Charakterstruktur des modernen Menschen […], die in den faschistischen Ländern dazu geführt haben, die Freiheit aufzugeben, und die bei Millionen Menschen in unserem eigenen [amerikanischen] Volk ebenfalls stark verbreitet sind" (Fromm, 1999 f., S. 220 f.). Um diese dynamischen Faktoren auf den Begriff zu bringen, führt Fromm den Begriff „Gesellschafts-Charakter" als „Schlüsselbegriff für das Verständnis des Gesellschaftsprozesses überhaupt" ein: „Der Gesellschafts-Charakter […] *umfasst den wesentlichen Kern der Charakterstruktur der meisten Mitglieder einer Gruppe, wie er sich als Ergebnis der grundlegenden Erfahrungen und der Lebensweise dieser Gruppe entwickelt*" (Fromm, 1999 f., S. 379; Hervorh. im Original).

Zum *einen* führen die individuellen Lebensumstände zur Internalisierung von Erfahrungen, die typisch und einmalig nur für den jeweiligen Menschen sind und seinen individuellen Charakter ausmachen. Als soziales Wesen ist der einzelne Mensch Mitglied in sozialen Gruppen und Gemeinschaften. Ihnen fühlt er sich zugehörig und identifiziert sich mit ihnen und ihren Werten, Normen und Erwartungen. Dadurch verinnerlicht der Einzelne (die Einzelne) zum *anderen* die sozialen Erwartungen und sozioökonomischen Erfordernisse der Gruppen, Gemeinschaften, Gesellschaften, mit denen er bzw. sie sich identifiziert. Das Ergebnis dieser Internalisierung des Sozialen nennt Fromm *Gesellschaft-Charakter*, sodass – schreibt Rainer Funk in einer persönlichen Mitteilung – „der Einzelne das zu denken, fühlen und handeln wünscht, was er zum Erhalt einer bestimmten Gesellschaft erstreben soll".

Supplementum

In der sozialwissenschaftlichen Literatur findet man eine Reihe von Begriffen, die dem Gesellschafts-Charakter nicht unähnlich sind. Norbert Elias (1939) und Pierre Bourdieu (1970) haben den Begriff des *Habitus* bzw. des *sozialen Habitus* in die Sozialwissenschaften eingeführt. Der von Daniel Bar-Tal konzeptualisierte Begriff der *Group Beliefs* ist in diesem Zusammenhang ebenfalls erwähnenswert (Bar-Tal, 2012).

Der Gesellschafts-Charakter ist für Fromm das Mittelglied, das Vermittelnde zwischen dem individuellen Charakter und den gesellschaftlichen Verhältnissen. Das ist ein durch und durch dialektischer und moderner Ansatz:

13 Exkurs: Erich Fromm und der autoritäre Charakter

Auch in den gegenwärtigen Zeiten nachmoderner, autonom agierender gesellschaftlicher Subsysteme gibt es keine Unmittelbarkeit von Individuum und gesellschaftlichen Strukturen. Nationale und globale Herrschafts-, Macht- und Autoritätsverhältnisse beeinflussen das Fühlen, Denken und Handeln Einzelner nur vermittelt. Das gilt ebenso für den möglichen Einfluss auf individuelle, unbewusste Motive oder Triebe. Die Annahme einer deterministischen Wirkung von gesellschaftlichen Verhältnissen auf individuelle Beschaffenheiten – oder umgekehrt – würde (man verzeihe mir diese Reminiszenz) zu „irrigen Resultaten ... [führen], weil sie notwendige Mittelglieder überspringt" (Marx, 1967, MEW, Band 26.2., S. 161 f.).

Fromm versuchte mit dem „Gesellschafts-Charakter" einen begrifflichen Zugriff auf die individuellen und kollektiven Effekte der nationalsozialistischen, faschistischen Ideologien und Herrschaftsstrukturen zu finden. In einem Vortrag, den Fromm, 1943 an der New School for Social Research in New York hielt, wendet er den Begriff, hier mit dem Wort „Charaktermatrix", auf die Deutschen an. Die, wie er schreibt, „[...] bösartige Seite der deutschen Charakter-Matrix" finde sich hauptsächlich in der unteren Mittelklasse, „[...] die den Kern der nationalsozialistischen Partei bildet" (Fromm, 1999 g, S. 6). Bezogen auf seine 1929 durchgeführte Untersuchung zur Charakterstruktur der deutschen Arbeiter und Angestellten zeichnet er nun ein durchaus positives Bild über die Zukunft der Deutschen. „Während die nationalsozialistischen Funktionäre unverbesserlich sind und sicher von den Deutschen selbst verurteilt werden, sobald Hitlers Macht zusammenbricht, sind die Vorbedingungen für eine positive Entwicklung der Deutschen insgesamt genau die gleichen wie für jedes andere Volk und Individuum: es sind gesellschaftliche Bedingungen, die der Freiheit, der Solidarität und dem Wachstum förderlich sind. Unter solchen Bedingungen wird die Mehrheit der Deutschen ihre besonderen nationalen Charaktereigenschaften nicht verlieren, aber die positive Seite dieser Charaktermerkmale wird sich verstärken" (Fromm ebd., S. 7). In diesem Satz stecken zumindest drei Aussagen: a) Die explizite Annahme, die faschistischen Funktionäre seien unverbesserlich, was wohl heute noch für viele Rechtsextreme und Antisemiten gelten dürfte; b) eine implizite Annahme über die konforme Bereitschaft der Deutschen, sich von den alten „Verführern" abzuwenden, wenn diese keine Macht mehr besitzen, und sich neuen Herrschaften zuzuwenden oder sollten wir sagen: unterzuordnen; c) die optimistische Aussage über die Möglichkeiten einer freien und solidarischen Entwicklung der Menschheit.

The Authoritarian Personality

1945 begannen die Mitglieder des New Yorker Instituts für Sozialforschung, zu denen Fromm nun nicht mehr gehörte, mit den Planungen eines Projekts zum Antisemitismus. Auslöser und Ausgangspunkt dazu waren natürlich die Erfahrungen der „Frankfurter" Emigranten mit dem Nationalsozialismus in Deutschland. Entscheidende konzeptionelle Überlegungen wurden von Horkheimer und Adorno in enger Zusammenarbeit mit den Psychologen R. Nevitt Sanford und Else Frenkel-Brunswik von der Psychologischen Abteilung der Universität Berkeley in Kalifornien zwischen Frühjahr 1943 und Sommer 1944 entwickelt. Finanzielle Unterstützung für das Forschungsprojekt kam vom *American Jewish Committee*. Erste Ergebnisse der gemeinsamen Arbeit des später als *Berkeley Gruppe* bekannt gewordenen Teams wurden auf einem Symposium im Juni 1944 in San Francisco vorgestellt und 1946 als Buch veröffentlicht (Ernst Simmel, 1946, deutsch: 1993). Im ersten Beitrag des Buches stellt Max Horkheimer dezidiert die „Erforschung des Antisemitismus" als Ziel des Forschungsprojektes heraus (Horkheimer 1993, S. 24). Dieser Fokus wurde relativ schnell auf die Frage erweitert, was Menschen dazu treibt, sich unmenschlichen Zielen unterzuordnen. Mitte der 1940er Jahre begannen dann die eigentlichen Studien zum „faschistischen Charakter", die unter dem Titel „The Authoritarian Personality" (TAP) im Jahre 1950 publiziert wurden. Dabei konnte sich die Berkeley-Gruppe auf eine Reihe von Arbeiten stützen, die sich in den 1940er Jahren ausdrücklich mit der Frage befassten, welche psychischen Charakteristika sich bei Antisemiten und Nationalsozialisten (bzw. ihren Anhängern) finden lassen (z. B. Erikson, 1942; Fenichel, 1940; Levinson & Sanford, 1944). Die TAP stellt also eher einen Wendepunkt denn einen Ausgangspunkt für die Erforschung des Autoritarismus und verwandter Konstrukte dar.

Der von Theodor W. Adorno, Else Frenkel-Brunswick, Daniel J. Levinson, R. Nevitt Sanford (1950) herausgegebenen Band „The Authoritarian Personality" ist Teil des fünfbändigen Gesamtwerkes mit dem Titel „Studies in Prejudice". In der deutschen Öffentlichkeit wird das vollständige Forschungsprojekt meist auf das Konzept der „Autoritären Persönlichkeit" reduziert und dieses wiederum fast unzertrennlich mit dem Namen von Adorno verknüpft. Die deutsche Veröffentlichung von Teilen der „Authoritarian Personality" 1968 im Verlag *de Munter* Amsterdam und später 1973 bei Suhrkamp erweckte schließlich den Eindruck, es handele sich bei Adorno um den Autor der Studien und Frenkel-Brunswik, Levinson und Sanford seien lediglich Koautoren gewesen. Stone und Lederer und Christie (1993, S. 13) betrachten es demzufolge als eine „Ironie des Schicksals", dass nur aufgrund Adornos offizieller Namensänderung im Jahre 1943 die „Authoritarian Personality" nicht unter „Frenkel-Brunswik et al." zitiert wird.[4]

Mit der „Authoritarian Personality" wollten die Autorinnen und Autoren den Zusammenhang zwischen Persönlichkeitsstrukturen und der Anfälligkeit für Faschismus in den USA untersuchen (Lederer, 1995, S. 25). Ursprünglich sollte der Band „The Fascist Character" lauten, dann „The Potential Fascist", schließlich wurde „The Authoritarian Personality" daraus und damit war das wissenschaftliche Forschungsprogramm zur begrifflichen Wirklichkeit geworden. Die Psychogenese der Persönlichkeitsstrukturen, die mit dem Begriff des *Autoritarismus* beschrieben werden, erklären die Autoren der TAP durch Verweis auf die patriarchalischen Sozialisationspraktiken, Familienverhältnisse und Erziehungspraktiken im Mittelstande der Weimarer Zeit (so Else Frenkel-Brunswik im Kapitel X der TAP; Adorno, Frenkel-Brunswick, Levinson & Sanford, 1950). Die Erziehungsmuster seien geprägt von einer dominanten Vaterfigur, emotionaler Kälte und strikter Disziplinierung. Das führe bei den Kindern zu starken, aber nicht ausgelebten Hassgefühlen gegenüber dem Vater im Speziellen und den Eltern im Allgemeinen. Der „angestaute" Hass werde auf Schwächere, soziale Randgruppen und Abweichler verschoben. Antisemitische und fremdenfeindliche Orientierungen Erwachsener seien demzufolge stabile Muster einer unkritischen Unterordnung unter (aggressive) Autoritäten interpretieren. Auf der Grundlage zahlreicher Interviews und der Inhaltsanalyse nationalsozialistischer Dokumente leiteten die Autorinnen und Autoren der TAP schließlich neun Konstrukte oder Dimensionen ab, die das Syndrom der *Autoritären Persönlichkeit* beschreiben sollten: Konventionalismus, Autoritäre Unterwürfigkeit, Autoritäre Aggression, Anti-Intrazeption, Aberglaube und Stereotypie, Machtdenken und „Kraftmeierei", Destruktivität und Zynismus, Projektivität sowie Sexualität. Diese neun Konstrukte bildeten die Grundlage für die Entwicklung der F-Skala (F-Faschismus), die später als Autoritarismus-Skala bekannt wurde und die in der TAP die Funktion hatte, die tiefer liegenden Persönlichkeitsstrukturen aufzudecken, die für ethnozentrische, antidemokratische und antisemitische Einstellungen verantwortlich zu machen sind. Kombiniert mit einer Ethnozentrismus-Skala, einer Antisemitismus-Skala sowie einer Skala zur Messung des politisch-ökonomischen Konservatismus wurde die F-Skala zwischen

---

[4] Seit 1943 – nach seiner Einbürgerung als Bürger der USA – nannte sich Theodor Wiesengrund-Adorno bekanntlich nur noch „Theodor W. Adorno".

Mai 1945 und Juni 1946 schließlich zirka 2000 Personen aus Kalifornien sowie aus Oregon und Washington D.C. zur Beantwortung vorgelegt.

Der „The Authoritarian Personality" aus dem Jahre 1951 folgten mehrere tausend theoretische, methodische und empirische Arbeiten, in denen entweder das ursprüngliche Konzept aufgegriffen, theoretisch und methodisch rekonzeptualisiert oder einer scharfen methodischen und theoretischen Kritik und Revision unterworfen wurde (z. B. Hyman & Sheatsley, 1954; Smith, 1950). Bemerkenswert ist aber vor allem die inhaltliche Kritik, die sehr schnell den Autorinnen und Autoren der TAP entgegenschlug. Schon während der Studien und erst recht nach der Veröffentlichung sahen sie sich massiven politischen Anfeindungen ausgesetzt. Im aufkommenden Kalten Krieg wurde ihnen u. a. vorgeworfen, die strukturellen Ähnlichkeiten von Faschisten und Kommunisten ignoriert zu haben (Shils, 1954). Die Debatten gingen noch Jahre später erbittert weiter (z. B. Eysenck, 1981; McGrew, 1969) und stimulierten letztlich die Entwicklung alternativer Autoritarismus-Konzeptionen. Ein innovativer Schritt auf diesem Wege gelang in den 1980er Jahren. Die Veröffentlichung von Robert Altemeyers erstem Buch „Right-wing Authoritarianism" (1981) gilt dabei als Zäsur und Beginn der modernen Autoritarismusforschung. Altemeyer stützt sich in seiner sparsamen theoretischen Konzeption auf lerntheoretische Erklärungen zur Entstehung von Autoritarismus. Als potentielle Modelle, von denen Kinder und Jugendliche autoritäre Überzeugungen übernehmen können, nennt Altemeyer nicht nur die Eltern, sondern Peers, Comic-Figuren oder die Medien. Altemeyers größeres Verdienst liegt aber vor allem in der einfacheren Operationalisierung autoritärer Überzeugungen. Er reduzierte auf der Basis einer Vielzahl Studien das ursprüngliche Konzept der TAP mit seinen neun Dimensionen auf drei Subdimensionen: *Konventionalismus* (ein hoher Grad des Festhaltens an sozialen Konventionen), *autoritäre Unterwürfigkeit* (ein hohes Maß an Unterordnung unter Autoritäten, die als rechtmäßig in der Gesellschaft erlebt werden) und *autoritäre Aggression* (gegen Personen oder Gruppen gerichtete allgemeine Aggressivität, die als von den etablierten Autoritäten als sanktioniert wahrgenommen wird). Right-Wing-Authoritarianism ist nach Altemeyer eine Persönlichkeitseigenschaft bzw. eine individuelle Differenzvariable, nach der Menschen sich mehr oder weniger Autoritäten unterwerfen, gegen Außenseiter vorgehen und sich beständig konventionellen Normen anpassen (Altemeyer, 1996, S. 8). Zumindest zwei Konsequenzen hat diese Bestimmung: Erstens konzentrierte sich Altemeyer mit der Einführung des Begriffs „Right-Wing Authoritarianism" auf die Erforschung des „rechten" Autoritarismus. Zweitens belebte er mit der Auswahl der drei genannten Dimensionen das Bild vom Radfahrer als Metapher für den typischen Autoritären.

Wie auch immer: Die Vorarbeiten Fromms zum „Autoritären Charakter" und seine Rolle bei der theoretischen Konzeptualisierung werden in „The Authoritarian Personality" nicht oder nur ansatzweise gewürdigt. Weder die Arbeiter- und Angestellten-Erhebung von Fromm und Kolleginnen aus dem Jahre 1929 oder die 1936 mit Horkheimer und Marcuse erfolgte Publikation zu den „Studien über Autorität und Familie" noch das grundlegende Werk „Escape from Freedom" von 1941 werden in der „Authoritarian Personality" erwähnt (Fahrenberg & Steiner, 2004, S. 128 ff.). Das trifft für die gegenwärtige (psychologische) Autoritarismusforschung nun ganz gar nicht zu. Die Arbeiten von Robert Altemeyer zum „Right-Wing Authoritarianism" sind nicht ohne Fromms Forschungen zum Gesellschafts-Charakter und zum Autoritarismus denkbar (Brunner, 1994). Das gilt ebenso für das Konzept der „autoritären Reaktion" von Detlef Oesterreich (1996), für Untersuchungen zum Autoritarismus in Zeiten des Neoliberalismus (z. B. Heitmeyer, 2018) oder für die Studien von Oliver Decker und Kolleginnen zu rechtsextremen Dynamiken in Deutschland (z. B. Decker & Brähler, 2020; siehe auch: Kap. 22).

Am Schluss seines Buches „Escape from Freedom" aus dem Jahre 1941 formuliert Erich Fromm das humanistische Credo, das auch seine späteren Arbeiten auszeichnen wird und mit denen wir uns noch beschäftigen müssen:

„Der Sieg über autoritäre Systeme aller Art wird nur möglich sein, wenn die Demokratie nicht den Rückzug antritt, sondern die Offensive ergreift und das in die Wirklichkeit umsetzt, was alle jene im Sinn hatten, die in den vergangenen Jahrhunderten für die Freiheit gekämpft haben. Sie wird nur dann über die Kräfte des Nihilismus triumphieren, wenn sie die Menschen mit dem stärksten Glauben erfüllen kann, zu dem der menschliche Geist fähig ist: mit dem Glauben an das Leben und an die Wahrheit und an die Freiheit als der aktiven und spontanen Verwirklichung des individuellen Selbst" (Fromm, 1999 f., S. 378).

1941, als Fromm „Escape from Freedom" publizierte, waren die Massen in Deutschland, und nicht nur dort, allerdings von anderen, menschenfeindlichen Ideen ergriffen.

Literatur

Adorno, T. W.; Frenkel-Brunswick, Else Levinson, Daniel J. & Sanford, R. Nevitt (1950). *The authoritarian personality.* Harper & Row.
Akrap, D. (2011). *Erich Fromm – ein jüdischer Denker.* LIT Verlag.
Altemeyer, R. (1981). *Right-wing authoritarianism.* University of Manitoba Press.

Altemeyer, R. (1996). *The Authoritarian Specter*. Harvard University Press.
Bar-Tal, D. (2012). *Group beliefs: A conception for analyzing group structure, processes, and behavior*. Springer Science & Business Media.
Bourdieu, P. (1970). Der Habitus als Vermittlung zwischen Struktur und Praxis. In P. Bourdieu, *Zur Soziologie der symbolischen Formen*. (S. 125–158). Suhrkamp.
Brunner, J. (1994). Looking into the hearts of the workers, or: How Erich Fromm turned critical theory into empirical research. *Political Psychology, 15*(4), 631–654.
Decker, O., & Brähler, E. (2020). *Autoritäre Dynamiken – Leipziger Autoritarismus-Studie*. Psychosozial-Verlag.
Elias, N. (1976; Original: 1939). *Über den Prozess der Zivilisation. Soziogenetische und psychogenetische Untersuchungen*. Suhrkamp.
Erikson, E. H. (1942). Hitler's imagery and German youth. *Psychiatry, 5*, 475–493.
Eysenck, H. (1981). Left-wing authoritarianism: Myth or reality? *Political Psychology, 3* (1-sup-2), 234–238.
Fahrenberg, J., & Steiner, J. M. (2004). Adorno und die autoritäre Persönlichkeit. *Kölner Zeitschrift für Soziologie und Sozialpsychologie, 56*, 127–152.
Fenichel, O. (1931). Rezension von „Dialektischer Materialismus und Psychoanalyse" von Wilhelm Reich. *Imago, 17*, 132–137.
Fenichel, O. (1940). The psychoanalysis of anti-Semitism. *American. Imago, 1*, 24–36.
Freud, S. (1981). *Drei Abhandlungen zur Sexualtheorie*. S. Fischer Verlag.
Fromm, E. (1999a; Original: 1962). Jenseits der Illusionen. Die Bedeutung von Marx und Freud. In *Erich-Fromm-Gesamtausgabe in 12 Bänden, Band IX*, herausgegeben von R. Funk. (S. 39–157). Deutsche Verlags-Anstalt.
Fromm, E. (1999b; Original: 1932). Über die Methode und Aufgabe einer Analytischen Sozialpsychologie: Bemerkungen über Psychoanalyse und historischen Materialismus. In *Erich-Fromm-Gesamtausgabe in 12 Bänden, Band I*, herausgegeben von R. Funk. (S. 37–57). Deutsche Verlags-Anstalt.
Fromm, E. (1999c; Original: 1936). Studien über Autorität und Familie. Sozialpsychologischer Teil. In *Erich-Fromm-Gesamtausgabe in 12 Bänden, Band I*, herausgegeben von R. Funk. (S. 141–187). Deutsche Verlags-Anstalt.
Fromm, E. (1999d; Original: 1935). Die gesellschaftliche Bedingtheit der psychoanalytischen Therapie. In *Erich-Fromm-Gesamtausgabe in 12 Bänden, Band I*, herausgegeben von R. Funk. (S. 115–138). Deutsche Verlags-Anstalt.
Fromm, E. (1999e; Original: 1935). Die Determiniertheit der psychischen Struktur durch die Gesellschaft. *Erich-Fromm-Gesamtausgabe in 12 Bänden, Band XI*, herausgegeben von R. Funk. (S. 129–175). Deutsche Verlags-Anstalt.
Fromm, E. (1999f; Original: 1941). Die Furcht vor der Freiheit. In *Erich-Fromm-Gesamtausgabe in 12 Bänden, Band I*, herausgegeben von R. Funk. (S. 217–392). Deutsche Verlags-Anstalt.
Fromm, E. (1999g; Original: 1943). Fragen zum deutschen Charakter. In *Erich-Fromm-Gesamtausgabe in 12 Bänden, Band V*, herausgegeben von R. Funk. Deutsche Verlags-Anstalt.

Fromm, E. & Bonß, W. (1980). *Arbeiter und Angestellte am Vorabend des dritten Reiches. Eine sozialpsychologische Untersuchung.* In *Erich-Fromm-Gesamtausgabe in 12 Bänden, Band III*, herausgegeben von R. Funk. (S. 1–224). Deutsche Verlags-Anstalt.

Fromm, E., Horkheimer, M. & Marcuse, H. (Hrsg.) (1936). Studien über Autorität und Familie. *Forschungsberichte aus dem Institut für Sozialforschung, Band V.* Félix Alcan.

Funk, R. (1999a). Einleitung des Herausgebers. In *Erich-Fromm-Gesamtausgabe*, Band I. Deutsche Verlags-Anstalt.

Funk, R. (1999b). Anmerkungen des Herausgebers. In *Erich-Fromm-Gesamtausgabe*, Band XI. Deutsche Verlags-Anstalt.

Goldhagen, D. J. (1996). *Hitlers willige Vollstrecker.* Siedler Verlag.

Heitmeyer, W. (2018). *Autoritäre Versuchungen. Signaturen der Bedrohung I.* Suhrkamp.

Horkheimer, M. (1968). *Vorwort zu „Der autoritäre Charakter"*, herausgegeben von T. W. Adorno, B. Bettelheim, E. Frenkel-Brunswik, N. Gutermann, M. Janowitz, D. J. Levinson und N. R. Sanford. Verlag de Munter.

Horkheimer, M. (1993; Original: 1946). Der soziologische Hintergrund des psychoanalytischen Forschungsansatzes. In E. Simmel (Hrsg.), *Antisemitismus.* (S. 23-34). Fischer.

Hyman, H. H. & Sheatsley, P. B. (1954). The Authoritarian Personality – a methodological critique. In R. Christie & M. Jahoda (Eds.), *Studies in the scope and method of »The authoritarian Personality«. Continuities in social research.* (S. 50–122). Greenwood Press.

Jahoda, M., Lazarsfeld, P. F., & Zeisel, H. (1933). *Die Arbeitslosen von Marienthal. Ein soziographischer Versuch über die Wirkungen langandauernder Arbeitslosigkeit.* S. Hirzel.

Lazarsfeld, P., Berelson, B. R., & Gaudet, H. (1944). *The people's choice: How the voter makes up his mind in a presidential campaign.* Duell, Sloan and Pearce.

Lederer, G. (1995). Die „Autoritäre" Persönlichkeit: Geschichte und Theorie. In G. Lederer & P. Schmidt (Hrsg.), *Autoritarismus und Gesellschaft. Trendanalysen und vergleichende Jugenduntersuchungen 1945 – 1993.* Leske + Budrich.

Levinson, D. J., & Sanford, R. N. (1944). A scale for the measurement of anti-Semitism. *Journal of Psychology, 17*, 339–370.

Löwenthal, L. (1980). *Mitmachen wollte ich nie.* Suhrkamp.

Mann T. (2001; Original: 1918). *Betrachtungen eines Unpolitischen.* Fischer Taschenbuch.

Mann, H. (1918). *Der Untertan.* Kurt Wolff Verlag.

Marx, K. (1967). Ricardos und Smiths Theorie über den Kostenpreis. In *Karl Marx & Friedrich Engels, Werke, Band 26.2.* Dietz Verlag.

McGrew, J. M. (1969). The cognitive consistency of left and right authoritarians: A test of Rokeach's "belief congruency" hypothesis. *Journal of Social Psychology, 79*(2), 227–234.

Oesterreich, D. (1996). *Flucht in die Sicherheit.* Leske + Budrich.

Shils, E. A. (1954). Authoritarianism: "Right" and "Left". In R. Christie & M. Jahoda (Hrsg.), *Studies in the scope and method of "The Authoritarian Personality"* (S. 24–49). Free Press.

Simmel, E. (1946). *Anti-Semitism: A Social Disease*. International Universities Press.

Simmel, E. (Hrsg.). (1993). *Antisemitismus*. Fischer.

Smith, B. M. (1950). Review of The authoritarian personality. *Journal of Abnormal and Social Psychology, 45*, 775–779.

Stone, W. F., Lederer, G. & Christie, R. (Hrsg.). (1993). *Strength and weakness. The authoritarian personality today*. Springer-Verlag.

Tucholsky, K. (1972; Original: 1919,). „Der Untertan". Kurt Tucholsky, *Ausgewählte Werke, Band 1*. Verlag Volk und Welt.

14

Totalitarismus und die „Endlösung"

„Faschismus, Nazismus und Stalinismus haben miteinander gemeinsam, dass sie dem atomisierten Individuum eine neue Zuflucht und Sicherheit boten […] Der einzelne wird dazu gebracht, sich ohnmächtig und unbedeutend zu fühlen, und zugleich gelehrt, alle seine menschlichen Kräfte auf die Figur des Führers, den Staat, das »Vaterland« zu projizieren, denen er sich unterwerfen und die er anzubeten hat" (Erich Fromm, Wege aus einer kranken Gesellschaft, 1999, S. 166; Original: 1955).

Stalin, der Terror und der Zweite Weltkrieg

Am 21. Januar 1924 starb Lenin. 1918 hatte ihn eine Anhängerin der sozialrevolutionären Partei angeschossen. Im Mai 1922 erlitt Lenin – offenbar als Folge des Attentats – einen Schlaganfall, von dem er sich nicht wieder erholen sollte. Wohl wissend, dass sein Ableben bald bevorsteht, diktierte er am 23. und 24. Dezember 1922 – quasi als Testament – einen Brief an den Parteitag der kommunistischen Partei Russlands. Darin machte er sich auch Gedanken über seine Nachfolge, für die er besonders Stalin und Trotzki geeignet hielt. Sinowjew, Kamenew, Bucharin und Pjatakow, alle vier gehörten zum engen Zirkel der Parteiführung, wurden ebenfalls bedacht. Am 4. Januar 1923 ergänzte Lenin seine Einschätzung über Stalin und Trotzki:

„Stalin ist zu grob, und dieser Mangel, der in unserer Mitte und im Verkehr zwischen uns Kommunisten durchaus erträglich ist, kann in der Funktion des Generalsekretärs nicht geduldet werden. Deshalb schlage ich den Genossen vor, sich zu überlegen, wie man Stalin ablösen könnte, und jemand anderen an diese Stelle zu setzen, der sich in jeder Hinsicht von Gen. Stalin nur durch einen Vorzug unterscheidet, nämlich dadurch, daß er toleranter, loyaler, höflicher und den Genossen gegenüber aufmerksamer, weniger launenhaft usw. ist" (Lenin, 1962, Band 36, S. 580).

Die Genossen hatten Lenins Mahnungen über Stalins Charakter vernommen, waren aber wohl zu zerstritten, um ernsthaft darüber zu debattieren, wie man *Josef Wissarionowitsch Stalin*, geborener Dschughaschwili (1878–1953), an der Übernahme der Macht hindern könnte. Stalin verdrängte schließlich Lew Kamenew, Grigori Sinowjew, Nikolai Iwanowitsch Bucharin, Leo Trotzki und die anderen aus den Führungsspitzen der Partei und wurde 1927 der Alleinherrscher in der Sowjetunion. Eine straffe, autoritäre und gewalttätige Machtpolitik bestimmte fortan das wirtschaftliche, politische, kulturelle, gesamtgesellschaftliche Geschehen.

> **Supplementum**
>
> Trotzki, 1879 als Lew Dawidowitsch Bronstein geboren, leitete 1918 die Friedensverhandlungen von Brest-Litowsk, wurde danach Volkskommissar für Verteidigung und baute die Rote Armee auf. Nach dem Machtkampf mit Stalin wurde er 1927 aus der KPdSU ausgeschlossen und flüchtete 1929 über die Türkei, Frankreich, Norwegen nach Mexiko. Dort wurde er 1940 in Stalins Auftrag von Ramón Mercader, einem spanischen Kommunisten und Agenten des sowjetischen Geheimdienstes, ermordet.

1928 löste der erste sowjetische Fünfjahrplan die „Neue Ökonomische Politik (NÖP)" ab. Mit der NÖP, von Lenin und Trotzki 1921 angeregt, oder besser: befohlen, sollten durch die Verquickung von Privatwirtschaft, Privathandel und staatlicher Kontrolle der gesellschaftliche Umbau nach dem Bürgerkrieg gefördert, die Hungersnöte beendet und die Industrialisierung forciert werden. Mit dem Fünfjahrplan gab man die NÖP auf und führte die zentrale Planwirtschaft mit dem Ziel ein, die Wirtschaft in wenigen Jahren auf das Niveau der führenden kapitalistischen Staaten zu heben. Ein erster Schritt war die Zwangskollektivierung der Landwirtschaft. Mit diesem Schritt begann der große Terror. Nachdem es 1927 und 1928 zu gravierenden Ernteverlusten sowie Versorgungsengpässen kam und Bauern sich gegen staatliche Abgabevorschriften mit Gewalt zu wehren versuchten, beschlossen Stalin und die Führung der Partei 1929 eine umfassende Kollektivierung der Landwirtschaft. Die Bauern wurden enteignet oder zwangsumgesiedelt, nach Sibirien, in den Ural, nach Kasachstan. Wer zu den „konterrevolutionären Aktivisten" zählte, kam entweder in ein Arbeits- und Straflager oder wurde hingerichtet. Von diesem „Krieg gegen das Dorf" (Hildermeier, 2000, S. 595) waren zwischen fünf bis sechs Millionen Menschen betroffen. 530.000 bis 600.000 Menschen verloren ihr Leben. Die Zwangskollektivierung verbesserte die Versorgungslage nicht. Im Gegenteil, sie führte in den Jahren 1932 bis 1933 zu großen Hungersnöten, in denen schätzungsweise weitere sechs Millionen Bauern starben.

Dann folgte zwischen 1934 und 1936 ein kurzer Aufschwung in Wirtschaft, Politik und Kultur – eine Zeit, die manche die „goldenen Jahre" nannten (Schattenberg, 2014). Von Ende Januar bis Anfang Februar 1934 tagte in Moskau der XVII. Parteitag der kommunistischen Partei, der „Parteitag der Sieger", wie er auch genannt wurde. Die Delegierten feierten die Erfolge des ersten Fünfjahrplans aus dem Jahre 1929, die Kollektivierung der Landwirtschaft, den Aufbau neuer Industriezweige und den Sieg des Sozialismus. Quasi unter den Füßen der Delegierten, in teils hundert Meter Tiefe, pochten die Hämmer und Bohrmaschinen der Erbauer der Moskauer Metro. Mit dem neuen Fünfjahrplan beschlossen die Parteitagsdelegierten den weiteren Aufbau der Gesellschaft auf dem Weg zu einer klassenlosen Gesellschaft.

So ein Plan muss verständlicherweise den Massen vermittelt werden. Deshalb sollten sich die Schöpfer von Kunst, Musik, Film oder Theater ebenfalls in den Dienst des sozialistischen Aufbaus stellen. Und sie taten es, teils euphorisch, teils nur widerstrebend. Die Schriftsteller, die „Ingenieure der Seele", wie Stalin sie gern bezeichnete, gingen voran. Vom 17. August bis 1. September 1934 fand in Moskau der „Erste Allunionskongress der Sowjetschriftsteller" statt, an dem neben anderen internationalen Gästen auch deutsche Exilschriftsteller, darunter Johannes R. Becher, Willi Bredel, Oskar Maria Graf und Klaus Mann, teilnahmen. Es mag wohl der Wunsch der internationalen Gäste gewesen sein, der Einladung nach Moskau zu folgen, weil sie in der Sowjetunion – trotz mancher Zweifel – den proletarisch-humanistisch gesinnten Gegner zum faschistischen Deutschland zu sehen meinten.

Horst Groschopp macht in seinem materialreichen und lesenswerten Buch über den Humanismus in der DDR u. a. darauf aufmerksam, dass der Begriff des *proletarischen Humanismus* auf Maxim Gorki (1868–1936) zurückgeführt werden könne.[1] In einem Prawda-Artikel vom 23. Mai 1934, also drei Monate vor dem Schriftstellerkongress, habe Gorki nicht nur die gegen westlichen „Humanitarier" gewettert, sondern von einem proletarischen Humanismus geschrieben, der aufstrebend sei, „[...] weil antikapitalistisch, wissenschaftlich bewiesen, revolutionär, allgemeinmenschlich und von Marx-Lenin-Stalin begründet" (Groschopp, 2012, S. 82).

Maxim Gorki (1868–1936), der vor allem durch seinen Roman „Die Mutter" in Erinnerung geblieben ist, eröffnete den Allunionskongress der Sowjetschriftsteller. Klaus Mann schildert in seinen „Notizen in Moskau" die große Verehrung, die dem Patriarchen und ehrwürdigen Liebling entgegengebracht wurde. Im Kongressaal habe ein Bild von ihm in Riesenformat neben dem von Stalin gehangen (Mann, 1934/1935). Nach Gorki sprach *Andrei Alexandrowitsch Schdanow,* Stalins Chefideologe, und forderte von den Schriftstellerinnen und Schriftstellern, sich das literarische Erbe kritisch anzueignen und in ihren Werken die „revolutionäre Wirklichkeit" darzustellen (Schmid, 2003, S. 133 f.). Auch Karl Radek (1885–1939), geboren als Karol Sobelsohn in Lemberg, über den Stefan Heym einen hervorragenden Roman geschrieben hat, sprach auf dem Kongress und kritisierte die „bürgerliche Dekadenz" in den Werken von Marcel Proust und James Joyce.

Klaus Mann hat seine Teilnahme am Kongress und die Gespräche im Hause von Gorki sicher genossen. Sie mögen ihm Kraft für die Zukunft gegeben haben. Den eingeforderten sozialistischen Realismus betrachtete er als eine Etappe des Übergangs, die man überwinden werde, wenn „[...] die Zeit des heroischen Aufbaus und der Gefährdung von aussen vorüber ist – also in der Sowjet-Union vielleicht früher, als in irgendeinem andren Land" (Mann, 1934/1935, S. 83).

Klaus Mann irrte sich. Nach dem Ersten Allunionskongress der Sowjetschriftsteller wurden die „bürgerlich-dekadenten" Schriftsteller und Dichter verunglimpft und russische Klassiker, wie Puschkin, Gogol, Dostojewski, Tolstoi und andere „sowjetisiert", sozusagen vor dem Hintergrund der revolutionären Wirklichkeit neu- oder als Vorläufer der revolutionären Literatur uminterpretiert. Andere große Gegenwartsschriftsteller, die wie *Isaak Emmanuilowitsch Babel* (z. B. „Die Reiterarmee" von 1926) oder

---

[1] Edel Mirowa-Florin, eine in der DDR bekannte Slawistin und Frau von Peter Florin, der zwischen 1982 und 1988 ständiger Vertreter der DDR bei den Vereinten Nationen war, schrieb allerdings 1963, Gorki habe schon ab 1924 den „wahren proletarischen Humanismus" dem „verlogenen bürgerlichen Humanismus" gegenübergestellt (Mirowa-Florin, 1963, S. 925).

Michail Afanassjewitsch Bulgakow (z. B. „Der Meister und Margarita" von 1940) zur sowjetischen Avantgarde gehörten, gerieten dagegen als „Oppositionelle" mehr und mehr in den Strudel der stalinistischen Verfolgung.

Nach 1934 wurde auch die sowjetische Filmindustrie auf Zentralismus, Planwirtschaft und sozialistischen Realismus eingeschworen. Die sowjetische Kinematografie besaß bereits in den 1920er Jahre ein hohes internationales Ansehen. Das mag besonders den Filmen des Regisseurs Sergei Eisenstein (1898–1948) zu verdanken sein. Mit den Stummfilmen „Panzerkreuzer Potemkin" (1925) oder „Oktober – Zehn Tage, die die Welt erschütterten" (1928) erlangte Eisenstein Weltruhm. Nun, nach 1934, sollten Filmkomödien, Historienfilmen und diverse Heldenepen das Bild vom „neuen, revolutionären Sowjetmenschen" vermitteln. Über die ideologische „Wahrheit" in den Filmen (und im Theater) wachten sogenannte „Künstlerische Räte", Kommissionen parteitreuer Schriftsteller, Filmemacher, Journalisten und Arbeiter (vgl. Nembach, 2001).

Der sozialistische Realismus zog alsbald auch in der Musik ein. Ein wichtiger Auslöser könnte die Aufführung der Oper „Lady Macbeth von Mzensk" von *Dmitri Schostakowitsch* (1906–1975) gewesen sein. Die Oper wurde im Januar 1934 in Leningrad uraufgeführt und erlebte danach erfolgreiche Inszenierungen in New York und Stockholm. Am 25. Dezember 1935 besuchten Stalin, Schdanow und andere Parteiführer eine Aufführung der Oper im Moskauer Bolschoi-Theater. Dem stählernen Führer gefiel die Oper ganz und gar nicht. Das Zentralorgan „Prawda" veröffentlichte später einen Verriss der Oper unter der Überschrift „Chaos in der Musik". Nicht nur Schostakowitsch war damit gemeint; die Kritik an der neuen Musik sollte auch andere zeitgenössische Komponisten und all jene zur sozialistischen Ordnung rufen, die sich dem offiziellen Kulturbetrieb entgegenstellten.

Aber es gab noch Hoffnung bzw. Hoffende. Im Juni 1935 fand der Erste Internationale Schriftstellerkongress zur „Verteidigung der Kultur" in Paris statt. Organisiert wurde er von Ilja Grigorjewitsch Ehrenburg (1891–1967), André Malraux (1901–1976), André Gide (1869), Jean-Richard Bloch (1884–1947) und Paul Nizan (1905–1940). Die annähernd 250 Teilnehmerinnen und Teilnehmern kamen aus fast vierzig Ländern, so der rumänische Schriftsteller und Mitbegründer des Dadaismus Tristan Tzara, der Franzose Louis Aragon, sein surrealistischer Kollege André Breton, der Brite Aldous Huxley (bekannt durch seinen Roman „Schöne neue Welt"), Isaac Babel und Boris Pasternak aus der Sowjetunion, Martin Andersen Nexö, Ernst Bloch, Johannes R. Becher, Bertolt Brecht, Max Brod, dem es zu verdanken ist, dass wir die Werke von Franz Kafka heute noch lesen können, Lion Feuchtwanger, der „rasende Reporter" Egon Erwin Kisch, Heinrich und Klaus Mann, Robert Musil, Anna Seghers, Ernst Toller. Zu den Themenkreisen, über die die Schriftstellerinnen und Schriftsteller debattierten, gehörte auch der Humanismus. Horst Groschopp (2012, S. 103 f.) erinnert besonders an die Beiträge von *Klaus Mann* und *Paul Nizan*. Klaus Mann habe eine Definition von „sozialistischem Humanismus" vorgestellt, mit der der bürgerliche und der proletarische Humanismus über die Ideen von Freiheit und Gleichheit zusammengeführt werden könnten. Allerdings ist für Mann eine gerechte Wirtschaftsordnung und die Aufhebung des Privateigentums nur „[…] die *Voraussetzung* für höheres Menschenleben – niemals sein Sinn. Der Kampf um die Gewinnung dieser gerechten Ordnung, der Zwang zu ihrer Erhaltung sind doch nur Mittel – für welches Ziel? Wir nennen es den *sozialistischen Humanismus*" (Mann, 1993, S. 303; Hervorh. im Original: 1935; zit. n. Streim, 2017, S. 209). Der sozialistische Humanismus umfasse „[…] das ganze, in all seinen Möglichkeiten erfüllte, gespannte, lustvolle, reiche und problematische, gesegnete, schwierige und geheimnisvolle *Leben*" (ebd. S. 307). Das ist keine wissenschaftliche Definition, muss es auch nicht sein. Vielmehr sah Klaus Mann im sozialistischen Humanismus eine Metapher für ein Leben voller Freiheit, Gerechtigkeit, Unabhängigkeit, Rationalität, Kunst, Schönheit, Geheimnissen und Sinnlichkeit.

Paul Nizan, der 1939 aus Protest gegen den deutsch-sowjetischen Nichtangriffspakt aus der Kommunistischen Partei Frankreichs austreten wird und 1940 im Kampf gegen die deutsche Wehrmacht bei Dünkirchen gefallen ist, äußerte sich dagegen skeptisch. Für ihn sei die bisherige Geschichte des Humanismus eher mythologische Erzählung. Deshalb plädierte er für einen kommunistischen Humanismus, in dessen Zentrum die Aufhebung der Klassenspaltung stehen müsse. *Ludwig Marcuse*[2] griff diesen Faden auf und forderte, den Humanismus von Schiller *und* Marx wieder zum Sprengstoff zu machen (Groschopp, 2012, S. 107). Unabhängig von den Meinungsverschiedenheiten suchten die bürgerlich-demokratisch gesinnten und die proletarisch orientierten Schriftstellerinnen und Schriftsteller in Paris in ihren Diskussionen zum Humanismus nach einem einigenden Band im Kampf gegen den Hauptfeind, den Faschismus.

---

[2] Ludwig Marcuse (1894–1971), nicht verwandt mit Herbert Marcuse, hat 1917 über Friedrich Nietzsche promoviert. 1933 emigrierte er über Frankreich und die Sowjetunion in die USA. Dort bekam er eine Professur für deutsche Literatur und Philosophie, schrieb über das Glück, die Romantik, Hiob, Plato, Freud, Heinrich Heine und Richard Wagner (Lamping, 1987).

1936 setzten einige emigrierte Schriftsteller ihre Debatten über das Verhältnis von bürgerlichem, proletarischem und sozialistischem Humanismus in der Sowjetunion fort. Ich folge der Darstellung von Horst Groschopp (2012, S. 115 ff.): Im Juli 1936 erschienen in der deutschsprachigen Exilzeitschrift „Das Wort", die von Fritz Erpenbeck geleitet wurde, mehrere Beiträge zur Humanismus-Diskussion. Allen voran brach Alfred Kurella eine Lanze für den sozialistischen Humanismus, indem er Gottfried Benn und andere eines vormodernen Denkens bezichtigte, „[...] Waffen gegen den Humanismus zu schmieden" (Kurella 1936, zit. n. Groschopp, ebd., S. 115). Zeitgleich veröffentlicht Kurella einen zweiten Text mit dem Titel „Die Geburt des sozialistischen Humanismus". Sich auf die Frühwerke von Karl Marx stützend (besonders auf die „Thesen über Feuerbach") sah Kurella in der praktischen Aufhebung des Privateigentums den Hebel für die Wiedermenschwerdung des Menschen.

Supplementum

Alfred Kurella (1895–1975), Wandervogel zwischen 1910 und 1918, Freiwilliger im Ersten Weltkrieg, 1918 Mitglied der KPD, 1932 und 1933 Chefredakteur der französischen Wochenzeitschrift „Le Monde", später Sekretär von Georgi Dimitrow, Stalinverehrer, während des Zweiten Weltkriegs Mitarbeiter in der Propagandaabteilung der sowjetischen Armee, zwischen 1946 und 1949 Bauer und Schriftsteller im Kaukasus, dann Mitglied der SED, Direktor des Literaturinstituts in Leipzig, Funktionär der Akademie der Künste und im Schriftstellerverband der DDR, Mitglied im Politbüro des Zentralkomitees der SED, 1968 Promotion an der Universität in Jena, eigensinniger Gegner des Expressionismus und vor allem Verfechter eines sozialistischen Realismus. In der letzten Rolle wird er uns noch einmal begegnen (siehe Kap. 15).

Wie gesagt, die Debatten über den sozialistischen Humanismus passierten im Sommer 1936. Da war die goldene Zeit in der Sowjetunion vorbei und der große Terror erreichte seinen Höhepunkt. Im August 1936 begannen die Moskauer Schauprozesse. Der äußere Anlass ereignete sich indes bereits zwei Jahre früher. Im Dezember 1934 erschoss ein Attentäter den Leningrader Parteiführer und Mitglied des Politbüros der Kommunistischen Partei Sergei Mironowitsch Kirow. Stalin sah hinter dem Attentat ein Komplott der Anhänger Trotzkis. Ob Stalin den Mord an Kirow selbst in Auftrag gab, ist unwahrscheinlich, aber möglich. So oder so, Stalin nahm das Attentat zum Anlass für eine große „Säuberung" in den eigenen Reihen und darüber hinaus.³ In mehreren Schauprozessen wurden Angehörige aus Politik, Militär, Wirtschaft, Wissenschaft und Kultur wegen Hochverrat, Spionage oder Misswirtschaft verurteilt, in Straflager verbannt oder ermordet.

„Im Herbst Sechsunddreißig", schreibt Peter Weiss, „sah jeder die Gefahr vor sich, in Ungnade zu fallen, ausgestoßen, festgenommen zu werden, niemand mehr war seiner Stellung sicher, ein jeder kämpfte um sein Dasein in der Partei, um sein Leben und wusste doch nie, wofür er sich zu verantworten hatte. Ein Jahr später, im September Siebenunddreißig, waren sie alle hineingezogen worden in die Kette, die nicht abzusehen war..." (Weiss, 1983, Band 1, S. 154).

Lew Kamenew und Grigori Sinowjew, die ehemaligen Mitstreiter von Lenin und Stalin, verurteilte man wegen trotzkistischer Verschwörung zum Tode, ebenso Nikolai Bucharin, die Schriftsteller Ossip Mandelstam und Isaak Babel, den avantgardistischen Dramatiker Sergei Michailowitsch Tretjakow, den nicht minder avantgardistischen Theatermacher Wsewolod Emiljewitsch Meyerhold sowie mach andere, deren Namen wir heute kaum noch erinnern. *Karl Radek* soll Sinowjew und Kamenew als verkommene Feiglinge bezeichnet haben, Feiglinge, die sich verschworen hätten zu einem verbrecherischen Anschlag auf das Leben des Erbauers Stalin (Heym, 1996, S. 518). Der Verrat half ihm nicht. Man verbannte ihn in ein Arbeitslager im sibirischen Nirgendwo. Dort wurde er 1939 ermordet.

Nicht nur Radek denunzierte. Neid, Vorurteile, Angst, Bespitzelung und wechselseitiger Verrat kennzeichneten das Klima des großen Terrors – ob auf dem Lande, in den Städten, in der Armee, den wissenschaftlichen Institutionen oder in den Reihen der Kommunisten. Auch im Moskauer Hotel „Lux" trauten sich die dort untergebrachten kommunistischen Emigranten nicht über den Weg. Unter den Bewohnern vom „Lux" waren u. a. Anton Ackermann, Johannes R. Becher, Georgi Dimitroff, Fritz Erpenbeck, Ruth Fischer, Wolfgang Leonhard, Wilhelm Pieck, Walter Ulbricht, Herbert Wehner, Erich Weinert, Rudolf Slánský, Clara Zetkin, Hedda Zinner und noch einige mehr. Ob Ruth Fischer von Ulbricht denunziert wurde, Becher „alles und jeden bei der Parteileitung" verpetzte (so der kommunistische Dramatiker Julius Hay, 1977, zit. n. Dwars, 1998),

---

³ Die nicht völlig aufgeklärten Todesfälle von Maxim Gorki, von Walerian Wladimirowitsch Kuibyschew (1888–1935), einem führenden Politiker und Anhänger Stalins, und von Wjatscheslaw Rudolfowitsch Menschinski (1874–1934), der von 1926 bis zu seinem Tode Leiter des Geheimdienstes war, spielten in der Inszenierung der Anklagen ebenfalls eine Rolle. Dem damaligen Innenminister und Chef des NKWD, Genrich Grigorjewitsch Jagoda, wurde vorgeworfen, gemeinsam mit zwei Ärzten für die Ermordung von Gorki, Kuibyschew und Menschinski verantwortlich zu sein (Leonhard, 1990, Band 1, S. 54). Jagoda wurde so wie viele andere zum Tode verurteilt und hingerichtet.

Herbert Wehner (als Kurt Funk) als dienstbeflissener Kommunist andere verriet, ist heute sicher belanglos, zeigt aber, das jeder jeden verdächtigte, um die eigene Haut zu retten. Besonders tragisch und ausführlich dokumentiert ist das Schicksal von Carola Neher, die schöne, gefeierte und unvergessliche Schauspielerin, ob als Polly in Brechts „Dreigroschenoper" oder als „heilige Johanna der Schlachthöfe". 1934 emigrierte Carola Neher mit ihrem zweiten Mann[4] in die Sowjetunion, brachte dort 1936 einen Sohn zur Welt und geriet schließlich in den Strudel der stalinistischen Verfolgung. Wieder war eine mehr oder weniger explizite Denunziation der Anlass. Der Schauspieler Gustav von Wangenheim, der 1933 ebenfalls in die Sowjetunion emigriert war, soll in Verhören sie und ihren Mann als antisowjetische Trotzkisten verunglimpft haben (Müller, 2018). Ihr Mann wurde erschossen; sie wurde zu zehn Jahren Arbeitslager verurteilt und starb 1942 an Typhus.

Aus relativ sicherer Entfernung begrüßten deutsche Intellektuelle die Schauprozesse in Moskau und die Verurteilung der Angeklagten. Ernst Bloch, zu dieser Zeit im Prager Exil, hielt die Angeklagten für „politische Verbrecher und Schädlinge". Lion Feuchtwanger, der während eines Besuches in Moskau die Prozesse gegen Radek und Pjatakow vor Ort beobachten konnte, war von der Schuld der Angeklagten ebenso überzeugt wie Heinrich Mann, der die Schauprozesse von Nizza aus verfolgte. Bertolt Brecht, der Dialektiker, sah in Stalin zwar den Garanten für den weiteren Erfolg der sozialistischen Revolution, kam aber nicht umhin in seinen Notizen vom „verdienten Mörder des Volkes" zu schreiben (Mittenzwei, 1987, S. 624 ff.).

Jene, die nicht die Privilegien als führende kommunistische Köpfe oder als bekannte Intellektuelle besaßen, wohnten nicht im „Lux", sondern bereits in irgendeinem Gulag. *Sergej Lochthofen* beschreibt den Terror am Beispiel seines Vaters Lorenz Lochthofen. Dieser war 1930 als deutscher Kommunist in die Sowjetunion geflohen und dort im Zuge des stalinistischen Terrors in Workuta, einem Arbeits- und Straflager, inhaftiert. „Der Einzelne", schreibt Sergej Lochthofen, „war nichts. Das Kollektive war alles. Wer sich in der Reihe nicht anstellte, und es gab immer einen Grund zum Anstellen, wurde aussortiert. Menschewiki, Bolschewiki, Trotzkisten, Anarchisten, rechte Abweichler, linke Abweichler, Kommissare, Generäle, Popen, Bauern, Ärzte, Musikanten, Lehrer, Ingenieure, Traktoristen, Stenotypisten, alle, ausnahmslos alle, kamen dran. Selbst die Delegierten des «Parteitages der Sieger» von 1934. Mit Ausnahme Stalins und einer handverlesenen Gruppe seiner

---

[4] Ihr erster Mann, der Dichter Klabund, starb 1928.

engsten Getreuen wurden alle erschossen" (Lochthofen, 2012, S. 91). Lorenz Lochthofen verbrachte zwanzig Jahre in Workuta. Drei Jahre nach Stalins Tod, im Jahre 1956, wurde er rehabilitiert und ging in die DDR. So viel Glück hatten Millionen Russen, Deutsche, Juden, Polen, Georgier, Ukrainer, Karelen und wo sie auch immer geboren wurden, nicht. Über die Zahl der Opfer, Verbannten und Ermordeten existieren unterschiedliche Angaben. Mehr oder weniger gut lässt sich belegen: Zirka 3,5 Mio. Menschen wurden verbannt oder in Arbeitslager und Gefängnisse gesteckt; 2,5 Mio. sind in den Lagern oder in der Verbannung an Hunger, Krankheit oder Erschöpfung gestorben; mindestens 680.000 Menschen wurden hingerichtet (Hildermeier, 1998, S. 509 ff.). Zu den Verfolgten, Eingesperrten oder Ermordeten gehörten Kulaken, Kommunisten, Priester, Offiziere, Arbeiter, Soldaten, Andersdenkende, Alltagsmenschen. Gerd Koenen schreibt von einer „Psychologie totalitärer Entgrenzung":

„Es entstand ein Klima des universellen Verdachts bis an den Rand einer kollektiven Psychose, genährt auch von einem grassierenden Informanten- und Spitzelwesen, das gleichzeitig auch noch von einer Flut anonymer Denunziationen gegen Wohnungsnachbarn, Arbeitskollegen, Vorgesetzten oder lokalen Beamten überspült wurde, so wie eine trübe Grundwelle, die alle Strukturen, Verantwortlichkeiten, Verlässlichkeiten fortriss. Es war ein anomischer Zustand, die Erschütterung eines sozialen Grundvertrauens, durch das jeder in einen «Doppelzüngler» verwandelt wurde, der in der Öffentlichkeit so und im engsten Kreise ganz anders sprach" (Koenen, 2017, S. 926).

Der Stalinismus und der Terror wurden möglich, weil sich ein autoritärer Gesellschafts-Charakter herausgebildet hatte, der die Unterwerfung unter die autoritären Herrschaftsstrukturen ebenso als scheinbare Normalität legitimierte wie den Führerkult und die Gewalt gegen jene, die sich den autoritären Instanzen und ihrem Führer nicht unterordnen wollten. Dieser Gesellschafts-Charakter funktionierte als kollektives Überzeugungssystem, von dem zwar nicht alle Gesellschaftsmitglieder überzeugt waren, dem sich die meisten aber unterwarfen.

Zwischen Juli 1936 und April 1939 bekämpften faschistische Putschisten unter General Franco mit militärischer Unterstützung aus Deutschland, Italien und Portugal die republikanische Armee der demokratisch gewählten Regierung Spaniens und ihre Unterstützer, die internationalen Brigaden. Deutschland hatte mit der *Legion Condor* zirka 16.000 Mann nach Spanien geschickt. Deutsche Marineschiffe beschossen spanische Städte. Am 26. April 1936 zerbombten deutsche Flugzeige die Stadt Guernica. Ein Jahr später malte Pablo Picasso in Paris im Auftrag der spanischen Republik das bekannte Bild gleichen Namens. Guernica sollte nicht die einzige spanische Stadt bleiben, die von den Deutschen zerstört wurde.

Die Soldaten der Brigaden waren enthusiastische Freiwillige (zwischen 40.000 und 63.000) aus über zwanzig Ländern, darunter Kommunisten, Sozialdemokraten, Anarchisten und Trotzkisten. Zu den bekanntesten deutschen Freiwilligen gehörten Erich Arendt, Artur Becker, Willi Bredel, Ernst Busch, Franz Dahlem, Walter Janka, Alfred Kantorowicz, Egon Erwin Kisch, Ludwig Renn, Erich Weinert, Maxim Zetkin, der Sohn von Clara Zetkin. Die Sowjetunion unterstützte die republikanische spanische Armee sowie die Brigaden militärisch, politisch und versuchte durch Spione des NKWD, des sowjetischen Volkskommissariats für Innere Angelegenheiten, politischen Einfluss auf die ideologische Ausrichtung der Brigaden zu nehmen. Der spanische Bürgerkrieg endete mit der Niederlage der Republik. Etliche Brigadisten flohen in die Sowjetunion und wurden dort Opfer der stalinistischen Säuberung (siehe auch: Bernecker, 2018).

Am 29. September 1938 einigen sich Adolf Hitler, Neville Chamberlain, Édouard Daladier und Benito Mussolini in München darauf, die Tschechoslowakei aufzuteilen. Zwei Tage später besetzte die Wehrmacht das Sudentenland. Ein Jahr darauf, am 24. August 1939, beschlossen das nationalsozialistische Deutschland und die Sowjetunion in Moskau einen deutsch-sowjetischen Nichtangriffspakt. Nun stießen die Gegner aus dem Spanischen Bürgerkriegs nicht gerade auf ihre unverbrüchliche Freundschaft an, versicherten sich aber, künftige Konflikte mit friedlichen Mitteln zu lösen. In einem Zusatzprotokoll teilten sie auch noch Polen, das Baltikum und Bessarabien in deutsche und sowjetische Einflussgebiete auf. Eine Woche später, am 1. September 1939, begründete Adolf Hitler im Berliner Reichstag den Angriff der Wehrmacht auf Polen mit einer Falschmeldung, die eine schreckliche Nachhaltigkeit bekommen sollte. Angeblich hätten polnische Soldaten den Rundfunksender Gleiwitz überfallen. „Seit 5.45 Uhr wird jetzt zurückgeschossen", so Hitler im Reichstag. Tatsächlich hatte die SS diesen Überfall inszeniert.

Der Zweite Weltkrieg begann und mit ihm der Tiefpunkt humanistischer Anstrengungen. Im November 1939 griff die Rote Armee Finnland an. 1940 überfiel die Wehrmacht Dänemark, Norwegen, später die Niederlande, Belgien, Luxemburg und Frankreich. Anfang 1940 ordnete der SS-Reichsführer Himmler den Bau des Konzentrationslagers Auschwitz an. Im April und Mai 1940 ermordeten Einheiten des sowjetischen Volkskommissariats für Innere Angelegenheiten in Katyn Tausende gefangene polnische Offiziere. Mitte Oktober 1940 wurden mehr als 400.000 Jüdinnen und Juden in das Warschauer Ghetto gesperrt. Ebenfalls im Oktober 1940 besetzten sowjetische Truppen das Baltikum. Am 14. November zerstörten deutsche Bomber das Stadtzentrum der englischen Stadt Coventry. Am 22. Juni 1941 überfielen deutsche Truppen die Sowjetunion. Im Dezember 1941 erklärte Deutschland den USA den Krieg.

„Rassenhygiene" und „Endlösung"

Am 30. Januar 1933 ernannte der Reichspräsident *Paul von Hindenburg* den Parteivorsitzenden der NSDAP, Adolf Hitler, zum Reichskanzler. Dieser erklärte sich nach dem Tod von Hindenburg zum Führer der Deutschen und der Terror nahm seinen Lauf. Im Februar 1933 ließen die Nationalsozialisten den Berliner Reichstag abfackeln. Anschließend wurde die KPD und bald darauf die SPD verboten, Rivalen im „Röhm-Putsch" ermordet und Konzentrationslager für politische Gegner eingerichtet.

Nach der Machtübernahme Hitlers und dem Aufstieg der NSDAP zur Regierungspartei begann das dunkelste Kapitel in der Geschichte des Judentums. Hitlers „Antisemitismus der Vernunft", ein pseudowissenschaftliches Konglomerat aus Sozialdarwinismus, Rassenutopie und radikalen Elementen des völkischen Antisemitismus wurde zum „Heilmittel" der innenpolitischen Schwierigkeiten Deutschlands verklärt und zur Staatsdoktrin erhoben. Nicht mehr allein Diskriminierung und Entrechtung der jüdischen Bevölkerung, sondern die Entfernung der Juden aus der Gesellschaft war der Zweck antisemitischer Propaganda.

Bereits am 7. April 1933 hatten die Nationalsozialisten das „Gesetz zur Wiederherstellung des Berufsbeamtentums" verabschiedet, in dessen Folge „nicht-arische" und politisch unerwünschte Beamte in den Ruhestand versetzt wurden. Das betraf alle jüdischen Professoren. Bis Ende 1933 wurden an den deutschen Universitäten 313 ordentliche und 109 außerordentlich Professoren, etwa 400 Honorarprofessoren und Privatdozenten sowie mehr als 500 Mitarbeiter an wissenschaftlichen Instituten, Museen und Bibliotheken entlassen (Jaeger, 1993, S. 221). Ein Drittel aller ordentlichen Professoren und zahlreiche Lehrkräfte in höheren Rängen, die sich mit psychologischen Themen in Lehre und Forschung befassten, verloren durch die Judenverfolgung ihre Anstellungen. Damit wurde die deutsche progressive Psychologie nahezu zum Schweigen gebracht. Von den 308 im deutschen Sprachraum lebenden Mitgliedern der *Deutschen Gesellschaft für Psychologie* im Jahre 1932 emigrierten ab 1933 insgesamt 45, also 14,6 % (vgl. Ash, 1985, S. 74). Darunter waren die meisten der damals führenden Psychologen, unter anderen Curt Bondy (Göttingen), Charlotte und Karl

Bühler (Wien), Jonas Cohn (Freiburg), Adhémar Gelb (Halle), Erich von Hornbostel (Berlin), David Katz (Rostock), Wolfgang Köhler (Berlin), Kurt Lewin (Berlin), Wilhelm Peters (Jena), Otto Selz (Mannheim, später in seinem holländischen Exil von den Nazis verhaftet und in Auschwitz ermordet), William Stern (Hamburg), Max Wertheimer (Frankfurt), Traugott E. K. Oesterreich (Tübingen), Heinz Werner (Hamburg), Karl Duncker, Helene Frank, Liselotte Frankl, Else Frenkel-Brunswik, Marie Jahoda, Paul Felix Lazarsfeld, die Psychoanalytikerinnen Edith Buxbaum, Frieda Reichmann-Fromm und die Psychoanalytiker Alfred Adler, Siegfried Bernfeld, Otto Fenichel, Sigmund Freud, Ernst Fromm, Wilhelm Reich u.v. a. (siehe auch: Wolfradt et al., 2017). Berühmte Künstler, wie Willi Baumeister und Max Beckmann (aus Frankfurt am Main), Otto Dix (aus Dresden), Karl Hofer (Berlin), Paul Klee (Düsseldorf) und Gerhard Mareks (Halle) verloren ihre Professuren an den Kunstakademien.

Künstler, Schauspielerinnen und Schauspieler, Regisseure, Theatermacher, Musikerinnen und Musiker, Komponisten, Architekten, Wissenschaftler und Politiker flüchteten aus Deutschland. Die beispielhafte Aufzählung ist lückenhaft: die Schauspieler Curt Bois und Peter Lorre, die Schauspielerinnen Marlene Dietrich, Asta Nielsen und Lilli Palmer, die Regisseure Fritz Kortner und Billy Wilder, die Sänger Ernst Busch, Jan Kiepura und Richard Tauber, die Komponisten Paul Dessau, Friedrich Hollaender, Arnold Schönberg und Kurt Weill, die Maler und Grafiker Max Ernst, Lyonel Feininger, George Grosz, Lea Grundig, John Heartfield, Paul Klee, Oskar Kokoschka, László Moholy-Nagy, Felix Nussbaum, Kurt Schwitters, die Schriftstellerinnen Mascha Kaléko, Else Lasker-Schüler, Anna Seghers, Grete (Alex) Weiskopf und Hedda Zinner, die Schriftsteller Bertolt Brecht, Max Brod, Alfred Döblin, Fritz Erpenbeck, Lion Feuchtwanger, Erich Fried, Stefan Heym, Heinrich und Thomas Mann, Robert Musil, Erich Maria Remarque, Joseph Roth, Gershom Scholem, Friedrich Wolf, Stefan Zweig, die Architekten Walter Gropius und Ludwig Mies van der Rohe, die Physiker Hans Bethe, Albert Einstein und Hans Reichenbach, die Physikerin Lise Meitner, die Philosophin Hannah Arendt, die Philosophen Theodor W. Adorno, Günther Anders, Walter Benjamin, Ernst Bloch, Martin Buber, Max Horkheimer, Georg Lukács, Herbert Marcuse, Hans Mayer, Helmuth Plessner, Karl Popper, Manès Sperber, die Soziologen Norbert Elias, Siegfried Kracauer, Leo Löwenthal, Friedrich Pollock, Karl Mannheim, Alfred Schütz und Alphons Silbermann und viele mehr (siehe auch: Wikipedia: Liste bekannter deutschsprachiger Emigranten und Exilanten, 1933–1945).

Andere wurden von den Nationalsozialisten in Zuchthäuser und Konzentrationslager gesperrt, so der Schriftsteller Jean Améry, die Psychologen Bruno Bettelheim, Max Brahn (ermordet in Auschwitz), Heinrich Düker, der Politiker und Journalist Emil Carlebach, der Psychoanalytiker Ernst Federn, der Psychiater Viktor Emil Frankl, der Mediziner und Philosoph Ludwik Fleck, der französische Soziologe Maurice Halbwachs (ermordet in Buchenwald), der ungarische Schriftsteller Imre Kertés, der italienische Schriftsteller Primo Levi, die österreichische Ärztin Ella Lingens-Reiner, der Schriftsteller und Pazifist Erich Mühsam (ermordet im Konzentrationslager Oranienburg), der Philologe und Psychologe David Ernst Oppenheim (ermordet in Theresienstadt), der spanische Schriftsteller Jorge Semprún u.v. a. Der Psychologe Kurt Huber (München) war Mitglied in der Widerstandgruppe „Weiße Rose" und wurde 1944 hingerichtet.

Der größte Teil der „arischen" Beamten unterzeichneten im November 1933 ein Bekenntnis „zu Adolf Hitler und dem nationalsozialistischen Staat". Zu den Unterzeichnern gehörten bekannte Psychologen, wie Narziß Ach aus Göttingen, Georg Anschütz aus Hamburg, Ernst Broermann aus Bonn, Erich Jaensch aus Marburg, Otto Klemm, Felix Krueger, Philipp Lersch und Wilhelm Wirth aus Leipzig oder Werner Straub aus Dresden. Nur wenige nicht-jüdische Psychologen äußerten ihre Bedenken gegen die nationalsozialistischen Gleichschaltungsbestrebungen, so der Berliner Gestaltpsychologe Wolfgang Köhler (1887–1967).[5]

Die Nürnberger Rassengesetze wurden am 15. September 1935 auf dem 7. Reichsparteitag der NSDAP in Nürnberg einstimmig beschlossen. Damit stellten die Nationalsozialisten ihre antisemitische Ideologie auf eine juristische Grundlage. Die Rassengesetze enthielten das „Gesetz zum Schutze des deutschen Blutes und der deutschen Ehre (Blutschutzgesetz)", das „Reichsbürgergesetz" und das „Reichsflaggengesetz". Zur „Reinhaltung des deutschen Bluts", einem zentralen Bestandteil der nationalsozialistischen Ideologie, verbot das so genannte Blutschutzgesetz Ehen zwischen Juden und Nicht-Juden sowie deren außerehelichen Geschlechtsverkehr. Als Strafe drohten Gefängnis und Zuchthaus. Jüdinnen und Juden wurde es untersagt, „arische" Dienstmädchen unter 45 Jahren zu beschäftigen. Hintergrund war die ideologische Unterstellung, „der Jude" würde sich sonst an diesen vergehen. Zudem wurde ihnen verboten, die zur Reichsflagge erklärte Hakenkreuzflagge zu hissen. Im Reichsbürgergesetz wurde festgelegt, dass nur „Staatsangehörige deutschen oder artverwandten Blutes" Reichsbürger sein

---

[5] 1935 ließ sich Wolfgang Köhler emeritieren und wanderte in die USA aus.

können. Bekanntlich erhielten die Rassegesetze durch die Kommentare von Wilhelm Stuckart und Hans Josef Maria Globke den vermeintlich offiziellen Rechtsanstrich. Auf Globke gehen die gesetzlichen Festlegungen zurück, nach denen Jüdinnen und Juden in ihren Pässen ab 1937 durch ein „J" zu kennzeichnen waren und – ab 1938 – ihrem eigentlichen Vornamen noch den Beinamen „Sara" bzw. „Israel" beifügen mussten. Hans Josef Maria Globke, und das ist ebenfalls nicht vergessen, war nicht nur wichtiger Mitverfasser und Kommentator der Rassegesetze, sondern zwischen 1953 und 1963 unter dem damaligen Bundeskanzler Konrad Adenauer Chef des Bundeskanzleramts!

Mit den Nürnberger Rassegesetzen wurden auch die Sinti und Roma zu „Rassefremden" erklärt. 1938 erließ der Reichsführer der SS und Chef der deutschen Polizei, Heinrich Himmler, einen „Runderlass zur Bekämpfung der Zigeunerplage". Die praktische Durchführung des Erlasses lag in den Händen der Polizei und der „Rassenhygienischen und bevölkerungsbiologischen Forschungsstelle", die der Mediziner und Psychologe Robert Ritter leitete (Frings, 2015, S. 82 ff.). Ab Mitte Mai 1940 begann die Massendeportation von Sinti und Roma in Ghettos und Konzentrationslager. Über die Zahl der dort ermordeten Sinti und Roma existieren keine gesicherten Angaben. Geschätzt wird, dass zwischen 200.000 und 500.000 Opfer zu beklagen sind.

Die Ermordung Kranker und Behinderter gehörte ebenfalls zur Rassenpolitik der Nationalsozialisten. 1933 verabschiedeten die Nationalsozialisten das „Gesetz zur Verhütung erbkranken Nachwuchses". Damit wurde es möglich, alle jene Menschen, die nicht den Vorstellungen vom „gesunden Volkskörper" entsprachen, zu sterilisieren. Ab 1934 sollen bis Kriegsende mindestens 360.000 Zwangssterilisationen durchgeführt worden sein. Mit einem „Gesetz zum Schutze der Erbgesundheit des deutschen Volkes" aus dem Jahre 1935 wurde Menschen mit bestimmten Krankheiten verboten zu heiraten (Frei, 1991, S. 10). Um die „arische" Volksgemeinschaft zu säubern und zu erneuern, folgte ab 1939 ein umfassendes „Euthanasie-Programm". Ausgedacht und initiiert haben es Mitarbeiter aus dem Stab Adolf Hitlers sowie einflussreiche Psychiater. Menschen mit erblichen und unheilbaren Krankheiten, mit „Missbildungen", „leistungsunfähige", „asoziale" oder „rassefremde" Menschen, all jene also, die als „minderwertig" oder „lebensunwert" galten, sollten fortan aus dem deutschen „Volkskörper" entfernt werden. Rund 200.000 Kinder und Erwachsene mit psychischen und somatischen Erkrankungen wurden im Rahmen des „Euthanasie-Programms" totgespritzt, vergast, erschossen (Aly, 2013). Die „wissenschaftlichen" Belege für das menschenverachtende „Euthanasie-Programm" lieferten vor allem Anthropologen und Biologen. Sie beteiligten sich an der Ausbildung von „Eignungsprüfern" des Rasse- und Siedlungsprogramms, schrieben „Abstammungsgutachten", um die „biologischen" Eltern von Juden, „Halb- und Viertel-Juden" ausfindig zu machen und waren selbst an der „ethnischen Säuberung" beteiligt. Das sogenannte Reichssippenamt hatte im Jahre 1943 für derartige Arbeiten 22 rassenbiologische Institute und zwölf zusätzliche Experten gelistet (Masson, 1999). Unter den Experten waren – um nur einige Beispiele zu nennen – Leute wie *Hans Friedrich Karl Günther* (1891–1968), *Fritz Arlt* (1912–2004), *Egon von Eickstedt* (1892–1965), *Hans Fleischhacker* (1912–1992), *Wilhelm Gieseler* (1900–1976), *Ilse Schwidetzky* (1907–1997) oder *Josef Mengele* (1911–1979). Der Rassentheoretiker Günther lehrte einige Jahre in Jena, später in Berlin und Freiburg, wurde von Himmler hochgeschätzt und publizierte nach 1945 in der Bundesrepublik Deutschland in rechtsextremen Journalen. Der SS-Mann Arlt verantwortete u. a. als Leiter des Landesamts für Rassen-, Sippen- und Bevölkerungswesen in Schlesien die dortige „ethnische Säuberung". Nach 1945 gehörte er u. a. der Geschäftsführung der Bundesvereinigung der Deutschen Arbeitgeberverbände an. Der Anthropologe und Rassentheoretiker von Eickstedt erstellte mit seinen Mitarbeitern an der Universität Breslau im großen Stile „Abstammungsgutachten". Auf Empfehlung von Hans-Georg Gadamer übernahm von Eickstedt nach 1945 kurzzeitig die Leitung des Anthropologischen Instituts an der Universität Leipzig und ging dann als Professor für Ethnologie an die Universität Mainz. Nach seiner Emeritierung übernahm seine ehemalige Mitarbeiterin und Rassentheoretikerin aus Breslau, Ilse Schwidetzky, den Lehrstuhl in Mainz. Wilhelm Gieseler, Professor für Rassenbiologie an der Universität Tübingen, war Hauptsturmführer im Rasse- und Siedlungshauptamt der SS (RuSHA-SS). Sein Mitarbeiter Hans Fleischhacker, der in Jena studiert hat, wurde 1941 SS-Obersturmführer sowie Eignungsprüfer beim RuSHA-SS. 1943 besuchte er Auschwitz, um (lebendiges) „Material" für eine „jüdische Skelettsammlung" zu sammeln. Dazu führte er anthropologische Messungen an 86 jüdischen Lagerinsassen durch, die anschließend deportiert und ermordet wurden. Im Oktober 1945 wurde Fleischhacker aus dem universitären Dienst entlassen. Nach der Einstufung als „Mitläufer" und verschiedenen anderen Anstellungen kehrte Fleischhacker 1960 als wissenschaftlicher Assistent an die Universität Tübingen zurück. Nach einer erneuten Anklage wegen der Tätigkeit in Auschwitz wurde er 1971 freigesprochen und arbeitete später bis zu seiner Emeritierung als Professor an der Universität Frankfurt am Main (alle Angaben ausführlich: Masson, 1999, S. 12 ff.). Über den Lagerarzt von

Auschwitz-Birkenau Dr. *Josef Mengele* lohnt es nicht, irgendwelche Worte zu verlieren.

Einflussreiche Psychologen unterstützten die nationalsozialistische „Rassenhygiene" sowie das „Euthanasie-Programm" ebenfalls. Ich beschränke mich auf drei Beispiele: *Friedrich Sander*, Psychologieprofessor in Jena, war nicht nur eifriges Mitglied der NSDAP, sondern schrieb engagiert über die notwendige „Ausschaltung des parasitisch wuchernden Judentums" (Sander, 1937, zit. n. Wittmann, 2002, S. 317).[6] *Eduard Spranger*, der schillernde Vielschreiber und Erfinder des „Dritten Humanismus" (siehe Kap. 12), schrieb 1938 (Nachdruck 1941) von den Maßnahmen der Eugenik „[...] zur Sicherung eines gesunden und – wenn nötig – zur Ausmerzung eines kranken Nachwuchses" (Spanger, 1938, zit. n. Ortmeyer, 2008, S. 57). Im Mittelpunkt der Medizin stünde nun nicht mehr die Gesunderhaltung und Heilung des Einzelnen, sondern die Volkshygiene. *Philipp Lersch*[7], Psychologieprofessor in Leipzig, hielt im Dezember 1941 einen Vortrag im Auditorium maximum der Leipziger Universität, in dem er vom Recht sprach, „[...] den Eintritt minderwertiger Anlagen – körperlicher Krankheiten, geistiger, seelischer, sittlicher und sozialer Minderwertigkeiten – in den Erbgang zu verhindern, also die Träger minderwertiger Erbanlagen von der Fortpflanzung auszuschließen" (Lersch, 1942, zit. n. Matthes, 1989, S. 4).

Am 9. November 1938, dem Massenpogrom, das die NSDAP und die SA geplant und organisiert hatten, wurden jüdische Geschäfte, Privathäuser, Wohnungen und Synagogen zerstört. Hunderte Juden kamen in dieser Nacht ums Leben; 30.000 Juden wurden anschließend in Konzentrationslagern interniert; Jüdinnen und Juden mussten eine kollektive Sondersteuer in Höhe von über einer Milliarde Reichsmark zahlen; aus den ihnen noch verbliebenen Berufen wurden sie verdrängt und durften keine Kinos, Theater und Konzerte mehr besuchen. Tausende von Jüdinnen und Juden verließen daraufhin Deutschland. Was mit den Dagebliebenen geschehen sollte, konnten die Deutschen spätestens seit Hitlers Rede im Reichstag am 30. Januar 1939, dem Jahrestag der „Machtergreifung" wissen.

„Wenn es dem internationalen Finanzjudentum innerhalb und außerhalb Europas gelingen sollte, die Völker noch einmal in einen Weltkrieg zu stürzen, dann wird das Ergebnis nicht die Bolschewisierung der Erde und

---

[6] Nach 1945 lehrte Sander (1889–1971) bis zu seiner Emeritierung im Jahre 1958 an der Universität Bonn.

[7] Lersch (1898–1971) lehrte nach 1945 bis 1966 an der Universität München. Von 1954 bis 1955 war der Präsident der Deutschen Gesellschaft für Psychologie.

damit der Sieg des Judentums sein, sondern die Vernichtung der jüdischen Rasse in Europa" (Hitler, am 30.1.1939; zit. n. Maruhn, 1995, S. 52).

Die Rede Hitlers wurde gefilmt, vom Rundfunk ausgestrahlt und in allen Zeitungen im Wortlaut abgedruckt.

Mit der Wannsee-Konferenz im Januar 1942 und den anschließenden Massendeportationen begann dann die letzte Phase der nationalsozialistischen Vernichtungspolitik, die in der systematischen, millionenfachen Ermordung der Juden endete. Die Öfen wurden angeheizt. Und sechs Millionen Juden starben in Auschwitz und Treblinka, in Belzec und Sobibor, in Majdanek und Chelmno.

Literatur

Aly, G. (2013). Die Belasteten: *„Euthanasie" 1939–1945. Eine Gesellschaftsgeschichte*. S. Fischer Verlag.
Ash, G. M. (1985). Die experimentelle Psychologie an den deutschsprachigen Universitäten von der Wilhelminischen Zeit bis zum Nationalsozialismus. In G. M. Ash & U. Geuter (Hrsg.), *Geschichte der deutschen Psychologie im 20. Jahrhundert*. (S. 45–82). Westdeutscher Verlag.
Bernecker, W. L. (2018). *Spaniens Geschichte seit dem Bürgerkrieg*. C.H. Beck.
Dwars, J.-F. (1998). *Abgrund des Widerspruchs. Das Leben des Johannes R. Becher*. Aufbau-Verlag.
Frei, N. (Hrsg.). (1991). *Medizin und Gesundheitspolitik in der NS-Zeit*. Oldenbourg Verlag.
Frings, K. (2015). Opferkonkurrenzen. Debatten um den Völkermord an den Sinti und Roma und neue Forschungsperspektiven. *S:I.M.O.N. – Shoah: Intervention. Methods. Documentation, 2*, 1, S. 79–101. https://www.ceeol.com/search/article-detail?id=836354. Zugegriffen: 21. Jan. 2021.
Fromm, E. (1999; Original: 1955). Wege aus einer kranken Gesellschaft *Erich-Fromm-Gesamtausgabe in 12 Bänden*, Band IV, herausgegeben von R. Funk. (S. 1–254). Deutsche Verlags-Anstalt.
Groschopp, H. (2012). *Der ganze Mensch. Die DDR und der Humanismus – Ein Beitrag zur deutschen Kulturgeschichte*. Tectum Verlag.
Heym, S. (1996). *Radek*. btb Taschenbücher.
Hay, J. (1977). *Geboren 1900, Aufzeichnungen eines Revolutionärs*. Langen Müller.
Hildermeier, M. (1998). *Geschichte der Sowjetunion, 1917–1991: Entstehung und Niedergang des ersten sozialistischen Staates*. C.H. Beck.
Hildermeier, M. (2000). Stalinismus und Terror. *Osteuropa, 50*(6), 593–605.
Jaeger, S. (1993). Zur Widerständigkeit der Hochschullehrer zu Beginn der nationalsozialistischen Herrschaft. *Psychologie und Geschichte, 4*, 219–228.

Koenen, G. (2017). *Die Farbe Rot. Ursprünge und Geschichte des Kommunismus.* C.H. Beck.

Kurella, A. (1936). Der Mensch als Schöpfer seines Selbst. Moskau: *Das Wort, Nr. 1, Juli* 1936.

Lamping, D. (Hrsg.), (1987). *Ludwig Marcuse. Werk und Wirkung.* Bouvier.

Lenin, W. I. (1962). Brief an den Parteitag. In *Lenin Werke, Bd. 36.* Dietz Verlag.

Leonhard, W. (1990, Original: 1955). *Die Revolution entlässt ihre Kinder, Bd. 1.* Reclam-Verlag.

Lersch, P. (1942). *Das Problem der Vererbung des Seelischen.* Barth.

Lochthofen, S. (2012). *Schwarzes Eis. Der Lebensroman meines Vaters.* Rowohlt Verlag.

Mann, K. (1934/1935). Notizen in Moskau. *Die Sammlung, Heft 2*, S. 72–83. Hier zitiert nach Schlüsseldokumente zur Deutschen Geschichte im 20. Jahrhundert. https://www.1000dokumente.de/index.html?c=dokument_de&dokument=0092_kla&object=translation&st=&l=de. Zugegriffen: 28. Jan. 2021.

Mann, K. (1993; Original: 1935). *Zahnärzte und Künstler. Aufsätze, Reden, Kritiken 1933–1936.* Rowohlt.

Maruhn, S. (1995). Das deutsche Volk war eingeweiht. *Die Zeit*, Nr. 22, 26. Mai 1995.

Masson, B. (1999). Anthropologie und Humangenetik im Nationalsozialismus oder: Wie schreiben deutsche Wissenschaftler ihre eigene Wissenschaftsgeschichte. In H. Kaupen-Haas & C. Saller (Hrsg.), *Wissenschaftlicher Rassismus.* (S. 12–64). Campus-Verlag.

Matthes, P. (1989). Zur Kontinuität in der deutschen Psychologie über die Zeit des Nationalsozialismus hinaus. *Psychologie und Geschichte, 1*(3), 1–11.

Mirowa-Florin, E. (1963). Zur Herausbildung des sozialistischen Humanismus bei Gor'kij. *Zeitschrift für Slawistik, 8*(6), 924–938.

Mittenzwei, W. (1987). *Das Leben des Bertolt Brecht. Teil 1.* Aufbau Verlag.

Müller, R. (Hrsg.). (2018). *Georg Lukàcs, Johannes R. Becher, Friedrich Wolf u.a. Die Säuberung. Moskau 1936: Stenogramm einer geschlossenen Parteiversammlung.* Rowohlt.

Nembach, E. (2001). Stalins Filmpolitik. Reorganisation der sowjetischen Filmindustrie 1929–38. Dissertation. Rheinischen Friedrich-Wilhelms-Universität. https://core.ac.uk/download/pdf/304639438.pdf. Zugegriffen: 18. Jan. 2021.

Ortmeyer, B. (2008). *Eduard Spranger und die NS-Zeit. Forschungsbericht 7.1.* Frankfurt a. M.: Johann Wolfgang Goethe-Universität.

Sander, F. (1937). Deutsche Psychologie und nationalsozialistische Weltanschauung. *Nationalsozialistisches Bildungswesen, 2*, 641–649.

Schattenberg, S. (2014). Stalinismus. Bundeszentrale für politische Bildung. https://www.bpb.de/izpb/189565/stalinismus. Zugegriffen: 18. Jan. 2021.

Schmid, U. (2003). Literatur unter Stalin. In E. Maeder & C. Lohm (Hrsg.), *Utopie und Terror. Josef Stalin und seine Zeit.* (S. 133–150). Chronos.

Spranger, E. (1941). Kulturprobleme im gegenwärtigen Japan und Deutschland. Rede, gehalten am 9.10.1937 in Tokyo. *Die Erziehung. Monatsschrift für den Zusammenhang von Kultur und Erziehung in Wissenschaft und Leben, 16,* Heft 6–7.

Streim, G. (2017). „Große Ahnen" und „erbärmliche Erben". Die Begründung des „sozialistischen Humanismus" in den literarisch-politischen Debatten des Exils. In M. Löwe & G. Streim (Hrsg.), *„Humanismus" in der Krise* (S. 193–214). Walter de Gruyter.

Weiss, P. (1983). *Die Ästhetik des Widerstands. Band 1 + 2.* Berlin: Henschelverlag.

Wikipedia. Liste bekannter deutschsprachiger Emigranten und Exilanten (1933–1945). https://de.wikipedia.org/wiki/Liste_bekannter_deutschsprachiger_Emigranten_und_Exilanten_(1933-1945). Zugegriffen: 22. Jan. 2021.

Wittmann, S. (2002). „Die paradoxe Doppelnatur des Intellektuellen"- Der Fall Friedrich Sander. *Psychologie und Geschichte, 10*(3/4), 309–322.

Wolfradt, U., Billmann-Mahecha, E., & Stock, A. (2017). *Deutschsprachige Psychologinnen und Psychologen 1933–1945.* Springer.

Teil IV

Geschichten über reale, sozialistische und andere Humanismen

15

"Realer Humanismus", Sozialpsychologisches und Antizionismus

„Der Text einer Verfassung ist noch keine Garantie für Menschenrechte" (Jahn, 2017).

Am 8. Mai 1945 kapitulierte die deutsche Wehrmacht. Wenige Tage zuvor, am 30. April, hatte sich Hitler das Leben genommen. Der Krieg in Europa war zu Ende. Es begannen die Tage der Befreiung, die von vielen Deutschen als Niederlage erlebt wurden. Weit im Osten ging der Krieg weiter. Die Sowjetunion hatte sich auf der Konferenz von Jalta im Februar 1945 gemeinsam mit Großbritannien und den USA auf eine Aufteilung Deutschlands geeinigt und sich verpflichtet, am Krieg gegen Japan teilzunehmen. Am 6. August, warf ein US-amerikanisches Flugzeug eine Atombombe auf Hiroshima ab. Zwei Tage später besetzten sowjetische Truppen die von Japan annektierte Mandschurei. Am Tag darauf, am 9. August, folgte der Atombombenabwurf über Nagasaki. In Hiroshima wurden schätzungsweise zwischen 90,000 und 120,000 Menschen sofort getötet; in Nagasaki starben zwischen 60,000 und 80,000 Menschen. Im Zweiten Weltkrieg ließen zwischen 50 und 70 Mio. Menschen ihr Leben, davon knapp fünf Millionen Deutsche und mehr als 20 Mio. Menschen in der Sowjetunion (Woyke, 2016).

„Nie wieder"

Viele kamen – meist zögerlich – zurück nach Ostdeutschland, Antifaschisten, Kommunisten, Sozialisten, Stalinisten, Christen, Juden, Atheisten, Humanisten, Intellektuelle, Politikerinnen und Politiker, Künstlerinnen und Künstler, Spezialistinnen und Spezialisten, die Verfolgten und Verjagten sowie ihre Familien. Auch KZ-Insassen und Kriegsgefangene kehrten heim, sofern sie Vernichtung, Hunger oder Verfolgung überlebt hatten. Bei allen weltanschaulichen, ideologischen oder religiösen Unterschieden einte die meisten Rückkehrer ein Wunsch: Nie wieder!

Im Juli 1943 hatte sich in Krasnogorsk bei Moskau das Nationalkomitee „Freies Deutschland" (NKFD) gegründet, eine Vereinigung kriegsgefangener deutscher Soldaten und Offiziere. Initiiert und geführt wurde der Zusammenschluss von den Exilfunktionären der Kommunistischen Partei Deutschlands (KPD) Erich Weinert, Wilhelm Pieck und Walter Ulbricht sowie von mehreren Wehrmachtsangehörigen. Der Journalist Rudolf Herrnstadt (1903–1966) und der Schriftsteller Alfred Kurella (1895–1975) hatten dafür das „Manifest an die Wehrmacht und das deutsche Volk" entworfen und die Ziele formuliert: Zerschlagung des NS-Regimes, sofortiger Friedensschluss, Aufbau eines freien unabhängigen Deutschlands. Mit deutschsprachigen Zeitungen, Zeitschriften und Flugblättern, Rundfunksendungen und Lautsprecheransprachen in Frontgebieten wandten sich die Aktivisten des NKFD an die deutschen Soldaten und Offiziere, um sie aufzufordern, das Kämpfen zu beenden bzw. zu desertieren. In vielen Fällen gelang das auch. Die „antifaschistische Erziehungsarbeit" in den sowjetischen Kriegsgefangenenlagern war ebenfalls nicht erfolglos. Nach den Niederlagen vor Stalingrad und Kursk 1943 schienen tatsächlich viele Wehrmachtsangehörige das nationalsozialistische Regime infrage zu stellen (Morre, 2001). Deutsche Kriegsgefangene und Überläufer, die nicht nur die Nase vom Faschismus voll hatten, sondern bereit waren, den Krieg zu beenden und ein „neues Deutschland" aufzubauen, gründeten in anderen Kriegsgebieten zwischen 1943 und 1944 ebenfalls antifaschistische Zusammenschlüsse, so in Griechenland das „Antifaschistisches Komitee Freies Deutschland" oder die „Bewegung Freies Deutschland im Westen" in Frankreich. Die deutschsprachigen Emigrantinnen und Emigranten engagierten sich gleichfalls für ein baldiges Kriegsende und für den Aufbau eines demokratischen Deutschlands. In Mexiko organisierten sich Intellektuelle seit 1942 in der Bewegung „Freies Deutschland". Der Schriftsteller *Ludwig Renn* und der KPD-Funktionär *Paul Merker* gaben die gleichnamige Zeitschrift heraus, in der Alexander Abusch, Leon Feuchtwanger, Mascha Kaléko, Egon Erwin Kisch, Oskar Maria Graf, Heinrich und Thomas Mann oder Anna Seghers publizierten. Auf dem Cover der Zeitschrift war ein großes V, als Symbol für das Victory-Zeichen, abgebildet: Sieg über den Faschismus. Das war auch das Ziel der führenden KPD-Funktionäre in der Sowjetunion. Allerdings sahen sie in der mexikanischen Bewegung „Freies Deutschland" eine Konkurrenz, die sich später noch zu handfesten und existenziellen Bedrohungen für die „Mexikaner" entwickeln sollte (Kießling, 1994).

Doch vor diesen Konflikten und Bedrohungen stand zunächst der Optimismus über den baldigen Sieg und die Befreiung vom Faschismus. Noch vor Ende des Zweiten Weltkrieges in Europa flog am 30. April 1945 eine Gruppe deutscher Kommunisten von der Sowjetunion nach Deutschland, um sich östlich von Berlin mit dem Stab der Roten Armee zu treffen. Am 1. Mai und am 6. Mai folgten zwei weitere „Initiativgruppen". Die eine sollte sich unter der Leitung von Anton Ackermann um die Zustände in Sachsen kümmern, die andere um die Verhältnisse in Mecklenburg und Pommern (Erler, 2014, S. 126). Geleitet wurde die erste Gruppe von Walter Ulbricht, zu der zudem Fritz Erpenbeck, Otto Fischer, Gustav Gundelach, Richard Gyptner, Walter Köppe, Wolfgang Leonhard, Hans Mahle, Karl Maron und Otto Winzer gehörten. Unter Schutz, Leitung und Kontrolle der Roten Armee sollten die Mitglieder der Initiativgruppen das sowjetische Oberkommando bei der Etablierung eines politischen Regimes nach der Niederlage der Nationalsozialisten unterstützen.

Die Sieger- und Befreiungsmächte übernahmen am 5. Juni 1945 die Regierungsgewalt in den Besatzungszonen. Am 2. August 1945 unterschrieben die Führer der Siegermächte das Potsdamer Abkommen. Damit wurden die Entmilitarisierung, Entnazifizierung, Demokratisierung und Territorialität Deutschlands sowie die Reparationszahlungen festgeschrieben.

In der sowjetischen Besatzungszone folgten bald die Entnazifizierungen und die verliefen in Ostdeutschland besonders rigoros. Bis Ende 1950 wurden von ostdeutschen Gerichten über 8,000 Personen wegen NS-Verbrechen verurteilt, 1,500 freigesprochen, 23 Todesstrafen sowie 35 lebenslange Zuchthausstrafen verhängt. Die sowjetischen Militärtribunale verurteilten zwischen 1945 und 1955 rund 70,000 Deutsche (Gieseke, 2010, S. 82). Zu den Maßnahmen der Entnazifizierung gehörten auch die „Speziallager". Bis 1950 waren dort zirka 120.000 Menschen interniert. Insgesamt sollen in den Lagern 42.000 Menschen ums Leben gekommen sein (Winkler, 2020, S. 118). Im Speziallager Buchenwald starben über 7000 an den Folgen von Hungerkrankheiten (Buchenwald.de, 2021). Im Sommer

1950 fanden im sächsischen Waldheim mehrere Prozesse gegen Insassen aus den Speziallagern statt. Im Ergebnis dieser Prozesse wurden weitere 3345 Urteile gefällt, darunter 33 Todesurteile. Nach den Waldheim-Prozessen gingen die strafprozessualen Verfolgungen auffallend zurück. Zahlreiche NS-Täter waren in die Bundesrepublik geflüchtet. Jens Gieseke vermutet, dass in der DDR vermutlich „[…] eine Gruppe von möglicherweise mehreren Tausend NS-Tätern" lebte, „[…] die entweder erstens für reale Taten verurteilt worden, aber längst wieder amnestiert war, oder zweitens zwar inhaftiert gewesen war, aber nicht für ihre NS-Verbrechen, oder drittens bis dato völlig ungeschoren davongekommen war, nachdem die Strafverfolgung 1951 weitgehend eingestellt worden war" (Gieseke, 2010, S. 85).

Die Sowjetische Militäradministration (SMAD) erlaubte mit dem „Befehl Nr. 2" vom 10. Juni 1945 die Gründung antifaschistischer Parteien und Gewerkschaften. Ein Tag später, am 11. Juni, wandte sich die aus dem Exil zurückgekehrte Führung der KPD an das „schaffende Volk" und rief zum „Aufbau eines antifaschistisch-demokratischen Deutschlands" auf. Der Aufruf enthielt als dringendste Aufgaben u. a.: Vollständige Liquidierung der Überreste des Hitlerregimes und der Hitlerpartei; Kampf gegen Hunger, Arbeitslosigkeit und Obdachlosigkeit; Herstellung der demokratischen Rechte und Freiheiten des Volkes; Wiederaufrichtung der auf demokratischer Grundlage beruhenden Selbstverwaltungsorgane in den Gemeinden, Kreisen und Bezirken sowie der Provinzial- bzw. Landesverwaltungen und der entsprechenden Landtage; friedliches und gutnachbarliches Zusammenleben mit den anderen Völkern (Aufruf des Zentralkomitees der Kommunistischen Partei an das deutsche Volk, 1945). Wenige Tage nach dem Aufruf gründeten sich in der sowjetischen Besatzungszone die erneuerte SPD, die Christlich-Demokratische Union (CDU) und die Liberaldemokratische Partei (LDP), die im Juli 1945 gemeinsam mit der KPD einen Block der antifaschistisch-demokratischen Parteien bildeten. 1948 erfolgte dann die Gründung der Demokratischen Bauernpartei Deutschlands (DBD) und der National-Demokratischen Partei Deutschlands. Die Parteien des antifaschistisch-demokratischen Blocks beschlossen – auf Befehl der Sowjetischen Militäradministration und zunächst gegen den Widerstand der CDU – Ende August 1945 die Bodenreform. Unter der Losung „Junkerland in Bauernhand" wurden bis Mitte 1946 alle Grundbesitzer mit Gütern über 100 Hektar sowie Landwirtschaftsbetriebe unter 100 Hektar, die „aktiven Nazis und Kriegsverbrechern" gehörten, entschädigungslos enteignet. 1,1 Mio. Hektar des enteigneten Landes gingen in staatlichen Besitz über; 2,2 Mio. Hektar Land erhielten

Landarbeiter, landlose Bauern und Neubauern, ehemalige Umsiedler aus den Gebieten östlich der Oder-Neiße-Grenze (Schöne, 2005).

Die Bodenreform sowie die Verstaatlichung der Industriebetriebe folgten einer politisch-ideologischen Linie, die eng mit der kommunistischen Auffassung über Ursachen, Wesen und Folgen des Faschismus zusammenhing. Auf dem VII. Weltkongress der Kommunistischen Internationale, dem Zusammenschluss kommunistischer Parteien, hatte Georgi Dimitroff 1935 in Moskau seine berühmte Rede über die faschistischen Herrschaftsmethoden gehalten und vom Faschismus als „[...] die offene, terroristische Diktatur der reaktionärsten, chauvinistischsten, am meisten imperialistischen Elemente des Finanzkapitals" gesprochen (zit. n. Peters, 2006, S. 26). Diese, heute vereinfachend als „Dimitroff-Formel" bekannte, Ansage führte zu der fatalen Annahme, mit der Abschaffung der großkapitalistischen Herrschaft seien auch die wichtigsten Ursachen für Faschismus und Nationalsozialismus beseitigt. Die Schuld für die Verbrechen des Nationalsozialismus wurden damit in der sowjetischen Besatzungszone und in der späteren DDR an das Finanzkapital und deren nationalsozialistische „Agenten" delegiert und das „Volk" quasi von der Verantwortung freigesprochen. Ralph Giordano nannte das den „verordneten Antifaschismus" (Giordano, 1987, S. 219). Diejenigen, die 1945 in Ostdeutschland begannen, eine neue, sozialistische Gesellschaft zu gründen, waren sicher überzeugte Antifaschisten. Mit Aufenthalten in Konzentrationslagern, faschistischem Zuchthaus oder dem Zwang ins Exil hatten sie ihre Überzeugungen während des Nationalsozialismus bezahlen müssen. Gemessen an der Mehrheit des deutschen Volkes in der damaligen sowjetischen Besatzungszone gehörten die wirklichen Antifaschisten der ersten Stunden mit ihrem Antifaschismus aber eindeutig zur Minderheit. Ihre antifaschistische Überzeugung machten sie allerdings – qua Partei- und Staatspolitik – zum Maß und zum offiziellen Bezugssystem für die Bevölkerungsmehrheit. Kraft der offiziellen antifaschistischen Politik wurde den schweigenden, mitmachenden Mitläufern des Dritten Reiches die „Gnade der Reue" (Weiß, 1990, S. 15) verweigert. Der Mythos vom DDR-Antifaschismus war, um an Erich Fromm zu erinnern, der ideologische Inhalt eines Gesellschafts-Charakters, mit dem viele DDR-Bürgerinnen und -Bürger sympathisierten. Als integraler Bestandteil der DDR-Staatsräson, so Christoph Classen, ließ der Mythos „keinen Raum für eine offene gesellschaftliche Aneignung und Aushandlung von Geschichte und Erinnerung" (Classen, 2018, S. 108).

Kulturbund

Allerdings gehört es auch zu den Elementen einer differenzierten Perspektive auf die DDR-Geschichte, dass es schon frühzeitig Künstler, Schriftsteller, Wissenschaftler, junge und ältere Menschen gab, die Verantwortung für die Verbrechen des Nationalsozialismus übernahmen und sich mit dessen Folgen auseinanderzusetzen versuchten. Zu diesen Menschen gehörten jene, die sich am 4. Juli 1945 zu einer Gründungskundgebung des Kulturbundes in Berlin einfanden. 1.500 Interessierte kamen. Der Schauspieler und Regisseur Paul Wegener, der in den 1920er Jahren sehr bekannte Schriftsteller Bernhard Kellermann und der Psychologe Eduard Spranger, der 1921 den Begriff *Dritter Humanismus* prägte (siehe Kap. 12) sprachen zu den Teilnehmerinnen und Teilnehmern. Auch Johannes R. Becher hielt eine Rede und muss die Anwesenden sehr beeindruckt haben. Er war im Juni 1945 als Mitglied des Zentralkomitees der KPD aus der sowjetischen Emigration nach Berlin heimgekehrt. Vor der Gründungskundgebung hatten sich Initiatoren auf Einladung von Becher in dessen damaliger Westberliner Wohnung getroffen, ein „Initiativkomitee für einen Kulturbund" gegründet und ein Manifest verabschiedet, in dem u. a. sieben Punkte zur Erneuerung Deutschlands formuliert wurden: Vernichtung der Naziideologie auf allen Lebens- und Wissensgebieten, Bildung einer nationalen Einheitsfront der deutschen Geistesarbeiter, Überprüfung der geschichtlichen Gesamtentwicklung unseres Volkes, Wiederentdeckung und Förderung der freiheitlichen, *humanistischen, wahrhaft nationalen Traditionen* des deutschen Volkes, Einbeziehung der geistigen Errungenschaften anderer Völker in den kulturellen Neuaufbau Deutschlands, Verbreitung der Wahrheit, Kampf um die *moralische Gesundung* des Volkes (Zimmer, 2019, S. 31; Hervorh. WF). An diesem Treffen nahmen neben Becher u. a. Gustav von Wangenheim, Fritz Erpenbeck und Otto Winzer von der KPD, Gustav Dahrendorf von der SPD, der spätere Bürgermeister von Westberlin Ferdinand Friedensburg von der CDU, Pfarrer Otto Dilschneider von der Bekennenden Kirche, der Publizist Wolfgang Harich (KPD), der Theatermann Herbert Ihring, Klaus Gysi und der sowjetische Oberstleutnant Sudakow teil (Dwars, 1998, S. 506).

Am 8. August 1945 wählte das Gründungskomitee des Kulturbundes Johannes R. Becher zu seinem Präsidenten. Die Idee des Kulturbundes hatten deutsche Kommunisten noch in der sowjetischen Emigration entwickelt und dabei wohl die in England 1939 und in Schweden 1944 gegründeten Deutschen Kulturbünde als Vorbild im Auge. Die Sowjetische

Militäradministration unterstützte die Gründung des Kulturbundes. 1946 hatte der Kulturbund 4,332 Westberliner und 2,945 Ostberliner Mitglieder (Zimmer, 2019, S. 50). Ein Jahr später versäumten es die Westberliner Mitglieder, bei den Alliierten einen rechtlich notwendigen Antrag auf Weiterzulassung zu stellen, sodass der Kulturbund ab November 1947 in den Westberliner Zonen nicht mehr existierte (Emmerich, 2000, S. 77). Der Kalte Krieg begann. Die Alliierten sahen im Kulturbund offenbar eine Tarnorganisation der ostdeutschen Kommunisten.

Vielleicht wäre der Kulturbund – zumindest in den wenigen Jahren kurz nach der Gründung – eine Möglichkeit gewesen, die Dialoge zwischen den humanistisch gesinnten Intellektuellen, unabhängig von ihren parteipolitischen und ideologischen Gesinnungen zu fördern. Das schien zumindest Johannes R. Becher beabsichtigt zu haben. Er schrieb an Heinrich Mann, nach Deutschland zurückzukommen, wandte sich mit der gleichen Bitte an Erich Kästner, Hermann Hesse und Bertolt Brecht, erreichte, dass Gerhart Hauptmann die Ehrenpräsidentschaft des Kulturbundes übernahm, setzte sich dafür ein, dass der vom NKWD inhaftierte Gustav Gründgens freigelassen wurde, begrüßte im März 1946 Theodor Heuss, den ersten Kultusminister Württemberg-Badens und späteren Bundespräsidenten der Bundesrepublik, im Kulturbund und lobte ihn als „Vorkämpfer wahrhaft demokratischer Bürgertugenden" (zit. n. Dwars, 1998, S. 534).

Am 21. und 22. April 1946 fand in Berlin der Vereinigungsparteitag der KPD und der SPD statt, um die Sozialistische Einheitspartei Deutschlands (SED) zu gründen. Die Hintergründe und Folgen dieser Gründung, die von Historikern in der Regel als „Zwangsvereinigung" bezeichnet wird, sind inzwischen gut erforscht, sodass ich mich nur auf ein Detail beschränke. Diesem Vereinigungsparteitag war am 26. Februar 1946 eine gemeinsame Konferenz der Parteileitungen von SPD und KPD vorausgegangen, auf der u. a. „Gegenwartsforderungen" formuliert wurden. Neben der Forderung, Kriegsschuldige zu bestrafen, die kapitalistischen Monopole zu beseitigen, den reaktionären Militarismus zu vernichten, demokratische Volksrechte, die Gleichheit aller Bürger, die Gleichberechtigung der Frauen, die Meinungs-, Gesinnungs- und Religionsfreiheit und das Streikrecht zu sichern, sollte das gesamte Bildungs- und Erziehungswesen reformiert werden. „Aufbau der Einheitsschule, Erziehung der Jugend im Geiste einer fortschrittlichen Demokratie, der Freundschaft unter den Völkern und einer wahren *Humanität*. Jeder Deutsche hat das Anrecht auf Bildung nach seinen Anlagen und Fähigkeiten. Trennung der Kirche von Staat und Schule.

Kulturelle Erneuerung Deutschlands; Förderung von Literatur, Kunst und Wissenschaft" (Die Sozialistische Einheitspartei, 1946, S. 9 f.; Hervorh. WF).

Humanistische Ambitionen

Von Humanität, humanistischer Bildung, von wahrem, echtem oder kommunistischem Humanismus war in dieser Zeit überhaupt viel die Rede. Auf der *Ersten Zentralen Kulturtagung* der KPD im Februar 1946 sprach Anton Ackermann über Humanismus und der Freiheit von Kunst und Wissenschaft; auf dem *Ersten Pädagogikkongress* im August 1946 ging es um die „Erziehung zu wahrer Humanität". Im „Sonntag", der Wochenzeitung des Kulturbundes, schrieb *Alexander Abusch,* der im Juli 1946 aus dem mexikanischen Exil nach Deutschland zurückgekehrt war und als Bundessekretär des Kulturbundes arbeitete, über „echten Humanismus", der an den Ideen der Renaissance anknüpfen und die Politik des westdeutschen Großkapitals bekämpfen müsse (ausführlich: Groschopp, 2012, S. 226.). *Klaus Gysi,* von 1945 bis 1948 Chefredakteur der Kulturbundzeitschrift „Aufbau" und später hochrangiger Kulturfunktionär, Diplomat und Staatssekretär für Kirchenfragen, stritt um einen wahren Humanismus. *Johannes R. Becher* wollte einen neuen deutschen, realistischen Humanismus. *Victor Klemperer,* der die nationalsozialistische Judenvernichtung überlebt hatte und 1947 sein Tagebuch „LTI – Notizbuch eines Philologen" veröffentlichte, schrieb im selben Jahr eine kurze Kulturgeschichte des Humanismus, in der er sich auch auf Petrarca, die Renaissance und Herder bezog und für einen Aufschwung der Menschlichkeit plädierte (Groschopp, 2012, S. 249 ff.). Heinrich Deiters (1887–1966), Mitglied der SED und im Kulturbund, ab 1947 Professor für Pädagogik, schrieb 1948 über Grundlagen des „realen Humanismus" und beteiligte sich engagiert an den Vorbereitungen für die Ausarbeitung einer DDR-Verfassung.

Verankert wurde der Begriff *Humanität* dann auch in der ersten Verfassung der DDR vom 7. Oktober 1949. Im Artikel 37 heißt es u. a.: „Als Mittlerin der Kultur hat die Schule die Aufgabe, die Jugend im Geiste des friedlichen und freundschaftlichen Zusammenlebens der Völker und einer echten Demokratie zu wahrer Humanität zu erziehen" (Verfassung der DDR, 1949).

Die erste Verfassung der DDR wurde 1968 und noch einmal 1974 überarbeitet. Im Artikel 18, Absatz 1, beider Versionen konnte man lesen: „Die Deutsche Demokratische Republik fördert und schützt die sozialistische

Kultur, die dem Frieden, dem Humanismus und der Entwicklung der sozialistischen Gesellschaft dient" (Verfassung der DDR, 1974). Im Artikel 2, Absatz 1, wurde der Mensch zum „Mittelpunkt aller Bemühungen der sozialistischen Gesellschaft und ihres Staates" erklärt. In den Artikeln 19 bis 40 wurden die „Grundrechte und Grundpflichten der Bürger" verankert. Dazu gehörten u. a.: Die gleichen Rechte für jeden Bürger, unabhängig von seiner Nationalität, seiner Rasse, seinem weltanschaulichen oder religiösen Bekenntnis, seiner sozialen Herkunft und Stellung. Die Gleichberechtigung von Mann und Frau. Das Recht auf Mitbestimmung und Mitgestaltung. Das Recht auf Arbeit. Das gleiche Recht auf Bildung. Die Meinungsfreiheit und die Versammlungsfreiheit. Das Recht auf Fürsorge der Gesellschaft im Alter und bei Invalidität. Der Schutz von Ehe, Familie und Mutterschaft. Das Recht, sich zu einem religiösen Glauben zu bekennen und religiöse Handlungen auszuüben.

Das liest sich schön, erhaben und passt ganz gut zu den Vorstellungen von humanistischen Errungenschaften. Aber bekanntlich konnten die Bürgerinnen und Bürger in der DDR diese Rechte und viele andere verfassungsmäßig garantierte „sozialistische Errungenschaften" kaum wahrnehmen oder einklagen. Papier ist geduldig, oder, wie der Bundesbeauftragte für die Unterlagen der Staatssicherheit, Roland Jahn, in seiner Rede zum Festakt der Thüringer Verfassung am 25. Oktober 2017 sagte: „Der Text einer Verfassung ist noch keine Garantie für Menschenrechte" (Jahn, 2017).

Humanität als Bildungsziel, Erziehung und Bildung im Sinne des Humanismus, ob nun als echter, realer oder sozialistischer, bedeuteten in der frühen DDR, aber auch dann, als diese in ihren letzten Zügen lag, nicht nur Erziehung sozialistischer Persönlichkeiten auf der Grundlage des Marxismus-Leninismus nach dem Vorbild sowjetischer Erfahrungen und unter Führung der SED. Es ging auch nicht nur um naturwissenschaftliche, mathematische und technische Bildung, um selbständig handeln zu können, oder um Wehrerziehung, damit die sozialistischen Errungenschaften gesichert werden können. Humanistische Erziehung und Bildung sollten sich ebenso auf das aufgeklärte humanistische Erbe beziehen. Man müsse, so der schon erwähnte Heinrich Deiters, die Geschichte des Humanismus studieren, „[...] vor allem die Frage, welche gesellschaftlichen Bedingungen seine Blütezeit hervorbrachten. Schließlich sei der Humanismus „nicht eine einfache Addierung aller menschlichen Möglichkeiten, sondern eine Auslese", die von der Geschichte vorgenommen wird" (Groschopp, 2012, S. 283, mit Zitat von Deiters, 1948, S. 377).

Nicht nur durch die Geschichte erfolgt die Auslese, sondern auch durch die Leserinnen und Leser sowie – vor allem – durch die Mächtigen, die den ideologischen Rahmen der Auslese und die Zugangsbedingungen des Auslesbaren bestimmen. Das waren in der DDR nun einmal Kulturfunktionäre der SED oder der Blockparteien bzw. jene, die sich diesen unterordneten und unterordnen mussten.

Manchmal können Auslesen allerdings auch etwas Gutes mit sich bringen. Im Falle des humanistischen Erbes gehören zum Guten u. a. die engagierte Publikationspolitik vieler DDR-Verlage, allen voran der Aufbau Verlag in Berlin und Weimar, der Reclam Verlag in Leipzig, der Mitteldeutsche Verlag in Halle, der Verlag der Nation, die Verlage Der Morgen, Neues Leben, Rütten & Loening oder Volk und Wissen. In diesen Verlagen erschienen bereits vor bzw. bald nach der Gründung der DDR Werke von Bruno Apitz, Louis Aragon, Bertolt Brecht, Willi Bredel, Matthias Claudius, Alfred Döblin, Maxim Gorki, Hans Fallada, Lion Feuchtwanger, Leonhard Frank, Franz Fühmann, Johann Wolfgang Goethe, Gerhart Hauptmann, Heinrich Heine, Ernest Hemingway, Gotthold Ephraim Lessing, Heinrich und Thomas Mann, Alexander Puschkin, Ludwig Renn, Rainer Maria Rilke, Friedrich Schiller, Anna Seghers, Leo Tolstoi, Erich Weinert, Franz Werfel, Arnold Zweig u.v. a. In den DDR-Schulen standen diese Autorinnen und Autoren im Sinne der humanistischen Bildung ebenfalls auf den Leselisten. Charles Baudelaire, Gottfried Benn, Michail Bulgakow, James Joyce, Franz Kafka, Klaus Mann, Robert Musil, Joseph Roth und viele andere fand man auf diesen Listen nicht, herausgegeben wurden sie erst in späteren DDR-Jahren oder erschienen gar nicht (Emmerich, 2000, S. 81 f.). Manche DDR-Bürgerinnen und Bürger lasen sie trotzdem.

Maßstab für die Auslese und Herausgabe dieser und anderer Werke der Weltliteratur waren die von Partei und Staat formulierten Maßgaben, ob und inwieweit damit das „humanistische Erbe" der Arbeiterklasse aufgehoben und gewahrt werden kann. Formuliert wurden diese Maßgaben zum Beispiel im März 1951 auf der 5. Tagung des Zentralkomitees der SED als zum „Kampf gegen den Formalismus in Kunst und Literatur" aufgerufen wurde.

Kampf gegen Formalismus und die „Feinde des Sozialismus"

Formalismus wurde in der Entschließung des Zentralkomitees der SED definiert als „[…] Zersetzung und Zerstörung der Kunst selbst. Die Formalisten leugnen, dass die entscheidende Bedeutung im Inhalt, in der

Idee, im Gedanken des Werkes liegt. Nach ihrer Auffassung besteht die Bedeutung eines Kunstwerks nicht in seinem Inhalt, sondern in seiner Form. Überall, wo die Frage der Form selbständige Bedeutung gewinnt, verliert die Kunst ihren humanistischen und demokratischen Charakter" (Entschließung des ZK der SED 1951; zit. n. Emmerich, 2000, S. 118 f.).

Der Kampf gegen den „Formalismus und Kosmopolitismus" hatte nach 1945 als Anti-Modernismus-Kampagne in der Sowjetunion begonnen, erreichte 1950/1951 die DDR und richtete sich vornehmlich gegen alle Formen abstrakter, anti-realistischer, „dekadenter" Kunst und deren „Wirklichkeitsfälschungen", namentlich auch gegen Künstler wie George Grosz, Franz Kafka, Franz Marc, Robert Musil, Pablo Picasso, Marc Chagall, Karl Schmidt-Rottluff. Auch Bertolt Brecht, Paul Dessau, Hanns Eisler, die Maler Max Lingner und Arno Mohr oder die Protagonisten der Bauhaus-Architektur gerieten in den Kampfesstrudel. Statt der formalistischen Zersetzung der Kunst wurden Künstlerinnen und Künstler, Schriftstellerinnen und Schriftsteller nun auf einen sozialistischen Realismus eingeschworen und das hieß zuvörderst, den sozialistischen Alltag der Werktätigen mit künstlerischen Mitteln und im Sinne der Arbeiterklasse, ihrer Partei und der sozialistischen Zukunft *abzubilden.*

Eine besondere Rolle in den Debatten um „Formalismus und Kosmopolitismus" in der Kunst spielte das Werk von Franz Kafka (1883–1924). Johannes R. Becher meinte 1951, Kafka vertrete eine „antirealistische Esoterik" und ein sich *Korbinian Nemo* nennender Autor schrieb 1956 in der „Weltbühne", bei Kafka liege „das Antihumane in einer krankhaften Isolierung des Individuums" (zit. n. Höhne, 2007, S. 22). Auf einer Konferenz im tschechoslowakischen Liblice im Mai 1963 stritten sich dann ostdeutsche, tschechoslowakische, österreichische und französische Intellektuellen über die Bedeutung von Kafkas Werk in Zeiten individueller und gesellschaftlicher Entfremdung und über den sozialistischen Realismus. Während die tschechoslowakischen, österreichischen und französischen Intellektuellen mehr oder weniger für eine Ausweitung des Realismus-Begriffs votierten, blieben die Vertreter der DDR weitgehend bei ihrer Auffassung, dass der Anti-Realismus Kafkas nichts mit dem Humanismus im Sozialismus zu tun habe (vgl. auch Kurella, 1963). Noch Jahre später und besonders nach Niederschlagung des Prager Frühlings galt Franz Kafka in den Augen der SED-Funktionäre als jemand, den die „rechten Revisionisten" nur deshalb idealisieren würden, „[...] nicht um ihn zu ehren, sondern als Rammbock gegen den sozialistischen Realismus zu nutzen" (Walter Ulbricht 1969; zit. n. Haring, 2014, S. 239).

Am 5. März 1953 starb Stalin. Er wurde in den Himmel gehoben und beweint – in der Sowjetunion und auch in der Deutschen Demokratischen Republik. Das „Neue Deutschland", Zentralorgan der Sozialistischen Einheitspartei, druckte am 7. März 1953 eines der drei unseligen Gedichte, die der Stalinpreisträger *Johannes R. Becher* in diesem Frühjahr auf den verstorbenen Führer der Sowjetunion dichtete. Wegen des kaum zu überbietenden Schwachsinns dieser Texte (Dwars, 1998, S. 699) sollen zwei Strophen aus dem Gedicht „Der Ewig-Lebende" genügen: „Und als verbraucht sein letzter Atemzug, / Da hielt die Taube ein auf ihrem Flug/Und legte einen goldnen Ölzweig nieder, / Die Völker alle sangen stille Lieder. /…/ Seht! Über Stalins Grab die Taube kreist, / Denn Stalin: Freiheit – Stalin: Frieden heißt! / Und aller Ruhm der Welt wird Stalin heißen/Lasst uns den Ewig-Lebenden lobpreisen!".

An den Lobpreisungen für den großen sowjetischen Schlächter beteiligten sich auch Erich Arendt, Franz Fühmann, Stephan Hermlin, Anna Seghers, Erwin Strittmatter und Arnold Zweig. Drei Monate später gingen am 16. und 17. Juni Arbeiter, Angestellte und Bauern in der DDR auf die Straße, um von der Partei- und Staatsführung grundsätzliche politische und wirtschaftliche Änderungen zu erzwingen. Der Aufstand wurde niedergeschlagen (ausführlich: Kowalczuk et al., 1995).

Der Bau der Berliner Mauer am 13. August 1961 und die vollständige Abriegelung der DDR von der BRD könnte man unter Umständen noch als notwendige Maßnahmen interpretieren, um die DDR-Wirtschaft vor einem Kollaps zu retten. Nach 1949 hatten zirka 2,3 Mio. Menschen die DDR Richtung Westen verlassen (Wolle, 2011, S. 53). Darunter ein großer Teil der technischen, wissenschaftlichen und künstlerischen Intelligenz. Erkauft wurde die vermeintliche Sicherung des wirtschaftlichen Aufschwungs, des Friedens und der Menschlichkeit in der DDR nach 1961 indes durch die befehlsmäßige Tötung von Menschen, die versuchten, die Grenze von Ost nach West zu überwinden. Mindestens 136 Menschen wurden bei dem Versuch, in den Westen zu fliehen, zwischen 1961 und 1989 an der Berliner Mauer von DDR-Soldaten erschossen (Wolle, 2011, S. 31 ff.). Das hatte nun gar nichts mehr mit dem verfassungsmäßig verankerten Humanismus zu tun.

Der Kampf der SED gegen „Feinde des Sozialismus" und für einen „Sozialistischen Realismus" wiederholte sich im Dezember 1965 auf dem 11. Plenum des Zentralkomitees der SED, das als „Kahlschlagplenum" unrühmlich in die Geschichte eingegangen ist (ausführlich: Agde, 1991). Zu den Feinden gehörten nun, so konnte man es von Walter Ulbricht, Erich Honecker, Horst Schumann und anderen Männern auf diesem Plenum

15 „Realer Humanismus", Sozialpsychologisches und Antizionismus

hören, „Gammler", „Nieten in Nietenhosen", „Rowdys", „Beat-Gruppen", aber auch Wolf Biermann, Werner Bräunig, Robert Havemann, Stefan Heym und all jene, die sich nicht bereit erklärten, eine „[...] der Partei angenehme Kunst" zu schaffen (Günter Mittag, zit. n. Groschopp, 2012, S. 423). Daraufhin wurden Bücher, Filme, Theaterstücke, Musikgruppen verboten. Der Roman „Rummelplatz" von Werner Bräunig durfte nicht erscheinen. Die Spielfilme „Das Kaninchen bin ich" von Kurt Maetzig, „Denk bloß nicht, ich heule" von Frank Vogel oder „Spur der Steine" von Frank Beyer blieben bis 1989/1990 verboten. Das Theaterstück „Der Bau" von Heiner Müller durfte erst nach 1980 wieder aufgeführt werden. Wenige Monate vor dem 11. Plenum, im Oktober 1965, erhielten die DDR-Rockgruppe „Butlers" und zahlreiche andere Bands Auftrittsverbot, woraufhin es in Leipzig zu einem „Beataufstand" kam (Mählert & Stephan, 1996, S. 166 f.). Mehrere tausend junge Leute demonstrierten für die Wiederzulassung der verbotenen Bands. Und dann ging alles seinen Gang. Die Demonstration wurde von der Polizei und anderen Sicherheitskräften brutal beendet. Es ist der „nie wirklich beendete ideologische Kampf gegen den »Formalismus«" (Decker, 2015, S. 124), an dem auch Volker Braun, Fritz Cremer, Adolf Dresen, Franz Fühmann, Peter Hacks, Heiner Müller, Christa Wolf und viele andere fast verzweifelten.

Die Konsequenzen aus dem Kahlschlag der DDR-Kultur nach dem 11. Plenum waren zahlreich und widersprüchlich. Wolf Biermann erhielt Auftrittsverbot, wodurch sich sein Nimbus als „preußischer Ikarus" aus der Berliner Chausseestraße noch vergrößerte. Robert Havemann, der während des Nationalsozialismus im Zuchthaus Brandenburg-Görden inhaftiert war, wurde aus der SED ausgeschlossen, erhielt später Hausarrest und konnte nur noch unter Schwierigkeiten seine SED-kritischen Publikationen im Westen veröffentlichen. Seine Texte kursierten in der DDR als „graue Literatur" und wurden in privaten Kreisen gelesen. Die lesewilligen und neugierigen DDR-Bürgerinnen und Bürger hatten überdies schon längst eine Kompetenz entwickelt, eine Fähigkeit zur Entschlüsselung und Übermittlung „versteckter" oder zusätzlicher Botschaften, die Fähigkeit, „zwischen den Zeilen" zu lesen. Nicht nur in der Zeitung „Neues Deutschland", dem Zentralorgan der SED, auch in Erzählungen, Romanen, Theaterstücken, Filmen, die nach dem 11. Plenum offiziell erschienen, wurde nach versteckten Botschaften gesucht. Meist konnte man auch fündig werden, ob nun im Roman „Nachdenken über Christa T." von Christa Wolf, im Roman und Theaterstück „Die neuen Leiden des jungen W." von Ulrich Plenzdorf, in Jurek Beckers „Irreführung der Behörden" oder im Roman „Der König David Bericht" von Stefan Heym.

Kreativ gingen die damals jungen Leute gleichfalls mit den Verboten der Rock- und Beatmusik um. Viele Bands änderten nicht nur ihre Namen, sondern sie spielten meist an nichtöffentlichen Orten, in Kirchen, privaten Kellern oder kurzfristig gemieteten Räumen, sozusagen im Untergrund. Wer die Bands hören und sehen wollte, der fand sie auch (vgl. auch Wicke, 1997, S. 297 ff.). Und es konnte geschehen, dass während der Auftritte der Klaus Renft Band in den frühen 1970er Jahren auch *Gerulf Pannach* (1948–1998), Freund von *Jürgen Fuchs* und bis zu seiner Ausbürgerung 1977 aus der DDR der wichtigste Texter der Renft Band, eines seiner Gedichte las: „Irgendwann will jedermann raus aus seiner Haut. Irgendwann denkt er dran, wenn auch nicht laut".

In eben solchen Untergründen entstanden nach 1965 gegenkulturelle Bestrebungen in der Musik, der Literatur, der Malerei oder der Bildhauerei, Bestrebungen, die sich den offiziellen Kulturvorgaben von Staat und SED widersetzten und gleichzeitig in ihrer Aufmüpfigkeit das Ende der DDR mitvorbereiteten. Gunnar Decker nennt das Jahr 1965 den „kurzen Sommer der DDR". 1965 – das Schicksalsjahr. „Es gehört zu den eher stillen Jahren, jedenfalls auf den ersten Blick. Halbzeit zwischen 1961 und 1968 und doch dramatischer Höhepunkt der 60er Jahre nach dem Mauerbau und vor dem Prager Frühling und dessen gewaltsamer Niederschlagung. 1965 ist noch offen, wohin die Reise geht. Es gärt im Innern, aber nach außen scheint lange alles ruhig" (Decker, 2015, S. 23).

Just im Frühjahr 1968 als in der DDR eine überarbeitete Verfassung mit dem o.g. Artikel zum Frieden und Humanismus in der sozialistischen Gesellschaft verabschiedet wurde, proklamierte die Führung der Kommunistischen Partei der Tschechoslowakei einen „Sozialismus mit menschlichem Antlitz". Viele Erwachsene und Jugendliche in der DDR verfolgten begeistert die Entwicklungen im Prager Frühling. „Doch am 21. August starben die Reformbewegungen unter sowjetischen Panzerketten. Es kam zu wild aufwallender Empörung in Teilen der Bevölkerung und Strafaktionen der Ost-Berliner Staatsmacht. Eine Zeit der Stagnation begann" (Wolle, 2008, Klappentext). In Erfurt, in Mühlhausen, in Jena, in Berlin, Zwickau und anderen Orten in der DDR gingen in den Tagen nach dem 21. August 1968 junge Leute aus Solidarität mit dem „roten Prag" und Alexander Dubček, dem Ersten Sekretär der Kommunistischen Partei, auf die Straße. Auch wenn es nichts nutzte, in vielen Fällen mit Verhaftung und Sanktionen endete, die 68er der DDR träumten weiter den Traum von einem demokratischen, humanistischen Sozialismus und trugen ihn bis in den Herbst 1989 mit sich herum (Wolle, 2008, S. 14). Daran änderte auch die Ausbürgerung von Wolf Biermann am 16. November 1976 nichts. Im

Gegenteil. „Du, lass dich nicht erschrecken in dieser Schreckenszeit" (Biermann, 1968).

An der philosophischen Front

Im Umgang mit Widerständlerinnen und Widerständlern, mit Dissidenten war der DDR-Staat wenig geduldig. Der Grund dafür findet sich ebenfalls in der schon zitierten Verfassung der DDR. Die Deutsche Demokratische Republik sei, so steht es im Artikel 1 der Verfassung vom 7. Oktober 1974, eine „politische Organisation der Werktätigen in Stadt und Land unter der Führung der Arbeiterklasse und ihrer marxistisch-leninistischen Partei". Was und wer der Partei bzw. der Parteiführung nicht passte, wurde ignoriert, verfolgt, bestraft oder außer Landes gewiesen. Philosophinnen und Philosophen der DDR lieferten dafür ebenfalls ihre marxistisch-leninistischen Begründungen. So hielten sie zum Beispiel Konferenzen ab, um die „Grundsätze der Erziehung zum sozialistischen Humanismus" zu verkünden und auf die „Liebe zum Volk" als Grundlage der Politik in der Deutschen Demokratischen Republik aufmerksam zu machen (Lange & Alexander, 1962). Sie verwiesen auf die „humanistische, historische Mission" der Arbeiterklasse, um die Politik der Sozialistischen Einheitspartei Deutschlands zu begründen (Kohlsdorf, 1966). Es wurden „antihumanistische Traditionen und Tendenzen" in der „konservativen Herrschaftsideologie der BRD" ausfindig gemacht (Elm, 1984). Oder es wurde betont, dass sich Humanismus nicht nur auf die unmittelbaren zwischenmenschlichen Beziehungen, wie Liebe, Ehe, Freundschaft, Kollegialität am Arbeitsplatz beziehe, sondern die Mitverantwortung „[…] bei der Realisierung grundlegender ökonomischer, politischer und kultureller Zielsetzungen von Partei und Regierung sowie ihre Teilnahme am weltweiten Kampf für den Frieden…" einschließe (John, 1984, S. 914).

Dabei gingen die DDR-Philosophen auch mit angeblichen Abweichlern in den eigenen Reihen nicht zimperlich um. Leo Kofler, auf den ich mich mit dem Begriff revolutionärer Humanismus berufen habe (siehe Kap. 8), war 1947 aus dem Schweizer Exil nach Ostdeutschland zurückgekehrt, trat in die SED ein und übernahm in Halle den Lehrstuhl für Geschichtsphilosophie. 1950 warf man ihm Trotzkismus vor. Er wurde zum Revisionisten und ideologischen Schädling erklärt, trat 1950 aus den SED und floh nach Westberlin (ausführlich: Gursky, 2004). Ernst Bloch (1885–1877) kam 1949 aus dem amerikanischen Exil nach Ostdeutschland zurück und erhielt in Leipzig eine ordentliche Professur für Philosophie. Er wurde Mitglied der Deutschen Akademie der Wissenschaften zu Berlin und erhielt 1955 den DDR-Nationalpreis. Zu den Arbeiterprotesten und Aufständen am 17. Juni 1953 äußerte er sich nicht öffentlich. Zum Verhängnis wurde ihm ein Vortrag, den er im November 1956 an der Humboldt-Universität zu Berlin hielt. Er beklagte die fehlende Offenheit des marxistischen Denksystems und die verknöcherten Strukturen. Das wurde von der SED-Obrigkeit als Kampfansage interpretiert. Hinzukam ein Artikel, den er gemeinsam mit *Wolfgang Harich* 1956 in der *Deutschen Zeitschrift für Philosophie* veröffentlichte. Beide plädierten dafür, Hegel als Vorläufer des Marxismus anzuerkennen. Auch das passte den Oberen nicht. Wolfgang Harich, Walter Janka, damals Leiter des Aufbau-Verlages in Berlin, und andere bastelten zu dieser Zeit an einem Plan, Walter Ulbricht als Vorsitzenden der SED abzulösen. Der Plan scheiterte. Harich und Janka wurden verhaftet, Bloch bat darum, in den Ruhestand gehen zu dürfen. Im August 1961, noch vor dem Bau der Mauer, nutzte Bloch mit seiner Frau einen Urlaub in Bayern, um im Westen zu bleiben (ausführlich: Amberger, 2013). Trotz seines Alters, er ist zu dieser Zeit 76 Jahre alt, erhielt er noch eine Professur für Philosophie an der Universität Tübingen. In der DDR galt Bloch nun als antimarxistischer Revisionist und Dissident.

1979 verließ auch Rudolf Bahro die DDR. Er war ein Jahr zuvor wegen „nachrichtendienstlicher Tätigkeit" zu acht Jahren Freiheitsentzug verurteilt worden. Der Anlass war sein in der Bundesrepublik veröffentlichtes Buch „Die Alternative" – Zur Kritik des real existierenden Sozialismus". Der Marxist Bahro hatte sich getraut zu fragen, ob die kommunistische Bewegung „[…] den versprochenen Durchbruch zur Humanisierung des menschlichen Zusammenlebens erreicht hat" (Bahro, 1977, S. 7). Das neue, eben kommunistische System, so Bahros Antwort, habe seine eigentlichen Ziele verfehlt. Zwar sei die allgemeine Emanzipation des Menschen immer dringlicher geworden, dafür müssten aber die Bedingungen und Ziele neu definiert werden. Eine umfassende Kulturrevolution sei deshalb notwendig, um in den sozialistischen Ländern die bürokratisch-zentralistische Arbeitsorganisation, die Ohnmacht der unmittelbaren Produzenten sowie die Schwäche der Produktivitätsantriebe und die politisch-ideologische Organisation der sozialistischen Staaten zu überwinden (Bahro, 1977, S. 15). „Die Idee des Fortschritts überhaupt muss radikal anders interpretiert werden, als wir es gewohnt sind" (Bahro ebd., S. 311). Das rührte an den Schlaf der sozialistischen Welt. Darauf waren die Oberen und Geheimen in der DDR schon 1956 aufmerksam geworden, als Bahro gegen den Volksaufstand in Ungarn protestierte. Der Einmarsch von Armeen der sozialistischen Länder in die Tschechoslowakei und die Niederschlagung des „Prager Frühlings" im Jahre 1968 ließ Bahro endgültig am real existierenden Sozialismus zweifeln. Dem Ministerium für Staatssicherheit war auch dies aufgefallen. Bahro wurde beobachtet und als seine „Alternative" auch noch im Westen erschien, schlugen die Geheimen zu. Bahro wurde verhaftet, verurteilt und nach internationalen Solidaritätsbekundungen 1979 amnestiert. Er ging in die Bundesrepublik und schloss sich dort der Friedensbewegung an und beteiligte sich an der Gründung der Partei „Die Grünen". Nach 1989 kam Bahro zurück in den Osten Deutschlands, gründete an der Humboldt-Universität zu Berlin ein Institut für Sozialökologie und publizierte mehr oder weniger esoterische Überlegungen zum Ausstieg aus den nachmodernen Industriegesellschaften (Bahro, 1987). Im Dezember 1997 starb er an Krebs. Seine „Alternative" war da schon fast vergessen. Einfluss auf die Wendewilligen in der DDR hatte die „Alternative" so gut wie nicht. Geblieben ist die Erinnerung an einen klugen, zukunftsorientierten Querdenker im besten Sinne des Wortes.

Zwei Jahre nach Bahros Ausreise aus der DDR, 1981, traf Peter Ruben, Camilla Warnke und anderen Philosophen vom damaligen DDR-Zentralinstitut für Philosophie ebenfalls der Vorwurf, sich als Dissidenten an den herrschenden marxistisch-leninistischen Dogmen vergriffen zu haben. Ausgehend von Marxens Satz von der „Wissenschaft als allgemeine Arbeit" (Marx, 1977, MEW, Band 25, S. 114) hatte Peter Ruben in mehreren Publikationen der „Arbeit" die Rolle als „Zentralkategorie der marxistisch-leninistischen Philosophie" zugeschrieben (Ruben, 1969) und darauf aufbauend eine komplexe philosophische Theorie über Warenproduktion, sozialistische Wertform und dialektische Widersprüche entwickelt (z. B. Ruben & Wagner, 1980). Es mag aus heutiger Sicht eine esoterische Gedankenspielerei gewesen sein, was Ruben da entwickelte. Mit der „Arbeit" als philosophischen Ausgangspunkt rüttelte er aber nicht nur an der „Grundfrage" der marxistisch-leninistischen Philosophie zum Verhältnis von Materie und Bewusstsein. Vielmehr schuf er – aus heutigen Sicht – eine (auch im Westen gewürdigte) Erkenntnistheorie, in der es nicht primär um das Verhältnis von Wirklichkeit und deren Abbild geht, so wie in Lenins Abbildtheorie (Kap. 12), sondern um den Prozess des Abbildens, „[…] als der *Erzeugung* von Abbildern" (Ruben, 1976, S. 27; Hervorh. im Original). Im Mittelpunkt steht somit der menschliche Prozess der Konstruktion, oder, wenn man so will: die Arbeit an der Wirklichkeit. Das ließe sich, auch wenn Peter Ruben das anders sehen sollte, durchaus als konstruktivistische Erkenntnistheorie bezeichnen. Aus den Reihen der orthodoxen DDR-Marxisten-Leninisten kam bald Widerstand gegen solche Auffassungen. Götz Redlow entdeckte in Rubens Erkenntnistheorie eine abstrakte Humanismusauffassung (Redlow, 1981, S. 1033). Gerhard Bartsch warf Ruben gar vor, sich mit seinen Auffassungen „[…] außerhalb des dialektischen Materialismus" zu befinden (z. B. Bartsch, 1981, S. 788). Der Großphilosoph und Mitglied der Deutschen Akademie der Wissenschaften zu Berlin Wolfgang Eichhorn sah schließlich in Rubens Arbeitsbegriff ein Instrument, „[…] um die marxistisch-leninistische Theorie der ökonomischen Gesellschaftsformation, der sozialen Klassen und des Klassenkampfs zu verleugnen" (Eichhorn, 1982, S. 174). Damit war das Urteil gefällt: Ruben, seinen Kolleginnen und Kollegen wurden nichtmarxistische, revisionistische Positionen vorgeworfen. Er wurde 1981 aus der SED ausgeschlossen und erhielt Lehrverbot (Rauh, 1991; Warnke, 2009).

Sozialpsychologisches

Das Bekenntnis zum sozialistischen Humanismus gehörte für die meisten Psychologinnen und Psychologen in der DDR zum Inventar der Selbstdarstellungen. Auf dem 1. Kongress der Gesellschaft für Psychologie der DDR setzte der damalige Vorsitzende der Gesellschaft Werner Straub 1964 den Rahmen. Es gehe „[…] um die Verwirklichung der großen Ziele des sozialistischen Humanismus", um die Ausrichtung der Psychologie auf das Ziel des Kommunismus als Gesellschaft freier Menschen (zit. n. Siebenbrodt & Noack, 1987, S. 8).

Kaum ein prominenter Psychologe, Frau oder Mann, unterließ es nach 1961, sich zumindest in den Vorworten ihrer wichtigen Publikationen auf Beschlüsse der SED-Parteitage, den Marxismus-Leninismus, das marxistische Menschenbild oder eben den sozialistischen Humanismus zu berufen bzw. die humanistischen Traditionen der Psychologie als Humanwissenschaft zu betonen (z. B. Eckardt, 1973; Dettenborn et al., 1984; Hacker, 1973; Hiebsch & Vorwerg, 1979; Klix, 1978; Kossakowski, 1973 und manch andere).

In vielen Fällen waren diese Anrufungen durchaus ernst gemeint und hatten meist mehrere Gründe. Am Beispiel der DDR-Sozialpsychologie, jener psychologischen Subdisziplin, der man in der Regel die größte Systemnähe attestierte, lässt sich das illustrieren: Die einfachste und für viele eingängigste Begründung könnte der Verweis auf die von der SED seit den 1950er Jahren explizit geforderte „Ideologisierung der Wissenschaft nach marxistisch-leninistischen Vorgaben" und „Orientierung an der sowjetischen Psychologie" sein (Schönpflug & Lüer, 2011, S. 60). Die Forderungen der SED-Führung, sich die „Errungenschaften der sowjetischen Wissenschaft" anzueignen, die eigene Wissenschaft auf den marxistisch-leninistischen Grundlagen zu errichten und sich kritisch mit der bürgerlichen Wissenschaft auseinanderzusetzen, galten ja in der Regel für alle Wissenschaftsdisziplinen. Auf den SED-Parteitagen und Tagungen des Zentralkomitees der SED wurden die Wissenschaftlerinnen und Wissenschaftler regelmäßig zu derartigen Bekenntnissen aufgerufen. Drei Hochschulreformen (1945, 1951/1952, 1967/1968) dienten u. a. dazu, marxistisch-leninistische Prinzipien in der Lehre und Forschung zu etablieren und entsprechende Strukturen zu implementieren. Die explizite Berufung auf den Marxismus-Leninismus mag überdies mit der immer wieder aufkeimenden Skepsis der SED-Führung am „Klassenbewusstsein" der sozialpsychologischen Protagonisten zusammenhängen. Noch bevor sich die Sozialpsychologie als marxistische etablierte und 1962 an der Universität Jena institutionell platzierte, mussten sich Hans Hiebsch und Manfred Vorwerg (die Gründer der Marxistischen Sozialpsychologie) 1957/1958 mit dem Vorwurf aus dem ZK der SED auseinandersetzen, zu viel bürgerliche Literatur und nicht die Ideen des Marxismus-Leninismus zur Grundlage ihrer Arbeiten gemacht zu haben (vgl. Dumont, 2002, S. 338 f.). Hiebsch reagierte und betonte, dass die Psychologie durch den Marxismus-Leninismus und die Sowjetpsychologie erstmals ein echtes wissenschaftliches Fundament erhalten habe (Hiebsch, 1958, S. 250).

Ein weiterer Grund für die angehenden marxistischen Sozialpsychologen sich am Ende der 1950er Jahre vehement auf den Marxismus-Leninismus zu beziehen, dürfte ebenfalls mit einer Konkurrenz im eigenen Lande zusammenhängen. Während sich Hiebsch und Vorwerg – vor ihrem Wechsel nach Jena – am Leipziger Institut für Psychologie für eine neue Sozialpsychologie stark zu machen versuchten, hatte sich an der Berliner Humboldt Universität unter Kurt Gottschaldt[1] bereits eine sozialpsychologische Konzeption fest etabliert.

Kurt Gottschaldt (1902–1991), 1946 zum Professor und Direktor des Berliner Instituts für Psychologie ernannt, und seine Mitarbeiterinnen und Mitarbeiter hatten u. a. einen Ansatz zur Erforschung von Kleingruppen, die sie „Wir-Gruppen" nannten, entwickelt. Dabei stützten sie sich u. a. auf einschlägige Arbeiten Kurt Lewins und auf die Berliner Gestaltpsychologie (z. B. Dumont, 2002; Gottschaldt, 1959). Kurt Lewin und die Gestaltpsychologie passten aber nicht in den marxistisch-leninistischen Rahmen.

---

[1] Gottschaldt war in der Zeit des Nationalsozialismus u. a. am Kaiser-Wilhelm-Institut für Anthropologie, menschliche Erblehre und Eugenik in Berlin tätig.

Mit dem „scharfen Schwert" der marxistisch-leninistischen Ideologie war es relativ leicht, Gottschaldt von seinem Berliner Lehrstuhl zu vertreiben. 1962 verließ er die DDR und übernahm einen Lehrstuhl an der Universität Göttingen. Nach seinem Weggang kritisierten Hiebsch und Vorwerg die „Wir-Gruppen-Theorie" Gottschaldts, aber auch die gruppenpsychologischen Ansätze von Kurt Lewin oder Jacob Levy Moreno (1889–1974) und die „reaktionäre Massenpsychologie" Gustav Le Bons (1841–1931) als „bürgerliche Sozialpsychologie", die einem „bürgerlichen Individualismus" huldige, „unwissenschaftlich" sei und der „Klassenideologie des Imperialismus" diene (Hiebsch & Vorwerg, 1963, S. 581 f.). Abgesehen davon, dass die Jenaer Sozialpsychologinnen und Sozialpsychologen gern auf „unwissenschaftliche" Erkenntnisse der „bürgerlichen" Psychologie zurückgriffen, etwa auf die von Jacob Moreno entwickelten soziometrischen Verfahren zur Analyse von Gruppenstrukturen (Vorwerg, 1963, S. 1249 ff.), war das „ideologische" Problem der Sozialpsychologie keinesfalls gelöst. Ihre „ideologische Festigkeit" mussten die marxistischen Sozialpsychologinnen und Sozialpsychologen indes immer wieder neu beweisen, etwa nachdem 1966 die „Einführung der marxistischen Sozialpsychologie" (Hiebsch & Vorwerg, 1966) oder 1979 das Lehrbuch „Sozialpsychologie" (Hiebsch & Vorwerg, 1979) erschienen waren. In sogenannten Meinungsstreits, die eigentliche politische Auseinandersetzungen waren, kamen Hiebsch und Vorwerg nicht umhin, die marxistisch-leninistischen Grundlagen der Sozialpsychologie und ihre „unverbrüchliche" Treue zur SED zu verteidigen (Eckardt, 1995). Mal ging es darum, doch wieder zu viel „bürgerliche" Sozialpsychologie in der eigenen Forschung zugelassen zu haben, mal wurde ihnen vorgeworfen, Qualifikationsarbeiten betreut zu haben, die sich ebenfalls zu „unkritisch" nichtmarxistischen Positionen (hier den Theorien Kurt Lewins) angenähert hatten (siehe die ausführliche Darstellung dieser Geschehnisse: Böttcher, 2001, S. 205 ff.).

Um aus der engen, für Außenstehende nicht sonderlich interessanten Reflexion über eine Marginalie herauszukommen, sei schließlich noch der – aus meiner Sicht – wichtigste Grund genannt, warum sich die führenden DDR-Sozialpsychologen auf den Marxismus-Leninismus berufen haben. Dieser Grund hängt mit dem Menschenbild und damit auch mit einem mehr oder weniger ausgeprägten sozialistischen Humanismus zusammen, an dem sich Hiebsch und Vorwerg orientierten. In den „Ökonomisch-philosophischen Manuskripten" von *Karl Marx* fanden Hiebsch und Vorwerg (1966) den Ansatz für ihre Konzeption einer marxistischen Sozialpsychologie. Die *freie, bewusste Lebenstätigkeit* sei das entscheidende Merkmal, durch das sich der Mensch vom Tier unterscheide (Marx, 1985, MEW,

Band 40, S. 510 ff.). Gegenüber dem Tier habe der Mensch das Bedürfnis, seine Lebenstätigkeit selbst und kooperativ zu gestalten. Und unter Berufung auf die von Karl Marx im ersten Band des „Kapitals" betonte Bedeutung der menschlichen Kooperation, aus der eine „gesellschaftliche Kraftpotenz" entstehen kann, die mehr ist als die Summe einzelner Tätigkeiten (Marx, 1977, MEW, Band 23, S. 344 ff.), definierten Hiebsch und Vorwerg die menschliche Kooperation als *Ausgangspunkt* und die soziale Wechselwirkung als den *Gegenstand* sozialpsychologischer Forschung (Hiebsch & Vorwerg, 1966, S. 27). Später wird Hans Hiebsch, internationalen Gepflogenheiten folgend, statt von sozialer Wechselwirkung zu sprechen, die „soziale Interaktion" als den „Grundfall" bezeichnen, mit dem sozialpsychologische Forschung beginnen müsse (Hiebsch, 1986, S. 15). Die Kooperation wird aber auch weiterhin als *conditio sine qua non* menschlichen Lebens und Überlebens angesehen (Hiebsch & Leisse, 1991, S. 7). Dass Hiebsch und Kolleginnen damit einen wissenschaftlichen Ansatz formuliert haben, der erst viel später durch die experimentelle Verhaltensforschung seine empirische Bestätigung erhielt, bedarf durchaus einer expliziten Erwähnung. So zeigt Michael Tomasello (z. B. 2009, 2010) mit seinen Arbeiten auf einen Prozess, durch den die zunehmend menschlich werdenden Menschen im Verlaufe der Evolution einen Überlebensvorteil erlangten: die kooperative, gemeinsame Verfolgung von Zielen.

„Aus Gründen, die wir nicht kennen, hatten an einem bestimmten Punkt der menschlichen Entwicklung Individuen, die mit gemeinsamen Absichten, gemeinsamer Aufmerksamkeit und kooperativen Motiven ein gemeinsames Ziel verfolgen konnten, einen Anpassungsvorteil. Kooperative Kommunikation entstand dann als Mittel, diese Aktivitäten der Zusammenarbeit effizienter zu koordinieren, indem eine gemeinsame psychologische Infrastruktur geteilter Intentionalität zunächst vererbt und dann durch Kommunikation weiter ausgebaut wurde" (Tomasello, 2009, S. 18 f.).

Supplementum

Kitty Dumont (1999) belegt, dass die Bezüge von Hiebsch und Vorwerg auf den Marxschen Kooperationsbegriff auffällige Parallelen zu theoretischen Erörterungen über Gruppendynamik bei Peter R. Hofstätter aufweisen. Obwohl sich Hiebsch und Vorwerg äußerst kritisch gegenüber den „bürgerlichen" Sozialpsychologen (Lewin, Sherif und eben auch Hofstätter) geäußert haben, ist das Faktum nicht von der Hand zu weisen, dass der „nichtmarxistische" Sozialpsychologe Peter R. Hofstätter noch vor Hiebsch und Vorwerg auf die Bedeutung der menschlichen Kooperation im Marxschen Sinne hingewiesen hat. Hofstätter zitiert in seinem Buch „Gruppendynamik" aus dem Jahre 1957

> fast genau jene Passage über die menschliche Kooperation aus dem ersten Band des „Kapital" von Karl Marx, die zehn Jahre später zum Theoriekern der marxistisch-leninistischen DDR-Sozialpsychologie werden sollte. Dass der „nichtmarxistische" Sozialpsychologe und ehemalige Wehrmachtspsychologe (siehe auch Kap. 16) Peter R. Hofstätter, bereits 1957 die „kluge Bemerkung von Karl Marx" (Hofstätter, 1957, S. 45) über die Funktion und die Folgen menschlicher Kooperation erwähnt, verschweigen Hiebsch und Vorwerg leider.

Das Bekenntnis vieler marxistischer Sozialpsychologinnen und Sozialpsychologen zum sozialistischen Humanismus war durchaus mehr als ein Lippenbekenntnis. Das „[…] Grundanliegen des sozialistischen Humanismus" sei, so Hans Hiebsch, ein „kategorischer Imperativ", „[…] der es überhaupt erst rechtfertigt, Psychologie zu treiben" (Hiebsch, 1973, S. 22). An diesem Imperativ scheiterten allerdings all jene, die mangels „ideologischer Festigkeit" sich nicht nur auf die marxistisch-leninistischen Leitlinien der SED berufen wollten, sondern eine allgemeine Menschlichkeit im Umgang miteinander und in Ausübung ihrer psychologischen Arbeit für wichtiger hielten. Wissenschaftliche Mitarbeiter, Absolventen und Studierende der Psychologie und viele andere verloren ihre Anstellungen. Manche wurden von der Staatssicherheit (Stasi) der DDR verfolgt und verhaftet, wie Jürgen Fuchs, und starben zu früh.

Die Stasi hatte zirka 91,000 festangestellte Mitarbeiter, etwa 189.000 Personen arbeiteten als inoffizielle Mitarbeiter für die Staatssicherheit, lieferten Informationen und bespitzelten Menschen (BF informiert, 1993). Etliche offizielle und inoffizielle Mitarbeiterinnen und Mitarbeiter der Staatssicherheit hatten in Jena Sozialpsychologie studiert (teils gemeinsam mit ihren späteren Opfern), ließen sich an der Stasi-Hochschule Potsdam-Golm aus- und weiterbilden oder waren gar selbst als Operative Psychologen tätig (vgl. ausführlich: Lenski, 2021). Die „Operative Psychologie" des Ministeriums für Staatssicherheit (MfS) der DDR war zum einen die Bezeichnung für die Verwissenschaftlichung der Psychologie für den Geheimdienstgebrauch. Zum anderen bezeichnet dieser Begriff die tatsächliche Anwendung psychologischer Taktiken in der alltäglichen Praxis der Stasi, wie durch viele Opferakten zu belegen ist (vgl. auch Behnke & Fuchs, 1995; Fuchs, 1994; Maercker & Gieseke, 2021).

„Die Folgen dieser denunziatorischen Zerstörung von Vertrauen und Solidarität in Gruppen bzw. von Selbstvertrauen, beruflichen und gesellschaftlichen Entwicklungschancen waren für die Betroffenen mitunter katastrophal, gerade weil sie psychologisch ausgeklügelt, im geheimen Zusammenwirken des MfS mit ihren inoffiziellen Mitarbeitern sowie staatlichen und gesellschaftlichen Institutionen umgesetzt wurden und teilweise noch bis heute nachwirken" (Süß, 1999, S. 684). Mit Humanismus hat das nichts mehr zu tun.

Abbruch

Dann war bald Schluss mit der DDR. Am 4. November stehen bis zu 500.000 Menschen auf dem Berliner Alexanderplatz, hören die Reden von prominenten Künstlern und Bürgerrechtlern und fordern den Rücktritt der SED-Führung. *Stefan Heym*, der große Schriftsteller, ruft den Massen zu: „Es ist, als habe einer die Fenster aufgestoßen nach all den Jahren der Stagnation, der geistigen, wirtschaftlichen, politischen, den Jahren von Dumpfheit und Mief und bürokratischer Willkür, von amtlicher Blindheit und Taubheit" (Heym, 1989).

In der Nacht vom 9. zum 10. November geht die Grenze zum Westen auf, zunächst in Berlin, dann im ganzen Land. Ossis und Wessis lagen sich in den Armen und weinten vor Freude. Das damals schon alles etwas komplizierter war, ist bekannt und muss an dieser Stelle nicht wiederholt werden (vgl. auch Kowalczuk et al., 2021). Noch hofften Bürgerbewegte zu dieser Zeit, dass es möglich sei, die Souveränität der DDR zu wahren und über die Zweistaatlichkeit Deutschlands die demokratische Entwicklung im Osten Deutschlands zu garantieren. Ideen von einer künftigen militärischen Neutralität beider deutscher Staaten wurden von den Bürgerbewegten diskutiert (Aufruf „Für unser Land", 26. November 1989). Ein Anschluss der DDR an die Bundesrepublik – im Sinne des Artikels 23 im bundesdeutschen Grundgesetz – kam für den zentralen „Runden Tisch" in Berlin nicht infrage. Dieser Artikel sah vor, dass eine Vereinigung der beiden deutschen Staaten auf der Grundlage der bundesdeutschen Gesetze erfolgen solle. Die Alternative, die von den Bürgerbewegten in der DDR präferiert wurde, war die Ausarbeitung einer neuen gemeinsamen deutschen Verfassung. Am 7. Dezember 1989 begann eine Arbeitsgruppe des zentralen „Runden Tisches" unter der Leitung von *Wolfgang Templin* mit der Arbeit am Entwurf einer solchen Verfassung, die der Öffentlichkeit am 4. April 1990 vorgelegt wurde (vgl. auch: Templin, 1990). In der Präambel des Verfassungsentwurfs, erarbeitet von Christa Wolf, heißt es:

„Ausgehend von den *humanistischen* Traditionen, zu welchen die besten Frauen und Männer aller Schichten unseres Volkes beigetragen haben, eingedenk der Verantwortung aller Deutschen für ihre Geschichte und deren Folgen, gewillt, als friedliche, gleichberechtigte Partner in der Gemeinschaft der Völker zu leben, am Einigungsprozess Europas beteiligt, in dessen Verlauf auch das deutsche Volk seine staatliche Einheit schaffen wird, überzeugt, dass die Möglichkeit zu *selbstbestimmtem verantwortlichen Handeln* höchste Freiheit ist, gründend auf der revolutionären Erneuerung, entschlossen, ein *demokratisches und solidarisches Gemeinwesen* zu entwickeln, das *Würde* und Freiheit des einzelnen sichert, gleiches Recht für alle gewährleistet, die Gleichstellung der Geschlechter verbürgt und unsere natürliche Umwelt schützt, geben sich die Bürgerinnen und Bürger der Deutschen Demokratischen Republik diese Verfassung" (DDR-Verfassungsentwurf, 1990; Hervorh. WF).

In 136 Artikeln wurden zentrale Menschen- und Grundrechte formuliert, so im Artikel 1, Absatz 1, fast wortgleich wie im Grundgesetz der BRD, die Unantastbarkeit der Menschenwürde. Außerdem enthielt der Entwurf einen Katalog sozialer Grundrechte, wie ein Recht auf Arbeit, auf Wohnung und Bildung, ein Recht der Frauen auf selbstbestimmte Schwangerschaft, ein Grundrecht für Kinder, ein generelles Diskriminierungsverbot und die Pflicht, die Umwelt zu schützen.

Am 5. April 1990 trat die erste frei gewählte Volkskammer der DDR zur konstituierenden Sitzung zusammen. Knapp drei Wochen vorher, am 18. März 1990, hatte das DDR-Volk gewählt. Es waren zugleich die einzigen freien und demokratischen Wahlen in der Geschichte der DDR. Die „Allianz für Deutschland", ein konservatives Wahlbündnis aus CDU, Demokratischem Aufbruch (DA) und Deutscher Sozialer Union (DSU) erreichte insgesamt 48 %, gefolgt von der SPD mit 21,9 % und der PDS (die Partei des Demokratischen Sozialismus, die aus der SED hervorgegangen war) mit 16,3 %. Der Bund Freier Demokraten, der sich später der westdeutschen FDP anschließen wird, erzielte 5,3 %. Für die umwelt- und friedensorientierten Parteien, wie Bündnis 90 oder das Neue Forum (die im Herbst 1989 gegründet wurden), votierten gerade mal 2,9 % der Wählerinnen und Wähler.

Am 28. April 1990 trafen sich die gewählten Volksvertreterinnen und -vertreter zu ihrer fünften Sitzung. Auf der Tagesordnung stand u. a. der Antrag der Fraktion Bündnis 90 zur Inkraftsetzung eines „Vorläufigen Grundgesetzes für die Deutsche Demokratische Republik". Es ging um den Entwurf der besagten Verfassung. 179 Abgeordnete stimmten gegen den Antrag, 167 dafür und vier enthielten sich ihrer Stimme (Bundestag. de, 2021a). Die DDR-Bevölkerung sah das zum damaligen Zeitpunkt noch etwas anders: In einer Infas-Umfrage Anfang April 1990 votierten 42 % der DDR-Bürgerinnen und -Bürger für die Ausarbeitung einer eigenständigen Verfassung, 38 % der Befragten stimmten für eine neue gesamtdeutsche

Verfassung und nur neun Prozent für die Übernahme des Grundgesetzes (Stein, 1998, S. 144).

Eine Sternstunde in der Arbeit der letzten DDR-Volkskammer darf allerdings nicht vergessen werden. Auf ihrer zweiten Sitzung, am 12. April 1990, verabschiedete die Volkskammer einmütig, bei 21 Enthaltungen, eine Erklärung, die auch heute noch von Bestand ist. Ich zitiere in Auszügen: „Das erste frei gewählte Parlament der DDR bekennt sich im Namen der Bürgerinnen und Bürger dieses Landes zur Mitverantwortung für Demütigung, Vertreibung und Ermordung jüdischer Frauen, Männer und Kinder. Wir empfinden Trauer und Scham und bekennen uns zu dieser Last der deutschen Geschichte. Wir bitten die Juden in aller Welt um Verzeihung. Wir bitten das Volk in Israel um Verzeihung für Heuchelei und Feindseligkeit der offiziellen DDR-Politik gegenüber dem Staat Israel und für die Verfolgung und Entwürdigung jüdischer Mitbürger auch nach 1945 in unserem Lande [...]. Wir wissen uns verpflichtet, die jüdische Religion, Kultur und Tradition in Deutschland in besonderer Weise zu fördern und zu schützen und jüdische Friedhöfe, Synagogen und Gedenkstätten dauernd zu pflegen und zu erhalten [...] Wir treten dafür ein, verfolgten Juden in der DDR Asyl zu gewähren" (Bundestag.de, 2021b, S. 23).

Ob das friedliche Ende der Deutschen Demokratischen Republik ein Beleg für eine in der DDR wirksam gewordene „wahre Humanität" ist, wie Horst Groschopp, (2012, S. 524) mit historischem Optimismus vermutet und es in der DDR einen „Volkshumanismus" gegeben habe, ist ein interessanter Gedanke. Ich befürchte allerdings, er stammt eher aus dem Reich der DDR-Mythen.

Antizionismus und Antisemitismus

Zu den Mythen gehört auch die Annahme, die DDR und die sozialistischen Länder seien sozusagen vom Antisemitismus befreite Zonen gewesen. Im Oktober 1949 wurde *László Rajk*, Spanienkämpfer, Außenminister und Generalsekretär der Nationalen Volksfront Ungarn, wegen Spionage im Auftrage der USA und Jugoslawiens von einem ungarischen Gericht zum Tode verurteilt und hingerichtet. Der Rajk-Prozess war der Auftakt für zahlreiche Schauprozesse in Bukarest, Prag, Sofia, Warschau und Berlin. In den Prozessen wurden vor allem Kommunisten, die während des Nationalsozialismus in westliche Länder emigriert waren, wegen Spionage, Trotzkismus oder, wie es hieß, Titoismus (gemeint ist die Anhängerschaft zum jugoslawischen Staatschefs Josip Broz Tito) angeklagt und verurteilt.

In der DDR traf es zuerst *Paul Merker*, der 1946 aus dem mexikanischen Exil zurückgekehrt war. Bereits im Exil hatte sich Merker für die Wiedergutmachungen an Juden ausgesprochen und gefordert, ihnen ihr Eigentum zurückzugeben und den Staat Israel in die Entschädigungen mit einzubeziehen. Nach seiner Rückkehr wurde Merker Mitglied des Zentralkomitees der SED und Leiter der Deutschen Zentralverwaltung für Arbeit und Sozialfürsorge in der Sowjetischen Besatzungszone. Dabei setzte er sich nach wie vor für eine finanzielle Wiedergutmachung an allen lebenden Juden ein und plädierte für enge freundschaftliche Beziehungen Israels mit der Sowjetunion und den neuen demokratischen Ländern Osteuropas. Das entsprach zunächst durchaus der marxistisch-leninistischen Parteilinie. So hatten die Sowjetunion und andere Volksdemokratien die jüdische Bevölkerung Palästinas noch bis 1948 gegen die „arabische Aggression" unterstützt. Und im April 1948 bot der stellvertretende Vorsitzende der SED, Otto Grotewohl, dem Jischuw[2] an, Schiffe bereitzustellen, um Juden nach Palästina zu bringen (vgl. auch Herzog, 1999). Auch staatliche Zahlungen von Aufbauhilfen für Palästina waren schon geplant. Im Sommer 1948 veröffentlichte das ZK der SED eine Mitteilung, in der Wilhelm Pieck den Teilungsbeschluss der UNO und die Schaffung eines jüdischen Staates in Palästina begrüßte. Nach der Gründung des israelischen Staates änderte sich allerdings bald die proisraelische Haltung in der Sowjetunion und den osteuropäischen Ländern. Der Staat Israel wurde zum „imperialistischen Feind und Handlanger des USA-Imperialismus" erklärt und der Antizionismus zu einem Zentralbegriff mit deutlichen antisemitischen Untertönen im Kampf gegen die „Agenten des Imperialismus". Gleichzeitig wurde – auf Forderung von Stalin – innerhalb der kommunistischen Parteien ein Kampf gegen die so genannten „Kosmopoliten" und „westliche Agenten" geführt. Der Vorwurf des „Kosmopolitentums" hing sicher auch mit Stalins Abneigung gegen die Juden (Luks, 1997), vor allem aber mit dem von ihm initiierten „Sozialismus im eigenen Land" zusammen, eine gegen die von Trotzki proklamierte Konzeption der „Weltrevolution" gerichtete Idee.

Im August 1950 wurde Paul Merker aus dem ZK und der SED ausgeschlossen. Dann folgte 1952 in Prag der Prozess gegen *Rudolf Slánsky* (damals Generalsekretär der Kommunistischen Partei der Tschechoslowakei) und andere Kommunisten. Der Slánsky-Prozess, der zweifellos der Höhepunkt der „Säuberungswellen" innerhalb der „Kommunistischen Internationale" darstellt, ist ein prototypisches Beispiel für die kalkulierte

---

[2] Jischuw: Jüdische Gesamteinwohnerschaft in Palästina.

Inszenierung des Antisemitismus mit marxistisch-leninistischem Vorzeichen. Dieser größte Schauprozess der tschechischen Nachkriegszeit führte zur Hinrichtung zahlreicher Juden, die hohe Stellungen innehatte. Slánsky wurde unter dem Vorwurf, ein „imperialistisches Agentenzentrum" gebildet zu haben, zum Tode verurteilt und erschossen. Insgesamt wurden 233 Todesurteile ausgesprochen und 178 vollstreckt. 35,000 Personen wurden zu hohen Gefängnisstrafen verurteilt (Holz, 2001, S. 437).

Nach dem Slánsky-Prozess gerieten auch Paul Merker sowie andere „Westemigranten" in der DDR erneut in das Fadenkreuz „antizionistischer" Maßnahmen. Es traf u. a. Leo Bauer, Franz Dahlem, Bruno Goldhammer, Rudolf Herrnstadt, Erich Jungmann, Alfred Kantorowicz, Leo Löwenkopf (Vorsitzender der Jüdischen Gemeinde Dresdens), Julius Meyer (Vorsitzender der Jüdischen Gemeinde in Ostberlin und Mitglied der Volkskammer), Fritz Sperling, Wolfgang Steinitz (Kommunist, Linguist und Volkskundler), Leo Zuckermann, zeitweilig Kanzleichef von Wilhelm Pieck. Ihnen wurde Spionage für den amerikanischen Geheimdienst vorgeworfen.

Der Hintergrund, den das Oberste Gericht der DDR konstruierte, bezog sich auf die angeblichen oder tatsächlichen Kontakte mit dem Amerikaner Noël H. Field, dem Direktor eines Hilfswerkes, das im Krieg kommunistische Emigranten unterstützt hatte. Noël H. Field hatte Paul Merker und anderen bei ihrer Flucht aus Nazi-Deutschland geholfen, war im Rahmen des Rajk-Prozesses verhaftet worden und hatte, wohl unter Folter, seine Zusammenarbeit mit dem US-amerikanischen Geheimdienst gestanden. Auch den Namen von Paul Merker soll er dabei genannt haben (Barth & Schweizer, 2005).

Paul Merker und die anderen Angeklagten hielt man also für Spione des US-Imperialismus. Mehr noch: Da sich Merker – wie erwähnt – bereits im mexikanischen Exil kritisch mit der nationalsozialistischen Rassentheorie und der Judenverfolgung auseinandergesetzt sowie die Wiedergutmachung der verfolgten Jüdinnen und Juden gefordert hatte (Herf, 1994, S. 637), traf ihn nun auch noch der Vorwurf, zionistischer Agent zu sein. Hermann Matern, führendes SED-Mitglied und Vorsitzender der Zentralen Parteikommission der SED, teilte in einer Erklärung des ZK der SED mit, Merker habe schon während seines mexikanischen Exils die „Interessen zionistischer Monopolkapitalisten" verteidigt. „Es unterliegt keinem Zweifel mehr, dass Merker ein Subjekt der USA-Finanzoligarchie ist, der die Entschädigung der jüdischen Vermögen nur fordert, um dem USA-Finanzkapital das Eindringen in Deutschland zu ermöglichen. Das ist die wahre Ursache seines Zionismus" (Dokumente der SED 1954, Band 4, zit. n. Haury, 2002, S. 396).

So wurde die traditionelle antisemitische Verknüpfung von Juden und Kapitalismus durch die neue Verbindung von Zionisten und Imperialismus ersetzt (Haury, 2002, S. 442). Der alte Stereotyp des anationalen und zersetzenden Juden habe sich, so Thomas Haury, im zionistischen Agenten reinkarniert. Über die Inszenierung der Prozesse gegen Merker und die anderen wurde in der DDR-Presse ausführlich berichtet. Kein Wunder also, dass damals die meisten Vorsitzenden der jüdischen Gemeinden aus der DDR in den Westen flüchteten. Sie hatten Angst bekommen, weil die Staatssicherheit Listen über die Juden anlegte und zu diesem Zweck DDR-Bürger jüdischer Herkunft stundenlangen Verhören unterzog. Zahlreichen Juden wurden die Anerkennung als Opfer des Faschismus und die damit verbundene Rente entzogen (Haury, 2002, S. 401). Jüdische Mitglieder der SED wurden aufgefordert, aus den jüdischen Gemeinden auszutreten, so auch Hanna Wolf, die Rektorin der Parteihochschule beim ZK der SED. Diese Juden, es mögen 1946 ca. 2,400 gewesen sein, waren nach 1945 in den Osten Deutschlands zurückgekehrt, um einen deutschen Staat mit antifaschistisch-demokratischem Programm, ohne Ausbeutung, ohne Militarismus und ohne Rassendiskriminierung aufzubauen (vgl. auch Maser, 1995, S. 341).

Zu ihnen gehörten der Schriftsteller Stefan Heym, der Literaturhistoriker Hans Mayer, Alexander Abusch, der spätere Kulturminister, stellvertretender Vorsitzender des Ministerrates der DDR und Ehrenpräsident des Kulturbundes, die späteren Mitglieder des Zentralkomitees der SED Gerhard Eisler und Albert Norden sowie der Literaturhistoriker Alfred Kantorowicz, der Wissenschaftshistoriker Jürgen Kuczynski, der Historiker Helmut Eschwege, der Theatermann Walter Felsenstein, die Theaterfrau Helene Weigel, die Schriftstellerin Anna Seghers, der Komponist Hanns Eisler und der Schriftsteller Arnold Zweig, der Philosoph Ernst Bloch, der Grafiker John Heartfield, der Schriftsteller Friedrich Wolf und seine Söhne Konrad (der Filmregisseur) und Markus (später Leiter des Auslandsgeheimdienstes der Staatssicherheit), u.v. a. Viele von ihnen haben beim Aufbau der DDR eine wichtige Rolle gespielt (vgl. Schoeps, 1991, S. 352).

Norbert Jacob, der 1933 mit seinen Eltern nach Palästina geflüchtet war, dort Kommunist wurde, als Mitglied der Jüdischen Brigade in Afrika gekämpft hatte, später als Soldat der Britischen Armee Deutschland mitbefreite, erzählt in seinen Erinnerungen u. a. über die Erlebnisse mit gefangenen deutschen Soldaten. Gemeinsam mit anderen jüdischen Soldaten der 8. Britischen Armee begleitete er einen Kriegsgefangenentransport. In dem Zug saßen junge deutsche Gefangene, die wohl wussten, dass sie von jüdischen Soldaten aus Palästina bewacht wurden und deshalb höllische Angst hatten. „Einmal fingen einige junge Burschen bei meinem Erscheinen zu weinen an. Mir war das peinlich, ich versuchte sie zu beruhigen [...] Aber sie waren zu ängstlich, es kam keine Unterhaltung zustande. Wenn ich in diesem Wagon eingefleischte Nazis gesehen hätte, dann wäre mein Gefühl anders gewesen, aber ich habe solche nicht getroffen, nur einfache, junge Deutsche, die in der deutschen Armee Soldaten gewesen waren oder Flakhelfer oder sonst irgendetwas. Die konnte ich nicht hassen, obwohl ich von den KZ's wusste; ich konnte nicht in jedem einfachen deutschen Soldaten einen SS-Mann sehen oder einen KZ-Aufseher. Wenn es anders gewesen wäre, dann hätte ich nicht den innigen Wunsch gehabt, nach Deutschland zurückzugehen, ein anderes Deutschland aufzubauen, eine antifaschistisch-demokratische Republik" (Jacob, 2003, S. 73 f.).

Nach dem Tode von Stalin 1953 schien die Verfolgung der „zionistischen Agenten" aufzuhören. Merker indes wurde 1955 zu acht Jahren Zuchthaus verurteilt, 1956 aus der Haft entlassen und für unschuldig erklärt. Auch in die SED wurde er wiederaufgenommen, aber niemals öffentlich rehabilitiert. Leo Bauer wurde zu Lagerhaft in Sibirien verurteilt und nach seiner Entlassung Berater von Willy Brandt. Alfred Kantorowicz, Leo Löwenkopf und Julius Meyer flüchteten in den Westen. 1961 ging Ernst Bloch ebenfalls in die Bundesrepublik. Zwei Jahre später folgte ihm Hans Mayer. Jürgen Kuczynski und Anna Seghers, die beide ebenfalls ins Visier der Ankläger geraten waren, passten sich offiziell der SED-Ideologie an. Andere, wie Wolfgang Steinitz oder Rudolf Herrnstadt resignierten und starben vor ihrer Zeit (vgl. auch: Leo, 2018).

Die Jüdischen Gemeinden in der DDR erhielten nach Stalins Tod wieder finanzielle Unterstützung, so wie andere Religionsgemeinschaften auch. Aus staatlichen Mitteln wurden auch die Funktionäre und Mitarbeiter der Gemeinden bezahlt; ebenso der Wiederaufbau bzw. die Instandsetzung der Synagogen und Gebetsräume in Ostberlin, Dresden, Erfurt, Halle, Leipzig, Karl-Marx-Stadt, Magdeburg und Schwerin (Maser, 1995, S. 355). Staatlich finanziert wurden in den 1980er Jahren ebenfalls ein Jüdisches Altersheim, eine koschere Fleischerei und ein wöchentlich aus Ungarn eingeflogener Schächter. Aber es gab kaum noch religiös aktive Juden in der DDR. Seit dem Tod des Rabbiners Riesenburger 1965 hatten die Jüdischen Gemeinden in der DDR keinen ständigen Rabbiner mehr. Zwischen 1966 und 1969 amtierte der Budapester Rabbiner Ödon Singer gastweise in der DDR. Erst im September 1987 wurde als Folge einer neuen Politik Honeckers gegenüber dem Judentum in Ostberlin wieder ein Rabbiner berufen (vgl. Maser, 1995, S. 353). Die Jüdische Gemeinde in Erfurt, immerhin die erste

Gemeinde in der DDR, die nach 1945 mit staatlicher Unterstützung ein neues Gotteshaus bekam, hatte bis zum Ende der DDR ihre liebe Mühe, einen Minjan zustande zu bekommen, also die Anwesenheit von zehn religiösen volljährigen männlichen Personen, um den Kaddisch oder die Toraverlesung veranstalten zu können.

Die nichtreligiösen Juden spielten nach wie vor eine wichtige Rolle in der DDR, nur waren sie eben nicht als Juden zu erkennen. Das Jüdische wurde mit Vergangenem assoziiert und Israel mit dem amerikanischen Imperialismus. Bis in die 1980er Jahre weigerte sich die DDR, ernsthaft mit Israel zu verhandeln oder mit anderen jüdischen Organisationen mehr als nur geringfügige Restitutionen für jüdische NS-Opfer zu gewähren. Gleichzeitig gab es in der DDR einen militanten Antizionismus, der seinen Höhepunkt während des Sechs-Tage-Krieges 1967 und während der israelischen Invasion im Libanon im Jahre 1982 erreichte (siehe ausführlich: Herf, 2018).

Die Shoa wurde indes in der DDR weder vertuscht noch bagatellisiert. Die Erinnerung daran nahm in der offiziellen politischen und kulturellen Selbstdarstellung durchaus einen wichtigen Platz ein, z. B. in zahlreichen DEFA-Filme, wie Kurt Maetzigs „Ehe im Schatten", Konrad Wolfs Film „Professor Mamlock" (auf der Grundlage des gleichnamigen Theaterstücks von Friedrich Wolf), Frank Beyers Verfilmung „Jakob der Lügner" nach dem gleichnamigen Buch von Jurek Becker oder „Bronsteins Kinder" in der Regie von Jerzy Kawalerowicz und ebenfalls auf der Grundlage eines Buches von Jurek Becker. Ende der 1950er Jahre erschien „Das Tagebuch der Anne Frank"; die Veröffentlichung von Primo Levis autobiografischem Bericht „Ist das ein Mensch?" hingegen scheiterte, weil er nicht der offiziellen Selbstinszenierung der DDR-Führung entsprach (Meinert, 2001).

Dennoch: Die antifaschistische Ideologie dominierte die Erinnerungskultur und den Umgang mit dem Nationalsozialismus in der DDR. Gleichzeitig wurden antisemitische Straftaten hart verfolgt; etwa die Schändung jüdischer Friedhöfe, Schmierereien mit faschistischen Losungen, das Zeigen des Hitlergrusses.

Nach Auschwitz trat auch die DDR ein schwieriges Erbe an. Gemeistert hat sie es nicht. Die 2007 von der *Amadeu Antonio Stiftung* gemeinsam mit Jugendlichen erarbeitete Wanderausstellung „»Das hat's bei uns nicht gegeben!« Antisemitismus in der DDR" und die sehr unterschiedlichen Reaktionen jener, die diese Ausstellung besuchten, haben das eindrucksvoll gezeigt (Amadeu Antonio Stiftung, 2010; Rosa Luxemburg Stiftung, 2007).

Ob der von der SED praktizierte Antizionismus ein „unerklärter Krieg gegen Israel" (Herf, 2018), ein „Teil einer antiimperialistischen Verschwörungstheorie" (Herzog, 1999) oder ein „von deutschem Nationalismus und seinen Begründungsschwierigkeiten nach 1945 gespeister und geprägter, antizionistisch verkleideter »sekundärer Antisemitismus«" (Haury, 2002, S. 465) war, ist unwichtig. Entscheidend ist, dass die Juden in der DDR, wenn sie denn in der DDR bleiben wollten, ihr Jüdischsein verdrängen mussten.

„Das Tabu nahm den Antisemitismus, seine Funktion und auch die Juden als Objekt weitgehend aus der Erzählung heraus. Langsam verschwand sogar das Wort Jude. Und mit ihm die Erinnerung und – viel wichtiger – die Auseinandersetzung mit jüdischer Geschichte und mit dem Antisemitismus. Das Ergebnis: Der Antisemitismus blieb unangetastet. Und seine Wirkung war dadurch umso mächtiger" (Kahane, 2018, S. 40).

Literatur

Agde, G. (1991). *Kahlschlag. Das 11. Plenum des ZK der SED 1965 – Studien und Dokumente.* Aufbau Taschenbuch.
Amadeu Antonio Stiftung (2010). *»Das hat's bei uns nicht gegeben!« Antisemitismus in der DDR. Das Buch zur Ausstellung.* Amadeu Antonio Stiftung
Amberger, A. (2013). Ernst Bloch in der DDR: Hoffnung – Utopie – Marxismus. *Deutsche Zeitschrift für Philosophie, 61*(4), 561–576.
Aufruf des Zentralkomitees der Kommunistischen Partei an das deutsche Volk (1945). https://www.1000dokumente.de/pdf/dok_0009_ant_de.pdf. Zugegriffen: 12. Febr. 2021.
Aufruf „Für unser Land", 26. November 1989. Quelle: http://www.chronik-der-mauer.de/material/178900/aufruf-fuer-unser-land-neues-deutschland-26-november-1989. Zugegriffen: 13. März 2019.
Bahro, R. (1977). *Die Alternative. Zur Kritik des real existierenden Sozialismus.* Köln. Europäische Verlagsanstalt.
Bahro, R. (1987). *Logik der Rettung. Wer kann die Apokalypse aufhalten?* Wallbrecht Verlag.
Barth, B.-R., & Schweizer, W. (Hrsg.). (2005). *Der Fall Noel Field. Schlüsselfigur der Schauprozesse in Osteuropa.* BasisDruck.
Bartsch, G. (1981). Entwicklung – Widerspruch – Arbeit. *Deutsche Zeitschrift für Philosophie, 29*(7), 779–791.
Behnke, K. & Fuchs, J. (1995). *Zersetzung der Seele: Psychologie und Psychiatrie im Dienste der Stasi.* Rotbuch.
BF informiert (1993). *IM-Statistik 1985–1989.* Der Bundesbeauftragte für die Unterlagen des Staatssicherheitsdienstes. Heft 3.

Biermann, W. (1968). Lied „Ermutigung". https://bildungsserver.berlin-brandenburg.de/fileadmin/havemann/docs/material/49_M.pdf. Zugegriffen: 14. Februar 2021.

Böttcher, H. R. (2001). *Verstrickt ins 20. Jahrhundert*. quartus-Verlag.

Buchenwald.de (2021). Sowjetisches Speziallager Nr. 2 Buchenwald 1945–1950. https://www.buchenwald.de/73/. Zugegriffen: 12. Febr. 2021.

Bundestag.de (2021a). Volkskammer der Deutschen Demokratischen Republik. http://webarchiv.bundestag.de/volkskammer/dokumente/protokolle/1005.pdf. Zugegriffen: 30. Juli 2021.

Bundestag.de (2021b). Volkskammer der Deutschen Demokratischen Republik. http://webarchiv.bundestag.de/volkskammer/dokumente/protokolle/1002.pdf. Zugegriffen: 30. Juli 2021.

Classen, C. (2018). Macht durch Moral? Anmerkungen zum Antifaschismus in der DDR. In E. Heitzer, M. Jander, P. Poutrus, A. Kahane (Hrsg.), *Nach Auschwitz. Schwieriges Erbe DDR: Plädoyer für einen Paradigmenwechsel in der DDR-Zeitgeschichtsforschung*. (S. 97–109). Wochenschau Verlag.

DDR-Verfassungsentwurf (1990). https://www.ddr89.de/zrt/verfassung.html. Zugegriffen: 03. März 2021.

Decker, G. (2015). *1965 – Der kurze Sommer der DDR*. Carl Hanser Verlag.

Deiters, H. (1948). Die Grundlagen des realen Humanismus. *Studium generale, Zeitschrift für die Einheit der Wissenschaften im Zusammenhang ihrer Begriffsbildungen und Forschungsmethoden, 1*, Heft 7, 434–439.

Dettenborn, H., Fröhlich, H.-H., & Szewczyk, H. (1984). *Forensische Psychologie*. VEB Deutscher Verlag der Wissenschaften.

Die Sozialistische Einheitspartei Deutschlands (1946). *Beschlüsse der gemeinsamen Konferenz der Parteileitungen der SPD und der KPD mit Vertretern der Bezirk am 26. Februar 1946 in Berlin*. Verlag Einheit GmbH.

Dumont, K. (1999). *Die Sozialpsychologie der DDR*. Lang.

Dumont, K. (2002). Die Anfänge der empirischen Sozialpsychologie in Ostdeutschland. Zwischen Tradition und Orientierung am Westen. *Psychologie und Geschichte, 10*(3/4), 333–344.

Dwars, J.-F. (1998). *Abgrund des Widerspruchs. Das Leben des Johannes R. Becher*. Aufbau-Verlag.

Eckardt, G. (1973). Zur wissenschaftstheoretischen Diskussion in der marxistisch-leninistischen Psychologie und zur Auseinandersetzung mit der „kritisch-emanzipatorischen Psychologie". In H. Hiebsch & L. Sprung (Hrsg), *Aufgaben, Perspektiven und methodologische Grundlagen der marxistischen Psychologie in der DDR*. VEB Deutscher Verlag der Wissenschaften.

Eckardt, G. (1995). „Meinungsstreit" als Mittel politisch-ideologischer Reglementierung der Psychologie in der ehemaligen DDR – eine Fallstudie. In S. Jaeger, I. Staeuble, L. Sprung, & H.-P. Brauns (Hrsg.), *Psychologie im soziokulturellen Wandel – Kontinuitäten und Diskontinuitäten* (S. 151–160). Peter Lang Verlag.

Eichhorn, W. (1982). Über Dialektik in der Geschichtsauffassung. *Deutsche Zeitschrift für Philosophie, 30*(2), 174–190.

Elm, L. (1984). Gegen „Humanitarismus" und „Illusionen der Brüderlichkeit". *Deutsche Zeitschrift für Philosophie, 32*(8), 819–826.

Emmerich, W. (2000). *Kleine Literaturgeschichte der DDR*. Aufbau Taschenbuch.

Erler, P. (2014). Einsatzplanung der Moskauer KPD-Kader im Frühjahr 1945. *Zeitschrift des Forschungsverbundes SED-Staat, 35*(35), 116–127.

Fuchs, J. (1994). *Unter Nutzung der Angst: Die leise Form des Terrors: Zersetzungsmaßnahmen des MfS*. BStU.

Gieseke, J. (2010). Antifaschistischer Staat und postfaschistische Gesellschaft: Die DDR, das MfS und die NS-Täter. *Historical Social Research, 35*(3), 79–94.

Giordano, R. (1987). *Die zweite Schuld oder von der Last, Deutscher zu sein*. Hamburg.

Gottschaldt, K. (1959). Zur Psychologie der Wir-Gruppe. *Zeitschrift für Psychologie, 163*(3–4), 193–229.

Groschopp, H. (2012). *Der ganze Mensch. Die DDR und der Humanismus – Ein Beitrag zur deutschen Kulturgeschichte*. Tectum Verlag.

Gursky, A. (2004). Verfolgung und Verhaftung politisch Missliebiger an der Philosophischen Fakultät der Martin-Luther-Universität Halle 1948–1958. *Zeitschrift des Forschungsverbundes SED-Staat, 15*(15), 17–33.

Hacker, W. (1973). *Allgemeine Arbeits- und Ingenieurpsychologie*. VEB Deutscher Verlag der Wissenschaften.

Haring, E. W. (2014). Produktive Missverständnisse. Zur Kafka-Rezeption in der DDR zwischen 1968 – 1989. In S. Höhne & L. Udolph (Hrsg.), *Franz Kafka. Wirkung und Wirkungsverhinderung*. (S. 237–257). Böhlau Verlag.

Haury, T. (2002). *Antisemitismus von links*. Hamburger Edition.

Herf, J. (1994). Antisemitismus in der SED. *Vierteljahrshefte für Zeitgeschichte, 42*(4), 635–667.

Herf, J. (2018). Im Krieg mit Israel. Antizionismus in Ostdeutschland seit den 1960er Jahren bis zum Mauerfall. In E. Heitzer, M. Jander, P. Poutrus, A. Kahane (Hrsg.), *Nach Auschwitz. Schwieriges Erbe DDR: Plädoyer für einen Paradigmenwechsel in der DDR-Zeitgeschichtsforschung*. (S. 125–145). Wochenschau Verlag.

Herzog, A. (1999). War die DDR antisemitisch? Kritische Anmerkungen zu den Studien einiger Historiker. *Leipziger Beiträge zu Hochschule und Wissenschaft, 1–2*, 62–74.

Heym, S. (1989). Rede am 4. November 1989 in Berlin. https://www.dhm.de/archiv/ausstellungen/4november1989/heym.html. Zugegriffen: 8. Mai 2019.

Hiebsch, H. (1958). Aufgaben und Situation der pädagogischen Psychologie in der Deutschen Demokratischen Republik. *Pädagogik, 13*(4), 247–263.

Hiebsch, H. (1973). Perspektiven und Aufgaben der Psychologie in der entwickelten sozialistischen Gesellschaft. In H. Hiebsch & L. Sprung (Hrsg.), *Aufgaben, Perspektiven und methodologische Grundlagen der marxistischen Psychologie in der DDR. Deutscher Verlag der Wissenschaften.

Hiebsch, H., & Vorwerg, M. (1963). Über Gegenstand, Aufgaben und Methoden der marxistischen Sozialpsychologie. *Deutsche Zeitschrift für Philosophie, 11*(5), 577–594.

Hiebsch, H. & Vorwerg, M. (1966, 1. Aufl.). *Einführung in die marxistische Sozialpsychologie.* Deutscher Verlag der Wissenschaften.

Hiebsch, H., & Leisse, M. (1991). *Kommunikation und soziale Interaktion. Sitzungsberichte der Sächsischen Akademie der Wissenschaften zu Leipzig.* Akademie Verlag.

Hiebsch, H. (Hrsg.). (1986). *Interpersonale Wahrnehmung und Urteilsbildung.* VEB Deutscher Verlag der Wissenschaften.

Hiebsch, H. & Vorwerg (Hrsg.). (1979). *Sozialpsychologie.* VEB Deutscher Verlag der Wissenschaften.

Höhne, S. (2007). Kafka und die Dissidenz. Ein Mitteleuropa-Diskurs. *Brücken – Germanistisches Jahrbuch, 15,* 01+ 02, 20–40.

Hofstätter, P. R. (1957). *Gruppendynamik. Die Kritik der Massenpsychologie.* Rowohlt.

Holz, K. (2001). *Nationaler Antisemitismus. Wissenssoziologie einer Weltanschauung.* Hamburger Edition.

Jacob, S. (2003). *Leben danach: Lebensgeschichten zweier jüdischer Familien aus Deutschland.* Goldbeck-Löwe.

Jahn, R. (2017). „Der Text einer Verfassung ist noch keine Garantie für Menschenrechte", Rede beim Festakt zum Tag der Thüringer Verfassung im Landtag von Thüringen am 25. Okt. 2017. https://www.bstu.de/ueber-uns/der-bundesbeauftragte/reden/der-text-einer-verfassung-ist-noch-keine-garantie-fuer-menschenrechte/. Zugegriffen: 21. Apr. 2020.

John, E. (1984). Sozialistischer Humanismus – sozialistischer Realismus. *Deutsche Zeitschrift für Philosophie, 32*(10), 908–923.

Kahane, A. (2018). Wirkung eines Tabus: Juden und Antisemitismus in der DDR. In E. Heitzer, M. Jander, P. Poutrus, A. Kahane (Hrsg.), *Nach Auschwitz. Schwieriges Erbe DDR: Plädoyer für einen Paradigmenwechsel in der DDR-Zeitgeschichtsforschung.* (S. 39–47). Wochenschau Verlag.

Kießling, W. (1994). Im Widerstreit mit Moskau: Paul Merker und die Bewegung Freies Deutschland in Mexiko. In K. Kohut & P. von zur Mühlen (Hrsg.), *Alternative Lateinamerika. Das deutsche Exil in der Zeit des Nationalsozialismus* (S. 117–132). Vervuert Verlag.

Klix, F. (1978). Einleitung. In *Psychologie in der DDR. Entwicklung, Aufgaben, Perspektiven.* VEB Deutscher Verlag der Wissenschaften.

Kohlsdorf, F. (1966). Zwanzig Jahre SED – Zwanzig Jahre realer Humanismus. *Deutsche Zeitschrift für Philosophie, 14*(4), 401–418.

Kossakowski, A. (1973). Psychologische Fragen der Entwicklung selbständig handelnder sozialistischer Persönlichkeiten. In G. Clauß & A. Kossakowski

(Hrsg.), *Pädagogisch-psychologische Beiträge zur Entwicklung sozialistischer Persönlichkeiten*. VEB Deutscher Verlag der Wissenschaften.

Kowalczuk, I.-S., Mitter, A., & Wolle, S. (Hrsg.). (1995). *Der Tag X, 17. Juni 1953. Die „Innere Staatsgründung" der DDR als Ergebnis der Krise 1952–54*. Ch. Links Verlag.

Kowalczuk, I.-S., Ebert, F. & Kulik, H. (Hrsg.), *(Ost)Deutschlands Weg, Teil I und II*. Bundeszentrale für politische Bildung.

Kurella, A. (1963). Der Frühling, die Schwalben und Franz Kafka. *Sonntag, 31*, 10–12.

Lange, E., & Alexander, D. (1962). Erziehung zum sozialistischen Humanismus. *Deutsche Zeitschrift für Philosophie, 10*(6), 783–785.

Lenski, K. (2021). Die Sozialpsychologie der DDR und die Staatssicherheit. Örtliche und überregionale Verflechtungen am Beispiel der FSU Jena. In A. Maercker & J. Giesecke (Hrsg.), *Psychologie als Instrument der SED-Diktatur*. Hogrefe.

Leo, A. (2018). Die Falle der Loyalität: Wolfgang Steinitz und die Generation der DDR-Gründungsväter und –mütter. In E. Heitzer, M. Jander, P. Poutrus, A. Kahane (Hrsg.), *Nach Auschwitz. Schwieriges Erbe DDR: Plädoyer für einen Paradigmenwechsel in der DDR-Zeitgeschichtsforschung*. (S. 9–38). Wochenschau Verlag.

Luks, L. (1997). Zum Stalinschen Antisemitismus – Brüche und Widersprüche. *Jahrbuch für historische Kommunismusforschung*, S. 9–50. Akademie Verlag.

Maercker, A., & Gieseke, J. (Hrsg.). (2021). *Psychologie als Instrument der SED-Diktatur*. Hogrefe.

Mählert, U. & Stephan, G.-R. (1996). *Blaue Hemden – Rote Fahnen*. Leske + Budrich.

Marx, K. (1977a; Original: 1867). Das Kapital, Band 1. In *Karl Marx & Friedrich Engels, Werke, Band 23*. Dietz Verlag.

Marx, K. (1977b; Original: 1894). Das Kapital, Band 3. In *Karl Marx & Friedrich Engels, Werke, Band 25*, Dietz Verlag.

Marx, K. (1985; Original: 1844). Ökonomisch-philosophische Manuskript. In *Karl Marx & Friedrich Engels, Werke, Band 40*. Dietz.

Maser, P. (1995). Juden und Jüdische Gemeinden in der DDR. In W. Bergmann, R. Erb & A. Lichtblau (Hrsg.), *Schwieriges Erbe*. Campus.

Meinert, J. (2001). Geschichte eines Verbots. Warum Primo Levis Hauptwerk in der DDR nicht erscheinen durfte. In A. Leo & P. Reif-Spirek (Hrsg.), *Vielstimmiges Schweigen*. Metropol Verlag.

Morre, J (2001). *Hinter den Kulissen des Nationalkomitees. Das Institut 99 in Moskau und die Deutschlandpolitik der UdSSR 1943–1946*. Oldenbourg Verlag.

Peters, T. (2006). *Der Antifaschismus der PDS aus antiextremistischer Sicht*. VS Verlag für Sozialwissenschaften.

Rauh, H.-C. (1991). *Gefesselter Widerspruch: Die Affäre um Peter Ruben*. Dietz Verlag.

Redlow, G. (1981). Materialismus und Dialektik. Zu einem unakzeptablen philosophischen Konzept. *Deutsche Zeitschrift für Philosophie, 29*(9), 1032–1059.
Rosa Luxemburg Stiftung (2007). »Das hat's bei uns nicht gegeben!« Antisemitismus in der DDR. Zum Streit um Bilder und Texte einer Ausstellung. Informationen und Kommentare. https://www.rosalux.de/publikation/id/1423/das-hats-bei-uns-nicht-gegeben-antisemitismus-in-der-ddr. Zugegriffen: 12. Febr. 2021.
Ruben, P., & Wagner, H. (1980). Sozialistische Wertform und dialektischer Widerspruch. *Deutsche Zeitschrift für Philosophie, 28*(10), 1218–1230.
Ruben, P. (1969). Problem und Begriff der Naturdialektik. In: A. Griese & H. Laitko (Hrsg.), *Weltanschauung und Methode*. Deutscher verlag der Wissenschaften.
Ruben, P. (1976). Wissenschaft als allgemeine Arbeit. *Sozialistische Politik (SoPo), 8*(2), 7–40.
Schoeps, J. H. (1991). Jüdisches Leben in Nachkriegsdeutschland – Von den Jahren des Aufbaus bis zum Ende der Teilung. In A. Nachama, J. H. Schoeps & E. van Voolen (Hrsg.), *Jüdische Lebenswelten – Essays*. Suhrkamp Verlag.
Schöne, J. (2005). *Landwirtschaft der DDR*. Erfurt: Landeszentrale für politische Bildung.
Schönpflug, W., & Lüer, G. (2011). *Psychologie in der Deutschen Demokratischen Republik: Wissenschaft zwischen Ideologie und Pragmatismus*. VS Verlag.
SED (1951). *Der Kampf gegen den Formalismus. Referat von Hans Lauter, Diskussion und Entschließung des ZK der SED vom 15.–17. März 1951*. Dietz.
Siebenbrodt, J., & Noack, D. (1987). *25 Jahre Gesellschaft für Psychologie der DDR*. Gesellschaft für Psychologie der DDR.
Stein, T. (1998). Vergangenheitsbewältigung im Medium der Verfassungspolitik? In H. König, M. Kohlstruck, & A. Wöll (Hrsg.), *Vergangenheitsbewältigung am Ende des zwanzigsten Jahrhunderts* (S. 136–166). Westdeutscher Verlag.
Süß, S. (1999). *Politisch missbraucht? Psychiatrie und Staatssicherheit in der DDR*. Chr. Links Verlag.
Templin, W. (1990). Der Verfassungsentwurf des Runden Tisches. *Gewerkschaftliche Monatshefte, 41*(5/6), 370–375.
Tomasello, M. (2009). *Die Ursprünge der menschlichen Kommunikation*. Suhrkamp.
Tomasello, M. (2010). *Warum wir kooperieren*. Suhrkamp Verlag.
Verfassung der DDR (1949). Verfassung der Deutschen Demokratischen Republik vom 7. Oktober 1949. http://www.verfassungen.de/ddr/verf49.htm. Zugegriffen: 12. Febr. 2021.
Verfassung der DDR (1974). Verfassung der Deutschen Demokratischen Republik vom 9. April 1968 in der Fassung vom 7. Oktober 1974. http://www.verfassungen.de/ddr/verf74-i.htm. Zugegriffen: 15. Febr. 2021.
Vorwerg, M. (1963). Über Präzisionsanforderungen in der sozialpsychologischen Forschung. *Deutsche Zeitschrift für Philosophie, 11*(10), 1248–1257.

Warnke, C. (2009). Nicht mit dem Marxismus-Leninismus vereinbar! Der Ausschluss von Peter Rubens Philosophiekonzept aus der DDR-Philosophie 1980/1981. In H.-C. Rauh & H.-M. Gerlach (Hrsg.), *Ausgänge. Zur DDR-Philosophie in den 70er und 80er Jahren*. Ch. Links Verlag.

Weiß, K. (1990). Die neue alte Gefahr. Junge Faschisten in der DDR. *Kontext*, Heft 5.

Wicke P. (1997) Rock Around Socialism. Jugend und ihre Musik in einer gescheiterten Gesellschaft. In D. Baacke (Hrsg.), *Handbuch Jugend und Musik*. (S. 294–304). VS Verlag für Sozialwissenschaften.

Winkler, H. A. (2020). *Der lange Weg nach Westen. Deutsche Geschichte, Band II: Vom „Dritten Reich" bis zur Wiedervereinigung*. C.H. Beck.

Wolle, S. (2008). *Der Traum von der Revolte: Die DDR 1968*. Ch. Links Verlag.

Wolle, S. (2011). *Aufbruch nach Utopia: Alltag und Herrschaft in der DDR 1961–1971*. Ch. Links Verlag.

Woyke, W. (2016). *Weltpolitik im Wandel*. Springer VS.

Zimmer, A. (2019). *Der Kulturbund in der SBZ und in der DDR*. Springer VS.

16

Von der Würde des Menschen, Amerikanisierung der Psychologie, rechter und linker Antisemitismus

„Wie still wäre alles, wenn eins auf das andere glatt folgte" (Bloch 1970, S. 186).

Niederlage, Schuldfragen und die Würde des Menschen

Mehr als fünf Millionen deutsche Soldaten starben im Zweiten Weltkrieg, zirka 1,3 Mio. gelten als vermisst. Über 11 Mio. gerieten in Kriegsgefangenschaft. Zirka ein Drittel davon wurden von der Roten Armee gefangen genommen. Etwas mehr als eine Million deutscher Soldaten kam in den sowjetischen, polnischen, tschechoslowakischen oder jugoslawischen Kriegsgefangenenlagern ums Leben, rund 31.000 in den Lagern der Westalliierten. Bis Anfang April 1947 kehrten drei Viertel der deutschen Kriegsgefangenen nach Deutschland zurück. Die letzten deutschen Kriegsgefangenen wurden 1955/1956 aus sowjetischer Gefangenschaft entlassen, nachdem der damalige Bundeskanzler *Konrad Adenauer* in Moskau die Bedingungen für diplomatische Beziehungen mit der Sowjetunion ausgehandelt hatte (Sywottek, 2000, S. 133 ff.).

Zu den frühen Heimkehrern gehörte auch *Wolfgang Borchert* (1921–1947). Er war 1941 zur Wehrmacht eingezogen worden, hatte sich an der Ostfront Erfrierungen, Diphterie und Gelbsucht zugezogen, wurde wegen Wehrkraftzersetzung und Defätismus inhaftiert, kam wieder frei und floh am Ende des Krieges aus amerikanischer Gefangenschaft. Zwischen 1946 und 1947 schrieb er Kurzgeschichten und das Drama „Draußen vor der Tür". Am 20. November 1947 starb Borchert während eines Kuraufenthalts in der Schweiz.

In „Draußen vor der Tür" erzählt Borchert von Beckmann, einem Jedermann, der aus dem Krieg heimkehrt und kein Zuhause findet. Keiner will ihm zuhören, niemand ist interessiert an Beckmanns Kriegserlebnissen und seinen wirren Träumen. „Ein Mensch ist da, und der Mensch kommt nach Deutschland, und der Mensch friert. Der hungert und der humpelt! Ein Mensch kommt nach Deutschland! Er kommt nach Hause, und da ist sein Bett besetzt. Er schlägt die Tür zu, und er steht draußen" (Borchert, 1960a, S. 58; Original: 1947).

Beckmanns Geschichte ist die Geschichte vieler Deutscher, die nach dem Zweiten Weltkrieg mit dem Erlebten, Erlittenen und Selbstverschuldeten nicht fertig wurden. Es sind Geschichten, die in den Trümmern der Städte und Dörfer und von den zertrümmerten Seelen der Menschen handeln. „Trümmerliteratur" oder Poesie des „Kahlschlags" werden diese Geschichten auch genannt (Schnell, 2019, S. 496 ff.). Heinrich Bölls frühe Erzählungen, zum Beispiel „Wo warst du, Adam?", reihen sich hier ein, ebenso Günter Eichs Gedichte über die Kriegsgefangenschaft oder Paul Celans „Todesfuge". „Trümmerfilme" hat es ebenfalls gegeben, zum Beispiel „Die Mörder sind unter uns" in der Regie von Wolfgang Staudte oder „In jenen Tagen" von Helmut Käutner.

In realistischer Weise und meist einfachen Worten werden in der Trümmerliteratur und den Trümmerfilmen die Erlebnisse des Krieges, die Welt kurz nach dem Krieg, die eigenen Verstrickungen in den Krieg und die Suche nach den Schuldigen geschildert. Keine Anrufung humanistischer Prinzipien, sondern das menschliche Leiden unter unmenschlichen oder noch nicht wieder humanen Verhältnissen steht meist im Mittelpunkt dieser Trümmerwerke. Hin und wieder scheinen ein Hauch von Resignation und Angst vor der Wiederholung des Schrecklichen sowie ein zarter Anflug von Menschlichkeit über Form und Inhalt der Trümmerwerke zu liegen. „Doch, doch: Wir wollen in dieser wahnwitzigen Welt noch wieder, immer wieder lieben" (Borchert, 1960b, S. 134).

Der Krieg war verloren und die bedingungslose Kapitulation wurde nicht als Befreiung, sondern als Niederlage erlebt. Die öffentlichen Debatten drehten sich um Zusammenbruch, Vertreibung, Besatzung, Schmach und Schande. Jahrzehnte später wird Heinrich Böll feststellen: „Ihr werdet die Deutschen immer wieder daran erkennen können, ob sie den 8. Mai als Tag der Niederlage oder der Befreiung bezeichnen" (Böll, 1985; zit. n. Kirsch, 2005, S. 62).

Erinnert an die Gräuel des Zweiten Weltkrieges und der Vernichtungslager wurden die Westdeutschen schon früh von den alliierten Siegermächten. Kurz nach der Befreiung der Konzentrationslager veröffentlichten die Alliierten Fotografien und Reportagen von den befreiten Lagern, den Leichenbergen, den Verhungerten und Totkranken. Die Fotos wurden an belebten Plätzen plakatiert und häufig mit Überschriften versehen, wie „Diese Schandtaten: Eure Schuld" (Wolbring, 2009, S. 331).

Karl Jaspers, der in der Zeit des Nationalsozialismus Lehr- und Publikationsverbot hatte und nach 1945 im Auftrag der amerikanischen Besatzungsbehörde die Universität Heidelberg wiederaufbaute, setzte sich im Wintersemester 1945/1946 mit den kollektiven Schuldzuweisungen auseinander. Er lehnte eine Kollektivschuld der Deutschen ab, da man ein ganzes Volk nicht für kriminelle Handlungen verantwortlich machen könne. Nichtsdestotrotz sei es notwendig, die Schuld der *Einzelnen* zu benennen und zu ahnden.

„Ein Volk im ganzen oder jedes Mitglied dieses Volkes summarisch zu verurteilen, scheint mir gegen die Forderung des Menschseins zu verstoßen. Über keinen einzelnen Menschen, noch weniger über alle Glieder eines Volkes, ist ein Urteilsspruch wahr, der behauptet, sie »seien nun einmal so«. Vielmehr bleibt jedem, auch dem Schuldigen, die Freiheit, die Möglichkeit zur Umkehr" (Jaspers, 1946, S. 116).

Martin Niemöller, der von 1938 bis 1945 in den Konzentrationslagern Sachsenhausen und Dachau eingekerkert war, gehörte ebenfalls zu jenen, die zwischen individueller und kollektiver Schuld unterschieden. Das Eingestehen der individuellen Schuld, auch die Schuld derer, die sich quasi im Schutz der Kirche schuldig gemacht hatten, forderte Niemöller indes engagiert ein: „Wir können und wollen das grausame Spiel nicht mitmachen, dass jeder einzelne die Schuld von sich fort dem anderen zuschiebt, weil damit niemals die Schuld aus der Welt geschafft wird" (Niemöller, 1946, zit. n. Wolbring, 2009, S. 357). Auf Niemöllers Betreiben bekannte sich die Evangelische Kirche im Herbst 1945 zu ihrer Mitschuld an den NS-Verbrechen. Und Konrad Adenauer hielt als Vorsitzender der CDU in der britischen Besatzungszone im März 1946 einen Vortrag, in dem er seine Scham über die Schandtaten der Nationalsozialisten äußerte, auf die individuelle Schuld vieler hinwies und ebenfalls ein kollektives „Schuldbekenntnis des gesamten deutschen Volkes" ablehnte (zit. n. Wolbring, 2009, S. 363). Das (west)deutsche Volk sah das nicht anders, wie Umfragen aus dieser Zeit nahelegen. Im Oktober 1946 befragte das *Office of Military Government for Germany* (OMGUS) knapp 3000 Erwachsene in der amerikanischen Besatzungszone. Auf die Frage nach einer Schuld und Verantwortung lehnten 92 % der Befragten eine kollektive Schuld für den Zweiten Weltkrieg ab. Immerhin 51 % waren der Meinung, dass die Deutschen wegen ihrer Unterstützung des Hitler-Regimes zumindest teilweise verantwortlich seien (Merritt & Merritt, 1970, S. 122).

Die Suche nach den individuellen Schuldigen an den nationalsozialistischen Verbrechen stand auch im Mittelpunkt der Nürnberger Prozesse. Am 20. November 1945 begannen vor dem Internationalen Militärtribunal die Prozesse gegen die Kriegsverbrechen und Verbrechen gegen Frieden und Menschlichkeit. Am 1. Oktober 1946 wurden zwölf der höchsten nationalsozialistischen Funktionäre zum Tode verurteilt, so u. a. Göring, Ribbentrop, Rosenberg und Keitel.

Am 5. März 1946 verabschiedete der Länderrat der amerikanischen Zone das „Gesetz zur Befreiung von Nationalsozialismus und Militarismus", das im Laufe des Jahres für alle Zonen für verbindlich erklärt wurde. Bis Ende 1946 waren in den Westzonen über 6,08 Mio. Menschen von den Entnazifizierungs-Maßnahmen betroffen. Spätestens Ende 1947 allerdings wurden gegen knapp vier Millionen Deutschen jegliche Verfahren im Rahmen der Entnazifizierung eingestellt bzw. gar nicht erst eröffnet (vgl. auch Frank, 1995). Die Alliierten hatten die Bundesdeutschen in die Selbständigkeit entlassen und die begannen, nicht zuletzt vor dem Hintergrund einer „roten Gefahr" eine Politik, die manche „Renazifizierung" nannten. Die Folgen sind bekannt und müssen hier nicht ausführlich dargestellt werden. Über die Alt-Nazis, die nach einer gewissen Schonfrist in den 1950er Jahren wieder in der Wirtschaft, Justiz, im diplomatischen Dienst, in der wissenschaftlichen Lehre und Forschung etc. tätig wurden, ist ebenfalls genug geschrieben worden (vgl. z. B. Frei, 1996). So vaterlos war die Gesellschaft gar nicht, die sich nun demokratisch inszenierte.

Ende 1946, Anfang 1947 fragte das OMGUS die Bevölkerung in der amerikanischen Besatzungszone erneut nach ihrer Meinung zum Nationalsozialismus. Eine Mehrheit von 62 % meinte, dass man NSDAP-Mitglieder, sofern sie sich nicht strafbar gemacht haben, erlauben sollte, wieder in ihren früheren Positionen arbeiten zu können. Etwas mehr als 60 % stimmten der Aussage zu, dass die Zugehörigkeit zu NS-belasteten Gruppen nicht in den Identifikationskarten oder Pässen vermerkt werden sollte (vgl. auch Merritt & Merritt, 1970, S. 155). Über die Motivationen der Befragten, sich so und nicht anders zu äußern, lässt sich nur spekulieren. Ging es ihnen um Verzeihen, Vergessen oder waren sie mit den Maßnahmen der Re-Education generell nicht einverstanden? Vielleicht sind die Gründe auch viel banaler und hängen schlicht und ergreifend mit der Einsicht zusammen, die *Macheath* in der Dreigroschenoper mitteilt: „Erst kommt das Fressen, dann kommt die Moral. Erst muss es möglich sein auch armen Leuten, vom großen Brotlaib sich ihr Teil zu schneiden (Brecht, 2013, S. 66; Original: 1928).

Im März 1947 verkündete der US-amerikanische Präsident *Harry S. Truman* vor dem Kongress in Washington, der Kommunismus müsse eingedämmt werden und allen Ländern, die von ihm bedroht werden, müsse die USA wirtschaftliche, finanzielle Hilfe, notfalls auch militärische Unterstützung gewähren (Truman 1947; zit. n. Woyke, 2016, S. 135). Damit war der Kalte Krieg eröffnet. Der sogenannten Truman-Doktrin folgte im Juni 1947 der Marshall-Plan, das umfassende Hilfsprogramm zum Wiederaufbau der europäischen Länder. Offiziell richtete sich dieser Plan auch an die osteuropäischen Staaten. Die Sowjetunion lehnte den Plan allerdings ab. Nachdem in den Westzonen im Rahmen der Währungsreform am 21. Juni 1948 die D-Mark als alleiniges Zahlungsmittel eingeführt wurde, errichtete die Sowjetunion die Blockade von Westberlin.

Mit der Währungsreform erhöhte sich in den Westzonen zwar das Angebot an Lebens- und Genussmitteln; die Preise sowie die Arbeitslosenquote stiegen ebenfalls rapide an. Zwischen Juni 1948 und Februar 1950 wuchs die Zahl der Arbeitslosen von 451.100 auf knapp zwei Millionen (Fuhrmann, 2017, S. 166). Und Jupp Schmitz, der Kölner Volksmusiker, sang: „Wer soll das bezahlen? Wer hat so viel Geld? Wer hat so viel Pinke Pinke? Wer hat das bestellt?" (zit. n. Fuhrmann ebd., S. 169). Das „gemeine" Volk nahm die Preiserhöhungen indes weniger gelassen hin. Am 28. Oktober 1948 protestierten zirka 80.000 Menschen in Stuttgart gegen die Wirtschaftspolitik und gegen den „Wirtschaftsdiktator" Erhard. *Ludwig Erhard* war zu dieser Zeit für die Wirtschaftspolitik in den Westzonen verantwortlich. Es kam zu Ausschreitungen, zertrümmerten Schaufenster und körperlichen Auseinandersetzungen mit der Polizei. Die US-amerikanische Militärpolizei setzte Panzer ein und beendete mithilfe der deutschen Polizei schließlich die Proteste. Den Höhepunkt der Protestwelle bildete dann ein Generalstreik am 12. November 1948, an dem etwa neun Millionen Menschen teilgenommen haben. Es soll der größte Streik in Deutschland nach dem Kappputsch 1920 gewesen sein. Im Ergebnis des Streiks erweiterte Ludwig Erhard das sogenannte „Jedermann-Projekt", mit dem der Preisanstieg gestoppt und Waren zu niedrigen Preise in den Handel kommen sollten. Auf Druck der Gewerkschaften und der SPD wurde aus dem Programm der „freien Marktwirtschaft" das Projekt der „sozialen Marktwirtschaft". Im August 1949 befragte OMGUS Menschen nach ihrer Zufriedenheit mit der wirtschaftlichen Lage. In der amerikanischen Zone meinten 67 %, die Bedingungen hätten sich seit einem Jahr verbessert; in

Westberlin sahen das 73 % so und in Bremen 76 % (Merritt & Merritt, 1970 S. 313). Der Mythos vom deutschen Wirtschaftswunder kam in die Gänge. Nachdem das „Brot" für jedermann gesichert war, konnte man sich nun auch der Arbeit an Moral und Ethik zuwenden. Das vornehmste Produkt dieser Arbeit dürfte das deutsche „Grundgesetz" sein. Zu seinen „Müttern" und „Vätern" gehörten die Mitglieder des Parlamentarischen Rates, einer von den Länderparlamenten der Westzonen gewählten Versammlung von Vertretern aus CDU, CSU, SPD, den liberalen Parteien FDP/LDP/DVP, der KPD, der Deutschen Zentrumspartei und der rechtsgerichteten Deutschen Partei. Mit den Stimmen von CDU, SPD und FDP wurde das Grundgesetz am 8. Mai 1949 im Parlamentarischen Rat angenommen, anschließend von den Westalliierten genehmigt und am 23. Mai feierlich verkündet.

Supplementum

Obwohl das Wort *Humanismus* im Grundgesetz nicht vorkommt, ist der humanistische Gehalt explizit in den Absätzen 1 und 2 des Artikels 1 nicht zu übersehen:
„(1) Die Würde des Menschen ist unantastbar. Sie zu achten und zu schützen ist Verpflichtung aller staatlichen Gewalt. (2) Das Deutsche Volk bekennt sich darum zu unverletzlichen und unveräußerlichen Menschenrechten als Grundlage jeder menschlichen Gemeinschaft, des Friedens und der Gerechtigkeit in der Welt" (Grundgesetz für die Bundesrepublik Deutschland).

Bekanntlich gab es heiße Diskussionen sowohl im Parlamentarischen Rat als auch in den Länderparlamenten zu manchen Inhalten des Grundgesetztes. Dem engagierten Auftreten von Elisabeth Selbert (SPD), Friederike Nadig (SPD), Helene Weber (CDU) und Helene Wessel (Zentrumspartei) ist es zu verdanken, dass die Gleichberechtigung von Männern und Frauen im Grundgesetz verankert wurde (Leicht-Scholl, 2000). Über das Recht, den „Kriegsdienst mit der Waffe" abzulehnen, wurde ebenfalls hart gestritten. Die Vertreter der SPD, allen voran der Politiker und angesehene Rechtswissenschaftler Carlo Schmid, wollten am liebsten jeden Krieg ächten und dies im Grundgesetz verankern (Ferretti & Bernhard, 2007). Die KPD-Vertreter forderten nicht nur die Ächtung jeglichen Krieges, sondern auch die Gleichstellung von Mann und Frau, gleichen Lohn für gleiche Arbeit, die Mitbestimmung der Gewerkschaften, ein garantiertes Streikrecht und ein Wahlrecht ab 18 Jahren sowie die Enteignung der Monopole und Grundbesitzer. Heiße Debatten gab es auch zu den Grundrechten, zur Würde des

Menschen und den humanistischen Grundlagen des Grundgesetzes (Baldus, 2016).

Die Garantie der Menschenwürde ist das Grundprinzip, auf dem das Grundgesetz der Bundesrepublik basiert. Die Würde des Menschen ist nicht nur ein hohes Gut, das sich auf die Wahrung der Autonomie, der Unversehrtheit und Freiheit des einzelnen Menschen bezieht. „Der Schutz der Menschenwürde", schreibt *Hans Jörg Sandkühler,* „verlangt in einem Rechtsstaat, der diesen Namen verdient, nicht nur nach politischer Rechtssicherheit und Verbürgung politischer Freiheitsrechte, sondern auch nach sozialer Gerechtigkeit. Auch soziale Rechte sind *Freiheitsrechte.* Der Rechtsstaat ist intrinsisch Sozialstaat. Dies bedeutet: Die Bürger sind im Staat nicht nur formal *'vor dem Gesetz'* gleich, sondern haben als *im Recht Gleiche* auch Anspruch auf den Schutz vor sozialer Ungleichheit und sozialer Ungerechtigkeit (Sandkühler, 2014, S. 30 f.; Hervorh. im Original). Diese sozialen Rechte sind im Grundgesetz nur marginal verankert. Ist die Menschenwürde im Grundgesetz deshalb eine halbe Sache? Fußt das Grundgesetz gar auf einem halbierten Humanismus?

Thomas Mann, Goethe und der Humanismus

Das Jahr 1949 darf getrost als großes Wendejahr im Umgang mit dem Humanismus bezeichnet werden. Im Osten wie im Westen wurden humanistische Ideen neu betont und interpretiert, allerdings sehr unterschiedlich. Der 200. Geburtstag von Johann Wolfgang Goethe am 28. August 1949 eignete sich in Ost- und Westdeutschland hervorragend, um den Debatten über den Humanismus einen neuen Schwung zu geben. In etlichen deutschen Städten bildeten sich im Jahre 1949 neue Ortsgruppen der Goethe-Gesellschaft.[1] Zeitungs- und Zeitschriftenartikel sowie Festreden über den Humanismus in Goethes Werk wurden geschrieben und Goethe-Feiern vorbereitet. Die zwei größten fanden in Frankfurt a. M. und in Weimar statt. Hochgelobter und umworbener Hauptredner war *Thomas Mann.* Besonders die Ostdeutschen, allen voran Johannes R. Becher, bemühten sich lange und intensiv, den Großschriftsteller zu überzeugen, in die Ostzone zu kommen, den Goethe-Nationalpreis und die Weimarer

---

[1] Die Gesellschaft, 1885 in Weimar gegründet, galt während des Nationalsozialismus für viele Nazis als „verjudet". Hans Wahl, ab 1938 Erster Vizepräsident der Gesellschaft und bekennender Antisemit, setzte deshalb vieles dran, um die Goethe-Gesellschaft in dieser Zeit „judenfrei" zu machen (Wilson, 2015).

Ehrenbürgerschaft anzunehmen (Wahl, 2009). Sechszehn Jahre nach seiner Ausbürgerung aus Deutschland nahm Thomas Mann die Einladungen an. In Goethes Geburtsstadt Frankfurt, wo er ebenfalls einen Goethepreis erhielt, sowie in Weimar empfing man ihn mit großer Herzlichkeit. In Weimar und Thüringen fiel der Empfang noch etwas überschwänglicher und devoter aus als in Frankfurt. Dort, im Westen Deutschlands erinnerte man sich wohl noch besser an die Rundfunkreden, die Thomas Mann zwischen 1940 und 1945 im Auftrage der BBC an die Deutschen richtete und in denen er diesen die „furchtbare nationale Gesamtschuld" vorhielt (zit. n. Rüther, 2009, S. 61). In Ostdeutschland sah man in Thomas Mann eher den großen Humanisten, der – wie es Johannes R. Becher in einem Brief formulierte – für Tausende den Glauben an Deutschland auch in den schwärzesten Zeiten gestärkt habe (Dwars, 1998, S. 527).

In seinen Frankfurter und Weimarer Reden sprach Thomas Mann als der Emigrant „voller beklommener Traumhaftigkeit" über sein deutsches Vaterland, die nationale Katastrophe des Zweiten Weltkrieges und über seinen tödlichen Hass auf die „ruchlosen Verderber". Die Deutschen, die den Verderbern folgten, sprach er keinesfalls frei; von den Freunden sowie von seinen Feinden in Deutschland wusste er ebenfalls, um dann auf Goethe sowie den Pakt zwischen Faust und Mephistopheles zu kommen:

„Ist das ein Teufelspakt? Bekenntnis zum Nichts? Es ist höchste Lebensbereitschaft, der höchste, opferwillige und freilich auch zum Hinnehmen von Opfern willige Anspruch auf Menschheitsrepräsentanz, höchster Humanismus. Ohne jene oft treulose Ubiquität hätte er (Goethe und Faust, WF) nie eine Vereinigung des Urbanen und des Dämonischen vollendet, wie sie in so gewinnender Größe kein zweites Mal vorgekommen ist in der Geschichte der Gesittung. Das Deutsch-Volkhafte und das Mediterran-Europäische in vollkommen zwangloser und einleuchtender Synthese" (Mann, 1949, S. 21). So stellte Thomas Mann den Deutschen Goethe als Vorbild vor, als einen Mann, dem es um die Menschheit und deren Wohl in schwierigen Zeiten ging. Ein bisschen dürfte Thomas Mann sich dabei auch selbst beschrieben haben.

Die Berufung auf Goethe und sein Werk geschah auch, um den Deutschen ein Instrument in die Hand zu geben, mit dem sie ihre „beschädigten Identitäten" kollektiv zu bewältigen vermochten (Nutz, 1983, S. 457). Der Kult um Goethe begann schon kurz nach seinem Tode. Und in der Zeit des Nationalsozialismus stritten Nationalsozialisten über den „Deutschen Goethe". Die einen wollten ihn für die „braune Sache" vereinnahmen, die anderen meinten, Goethe sei selbst Jude gewesen (ausführlich: Wilson, 2018, S. 235 ff.). Seriöse Literaturwissenschaftler und Literaturwissenschaftlerinnen, wie Käte Hamburger (1896–1992), Hermann August Korff (1882–1963) oder Walther Rehm (1901–1963), betonten in den 1930er und 1940er Jahre dagegen den humanistischen Impetus von Goethe (und auch von Thomas Mann) und stilisierten beide zu Vorbildern für einen nachchristlichen Humanismus.

Nun, nach 1945, konnte es zur „Nagelprobe" kommen. Diese fiel allerdings widersprüchlich aus. Einerseits nahmen die Altphilologen im Westen Deutschlands die Erinnerung an Goethe und den Humanismus zum Anlass, zu Beginn der 1950er Jahre die gymnasialen Lehrpläne am Dritten Humanismus und im Geiste von *Werner Wilhelm Jaeger* neu auszurichten (vgl. auch Kipf, 2017; auch Kap. 12). Andere, wie Karl Jaspers, Richard Alewyn, Eugen Kogon oder Helmuth Plessner sahen die Berufung auf Goethe und den Humanismus wesentlich kritischer. Karl Jaspers, der 1947 den Goethe-Preis der Stadt Frankfurt am Main empfangen durfte, warnte in seiner Dankesrede u. a. vor einer Goethe-Renaissance und plädierte dafür, auch die Grenzen des großen Dichters nicht zu übersehen (Jaspers, 1951, S. 33). Richard Alewyn, ein Germanist, der 1933 wegen eines „Viertels" seiner Jüdischkeit aus dem deutschen Hochschuldienst entlassen worden war und nach seiner Rückkehr aus dem amerikanischen Exil 1949 eine Professur für Deutsche Literatur in Köln annahm, kritisierte ebenfalls den Nachkriegshumanismus im Zeichen Goethes (Löwe & Streim, 2018, S. 521). Und kurz bevor sich Thomas Mann auf seine Reise nach Weimar begab, erinnerten ihn westdeutsche Intellektuelle daran, dass unweit von Weimar im Speziallager Buchenwald noch immer mehrere tausend Menschen inhaftiert seien, denen die sowjetische Besatzungsmacht Beteiligung an NS-Verbrechen vorwarf. Er, Thomas Mann, so die Mahnungen, könne bei den Kommunisten doch nicht das billigen, was er bei den Nazis verurteilt habe (de Bruyn, 1991, S. 142). Der ehemalige Buchenwaldhäftling, Soziologe und Politikwissenschaftler *Eugen Kogon* (1903–1987) appellierte an Mann, in Weimar um der Humanität willen, zumindest zu schweigen (Rüther, 2009, S. 73).

Helmuth Plessner, der in Freiburg/Br. und Heidelberg Zoologie und anschließend in Göttingen und Frankfurt am Main Philosophie studiert hat, über Kant promovierte und sich habilitierte, wurde nach der Machtergreifung als „halber" Jude wie so viele durch die Nationalsozialisten aus Deutschland vertrieben und ging über Istanbul schließlich in die Niederlande. Dort lehrte er bis 1943 u. a. an der Universität Groningen, um nach der Besatzung der Niederlande durch die Deutschen unterzutauchen. Nach 1951 kehrte er nach Deutschland zurück, übernahm in Göttingen den neugegründeten Lehrstuhl für Soziologie und lehrte gleichzeitig Philosophie. Zeitweise war er auch als führender Mitarbeiter am wieder eröffneten

Frankfurter Institut für Sozialforschung tätig (Bialas, 2010, S. 9 f.). Der bürgerliche Humanismus habe sich, so Plessner, als unfähig erwiesen, den Nationalsozialismus zu verhindern und zwar deshalb, weil – anders als in Frankreich und den angelsächsischen Ländern – die Prinzipien eines politischen Humanismus, freie Selbstbestimmung und plebiszitäre Gleichheit nicht aus einer revolutionären Umgestaltung des Staates hervorgegangen seien. Die Aufklärung in Deutschland habe nicht die Kraft gehabt, den Staat umzuformen. Deutschland sei im Vergleich mit Frankreich und England eine verspätete Nation. „Uns fehlten in den entscheidenden Jahrhunderten der Gestaltung einer neuen Welt, die sich gegen Mittelalter und Aristotelismus, gegen Kaiser und Reich durchsetzte, nicht die Männer (Leibniz!), aber die öffentlichen Gewalten, die ihnen in vorgegebenem gesellschaftlichem Rahmen eine gesamtdeutsche Wirkung hätten sichern können" (Plessner, 1982, S. 17; Original: 1935). Mit anderen Worten und zugespitzt: Die Aufklärung und der Humanismus blieben in Deutschland gegenüber den nationalistischen Entwicklungen des „deutschen Geistes" nur zahnlose Tiger.

Wie auch immer: Thomas Mann war sich der Problematik und der Ambivalenzen seiner Reden über Goethe, den Humanismus und über die Reise nach Deutschland durchaus bewusst. So wie Plessner versuchte auch er in seinen Vorträgen in Frankfurt und Weimar, die Wurzeln der nationalsozialistischen „Katastrophe" zu erkunden. Beide, Helmuth Plessner und Thomas Mann waren, wenn auch mit großen Differenzen, davon überzeugt, dass der bürgerliche Humanismus nur dann überleben und sich erneuern könne, wenn es ihm gelänge „[…] eine angemessene Antwort auf die völkische Revolution des Nationalsozialismus" zu finden (Bialas, 2010, S. 238). Die Mehrheit der westdeutschen Bevölkerung hatte indes anderes im Sinn. Nach einer schnellen, kollektiven Distanzierung von der eigenen Vergangenheit und der auch von der Bonner Politik öffentlich geäußerten Abgrenzung vom Nationalsozialismus „[…] zogen die Westdeutschen die »soziale Marktwirtschaft« zweifellos vor" (Frei, 2014, S. 16).

„Back in town" – Die Frankfurter sind zurück

An der kapitalistischen Marktwirtschaft, der Selbstzerstörung von Aufklärung und Humanismus sowie an der „[…] Rückkehr der aufgeklärten Zivilisation zur Barbarei" setzte auch die Kritik der „Frankfurter" an (Horkheimer, & Adorno, 1969, S. 6; Original: 1947). Max Horkheimer und Theodor W. Adorno kehrten 1949 aus dem Exil nach Deutschland zurück. Die Frankfurter Schule entfaltete ihre kraftvolle Wirkung als

Kritische Theorie und wurde zur einflussreichsten philosophischen und soziologischen Erzählung der westdeutschen Geschichte. Warum? Kritische Theorie beginnt mit der „Not der Gegenwart". „Kritische Theoretiker sind Partisanen im Kampf um die Aufhebung des gesellschaftlichen Unrechts, der versklavenden Verhältnisse, in denen das Elend vorherrscht" (Freyenhagen, 2018, S. 146).

Damit sind die humanistischen Ambitionen der Kritischen Theoretiker angedeutet, auch wenn Horkheimer und Adorno nur selten versucht waren, in positiver Weise auf den Humanismus zu blicken. Ihnen ging es eher darum, die „negative Dialektik" des bürgerlichen Humanismus aufzudecken. Und doch ist der humanistische Anspruch bereits in der „Dialektik der Aufklärung" ausgedrückt: „Kritisches Denken, das auch vor dem Fortschritt nicht innehält, verlangt heute Parteinahme für die Residuen von Freiheit, für Tendenzen zur realen Humanität, selbst wenn sie angesichts des großen historischen Zuges ohnmächtig scheinen" (Horkheimer & Adorno, 1969, S. IX).

Die Protagonisten der Aufklärungsbewegungen im 18. Jahrhundert, allen voran Immanuel Kant, beantworteten die zentrale Frage „Was ist der Mensch?" mit der starken Aufforderung, sich des eigenen Verstandes zu bedienen, um der selbst verschuldeten Unmündigkeit zu entkommen (siehe Kap. 5). Durch die eigene Vernunft solle der Mensch seine Abhängigkeit von der Natur überwinden, in dem er diese zu beherrschen lernt und so seine Menschlichkeit zu entfalten vermag. Nach Horkheimer und Adorno führte dieses Bestreben der Naturbeherrschung aber mittels der Rationalisierung von Gesellschaft zu neuen Abhängigkeiten eben von den gesellschaftlichen Verhältnissen. Und statt in „[…] einen wahrhaft menschlichen Zustand einzutreten, [versinkt die Menschheit] in eine neue Barbarei" (Horkheimer & Adorno, 1969, S. 1). Die Dialektik schlägt so „[…] objektiv in den Wahnsinn" (ebd., S. 214) um, zu dem auch die Realität des Antisemitismus gehört. Die Aufklärung erwies sich so widersprüchlich wie jede bisherige humanistische Ambition auch.

Die Lösung der Widersprüche liegt dann nicht darin, einfach nur an die Humanität der Menschen zu appellieren, sondern eine „[…] Kritik der Lebensformen [zu entfalten], unter denen die Menschheit jetzt zu Grunde geht" (Horkheimer, 1988; zit. n. Kozlarek, 2020, S. 247). „Humanismus ist dann aber nicht mehr die Hypostasierung eines bestimmten Menschenbildes, sondern eine Tätigkeit, die sich dem Aufspüren und der Anklage von Tendenzen der Unmenschlichkeit widmet, wo immer diese auftreten mögen" (Kozlarek, 2020, ebd.). *Oliver Kozlarek* nennt dieses kritische Verfahren „kritischen Humanismus".

Als kritischen Humanismus könnte man bei aller Unterschiedlichkeit zur Kritischen Theorie auch jenes Bestreben benennen, mit dem der *Existentialismus* im Sinne von Jean-Paul Sartre seine philosophische Konzeption vom Menschen nutzt, um die gesellschaftlichen Verhältnisse zu kritisieren. „Der Existentialismus ist ein Humanismus", so lautet das bekannte Essay, das Sartre 1946 erstmals veröffentlichte. Existentialismus sei die Lehre, „[…] die das menschliche Leben möglich macht und die außerdem erklärt, dass jede Wahrheit und jede Handlung ein menschliches Milieu und eine menschliche Subjektivität implizieren" (Sartre, 2018, S. 146). Nicht die Würde oder die Einzigartigkeit des Menschen, wie im bürgerlichen Humanismus und ebenso wenig das Appellieren an Humanität kennzeichnen den Humanismus Sartres, sondern im Zentrum steht das Bemühen um Freiheit (Kampits, 2004, S. 35). Der Mensch sei nichts Anderes als das, wozu er sich macht. Und in diesem Machen sei der Mensch frei; er sei dazu verurteilt, frei zu sein, so konnte man es schon 1943 in Sartres großem Werk „Das Sein und das Nichts – Versuch einer phänomenologischen Ontologie" lesen (Sartre, 1993; Original: 1943).

Das hätte eigentlich den Kritischen Theoretikern gefallen können, tat es aber nicht. Ob Sartre die Arbeiten der Kritischen Theoretiker gelesen hat, ist unwahrscheinlich. Die Protagonisten der Frankfurter Schule indes nahmen Sartres Existentialismus sehr wohl zur Kenntnis. Für Herbert Marcuse ist Sartres Auffassung von der Freiheit des Menschen eine idealistische, die die „brutale Wirklichkeit der Unfreiheit" leugne (Marcuse 1948; zit. n. Bonnemann, 2009, S. 7). Das mag sein. Ganz so blauäugig war Sartre indes auch wieder nicht. Er war sich im Klaren darüber, dass es eine brutale Wirklichkeit der Unfreiheit gibt, die es zu überwinden gilt. In einem 1946 erschienen Essay über *„Matérialisme et Révolution"* erschienen in „Les Temps Modernes" schreibt Sartre vom „revolutionären Humanismus" und von einer konkreten Wahrheit „[…] gewollt, geschaffen, aufrechterhalten, in sozialen Kämpfen errungen von Menschen, die an der Befreiung des Menschen arbeiten" (Sartre, 2018, S. 265). An dieser Befreiung hat sich Sartre beteiligt, ob als Kritiker des Stalinismus, als Unterstützer der Studentenkämpfe im Jahre 1968, hin und wieder als Anhänger der maoistischen Kulturrevolution, als Gegner des Vietnamkrieges und immer als engagierter linker Intellektueller (Reese-Schäfer, 2019).

Theodor W. Adorno stimmt mit Marcuse überein, was den idealistischen Grundgehalt von Sartres Theorie über die Freiheit des Menschen betrifft. Für einen großen Philosophen hielt er Sartre nicht. Dennoch versagte er ihm nicht den Respekt angesichts des politischen Engagements, mit dem sich Sartre in die politischen Kämpfe der Zeit warf. Am 1. Oktober

1960 schreibt Adorno in seinen Frankfurter Heften zum Beispiel: „Sartre ist gewiss kein großer Philosoph, aber niemand in Deutschland, auch ich nicht, getraut sich so viel zu sagen wie er noch im gaullistischen Frankreich" (Adorno, 2003, S. 18).

Hoffnung und Utopie: Ernst Bloch und mehr

Vielleicht war Bloch einer der ersten, der auf ein Wesensmerkmal des Menschen aufmerksam machte, das bisher, auch in der Zeit der Aufklärung nie so explizit benannt wurde: Der Mensch sei von Natur aus ein utopisches Wesen, ein Wesen, das frei und in der Lage sei, Zukünftiges zu denken. „Menschsein heißt wirklich Utopie zu haben" (Bloch, 1970, S. 239). Das klang schon in dem 1918 veröffentlichten „Geist der Utopie" an und Jahre später im „Prinzip Hoffnung" (1954–1959). Letzteres ist Blochs Hauptwerk, in dem er so entscheidende Fragen zu beantworten sucht, wie: Wer sind wir? Wo kommen wir her und wo gehen wir hin? Bloch, für den übrigens *Faust* das höchste Exemplar eines utopischen Menschen ist, schrieb das *Prinzip Hoffnung* zwischen 1938 und 1947 im amerikanischen Exil. Es ging ihm darum zu zeigen, dass die offenen gesellschaftlichen Systeme der (damaligen) Gegenwart ein neues Denken und Fühlen erfordern, um die zukünftigen Möglichkeiten der gegenwärtigen Wirklichkeiten antizipieren zu können. Hoffen, so Bloch, sei aktives Tun und lehrbar. Jeder Mensch sei in der Lage, hoffen zu lernen und auf zukünftige Ziele hinzuarbeiten. „Solange", schreibt Bloch im „Prinzip Hoffnung" (1985a, S. 3), „der Mensch im Argen liegt, sind privates wie öffentliches Dasein von Tagträumen durchzogen; von Tagträumen eines besseren Lebens als des ihm bisher gewordenen".

Nachdem Bloch 1961 von Leipzig nach Tübingen gewechselt war, legt er noch einmal nach und befasst sich mit einem „[…] der entscheidensten Themen des Humanismus in Aktion" (Bloch, 1985b, S. 12). Er bringt das Naturrecht in Stellung, um das universelle Recht der Menschen auf Leben und Freiheit zu begründen. Das naturrechtliche Anliegen sei „[…] das *Aufrechte als Recht,* so dass es an den *Personen* geehrt, in ihrem *Kollektiv* gesichert werde" (S. 237; Hervorh. im Original). Es geht Bloch zuvörderst um das Recht des einzelnen Menschen, „[…] sich nicht als Kanaille behandeln zu lassen" (S. 251), um die Würde des Menschen und dessen „aufrechtem Gang" in Verhältnissen, in denen Gleichheit und Solidarität gewährleistet sind. „Das *letzte subjektive Recht* wäre so die Befugnis, *nach seinen Fähigkeiten zu produzieren, nach seinen Bedürfnissen zu konsumieren;* garantiert wird diese Befugnis durch die *letzte Norm des objektiven Rechts:*

Solidarität" (S. 252; Hervorh. im Original). Bloch bezieht sich damit auf die bekannte Formulierung aus Marxens „Kritik des Gothaer Programms" (Marx, 1962, MEW, Band 19, S. 21; Original: 1875). Die „konkrete Utopie", die Bloch naturrechtlich zu begründen sucht, ist die „klassenlose Gesellschaft", schlicht und abstrakt genug – das „Reich der Freiheit" (Bloch, 1985b, S. 310).

Das er all dies mit „[...] ungewohnt religiösem Vokabular erläutert" (Gramm, 1990, S. 251), mag einer der Gründe gewesen sein, warum er im Osten so heftig kritisiert und im Westen hochgelobt wurde. Als der dritte und letzte Band von „Das Prinzip Hoffnung" in der DDR erschienen war, arbeitete sich Manfred Buhr zunächst an Ernst Blochs Sprache ab, die die Esoterik zur Voraussetzung habe und durch Dunkelheit gekennzeichnet sei (Buhr, 1960, S. 367). Der Inhalt von Blochs „Hoffnungsphilosophie" lasse sich nur als Religion bezeichnen, die ihre Wurzeln in der deutschen Mystik und der jüdisch-religiösen Überlieferung habe (ebd., S. 374). Damit war Bloch raus aus dem marxistisch-leninistischen Spiel. Das zeigte sich auch, als 1985 einige DDR-Philosophen auf einem Kolloquium auf partielle Gemeinsamkeiten zwischen ihrer marxistisch-leninistischen Weltanschauung und Blochs Philosophie aufmerksam zu machen versuchten. Das Schlusswort auf dieser Tagung sprach Manfred Buhr, inzwischen Direktor des Zentralinstituts für Philosophie der Akademie der Wissenschaften der DDR. Bloch sei zwar ein bedeutender Denker des 20. Jahrhunderts, aber eben auch ein Vertreter der „spätbürgerlichen Philosophie" (Kramer & Kätzel, 1985).

Einige DDR-Intellektuelle ließen sich indes weder verhärten noch verbittern und nahmen Blochs Hoffnungsphilosophie zum Anlass für ihre eigene literarische Arbeit an der Utopie. Das gilt mit Einschränkungen für Wolfgang Harich, Rudolf Bahro oder Robert Havemann (Amberger, 2017), aber auch für die Gedichte von Volker Braun, Günter Kunert oder Rainer Kirsch, für Erzählungen von Fritz Rudolf Fries, für Romane von Irmtraud Morgner, Christa Wolf und manch andere (vgl. auch Kirchner, 2002).

Im Westen Deutschlands – und nicht nur dort – war Ernst Bloch für viele der „philosopher of the revolution", wie es Oskar Negt und Jack Zipes einmal formulierten (Negt & Zipes, 1975, S. 9). Und so fühlten sich eben die „Revolutionäre", und solche, die es gern wären, von ihm und seinem Werk besonders angezogen. Dazu gehörten Martin Walser, Peter Huchel, der 1956 von Ost nach West gezogen war, Uwe Johnson, der drei Jahre später in den Westen ging, der Verleger Siegfried Unseld, der zwar kaum als Marxist zu bezeichnen ist, mit Bloch aber eng befreundet war. Günter Grass ließ sich bei seinen literarischen Arbeiten von Bloch inspirieren, zum Beispiel bei der

Arbeit am „Butt" und der „Rättin" (z. B. Hunt, 1989). Rudi Dutschke hörte nicht nur Vorlesungen bei Herbert Marcuse. Auch Werke von Ernst Bloch las er, um seinen revolutionären Blick auf die „konkrete Utopie" zu schärfen und Lenin auf die Füße zu stellen (Dutschke, 1974, S. 60). Dutschke, der Ernst Bloch zunächst für einen Stalinisten gehalten hatte, wurde später ein guter Freund des „verehrten Professors" und „lieben Genossen" (siehe auch: Bloch & Schröter, 1988).

Rezipiert wurde Blochs Werke auch von gesellschaftskritischen Theologinnen und Theologen, die in Blochs sozialkritischer Interpretation des Christentums und in seiner Hoffnungsphilosophie eine Brücke zu einem „christlichen Sozialismus" zu erkennen meinten. Helmut Schelsky, ein scharfer Kritiker Blochs, hielt dagegen dessen Utopiebegriff für politisch gefährlich (Schelsky, 1979). Kritiker hatte Bloch im Westen genügend, auch solche, die wie er auf der „Suche nach einer besseren Welt" waren. Für Karl Raimund Popper, der sich als „Anti-Marxist und Liberaler" verstand, gehörten die Utopisten zu den Feinden der offenen Gesellschaft. Popper meinte damit nicht nur Platon, den er heftig attackierte und in dessen utopischen Staatsideen er die Grundlagen für die Totalitarismusentwürfe der Neuzeit zu entdecken meinte. Sein Opus magnum „Die offene Gesellschaft und ihre Feinde" schrieb Popper 1945 im neuseeländischen Exil, unter dem Eindruck der nationalsozialistischen Gräueltaten und einige Jahre vor Blochs „Das Prinzip Hoffnung". Die Feinde der offenen Gesellschaft sind für Popper die Faschisten, Stalinisten und Kommunisten gleichermaßen (Popper, 2003; 8. Aufl.) und indirekt ist auch der Marxist Bloch gemeint.

In den 1960er Jahren ignorierten sich Popper und Bloch weitgehend. In Erinnerung an ein Treffen mit Bloch während des 14. Internationalen Kongresses für Philosophie vermerkt Popper nur, er sei zu dumm, um Blochs Ausdrucksweise zu verstehen (Popper, 2015, S. 100; Original: 1982). Das ist insofern schade, als Popper, so wie Bloch, dem Menschen einen der wichtigsten „Lebensinstinkte", nämlich „[…] die Suche nach einer besseren Welt" (Popper ebd. S. 39) zuschreibt.

Als Kritik an oder Antwort auf Blochs Prinzip Hoffnung lässt sich das „Das Prinzip Verantwortung" von *Hans Jonas* aus dem Jahre 1979 lesen. Es ist ein Plädoyer für das ethische Handeln im technologischen Zeitalter, dem Zeitalter, in dem die Menschheit in der Lage ist, sich selbst und die ganze Erde zu vernichten. Jonas analysierte die Ursachen der Hochtechnisierung, der atomaren Bedrohung, das Waldsterben und die Umweltverschmutzung, fordert ein verantwortungsvolles Handeln im Sinne künftiger Generationen und beharrt auf einer wegweisenden Zukunftsethik: „Handele so, dass die Wirkungen deiner Handlungen verträglich sind mit der Permanenz echten menschlichen Lebens auf Erden" (Jonas 1979, S. 36). Von den marxistischen Heils- und Hoffnungslehren im Allgemeinen und von Blochs aufrechtem Gang mittels optimistischer Zukunftsvision hielt Jonas so gut wie nichts.

Studentisch Bewegte

Marcuse, Adorno, Bloch oder Sartre werden zwar immer wieder als die geistigen Väter der 1967/68er Bewegungen bezeichnet, Marcuse auch als geistiger Ziehvater der Terroristen. Fraglich ist aber, ob ihre Werke von den studentischen Wortführern überhaupt umfassend rezipiert wurden.

Sicher, der Einfluss von *Herbert Marcuse* (1898–1979) auf die Studentenbewegung lässt sich nicht leugnen. Marcuse gehörte zwar wie *Hannah Arendt* und *Hans Jonas* zu „Heidegger's Children" (Wolin, 2001), hatte sich aber bald als Kenner der Marxschen Frühschriften ausgewiesen und von Heidegger losgesagt, um ins „Café Marx" (das Institut für Sozialforschung) zu wechseln (siehe Kap. 13). 1934 emigrierte er, wie Erich Fromm, Max Horkheimer, Leo Löwenthal u. a., in die USA und arbeitete zunächst einige Jahre für den amerikanischen Geheimdienst. 1956 übernahm er eine Professur für Philosophie und Politikwissenschaft in Boston und wechselte 1964 nach San Diego. Im selben Jahr erschien sein Hauptwerk „Der eindimensionale Mensch" (deutsch: 1967). In der Zeit der Studentenbewegungen in den USA und Europa hielt er Vorträge in Berlin, London, Paris und Rom. Dabei eilte ihm sein Ruf, nicht nur ein Theoretiker der Frankfurter Schule, sondern auch ein Kritiker der kapitalistischen Verhältnisse, des Rassismus und des Vietnamkrieges zu sein, voraus und machte ihn zu einer Symbolfigur der studentischen Widerstandsbewegungen (Gursch, 2008, S. 117). Besonders sein Aufsatz „Repressive Toleranz" aus dem Jahre 1965 (deutsch: 1966), den er seinen Studierenden widmete, enthält genügend revolutionäres Potential: Es gebe ein Recht der unterdrückten Minderheiten auf Widerstand, ein Recht, außergesetzliche Mittel anzuwenden, sobald sich die gesetzlichen als unzulänglich erweisen.

„Wenn sie Gewalt anwenden, beginnen sie keine neue Kette von Gewalttaten, sondern zerbrechen die etablierte. Da man sie schlagen wird, kennen sie das Risiko, und wenn sie gewillt sind, es auf sich zu nehmen, hat kein Dritter, und am allerwenigsten der Erzieher und Intellektuelle, das Recht, ihnen Enthaltung zu predigen" (Marcuse, 1970, S. 127 f.).

Über den Einfluss Marcuses auf die 68er Bewegung in Frankreich bemerkte Daniel Cohn-Bendit gelegentlich: „Man hat uns Marcuse als

Lehrmeister ‚anhängen' wollen, purer Unsinn. Keiner von uns hat Marcuse gelesen. Einige lesen natürlich Marx, vielleicht auch Bakunin, und von den heutigen Autoren Althusser, Mao, Guevara, Lefebvre. Die politischen Militanten der Bewegung des 22. März haben fast alle Sartre gelesen. Aber in keinem der Autoren kann man den geistigen Vater der Bewegung sehen" (zit. n. Reese-Schäfer, 2019, S. 219).

Ähnlich war die Situation auch in Deutschland. Zu Anfang der 68er Bewegungen gingen ihre studentischen Protagonisten recht eklektizistisch mit den Werken von Adorno, Horkheimer, Marcuse oder Bloch um, nicht selten in kreativer Vermischung mit Freudschen Ideen und den „Worten des Vorsitzenden Mao Tse Tung" (siehe auch: Mattes 1985a, S. 289 ff.). Wer allerdings – um Karl Marx nicht zu vergessen[2] – die Verhältnisse nicht nur zum Tanzen zwingen, sondern auch ihre Melodie beherrschen wollte, der konnte sich in selbstorganisierten Basisgruppen, studentischen „ad-hoc-Gruppen", alternativen, universitären Bildungsangeboten und in den sozialistischen, kommunistischen, marxistischen oder maoistischen Studentenbünden sehr wohl mit den linken Klassikern vertraut machen. Wichtiger als das Theoretische war den unruhigen Achtundsechzigern aber eher die Praxis des Protests gegen Intoleranz, Diskriminierung, gegen den Vietnamkrieg, gegen den Kapitalismus und den Antikommunismus. Nach der Ermordung von Benno Ohnesorg am 2. Juni 1967, den Niederlagen der Amerikaner in Vietnam, dem Attentat auf Rudi Dutschke am 11. April 1968, den Notstandsgesetzen, die Mai/Juni 1968 verabschiedet wurden, und der Niederschlagung des Prager Frühlings hatten sich die Verhältnisse eh geändert. „Macht kaputt, was euch kaputt macht" (Rio Reiser & Norbert Krause 1969), war ja nicht nur eine Liedzeile. Dass einige der Achtundsechziger den Protesten bald die „Propaganda der Tat"[3] folgen ließen, spätestens ab 1970 die „Rote Armee Fraktion" (RAF) aufbauten und die Bundesrepublik mit ihren Terror- und Mordaktionen verunsicherte, ist ausführlich beschrieben worden (z. B. Terhoeven, 2017). Die Forderung, den legalen Rahmen des Protests zu sprengen und mit Gewaltaktionen die „Herrschaft des organisierten Kapitalismus" zu beenden, hatten einige der

---

[2] Ich erinnere an Marxens Satz aus der „Kritik der Hegelschen Rechtsphilosophie", dass man die versteinerten Verhältnisse dadurch zum Tanzen zwingt, indem man ihnen ihre eigne Melodie vorsingt (Marx, 1961, MEW, Band 1, S. 381; Original: 1844).
[3] Der Begriff „Propaganda der Tat" stammt von Carlo Pisacane (1818–1857), einem italienischen Schriftsteller und Aktivisten des Risorgimento, der italienischen Unabhängigkeitsbewegung im 19. Jahrhundert. Nach Pisacane sei Gewalttätigkeit nicht nur notwendig, um Aufmerksamkeit zu erregen, sondern um zu informieren und die Massen für die Ziele der Revolution zu motivieren.

Aktivisten bzw. Sympathisanten schon ein paar Jahre früher formuliert. In einem Brief an Dieter Kunzelmann (1939–2018), einem Aktivisten der berühmten *Kommune 1* und radikalen Antisemiten (Kraushaar, 2005), schrieb *Bernd Rabehl*, der heute auf rechtsextremen Bühnen tanzt, 1965 u. a.: „Wir brauchen in Berlin keine rund 500 humanistischen Schwärmer, die sich den Luxus leisten können zu protestieren; wir benötigen 500 Humanisten der Tat!" (Magazin, 2010, S. 30).

Unbeeinflusst von den studentischen Protesten blieb auch *Alexander Mitscherlich* (1908–1982) nicht. 1946 bis 1947 hatte er die Prozesse gegen nationalsozialistische Ärzte in Nürnberg beobachtet und über die medizinischen Verstöße gegen die Menschlichkeit berichtet (Mitscherlich & Mielke, 1960; Original: 1947), woraufhin er von den Ärztevertretern zunächst vehement angefeindet wurde (Gerst, 1994). Bereits seit 1961 sympathisierte Mitscherlich mit den ersten Keimzellen der späteren Studentenbewegung, unterstützte deren Kampf gegen den Vietnamkrieg und organisierte 1968 u. a. mit Theodor W. Adorno, Ernst Bloch, Jürgen Habermas und Max Horkheimer den intellektuellen Widerstand gegen die Notstandsgesetzgebung von 1968 (ausführlich: Hoyer, 2008 S. 457 ff.). 1961 gehörte Mitscherlich zu den Gründern der *Humanistische Union*.

Supplementum

Die Selbstbeschreibung der *Humanistischen Union*: „Die Humanistische Union ist eine unabhängige Bürgerrechtsorganisation. Seit unserer Gründung 1961 setzen wir uns für den Schutz und die Durchsetzung der Menschen- und Bürgerrechte ein. Im Mittelpunkt steht für uns die Achtung der Menschenwürde. Wir engagieren uns für das Recht auf freie Entfaltung der Persönlichkeit und wenden uns gegen jede unverhältnismäßige Einschränkung dieses Rechts durch Staat, Wirtschaft oder Kirchen. Eine größtmögliche Verwirklichung von Menschenrechten und Freiheit ist an Bedingungen gebunden. Dazu gehören Demokratie, Rechtsstaatlichkeit und die Anerkennung gesellschaftlicher Vielfalt. Demokratische Teilhabe muss auch jenseits von Parteien und Wahlen gewährleistet sein. Es reicht nicht, wenn Rechte nur auf dem Papier stehen. In einer pluralistischen Gesellschaft müssen auch radikale Meinungsäußerungen möglich sein" (Humanistische Union, 2021).

Nachdem Alexander Mitscherlich 1963 seine Studie über den „Weg in die vaterlose Gesellschaft" (Mitscherlich, 1963) publiziert hatte, folgte 1967 das bis heute einflussreiche Buch „Die Unfähigkeit zu trauern". Gemeinsam mit seiner Frau machte Mitscherlich auf die Verleugnung der Vergangenheit und auf „[…] die manische Abwehr durch Ungeschehenmachen im

Wirtschaftswunder" aufmerksam (Mitscherlich & Mitscherlich, 1977, S. 25; Original: 1967). Um eine bessere Kultur anzubahnen, beriefen sich Alexander und Margarete Mitscherlich u. a. auf den „intellektuellen Humanismus" des deutsch-dänischen Soziologen Theodor Geiger (1891–1952). Es handelt sich um einen Humanismus, der auf die Erziehung des Einzelnen, auf dessen Einsicht und Verantwortung setzt, um die tief greifenden Abänderungen, derer die Gesellschaft bedarf, erkennen und realisieren zu können (Mitscherlich & Mitscherlich, 1977, S. 109). Ob und inwieweit nun die Protagonisten der Studentenbewegung die Arbeiten Mitscherlichs gelesen und akzeptiert haben, lässt sich wiederum bezweifeln. Sie haben ihn bei allem Respekt eher als „Papiervater" betrachtet, der das Fehlen der Väterlichkeit beklagte, wo sie, die Studenten, doch gegen jede Autorität zu rebellieren versuchten, um einen Systemwechsel herbeiführen zu können (siehe auch: Brumlik, 2012).

Ein „geistreiches Ragout" aus Frankreich[4]

Nicht um einen Systemwechsel, sondern um einen Paradigmenwechsel ging es in dieser Zeit in den Humanismusdebatten, die kurz vor und nach 1968/1969 in Frankreich für Aufsehen sorgten. Die Protagonisten dieses Paradigmenwechsels, wie Michel Foucault, Jacques Derrida oder Jean-Francois Lyotard waren mehr oder weniger stark in die studentischen Protestbewegungen involviert; Michel Foucault (1926–1984) wohl am stärksten. 1966 radikalisierte er das strukturalistische Forschungsprogramm, dass Claude Lévi-Strauss (1908–2009) bereits 1949 initiierte hatte, indem er die Sprache in den Mittelpunkt der sozialwissenschaftlichen Forschung rückte (Lévi-Strauss, 1992; Original: 1949). Mit großem Furore berief sich Michel Foucault nun 1966 in *„Die Ordnung der Dinge"* u. a. auf Martin Heidegger und Friedrich Nietzsche, nicht um das Ende Gottes, sondern das des Menschen auszurufen. „Müsste man nicht eher darauf verzichten, den Menschen zu denken oder, um strenger zu sein, möglichst nahe jenes Verschwinden des Menschen – und den Boden der Möglichkeit aller Wissenschaften vom Menschen – in seiner Korrelation mit unserer Sorge um die Sprache zu denken?" (Foucault, 2008, S. 460 f.; Original: 1966).

Mit dem scheinbaren Ende des Menschen sahen manche Kritiker Foucaults den Anti-Humanismus wieder auferstehen. Der Mensch, so

---

[4] Das „geistreiche Ragout" ist eine Hommage an Heinrich Heine (1968, S. 536; Original: 1834).

Foucault, sei nicht das älteste Problem, um das menschliches Wissen sich ranke, eher eine junge Erfindung menschlichen Denkens. Dann, wenn sich die fundamentalen Methoden (Foucault spricht von Dispositionen) des menschlichen Denkens ändern, sei auch das baldige Ende des Menschen (als Gegenstand menschlichen Denkens) gekommen. Viel interessanter und relevanter als der Mensch seien dagegen die sprachlichen Formen, in denen das menschliche Wissen erscheint, entsteht, geordnet und tradiert werde, weil eben der Mensch sich erst in der Sprache konstituiere.

Die Analyse dieser Sprachformen, die berühmte Diskursanalyse, wird das wissenschaftliche Arbeiten Foucaults bis zum Ende seines Lebens begleiten (z. B. Foucault, 1973, 1976, 1986). Die durch Sprache geschaffenen gesellschaftlichen Ordnungen, ob als Machtverhältnisse, Ausschließungsverhältnisse, institutionelle Kontrollmechanismen oder sexuelle Disziplinierungen, wird Foucault untersuchen, kritisieren und damit eine Revolution sozial- und kulturwissenschaftlichen Denkens initiieren, die auch an den Humanismusdebatten in der Bundesrepublik nicht spurlos vorbeigingen. Man kann sagen, dass der Foucaultsche Poststrukturalismus zum Nährboden postmodernen Denkens wurde (Welsch, 1991, S. 140).

Verweilen wir aber zunächst beim „Ende des Menschen". Jacques Derrida (1930–2004), Jean Baudrillard (2010; Original: 1978), Jean-François Lyotard (1986; Original: 1979) und andere griffen die eschatologische Metapher vom „Ende" ebenfalls auf. Derrida hielt 1968 in einem Vortrag mit dem Titel „Les fins de l'homme" Foucault entgegen, dass das Reden vom „Ende vom Menschen" nichts Neues sei, sondern im metaphysischen Denken Dauerkonjunktur habe (Lacoue-Labarthe & Nancy, 1981). Man könnte auch sagen: Debatten über das Ende des Menschen begleiteten die Philosophie im Allgemeinen und den Humanismus im Besonderen von Anfang an. In der späteren Arbeit über die „Apokalypse" macht sich Derrida auch über die apokalyptischen Befindlichkeiten vor der Jahrtausendwende ein wenige lustig, über das Reden vom Ende der Geschichte, vom Ende des Klassenkampfs, des Christentums, des Menschen „[…] und was weiß ich noch alles" (Derrida, 1985, S. 55; Original: 1983). Es könne aber nur dann ein Ende geben, wenn wir die absolute Wahrheit über das Ende wissen. Da es diese Wahrheit nicht gibt, könne es auch kein Ende, keine Apokalypse, geben. Und Wolfgang Welsch ergänzt: „Das Ende gibt es nicht; und die kleinen Enden soll man nicht überschätzen; die Widerkehr des Totgesagten ist nicht ausgeschlossen, eher ist sie wahrscheinlich; sinnvoll hingegen ist: anderes zu machen, ohne dass man behauptet, das Vorherige sei sinnlos, beendet, inexistent; es geht schlicht darum, das Spiel der Alterität zu versuchen" (Welsch, 1991, S. 148).

Ob man nun Foucaults Absage an den Menschen theoretischen oder humanistischen Antihumanismus nennt, ist eigentlich egal. Wichtiger scheint der von Foucault, Derrida, Lyotard und von anderen angekündigte Paradigmenwechsel zu sein, von den modernen Debatten über die Menschlichkeit hin zu den postmodernen Diskursen über Mensch, Kultur und Wissenschaft. „Postmodernes", schreibt Welsch, „liegt dort vor, wo ein grundsätzlicher Pluralismus von Sprachen, Modellen, Verfahrensweisen praktiziert wird, und zwar nicht bloß in verschiedenen Werken nebeneinander, sondern in ein und demselben Werk" (Welsch, 1991, S. 16 f.). Es geht nicht nur um *crazy quilts,* um bunte Flickenteppiche. Nicht das konzeptionslose Ansammeln von Ideen, sondern die gleichberechtigte Existenz unterschiedlicher Ideen, der praktizierte Pluralismus ist ein Grundwert ernstzunehmender postmoderner Konzeptionen. Einflussreiche postmoderne Denkerinnen und Denker (wie z. B. *Judith Butler, Jacques Derrida, Gilles Deleuze, Umberto Eco, Michel Foucault, Paul Feyerabend, Jean-Francois Lyotard* u.v. a.) haben nicht den Menschen, den Humanismus oder die Dialektik der Aufklärung über Bord geworfen, sondern möchten auf die Ambivalenzen, Unsicherheiten, Unterschiedlichkeiten, Verschiedenheiten von Menschsein ebenso aufmerksam wie auf die gesellschaftlichen Konstruktionsversuche des Humanen und Inhumanen, mit oder ohne Friedrich Nietzsche.

Mit einiger Verzögerung und nicht selten erst über die englischen Übersetzungen kamen diese Diskurse auch im deutschsprachigen Bereich an, wo sie keinesfalls unisono begrüßt wurden. Einer der ersten, der sich vehement gegen Michel Foucault wandte und sich an dessen „Ordnung der Dinge" abarbeitete, war Jean Améry, der 1912 als Hans Mayer in Wien geboren und in der Zeit des Nationalsozialismus in die Konzentrationslager Auschwitz, Mittelbau Dora und Bergen-Belsen verschleppt wurde. Jean Améry sieht in Foucault einen Philosophen, der keiner sein will, einen Historiker, der die Geschichte verachtet, einen Humanisten, „[…] der den Tod des Menschen mit poetischer Feierlichkeit verkündet" (Améry, 1973; zit. n. Brandl, 2020, S. 16). Kurz: Foucault ist in den Augen von Jean Améry ein Antihumanist, was Foucault auch nie geleugnet hat.

Nicht minder kritisch ging Jürgen Habermas mit Foucault und der Postmoderne um (Habermas, 1981a, 1985). Für Habermas ist Foucault ein Jungkonservativer und die Postmoderne eine neokonservative Bewegung. In der Foucaultschen Diskurs-Philosophie erkennt Habermas eine Absage an die rationalen Grundlagen der Aufklärung und damit auch eine

Zurückweisung seines eigenen Theorieansatzes über das „Kommunikative Handeln" (Habermas, 1981b). Mit seiner Kommunikationstheorie beansprucht Habermas, die normativen universellen Grundlagen gesellschaftlicher Beziehungen mittels verständigungsorientierter Diskurse offenzulegen, um auf diese Weise auch gesellschaftliche Prozesse, Probleme und Missstände kritisieren zu können. Für Foucault und manch andere postmoderne Denker ist es dagegen unmöglich, allgemeingültige Normen zu postulieren. Axel Honneth entdeckt Ähnlichkeiten zwischen Adornos und Foucaults Kritik der Moderne, kommt aber zu dem Schluss, dass Foucaults Kritik am Leiden an der Moderne eine Theorie sei, in der nichts daraufhin deute, „[...] was dieses Leiden als Leiden artikulieren könnte (Honneth, 1988, S. 142). Mit anderen Worten: Foucaults Gesellschaftskritik ist abstrakt und ohne Wirkung. Aber Gesellschaftskritik war und ist bitter nötig. Psychologinnen und Psychologen sollten das ebenfalls wissen.

Humanisierung der Psychologie durch Amerikanisierung?

Nachdem im Herbst 1945 die meisten Universitäten in den westlichen Besatzungszonen ihren Lehrbetrieb wieder aufnehmen durften, konnte auch die Psychologie mit wenigen Ausnahmen auf das Lehrpersonal zurückgreifen, dass bereits im Nationalsozialismus in Amt und Würden war. Aus der Emigration kehrten nur wenige Psychologen wieder nach Deutschland zurück. „Aufs Ganze gesehen hatte sich die akademische Psychologie im westlichen Nachkriegsdeutschland ohne Zeitverzug in weitgehender Kontinuität rekonstruieren können (Mattes, 1985b, S. 205). In den westlichen Besatzungszonen verloren nur drei Professoren aus der Zeit des Nationalsozialismus ihre Lehrstühle; bis 1954 blieben zwölf Hochschullehrer aus der Zeit vor 1945 auf ihrem Posten (Ash, 2004, S. 113).

1947 gründete sich der *Berufsverband Deutscher Psychologen* (BDP); 1948 folgte die westdeutsche Wiedergründung der *Deutschen Gesellschaft für Psychologie* (DGPs). Betrachtet man die ersten Äußerungen der Vertreterinnen und Vertreter der psychologischen Fachgesellschaften, so fällt zunächst die optimistische Sicht auf das eigene Fach als Wissenschaft vom Menschen auf. Der erste Vorsitzende des BDP, *Walter Jacobsen,* der sich im Nationalsozialismus im Hamburger Widerstandskreis engagierte hatte, sprach auf der Bonner Eröffnungstagung des BDP von der Psychologie, die – anders als in Zeiten des Totalitarismus – dem Menschen als

„[…] Individualität, als Einzelwesen eine höhere Wertigkeit" zumessen müsse (Jacobsen, 1947; zit. n. Maikowski, et al., 1976, S. 17). Die, freilich bürgerliche, Idee von Humanismus schien für viele Psychologinnen und Psychologen nach 1945 zumindest eine, für die man sich öffentlich auszusprechen habe. Ansonsten waren die Protagonisten wohl bemüht, „[…] die Fachwissenschaft unbeirrt durch Krieg und Notjahre so fortzusetzen wie in früheren Jahren" (Lück, 2004, S. 35).

In der fachspezifischen Umsetzung dominierten bis in Anfang der 1950er Jahre in Lehre und Forschung die aus dem ersten Drittel des 20. Jahrhunderts stammende Gestalt- und Ganzheitspsychologien (siehe auch Kap. 11) sowie die charakterologischen Konzeptionen, die sich besonders im Nationalsozialismus etablieren konnten. Entsprechend groß waren dann die Widerstände, als sich ab 1953 der Einfluss der US-amerikanischen Psychologie in Lehre und Forschung bemerkbar machte und offensiv eingefordert wurde. Pikanterweise war es *Peter R. Hofstätter*, ein ehemaliges NSDAP-Mitglied, der 1953 zum Angriff auf die vorherrschenden ganzheitspsychologischen und qualitativ ausgerichteten Konzeptionen der akademischen Psychologie blies (Mattes, 1985b, S. 220). Hofstätter (1913–1994), in Wien geboren und dort zeitweise Hilfskraft im Psychologischen Institut bei Karl Bühler, war nach 1938 im Psychologischen Dienst der Wehrmacht tätig. Wegen seiner Verquickung mit den Nationalsozialisten wurde ihm die Lehrbefugnis erst nach dem Zweiten Weltkrieg erteilt. 1949 ging er mit einem Stipendium der *Wenner-Gren Foundation* für einen Forschungs- und Lehraufenthalt in die USA. Zurück in Deutschland erhielt er 1956 eine Professur an der Hochschule für Sozialwissenschaften in Wilhelmshaven und wechselte 1959 als Nachfolger von Curt Bondi auf den von William Stern gegründeten Lehrstuhl für Psychologie an die Hamburger Universität (Witte, 1984). Schon in der Zeit des Nationalsozialismus hatte sich Hofstätter mit quantitativen Forschungs- und Auswertungsverfahren beschäftigt. Während seines siebenjährigen Aufenthalts in den USA qualifizierte er diese Kompetenzen. 1956 stritt er sich mit *Albert Wellek* über die Rolle und Funktion von statistischen Auswertungsverfahren in der Psychodiagnostik. Wellek, Schüler von Philipp Lersch und ebenfalls ehemaliges NSDAP-Mitglied, galt als Vertreter der Leipziger Gestaltpsychologie und war in der Zeit des besagten Streits Psychologieprofessor in Mainz. Während Hofstätter (1956) auf den ausschließlichen Einsatz quantitativer Forschungs- und Auswertungsmethoden bei der Analyse und Voraussage von psychodiagnostischen Urteilen beharrte, machte Wellek (1956) die Intuition als unabdingbare Ergänzung quantitativer Methoden geltend.

Der Streit zwischen Hofstätter und Wellek ist zwar als „Methodenstreit" in die Literatur eingegangen. Er war aber mehr als das; es ging um den „Status der Psychologie insgesamt". „Man berief sich in beiden Lagern [...] auf etablierte Forschungstraditionen dies- und jenseits des Atlantiks und bemühte sich, der Gegenpartei historische Kurzsichtigkeit, fehlendes Verständnis für die Aufgabe der Psychologie und Missdeutung des Psychischen dadurch nachzuweisen, daß man auf beispielhafte Gegenbelege gerade aus der vom Gegner evozierten Forschungstradition zurückgriff. Kurzum, was als Auseinandersetzung über ein methodisches Problem begonnen hatte, entwickelte sich nach und nach zu einem Kulturkampf mit austauschbaren Masken" (Métraux, 1985, S. 240).

Ein Beispiel für diesen Kulturkampf lieferte auch die Kontroverse zwischen Theodor W. Adorno und Peter R. Hofstätter im Jahre 1957. Diese Auseinandersetzung drehte sich um das von Horkheimer, Adorno und Friedrich Pollock gemeinsam mit einigen jüngeren Mitarbeitern durchgeführte „Gruppenexperiment" zu politischen Einstellungen von Deutschen nach dem Zweiten Weltkrieg. An dieser Studie, es handelte sich um experimentell initiierte und moderierte Gruppendiskussionen, haben 1950/1951 knapp 2000 Personen mit unterschiedlichem soziokulturellen Hintergrund teilgenommen. Die ersten Ergebnisse wurden 1955 veröffentlich (Pollock, 1955). In der Interpretation der Befunde kommt Adorno u. a. zu dem Schluss, dass drei Personengruppen mit unterschiedlichen politischen Einstellungen identifiziert werden konnten, die Unbelehrbaren, die Ambivalenten und die Verständigungswilligen. Die Unbelehrbaren, die auch fünf Jahre nach Kriegsende der faschistischen Ideologie in nur leicht abgeschwächter Weise zustimmten, machten die Mehrheit aus (Bock, 2019, S. 185 f.). Dagegen polemisierte Hofstätter (1957). Er kritisierte das methodische Design des „Gruppenexperiments", die psychoanalytische Interpretation der Befunde und unterstellte den Autoren, es ginge ihnen mit der Studie nur um das deutsche Schuldbekenntnis hinsichtlich Krieg und Konzentrationslager. Die in der Studie registrierten Aussagen der Teilnehmerinnen und Teilnehmer würden letzten Endes nur die Stereotype widerspiegeln, die die Forscher um Adorno von den Deutschen hätten. In seiner Replik wies Adorno (1957) diese Vorwürfe entschieden zurück, betonte die Methodenkompetenz der Kritischen Theorie und kritisierte seinerseits Hofstätters positivistische Wissenschaftsauffassung. Auch dessen Haltung zum Nationalsozialismus schwingt in Adornos Gegenrede mit. Hofstätter legte 1963 noch einmal nach und bezweifelte in „Die Zeit" vom 14. Juni 1963 die Notwendigkeit einer Auseinandersetzung mit dem Nationalsozialismus. Hofstätters Artikel trugt den Titel „Bewältigte

Vergangenheit?" und löste einen Eklat aus, forderte er doch mehr oder weniger direkt eine Generalamnestie der Nazi-Verbrechen.

Alexander Métraux nutzt das Kürzel „Amerikanisierung der deutschen Psychologie", oder sollte man besser sagen, diese Metapher, um den oben beschriebenen Streit zwischen Peter R. Hofstätter und Albert Wellek in einen größeren Rahmen zu stellen und den Einfluss der US-amerikanischen Psychologie auf die deutsche im Zeitraum von 1950 bis etwa 1970 zu verdeutlichen. In dieser Zeit vollzog sich in der westdeutschen Psychologie ein längst überfälliger Generationswechsel. Die nachrückende Generation orientierte sich, auch mangels geeigneter moderner Fachliteratur, an US-amerikanischen Publikationen. Die von US-Psychologen präferierten experimentellen und statistischen Verfahren dominierten zunehmend den Methodenkanon der westdeutschen Psychologie (Métraux, 1985, S. 246).

Es wäre allerdings verfehlt, würde man die „Amerikanisierung der Psychologie" nur auf diese Einflüsse reduzieren und dabei jene ignorieren, die im weitesten Sinne auch mit humanistischen Idealen oder Wertvorstellungen zu tun haben. Deshalb kann ich auch der Feststellung von Carl Friedrich Graumann nicht ganz zustimmen, der Begriff *Amerikanisierung* sei „[…] nur da gerechtfertigt, wo Ideen, Fragestellungen und deren Lösungen unkritisch übernommen und verbreitet wurden" (Graumann, 1996, S. 20). Vielmehr sehe ich in der Amerikanisierung eine Reihe von positiven Einflüssen, durch die die heutige deutsche Psychologie in ihren humanen Ansprüchen nicht denkbar ist. Ich illustriere das beispielhaft: a) am Einfluss der in die USA emigrierten Psychologinnen und Psychologen, b) an der Humanistischen Psychologie im Sinne von Carl R. Rogers, c) am umstrittenen Ansatz der „Humanisierung der Arbeit" und d) an der „Krise" der Sozialpsychologie und der Vernachlässigung der Menschlichkeit in Theorie und Empirie in den 1960er und 1970er Jahren:

Der Einfluss der Exilantinnen und Exilanten. Am 19. und 20. Juni 1952 hatten Horkheimer und Adorno zu einem Treffen ins Institut für Sozialforschung nach Frankfurt am Main eingeladen (Bock, 2018, S. 363 f.). Auf der Gästeliste standen deutsche Psychologen, mit denen die Kritischen Theoretiker das demokratische Potential der Sozialpsychologie und Soziologie ausloten wollten. Unter den Gästen des Treffens befanden sich u. a. die ehemaligen Emigranten Curt Bondy, Ernst Bornemann, Franz Neumann und Helmuth Plessner, aber auch Alexander Mitscherlich gehörte dazu sowie das ehemalige NSDAP-Mitglieder Wilhelm Brepohl. Philipp Lersch und Albert Wellek sollen ebenfalls anwesend gewesen sein. Unabhängig von den ideologischen Verstrickungen von Brepohl, Lersch und Wellek, von denen Adorno und Horkheimer sicher wussten, darf man dieses Treffen durchaus als beispielhaft für die Versuche der Exilanten nehmen, mit den Deutschen eine Grundlage für eine humanistisch-kritische Auseinandersetzung über Vergangenheit, Gegenwart und Zukunft zu finden. Gelungen ist es in den meisten Fällen nicht, Wirkung dürfte es indes doch hinterlassen haben. Die Arbeiten der Kritischen Theoretiker sind aus dem Kanon der sozialpsychologischen und soziologischen Grundlagentexte kaum noch wegzudenken (vgl. z. B. Decker, 2018; Salzborn, 2021).

1947 starb Kurt Lewin in den USA. 1953 erschien die deutsche Übersetzung von „Die Lösung sozialer Konflikte" mit einem Vorwort von Max Horkheimer (Lewin, 1953). Damit war der große Sozialpsychologe und Demokrat zumindest geistig wieder in Deutschland angekommen (siehe auch: Kap. 12). Es dauerte zwar noch einige Zeit. Aber mit den Werken Kurt Lewins kehrte nicht nur das von ihm in Deutschland entwickelte und in den USA verfeinerte sozialpsychologische Experimentieren zurück. Die Vielfalt der sozialpsychologischen Gegenstände kam in den nächsten Jahrzehnten wieder auf den Tisch einer *kritischen* und *humanistischen* Sozialpsychologie: Ideologien, Lebens- und Denkstile, kulturelle Tatbestände, Probleme der Gruppen und der Gruppenstruktur, Unterschiede zwischen ländlichen und städtischen Gemeinden, die Intelligenz einer Person, ihre Ziele, ihre Befürchtungen und ihre Persönlichkeit, ihr Krank- und Gesundsein, Stark- und Schwachsein usw. (Lewin, 1982, S. 189 f.; Original: 1939). Lewins Einfluss auf die deutsche Sozialpsychologie ist durchaus als positiver Teil einer „Amerikanisierung der deutschen Psychologie" zu lesen, auch wenn meist nur der „halbe" Lewin rezipiert wurde. Die oft zitierte Lewinsche Formel, Verhalten sei eine Funktion von Umwelt und Person ($V = f(P, U)$ ist eigentlich eine verkürzte Wiedergabe der Lewinschen Sozialpsychologie. Wolfgang Scholl (2007, S. 289) hat zu Recht darauf hingewiesen, dass mit dieser Verkürzung das individualistische Programm einer kognitiven Sozialpsychologie installiert wurde, in dem das Soziale nur noch als Abstraktion auftaucht. Andere Menschen erscheinen dann als soziale Umwelt, aber nicht als Subjekte, mit denen interagiert und kommuniziert wird. Die von Lewin ins Auge gefasste Vielfalt sozialpsychologischer Gegenstände, die „Probleme dynamischer Interdependenzen" (Lewin, 1982, S. 189) wird bei dieser Halbierung auf die individuelle Verarbeitung sozialer Informationen reduziert (siehe auch die Ausführungen zu Serge Moscovici im Kap. 17).

Neben Kurt Lewin haben auch andere Sozialwissenschaftlerinnen und Sozialwissenschaftler, die in die USA emigrierten, nach 1945 die deutschsprachige Psychologie beeinflusst. Man denke zum Beispiel an Fritz Heider, der 1930 in die USA ging und dort die Attributionsforschung begründete

(Heider, 1958; deutsch: 1977), an die bahnbrechenden kommunikationswissenschaftlichen Forschungen von Paul F. Lazarsfeld (Lazarsfeld et al., 1944; deutsch: 1969) und natürlich an Erich Fromm.

Die *Humanistischen Psychologie*. Anfang der 1960er Jahre gründeten Carl R. Rogers, Abraham Harold Maslow, Charlotte Bühler und andere die „Association for Humanistic Psychology". Dabei ist das „Humanistische" im Namen wörtlich zu nehmen. Den Humanistischen Psychologinnen und Psychologen ging und geht es darum, den Menschen in seiner ganzen Menschlichkeit, seiner Vernunft, seinen Gefühlen, seinen Beziehungen ernst zu nehmen, um ihm zu helfen, sich selbst zu verwirklichen und mit den Mitmenschen würdevoll sowie friedfertig umzugehen. „*Selbstthematisierung, Selbstaktualisierung* und *Selbstverwirklichung* hießen die neuen […] Losungsworte*" (Straub, 2014, S. 48; Hervorh. im Original). Es ist sicher besonders Carl Rogers (1969) zu verdanken, dass die Humanistische Psychologie in den 1970er und 1980er Jahren auch in Deutschland zu einem amerikanischen Exportschlager wurde. Das Menschenbild der Humanistischen Psychologie ist eine Mischung aus bürgerlichem Humanismus, Existentialismus und Phänomenologie. Das dialogische Prinzip Martin Bubers (Kap. 12) spielt ebenfalls eine wichtige Rolle sowie manche Arbeiten von „Freuds abtrünnigen Schülern" (Straub ebd., S. 25). Dass die humanistisch-psychologischen Praktiken, Therapien sowie Verfahren, und von denen gibt es viele, psychologisch wirksam sind, ist sicher keine Frage. Eine Gesellschaft lässt sich damit wohl nicht grundlegend humaner gestalten, einzelne Menschen vielleicht schon.

Humanisierung der Arbeit. Hinter diesen Ansätzen, die Ende der 1960er Jahre aus den USA nach Europa exportiert wurden, standen die immer wiederkehrenden Diskussionen über die Qualität des Arbeitslebens. Gegen den expandierenden Kapitalismus und das ungebremste ökonomische Wachstum setzten die Anhänger der Arbeitshumanisierung die „[…] freie Entfaltung der Persönlichkeit als Leitidee westlicher Gesellschaften" (Kleinöder et al., 2019, S. 61). Die darauf aufbauenden Konzepte und Projekte wurden durch „Human-Relation-Bewegung" initiiert, die sich in den 1920er und 1930er Jahren unter der Leitung von Elton Mayo, Fritz Jules Roethlisberger und William John Dickson aus der Harvard School of Business entwickelt hat und sich gegen den Taylorismus richtete. In den 1970er und 1980er Jahren setzten deutsche Gewerkschaften mit staatlicher Unterstützung zahlreiche Forschungsprogramme und praktische Projekte in Gang, um die industrielle Arbeitswelt zu vermenschlichen, zu humanisieren. Es ging um die Anerkennung der Menschenwürde im Arbeitsprozess, um humane Arbeitsgestaltung und um „Menschenführung". In den wissenschaftlichen Debatten wurden die Ansätze zu einer Humanisierung der Arbeit mit großer Skepsis begleitet. Entweder vermutete man hinter den Programmen Versuche des Kapitals, die menschliche Arbeitskraft noch intensiver für die Profitmaximierung dienstbar zu machen (z. B. Haug, 1977), oder es wurde auf die Potentiale verwiesen, die Beziehungen zwischen Mensch und Arbeit zu verbessern (z. B. Wiesner, 1980). In den Arbeitswissenschaften spielen diese Konzepte dagegen nach wie vor eine große Rolle, zum Beispiel, wenn schlanke Organisationshierarchien, selbstorganisierte Team- und Gruppenarbeit oder die Beteiligung der Mitarbeiterinnen und Mitarbeiter in der Arbeitsgestaltung eingefordert werden. Auch damit wird der Kapitalismus nicht abgeschafft, aber vielleicht genügend Druck für eine menschenfreundliche Arbeit erzeugt. Humanisierung der Arbeit bedeutet ja nicht nur die Verbesserung der Arbeitsbedingungen am Arbeitsplatz. Menschenfreundliche Arbeit heißt auch: gleiche Löhne bei gleicher Arbeit, Maßnahmen gegen Dumpinglöhne, Arbeitsverhältnisse ohne Benachteiligung von Menschen unterschiedlichen Geschlechts, unterschiedlicher Hautfarbe, ethnischer und sozialer Herkunft, klimafreundliche Arbeitsweisen weltweit usw.

Menschlichkeit in Theorie und Empirie. Manchmal könnte man meinen, die Geschichte der modernen Psychologie sei eine Geschichte von Krisen und Kontroversen (Galliker, 2016). Anfang des 20. Jahrhunderts stritten sich Psychologen im Rahmen einer „Gegenstandskrise" um den Gegenstand ihres Faches und den Methoden seiner Erforschung (siehe Kap. 11). In den 1970er Jahren vermutete man eine „Krise der Sozialpsychologie" (Mertens & Fuchs, 1978), eine der Psychodiagnostik (Pulver et al., 1978), eine „Krise der Methodologie" (Maschewsky, 1977). Mehrfach wird, um die Krisen überwinden zu können, ein Paradigmenwechsel in der Psychologie gefordert (Groeben & Scheele, 1977) oder ein „konkurrenzfreier Theorienpluralismus" (Herrmann, 1977). Im Mittelpunkt all dieser Krisen standen, wie kann es anders sein, der Mensch, seine Beschaffenheit und die Frage seiner Erforschung. Eine „Krise", die die Psychologie besonders beeinflusste, begann Anfang der 1960er Jahre, setzte sich bis in die frühen 1980er Jahre fort und hing ebenfalls mit der „Amerikanisierung der Psychologie" zusammen. Zunächst kreisten die Debatten um das Für und Wider experimenteller Designs, um Versuchsleiter-Effekte, Versuchspersonen-Motivationen, um die Täuschungen von Versuchspersonen, die Realitätsnähe von Experimenten etc. (vgl. z. B. Orne, 1962; Rosenthal, 1966) bzw. um – wie es später in der deutschsprachigen Psychologie hieß – die sogenannten Artefakte, um die Kunstprodukte, die „fehlerhaften Forschungsergebnisse" (Kriz, 1981, S. 56 ff.).

In den Diskussionen um die Artefakte in der (sozial-)psychologischen Forschung zeigte sich als bald, dass der gesamte Untersuchungsprozess potentiell artefaktgetränkt ist, dass Artefakte nicht nur in psychologischen Experimenten aufzutreten pflegen und dass es kaum Mittel und Wege zu geben scheint, den unerwünschten Forschungsergebnissen Herr zu werden. Die Folge: Mitte der 1980er Jahre ebbten die Diskussionen um die Artefaktanfälligkeit psychologischer Forschungen zwar ab. Ganz nutzlos waren die Debatten indes nicht. Die Bemühungen um die Verbesserung der experimentellen Methoden wurden vorangetrieben (z. B. Bredenkamp, 1980). Nichtexperimentelle, qualitative Forschungsmethoden gewannen an Ansehen (z. B. Kleining, 1982). Diskussionen über Kriterien und Maßstäbe psychologischen Forschens rissen nicht ab (z. B. Groeben & Westmeyer, 1975). Menschlichkeit und Subjekthaftigkeit rückten in den Mittelpunkt der Auseinandersetzungen um den psychologischen „Gegenstand" (z. B. Groeben & Scheele, 1977; Holzkamp, 1983). Die Kodifizierung ethischer Standards psychologischen Experimentierens und Forschens erhielt neuen Schwung (Schuler, 1980) und ging von der US-amerikanischen Gesellschaft für Psychologie (APA) aus. Äußere Anlässe waren die Kritiken an den zwei wohl bekanntesten sozialpsychologischen Experimenten, dem „Gehorsamkeitsexperiment" von Stanley Milgram und dem „Stanford-Experiment" von Philip Zimbardo. Milgram publizierte seine Untersuchungen zur „Gehorsamkeit gegenüber Autoritäten" erstmals 1963. 1974 erschien eine umfangreichere Übersicht (Milgram, 1974). Mit seinen Experimenten wollte er prüfen, ob und inwieweit Versuchspersonen Anweisungen einer Autoritätsperson folgen, die den moralischen Normen zu widersprechen scheinen. Dabei ging es Milgram auch darum, den psychologischen Wurzeln des Gehorsams auf die Spur zu kommen, der zur Ermordung von Millionen Juden durch die Nazis führte (Frindte & Geschke, 2021, S. 285). Mit dem nicht minder berühmten und in der Tradition der Milgram-Experimente stehenden *Stanford-Prison-Experiment* von Philip Zimbardo sollte erforscht werden, inwieweit das Verhalten von Personen und Gruppen durch die jeweilige Situation und die vorgegebenen sozialen Rollen bestimmt wird (Haney et al., 1973). Schon früh wurde die Generalisierbarkeit der Befunde aus beiden Experimenten bezweifelt und die Missachtung fundamentaler ethischer Prinzipien im Umgang mit den „Versuchspersonen" kritisiert (z. B. Baumrind, 1964). Nicht zuletzt in Folge dieser Kritiken überarbeitete die US-amerikanische Gesellschaft für Psychologie (APA) ihre „Ethic Standards", die 1947 entwickelt (Hobbs, 1948) und 1953 verabschiedet worden waren.

> **Supplementum**
>
> Bekanntlich verhalten sich Psychologinnen und Psychologen meist wie andere Menschen auch. Sie sind eitel, können arrogant sein, selbstsüchtig, klug, manchmal auch verlogen und in ihrem Verhalten skandalös usw. usf. Es ist deshalb kein Wunder, wenn gegen die ethischen Standards psychologischen Arbeitens auch heute hin und wieder verstoßen wird. Ein Beispiel: Im Juli 2015 erschien in der New York Times auszugsweise ein Bericht über geheime Absprachen zwischen der APA und dem US-amerikanischen Verteidigungsministerium. Der Bericht war unter Leitung von David Hoffman, einem ehemaligen Bundesanwalt, erstellt worden und stützte sich auf mehr als 50.000 Dokumente und 200 Interviews. Mitglieder der APA, so die Schlussfolgerungen des Untersuchungsberichts hatten sich systematisch am „Krieg gegen den Terror" beteiligt und Foltermethoden entwickelt, um Terrorverdächtige zum Reden zu bringen. Beim Einsatz derartige Methoden u. a. in Guantanamo oder Abu Ghraib sollen auch APA-Mitglieder anwesend gewesen sein. Damit hätte die APA gröblichst gegen die ethischen Standards der APA verstoßen. Daraufhin traten führende Vertreter der APA zurück und zahlreiche Psychologinnen und Psychologen traten aus der APA aus. 2015 verabschiedete die APA eine Resolution, nach es APA-Mitgliedern untersagt wurde, an Verhören des US-Militärs und der nationalen Sicherheit teilzunehmen. 2016 erweiterte die APA ihre ethischen Standards und legte nun fest, dass sich kein Mitglied der APA weder an grausamen, unmenschlichen oder entwürdigenden Behandlungen beteiligen noch diese in anderer Form unterstützen dürfe (APA, 2021; Elkins, 2016).

In den 1970er Jahren startete die Diskussion über ethische Standards psychologischen Forschens und Arbeitens auch in Deutschland. Die mittlerweile verbindlichen „Ethischen Richtlinien der DGPs und des BDP", also der Deutschen Gesellschaft für Psychologie (DGPs) und des Berufsverbandes Deutscher Psychologinnen und Psychologen (BDP), stützen sich in wesentlichen Passagen auf die „Ethic Standards" der APA. In der aktuellen Fassung der „Berufsethischen Richtlinien" von BDP und DGPs heißt es u. a.: „Psychologinnen und Psychologen: (1) achten die Würde des Menschen und respektieren diese in ihrem Handeln; (2) erkennen das Recht des Einzelnen an, in eigener Verantwortung und nach eigenen Überzeugungen zu leben; (3) handeln mit besonderer Verantwortung gegenüber den Menschen, mit denen sie umgehen" (DGPs, 2012). Der Bezug zu Artikel 1 des deutschen Grundgesetzes ist nicht zu übersehen. Das ist das Positive, das zu vermelden ist.

Vom rechten und linken Antisemitismus

Mit der Niederlage des Hitlerregimes wurde der Nazi-Ideologie in Westdeutschland die Legitimation entzogen. Die Alliierten unternahmen, zumindest in den ersten Nachkriegsjahren, große Anstrengungen, um der deutschen Bevölkerung unmissverständlich klar zu machen, dass rassistische und antisemitische Politik im Nachkriegsdeutschland nicht mehr möglich ist. Entnazifizierung, Umerziehung und verordneter Antisemitismus bestimmten zunächst die politischen Grundlinien der Alliierten im Umgang mit der deutschen Bevölkerung und den deutschen Institutionen.

Schon wenige Tage nach der Befreiung entwickelte sich in großen deutschen Städten wieder jüdisches Gemeindeleben. Am 1. April 1945 fand der erste jüdische Gottesdienst in Frankfurt am Main statt (Tauber, 1998) und am 29. April 1945 konstituierte sich der Vorstand der jüdischen Gemeinde in Köln. 1948 existierten bereits wieder über 100 jüdische Gemeinden in Deutschland; allerdings mit sehr geringen Mitgliederzahlen. Die deutsche Bevölkerung, beschämt durch die Konfrontation mit dem Massenmord der Nationalsozialisten, zeigte sich im ersten Nachkriegsjahr gegenüber den Juden eher freundlich eingestellt. Zumindest liefern die spärlichen Quellen zunächst nichts Gegenteiliges. Im zweiten Nachkriegsjahr, 1946, schien sich das schlagartig zu ändern. Antisemitische Einstellungen wurden nicht nur wieder öffentlich geäußert, antisemitische Diskriminierung wurde auch praktiziert. Zurückgeführt wird diese scheinbare Veränderung, die keine war, häufig auf die Konflikte zwischen Deutschen und den jüdischen „Displaced Persons" (DPs). Als DPs wurden die Flüchtlinge bezeichnet, die während des Nationalsozialismus in Arbeits- und Vernichtungslager verschleppt wurden und nach dem Krieg wieder in ihre Heimat bzw. nach Deutschland zurückkamen. Dabei handelte es sich um Zwangsarbeiter, Kriegsgefangene und ehemalige Konzentrationslagerhäftlinge. Im Verlaufe des Jahres 1945 verließen die meisten nichtjüdischen DPs Deutschland wieder, die Zahl der jüdischen DPs dagegen stieg an. Im Sommer 1947 lebten etwa 145.000 jüdische DPs in Deutschland. Das Anwachsen der Zahl der *jüdischen* DPs hing nicht zuletzt mit den Pogromen zusammen, die nach 1945 in Polen stattfanden und denen rund tausend Juden zum Opfer fielen (Brenner, 1995, S. 25 ff.). So wurden im Juli 1946 im polnischen Kielce 40 Juden ermordet und mehr als 80 verletzt. Der Anlass war wieder einmal ein Gerücht, das Gerücht, Juden hätten einen christlichen Jungen entführt. Tatsächlich war der Junge auf Besuch bei der

Großmutter und kam zwei Tage nach seinem Ausflug wieder zu den Eltern zurück.

Nun kamen also diese „Ostjuden" ins Land der Täter und passten so gar nicht mehr ins deutsche Bild der „eigenen Juden". Ablehnung, Diskriminierung und die Drohung, die Gaskammern würden noch existieren, waren offenbar keine seltenen Reaktionen, mit denen die Deutschen die jüdischen DPs empfingen (Benz, 2000, S. 57).

Dass die Deutschen nicht nur auf die DPs reagierten, sondern die antisemitischen Reaktionen Ausdruck der eingeschliffenen antisemitischen Einstellungen waren, zeigte eine von der US-Militärregierung im Dezember 1946 durchgeführte Umfrage (OMGUS-Surveys) unter den Deutschen in der amerikanischen Besatzungszone. Danach äußerte jeder fünfte Befragte (18 %) im hohen Maße antisemitische Vorurteile; sie wurden als „starke (intense) Antisemiten" eingestuft, weitere 21 % klassifizierte man als „Antisemiten" und noch einmal 22 % als „Rassisten" (Merritt & Merritt, 1970, S. 146). Im April 1948 wurde die Studie wiederholt. Nun fanden die Befrager noch 19 % Antisemiten, 14 % stark antisemitisch eingestellte Personen und 26 % Rassisten. Im Herbst 1949 kam das neugegründete *Institut für Demoskopie* in Allensbach in einer repräsentativen Umfrage zu dem Ergebnis, dass sich etwa ein Zehntel der befragten Deutschen als antisemitisch einschätzte und 28 % sich gegenüber den Juden ablehnend bzw. reserviert äußerten (Institut für Demoskopie 1986).

Nichtsdestotrotz: Die offizielle Politik der Bundesrepublik Deutschland richtete sich von Anfang an auch gegen Antisemitismus. Mit Bundespräsident Theodor Heuss bekannte sich im Dezember 1949 erstmals ein führender Repräsentant des bundesdeutschen Staates angesichts der „teuflischen Verbrechen" am jüdischen Volk zu einer *Kollektivscham* aller Deutschen. Eine *Kollektivschuld* als Umkehrung der kollektiven Verfolgung der Juden lehnte Heuss dagegen ab (Becker & Vogt, 2012, S. 41). Dennoch oder eben deswegen: Die seit Jahrzehnten verfestigten antisemitischen Vorurteile in der deutschen Bevölkerung ließen sich weder durch die Umerziehungsbemühungen der Alliierten noch durch offizielle politische Appelle „aus den Köpfen zu löschen".

Im September 1959 wurde die Kölner Synagoge in der Roonstraße feierlich eingeweiht, um drei Monate später, am Weihnachtsabend, mit antisemitischen Parolen beschmiert zu werden. Diesem Anschlag auf die Kölner Synagoge folgte 1960 eine Welle antisemitischer Schmierereien. Bis Ende Januar 1960 wurden 685 Fällen registriert. Peter Schönbach, der damals am *Institut für Sozialforschung* in Frankfurt a. Main arbeitete und sich mit den Hintergründen und Erscheinungen dieser antisemitischen Inszenierungen beschäftigte, führte daraufhin den Begriff des „sekundären Antisemitismus" ein. Schönbach diagnostizierte damit einen reprivatisierten, nichtmilitanten, nicht-fanatischen und „entideologisierten Antisemitismus" in der Bundesrepublik Deutschland (Schönbach, 1961).

Das politische Bemühen, die nationalsozialistische Vergangenheit zu bewältigen und die Frage der Wiedergutmachungszahlungen für das den Juden zugefügte Leid öffentlich und auf parlamentarischer Ebene zu thematisieren, hatte keineswegs nur die gewünschten Ergebnisse. 1949 betonten noch 54 % der Bundesdeutschen die Pflicht zur Wiedergutmachung gegenüber den deutschen Juden und 1951 plädierten sogar 68 % dafür, den Juden, die gelitten hatten, zu helfen. Ein Jahr später indes lehnten 68 % der Bundesbürger jegliche Zahlung an Israel ab oder hielten sie für überhöht (Noelle & Neumann, 1956). Dass weite Teile der Bevölkerung mit den Wiedergutmachungszahlungen nicht einverstanden waren, hatte einerseits ökonomische Gründe und hing zum anderen mit der Ablehnung vieler Deutscher zusammen, eine Verantwortung für nationalsozialistischen Verbrechen zu übernehmen. Die ökonomischen Gründe mögen ja nachvollziehbar sein; wer gibt schon, wenn er gerade sein neu gebautes Haus mit Hypotheken belastet hat.

Supplementum

Im deutschen Sprachraum verweist das Wort „Wiedergutmachung" auf Synonyma, wie Erstattung, Entschädigung, Ausgleich oder Gegenwert. Das heißt, damit werden soziale, politische oder juristische Prozesse beschrieben, in denen Personen oder Gruppen nach erlittenen materiellen, finanziellen, physischen oder psychischen Verlusten, Nachteilen oder Schädigungen einen entsprechenden Ausgleich erhalten, sodass die ursprünglichen Lebenslagen dieser Personen oder Gruppen wieder (gut) hergestellt werden können. Aber: Sechs Millionen Jüdinnen und Juden, die in den Vernichtungslagern ermordet wurden, lassen sich ebenso wenig *wiedergutmachen,* wie die physischen und psychischen Leiden der Überlebenden und ihrer Nachkommen. Niemand kann ernsthaft daran denken, dass Jüdinnen und Juden für die Gräuel des Nationalsozialismus entschädigt werden können; jeder Versuch konnte deshalb nur eine symbolische Handlung bleiben. So ist es auch konsequent, wenn im Hebräischen das „Wiedergutmachung" in diesem Zusammenhang auch gar nicht verwendet wird, sondern von „Shilumim" gesprochen wird, was auf Deutsch schlicht und einfach „Zahlungen" bedeutet. Die gesetzlichen Bestimmungen, um aufgrund der Schäden an Leib und Seele finanzielle Entschädigung zu erhalten, waren indes äußerst kompliziert. Das sogenannte Bundesentschädigungsgesetz (am 29. Juni 1956 rückwirkend zum 1. Oktober 1953 verabschiedet) sah einen sehr umfangreichen Prozess vor, den Holocaust-Überlebende zu durchlaufen mussten, um von der Bundesrepublik für ihr Leiden im Nationalsozialismus „entschädigt" zu werden (Pross, 1988,

> S. 133 f.). Zunächst hatten die Antragsteller ein Formular auszufüllen und anzugeben, welche „Schäden an Körper und Gesundheit" sie erlitten haben. „Unter Angabe von Beweismitteln" mussten sie dann aufschreiben, durch welche „Verfolgungsmaßnahmen" die Schäden verursacht wurden. Weiterhin war anzugeben, bei welchen Ärzten und in welchen Krankenhäusern und Sanatorien die Antragsteller bisher behandelt wurden. Schließlich musste detailliert Auskunft gegeben werden über die eigenen wirtschaftlichen und persönlichen (finanziellen) Verhältnisse vor der Verfolgung. Danach wurde durch das Entschädigungsamt ein Arzt am Wohnort (in Israel oder Deutschland) des Verfolgten beauftragt, ein Gutachten anzufertigen. Der Gutachter musste sämtliche Leiden des Antragstellers auflisten und die Minderung der Erwerbsfähigkeit errechnen. Anschließend hatte der Arzt festzustellen, welche Leiden durch die Verfolgung verursacht sein könnten und in welcher Form diese Ursachen aufgetreten sind; ob es sich um ein „anlagebedingtes Leiden" handelt oder ob das Leiden wesentlich durch die Verfolgung bedingt ist. Die Gutachten der Ärzte wurden anschließend in den deutschen Entschädigungsämtern durch deutsche Prüfärzte beurteilt. Erst dann konnte eine Entscheidung für oder gegen den Antragsteller gefällt werden. Allerdings wurden zahlreiche Anträge auf Entschädigung abgelehnt; nicht zuletzt, weil manche Prüfärzte in Deutschland bis in die 1960er Jahre einer „vorherrschenden medizinischen Lehrmeinung" bzw. einem dominierenden medizinischen Paradigma folgten, das besagte: Eine verfolgungsbedingte psychische Schädigung kann es nicht geben, weil der menschliche Organismus auch bei schweren psychischen Traumata in der Lage sei, die Belastungen sehr schnell auszugleichen und zu kompensieren (Durst, 2002, S. 3). Viele Überlebende unterließen es deshalb, einen Entschädigungsantrag zu stellen – auch aus Angst, durch das Entschädigungsverfahren Erinnerungen an die im Konzentrationslager erlittenen Qualen erneut durchleben zu müssen. Andere wollten den deutschen Behörden gegenüber nicht als Bettler auftreten oder sich auf die ehemaligen Verfolger einlassen (vgl. auch: Volmer-Naumann 2009, S. 566). Letztlich wurde die individuelle „Wiedergutmachung" in der Bundesrepublik „institutionell eingekapselt" und auf die Gutachter übertragen. Sowohl die deutschen als auch die israelischen Gutachter mussten nicht nur die Bürde der Begegnung mit den Opfern tragen. Oftmals waren die israelischen Gutachter selbst Verfolgte des Nazi-Regimes (Rieck & Eshet, 2009).

Bedenkt man, dass, wenn in der frühen Bundesrepublik über Juden diskutiert wurde, vornehmlich die Wiedergutmachungszahlen an den Staat Israel und der 1961/1962 in Jerusalem stattgefundene Prozess gegen den SS-Obersturmbannführer Adolf Eichmann im Fokus der öffentlichen Aufmerksamkeit standen, drängt sich eine weitere Frage auf: Könnte es sein, dass mit dieser Fokussierung der falsche Schein entstand, die Juden, auch die in Deutschland lebenden, verkörperten Israel; Israel und Judentum seien quasi identisch?

Vielleicht war es gerade dieser falsche Schein, der in den 1960er Jahren mit dazu beitrug, dass sich die bundesdeutsche Gesellschaft in ihrer Einstellung gegenüber dem Staat Israel zunehmend zu spalten begann. *Zum Ersten* bewunderten viele Deutsche die enorme Aufbauleistung in Israel und brachten auch der Kibbuzim-Bewegung viel Sympathie entgegen. *Zum Zweiten* organisierte sich die extreme Rechte neu. Nachdem im Jahre 1952 die „Sozialistische Reichspartei" (SRP) vom Bundesverfassungsgericht verboten worden war, gründete sich 1964 die NPD. Am 6. November 1966 erreichte die NPD bei der hessischen Landtagswahl 7,9 % und acht Mandate. 1967 folgten Bayern mit 7,4 %, Rheinland-Pfalz mit 6,9 %, Schleswig–Holstein mit 5,8 %, Niedersachsen mit 7,0 %, Bremen mit 8,9 % und Baden-Württemberg mit 9,8 %. Die Mitgliederzahl erreichte im selben Jahr mit 28.000 Mitgliedern ihren Höchststand (Assheuer & Sarkowicz, 1992). *Zum Dritten* betrachtete die politische Linke in dieser Zeit die kapitalistische Entwicklung bzw. die israelische Innen- und Außenpolitik zunehmend skeptisch. Spätestens mit dem Sechs-Tage-Krieg im Juni 1967, drei Tage nach dem *Benno Ohnesorg* während einer Demonstration gegen das Schah-Regime erschossen wurde, nahm die linke Israelkritik antizionistische Züge an. Regierung und Springer-Presse feierten indes den Sieg Israels mit einer Blitzkriegsbegeisterung. Die „Neuen Linken 68er" kritisierten in diesem Zusammenhang nicht nur die zögerliche Aufarbeitung der Nazivergangenheit der Väter und Großväter, sondern verurteilten – quasi in einem Aufwasch – Israel als „imperialistisch-faschistisches Staatsgebilde". Die palästinensische *Al Fatah* wurde zum avantgardistischen Akteur der sozialrevolutionären Umwandlungsprozesse in der Dritten Welt stilisiert und die Juden als „Faschisten" beschimpft, „die in Kollaboration mit dem amerikanische Kapital das palästinensische Volk ausradieren wollen". In diesen Kontext gehört auch der gescheiterte Bombenanschlag auf das jüdische Gemeindehaus in Westberlin am 9. November 1969. Der Anschlag wurde von der linken Stadtguerillatruppe „Tupamaros West-Berlin" verübt. Im Bekennerschreiben, das vier Tage nach dem Attentat mit dem Titel „Schalom+Napalm" erschien, hieß es u. a., die Überlebenden der Shoa seien Faschisten geworden, weil sie das palästinensische Volk ausradieren wollen. Linke Aktivisten, wie Detlev Claussen oder Daniel Cohn-Bendit, wandten sich entschieden gegen derartige Angriffe auf jüdische Einrichtungen in Deutschland, sahen aber in den jüdischen Gemeinden auch „Zentren der Finanzierung des zionistischen Staates" (zit. n. Stein, 2011, S. 50 f.).

Der linke Antisemitismus im antizionistischen Gewande verschärfte sich noch einmal, als die israelische Armee 1982 die Libanon-Invasion startete und das von christlichen Milizen durchgeführte Massaker in den Flüchtlingslagern von Sabra und Schatila bekannt wurde. Die Etikettierungen, die die radikalen Linken dabei in ihren Argumentationen nutzten, glichen denen, die auch den verordneten Antizionismus in den sozialistischen Ländern kennzeichneten: Der Zionismus wurde als „Ideologie jüdischer Kapitalisten" bezeichnet, eine „ideologische Verwandtschaft zwischen dem Antisemitismus des NS-Faschismus und dem Zionismus" konstatiert und der „Zionistenstaat" als imperialistischer „Brückenkopf gegen die nationalen Befreiungsbewegungen" und als „der Feind aller Menschen" betrachtet (alle Zitate n. Haury, 1992, S. 125 ff.).

Was die politische Kultur betrifft, so könnte man vielleicht behaupten, der erfolgreiche Wiederaufbau Deutschlands und die Einführung rechtsstaatlicher und demokratischer Prinzipien in der Bundesrepublik mögen einen Rückgang des Antisemitismus befördert haben. Frederick Weil (1987), der sich auf Befunde des Instituts für Demoskopie stützt, schlussfolgert, dass die Zustimmung zu der Aussage „Würden Sie sagen, es wäre besser, keine Juden im Land zu haben" zwischen den Jahren 1952 und 1983 von 37 % auf 9 % zurückgegangen sei. Die von Alphons Silbermann 1974 durchgeführte Studie scheint dem zu widersprechen (Silbermann, 1982). Silbermann berichtet, dass ca. 20 % der Befragten mehr oder weniger starke antisemitische Vorurteile äußerten, 30 % tolerant gegenüber Juden seien und ca. 50 % zumindest noch Reste antisemitischer Einstellungen aufwiesen. Obwohl Bergmann und Erb (1991, S. 60) Silbermanns Ergebnisse „mehr als kühn" bezeichnen, gehen auch sie für die 1970er und 1980er Jahre von einem stabilen Rest von Antisemiten aus, der je nach gewählter Analysemethode etwa 15 bis 20 % der Bevölkerung betrage. 1987 konstatieren sie auf der Grundlage einer repräsentativen Befragung von 2102 westdeutschen Erwachsenen, dass 6,9 % der Befragten als „vehement antisemitische", 11,6 % als „stark antisemitisch" und 33,2 % als „potentiell antisemitisch" eingestuft werden können (Bergmann & Erb, 1991, S. 61).

In dieser Zeit zeigte sich eine inhaltliche Veränderung des Judenbildes. Die Stereotype vom „feigen", „arbeitsscheuen" und „schachernden" Juden kleiden sich im neuen Gewand des „nachtragenden" und des „nie verzeihenden" Juden, der aus der Shoa finanziellen Nutzen zu ziehen versucht (vgl. auch Freytag, 2000, S. 59). Flankiert wurde diese Einstellung durch Uminterpretationen der Judenverfolgung und -vernichtung, sowie der Zuschreibung einer Mitschuld der Juden an ihrer Verfolgung. Theaterstücke, wie Rainer Werner Fassbinders Stück „Der Müll, die Stadt und der Tod" aus dem Jahre 1985, in dem der reiche jüdische Immobilienspekulant u. a. auf einen überzeugten Nazi trifft, skandalisierten das Verhältnis zwischen Juden und Nichtjuden und zeigten, wie stark dieses Verhältnis noch immer von der deutschen Schlussstrichmentalität belastet war. Das wird auch in den nachfolgenden Jahren so bleiben und sich im vereinten Deutschland u. a. in der Walser-Bubis-Debatte wiederfinden lassen (Scheit, 2009).

Und doch gab es Hoffnung. Anfang 1979 strahlten die Dritten Programme des Ersten Deutschen Fernsehens eine deutsche Übersetzung der US-amerikanischen Fernsehserie „Holocaust – Die Geschichte der Familie Weiss" aus. Zum ersten Mal wurde im deutschen Fernsehen das Thema Judenverfolgung und -vernichtung in Form einer Spielfilmhandlung behandelt. Insgesamt hatte die Serie für deutsche Verhältnisse eine sehr hohe Sehbeteiligung von zirka 43 bis 48 %. Das bedeutet, dass jeder zweite Erwachsene die Serie gesehen haben muss. Vor allem Jüngere, Männliche, Gebildetere und politisch Interessierte gehörten offenbar zu den Zuschauerinnen und Zuschauern. Vor und nach der Ausstrahlung der Serie wurde durch ein Meinungsforschungsinstitut eine Befragungsstudie als Längsschnitt mit vier Erhebungswellen durchgeführt (Weichert, 1980). 73 % urteilten über die Fernsehserie positiv, sieben Prozent negativ, zwanzig Prozent hatten keine Meinung. Mehr als die Hälfte sprach von Erschütterung, Scham und Tränen. Neun Prozent der Zuschauer zeigten sich aber auch empört darüber, dass „man uns Deutsche auf diese Weise verunglimpft". Die Zahl derer, die eine Mitschuld aller Deutschen an der Vernichtung der Juden anerkannten, stieg von 16 % vor der Ausstrahlung der Sendung auf 22 % nach der Ausstrahlung. Ebenso nahmen die Zustimmung zu, Entschädigungsleistungen und die Empörung über Bestrebungen zu, NS-Verbrechen verjähren zu lassen (Ernst, 1980). Ob und wie derartige filmische Darstellungen der Shoa von den Rezipienten aufgenommen werden, hängt allerdings entscheidend davon ab, ob sich die Rezipienten mit den Opfern oder mit den Tätern identifizieren. So konnten Hormuth und Stephan (1981) in einer experimentellen Studie zeigen, dass Zuschauerinnen und Zuschauer, die sich beim Ansehen der Fernsehserie mit den Nazis und nicht mit den Opfern identifizierten, eher den Juden die Schuld für die nationalsozialistischen Verbrechen gaben.

Am Ende der 1980er Jahre, so lässt sich zusammenfassen, haben wir es in der BRD zum *einen* mit den staatlichen Tabus und einer Kommunikationslatenz zu tun. Das heißt, Es gibt zwar einerseits antisemitische Einstellungen in der westdeutschen Bevölkerung, die aber andererseits nicht in die Öffentlichkeit drängen. Zum *zweiten* existieren diese Einstellungen nicht im luftleeren Raum, sondern gehören zur Weltsicht eines nicht kleinen Teils der deutschen Bevölkerung. *Drittens* werden die Tabus und Kommunikationsverbote immer häufiger durchbrochen, weil, so Bergmann und Erb (1986, S. 229 ff.), Teile der Nachkriegsgeneration durch die „Gnade der späten Geburt" selbst nicht in die NS-Verbrechen ihrer Väter involviert waren und keine Verantwortung mehr übernehmen wollten. *Viertens* fand der Antisemitismus durch den Antizionismus der Linken oder durch die Geschichtsrelativierung neurechter Akteure immer wieder auch Eingang in die öffentlichen Kommunikationsräume. Und *fünftens* wurden die ambivalenten öffentlichen und privaten Diskussionen über Verantwortung, Shoa und dem Verhältnis zwischen Juden und Deutschen durch einen Streit deutscher Historiker und Philosophen flankiert, der als Historikerstreit zur jüngsten deutschen Geschichte gehört und sich 1986/1987 in der Bundesrepublik abspielte. Opponenten im Streit waren Ernst Nolte, Andreas Hillgruber, Michael Stürmer und Klaus Hildebrand, denen Jürgen Habermas, Hans Mommsen und einige andere „Geschichtsrevisionismus" vorwarfen Die Auseinandersetzungen drehten sich u. a. um die Einzigartigkeit der nationalsozialistischen Verbrechen und darum, inwieweit die Shoa als Folge der vorausgegangenen stalinistischen Verbrechen verstanden werden müsse. Sieger im Streit, in dem es auch darum ging, wer in der Bundesrepublik die kulturelle Hegemonie innehat, gab es am Ende wohl nicht (Kailitz, 2008). Geblieben ist das große Wort vom *Verfassungspatriotismus,* ein Begriff, den der Politikwissenschaftler *Dolf Sternberg* 1970 (1907–1989) erstmals in die öffentliche Debatte einführte und den Jürgen Habermas gegen die Geschichtsrevisionisten in Stellung brachte: „Der einzige Patriotismus, der uns dem Westen nicht entfremdet, ist ein Verfassungspatriotismus. Eine in Überzeugungen verankerte Bindung an universalistische Verfassungsprinzipien hat sich leider in der Kulturnation der Deutschen erst nach – und durch – Auschwitz bilden können" (Habermas, 1986). Und so ließe sich schlussfolgern: Wenn die deutsche Gesellschaft den Humanismus nicht nur auf den Artikels 1 im Grundgesetz reduzieren will, sondern ihn, den Humanismus, auch zur wichtigen Praxisform machen möchte, muss der Kampf gegen Antisemitismus zum kategorischen Imperativ gehören.

Literatur

Adorno, T. W. (1957). Replik auf Peter R. Hofstätter. *Kölner Zeitschrift für Soziologie und Sozialpsychologie, 9*, 106–117.

Adorno, T. W. (2003). *Frankfurter Adorno Blätter, Band VIII,* herausgegeben von Rolf Tiedemann. Wallstein Verlag/edition text + kritik.

Amberger, A. (2017). „Aufrechter Gang" und Scheitern. In A. Amberger & T. Möbius (Hrsg.), *Auf Utopias Spuren* (S. 229–247). Springer VS.

American Psychological Association. (2021). *Revision of Ethics Code Standard 3.04 (Avoiding Harm)*, American Psychological Association. Quelle: https://www.apa.org/ethics/code/standard-304. Zugegriffen: 7. Juni 2021.

Ash, M. G. (2004). Zeitpunkte. *Psychologische Rundschau, 55*(3), 107–117.

Assheuer, T., & Sarkowicz, H. (1992). *Rechtsradikale in Deutschland, Die alte und die neue Rechte.* Beck.

Baldus, M. (2016). *Kämpfe um die Menschenwürde: Die Debatten seit 1949.* Suhrkamp Verlag.

Baudrillard, J. (2010). *Im Schatten der schweigenden Mehrheiten oder Das Ende des Sozialen.* Matthes & Seitz.

Baumrind, D. (1964). Some thoughts on the ethics of research: After reading Milgram's "Behavioral Study of Obedience". *American Psychologist, 19*(6), 421–423.

Becker, E. W., & Vogt, M. (2012). Einführung. Die andere Seite der Macht: Die Autorität des Bundespräsidenten, Briefe von Theodor Heuss 1949–1954. In Stiftung Bundespräsident-Theodor-Heuss-Haus (Hrsg.), *Theodor Heuss. Stuttgarter Ausgabe, Briefe.* (S. 15–65). Walter de Gruyter.

Benz, W. (2000). Reaktionen auf den Holocaust. Antisemitismus, Antizionismus und Philosemitismus. In O. Romberg & S. Urban-Fahr (Hrsg.), *Juden in Deutschland nach 1945: Bürger oder „Mit"-Bürger.* (S. 54–68). Berlin: Bundeszentrale für politische Bildung.

Bergmann, W., & Erb, R. (1986). Kommunikationslatenz, Moral und öffentliche Meinung. Theoretische Überlegungen zum Antisemitismus in der Bundesrepublik Deutschland. *Kölner Zeitschrift für Soziologie und Sozialpsychologie, 38*, 223–246.

Bergmann, W. & Erb, R. (1991). *Antisemitismus in der Bundesrepublik Deutschland. Ergebnisse der empirischen Forschung 1946 – 1989.* Leske und Budrich.

Bialas, W. (2010). *Politischer Humanismus und „verspätete Nation". Helmuth Plessners Auseinandersetzung mit Deutschland und dem Nationalsozialismus.* Vandenhoeck & Ruprecht

Bloch, E. (1970; Original: 1963). *Tübinger Einleitung in die Philosophie.* Suhrkamp Taschenbuch.

Bloch, E, (1985a, Original: 1954–1959). *Das Prinzip Hoffnung.* Bloch Gesamtausgabe, Bd. 5. Suhrkamp.

Bloch, E, (1985b; Original: 1961). *Naturrecht und menschliche Würde.* Bloch Gesamtausgabe, Bd. 6. Suhrkamp.

Bloch, K., & Schröter, W. (Hrsg.). (1988). *„Lieber Genosse Bloch...". Briefe Rudi Dutschkes an Karola und Ernst Bloch 1968–1979.* Talheimer.

Bock, W. (2018). *Dialektische Psychologie. Adornos Rezeption der Psychoanalyse.* Springer VS.

Bock, W. (2019). Autoritarismus in Deutschland. In Oliver Decker & Christoph Türcke (Hrsg.), *Autoritarismus. Kritische Theorie und Psychoanalytische Praxis* (S. 177–197). Psychosozial-Verlag.

Bonnemann, J. (2009). Sartre und die Macht der Dinge. Überlegungen zum Wechselverhältnis zwischen Handlung und Welt. *Phänomenologische Forschungen*, (S. 5–36).

Borchert, W. (1960). Draußen vor der Tür. In *Draußen vor der Tür und andere ausgewählte Erzählungen*. Rowohlt Taschenbuch.

Borchert, W. (1960). Das ist unser Manifest. In *Draußen vor der Tür und andere ausgewählte Erzählungen*. Rowohlt Taschenbuch.

Brandl, L. (2020). Festhalten am Menschen: Jean Amérys Kritik an Michel Foucault. *Le foucaldien, 6*(1), 1–23.

Brecht, B. (2013). *Die Dreigroschenoper: Nach John Gays „The Beggar's Opera"*. Suhrkamp Verlag.

Bredenkamp, J. (1980). *Theorie und Planung psychologischer Experimente*. Dietrichs Steinkopff Verlag.

Brenner, M. (1995). *Nach dem Holocaust. Juden in Deutschland 1945–1950*. Beck.

Brumlik M. (2012). Die Schuld der Väter. In Meike Sophia Baader, Johannes Bilstein & Toni Tholen (Hrsg.), *Erziehung, Bildung und Geschlecht*. (S. 403–413). VS Verlag.

Buhr, M. (1960). Kritische Bemerkungen zu Ernst Blochs Hauptwerk „Das Prinzip Hoffnung". *Deutsche Zeitschrift für Philosophie, 8*(4), 365–379.

De Bruyn, G. (1991). Deutschland als geistige Lebensform: Rede in Lübeck zur Thomas-Mann-Preisverleihung am 6. Mai 1990. *Thomas Mann Jahrbuch, 4*, 136–144.

Decker, O. (Hrsg.). (2018). *Sozialpsychologie und Sozialtheorie*. Springer VS.

Derrida, J. (1985; Original: 1983). *Apokalypse*. Böhlau Verlag.

DGPs. (2021). Berufsethische Richtlinien. Quelle: https://www.dgps.de/index.php?id=85#c2001809. Zugegriffen: 30. März 2021.

Durst, N. (2002). Emotional wounds that never heal. *Jewish Political Studies Review, 14*(3/4), 119–129.

Dutschke, R. (1974). *Versuch, Lenin auf die Füße zu stellen. Über den halbasiatischen und den westeuropäischen Weg zum Sozialismus. Lenin, Lukacs und die Dritte Internationale*. Wagenbach Verlag.

Dwars, J.-F. (1998). *Abgrund des Widerspruchs. Das Leben des Johannes R. Becher*. Aufbau-Verlag.

Elkins, D. N. (2016). The American psychological association and the Hoffman report. *Journal of Humanistic Psychology, 56*(2), 99–109.

Ernst, T. (1980). „Holocaust" in der Bundesrepublik: Impulse, Reaktionen und Konsequenzen der Fernsehserie aus der Sicht politischer Bildung. *Rundfunk und Fernsehen, 28. Jahrgang, Heft, 4*, 509–533.

Ferretti, A., & Bernhard, P. (2007). Pazifismus per Gesetz? Krieg und Frieden in der westdeutschen Verfassungsdiskussion, 1945–1949. *Militärgeschichtliche Zeitschrift, 66*(1), 45–70.

Foucault, M. (1973; Original: 1969). *Archäologie des Wissens*. Suhrkamp Taschenbuch.

Foucault, M. (1976). *Überwachen und Strafen: Die Geburt des Gefängnisses.* Suhrkamp Taschenbuch.
Foucault, M. (1986; Original: 1984). *Der Gebrauch der Lüste.* Suhrkamp Taschenbuch.
Foucault, M. (2008; Original: 1966). Die Ordnung der Dinge – Eine Archäologie der Humanwissenschaften. In *Michel Foucault, Die Hauptwerke*, herausgegeben von Axel Honneth & Martin Saar. Suhrkamp Taschenbuch.
Frank, C. (1995). Entnazifizierung. Über das Gesetz zur Befreiung von Nationalsozialismus und Militarismus. Quelle: http://www.doku-archiv.com/zgs/denazificat/adenazi.htm. Zugegriffen: 23. März 2021.
Frei, N. (1996). *Vergangenheitspolitik: Die Anfänge der Bundesrepublik und die NS-Vergangenheit.* Beck.
Frei, N. (2014). Kollektivschuldthese und Vergangenheitspolitik: Thomas Mann im politischen Horizont der Nachkriegsdeutschen. *Thomas Mann Jahrbuch, 27,* 9–16.
Freyenhagen, F. (2018). Was ist orthodoxe kritische Theorie? In R. Dannemann, H. W. Pickford, & H.-E. Schiller (Hrsg.), *Der aufrechte Gang im windschiefen Kapitalismus* (S. 141–154). Springer VS.
Freytag, R. (2000). Antisemitismus im Nachkriegsdeutschland. In D. Sturzbecher & R. Freytag (Hrsg.), *Antisemitismus unter Jugendlichen* (S. 49–75). Hogrefe.
Frindte, W. & Geschke, D. (2021). Stanley Milgram: Obedience to Authority. An Experiment View. In S. Salzborn (Hrsg.), *Klassiker der Sozialwissenschaften*, (S. 284–289). Springer VS.
Fuhrmann, U. (2017). *Die Entstehung der „Sozialen Marktwirtschaft" 1948/49.* UVK Verlagsgesellschaft.
Galliker, M. (2016). *Ist die Psychologie eine Wissenschaft?* Springer VS.
Gerst, T. (1994). Der Auftrag der Ärztekammern an Alexander Mitscherlich zur Beobachtung und Dokumentation des Prozessverlaufs. *Deutsches Ärzteblatt, 91,* 1037–1046.
Gramm, C. (1990). Ernst Bloch als politischer Rechtsphilosoph. *Archiv für Rechts- und Sozialphilosophie, 76*(2), 244–254.
Graumann, C. F. (1996). Einführung in die Geschichte der Sozialpsychologie. In W. Stroebe, M. Hewstone & G. M. Stephenson (Hrsg.). *Sozialpsychologie. Eine Einführung.* (S. 3–23). Springer.
Groeben, N. & Scheele, B. (1977). *Argumente für eine Psychologie des reflexiven Subjekts.* Steinkopff.
Groeben, N., & Westmeyer, H. (1975). *Kriterien psychologischer Forschung.* Juventa Verlag.
Grundgesetz für die Bundesrepublik Deutschland. Quelle: https://www.bundestag.de/gg. Zugegriffen: 01. März 2021.
Gursch, P. (2008). Gewalt als Widerstandsrecht? *Herbert Marcuse.* In A. Straßner (Hrsg.), *Sozialrevolutionärer Terrorismus* (S. 115–124). VS Verlag.

Habermas, J. (1981a). Die Moderne – ein unvollendetes Projekt. In *Kleine politische Schriften I-IV*, S. 444–464. Frankfurt a. M.: Suhrkamp.
Habermas, J. (1981b). *Theorie des kommunikativen Handelns*. Suhrkamp.
Habermas, J. (1985). *Der philosophische Diskurs der Moderne*. Suhrkamp Taschenbuch.
Habermas, J. (1986). Eine Art Schadensabwicklung. Die apologetischen Tendenzen in der deutschen Zeitgeschichtsschreibung. In Die Zeit, 11. Juli 1986. https://www.zeit.de/1986/29/eine-art-schadensabwicklung. Zugegriffen: 2. Aug. 2021.
Haney, C., Banks, W. C., & Zimbardo, P. G. (1973). A study of prisoners and guards in a simulated prison. *Naval research reviews, 9*, 1–17.
Haug, F. (1977). Arbeitspsychologie zwischen Kapital und Arbeit. *Kritische Psychologie (II) Argument-Sonderbände, 15*, 72–83.
Haury, T. (1992). Zur Logik des bundesdeutschen Antisemitismus. In L. Poliakov (Hrsg.), *Vom Antizionismus zum Antisemitismus* (S. 125–155). Ça Ira.
Heider, F. (1958). *The psychology of interpersonal relations*. Wiley.
Heider, F. (1977). *Psychologie der interpersonalen Beziehungen*. Klett-Cotta.
Heine, H. (1968; Original: 1834). Aus den Memoiren des Herrn von Schnabelewopski. In *Heinrich Heine Werke, Band 2*. Insel Verlag.
Herrmann, T. (1979). *Psychologie als Problem*. Klett-Cotta.
Hobbs, N. (1948). The development of a code of ethical standards for psychology. *American Psychologist, 3*(3), 80.
Hofstätter, P. R. (1956). Zur Frage der Intuition in der Psychodiagnostik. *Studium Generale, 9*, 527–537.
Hofstätter, P. R. (1957). Zum "Gruppenexperiment" von F. Pollock. Eine Kritische Würdigung. *Kölner Zeitschrift für Soziologie und Sozialpsychologie, 9*, 97–105.
Holzkamp, K. (1983). *Grundlegung der Psychologie*. Campus.
Honneth, A. (1988). Foucault und Adorno. Zwei Formen einer Kritik der Moderne. In P. Kemper (Hrsg.), *„Postmoderne" oder Der Kampf um die Zukunft*. Fischer Taschenbuch.
Horkheimer, M. & Adorno, T. W. (1969, Original 1947). *Dialektik der Aufklärung*. Fischer.
Horkheimer, M. (1963). Sozialpsychologische Forschungen zum Problem des Autoritarismus, Nationalismus und Antisemitismus. In W. v. Baeyer-Katte, G. Baumert, W. Jacobsen, T. Scharmann & H. Wiesbrock (Hrsg.). *Autoritarismus und Nationalismus – ein deutsches Problem*. Europäische Verlagsanstalt.
Hormuth, S. E., & Stephan, W. G. (1981). Effects of Viewing "Holocaust" on Germans and Americans: A Just-World Analysis. *Journal of Applied Social Psychology, 11*(3), 240–251.
Hoyer, T. (2008). *Im Getümmel der Welt: Alexander Mitscherlich, ein Porträt*. Vandenhoeck & Ruprecht.
Humanistische Union (2021). Quelle: http://www.humanistische-union.de/wir_ueber_uns/. Zugegriffen: 26. März 2021.

Hunt, I. (1989). Zur Ästhetik des Schwebens: Utopieentwurf und Utopieverwurf in Günter Grass' „Die Rättin". *Monatshefte, 81*(3), 286–297.
Institut für Demoskopie – IfD (1986). Deutsche und Juden vier Jahrzehnte danach. Eine Repräsentativbefragung im Auftrag des „Stern" von Renate Köcher. Allensbach: Institut für Demoskopie.
Jaspers, K. (1946). Antwort an Sigrid Undset. *Monatshefte, 38*(2), 115–119.
Jaspers, K. (1951). *Rechenschaft und Ausblick. Reden und Aufsätze.* Piper Verlag.
Jonas, H. (2003, Original: 1979). *Das Prinzip Verantwortung.* Suhrkamp.
Kailitz, S. (Hrsg.). (2008). *Die Gegenwart der Vergangenheit: Der „Historikerstreit "und die deutsche Geschichtspolitik.* VS Verlag.
Kampits, P. (2004). *Jean-Paul Sartre.* Beck.
Kipf, S. (2017). Paideia und die Folgen – Die Bedeutung des Dritten Humanismus für den altsprachlichen Unterricht nach 1945. In C. G. King & R. L. Presti (Hrsg.), *Werner Jaeger – Wissenschaft, Bildung, Politik* (S. 83–110). De Gruyter.
Kirchner, V. (2002). *Im Bann der Utopie: Ernst Blochs Hoffnungsphilosophie in der DDR-Literatur.* Winter Verlag.
Kirsch, J.-H. (2005). „Befreiung" und/oder „Niederlage"? Zur Konfliktgeschichte des deutschen Gedenkens an Nationalsozialismus und Zweiten Weltkrieg. In B. Asmuss, K. Kufeke & P. Springer (Hrsg.), *1945 – Der Krieg und seine Folgen. Kriegsende und Erinnerungspolitik in Deutschland* (S. 60–71).Deutsches Historisches Museum.
Kleining, G. (1982). Umriss zu einer Methodologie qualitativer Sozialforschung. *Kölner Zeitschrift für Soziologie und Sozialpsychologie, 34*(2), 224–253.
Kleinöder, N., Müller, S. & Uhl, K. (Hrsg.) (2019). *„Humanisierung der Arbeit". Aufbrüche und Konflikte in der rationalisierten Arbeitswelt des 20. Jahrhunderts.* transcript Verlag.
Kozlarek, O. (2020). Vom Verlust der „realen Humanität" zum Kritischen Humanismus. In O. Kozlarek & O. Kozlarek (Hrsg.), *Vielfalt und Einheit der Kritischen Theorie – Kulturwissenschaftliche Perspektiven* (S. 231–250). Springer VS.
Kramer, H., & Kätzel, S. (1985). Ernst Bloch und die spätbürgerliche Philosophie. *Deutsche Zeitschrift für Philosophie, 33*(12), 1129–1133.
Kraushaar, W. (2005). *Die Bombe im Jüdischen Gemeindehaus.* Hamburger Edition.
Kriz, J. (1981). *Methodenkritik empirischer Sozialforschung.* B.G. Teubner.
Lacoue-Labarthe, P., & Nancy, J.-L. (Hrsg.). (1981). *Les fins de l'homme: A partir du travail de Jacques Derrida.* Éditions Galilée.
Lazarsfeld, P. F., Berelson, B., & Gaudet, H. (1944). *The people's choice: How the voter makes up his mind in a presidential campaign.* Duell, Sloan and Pearce.
Lazarsfeld, P. F., Berelson, B., & Gaudet, H. (1969). *Wahlen und Wähler. Soziologie des Wahlverhaltens.* Reihe: Soziologische Texte. Band 49. Luchterhand.
Leicht-Scholten, C. (2000). *Das Recht auf Gleichberechtigung im Grundgesetz: Die Entscheidungen des Bundesverfassungsgerichts von 1949 bis heute.* Campus Verlag.

Lévi-Strauss, C. (1992; Original: 1949). *Die elementaren Strukturen der Verwandtschaft*. Suhrkamp Taschenbuch.
Lewin, K. (1953). *Die Lösung sozialer Konflikte*. Christian Verlag.
Lewin, K. (1982). Feldtheorie und Experiment in der Sozialpsychologie. In *Kurt Lewin Werkausgabe*, herausgegeben von C.-F. Graumann. (S. 187–213). Hans Huber, Klett-Cotta.
Löwe, M., & Streim, G. (2018). Nachkriegshumanismus. In C. Rohde, T. Valk, & M. Mayer (Hrsg.), *Faust-Handbuch* (S. 517–526). J.B. Metzler.
Lück, H. E. (2004). Die Wiederbegründung der Deutschen Gesellschaft für Psychologie nach dem Zweiten Weltkrieg. *Psychologische Rundschau, 55*(S1), 33–41.
Lyotard, J.-F. (1986; Original: 1979). *Das postmoderne Wissen*. Böhlau.
Magazin (2010). Aus dem Briefwechsel der Subversiven Aktion. Magazin, Nr. 5; Quelle: http://www.magazinredaktion.tk/docs/magazin_5.pdf. Zugegriffen: 13. März 2021.
Maikowski, R., Mattes, P. & Rott, G. (1976). *Psychologie und ihre Praxis: Materialien zur Geschichte und Funktion einer Einzelwissenschaft in der Bundesrepublik*. Fischer Taschenbuch.
Mann, T. (1949). *Ansprache im Goethejahr 1949*. Suhrkamp Verlag.
Marcuse, H. (1968; Original: 1964). *Der eindimensionale Mensch*. Neuwied.
Marcuse, H. (1970; 7. Aufl.). Repressive Toleranz. In R. P. Wolf, B. Moore & H. Marcuse (Hrsg.), *Kritik der reinen Toleranz*. Suhrkamp Taschenbuch.
Marx, K. (1961, Original: 1844). Zur Kritik der Hegelschen Rechtsphilosophie. *Karl Marx & Friedrich Engels, Werke, Band 1*. Dietz Verlag.
Marx, K. (1962, Original: 1875). Kritik des Gothaer Programms. In *Karl Marx & Friedrich Engels, Werke, Band 19*. Dietz Verlag.
Maschewsky, W. (1977). *Das Experiment in der Psychologie*. Campus.
Mattes, P. (1985b). Psychologie im westlichen Nachkriegsdeutschland – Fachliche Kontinuität und gesellschaftliche Restauration. In G. M. Ash & U. Geuter (Hrsg.), *Geschichte der deutschen Psychologie im 20. Jahrhundert*. (S. 201–224). Westdeutscher Verlag.
Mattes, P. (1985a). Die Psychologiekritik der Studentenbewegung. In G. M. Ash & U. Geuter (Hrsg.), *Geschichte der deutschen Psychologie im 20. Jahrhundert*. (S. 286–313). Westdeutscher Verlag.
Merritt, A. J., & Merritt, R. L. (1970). *Public Opinion in occupied Germany*. University of Illinois Press.
Mertens, W., & Fuchs, G. (1978). *Krise der Sozialpsychologie?* Ehrenwirth.
Métraux, A. (1985). Der Methodenstreit und die Amerikanisierung der Psychologie in der Bundesrepublik 1950–1970. In G. M. Ash & U. Geuter (Hrsg.), *Geschichte der deutschen Psychologie im 20. Jahrhundert*. (S. 225–251). Westdeutscher Verlag.
Milgram, S. (1974). *Obedience to Authority. An Experiment View*. Harper & Row.

Mitscherlich, A. & Mielke, F. (1960). *Medizin ohne Menschlichkeit. Dokumente des Nürnberger Ärzteprozesses*. Fischer Verlag.

Mitscherlich, A. & Mitscherlich, M. (1977; Original: 1967). *Die Unfähigkeit zu trauern*. Piper Verlag.

Mitscherlich, A. (1963). *Auf dem Weg in die vaterlose Gesellschaft*. R. Piper & Co.

Negt, O., & Zipes, J. (1975). Ernst Bloch, the German Philosopher of the October Revolution. *New German Critique, 4*, 3–16.

Noelle, E. & Neumann, E. P. (Hrsg.) (1956). *Jahrbuch der öffentlichen Meinung 1947–1955*. Institut für Demoskopie.

Nutz, M. (1983). Restauration und Zukunft des Humanen. Zur westdeutschen Goethe-Rezeption von 1945 bis 1949. In K. Richter & J. Schönert (Hrags.), *Klassik und Moderne* (S. 457–481). J.B. Metzler.

Orne, M. T. (1962). On the social psychology of the psychological experiment: With particular reference to demand characteristics and their implications. *American Psychologist, 17*(11), 776–783.

Pollock, F. (1955). Gruppenexperiment. Ein Studienbericht. In T. W. Adorno & W. Dirks (Hrsg.), *Frankfurter Beiträge zur Soziologie. Im Auftrag des Instituts für Sozialforschung, Band 2*. Europäische Verlagsanstalt.

Popper, K. R. (2003; 8. Auflage). *Die Offene Gesellschaft und ihre Feinde. Popper Gesammelte Werke in deutscher Sprache, Band 5 und 6*. Mohr Siebeck.

Popper, K. R. (2015). *Auf der Suche nach einer besseren Welt. Vorträge und Aufsätze aus dreißig Jahren*. Piper.

Pross, C. (1988). *Wiedergutmachung: Der Kleinkrieg gegen die Opfer*. Athenäum.

Pulver, U., Lang, A., & Schmid, F. W. (Hrsg.). (1978). *Ist Psychodiagnostik verantwortbar?* Huber.

Reese-Schäfer, W. (2019). Sartre und das Verschwinden der traditionellen Intellektuellenrolle. In W. Reese-Schäfer (Hrsg.), *Ideengeschichte als Provokation* (S. 219–228). J.B. Metzler.

Rieck, M. & Eshet, G. (2009). Die Bürde der Experten. Gespräche mit deutschen und israelischen Psychiatern über ihre Rolle als Gutachter in Entschädigungsverfahren. In N. Frei, J. Brunner & C. Goschler (Hrsg.). *Die Praxis der Wiedergutmachung*. Wallstein Verlag.

Rogers, C. R. (1969). *Freedom to Learn: A View of What Education might Become. Columbus*. Merrill Publication.

Rosenthal, R. (1966). *Experimenter effects in behavioral research*. Appleton-Century-Croft.

Rüther, G. (2009). Thomas Manns Deutschlandbilder im Goethejahr 1949. *Historisch-Politische Mitteilungen, 16*(1), 57–80.

Salzborn, S. (2021). *Klassiker der Sozialwissenschaften*. Springer VS.

Sandkühler, H. J. (2014). Menschenwürde und Menschenrechte. *Human Rights in a Plural Ethical Framework, 2*(1), 19–33.

Sartre, J.-P. (1993; Original: 1943). *Das Sein und das Nichts – Versuch einer phänomenologischen Ontologie*. Rowohlt Taschenbuch.

Sartre, J.-P. (2018; Original: 1946). *Der Existentialismus ist ein Humanismus und andere philosophische Essays*. Rowohlt Taschenbuch.

Scheit, G. (2009). Von Rainer Werner Fassbinder zu Martin Walser. Antisemitismus in der deutschen Literatur nach 1945. In S. Salzborn (Hrsg.), *Antisemitismus – Geschichte und Gegenwart*. (S. 81–102). Gießen: Netzwerk für politische Bildung, Kultur und Kommunikation e. V.

Schelsky, H. (1979). *Die Hoffnung Blochs. Kritik der marxistischen Existenzphilosophie eines Jugendbewegten*. Klett-Cotta.

Schnell R. (2019) Deutsche Literatur nach 1945. In W. Beutin et al. (Hrsg.), *Deutsche Literaturgeschichte*. (S. 483–514). J.B. Metzler.

Scholl, W. (2007). Plädoyer für eine sozialere und dadurch interdisziplinärere und anwendbarere Sozialpsychologie. *Zeitschrift für Sozialpsychologie, 38*(4), 285–296.

Schönbach, P. (1961). *Reaktionen auf die antisemitische Welle im Winter 1959/1960. Frankfurter Beiträge zur Soziologie*. Europäische Verlagsanstalt.

Schuler, H. (1980). *Ethische Probleme psychologischer Forschung*. Hogrefe.

Silbermann, A. (1982). *Sind wir Antisemiten? Ausmaß und Wirkung eines sozialen Vorurteils in der Bundesrepublik Deutschland*. Verlag Wissenschaft und Politik.

Stein, T. (2011). *Zwischen Antisemitismus und Israelkritik*. VS Verlag.

Straub, J. (2014). Wissenschaftliche Psychologie als Humanismus?. In J. Straub (Hrsg.), *Der sich selbst verwirklichende Mensch* (S. 15–68). transcript-Verlag.

Sywottek, A. (2000). Kriegsgefangene und ihre Heimkehr. In M. Th. Greven & O. v. Wrochem (Hrsg.), *Der Krieg in der Nachkriegszeit* (S. 133–150). VS Verlag.

Tauber, A. (1998). Die Entstehung der Jüdischen Nachkriegsgemeinde 1945–1949. In Jüdisches Museum Frankfurt a. M. (Hrsg.), Wer ein Haus baut, will bleiben. 50 Jahre Jüdische Gemeinde Frankfurt a. M.. Anfänge und Gegenwart, Frankfurt/Main, S. 98–110.

Terhoeven, P. (2017). *Die Rote Armee Fraktion: Eine Geschichte terroristischer Gewalt*. Beck.

Vollmer-Naumann, J. (2009). Vor und hinter dem Schreibtisch. Wiedergutmachungsbürokratie in Münster. In N. Frei, J. Brunner & C. Goschler (Hrsg.). *Die Praxis der Wiedergutmachung*. Wallstein Verlag.

Wahl, V. (2009). Thomas Manns Weimarer Ehrenbürgerschaft von 1949 und der schwierige Weg dorthin. *Thomas Mann Jahrbuch, 22*, 99–115.

Weichert, D. (1980). „Holocaust" in der Bundesrepublik: Design, Methode und zentrale Ergebnisse der Begleituntersuchung. *Rundfunk und Fernsehen, 28. Jahrgang, Heft, 4*, 488–508.

Weil, F. (1987). The extent and structure of anti-Semitism in Western populations since the Holocaust. In H. Fein (Hrsg.), *The persisting question*. Walter de Gruyter.

Wellek, A. (1956). Mathematik, Intuition und Raten. *Studium Generale, 9*, 537–555.

Welsch, W. (1991). *Unsere postmoderne Moderne*. VCH Verlag.

Wiesner, H. (1980). Die Humanisierung des Arbeitslebens. In H. Wiesner (Hrsg.), *Die Techniken des Personalmanagements* (S. 282–339). Gabler Verlag.

Wilson, D. W. (2015). Verbindungsmann zum NS-Regime. Hans Wahl, der Antisemitismus und die Goethe-Gesellschaft. *Publications of the English Goethe Society, 84*(3), 203–222.

Wilson, D. W. (2018). Judenfreund, Judenfeind – oder Jude? Goethe und das Judentum im Nationalsozialismus. In A.-D. Ludewig & S. Höhne (Hrsg.), *Goethe und die Juden – die Juden und Goethe* (S. 235–254). Walter de Gruyter/Oldenbourg.

Witte, E. H. (1984). Peter R. Hofstätter zum 70. Geburtstag. Quelle: https://psycharchives.org/handle/20.500.12034/246. Zugegriffen: 13. März 2021.

Wolbring, B. (2009). Nationales Stigma und persönliche Schuld. Die Debatte über Kollektivschuld in der Nachkriegszeit. *Historische Zeitschrift, 289*(2), 325–364.

Wolin, R. (2001). *Heidegger's Children. Hannah Arendt, Karl Lowith, Hans Jonas, and Herbert Marcuse.* Princeton University Press.

Woyke, W. (2016). *Weltpolitik im Wandel.* Springer VS.

17

Von der Gesellschaftlichkeit des Menschen – Sozialpsychologie als kritisch-emanzipatorische Wissenschaft

„Eine einheitliche Meinung mag das Richtige sein für eine Kirche, für die eingeschüchterten oder gierigen Opfer eines (alten oder neuen) Mythos oder für die schwachen und willfährigen Untertanen eines Tyrannen. Für die objektive Erkenntnis brauchen wir viele verschiedene Ideen. Und eine Methode, die die Vielfalt fördert, ist auch als einzige mit einer humanistischen Auffassung vereinbar" (Paul Feyerabend, 1983, S. 54).

Es war kein Zufall, dass zwischen den 1960er und 1980er Jahren alternative Ansätze in der Psychologie entstanden. Die studentischen Protestbewegungen in Europa und den USA, der Vietnamkrieg, der kalte Krieg zwischen Ost und West, die Umweltzerstörung, die mangelnde Gleichberechtigung der Frauen oder die atomare Aufrüstung lieferten die gesellschaftlichen Hintergründe und Anlässe, aktiv und kritisch an der Emanzipation der Menschen mitzuwirken. Viele kleine und große kritische Psychologien entstanden (Held, 2008, S. 270 ff.). So entwickelte sich in Westdeutschland eine kritische Politische Psychologie, die u. a. mit den Namen von Hanne-Margret Birckenbach, Peter Brückner, Klaus Horn, Thomas Leithäuser, Alfred Lorenzer, Helmut Moser, Siegfried Preiser, Brigitte Rauschenbach und vielen anderen verbunden ist. Trotz manch theoretischer und methodologischer Differenzen widmeten sich die Psychologinnen und Psychologen wichtigen und politisch relevanten Fragen, so dem politischen Engagement, der Arbeitslosigkeit, internationalen Konflikten und Friedenspolitik, dem interkulturellen Lernen, der Macht und Moral, dem Umweltbewusstsein, Fremdenfeindlichkeit, Rechtsextremismus und Antisemitismus, der kollektiven Identität auf dem Weg zu Europa (Zmerli & Feldman, 2015).

Die in der Sowjetunion entwickelte „Kulturhistorische Schule", verknüpft mit den Namen von Alexei Nikolajewitsch Leontjew (1903–1979), Alexander Romanowitsch Lurija (1902–1977) und Lew Semjonowitsch Wygotski (1896–1934), wurde für manche zum Vorbild, um entweder Kritik an der „Mainstream-Psychologie" zu üben, neue tätigkeits- bzw. handlungsorientierte Ansätze zu entwickeln oder eine mit großem „K" geschriebene Kritische Psychologie zu etablieren. Modernisierte phänomenologische Ansätze boten die Möglichkeit, der Intentionalität und Sinnhaftigkeit menschlichen Verhaltens auf die Spur zu kommen (Graumann, 1985; Groeben & Scheele, 1977). Besonders eng sind kritisch-emanzipatorische Ansätze indes mit den Arbeiten von Klaus Holzkamp, Henri Tajfel, Serge Moscovici und Kenneth J. Gergen verbunden.

Klaus Holzkamp (1927–1995) und die Kritische Psychologie

Neben den amerikanischen sowie europäischen Diskussionen über die methodischen und methodologischen Prämissen psychologischen Forschens waren es nicht zuletzt die gesellschaftskritischen Proteste der Studentenbewegung in den 1960er- und 1970er-Jahre, die Klaus Holzkamp veranlassten „[…] seine eigene experimentelle Arbeit in der Sozialpsychologie grundsätzlich zu überdenken" (Markard, 2018, S. 108). Bereits 1964 thematisiert er das Verhältnis von Theorie und Experiment in der Psychologie und forderte u. a., dass im Experiment solche Bedingungen realisiert werden müssten, die den Weltausschnitten der zu untersuchenden Menschen entsprechen (Holzkamp, 1964). Nach 1973 überführte er seine inzwischen mehrmals überarbeiteten Auffassungen (z. B. Holzkamp, 1970) in eine marxistisch inspirierte *Kritische Psychologie* (Holzkamp, 1973, 1983), in der a) die psychologischen Grundbegriffe über die psychischen Beschaffenheiten der Menschen – in Anlehnung an die Kulturhistorische Schule – mittels historisch-empirischer und gesellschaftskritischer Forschung zu entwickeln sind, b) die Möglichkeiten und Behinderungen der subjektiven Handlungsfähigkeit sowie die individuelle und gemeinsame Verfügbarkeit über die Lebensbedingungen den Gegenstand der marxistisch fundierten psychologischen Forschung ausmachen, c) die zu erforschenden Menschen als gleichberechtigte Subjekte in die Forschung einbezogen werden und d) die Psychologie als Kritik an den gesellschaftlichen Machtverhältnissen verstanden wird (Markard, 2018, S. 107 ff.).

Den Höhepunkt hatte die Kritische Psychologie (KP) ab 1973 bis in die frühen 1980er Jahre. Thomas Teo nennt diese Zeit den „Sommer" der KP (Teo, 1998, S. 12). Nach dem Inauguralwerk „Sinnliche Erkenntnis" (Holzkamp, 1973) entwickelte Ute Holzkamp-Osterkamp (1981; Original: 1975/1976) eine subjektwissenschaftliche Grundbegrifflichkeit am Beispiel von Motivation und Emotion. Klaus Holzkamp legte 1983 eine „Grundlegung der Psychologie" vor (Holzkamp, 1983), Kongresse wurden ausgerichtet (z. B. Braun & Holzkamp, 1977), Wege zur Überwindung von wissenschaftlicher Beliebigkeit aufgezeigt (Holzkamp, 1977), die Gesellschaftlichkeit des Individuums reflektiert (z. B. Holzkamp, 1978), die Handlungstheorie kritisiert (Brandes, 1980), die Freud'sche Psychoanalyse kritisch inspiziert (Holzkamp, 1984), praktische Projekte zur Subjektentwicklung initiiert (z. B. Markard, 1985) usw. Die DDR-Psychologie ließ sich kurz vor ihrem Ende ebenfalls von der Kritischen Psychologie inspirieren. Zunächst wurde die „kritisch-emanzipatorische Psychologie" Holzkamps als sich „links" gebenden Auffassungen, als „subjektiv-idealistischer Standpunkt", der „[…] die Sache des Marxismus-Leninismus objektiv in Misskredit bringt", kritisiert (Eckardt, 1973, S. 32). Später entdeckte man das Potential der kritisch-psychologischen Begrifflichkeit für eine marxistisch ausgerichtete interpersonelle Wahrnehmungs- und Urteilsforschung (Metzler, 1986) und würdigte die „bemerkenswerte Konsequenz", mit der sich ein theoretischer Ansatz für die „Grundlegung" der Psychologie entwickeln lasse (Bönisch, 1986, S. 478).

Und grundlegend war der Ansatz der Kritischen Psychologie in der Tat. Für Klaus Holzkamp und die Kritischen Psychologinnen und Psychologen lautet die Kernfrage ihrer wissenschaftlichen Bemühungen, „[…] in welcher Weise also einerseits die individuelle Reproduktion von Unterdrückungszusammenhängen im herrschenden Interesse während der Ontogenese eingeübt wird, und in welcher Weise andererseits die Möglichkeit des subjektiven Widerstands dagegen sich in der Ontogenese ausprägen und spezifizieren kann" (Holzkamp, 1983, S. 459). Es ging schlicht und ergreifend darum, mittels kritisch-psychologischer Forschungen Möglichkeitsräume herzustellen, innerhalb derer Menschen fähig werden, gemeinsam mit anderen über die individuell relevanten Lebensbedingungen verfügen zu können.

Dem „Sommer" folgten ein „Herbst" und bald der „Winter" der Kritischen Psychologie. Bis zum Zusammenbruch der sozialistischen Länder hatten manche kritischen Psychologen angenommen, „…daß Mainstream Psychologie auch verschwinden würde, sobald der Kapitalismus verschwunden sei, oder sobald Psychologen begriffen, daß es Alternativen zum Mainstream gibt, und sobald Betroffene realisierten, dass traditionelle Psychologie, trivial, kurzsichtig und beliebig ist und keine Bedeutung für die Mehrheit der Menschen hat. Tatsache ist, daß Mainstream-Psychologie blüht und deutschsprachige kritische akademische Psychologie dahinsiecht", so Thomas Teo kurz vor der Jahrtausendwende (Teo, 1998, S. 20).

Aber es gibt sie noch, die kritische Psychologie mit großem und mit kleinem „K". Um nur einige Beispiele zu nennen: Sie wird in Übersichtsarbeiten gewürdigt (z. B. Markard, 2020); sie dient als Folie für die Entwicklung queer-feministischer Perspektiven (z. B. Sieben & Kalkstein, 2015) und pro-ökologischer Praktiken (z. B. Rätzel & Uzzel, 2019) oder als Hintergrund, um generell emanzipatorische Forschungsansätze weiterzuentwickeln (Brenssell & Andrea, 2020).

Henri Tajfel (1919–1982) und die Theorie der Sozialen Identität

1963 trafen sich im schönen italienischen Sorrento europäische Sozialpsychologen zur ersten Generalversammlung der *European Association of Experimental Social Psychology* (EAESP). Auch deutsche Sozialpsychologen nahmen an den ersten Treffen teil. Schüler von Kurt Lewin, wie Stanley Schachter oder Leon Festinger, unterstützten die Gründung dieser eigenständigen europäischen Gesellschaft für Sozialpsychologie (Graumann, 1995). Finanzielle Hilfe kam ebenfalls aus den USA. Die Abgrenzung zur amerikanischen Sozialpsychologie und die Entwicklung einer europäischen Sozialpsychologie mit eigenem Profil war indes das Hauptziel der EAESP, zu der später auch die DDR-Psychologen Hans Hiebsch und Manfred Vorwerg gehörten (Kap. 15). Mit regelmäßigen Konferenzen, internationalen Austauschprogrammen, Sommerschulen für junge Psychologinnen und Psychologen, Workshops, dem *European Journal of Social Psychology* oder einem großen Publikationsprogramm (den *European Monographs in Social Psychology*) hat die EAESP nicht nur die Europäisierung der Sozialpsychologie im Westen Europas, sondern auch über den „Eisernen Vorhang" hinweg die Kooperation zwischen Ost und West vorangetrieben (Tajfel, 1972b).

Henri Tajfel wurde in Polen als *Hersz Mordche Tajfel* geboren. Wegen des wachsenden Antisemitismus, verbunden mit zahlreichen antijüdischen Ausschreitungen, verließ er Polen 1937 und ging nach Frankreich, um Chemie zu studieren. Mit Beginn des Zweiten Weltkrieges und des Überfalls der Deutschen auf Frankreich trat er in die französische Armee ein, geriet in deutsche Gefangenschaft und überlebte mehrere Konzentrationslager wohl nur wegen seines in Frankreich vollzogenen Namenswechsels von Hersz Mordche zu Henri Tajfel. Seine näheren Verwandten wurden in der Shoa ermordet. Nach seiner Befreiung kümmerte er sich u. a. in Westdeutschland um die Rehabilitation von behinderten Flüchtlingen und studierte nebenbei Psychologie in Paris und Brüssel. Später ging er mit Frau und Kindern nach Großbritannien, schloss dort sein Psychologiestudium ab und wurde 1957 britischer Staatsbürger. 1967 erhielt er den ersten Lehrstuhl für Sozialpsychologie an der Universität in Bristol. Am 3. Mai 1982 starb Henri Tajfel im Alter von 62 Jahren (Turner, 1996).

Seinen Studierenden soll Tajfel öfters erzählt haben, dass sein Einstieg in die Sozialpsychologie ganz wesentlich mit der Motivation zu tun habe, Völkermorde im Allgemeinen und die Shoa im Besonderen verstehen und erklären zu können. Allerdings hat er sich in seinen *Forschungen* nie explizit mit der Shoa und dem Antisemitismus beschäftigt. Das mag auch mit einem antizionistischen Klima in linken Kreisen der britischen Universitäten in den 1960er und 1970er Jahren zusammenhängen (Billig, 2002, S. 180), einem Klima, in dem es offenbar nicht opportun war, aktuelle antisemitisch-antizionistische Tendenzen in akademischen Kreisen zu thematisieren. Im Antisemitismus sah er aber durchaus ein Thema von „grundlegender Aktualität" (Tajfel im Nachwort zur Neuauflage des Buches „Der Antisemitismus als Gruppenerscheinung" von Fritz Bernstein; siehe auch Kap. 12).

Zwar publizierte Tajfel in den 1960er Jahren verschiedene Beiträge über Nationalismus, Stereotype und Colored People in Großbritannien (z. B. Tajfel, 1960, 1965). Die aus dieser Zeit bekanntesten Arbeiten scheinen allerdings eher jenen „Experiments in a Vacuum" zu entsprechen, also den lebensfernen Experimenten, die er später mit beißendem Spott überziehen wird, etwa, wenn er die Versuche von Dollard und Kollegen (Dollard et al., 1939) kritisiert, Experimente mit Ratten zur Bestätigung der Frustrations-Aggressions-Hypothese nutzen zu wollen. Sozialpsychologen sollten sich eher der sozialen und historischen Kontexte der psychologischen Phänomene bewusst sein, auch jener, die sie selbst in den Labors erzeugen. Andernfalls würden sie ihren Gegenstand nur trivialisieren (Billig, 1996, S. 338; Tajfel, 1972a). Wie gesagt, zunächst widmete sich Tajfel selbst solchen scheinbar trivialen sozialpsychologischen Fragestellungen, zum Beispiel indem er den Zusammenhang von Urteilen über physikalische Reize

(z. B. die Größe von Münzen) und dem sozialen Wert dieser Reize untersuchte oder die Über- oder Unterschätzung derartiger Reize (z. B. Linien unterschiedlicher Länge) im Kontext ihrer Präsentation analysierte (Tajfel, 1957; Tajfel & Wilkes, 1963). Diese Experimente und die darauf aufbauende *Theorie der Reizklassifikation* standen noch ganz in der Tradition der Forschung zum „new look in perception", einem Trend in der Psychologie, der besonders von Jerome Bruner (1915–2016) und Leo Postman (1918–2004) in den 1940er Jahren initiiert wurde. Es handelte sich dabei um eine kleine „Revolution" in der (sozial-)psychologischen Forschung, die sich gegen den Behaviorismus richtete (Greenfield, 2016, S. 232) und auch als „kognitive Wende" bezeichnet wird. Bruner und Postman zeigten in ihren Experimenten, dass und wie Bedürfnisse, Motivationen und Erwartungen (oder „mentale Zustände") die Wahrnehmung beeinflussen (Bruner & Postman, 1949).

In den 1970er Jahren vollzogen Henri Tajfel und Kollegen selbst eine „Wende". Überzeugt von der Wichtigkeit der sozialen und historischen Einbettung sozialpsychologischer Phänomene, rückten Konflikte zwischen sozialen Gruppen, Vorurteile und soziale Diskriminierung in den Mittelpunkt der empirischen und theoretischen Bemühungen. Angeregt wurden Tajfel und Kollegen u. a. von Jacob M. Rabbie und Murray Horwitz (1969), die mit dem sogenannten *Minimal Group Design* herausgefunden hatten, dass allein die Tatsache zu genügen scheint, sich zu einer bestimmten Gruppe zugehörig zu fühlen, um all die, die nicht zu dieser Gruppe gehören, auszugrenzen und zu stigmatisieren. Die Studien von Tajfel und Kollegen (Tajfel et al., 1971) bestätigten, dass Phänomene wie die Abwertung von Mitgliedern anderer Gruppen und eine Bevorzugung der eigenen Gruppe auch dann auftreten, wenn die entsprechenden Gruppen künstlich sind und eigentlich für die Gruppenmitglieder überhaupt keine Bedeutung haben. Um das zu belegen, teilten sie für Experimente junge Versuchspersonen im Rahmen des besagten *Minimal Group Design* rein zufällig bestimmten Gruppen zu, z. B. anhand vermeintlicher Präferenzen für die abstrakten Gemälde von Klee oder Kandinsky. Im Anschluss an diese willkürlichen Kategorisierungen als angebliche Klee- oder Kandinsky-Fans wurden die Untersuchungsteilnehmerinnen und -teilnehmer gebeten, kleinere Geldbeträge unter anderen Teilnehmern der Studie zu verteilen, ohne selbst davon profitieren zu können. Im Ergebnis zeigte sich, dass den unbekannten Mitgliedern der eigenen künstlichen Gruppe mehr Geld zugewiesen wurde als den Mitgliedern der anderen Gruppe. Das heißt, obwohl die Teilnehmer die eigenen und fremden Gruppenmitglieder nicht kannten, nicht mit ihnen interagiert hatten, mit diesen künstlichen Gruppen keine gemeinsame

Geschichte, keine emotionale Bindung und keine gemeinsamen Ziele teilten (deshalb die Bezeichnung als „minimal group"), bevorzugten sie doch Mitglieder der eigenen Gruppe (*Eigengruppenfavorisierung*) und benachteiligten Mitglieder der anderen (*Fremdgruppendiskriminierung*).

Basierend auf diesen Befunden, auf der Theorie der Reizklassifikation, in Auseinandersetzung mit der dominierenden US-amerikanischen Sozialpsychologie und im Bewusstsein „long-standing intergroup problems" (Tajfel, 1970, S. 96)[1] lösen zu müssen, entwickelten Tajfel und seine Kollegen (es waren lange Zeit nur Männer) in den folgenden Jahren die *Theorie der Sozialen Identität* (Tajfel, 1981; Tajfel & Turner, 1979) und die *Theorie der Selbstkategorisierung* (Turner, 1985; Turner et al., 1987), welche später zum *Sozialen Identitätsansatz* (Haslam, 2001) zusammengefasst wurden.

Der *Soziale Identitätsansatz* geht davon aus, dass Menschen ihre soziale Welt (Personen, Objekte und Ereignisse) kategorisieren, um die Komplexität der Wirklichkeit zu reduzieren. So unterscheiden wir z. B. zwischen Menschen mit roten Haaren und solchen mit Glatze, zwischen Dieselfahrern und Radfahrerinnen, zwischen Deutschen und Franzosen, zwischen alten weißen Männern und anderen Geschlechtern oder zwischen „den Muslimen" und „den Christen" usw. Durch soziale Kategorisierungen ordnen Menschen ihre Mitmenschen und sich selbst bestimmten sozialen Gruppen zu. Das geschieht nicht selten automatisch, ermöglicht eine schnelle Orientierung in der Wirklichkeit und hat für den einzelnen Menschen eine wichtige Funktion. Er oder sie nimmt sich selbst als Mitglied von sozialen Kategorien wahr, identifiziert sich mit diesen Kategorien, definiert seinen bzw. ihren sozialen Platz innerhalb der Kategorien und grenzt sich unter Umständen von Menschen, die anderen Kategorien zugeordnet werden, ab. Die Summe dieser sozialen Selbstzuordnungen und Identifikationen ist die *soziale Identität* einer Person, jener Teil des Selbstbildes, der sich aus den Zuordnungen zu verschiedenen sozialen Gruppen speist und mit Bewertungen und Emotionen bezüglich dieser Gruppen verknüpft ist; während die personale Identität das Wissen um die ganz persönlichen, individuellen Eigenschaften umfasst. Menschen streben nach einer positiven sozialen Identität. Sie nutzen soziale Kategorien (wie *Wir Deutsche, Wir weißen Männer, Wir im Westen, Wir Muslime, Wir Schwarze, Wir Queere, Wir Juden*) in ihren Selbst- und Fremddefinitionen, wenn sie

---

[1] Tajfel nennt zum Beispiel den Rassismus in den USA, die Spannungen zwischen Protestanten und Katholiken in Nordirland oder den flämisch-wallonischen Konflikt.

darin einen Sinn sehen, um ihre soziale Identität verankern und ausdrücken zu können. Dazu müssen sie eine positive Beziehung zu relevanten Bezugsgruppen aufbauen. Um den Wert oder das Prestige dieser Gruppen im Hinblick auf die eigene soziale Identität abschätzen zu können, sind *soziale Vergleiche* mit den eigenen (z. B. „Wir weißen Männer") und mit bedeutsamen fremden Gruppen (z. B. „Die Migranten") nötig. Da Menschen generell das Bedürfnis nach einer positiven sozialen Identität haben, müssen die besagten sozialen Vergleiche jeweils zu positiven Ergebnissen führen. Deshalb wird eine sogenannte *Positive Distinktheit,* also ein besseres Abschneiden der eigenen Gruppe im Vergleich zu fremden Gruppen, angestrebt („Wir weißen Männer sind gebildet und modern"). Falls die Vergleiche mit der eigenen Gruppe und der anderen Gruppe nicht ausreichend positive Ergebnisse erbringen, wird durch unterschiedliche Aktivitäten die eigene Gruppe unrealistisch aufgewertet („Es waren weiße Männer, die die Menschenrechte etabliert haben", so Alexander Gauland im September 2020; Gauland, 2021) und die anderen Gruppen abgewertet („Die Black-Lives-Matter-Bewegung ist das trojanisch Pferd der Linken beim Angriff auf die westliche Zivilisation", wiederum Gauland, ebd.), um auf diese Weise die eigene soziale Identität und ihre soziale Gruppe von anderen abzugrenzen sowie die „Anderen" unter Umständen zu diskriminieren, zu verfolgen und mit Gewalt (oder mit „wohltemperierter Grausamkeit", Höcke, 2018, S. 254) zu bedrohen.

Der *Soziale Identitätsansatz* wird noch immer intensiv beforscht, weiterentwickelt, kritisiert und in tausenden empirischer Studien empirisch gestützt (z. B. Brown, 2020; Vorster et al., 2021). Er liefert nicht nur gehaltvolle und – wie häufig betont wird – elegante Erklärungen, warum und welchen Umständen Menschen sich mit bestimmten sozialen Kategorien, Gruppen, Gemeinschaften und Gesellschaften identifizieren, um so ihren Platz innerhalb sozialer Gemeinschaften zu definieren. Der Ansatz bietet auch Erklärungen, unter welchen Umständen die Identifikation mit relevanten Eigengruppen zur Ablehnung und Diskriminierung anderer, fremder Gemeinschaften führen kann. Nicht unerheblich dürften die Erkenntnisse aus dem Sozialen Identitätsansatz sein, wenn man auf die aktuellen Diskussionen um die sogenannte Identitätspolitik schaut. Ich meine jene Diskussionen und Streitigkeiten um eine Politik, in der die kulturelle, ethnische, nationale, religiöse, kurz: Soziale Zugehörigkeit zu bestimmten Gruppen hervorgehoben und die Durchsetzung deren Interessen betont wird. Quasi auf der rechten Seite des politischen Spektrums formierten sich in den letzten Jahren Identitäre Bewegungen, die mit einer völkischen Identitätspolitik ethnisch reine, unvermischte politische

Gemeinschaften zu formieren versuchen (vgl. Bruns et al., 2016). Auf der „linken" Seite des politischen Engagements finden sich jene Gruppen, die ihre soziale Identität betonen, um für Anerkennung und Gleichberechtigung und gegen diskriminierende Uniformierung, Assimilation und Entdifferenzierung zu kämpfen (Hidalgo, 2020 S. 9). Die Vertreterinnen und Vertreter beider politischen Lager oder Positionen betonen die Identifikation mit prominenten Eigengruppen und lehnen gleichzeitig jene, die aus ihrer Sicht nicht zur Eigengruppe gehören, ab. Das ist fatal. Die Identitären pflegen ihren Rassismus, um den Universalismus und Liberalismus zu bekämpfen. Akteure linker Identitätspolitik positionieren sich nicht nur gegen Rassismus und Diskriminierung, sondern verweigern hin und wieder jenen, die vermeintlich nicht zu den Opfern von Rassismus und Diskriminierung gezählt werden, das Recht, sich ebenfalls gegen Rassismus und Diskriminierung zu engagieren.

Serge Moscovici (1925–2014) und Soziale Repräsentationen

Serge Moscovici ist neben Henri Tajfel der andere große Akteur im Europäisierungsprozess der Sozialpsychologie. Als *Srul Herș Moscovici* 1925 in Rumänien geboren, überlebte er die Shoa, trat nach 1945 für kurze Zeit in die Kommunistische Partei Rumäniens ein, floh 1947 nach Frankreich und studierte dort Psychologie. 1961 promovierte Moscovici zum Image der Psychoanalyse in Wissenschaft und Öffentlichkeit, „*La psychoanalyse. Son Image et son Public*" (Moscovici, 1961). Mit der Psychoanalyse hatte er sich schon Anfang der 1950er Jahre beschäftigt (Moscovici, 1952), in einer Zeit als die psychoanalytische Bewegung in Frankreich tief zerstritten war (Ohayon, 2003). Moscovici interessierte sich allerdings weniger für diese Streitigkeiten. Ihm ging es auch nicht vordergründig darum, die Psychoanalyse für die Sozialpsychologie fruchtbar zu machen. Das war ja längst geschehen (siehe Kap. 13). In dem frühen Beitrag aus dem Jahre 1952 präsentiert er stattdessen die Ergebnisse einer Studie, in der Pariser Studenten nach ihrer Meinung zur Psychoanalyse befragt wurden. In diesem Beitrag taucht ein Begriff auf, der später zum Strukturkern in Moscovicis Konzeption von Sozialpsychologie werden soll, der Begriff der *kollektiven* bzw. *sozialen Repräsentationen*. In der 1961 veröffentlichten Untersuchung über das öffentliche Bild der Psychoanalyse spielt das Konzept der sozialen Repräsentationen dann die zentrale Rolle (Jacob, 2004, S. 78 ff.). In den nachfolgenden Jahren machte Moscovici die sozialen Repräsentationen zum Gegenstand einer neuen Sozialpsychologie in französischen Farben. Damit positionierte er sich ostentativ auch gegen eine Dominanz amerikanischer Denkstile. Die Idee einer Sozialpsychologie stamme zwar aus Europa (was je nach Perspektive bezweifelt werden kann) und habe in den USA die greifbarsten Fortschritte gemacht. Von dort seien aber keine integrativen Forschungsansätze nach Europa zurückgekehrt, sondern viele inkompatible Einzelbefunde mit teils lokal begrenzten theoretischen Erklärungen (Moscovici, 1963, S. 254). Nun, auch das kann man bezweifeln (siehe Kap. 16).

In einem von Joachim Israel und Henri Tajfel (Israel & Tajfel, 1972) herausgegebene Band, in dem auch andere Europäer ihre eigenständigen Beiträge gegenüber der US-amerikanischen Sozialpsychologie in Stellung brachten, konkretisierte und spezifizierte Moscovici seine kritischen Argumente. Die Sozialpsychologie wirke wie ein amerikanischer Importartikel. Die führenden Forschungen werden in Nordamerika durchgeführt. Europäische Sozialpsychologie versuche dadurch den Anschluss zu halten, in dem sie die in Nordamerika publizierten Forschungen in anderen Kontexten repliziere. Sozialwissenschaft im Allgemeinen und Sozialpsychologie im Besonderen müsse aber explizit Bezug auf gesellschaftliche Entwicklungen und kulturspezifische Probleme in den jeweiligen Ländern nehmen. Sozialpsychologie beruhe auf Vorstellungen vom Individuum und seinem Verhältnis zur Gesellschaft, die nicht zwingend kulturübergreifend Geltung haben. Es sei notwendig, den Gegenstand und die Arbeitsfelder der Sozialpsychologie kulturspezifisch neu zu bestimmen. Um der Sozialpsychologie einen integrativen Kontext zu geben und sie zu einer Wissenschaft zu machen, die die menschlichen Erkenntnisse über die Realität erweitert, brauchen – so Moscovici – die Sozialpsychologen Mut zur Theorie, die sich nicht von selbst aus experimentellen Untersuchungen ergebe, sondern die den Referenzrahmen dafür darstelle, was wie zu untersuchen und zu interpretieren ist. Und dieser Referenzrahmen sei die soziale Dimension des Menschen. Das Soziale umfasse die intrinsischen Eigenschaften der menschlichen Gesellschaft, die kulturellen Prozesse, in denen Menschen handeln und interagieren sowie eine gemeinsame Wirklichkeit schaffen (Moscovici, 1972, S. 54 f.).

Um diese kulturellen Prozesse und ihre Funktion geht es in der Theorie der Sozialen Repräsentationen, die Moscovici besonders in Auseinandersetzung mit Émile Durkheim (1858–1917) und dessen Auffassung von „kollektiven" bzw. „sozialen" Repräsentationen (Durkheim, 1898) entwickelte (Moscovici, 1984). Aber auch andere Bezüge wird Moscovici später nutzen, um seine Theorie im wissenschaftlichen Diskurs zu verankern; so zum Beispiel die Überlegungen Lucien Lévy-Bruhls zu gesellschaftlichen Mentalitäten, die Arbeiten über das kollektive Gedächtnis von Maurice Halbwachs oder das Aneignungskonzept von Lew Semjonowitsch Wygotski (Jacob, 2004, S. 45 ff.). Soziale Repräsentationen sind für Moscovici Systeme sozialen Wissens, in denen die Inhalte des alltäglichen Denkens zusammengefasst sind. Sie liegen sowohl dem individuellen Denken und Handeln als auch institutionalisierten Prozessen zugrunde und bilden nach Moscovici den eigentlichen Gegenstand der Sozialpsychologie (Moscovici, 1984). Soziale Repräsentationen sind somit weder das bloße Ergebnis des Einflusses sozialer Gegebenheiten auf individuelle Denkprozesse, noch sind soziale Prozesse ausschließlich auf die Wechselbeziehung einzelner Individuen zurückzuführen. Soziale Repräsentationen stellen sozusagen das Dritte dar bzw. das Mittelglied, das Vermittelnde zwischen Subjekt und Welt. Menschliche Subjekte bilden die Welt nicht einfach ab, sondern konstruieren sie vor dem Hintergrund (und das ist das besagte Dritte) des zugänglichen sozialen Wissens, das in Sprache, Glaubenssystemen, Religionen, Ideologien, Mythen etc. verankert ist und geteilt wird. Das Soziale der Sozialpsychologie lasse sich nicht auf den Einfluss sozialer Kontexte, durch die menschliches Verhalten beeinflusst werde, reduzieren. Im Mittelpunkt sozialpsychologischen Forschens stehe vielmehr die Gesellschaftlichkeit des menschlichen Subjekts und diese drücke sich in den Sozialen Repräsentationen aus. Damit formulierte Moscovici auch seine Absage an eine, mehr oder weniger amerikanisch inspirierte Sozialpsychologie, die sich ausschließlich der Erforschung sozialer Kognitionen, also der individuellen Verarbeitung sozialer Informationen, widmet.

Soziale Repräsentationen als Systeme sozialen Wissens werden zwar sozial geteilt, allerdings nicht immer und nicht von allen Gesellschaftsmitgliedern. Wir leben zwar, wie Moscovici in einem anderen Zusammenhang schreibt, im „Zeitalter der Massen" (Moscovici, 1986; Original: 1981), und doch lassen sich soziale Systeme mit unterschiedlichen sozialen Repräsentationen unterscheiden. So gebe es hegemoniale soziale Repräsentationen, die von allen Mitgliedern einer Partei oder einer Nation geteilt werden, ohne dass die Mitglieder dieser Gemeinschaften die sozialen Repräsentationen auch selbst produziert haben. Davon verschieden seien emanzipatorische und polemische Repräsentationen (Moscovici, 1988, S. 221). Emanzipatorische Repräsentationen können zum sozialen Wissen gesellschaftlicher Subgruppen gehören, mit denen sie u. U. in Konkurrenz zu herrschenden hegemonialen Repräsentationen geraten. Polemische Repräsentationen sind Teil des sozialen Wissen, mit dem sich gesellschaftliche Gruppen im Verlaufe von sozialen Konflikten in Stellung zu bringen versuchen. Mittlerweile ist die Theorie der Sozialen Repräsentationen im sozialpsychologischen Forschungsraum angekommen und etabliert, auch im deutschen (z. B. Flick, 1996; Sammut et al., 2015; Wagner, 2021). Kurz: Die Theorie der Sozialen Repräsentationen ist auch nach dem Tode von Serge Moscovici im Jahre 2014 höchst lebendig.

Wie Konkurrenzen oder Konflikte zwischen hegemonialen Mehrheiten und emanzipatorischen Minderheiten zum Wandel des sozialen Wissens führen können, hat Serge Moscovici ebenfalls empirisch fundiert zu erklären versucht (Moscovici et al., 1969; Moscovici, 1979, 1980). Den Hintergrund dieser Erklärung, die als *Konversionstheorie* in die Literatur eingegangen ist, lieferten wiederum die Studentenproteste von 1967/1968 (Nemeth, 2015, S. 23). Die ersten Experimente zeigten u. a., dass eine soziale Minderheit unter gewissen Bedingungen das soziale Wissen einer sozialen Mehrheit beeinflussen und somit wichtige soziale Veränderungsprozesse auslösen kann (Moscovici et al., 1969): Eine Minorität, die sozialen Einfluss ausüben will, muss zunächst einen erkennbar alternativen Standpunkt zu dem der Mehrheit vertreten und diesen Standpunkt geschlossen und längerfristig über die Zeit beibehalten. Die Minorität muss sich also einig sein, mit dem Zeitfaktor rechnen und dabei Geduld haben. Durch ihr konsistentes Auftreten, mit dem sie neue Informationen und alternative Weltsichten (also emanzipatorische Repräsentationen) vorträgt, kann die Minorität individuelle kognitive Konflikte (kognitive Dissonanzen) auf der Seite der Mehrheitspersonen auslösen. Die Mitglieder der Mehrheit könnten sich nämlich fragen, warum die Minderheit in ihrer sozial schwachen Position von der Mehrheit abweichende Meinungen vertritt und einen Dissens mit der Mehrheit erzeugt. Vielleicht könnte ja etwas dran sein an dem, was die Minderheit da immer wieder vorträgt? Und so werden die Mitglieder der Mehrheit mit der Zeit nicht nur verunsichert und angeregt, über den Dissens zwischen Minderheits- und Mehrheitsmeinungen nachzudenken, sondern unter Umständen wechseln über die Zeit mehr und mehr Mehrheitsmitglieder zur Position der Minderheit. Besonders dann, wenn die Minoritäten mit ihren alternativen Auffassungen Entwicklungen und Trends vorwegnehmen, die dem aktuellen Zeitgeist entsprechen, erhöht sich die Bereitschaft der Mehrheit, die Argumente der Minderheit wahr- und ernst zu nehmen. Das gelang zum Beispiel den Grünen in den 1970er und 1980er Jahren, indem sie vehement, konsistent und ausdauernd – noch vor den anderen politischen Parteien und Bewegungen – auf die Notwendigkeit einer ökologischen Wende aufmerksam gemacht haben.

Die Konversionstheorie, mit der Moscovici den möglichen Einfluss von sozialen Minderheiten erklärt, ist mittlerweile ebenfalls gut erforscht und weiterentwickelt worden (z. B. Papastamou et al., 2017). Serge Moscovici ordnet seine Erklärung über den sozialen Wandel durch Minoritäten in ein, wie er schreibt, „genetisches Modell" ein. Dieses Modell besagt: Systeme sozialen Wissens sind keine über die Zeit fest strukturierten, veränderungsresistenten Beschaffenheiten, sondern offene und dynamisch Systeme. Ihr Wandel wird von sozialen Minderheiten oder Subgruppen initiiert und realisiert. Die Mitglieder der Minderheiten teilen emanzipatorische Repräsentationen, mit denen Innovationen für die Zukunft gedacht und angestoßen werden können. „Von diesem Standpunkt aus soll Innovation nicht als Form abweichenden Verhaltens, von Nonkonformität oder Unabhängigkeit gesehen werden; sie soll als das gesehen werden, was sie ist: Als grundlegender Prozess sozialer Existenz" (Moscovici, 1979, S. 13).

Kenneth J. Gergen und Sozialer Konstruktionismus

So wie Klaus Holzkamp, Henri Tajfel oder Serge Moscovici zog auch *Kenneth J. Gergen* vom Swarthmore College in Pennsylvania radikale Konsequenzen aus den Krisendiskussionen und den Debatten über das psychologische Forschen in den 1960er und 1970er Jahren. Zunächst kritisierte er ebenfalls die methodischen und methodologischen Verfahrensweisen der Sozialpsychologie (Gergen, 1973), um später die kognitive Wende, mit der der Behaviorismus in den 1960er- und 1970er-Jahren in der Psychologie abgelöst wurde, in den kritischen Blick zu nehmen. Der *Kognitivismus,* der dieser Wende den Namen gab, gehe, so Gergen, davon aus, dass das Erkennen der Welt von kognitiven Strukturen (wie Kategorien, Schemata und Begriffen) abhängig sei. Die sozialen Beziehungen, in denen diese kognitiven Strukturen entstünden, blieben damit aber ungeklärt (Gergen, 1989). Notwendig sei nach der kognitiven Wende nun eine „zweite Revolution", um eine erkenntnistheoretische Konzeption sozialen Wissens zu entwickeln. Diese Konzeption nennt Gergen *Social Constructionism* (Sozialer Konstruktionismus), um sich vom Sozialen Konstruktivismus (Berger & Luckmann, 1966) abzuheben (Gergen, 1985). Die Welt – so eine zentrale Annahme des Sozialen Konstruktionismus – werde im sozialen Austausch konstruiert und könne nur durch die sozial geschaffenen, eben konstruierten, Begriffe und Konstruktionen wahrgenommen und verstanden werden. Diese Begriffe und Konstruktionen prüfen wir Menschen nach den Kriterien der Passfähigkeit für den weiteren sozialen Austausch. Die Frage nach Wahrheit, Falschheit oder Objektivität unserer Konstruktionen wird von der Frage nach der Nützlichkeit unserer Begriffe und sozialen Konstruktionen abgelöst. Damit bekommt auch die Empirie einen neuen Stellenwert im wissenschaftlichen Forschungsprozess zugewiesen: Empirische Forschung sei zwar nicht geeignet, zwischen konkurrierenden Theorien zu entscheiden; durch die Empirie können aber die Bedingungen, unter denen eine Theorie nützlich sein kann, konkretisiert werden. Überdies sei empirische Forschung immer auch eine Form der Intervention sowie der Veränderung sozialer Wirklichkeiten. Sie könne kulturelle Dialoge provozieren, traditionelle Auffassungen verändern und praktikable Wege zur Lösung gesellschaftlicher Probleme aufzeigen. Statt: „Ich denke, also bin ich", ließe sich mit Kenneth Gergen formulieren: „Wir kommunizieren, also bin ich".

Der Anspruch, den der Soziale Konstruktionismus erhebt, ist nicht gering. Er rüttelt an den Vorgaben diverser Wissenschaftskonzeptionen und zweifelt am objektiven Erkenntnisideal, an traditionellen Wahrheitskriterien und an bewährten Verfahren zur Überprüfung wissenschaftlicher Theorien. Stattdessen bevorzugt er eine pluralistisch-liberale Methodologie, indem er Nützlichkeitskriterien zur Prüfung wissenschaftlicher Theorien vorschlägt, kritische Theorienvergleiche den ausschließlich „datenbezogenen" Theorieprüfungen vorzieht und zu einem offenen Dialog zwischen den Vertretern unterschiedlicher Wissenschaftsdisziplinen einlädt. Im angloamerikanischen Forschungsraum erfreut sich der Soziale Konstruktionismus anhaltender Aufmerksamkeit. Namhafte und sprachgewandte Verteidiger und Gegner setzen sich mit den Positionen in einschlägigen Fachzeitschriften auseinander und streiten über den sozialpsychologischen Beitrag, den der Soziale Konstruktionismus zu leisten vermag (z. B. Ibarra & Adorjan, 2018; Jost & Kruglanski, 2002; Shotter, 2012).

Fazit

Holzkamp, Tajfel, Moscovici und Gergen haben etwas geschaffen, das Arie Kruglanski einmal das „High-Level Theorizing" genannt hat (Kruglanski, 2001, S. 872), das Arbeiten auf hohem theoretischen Niveau. Aus „theoretischer Schüchternheit" hätten sich Sozialpsychologinnen und Sozialpsychologen auf die Forderung von Robert K. Merton (1957) eingelassen, Theorien mittlerer oder gar geringer Reichweite zu entwerfen und auf die

Entwicklung allgemeiner oder abstrakter Theorien zu verzichten. Nun, Holzkamp, Moscovici, Tajfel und Gergen besitzen oder besaßen diese Schüchternheit nicht, vielleicht auch deshalb, weil sie davon überzeugt waren, dass große Theorien über die Schnittstelle zwischen Individuum und Gesellschaft nötig sind, um den kritisch-emanzipatorischen Anspruch auf die nationale und internationale Agenda zu setzen.

Die *Kritische Psychologie* von und mit Klaus Holzkamp war (und ist?) Subjektwissenschaft. Das heißt vor allem: Gegenstand und Kriterium kritisch-psychologischer Forschung ist der Mensch in seiner Gesellschaftlichkeit, als Subjekt seiner Lebenspraxis. Der Erfolg kritisch-psychologischer Forschung müsse sich daran messen lassen, ob es ihr gelingt, die Menschen zu befähigen, ihre subjektive Lebenspraxis selbst gestalten zu können (Holzkamp, 1993, S. 73). Mit diesem Anspruch gehört(e) die Kritische Psychologie zweifellos zum radikalsten Unternehmen in den kritisch-emanzipatorischen Humanwissenschaften des 20. Jahrhunderts. Der Humanismus der Kritischen Psychologie, von der nach 1989 eine große Idee übrigblieb, besteht wohl vor allem darin, auf die Unmenschlichkeit bestimmter Gesellschaftsformen aufmerksam zu machen und die Menschen befähigen zu wollen, sich selbst für menschliche Lebensbedingungen zu engagieren (Holzkamp-Osterkamp, 1981, S. 43). Das hätte auch der Ausgangspunkt für eine kritische Psychologie in den ehemals sozialistischen Ländern werden können, wurde es aber aus bekannten Gründen leider nicht.

Den *Sozialen Identitätsansatz* halte ich ebenfalls für starkes wissenschaftliches Programm, um sich in kritischer Weise mit den nationalen und internationalen Gefahren auseinanderzusetzen, die die Mitmenschlichkeit und die Gleichberechtigung der Menschen bedrohen. Obgleich die Sozialpsychologie in den letzten 60 Jahren eine Fülle faszinierender Befunde präsentieren konnte, scheinen nach wie vor zahlreiche Mini-Theorien das Forschungsfeld zu dominieren (z. B. kritisch: Van Hippel & Buss, 2017). Insofern ist der Soziale Identitätsansatz eines der „seltenen Tiere", eine Meta-Theorie mit ehrgeizigem Anspruch und eleganten, einfachen und überprüfbaren Annahmen (Hornsey, 2008, S. 217). Shelley McKeown, Neil Ferguson und Reeshma Haji schreiben in ihrem Schlusswort zum Buch „*Understanding Peace and Conflict through Social Identity Theory*" sinngemäß: Der Soziale Identitätsansatz beschränke sich nicht nur auf die Erklärung von Rassen- und ethnische Beziehungen, sondern beziehe sich auch auf einige der größten Herausforderungen, denen sich die heutige Welt gegenübersieht: Gesundheit, Ungleichheiten, sozialer Wandel, Nachhaltigkeit, Frieden (McKeown et al., 2016, S. 367).

Der emanzipatorische Impetus, mit dem Moscovici seine Forschung betrieb, ist gleichfalls unverkennbar. Darauf verweisen auch die politisch-praktischen Probleme, mit denen er sich in seiner Forschung beschäftigte, etwa mit ökologischen Fragen, Problemen des Feminismus und des Rassismus oder mit der Unterdrückung ethnischer Minoritäten (Moscovici & Pérez, 2007; Moscovici & Kalampalikis, 2012). Sozialpsychologie ist für Moscovici sowie seinen Anhängerinnen und Anhängern die Wissenschaft, die die Entstehung und Beschaffenheit des (sozialen) Wissens zum Gegenstand hat. Soziales Wissen, Werte, Ideen, kulturelle Praktiken sind Bezugssysteme für die Weltsicht des Einzelnen und Basis sowie Resultate von menschlicher Kommunikation. Die sozialen Minderheiten können dabei die Funktion der innovativen Akteure übernehmen. Vielleicht – so könnte man vorsichtig optimistisch formulieren – sind die Minderheiten tatsächlich die Mehrheiten der nächsten Generationen, wie Jean-Paul Sartre einmal gesagt haben soll.

Die Nähe zwischen der Theorie der Sozialen Repräsentationen und dem Sozialen Konstruktionismus ist nicht zu übersehen. Beide verbindet das Bestreben, „[…] einen integrativen Begriff des Sozialen zu formulieren, der eine Reduktion auf individuelle Kognition oder auf soziale Prozesse nicht zulässt" (Jacob, 2004, S. 206). Am Sozialen Konstruktionismus scheiden sich indes die Geister viel eher als an der Theorie der Sozialen Repräsentationen. Vielleicht deshalb, weil es sich um einen Ansatz handelt, mit dem nicht nur die Sozialpsychologie, sondern die wissenschaftliche Erkenntnis des Menschlichen generell reformuliert werden soll; auch wenn die humanistische Vision Ken Gergens einigermaßen utopisch klingt, denn er möchte, dass wir „[…] dahin gelangen, uns als pan-kulturelle Mitglieder einer Weltgesellschaft zu betrachten, die über Raum und Zeit hinweg miteinander in Beziehung stehen" (Gergen, 1990, S. 198). Gegen die Gefühle von Entfremdung und Hoffnungslosigkeit möchte Gergen ein „[…] Gefühl von Gemeinschaft und Verbundenheit" setzen (Gergen 2002, S. 224). Der Konstruktionismus unterstütze „[…] Feministinnen, ethnische Minderheiten, Marxisten, Schwule, Lesben, Alte, Arme und alle anderen Menschen darin, die „Wahrheiten" und „Tatsachen" der vorherrschenden Ordnung infrage zu stellen" (Gergen, ebd., S. 287). Auch jegliche Formen von Antisemitismus lehnen die Anhängerinnen und Anhänger des Sozialen Konstruktionismus ab (Gergen & Gergen 1986, S. 123 ff.). Der Antisemitismus ist aus ihrer Sicht eine soziale Konstruktion der Antisemiten, mit denen Nichtjuden die Juden als Juden zu diskriminieren und zu diffamieren versuchen, um ihnen die Rechtmäßigkeit ihrer Existenz als Mitglieder sozialer Gemeinschaften abzusprechen.

Bei aller Unterschiedlichkeit geht es in den Ansätzen von Holzkamp, Tajfel, Moscovici und Gergen um die Gesellschaftlichkeit der Menschen und um die Frage, welche Grenzen zu überwinden sind und welche Bedingungen hergestellt werden müssen, um die Mitmenschlichkeit des Menschen zu fördern. Darauf sollte das Potential jeder kritisch-emanzipatorischen Psychologie und jedes Humanismus gerichtet sein. „Homo res sacra homini", der Mensch soll dem Menschen etwas Heiliges sein, meinte Seneca (zit. n. Wolf, 2016, S. 18). Mit diesem Satz, den Petrarca sicher ebenfalls kannte, lässt sich auch mein humanistischer Optimismus zusammenfassen.

Literatur

Berger, P. L. & Luckmann, T. (1966). *The Social Construction of Reality: A Treatise in the Sociology of Knowledge*. Doubleday.

Bernstein, F. (1980, Original: 1926). *Der Antisemitismus als Gruppenerscheinung*. Jüdischer.

Billig, M. (1996). Background of social identity. In W. P. Robinson (Hrsg.), *Social groups and identities developing the legacy of Henri Tajfel* (S. 337 ff.). Butterworth-Heinemann.

Billig, M. (2002). Henri Tajfel's "Cognitive aspects of prejudice" and the psychology of bigotry. *British Journal of Social Psychology, 41*(2), 171–188.

Bönisch, S. (1986). Rezension von „Klaus Holzkamp: Grundlegung der Psychologie". *Deutsche Zeitschrift für Philosophie, 34*(5), 476–478.

Brandes, H. (1980). Zur „Oberflächen-" und „Binnenstruktur" der Kontroverse zwischen Kritischer Psychologie und Handlungstheorie. *Argument-Sonderband – Forum Kritische Psychologie* (Bd. 6, S. 7–18).

Braun, K.-H., & Holzkamp, K. (Hrsg.). (1977). *Berichte über den I. Kongress Kritische Psychologie in Marburg vom 13. Bis 15. Mai 1977* (Bd. 1 und 2). Pahl-Rugenstein.

Brenssell, A., & Lutz-Kluge, A. (2020). *Partizipative Forschung und Gender: Emanzipatorische Forschungsansätze weiterdenken*. Barbara Budrich.

Brown, R. (2020). The social identity approach: Appraising the Tajfellian legacy. *British Journal of Social Psychology, 59*(1), 5–25.

Bruner, J. S., & Postman, L. (1949). Perception, cognition and behaviour. *Journal of Personality, 18*, 14–31.

Bruns, J., Glösel, K., & Stobl, N. (2016). *Die Identitären. Handbuch zur Jugendbewegung der Neuen Rechten in Europa*. Unrast.

Dollard, J., Doob, L. W., Miller, N. E., Mowrer, O. H., & Sears, R. R. (1939). *Frustration and aggression*. Yale University Press.

Durkheim, É. (1967; Original: 1898). Individuelle und kollektive Vorstellungen. In ders. *Soziologie und Philosophie*. Suhrkamp.

Eckardt, G. (1973). Zur wissenschaftstheoretischen Diskussion in der marxistisch-leninistischen Psychologie und zur Auseinandersetzung mit der „kritisch-emanzipatorischen Psychologie". In H. Hiebsch & L. Sprung (Hrsg.), *Aufgaben Perspektiven und methodologische Grundlagen der marxistischen Psychologie in der DDR*. VEB Deutscher Verlag der Wissenschaften.

Feyerabend, P. (1983). *Wider den Methodenzwang*. Suhrkamp Taschenbuch.

Flick, U. (1996). *Psychologie des technisierten Alltags. Soziale Konstruktion und Repräsentation technischen Wandels*. Westdeutscher Verlag.

Gauland, A. (2021). Online-Magazin Oberhessen. https://www.oberhessen-live.de/2020/09/27/wir-stehen-zu-deutschland-wir-sind-und-bleiben-deutsche/. Zugegriffen: 30. Juli 2021.

Gergen, K. J. (1973). Social psychology as history. *Journal of Personality and Social Psychology, 26*(2), 309–320.

Gergen, K. J. (1985). The social constructionist movement in modern psychology. *American Psychologist, 40*(3), 266–275.

Gergen, K. J. (1989). Social psychology and the wrong revolution. *European Journal of Social Psychology, 19*(5), 463–484.

Gergen, K. J. (1990). Die Konstruktion des Selbst im Zeitalter der Postmoderne. *Psychologische Rundschau, 41*(4), 191–199.

Gergen, K. J. (2002). *Konstruierte Wirklichkeiten. Eine Hinführung zum sozialen Konstruktionismus*. Kohlhammer.

Gergen, K. J., & Gergen, M. M. (1986). *Social Psychology*. Springer.

Graumann, C. F. (1985). Phänomenologische Analytik und experimentelle Methodik in der Psychologie-das Problem der Vermittlung. In K.-H. Braun & K. Holzkamp (Hrsg.), *Subjektivität als Problem psychologischer Methodik* (S. 38–59). Campus.

Graumann, C. F. (1995). The origins of the EAESP: Social psychology in Europe: The role of the European Association of Experimental Social Psychology. https://www.easp.eu/getmedia.php/_media/easp/201707/401v0-orig.pdf. Zugegriffen: 26. März 2021.

Greenfield, P. M. (2016). Jerome Bruner (1915–2016). Psychologist who shaped ideas about perception, cognition and education. *Nature, 535*, 232.

Groeben, N., & Scheele, B. (1977). *Argumente für eine Psychologie des reflexiven Subjekts*. Steinkopff.

Haslam, A. S. (2001). *Psychology in organizations. The social identity approach*. Sage.

Held, J. (2008). Jenseits des Mainstreams: Kritische Psychologien im deutschsprachigen Raum. In L. Huck, C. Kaindl, V. Lux, T. Pappritz, K. Reimer, & M. Zander (Hrsg.), *„Abstrakt negiert ist halb kapiert", Beiträge zur marxistischen Subjektwissenschaft Morus Markard zum 60. Geburtstag* (S. 269–285). Verlag des Bundes demokratischer Wissenschaftlerinnen und Wissenschaftler.

Hidalgo, O. (2020). Kritik der Identitätspolitik in der Demokratie. *Ethik und Gesellschaft, 1*. https://www.ethik-und-gesellschaft.de/ojs/index.php/eug/article/view/1-2020-art-6. Zugegriffen: 02. Juli 2021.
Höcke, B. (2018). *Nie zweimal in denselben Fluss*. Lüdinghausen.
Holzkamp, K. (1964). *Theorie und Experiment in der Psychologie*. De Gruyter.
Holzkamp, K. (1970). Wissenschaftstheoretische Voraussetzungen kritisch-emanzipatorischer Psychologie. *Zeitschrift für Sozialpsychologie, 1*(5–21), 104–141.
Holzkamp, K. (1973). *Sinnliche Erkenntnis*. Fischer Athenäum Taschenbuch.
Holzkamp, K. (1977). Die Überwindung der wissenschaftlichen Beliebigkeit psychologischer Theorien durch die Kritische Psychologie. *Zeitschrift für Sozialpsychologie, 8*, 1–22, 78–97.
Holzkamp, K. (1978). *Gesellschaftlichkeit des Individuums*. Pahl-Rugenstein.
Holzkamp, K. (1983). *Grundlegung der Psychologie*. Campus.
Holzkamp, K. (1984). Die Bedeutung der Freudschen Psychoanalyse für die marxistisch fundierte Psychologie. *Forum Kritische Psychologie, 13*, 15–40.
Holzkamp, K. (1993). Was heißt „Psychologie vom Subjektstandpunkt"? Überlegungen zu subjektwissenschaftlicher Theorienbildung. *Journal für Psychologie, 1*(2), 66–75.
Holzkamp-Osterkamp, U. (1981; Original: 1975/1976). *Grundlagen der psychologischen Motivationsforschung*. Volk und Wissen.
Hornsey, M. (2008). Social identity theory and self-categorization theory: A historical review. *Social and Personality Psychology Compass, 2*(1), 204–222.
Ibarra, P. R., & Adorjan, M. (2018). Social constructionism. In J. A. Trevino (Hrsg.), *The cambridge handbook of social problems* (Bd. 1, S. 279–301). Cambridge University Press.
Israel, J., & Tajfel, H. (Hrsg.). (1972). *The context of social psychology: A critical assessment*. Academic.
Jacob, S. (2004). *Soziale Repräsentationen und Relationale Realitäten*. Deutscher Universitäts-Verlag.
Jost, J. T., & Kruglanski, A. W. (2002). The estrangement of social constructionism and experimental social psychology: History of the rift and prospects for reconciliation. *Personality and Social Psychology Review, 6*(3), 168–187.
Kruglanski, A. W. (2001). That "vision thing". The state of theory in social and personality psychology at the edge of the new millennium. *Journal of Personality and Social Psychology, 80*(6), 871–875.
Markard, M. (1985). Konzepte der methodischen Entwicklung des Projekts Subjektentwicklung in der frühen Kindheit. *Forum Kritische Psychologie, 17*, 101–125.
Markard, M. (2018). Kritische Psychologie. In O. Decker (Hrsg.), *Sozialpsychologie und Sozialtheorie* (S. 107–121). Springer VS.
Markard, M. (2020). Kritische Psychologie. In G. Mey & K. Mruck (Hrsg.), *Handbuch Qualitative Forschung in der Psychologie* (S. 163–183). Springer.

McKeown, S., Haji, R., & Ferguson, N. (2016). Conclusion: The next Voyage. In S. McKeown, N. Ferguson, & R. Haji (Hrsg.), *Understanding Peace and Conflict through Social Identity Theory* (S. 367–373). Springer.

Merton, R. K. (1957). *Social theory and social structure*. Free Press.

Metzler, H. (1986). Der gesellschaftliche Begründungs- und Wirkungszusammenhang der interpersonellen Wahrnehmung und Urteilsbildung. In H. Hiebsch (Hrsg.), *Interpersonelle Wahrnehmung und Urteilsbildung*. Deutscher Verlag der Wissenschaften.

Moscovici, S. (1952). Premiers resultats d'une enquete concernant la psychoanalyse. *Revue Francaise de Psychoanalyse, 16*, 386–415.

Moscovici, S. (1963). Attitudes and opinions. *Annual Review of Psychology, 14*(1), 231–260.

Moscovici, S. (1972). Society and theory in social psychology. In J. Israel & H. Tajfel (Hrsg.), *The Context of Social Psychology: A Critical Assessment*. Academic.

Moscovici, S. (1979). *Sozialer Wandel durch Minoritäten*. Urban & Schwarzenberg.

Moscovici, S. (1980). Toward a theory of conversion behavior. In L. Berkowitz (Hrsg.), *Advances in experimental social psychology* (Bd. 13, S. 209–230). Academic.

Moscovici, S. (1984). The phenomenon of social representation. In R. Farr & S. Moscovici (Hrsg.), *Social representations* (S. 3–69). Cambridge University Press.

Moscovici, S. (1986). *Das Zeitalter der Massen*. Fischer.

Moscovici, S. (1988). Notes towards a description of social representations. *European Journal of Social Psychology, 18*(3), 211–250.

Moscovici, S. (2015; Original: 1961). *La psychanalyse, son Image et son public*. Presses universitaires de France.

Moscovici, S., & Pérez, J. A. (2007). A study of minorities as victims. *European Journal of Social Psychology, 37*(4), 725–746.

Moscovici, S., & Kalampalikis, N. (2012). *Raison et cultures*. Editions de l'Ecole des hautes études en sciences sociales.

Moscovici, S., Lage, E., & Naffrechoux, M. (1969). Influence of a consistent minority on the responses of a majority in a color perception task. *Sociometry, 31*(4), 365–380.

Nemeth, C. (2015). The power of the minority: A personal homage to Serge Moscovici. *European Bulletin of Social Psychology, 27*(1), 23–27.

Ohayon, A. (2003). Die psychoanalytische Bewegung in der französischen Nachkriegsgesellschaft (1945–1953). Allianzen und Brüche. *Österreichische Zeitschrift für Geschichtswissenschaften, 14*(2), 86–107.

Papastamou, S., Gardikiotis, A., & Prodromitis, G. (Hrsg.). (2017). *Majority and minority influence: Societal meaning and cognitive elaboration*. Routledge.

Rabbie, J. M., & Horwitz, M. (1969). Arousal of ingroup-outgroup bias by a chance win or loss. *Journal of Personality and Social Psychology, 13*(3), 269.

Rätzel, N. & Uzzel, D. (2019). Critical Psychology – „Kritische Psychologie": Challenging enviromental behavior change strategies. *Annual Review of Critical Psychology, 16,* 1375–1413.

Sammut, G., Andreouli, E., Gaskell, G., & Valsiner, J. (2015). Social representations: A revolutionary paradigm? In G. Sammut, E. Andreouli, G. Gaskell, & J. Valsiner (Hrsg.), *The Cambridge handbook of social representations* (S. 3–11). Cambridge University Press.

Shotter, J. (2012). Gergen, confluence, and his turbulent, relational ontology: The constitution of our forms of life within ceaseless, unrepeatable, intermingling movements. *Psychological Studies, 57*(2), 134–141.

Sieben, A., & Kalkstein, F. (2015). Kritische Psychologie und queer-feministische Perspektiven. *Journal für Psychologie, 23*(2), 234–257.

Tajfel, H. (1957). Value and the perceptual judgement of magnitude. *Psychological Review, 64*(3), 192–204.

Tajfel, H. (1960). Nationalism in the modern world: The nation and the individual. *The Listener, 63*(1624), 846–847.

Tajfel, H. (1965). Some psychological aspects of the colour problem. In R. Hooper (Hrsg.), *Colour in Britain* (S. 127–137). BBC Publications.

Tajfel, H. (1970). Experiments in intergroup discrimination. *Scientific American, 223*(5), 96–103.

Tajfel, H. (1972a) Experiments in a vacuum. In J. Israel & H. Tajfel (Hrsg.), *The context of social psychology: A critical assessment* (S. 69–119). Academic.

Tajfel, H. (1972b). Some developments in European social psychology. *European Journal of Social Psychology, 2*(3), 307–321.

Tajfel, H. (1981). *Human groups and social categories.* Cambridge University Press.

Tajfel, H., & Turner, J. C. (1979). An integrative theory of intergroup conflict. In W. G. Austin & S. Worchel (Hrsg.), *The social psychology of intergroup relations* (S. 33–47). Brooks/Cole.

Tajfel, H., & Wilkes, A. L. (1963). Classification and quantitative judgement. *British Journal of Psychology, 54*(2), 101–114.

Tajfel, H., Billig, M. G., Bundy, R. P., & Flament, C. (1971). Social categorization and intergroup behaviour. *European Journal of Social Psychology, 1*(2), 149–178.

Teo, T. (1998). Die vier Jahreszeiten kritischer Psychologie. *Psychologie und Gesellschaftskritik, 22*(2/3), 7–26.

Turner, J. C. (1985). Social categorization and the self-concept: A social cognitive theory of group behaviour. In E. J. Lawler (Hrsg.), *Advances in group processes* (S. 77–122). JAI Press.

Turner, J. C. (1996). Henri Tajfel: An introduction. In W. P. Robinson (Hrsg.), *Social groups and identities. Developing the legacy of Henri Tajfel* (S. 1–23). Butterworth-Heinemann.

Turner, J. C., Hogg, M. A., Oakes, P. J., Reicher, S. D., & Wetherell, M. S. (1987). *Rediscovering the social group: A self-categorization theory.* Blackwell.

Van Hippel, W., & Buss, D. M. (2017). Do ideological driven scientific agendas impede understanding and acceptance of evolutionary principles in social psychology? In J. T. Crawford & L. Jussim (Hrsg.), *The politics of social psychology* (S. 7–25). Psychology Press.

Vorster, A., Dumont, K., & Waldzus, S. (2021). Just hearing about it makes me feel so humiliated: Emotional and motivational responses to vicarious group-based humiliation. *International Review of Social Psychology, 34*(1), 1–14.

Wagner, W. (2021). Groups in contact: Meta-representations, interobjectivity, and cultural incompatibilities. *Journal for the Theory of Social Behaviour, 51*(1), 2–24.

Wolf, F. O. (2016). Antihumanismus/Humanismuskritik. In H. Cancik, H. Groschopp, & F. O. Wolf (Hrsg.), *Humanismus: Grundbegriffe* (S. 65–76). De Gruyter.

Zmerli, S., & Feldman, O. (2015). *Politische Psychologie. Handbuch für Studium und Wissenschaft*. Nomos.

18

Transhumanismus

„Der Mensch lebt von der Natur, heißt: Die Natur ist sein **Leib,** mit dem er in beständigem Prozess bleiben muss, um nicht zu sterben" (Marx, 1985, MEW, Band 40, S. 516; Hervorh. im Original 1844).

Verlängerter Leib und Transhumanismus

Menschen roden Wälder, töten Tiere, bauen Autobahnen, fahren Auto, fliegen zum Mond, tragen Brillen, nutzen Computer und Smartphones, sprechen mit Alexa, greifen nach Prothesen verschiedener Art, nehmen Pillen und hoffen manchmal, durch Selbstoptimierung, ihre eigenen, menschlichen Fähigkeiten in grenzenloser Weise verbessern zu können. Die Natur wird sozusagen zum „[…] verlängerte(n) Leib des Individuums" gemacht, um Karl Marx etwas weiter auszulegen (Marx, 1983, S. 401; Original: 1857–1858). *Enhancement* ist das moderne Stichwort, mit dem die neuen Selbstoptimierungsstrategien, etwa durch Anti-Aging, durch Steigerung der körperlichen Fitness, durch Schönheitschirurgie, durch implantierte Chips, um Krankheiten zu lindern (Koch & Scholz, 2017) oder sich mit der Intelligenz eines Supercomputers zu verbinden, beschrieben werden. Enhancement heißt zunächst nichts anderes als Erweiterung der eigenen Körperlichkeit, eben durch verlängerte Leiblichkeit.

In den Diskursen zum sogenannten Transhumanismus spielt das Enhancement aber noch eine andere Rolle. Der Biologe, Nobelpreisträger und erster UNESCO-Generalsekretär *Julien Huxley,* Bruder von Aldous Huxley, dem Schriftsteller, prägte in den 1950er Jahren den Begriff Transhumanismus, um seine Hoffnungen auszudrücken, den Menschen und seine biologische Umwelt mittels technischer Eingriffe, in die bestmögliche Form zu bringen (Heil, 2018, S. 62 ff.). Julien Huxley ist übrigens auch der Erfinder des Aluhuts, den manche Zeitgenossen für eine Möglichkeit halten, um sich vor den negativen Folgen von Telepathie und sonstigen Strahlen zu schützen. Huxley beschreibt den Aluhut in seiner satirischen Science-Fiktion-Geschichte „The Tissue-Culture King" aus dem Jahre 1927 als Wahnidee einzelner Menschen (Klosa-Kückelhaus, 2020). Über den Aluhut lässt sich gut spotten; beim Transhumanismus ist das schwieriger. Transhumanistische Ideen und Visionen werden nicht nur in Science-Fiktion-Romanen (z. B. in Dan Browns „Inferno") oder in Hollywood-Filmen (z. B. „Lucy" aus dem Jahre 2014 in der Regie von Luc Besson mit Scarlett Johansson und Morgan Freeman in den Hauptrollen) unter die Massen gebracht. Forscherinnen und Forscher der Künstlichen Intelligenz, wie der Director of Engineering bei Google, Raymond Kurzweil, oder sein ehemaliger Chef, Larry Page, sind vom Transhumanismus ebenso euphorisiert wie die Mitglieder der Transhumanen Partei in Deutschland. Die Ideen, die die transhumanen Visionäre und ihre Jünger verbreiten, sind vielfältig und divers; die philosophischen, theologischen und naturwissenschaftlichen Auseinandersetzungen mit ihnen ebenfalls (z. B. Göcke & Meier-Hamidi, 2018).

„Vertreterinnen und Vertreter des „Transhumanismus", längst in diversen Organisationen zusammengeschlossen, betrachten die Evolution der menschlichen Gattung als „work in progress" […]; sie hoffen auf ein schier unbegrenztes „enhancement", auf eine unablässig fortschreitende Steigerung menschlicher Möglichkeiten […], auf eine Selbstoptimierung des Menschen durch technische Mittel, eine Ergänzung des menschlichen Körpers durch digitale Apparaturen, die Abschaffung des Todes und die Überwindung von Krankheiten, Alterungsprozessen, erbbedingten Mängeln und kognitiven Unzulänglichkeiten durch gentechnologische Eingriffe sowie die Schaffung von Existenzmöglichkeiten außerhalb der irdischen Sphäre" (Weiß, 2014, S. 52).

Eines der spannendsten und wohl nicht umstrittensten Vorhaben der transhumanistischen Community ist die Gehirnemulation (whole brain emulation), also die Nachahmung oder Erweiterung menschlicher Gehirnprozesse mittels Computertechnik. Ein Weg dazu ist die computergestützte Simulation des Gehirns, indem zunächst die neuronalen Prozesse umfassend erforscht, modelliert und anschließend mit leistungsfähigen Computern simuliert werden. Im Rahmen des *Human Brain Projects* fördert die Europäische Union ein solches Vorhaben, an dem Forschungseinrichtungen aus 23 Ländern beteiligt sind, mit knapp 1,2 Mrd. Euro (Damberger, 2016, S. 33). Die USA, allen voran die großen Tech-Konzerne, wie *Google* oder *Apple,* unterstützen ähnliche Projekte ebenfalls mit großen Summen.

Ein anderer Weg wird mit den sogenannten *Brain-Computer-Interfaces* verfolgt. Damit wird eine direkte Informationsübertragung zwischen dem menschlichen Gehirn und einem computerbasierten System ermöglicht. Über diesen Weg können zum Beispiel Intentionen oder Gedanken eines Menschen entschlüsselt und als maschinelle Steuerbefehle in Sprachprogramme oder in Bewegungen von Prothesen übersetzt werden (Fraunhofer Institut, 2021). Hilfreich sind derartige Brain-Computer-Interfaces u. a., um die Kommunikationsfähigkeit von ALS- oder die Bewegungsfähigkeit von Schlaganfallpatienten wiederherzustellen (Şahinol, 2018). Der verstorbene Physiker Stephen Hawing, der an ALS (Amyotrophe Lateralsklerose) erkrankt war, kommunizierte zum Beispiel mit einem Wangenmuskel und seinen Augen über einen Sprachcomputer und konnte sich so mit seiner Umwelt verständigen. Für militärische Zwecke sind derartige Mensch-Maschine-Verbindungen ebenfalls brauchbar oder missbrauchbar, nicht nur, um verletzten Soldaten ihre Lebensqualität zurückzugeben, sondern auch um beispielsweise Drohnen, Panzer, Raketen und andere Vernichtungsmaschinen mithilfe von Gehirnprozessen zu steuern. Kein Wunder also, dass seit Jahren die Forschungen zu Brain-Computer-Interfaces in etlichen Ländern besonders vom Militär gefördert werden (Benedikter et al., 2017).

Die großen Utopisten unter den Anhängern des Transhumanismus halten es gar für möglich, *Brain-Computer-Interfaces* nutzbar zu machen, um mittels *Mind-Uploading* unsterblich zu werden. Mit Mind-Uploading sind computergestützte Verfahren gemeint, mit denen Inhalte des menschlichen Gehirns, das Bewusstsein, die Erinnerungen, Erwartungen, auf die Festplatte eines Computersystems oder eines anderen technischen Trägersystems übertragen werden. Der physische Körper des Menschen, dessen neuronale Prozesse kopiert und transformiert werden, könne sterben, das Wesen seiner Persönlichkeit, zumindest das, was manche Transhumanisten darunter verstehen, lasse sich vielleicht auf Ewigkeit erhalten. Der Neurowissenschaftler Will Foster (gespielt von Keanu Reeves) klont auf diese Weise im Film „Replicas" aus dem Jahre 2018 die Bewusstseinsinhalte seiner tödlich verunglückten Familienmitglieder. Der Film ist schlecht, aber nicht unspannend. Im besser gemachten Film „Transcendence" versucht es Johnny Depp ebenfalls mit dem Mind-Uploading, scheitert aber an der bösen Welt.

Abgesehen von der Frage, was das Wesen eines Menschen, seine Persönlichkeit ausmacht, bewegen sich die Vorstellungen vom Mind-Uploading noch in fiktionalen Sphären. Die technischen Möglichkeiten sind begrenzter als in den Science-Fiction-Filmen und die Erfolgsaussichten eines gelungenen Mind-Uploading noch nicht sehr rosig. Der schon erwähnte Raymond Kurzweil träumt allerdings bereits von einer Zukunft als Cyborg, als technologisch erweiterte und perfektionierte Mensch-Maschine, und schreibt:

> „In dieser neuen Welt würde es keinen klaren Unterschied zwischen Mensch und Maschine, zwischen realer Wirklichkeit und virtueller Wirklichkeit geben. Wir würden imstande sein, verschiedene Körper und nach Belieben eine Reihe von Charakteren zu übernehmen. Praktisch gesehen würden sich Altern und Krankheit ins Gegenteil verkehren; es würde keine Umweltverschmutzung mehr geben; das Problem des Hungers und der Armut auf der Welt wäre gelöst. Die Nanotechnologie würde eine Erzeugung nahezu aller physischen Produkte unter Verwendung kostengünstiger Informationsprozesse ermöglichen *und letztlich jeden Tod in ein lösbares Problem verwandeln*" (Kurzweil, 2005; zit. n. Coeckelbergh, 2018, S. 85; Hervorh. im Original).

Ganz ohne Eugenik, also ohne gezielte Auswahl und Verbesserung, scheint diese Erweiterung allerdings nicht machbar zu sein. So meint zum Beispiel Julian Savulescu, ein australischer Philosoph, es gelte, „die genetischen Möglichkeiten zu erhöhen, die unseren Kindern ein gutes Leben ermöglichen" (Ranisch & Savulescu, 2009, 31 f.; zit. n. Singer, 2020, S. 12). Die Nutzung der Genmodifikation sei keine utopische Angelegenheit, sondern werde, so Savulescu, bereits durch Samenbanken und Eizellenspenden praktiziert und müsse weiter gefördert werden, indem mittels Gentechnik gezielt wünschenswerte Gene ausgewählt werden, um Menschen mit „besseren" Merkmalen heranzuziehen (Knoepfler, 2018, S. 172 ff.). Ähnliches hatte wohl auch *Peter Sloterdijk* im Sinne, als er 1999 die „Regeln für den Menschenpark" aufzustellen versuchte (Sloterdijk, 1999). Da Erziehung wohl nicht mehr viel zur Formung des Menschen beitragen könne, sei die genetische Reform der Gattungseigenschaften zumindest eine denkbare Möglichkeit. Wie Sloterdijk berufen sich eingefleischte Transhumanisten und -humanistinnen gern auf Friedrich Nietzsche und dessen Frage, was „[…] bei einer günstigen Ansammlung und Steigerung von Kräften und Aufgaben, aus dem Menschen zu züchten wäre" (Nietzsche, 1999, Teil 2, S. 91).

Menschenzüchtung also, mit dem Ziel, den Übermenschen zu schaffen und Nietzsche als Transhumanist? Nun kann man Nietzsche immer gern zitieren, für welche Belege auch immer. Er eignet sich hervorragend als

Zitaten-Steinbruch. Michael Skowron (2013) belegt recht nachvollziehbar, „[...] dass Nietzsche den technologischen Transhumanismus für einen Abweg halten und ihm seinen Weg zum Übermenschen durch Selbstüberwindung entgegenhalten würde" (Skowron, 2013, S. 256). Otto Hansmann findet in Nietzsches Schriften ebenfalls genügend Hinweise, um zu warnen, „[...] Nietzsche nicht unbedacht als Vordenker des zeitgenössischen Transhumanismus in den Zeugenstand" zu rufen (Hansmann, 2018, S. 43). Ganz abgesehen davon, dass Nietzsche im Übermenschen nicht den Einzelnen, Erhöhten, Elitären meinte, sondern betonte: „Es muss viele Übermenschen geben: alle Güte entwickelt sich nur unter seines Gleichen" (Nietzsche Nachlass, zit. n. Skowron, 2013, S. 258). Aber auch dieser Satz ist auslegbar.

Offene Fragen

Wo liegen also die Probleme? Sie liegen in den vorerst offenen Fragen. Zum Beispiel: Ist die Corona-Pandemie sozusagen die Nagelprobe, an der sich zeigen lässt, dass sich der Mensch – entgegen manchen transhumanistischen Vorstellungen – letztlich doch nicht unbegrenzt verbessern lässt und „[...] bei aller Technik auch Tier ist" (Singer, 2020, S. 16)? Ist der Transhumanismus die gefährlichste Idee der Welt, wie Francis Fukuyama vor Jahren behauptete (Fukuyama, 2004) und Stefan Lorenz Sorgner zu widerlegen versucht (Sorgner, 2016)? Ist er ein Humanismus der neuen Art, gar ein Antihumanismus?

Technisch bzw. technologisch ist manches machbar, nicht gleich, aber in Zukunft. So Unrecht hat Raymond Kurzweil also nicht, wenn er behauptet, dass die Menschen am Ende dieses Jahrhunderts in der Lage sein werden, mittels der computergestützten Technik Trillionen mal Trillionen mehr leistungsstärkere Berechnungen durchzuführen als das Denken des menschlichen Gehirns (Kurzweil, 2010, S. 21). Die transhumanistische Idee des Mind-Uploading ist demzufolge nicht unrealistisch. Nur, wer kann es sich leisten, sein Gehirn auf einen Chip oder einen Großrechner kopieren zu lassen, um dort bis in ewige Zeiten herum zu spuken? Gefährlich wird der Transhumanismus dann, wenn er zur Ideologie der Mächtigen oder zum elitären Projekt der Reichen und Schönen wird. Die Frage lautet dann:

> „Fließen die Daten von ‚unten' nach ‚oben' oder von ‚oben' nach ‚unten'? [...] Sowohl totale Herrschaft als auch völlige Herrschaftsfreiheit sind quasi auf Knopfdruck möglich geworden. Kann der Transhumanismus sich in privaten Stiftungen, Think Tanks usw. einkuscheln, wenn das Stichwort lautet: Big

Data oder besser: Klassenkampf als Datenkampf? In welchen ‚brains' wird sich das alles abspielen, nur in lokalen, individuellen ‚brains' oder auch in einer *Global Brain*? Wessen Gehirn wird es sein? Das von wenigen Tausend oder das einer vernetzten Menschheit …?" (Krysmanski, 2014, S. 138; Hervorh. im Original).

Paul Mason legt den Finger in die gleiche Wunde. Der Transhumanismus verstehe unter Freiheit nicht das kollektive „gute Leben" für alle, sondern ein „[…] Projekt zur Erhöhung der biologischen Leistungsfähigkeit *einzelner* menschlicher Wesen" (Mason, 2019, S. 220; Hervorh. im Original).

Auch wenn die Machtfrage im Interesse einer globalen Gemeinschaft irgendwann entschieden sein sollte, bleibt jenseits von antikapitalistischen Debatten über den Transhumanismus die Frage nach dem Verhältnis von Humanismus und Transhumanismus. Wie neu ist der Wein und wie neu seine Fässer? Den Transhumanistinnen und –humanisten geht es nicht einfach darum, neue künstliche Wesen zu schaffen, sondern um die Verbesserung des Menschen durch „Verlängerung" des menschlichen Leibes mittels Wissenschaft und Technik. Die Transhumanisten fühlen sich der Vernunft, dem Fortschritt und der Wertschätzung der menschlichen Existenz ebenso verpflichtet wie die frühen Humanisten der Renaissance. Insofern sollte man den Transhumanisten und ihren Anhängern nicht vorschnell vorwerfen, einen Antihumanismus zu vertreten. Sie wollen das menschliche Leben durch Neurowissenschaften und Neuropharmakologie, Nanotechnologie, künstlicher Ultra-Intelligenz und Weltraum-Habitaten erweitern (More, 1996, 2013) und den „verlängerten Leib" des Individuums verlängern. Stefan L. Sorgner (2018, S. 159 ff.) plädiert zum Beispiel für einen „anti-utopischen Transhumanismus" und hält den Gebrauch der neuen Technologien für hervorragende Instrumente, um Freiheit, Gleichheit und Solidarität sowie eine Kultur der Pluralität, der Wissenschaft und Rationalität zu verwirklichen.

Gesellschaftlichkeit und mehr

Stellen sich aber mit den neuen Technologien und der angestrebten Verbesserung des Menschen quasi die besseren politischen und gesellschaftlichen Verhältnisse von selbst ein?

Bekanntlich sind diese Verhältnisse, wie auch immer sie beschaffen sind, mehr als die Summe derer, die sie schaffen. Die Menschen produzieren und konstruieren die gesellschaftlichen Verhältnisse. Und die Verhältnisse können sich gegenüber den Menschen entfremden, als Machtverhältnisse den Menschen gegenübertreten, wie die Menschen sich diesen Verhältnissen ebenfalls entfremden können. Sie, die Menschen, bleiben aber gemeinschaftlich produzierende und kommunizierende Lebewesen. Das macht ihre Gesellschaftlichkeit aus, die allerdings in den verschiedenen Strömungen des Transhumanismus – aus meiner Sicht – zu kurz zu kommen scheint. Selbstoptimierung, um die menschlichen Fähigkeiten in grenzenloser Weise zu erweitern, ist gut und schön, reicht aber nicht für eine bessere Gesellschaft, in der alle Gesellschaftsmitglieder nach ihren Fähigkeiten produzieren, nach ihren Bedürfnissen konsumieren und sich auf eine allgemeine Solidarität verlassen können (siehe auch: Bloch, 1985, S. 252; Kap. 16).

Wie verhält es sich also mit dem Menschen und seinem transhumanistisch gedachten und technisch erweiterten „verlängerten Leib"? Es sind, vereinfacht gesagt, neben der Gesellschaftlichkeit zumindest drei weitere Besonderheiten, durch die sie sich Menschen aus *psychologischer* Sicht von anderen Lebewesen unterscheiden: a) durch ihre Fähigkeit, über die eigene individuelle und menschheitsbezogene Gewordenheit reflektieren zu können; b) durch ihren Willen, Zukunft hoffnungsvoll antizipieren zu können; und c) durch ihr Wissen, irgendwann sterben zu müssen.

Das *erste* Merkmal, das Nachdenken über sich selbst, die Fähigkeit zur Selbstreflexion, ist für Psychologinnen und Psychologen eine grundlegende menschliche Eigenschaft. „Mit Hilfe der Selbstreflexion", schreibt Dörner,

> „ist der Mensch in der Lage, sein kognitives System, seine heuristischen Verfahren, seine Verfahren des Planens und Entscheidens selbständig, fast beliebig zu verändern. Die Selbstreflexion ist die Voraussetzung dafür, dass Anforderungen, die über die unmittelbaren Ziele des Handelns hinausgehen, berücksichtigt werden. Damit ist die Selbstreflexion die Voraussetzung für verantwortliches Handeln" (Dörner, 2012, S. 221).

Das *zweite* Merkmal wurde von Ernst Bloch (z. B. 1970, S. 239) stark gemacht, indem er den Menschen als ein Wesen bezeichnete, das frei und in der Lage sei, Zukünftiges zu denken. Gestützt auf Arbeiten von Kurt Lewin zu der Fähigkeit des Menschen, sich in Zeit und Raum zu verorten (Lewin 1942; deutsch: 1982) haben die Sozialpsychologen Zimbardo et al. (1999) die Hypothese aufgestellt, dass Menschen sich im Hinblick auf ihre oft unbewusste Einstellung gegenüber der Zeit unterscheiden und auf der Basis ihrer Zeiteinstellungen ihr Leben ordnen und ihm Sinn verleihen. Lewin nennt die Gesamtheit der Ansichten eines Menschen über seine Zukunft und seine Vergangenheit Zeitperspektiven. Zimbardo und Boyd differenzieren Lewins Sicht und heben sechs Zeitperspektiven besonders hervor: positive Vergangenheitsorientierung, negative Vergangenheitsorientierung, hedonistische Gegenwartsorientierung, fatalistische Gegenwartsorientierung, transzendentale Zukunftsorientierung und offene Zukunftsorientierung. Während sich Menschen mit einer *positiven Vergangenheitsorientierung* vor allem an die schönen Dinge ihres bisherigen Lebens erinnern, können sich *negativ Vergangenheitsorientierte* nicht von schlechten Erfahrungen und Erinnerungen lösen, egal wie positiv die momentane Gegenwart aussehen könnte (Zimbardo et al., 2013). Menschen, die sich überwiegend in *hedonistischer Weise der Gegenwart* zuwenden, lieben das Vergnügen und den Spaß im Hier und Jetzt. Es fällt ihnen schwer, Belohnungen oder Befriedigungen aufzuschieben. *Fatalistisch auf die Gegenwart* bezogene Menschen sind der Überzeugung, dass Zukunftspläne sinnlos seien, da ihr Leben eh von Anderen, vom Zufall oder von höheren Mächten bestimmt werde. Der Glaube an höhere Mächte spielt bei den Menschen, die eher eine *transzendentale Sicht auf die Zukunft* besitzen, ebenfalls eine gewichtige Rolle. Sie glauben an ein Leben nach dem Tod und sind meist sehr religiös. *Menschen mit einer offenen Zukunftsorientierung* lassen sich in ihrem Handeln von Wünschen, Ängsten, Hoffnungen und Zukunftserwartungen leiten. Sie ziehen langfristige Belohnungen einer kurzfristigen Befriedigung ihrer Wünsche und Erwartungen vor. Zukunftsorientierte Menschen sind eher bereit, sich für Angelegenheiten zu engagieren, die sich erst später auszahlen könnten. Ihr Interesse am Gemeinwohl ist größer als der Drang, ausschließlich die eigenen Interessen durchzusetzen. Insgesamt scheinen sie erfolgreicher, weniger aggressiv, empathischer und weniger depressiv zu sein als Menschen mit anderen Zeitperspektiven.

Das *dritte* Merkmal spielt in der *Terror-Management-Theorie* eine zentrale Rolle. Die Terror-Management-Theorie (TMT) der amerikanischen Sozialpsychologen Greenberg et al. (z. B. 1997) hat in den letzten Jahren großes Aufsehen erregt. Die Autoren stützen sich auf den grundlegenden Gedanken von Ernest Becker (1973), nach dem sich Menschen von anderen Lebewesen durch das Wissen von ihrer eigenen Sterblichkeit unterscheiden und deshalb bestrebt sind, dieses Wissen zu verdrängen. Die mittlerweile zahlreichen Forschungsergebnisse zur TMT haben gezeigt, dass Menschen eine Bandbreite von sozialen Verhaltensweisen zeigen können, um mit ihrer eigenen Sterblichkeit umgehen zu können: interpersonelle Aufwertung und Abgrenzung, Stereotypisierung und Vorurteilsproduktion, Aggressionen gegenüber fremden Gruppen, konformes Verhalten gegenüber eigenen Bezugsgruppen etc. (Burke et al., 2010). Die Studien belegen insgesamt, dass Menschen bestrebt sind, ihre Angst vor der eigenen Sterblichkeit durch einen positiven Selbstwert und durch Identifikation mit dem kulturellen Weltbild, den kulturellen Normen und Werten ihrer sozialen Bezugsgemeinschaft abzupuffern. Personen oder soziale Gruppen, die den eigenen Selbstwert bzw. das eigene kulturelle Weltbild infrage stellen, werden deshalb als existenzielle Bedrohungen erlebt. Eine Folgerung aus der TMT ist der empirisch gut fundierte Mortalitäts-Salienz-Effekt. Dieser Effekt basiert auf den Prämissen, dass Menschen, die mit ihrer Sterblichkeit (Mortalität) konfrontiert werden, dazu neigen, besonders negativ auf solche Personen zu reagieren, welche das geltende kulturelle Weltbild bedrohen und besonders positiv auf solche zu reagieren, welche das eigene kulturelle Weltbild stützen.

Es ließe sich nun fragen, inwieweit und ob überhaupt die mittels Mind-Uploading auf Speichermedien übertragenen menschlichen Erinnerungen, Erwartungen etc. noch etwas mit dem Wesen eines Menschen, mit seiner Besonderheit als menschlichem Wesen zu tun haben. a) Inwieweit besitzen Cyborgs Gesellschaftlichkeit? b) Sind sie zur Selbstreflexion fähig? c) Können sie Zukunft antizipieren? d) Wissen sie um ihre Sterblichkeit? Positive Antworten auf die Frage b) sind möglich und hängen eigentlich nur von der Entwicklung zukünftiger Technologien ab. Hinsichtlich der Fragen a), b) und d) bin ich mir nicht sicher.

Literatur

Becker, E. (1973). *The denial of death*. Free Press.
Benedikter, R., Coenen, C., Kreowski, H. J., Ranisch, R., Reymann, A., & Sorgner, S. L. (2017).Transhumanismus und Militär. *Wissenschaft & Frieden, 4*.
Bloch, Ernst. (1970; Original: 1963). *Tübinger Einleitung in die Philosophie*. Suhrkamp Taschenbuch.
Bloch, Ernst. (1985; Original: 1961). *Naturrecht und menschliche Würde*. Bloch Gesamtausgabe, Bd. 6. Suhrkamp.
Burke, B. L., Martens, A., & Faucher, E. H. (2010). Two decades of terror management theory: A meta-analysis of mortality salience research. *Personality and Social Psychology Review, 14*(2), 155–195.
Coeckelbergh, M. (2018). Transzendenzmaschinen: Der Transhumanismus und seine (technisch-)religiösen Quellen. In B. P. Göcke & F. Meier-Hamidi (Hrsg.), *Designobjekt Mensch. Die Agenda des Transhumanismus auf dem Prüfstand* (S. 81–93). Herder.
Damberger, T. (2016). Zur Information: Der blinde Fleck im Transhumanismus. *FIfF-Kommunikation. Zeitschrift für Informatik und Gesellschaft, 2*, 32–36.

Dörner, D. (2012). Selbstreflexion und Handlungsregulation: Die psychologischen Mechanismen und ihre Bedingungen. In W. Lübbe (Hrsg.), *Kausalität und Zurechnung* (S. 199–222). De Gruyter.

Fraunhofer Institut (2021). Brain-Computer-Interfaces. https://www.int.fraunhofer.de/de/geschaeftsfelder/corporate-technology-foresight/Brain-Computer-Interfaces.html. Zugegriffen: 08. Juli 2021.

Fukuyama, F. (2004). Transhumanism: The World's Most Dangerous Idea. *Foreign Policy, 144*, 42–43.

Göcke, B., & Meier-Hamidi, F. (2018). *Designobjekt Mensch. Die Agenda des Transhumanismus auf dem Prüfstand*. Herder.

Greenberg, J., Solomon, S., & Pyszczynski, T. (1997). Terror management theory of self-esteem and social behavior: Empirical assessments and conceptual refinements. In M. P. Zanna (Hrsg.), *Advances in Experimental Social Psychology* (29. Aufl., S. 61–139). Academic Press.

Hansmann, O. (2018). Begriff und Geschichte des Transhumanismus. In B. P. Göcke & F. Meier-Hamidi (Hrsg.), *Designobjekt Mensch. Die Agenda des Transhumanismus auf dem Prüfstand* (S. 25–51). Herder.

Heil, R. (2018). Der Mensch als Designobjekt im frühen Transhumanismus und Techno-Futurismus. In B. P. Göcke & F. Meier-Hamidi (Hrsg.), *Designobjekt Mensch. Die Agenda des Transhumanismus auf dem Prüfstand* (S. 53–79). Herder.

Klosa-Kückelhaus, A. (2020). Von Aluhüten, Verschwörungstheorien und Coronaskepsis. Aktuelle Stellungnahmen zur Sprache in der Coronakrise. Mannheim: Leibniz-Institut für Deutsche Sprache (IDS). https://ids-pub.bsz-bw.de/frontdoor/deliver/index/docId/9845/file/KlosaKueckelhaus_Von_Aluhueten_Verschwoerungstheorien_und_Coronaskepsis_2020.pdf. Zugegriffen: 05. Juli 2021.

Knoepfler, P. (2018). *Genmanipulierte Menschheit*. Springer.

Koch, K. P., & Scholz, O. (2017). Telemedizin am Beispiel aktiver Implantate. In R. Kramme (Hrsg.), *Medizintechnik* (S. 807–817). Springer.

Krysmanski, H. J. (2014). Der ganz alltägliche Transhumanismus. *Jahrbuch für Pädagogik, 1*, 123–142.

Kurzweil, R. (2005). *The singularity is near. When humans transcend biology*. Penguin Books.

Kurzweil, R. (2010). Werden wir ewig leben? In R. Brinzanik & T. Hülswitt (Hrsg.), *Werden wir ewig leben? – Gespräche über die Zukunft*. Suhrkamp.

Lewin, Kurt (1982; Original: 1942). Feldtheorie des Lernens. In C. F. Graumann (Hrsg.), *Kurt-Lewin-Werkausgabe: Bd. 4*. Hans Huber.

Marx, K. (1983, Original: 1857–1858). Grundrisse der Kritik der politischen Ökonomie. *Marx-Engels Werke: Bd. 42*. Dietz Verlag.

Marx, K. (1985; Original: 1844). Ökonomisch-philosophische Manuskripte. In K. Marx & F. Engels (Hrsg.), *Werke: Bd. 40*. Dietz.

Mason, P. (2019). *Klare, lichte Zukunft. Eine radikale Verteidigung des Humanismus*. Suhrkamp.

More, M. (1996). Transhumanism – Toward a futurist philosophy. https://web.archive.org/web/20110216221306/http://www.maxmore.com/transhum.htm. Zugegriffen: 05. Juli 2021.

More, M. (2013). The philosophy of transhumanism. In M. More & N. Vita-More (Hrsg.), *The transhumanist reader*. Wiley-Blackwell.

Nietzsche, F. (1999, Original: 1885). Jenseits von Gut und Böse. *Friedrich Nietzsche Werke*, Teil 2. Zweitausendeins.

Ranisch, R., & Savulesco, J. (2009). Ethik und Enhancement. In N. Knoepffler & J. Savulescu (Hrsg.), *Der neue Mensch? Enhancement und Genetik* (S. 21–52). Verlag Karl Alber.

Şahinol M. (2018) „Jetzt ändere Dein Gehirn in diese Richtung!" – Aneignungsprozesse der Steuerung von Hirnaktivität über das Brain-Computer Interface. In E. Lettkemann, R. Wilke, & H. Knoblauch (Hrsg.), *Knowledge in Action. Wissen, Kommunikation und Gesellschaft*. Springer VS.

Singer, M. (2020). Was vom Transhumanismus übrigbleibt. *medien & zeit, 2*, 5–19.

Skowron, M. (2013). Posthuman oder Übermensch. War Nietzsche ein Transhumanist? *Nietzsche-Studien, 42*(1), 256–282.

Sloterdijk, P. (1999). *Regeln für den Menschenpark. Ein Antwortschreiben zu Heideggers Brief über den Humanismus*. Suhrkamp.

Sorgner, S. L. (2016). *Transhumanismus – „Die gefährlichste Idee der Welt!?"* Verlag Herder.

Sorgner, S. L. (2018). 'Was wollen Transhumanisten? In B. P. Göcke & F. Meier-Hamidi (Hrsg.), *Designobjekt Mensch. Die Agenda des Transhumanismus auf dem Prüfstand* (S. 153–179). Herder.

Weiß, E. (2014). Nietzsches Gefolgschaft in den Fängen genfaschistischer Verblendung? Zur Kritik der „transhumanistischen" Vision vom „Übermenschen". *Jahrbuch für Pädagogik, 1*, 51–67.

Zimbardo, P. G., & Boyd, J. N. (1999). Putting time in perspective: A valid, reliable individual-differences metric. *Journal of Personality and Social Psychology, 77*(6), 1271–1288.

Zimbardo, P. G., Sword, R., & Sword, R. (2013). *Die Zeitperspektiven-Therapie: Posttraumatische Belastungsstörungen behandeln*. Huber.

Teil V

"Der Schlaf der Vernunft gebiert Ungeheuer": Heutige Gefahren

19

Humanismus und Angriffe auf die Menschlichkeit – kurzgefasst

„[...] und jede Region, jede Lebensform soll ihr Recht behaupten und ihr Eigenes zeigen und nach Kräften entwickeln. Das ist auch unser Fortbestehen. Statt sich zu verstecken, statt sich zu genügen, gilt es sich selbst hineinzubringen ins Unabsehbare, Neue. Das eigene Schicksal humanisieren. Aus den Gegensätzen heraus, den Widersprüchen, wie sonst, wo sie unaushaltbar sind" (Volker Braun, Kamenzer Rede in St. Annen am 26. September 2018; Braun, 2019; S. 310).

Was heißt „humanisieren"? Und sollte jegliche Lebensform ihr Recht behaupten, ihr Eigenes zeigen können? Die Fragen führen zurück zum Thema dieses Buches. Deshalb rufe ich – quasi im Kurzdurchlauf – einige der Feldsteine in Erinnerung, denen wir bei der Begehung des weiten Feldes, das die Humanistinnen und Humanisten in den letzten Jahrhunderten zu bestellen versuchten, wohl wissend, dass ich beim Gang durch die Geschichte manche Frau, manchen Mann und etliche humanistische Anstrengungen übersehen habe.

Selbsterkenntnis, Freiheit und Mitmenschlichkeit könnten – aus heutiger Sicht – wohl die humanistischen Werte sein, an denen sich *Francesco Petrarca* (1304–1374) orientierte. *Christine de Pizan* (1364–1429) forderte, die Frauen vor Verleumdung und Verfolgung zu schützen und ihnen die Möglichkeit zu geben, Tugend, Ehre und Unbescholtenheit bewahren zu können. *Giovanni Pico della Mirandola* (1463–1494) betonte, dass sich die Würde des Menschen auf seine Freiheit gründe. *Erasmus von Rotterdam* (vermutlich 1466–1536) erzürnte sich ob des Eroberungswillen der Fürsten. *Thomas Morus* (1478–1535) entwarf die Utopie einer menschlichen und friedvollen Gesellschaft von Gleichen unter Gleichen. *Francis Bacon* (1561–1626) plädierte für eine Wissenschaft zur Wohltat und zum Nutzen fürs Leben. *René Descartes (1596–1650), Gottfried Wilhelm Leibniz (1646–1716)* und andere sannen über die Kraft des menschlichen Denkens nach und gehörten zu den Protagonisten eines aufklärerischen Zeitalters. Wissen und Erkennen waren allerdings nicht die einzigen Leitmotive der Humanisten des 17. Jahrhunderts; die Kunst sowie das Erleben und Empfinden des Guten und Schönen gehörten ebenso dazu. In der Aufklärung rückten Verstand und Vernunft sowie das sinnliche Erleben der Welt in den Mittelpunkt des Menschseins. Humanität mache das Wesen des Menschen aus, so *Johann Gottfried Herder* (1744–1803). *Moses Mendelssohn* (1729–1786) und *Gotthold Ephraim Lessing* (1729–1781) rangen um die Anerkennung eines Menschen als Menschen, der *unabhängig* von seiner Religion anderen Menschen gleichwertig gegenüberstehe. Freiheit statt Absolutismus, Gleichheit statt Ständeordnung, Toleranz statt Dogmatismus und der Mut, sich seines eigenen Verstandes zu bedienen, hielt auch *Immanuel Kant* (1724–1804) für die eigentlichen Ziele der Aufklärung; von seinen antijüdischen Ressentiments soll an dieser Stelle nicht die Rede sein.

Mit dem Wahlspruch der Französischen Revolution von 1789 „Freiheit, Gleichheit, Brüderlichkeit" hätten die Aufklärung und der Humanismus praktisch werden können. Aber es war halt eine utopische Vorstellung, eine Gesellschaft der freien, gleichen und brüderlich-schwesterlichen Menschen schaffen zu wollen. Die Weltseele zu Pferde und ihre Feinde machten die Utopie zunichte. Ganz verschüttet wurden die Errungenschaften des frühen Humanismus und der Aufklärung indes nicht. Freiheit des Individuums, die Berufung auf die Vernunft und die Betonung der Toleranz galten für *Wilhelm von Humboldt* (1767–1835), *Friedrich Immanuel Niethammer* (1766–1848) als wichtige Eckpunkte für eine humanistisch orientierte Unterrichts- und Bildungsreform.

Mit der Befreiung von der Napoleonischen Herrschaft erfuhr diese Reform allerdings einen Rückschlag. Der Hass auf das Fremde, die Fremden und namentlich die Juden wurden wieder salonfähig. Karl Marx (1818–1883) und Friedrich Engels (1820–1885) insistierten bald, dass ein solcher Hass weder etwas mit der individuellen Gutartigkeit oder Bösartigkeit einzelner Menschen zu tun habe, weil das menschliche Wesen kein dem einzelnen Individuum innewohnendes Abstraktum sei. Vielmehr müsse eine humanistische Sicht auf das Wesen des Menschen mit der Analyse der Produktivkräfte, Kapitalien, sozialen Verkehrsformen und „versteinerten Verhältnissen" beginnen, die jedes Individuum und jede Generation als etwas Gegebenes vorfinde. Diese Verhältnisse müsse man zum Tanzen zwingen, um die freie Entwicklung eines jeden zur Bedingung für die freie Entwicklung aller machen zu können. Die Wirklichkeiten der Zeit erforderten einen revolutionären Humanismus bzw. eine an den inhumanen Lebenswirklichkeiten der arbeitenden Bevölkerung geschulte Mitmenschlichkeit.

Vor und nach dem Ersten Weltkrieg wurde dieser revolutionäre Humanismus durch Plädoyers für eine friedliche und humane Welt ergänzt. Der Krieg wurde dadurch nicht verhindert.

Im Vorfeld der nationalsozialistischen Diktatur versagten der proletarische, der revolutionäre und der sozialistische Humanismus ebenso im Kampf gegen den Faschismus wie der bürgerliche oder Dritte Humanismus. Bald verloren die jüdischen Wissenschaftlerinnen und Wissenschaftler ihre Anstellungen. Einige konnten aus Deutschland fliehen. Die Protagonisten eines Hebräischen Humanismus emigrierten ebenfalls. Dann begann die letzte Phase der nationalsozialistischen Vernichtungspolitik. Sechs Millionen Juden wurden in Auschwitz und Treblinka, in Belzec und Sobibor, in Majdanek und Chelmno ermordet.

Die Dehumanisierung des Menschen im Stalinismus und im Faschismus, das Morden und Sterben im Zweiten Weltkrieg, die systematische, millionenfache Ermordung der Jüdinnen und Juden führten nach 1945 zu einer neuen Betonung humanistischer Ideen (Fromm, 1999, S. 386; Original: „Marx's Concept of Man" 1961).

In der DDR wurde die *Humanität* begrifflich in der ersten Verfassung vom 7. Oktober 1949 verankert. Der Mensch stehe im Mittelpunkt aller Bemühungen. Die Gleichberechtigung aller Bürgerinnen und Bürger, Versammlungs- und Meinungsfreiheit, das Recht auf Fürsorge etc. wurden als Grundwerte einer humanen Gesellschaft proklamiert, aber nicht realisiert.

Die Verfasserinnen und Verfasser des Grundgesetztes der Bundesrepublik beriefen sich ebenfalls auf Traditionen des Humanismus und hoben mit der Unantastbarkeit der Menschenwürde einen humanistischen Ansatz hervor, in dem die politischen Freiheitsrechte (freie Entfaltung der Persönlichkeit, Recht auf Leben und körperliche Unversehrtheit, Gleichberechtigung von Männern und Frauen etc.) einen zentralen Platz einnehmen.

Das subjektive Recht, nach seinen eigenen Fähigkeiten zu produzieren, nach seinen Bedürfnissen zu konsumieren und sich letztlich auf die allgemeine Solidarität stützen zu können (Bloch, 1985, S. 252), ist somit zwar eine „konkrete Utopie", die sich allerdings noch immer auf dem *Prinzip Hoffnung* zu gründen scheint. Mit dem *Prinzip Hoffnung* beschreibt Bloch die menschliche Fähigkeit, auf der Basis des Gegenwärtigen Zukünftiges zu denken, eine Disposition zum „utopischen Überschreiten" (Zudeick, 2012, S. 656).

Was ist Humanismus? Und welche Voraussetzungen sind nötig, um – im Sinne von Volker Braun (s. o.) – das eigene Schicksal *humanisieren* zu können? Um beide Fragen drehten sich die Bemühungen in den vorausgegangenen Kapiteln. Gleichheit, Freiheit, Fürsorge, Selbsterkenntnis, Mitmenschlichkeit, Solidarität, Wissen, Würde, Vernunft, Verstand und manch andere Wörter erwiesen sich als wichtige Kategorien, um den Bedeutungsraum des Humanismus zu markieren. Krisen, Kriege, Katastrophen und der Antisemitismus bedrohten die vielfältigen humanistischen Anstrengungen in den letzten Jahrhunderten, waren aber auch Anlass, immer wieder neue humanistisch inspirierte Projekte in die Welt zu setzen.

> „Auch, wenn die anthropologischen und ethischen Gehalte humanistischen Denkens heute nicht nur in die Verfassungsordnungen westlicher Demokratien, sondern auch in allgemein akzeptierte völkerrechtliche Konventionen eingegangen sind, so hatte es der Humanismus von der Antike bis zur Gegenwart schwer, sich gegen antihumanistisches Denken und anti-humanistische Praxis zu behaupten" (Nida-Rümelin, 2008, S. 14 f.).

Zu einer anti-humanistischen Praxis zählen eben auch alle Formen der Diskriminierung von Menschen, die Herabsetzung von Menschen zu bloßen Objekten oder die Mittel, mit denen Andere zu Feinden gemacht werden. Antihumanismus ist mehr als ein philosophisches Programm. Es ist ein Bekenntnis zu einer Weltanschauung und Praxis, in der die Inhumanität im Mittelpunkt steht (Wolf, 2016, S. 65). Dazu gehören Massenvernichtung, Völkermord, aber auch die Missachtung eines menschengemachten Klimawandels, jegliche Formen der Diskriminierung und des Antisemitismus. Sehen wir uns beispielhaft einige dieser antihumanistischen Angriffe auf den Humanismus genauer an.

Literatur

Bloch, E. (1985; Original: 1961). *Naturrecht und menschliche Würde*. Bloch Gesamtausgabe, Bd. 6. Suhrkamp.

Braun, V. (2019). *Schriften und Reden. Verlagerung des geheimen Punkts*. Suhrkamp.

Fromm, E. (1999; Original: 1961). Das Menschenbild bei Marx. *Erich-Fromm-Gesamtausgabe in 12 Bänden*, Bd. V, herausgegeben von R. Funk. Deutsche Verlags-Anstalt.

Nida-Rümelin, J. (2008). Humanismus. In D. Ganten, V. Gerhardt, & J. Nida-Rümelin (Hrsg.), *Humanprojekt Interdisziplinäre Anthropologie* (S. 11–18). De Gruyter.

Wolf, F. O. (2016). Antihumanismus/Humanismuskritik. In H. Cancik, H. Groschopp, & F. O. Wolf (Hrsg.), *Humanismus: Grundbegriffe* (S. 65–76). De Gruyter.

Zudeick, P. (2012). Utopie. In B. Dietschy, D. Zeilinger, & R. E. Zimmermann (Hrsg.), *Bloch-Wörterbuch. Leitbegriffe der Philosophie Ernst Blochs* (S. 633–664). De Gruyter.

20

Vom menschengemachten Klimawandel und seinen Leugnern

„Fruchtet und mehrt euch und füllet die Erde und bemächtigt euch ihrer" (1. Moses, 1, 28).

Fünf vor Zwölf

Im Juni 2019 trafen sich in Berlin Geologen, um nach Fakten zu suchen, ob die Menschheit an der Schwelle einer neuen weltgeschichtlichen Epoche stehen könnte (Häntzschel, 2019). Nach Ansicht besagter Geologen befinden wir uns am Ende des *Holozän*, jenes Erdzeitalters, das die letzten 12.000 Jahre umfasst und für die Menschheit das fruchtbarste gewesen sein könnte. Nun beginne das *Anthropozän*. Diesen Begriff haben im Jahre 2000 erstmals die Wissenschaftler Paul Crutzen und Eugen F. Stoermer in die wissenschaftlichen Debatten eingeführt (Trischler & Will, 2020, S. 236). Es handelt sich um das gegenwärtige Zeitalter, in dem wir, die Menschen, unsere Lebensräume in einem Maße ausbeuten und zerstören, wie es bisher nur durch Meteoriteneinschläge und Vulkanausbrüche passiert ist. Radikale Beobachter der menschengemachten Weltveränderung, wie *Jason W. Moore*, ein US-amerikanischer Historiker und Soziologe, blicken noch kritischer auf das gegenwärtige Zeitalter. Sie meinen, der Begriff *Anthropozän* sei irreführend. Nicht die Menschheit oder wir Menschen seien für den Klimawandel und die Umweltzerstörungen verantwortlich, sondern der moderne Kapitalismus. Jason Moore (2020) spricht deshalb vom „Kapitalozän" (Capitalocene).

Wie auch immer: Der Mensch ist zu einer Naturgewalt geworden, an der er vielleicht zugrunde gehen könnte. Klimawandel, Erderwärmung, Artensterben, saure Meere, die Konzentration von Treibhausgasen in der Atmosphäre, Wasserknappheit, Gifte aller Art, die durch die Industrialisierung, die Landwirtschaft und die privaten Haushalte rasant die Umwelt zerstören usw. – all das sind Indikatoren für einen Wandel, den die Menschen selbst verursacht haben und durch den sie nun bedroht werden. Im Bericht des Weltbiodiversitätsrats (IPBES) ist zu lesen, dass eine Million von acht Millionen Tier- und Pflanzenarten durch den Klimawandel vom Aussterben bedroht sind (IPBES, 2019, S. XXVIII). Die Probleme, die der Klimawandel mit sich bringt, gehören zu den größten Bedrohungen und Herausforderungen. Die weltweite Klimaveränderung und die globale Erderwärmung sind weitgehend menschengemacht und bedrohen die Menschheit in allen Teilen der Erde. Starkregenereignisse und Überschwemmungen in Europa, die Zunahme von Dürre nicht nur in Afrika, der Anstieg des Meeresspiegels im pazifischen Raum, die zunehmende Gletscherschmelze in der Antarktis oder in den Alpen, das Tauen des Permafrosts in Kanada, Alaska, Grönland und Sibirien, zerstörerische Waldbrände in Amerika, Australien, Griechenland, der Türkei – all das sind deutliche Hinweise für die selbstgemachten Gefahren. Der WWF (World Wide Fund For Nature) schätzt, dass nur etwas vier Prozent der weltweiten Waldbrände natürliche Ursachen haben (WWF, 2020). Der UN-Weltklimarat (Intergovernmental Panel on Climate Change, IPCC) – ein unabhängiges wissenschaftliches Gremium, in dem Hunderte Wissenschaftlerinnen und Wissenschaftler aus der ganzen Welt mitwirken – konstatiert auf der Grundlage von Tausenden Klimastudien u. a., dass es notwendig sei, die globale Erwärmung in den nächsten Jahrzehnten auf 1,5 Grad Celsius zu begrenzen. Nur so ließen sich klimabedingte Risiken für die Gesundheit, für die allgemeinen Lebensgrundlagen, für die Ernährungssicherheit, die Wasserversorgung und das Wirtschaftswachstum in Grenzen halten (IPCC-Sonderbericht, 2021).

Im Dezember 2019 wurden mehr als 27.000 Erwachsene in den EU-Mitgliedsstaaten zu ihren Einstellungen zu Umwelt und Klima befragt (Eurobarometer Public Opinion, 2020). Mehr als 90 % der Befragten meinten, dass der Umweltschutz für sie persönlich wichtig bis sehr wichtig sei. Die dringendsten Umweltprobleme seien der Klimawandel (das äußerten 53 %), die Luftverschmutzung (46 %) und die Zunahme an Abfall (ebenfalls 46 %). Die Meinungen und Einstellungen der Europäer sind allerdings in den einzelnen Ländern keinesfalls einheitlich, was auch nicht zu erwarten war. So meinten 90 % der Spanier, 86 % der Italiener und 82 % der Befragten aus Zypern, Frankreich, Bulgarien und Griechenland der Klimawandel sei ein sehr ernstes Problem für ihr Land. In Deutschland waren 69 %, in Österreich 52 %, in Lettland 50 % und in Estland 46 % dieser Meinung.

Seit Ende Dezember 2018 formiert sich eine soziale Bewegung von Schülerinnen und Schülern unter dem Label „Fridays for Future". Die Jugendlichen wollen mit ihrer Bewegung auf die klimapolitischen Missstände aufmerksam machen und fordern, für den Klimaschutz sofort grundlegende Maßnahmen zu verabschieden sowie das Übereinkommen von Paris zum Klimaschutz aus dem Jahre 2015 endlich in praktisch wirksame Taten umzusetzen. Große Teile der deutschen und internationalen Öffentlichkeit, darunter Eltern und Großeltern sowie zahlreiche Wissenschaftlerinnen und Wissenschaftler, unterstützen die Aktionen, zum Beispiel durch die Bewegungen „Parents-for-Future", „Grandparents-for-Future" oder „Scientists-for-Future". Aber auch Ablehnung und Hass schlugen den Fridays for Future auf der Straße und in den sozialen Medien nicht selten entgegen. Der FDP-Vorsitzende plädierte im März 2019 auf Twitter, die Schülerinnen und Schüler sollten ihre Proteste in die Freizeit verlegen. Überdies könne man von ihnen nicht erwarten, dass sie alle globalen Zusammenhänge sehen würden. Das sei eine Sache für Profis (Frankfurter Rundschau, 2019). Ebenfalls im Frühjahr 2019 spottete der CDU-Generalsekretär Paul Ziemiak über Greta Thunberg, die schwedische Klimaschutzaktivistin und Protagonistin von „Fridays for Future": „Greta Thunberg findet deutschen Kohlekompromiss ‚absurd' – Oh, man … kein Wort von Arbeitsplätzen, Versorgungssicherheit, Bezahlbarkeit. Nur pure Ideologie. Arme Greta!" (Süddeutsche Zeitung, 2019a).

Nun, dieser Vorwurf, pure Ideologie zu verbreiten, verdient eine genauere Betrachtung. Wenn man, wie weiland Friedrich Engels in einem Brief an Franz Mehring vom 14. Juli 1893, unter Ideologie „falsches Bewusstsein" versteht (Engels, 1968, S. 97, Original: 1893), dann müsste Greta Thunberg tatsächlich an Verblendung leiden oder zu jener Kategorie von Menschen gehören, die Napoléon, der erste Kaiser der Franzosen, vor langer Zeit verächtlich „Ideologen" nannte, weil sie „doktrinäre, irrationale Ideen" unters Volk zu bringen versuchten (Mannheim, 1969, S. 66; Original: 1929). Greta Thunberg und die Fridays for Future samt ihren Unterstützern aus der Scientist-, Parents- und Grandparents-Szene scheinen aber weder verblendet noch irrational zu sein. In einer repräsentativen Bevölkerungsumfrage, die im Mai 2019 mit knapp 5000 Erwachsenen in Deutschland durchgeführt wurde, zeigte sich u. a., dass 58 % der Deutschen die Klimastreiks der „Fridays for Future" unterstützen. Mehr als vier von zehn Befragten wären prinzipiell bereit, sich den Klimademonstrationen anzuschließen (Koos &

Lauth, 2020, S. 206 ff.). Um die Idee vom Kampf gegen den menschengemachten Klimawandel auf den Begriff zu bringen, dürfte es deshalb hilfreicher sein, einen erweiterten Ideologiebegriff, oder wenn man so will, ein allgemeines Narrativ zu verwenden. Ein solcher Begriff findet sich zum Beispiel bei Karl Mannheim (1969, S. 55), bei Terry Eagleton (2000, S. 254) oder beim Sozialpsychologen John T. Jost (2006). Eine Ideologie bezeichnet demnach eine zentrale, sinnstiftende Leitidee, eine Weltanschauung oder ein soziales Bezugssystem, mit dem Mitglieder sozialer Gemeinschaften ihre Geschichte interpretieren, die Gegenwart erklären, Zukunft entwerfen und andere Gemeinschaften davon zu überzeugen versuchen, wie die Welt betrachtet und bewältigt werden sollte. „That is", schreibt Jost, „ideology helps to explain why people do what they do; it organizes their values and beliefs and leads to political behavior" (Jost, 2006, S. 653).[1]

Die sinnstiftende Idee oder Ideologie der „Fridays for Future" und ihrer Unterstützer basiert auf den Annahmen, a) mit dem menschengemachten Klimawandel stehe die Menschheit vor einer der größten Herausforderungen der Zeit, b) die Klimakrise stelle für die Ökosysteme der Erde eine existentielle Bedrohung dar, c) das Überleben der Menschheit hänge von dem schnellen und effizienten Umgang mit dem Klimawandel ab, d) beim Klima- und Biodiversitätsschutz, aber auch beim Gesundheitsschutz habe es in den letzten Jahren weltweit keine effizienten Fortschritte gegeben, e) deshalb müssen die wissenschaftlichen Fakten berücksichtigt, f) das Pariser Klimaabkommen eingehalten und g) sofort konkrete Maßnahmen zur Vermeidung der Klimakatastrophe durchgesetzt werden (vgl. auch Fridays for Future, 2021).

Im Juni 2017 verkündete der damalige US-amerikanische Präsident *Donald Trump* den Ausstieg aus dem Pariser Klimaschutzabkommen. Im November 2018 hatte er die Warnung von US-Behörden vor den wirtschaftlichen Folgen und den Schäden durch die globale Erwärmung mit den Worten zurückgewiesen, er glaube das nicht, was die Wissenschaftlerinnen und Wissenschaftler vom *National Climate Assessment* veröffentlicht haben. Die menschengemachten Gefahren des Klimawandels bezeichnete Trump als *Hoax* (Schwindel) und Fake News. In einer repräsentativen Umfrage des unabhängige US-amerikanischen Meinungsforschungsinstituts *Pew Research Center* vom Juni 2020 meinte dagegen eine Mehrheit von 65 %

---

[1] In sinngemäßer Übersetzung: Eine Ideologie hilft zu erklären, warum Menschen das tun, was sie tun; eine Ideologie organisiert die Werte und Überzeugungen von Menschen und lenkt deren politisches Verhalten.

der befragten US-Amerikaner, die Regierung tue zu wenig, um die Auswirkungen des Klimawandels zu reduzieren (Pew Research Center, 2020a). Wenige Wochen später, und kurz vor den Präsidentschaftswahlen in den USA im November 2020, fragte das *Pew Research Center* erneut nach. Nun wollten die Forscherinnen und Forscher von registrierten Wählerinnen und Wähler in den Vereinigten Staaten wissen, inwieweit der Klimawandel ihre bevorstehende Wahl beeinflussen könnte. Eine Mehrheit der Befragten stimmte der Aussage zu, der Klimawandel sei ein sehr (42 %) oder eher (26 %) wichtiges Thema bei ihrer Entscheidung, wen sie bei den Präsidentschaftswahlen zu wählen beabsichtigen. Die demokratisch und die republikanisch gesinnten Befragten unterschieden sich allerdings auffallend. 68 % der Biden-Unterstützer, aber nur 11 % der Trump-Anhänger hielten dieses Thema für sehr wichtig, um sich in der anstehenden Wahl entweder für Biden oder Trump entscheiden zu können (Pew Research Center, 2020b).

Am 3. November 2020 wurde Joe Biden als neuer US-Präsident gewählt. Und mit ihm kehrte die USA im Februar 2021 wieder in den Kreis der Unterzeichner des Pariser Abkommens zurück. Das Pew Research Center konstatiert – auf der Basis einer erneuten Befragung im April 2021 – daraufhin, dass eine Mehrheit der US-Amerikanerinnen und -Amerikaner (78 % der demokratisch Gesinnten und 32 % der republikanisch Orientierten) der Meinung sei, dass der Klimawandel ihre lokale Gemeinschaft negativ beeinflussen würde (Pew Research Center, 2021). Auf einem virtuellen Klimagipfel im April 2021, an dem neben Joe Biden, u. a. auch Angela Merkel, der UN-Generalsekretär António Guterres, Chinas Staatschef Xi Jinping und der russische Präsident Wladimir Putin teilnahmen, legte Biden ein Programm gegen die Erderwärmung vor, mit dem die USA-Wirtschaft bis Mitte des 21. Jahrhunderts klimaneutral werden soll. Umwelt- und Klimaaktivistinnen und -aktivisten bemängelten indes die nach wie vor zögerlichen politischen Entscheidungen, um den menschengemachten Klimawandel stoppen zu wollen. Greta Thunberg kritisierte auf Twitter, es sei „eine Schande", dass im Jahr 2021 überhaupt noch über die Notwendigkeit einer Verringerung der Emissionen diskutiert werde und fossile Brennstoffe weiter direkt oder indirekt bezuschusst würden (Merkur.de, 2021).

Am 24. März 2021 entschied das Bundesverfassungsgericht, dass die Regelungen des deutschen Klimaschutzgesetzes vom Dezember 2019 teilweise mit den Grundrechten nicht vereinbar seien. In diesem Gesetz war u. a. festgelegt worden, die Treibhausgasemissionen bis zum Jahr 2030 um 55 % gegenüber 1990 zu mindern. Hinreichende Maßgaben für die weitere Emissionsreduktion ab dem Jahr 2031 und damit menschenfreundliche

Perspektiven für nachfolgenden Generationen enthalte das Gesetz nicht und müsse deshalb nachgebessert werden (Bundesverfassungsgericht, 2021).

Überhaupt kam im Frühjahr 2021 etliches in Gang. Nicht zuletzt durch die anstehenden Bundestagswahlen im September 2021 schien es fast so, als würden sich außer der AfD alle Parteien in Deutschland zum Klimaabkommen von Paris bekennen. Über die Wege, das Klima schützen zu wollen, unterschieden sich die Parteien hingegen deutlich. Während CDU/CSU und FDP eher marktwirtschaftliche Instrumente präferierten, um neue Technologien zur Absenkung von Treibhausgasen attraktiver zu machen, forderten SPD, Bündnis90/Die Grünen und die Linken konkrete staatliche Vorgaben. Das Bündnis „Klima Allianz Deutschland", in dem sich über 140 Organisationen aus den Bereichen Umwelt, Kirche, Bildung, Kultur, Gesundheit, Wissenschaft, Jugend und Gewerkschaften vereint haben, forderte im Vorfeld der Bundestagswahlen 2021 u. a.: weniger Energie- und Ressourcenverbrauch, schnellerer Ausstieg aus den fossilen Energien und Beschleunigung des Ausbaus erneuerbarer Energien, Nutzung von Wasserstoff, wirksame und sozial gerechte CO_2-Bepreisung, eine klimafreundliche industrielle Revolution, eine klimaverträgliche Landwirtschaft, den Abbau klimaschädlicher Subventionen und eine sozial-ökologische Wende, weltweite Partnerschaften zum Klima- und Umweltschutz usw. (Klima Allianz Deutschland, 2021).

Im Auftrag der deutschen Sektion des World Wide Fund For Nature (WWF) befragte das Meinungsforschungsinstituts Civey im Januar und Februar 2021 mehr als 5000 erwachsene Deutsche, welche drei politischen Themen bei der Frage bedeutsam sein werden, sich für eine Partei in der Bundestagswahl 2021 zu entscheiden. Bei der Möglichkeit, mehrere Themen zu nennen, wurden von 49,5 % der Befragten als wichtigstes Thema „Soziale Gerechtigkeit" genannt, gefolgt von „Wirtschaft und Arbeit" (42,3 %). Die Themen „Natur, Umwelt und Klima" rangierten gemeinsam mit „Gesundheit und Gesundheitswesen" auf Platz 3 (von 38,2 %). Der WWF-Naturschutzvorstand Christoph Heinrich interpretierte die Ergebnisse so: „Dass sich die Sorge um Umwelt- und Klimaschutz in einem von Corona geprägten Umfeld so hoch einordnet, zeigt, dass die Menschen wissen: Wirtschaftliche Stabilität, soziale Sicherheit und Gesundheitsschutz haben eine Zukunft nur, wenn wir die Klimakrise ausbremsen und Natur wieder besser schützen" (WWF, 2021).

Und dann kam die Flut: Im Juli 2021 fiel Starkregen in West- und Mitteleuropa und führte in Teilen Belgiens, den Niederlanden, in Österreich, in Bayern, Nordrhein-Westfalen, Rheinland-Pfalz und in Sachsen zu einer Flutkatastrophe. Bäche und Flüsse traten über die Ufer. Teils fielen über 200 Liter auf den Quadratmeter. Häuser wurden weggespült, Straßen und Brücken zerstört, die Erde riss auf. Mehr als 180 Menschen verloren in Deutschland ihr Leben. Ist der Klimawandel daran schuld? Es gibt Gründe, die Frage zu bejahen und es gibt Gründe zu zweifeln. Einerseits sind Flutkatastrophen auch in Deutschland keine Seltenheit. Spätestens seit dem Mittelalter sind die Folgen katastrophaler Überschwemmungen archiviert (Herrmann & Kruse, 2010; siehe auch Kap 3). Man denke an die Jahrtausendflut von 1501, oder in der jüngeren Zeit an die Sturmflut, die im Jahre 1962 Hamburg unter Wasser setzte, an das Oderhochwasser von 1997 und 2010, an die Flutkatastrophen im Jahre 2002 und 2006 oder an das Hochwasser im Mai und Juni 2013. Andererseits scheinen sich Wetterextreme zu häufen und sie dürften weiter zunehmen. Wissenschaftliche Befunde legen zumindest die Vermutung nahe, dass bestimmte Hochwasserereignisse infolge des menschengemachten Klimawandels häufiger auftreten (z. B. Bronstert et al., 2017).

Zweifler, Skeptiker und Leugner

Obwohl die Klimadaten zeigen, dass es „5 vor 12" ist und der Menschheit nur wenig Zeit bleibt, um den Klimaschutz radikal, jetzt und nicht erst in 20 Jahren, offensiv zu betreiben, gibt es Menschen und Institutionen, die die menschengemachten Klimagefahren bezweifeln oder leugnen und als Fake News bezeichnen. *Alexander Gauland* sagte Anfang 2019 auf dem Landesparteitag der AfD in Brandenburg, er glaube das „Märchen vom menschengemachten Klimawandel" nicht (Hannoversche Allgemeine, 2019). Im heißen Sommer 2018 twitterte Beatrix von Storch, stellvertretende Fraktionsvorsitzende der AfD im Deutschen Bundestag: „Ja. Es ist warm. Sehr sogar. Aber dieses hysterische Klimakrisen-Gekreische der Klimanazis ist wirklich unerträglich. Auch wenn wir alle zu Fuß gehen, statt Autos zu bauen nun alle Gendergagisten werden u nur noch Brokkoli essen: der Sonne ist es egal" (Huffingtonpost, 2018; Kommafehler und Abkürzungen im Original). Frau von Storch bekommt für ihren Tweet 1,312 „Gefällt mir"-Angaben. Das ist zwar nicht die Masse; der Einfluss der AfD als Klimawandel-Leugner[2] ist indes nicht gering. Von führenden AfD-Politikerinnen

---

[2] Von Klimaleugnern zu sprechen und zu schreiben, wäre sicher ungenau und nicht angemessen. Die besagten Leugner bezweifeln ja nicht, dass es ein Klima gibt. Klimawandel-Leugner scheint aber auch nicht ganz exakt zu sein. Sie müssten eigentlich „Klimawandelursachendiagnosenkonsensskeptiker" genannt werden, meinen etwas spöttisch Jens Soentgen und Helena Bilandzic (2014, S. 42).

und –Politikern werden die Energiewende und die Klimaschutzpolitik mal als „ideologisches Prestigeprojekt" (Alice Weidel am 16.10.2019) oder „Klimahysterie" (Stephan Brandner am 18.12.2019) verunglimpft (zit. n. Sturm, 2020, S. 79). Der Bundestagsabgeordnete der AfD, Marc Jongen nannte Greta Thunberg in einer Bundestagsdebatte ein „krankes Kind", das in einer von Erwachsenen „professionell inszenierten Kampagne" missbraucht werde. Die Energiewende sei eine „wahnhafte, infantile Politik" (Süddeutsche Zeitung, 2019b). Im September 2020 forderte die Bundestagsfraktion der AfD einen „schnellen und echten Ausstieg aus der Pariser Klimaübereinkunft von 2015". In einer kleinen Anfrage hatten Bundestagsabgeordnete der AfD bezweifelt, dass 97 % aller Klimawissenschaftlerinnen und Klimawissenschaftler sich in den grundsätzlichen Erkenntnissen zum menschengemachten Klimawandel weitgehend einig seien. Die deutsche Bundesregierung hat mit Verweis auf mehrere Studien den Zweifel der AfD in ihrer Antwort vom 23. August 2019 deutlich zurückgewiesen (Luczak, 2020, S. 12) und die Auffassung bekräftigt, „dass rund 99 % der Wissenschaftler, die Fachaufsätze zum Klimaschutz veröffentlichen, der Überzeugung sind, dass der Klimawandel durch den Menschen verursacht ist" (Deutscher Bundestag, 2019, S. 5).

Auch in anderen europäischen Ländern sind es die Anhänger der rechtspopulistischen Parteien (z. B. in der österreichischen FPÖ, der britische Ukip oder der niederländischen PVV), die die wissenschaftlichen Befunde über den Klimawandel bestreiten. *Stella Schaller* und *Alexander Carius* vom Berliner *Thinktank adelphi* haben das Abstimmungsverhalten von rechten und rechtspopulistischen Parteien im Europaparlament zu Klimaschutzthemen untersucht und kommen zu dem Schluss, dass zwei von drei rechtspopulistischen Abgeordneten regelmäßig gegen klima- und energiepolitische Maßnahmen stimmen. Dabei trete die AfD besonders als Vertreter lokaler Initiativen auf, die z. B. Windparks zu verhindern suchen (Schaller & Carius, 2019).

Nun ist die Einrichtung von Windparks, Biogasanlagen, von Hochspannungsleitungen oder Photovoltaikanlagen nicht nur in den Reihen der AfD eine keinesfalls unumstrittene Angelegenheit. In der Bevölkerung – und nicht nur in der deutschen – reichen die Meinungen von Zustimmung und Unterstützung bis zu Ablehnung und Widerstand. Ablehnungen und Widerstände sind dabei nicht immer und überall politisch grundiert. Ängste vor der Entwertung von Grundstücken durch die Nähe zu einem Windpark oder vor möglichen Lärm können Ablehnungshaltungen ebenso motivieren wie vermutete Gesundheitsrisiken oder die schlichte Sorge, Landschaften würden beeinträchtigt und verlören so ihren kulturellen Wert (Kamlage et al., 2020, S. 605 ff.). Auch finanzielle Gründe spielen eine Rolle, wenn es um die Akzeptanz von klimafreundlichen Technologien und Prozessen geht. Die Kreditanstalt für Wiederaufbau (KfW) fragt regelmäßig mittels eines „Energiewendebarometers" nach der Zustimmung zur Energiewende. In einer jüngsten haushaltsrepräsentativen Befragung stimmten 90 % der befragten Privathaushalte der notwendigen Energiewende zu. Allerdings gab nur ein Viertel der Befragten an, Maßnahmen zur Energieeinsparung, wie Wärmepumpen, Elektroautos oder Photovoltaik, auch selbst zu nutzen. Die Mehrheit hielt derartige Maßnahmen für zu teuer (KfW, 2021).

Michael Ruddat und Marco Sonnberger haben in einer repräsentativen, deutschlandweiten Telefonbefragung zirka 2000 Erwachsene nach ihrer Zustimmung oder Ablehnung von Freiflächensolaranlagen, Windparks und Hochspannungsleitungen befragt (Ruddat & Sonnberger, 2019). Die Autoren identifizierten vier Akzeptanztypen: Protestbereite, Gegner, Befürworter und Unterstützer. Der größte Widerstand richtete sich gegen Hochspannungsleitungen. 23 % der Befragten zählen zu den Protestbereiten, wenn es um derartige Trassen geht. Bei Windparks finden sich mit 15 % erkennbar weniger Protestbereite und in der Beurteilung von Freiflächensolaranlagen fällt die Rate der Protestbereiten unter die 10 %-Marke.

Ob die Bevölkerung den menschengemachten Klimawandel akzeptiert oder nicht, ob die Menschen die klimafreundlichen Maßnahmen unterstützen oder sie ablehnen, ob sie das aus politischen oder finanziellen Gründen tun, auffallend sind die meist eskalierenden Debatten zwischen den Gegnern und den Befürwortern. Die Auseinandersetzungen werden in populärwissenschaftlichen Büchern, in Zeitschriften, im Fernsehen, in Bundestags- und Landtagssitzungen und vornehmlich auf Online-Plattformen geführt. Zu den Gegnern und Leugnern des menschengemachten Klimawandels gehören Pseudowissenschaftler[3], Journalisten, Politiker, Youtube-Sternchen, konservative Thinktanks und – wie schon erwähnt – rechtspopulistische und rechtsextreme Organisationen und Parteien. Die Klimawandel-Leugner senden emotionsgeladene, zornige Tweets und Posts (Hemsley et al., 2021), stellen wissenschaftliche Fakten infrage, verbreiten Falschmeldungen (Brüggemann et al., 2020) und glauben an Verschwörungsmythen (siehe Kap. 21). Zu den gängigen Argumenten der Klimawandel-Leugner gehören Aussagen wie, die Erde erwärme sich gar nicht; sie erwärme sich schon, aber ohne Zutun des Menschen; man könne zwar etwas gegen die Erderwärmung tun, das sei aber zu teuer oder es sei

---

[3] Die Frauen unter den Klimawandel-Leugnern sind selbstverständlich mitgemeint.

eh zu spät; zuerst sollten die Länder in die Pflicht genommen werden, die mehr CO_2 ausstoßen als Deutschland usw. (Luczak, 2020, S. 17 f.). Verschwörungsmythen passen insofern gut in das Portfolio der Klimawandel-Leugner, weil die bedrohlichen Folgen des menschengemachten Klimawandels bequem in eine andere, vielleicht weniger große Bedrohung uminterpretiert werden können, in die Bedrohung durch geheime, konspirative Entscheidungen von Personen oder kleinen Gruppen mit illegitimen Absichten (vgl. auch Soentgen & Bilandzic, 2014, S. 44). So wird in den Verschwörungsmythen der Klimawandel-Leugner nicht selten von einer Irreführung der Öffentlichkeit durch geheime Absprachen zwischen Klimaforschern und Politikern geraunt. Ziel solcher Absprachen sei es letztlich, die Gesellschaft, den Staat zu stürzen und eine grüne „Klimadiktatur" zu errichten (dazu nicht als Empfehlung, aber zur Erhellung: Vogl, 2020).

Wer sind sie, die Klimawandel-Leugner und -Gegner und was treibt sie an?

Tief im Nordwesten der USA, in Idaho, haben Kristin Haltinner und Dilshani Sarathchandra (2021) in einer kleinen Interviewstudie 33 erwachsene weiße US-Amerikaner nach den Gründen ihrer Skepsis gegenüber dem menschengemachten Klimawandel befragt. Die Studie ist selbstverständlich nicht repräsentativ, belegt aber ein Narrativ, das man wohl auch in Deutschland finden könnte. So äußerten einige Befragte religiöse Gründe; etwa: Gott wird's schon richten; oder: Der Klimawandel, die Überschwemmungen usw. seien Zeichen für das kommende Ende der Welt. Andere Interviewteilnehmer lehnten die Mainstream-Medien ab und hielten den Hype um den Klimawandel für eine Verschwörung der Vereinten Nationen und ihrer Verbündeten.

Quantitative Analysen lassen vermuten, dass sich unter den Klimawandel-Skeptikern überdurchschnittlich mehr religiös und konservativ eingestellte ältere Männer mit höherem Einkommen finden lassen als unter den Nicht-Skeptikern. Von einem „conservative white male effect" zu sprechen, ist deshalb gar nicht so abwegig (McCright & Dunlap, 2013; Sarathchandra & Haltinner, 2020). Bedenken muss man allerdings, dass die meisten dieser Studien in den USA durchgeführt wurden. Deshalb ist die Vermutung naheliegend, in den USA finde sich eine besondere politische Kultur, durch die Bürgerinnen und Bürger ermutigt würden, Aussagen über das Klima und den Klimawandel verstärkt durch eine ideologische und weltanschauliche Brille zu bewerten. Dass die Vereinten Staaten diesbezüglich etwas Besonderes sind, dürfte ja nicht unbekannt sein und spiegelt sich auch in interkulturellen Vergleichsanalysen wider. Matthew J. Hornsey et al. (2018)

verglichen die USA mit 24 anderen Ländern (z. B. Argentinien, Brasilien, China, Deutschland, Großbritannien, Indien oder Polen) und stellten fest, dass die Zusammenhänge zwischen der Skepsis gegenüber dem menschengemachten Klimawandel und ideologischen Überzeugungen in keinem der Länder so stark und konsistent sind wie in den USA.

Wir müssen also tiefergraben, um mehr über die Skeptiker und Leugner in Europa und Deutschland zu erfahren. Wouter Poortingaa und Kolleginnen (2019) haben aus diesem Grunde Daten des *European Social Survey* (ESS) von über 44.000 Personen aus 23 Ländern (einschließlich Russland) analysiert.[4] Es zeigte sich, dass die Zusammenhänge zwischen soziodemografischen Variablen (z. B. Alter, Geschlecht, Bildung), politischen Orientierungen und den Einstellungen zum menschengemachten Klimawandel doch stark zwischen den verschiedenen europäischen Regionen variieren. Während sich Männer aus Ost- und Nordeuropa (z. B. Polen, Russland, Slowenien oder Norwegen und Schweden) weniger um den Klimawandel scheren als Frauen, zeigte sich in den westeuropäischen Ländern (z. B. Belgien, Deutschland und Frankreich) ein solcher Gender-Effekt nicht. Hier, in den westeuropäischen Ländern, ist dagegen ein Alterseffekt zu beobachten; je älter die befragten Personen in diesen Regionen sind, um so skeptischer blicken sie auf den Klimawandel. In allen Ländern finden sich außerdem deutliche, signifikante Zusammenhänge zwischen den Einstellungen zum Klimawandel und den politischen Orientierungen. Menschen, die sich im politischen Spektrum eher rechts verorten, sind weniger am Wohlergehen anderer interessiert und äußern sich skeptischer gegenüber dem menschengemachten Klimawandel (siehe auch: Kulin et al., 2021). Meta-Analysen[5] belegen die Zusammenhänge zwischen Klima-Skepsis und politischen Einstellungen ebenfalls. Samantha Stanley und Marc Wilson (2019) analysierten 53 Studien und zeigen u. a., dass Menschen mit ausgeprägten autoritären Überzeugungen umweltfeindlicher eingestellt sind als weniger autoritär orientierte Personen. Meta-Analysen belegen auch, dass klimafreundliches Verhalten stark mit dem Vertrauen in die Wissenschaft und in Umweltorganisationen zusammenhängt (Cologna & Siegrist, 2020). Um dieses Vertrauen zu fördern, müssen die Umweltaktivisten und Umweltforscherinnen und -forscher allerdings als

---

[4] Der ESS ist eine der renommiertesten Vergleichsstudien, mit denen seit zwanzig Jahren regelmäßig Bürgerinnen und Bürger aus Europa und Israel nach ihren Meinungen zu sozialen und politischen Themen befragt werden.

[5] Meta-Analysen fassen frühere empirische Forschungsarbeiten zusammen und versuchen einen Gesamteffekt zu ermitteln.

unparteiische Instanzen wahrgenommen werden, was bekanntlich keine einfache Angelegenheit ist.

Neuere Forschungen machen überdies auf einen Aspekt aufmerksam, dem wir bereits im Zusammenhang mit dem *Sozialen Identitätsansatz* von Henri Tajfel und Kollegen begegnet sind (Tajfel & Turner, 1979; siehe auch: Kap. 17). Ob der menschengemachte Klimawandel überhaupt bedeutsam ist, von den Menschen wahrgenommen wird und zu klima- und umweltfreundlichem Verhalten anregt, hängt nicht zuletzt davon ab, mit welchen Gruppen und sozialen Instanzen sich die Menschen identifizieren bzw. welche Rolle der Klimawandel im Streben nach einer positiven sozialen Identität spielt. Zur Erinnerung: Die soziale Identität einer Person ist jener Teil des Selbstbildes, der sich aus den Zuordnungen zu verschiedenen sozialen Gruppen speist und mit Bewertungen und Emotionen bezüglich dieser Gruppen verknüpft ist. Soziale Identitäten spielen nicht zuletzt in der politischen Auseinandersetzung um den Klimawandel eine wichtige Rolle. Die Mitglieder politischer Parteien oder politischer Bewegungen definieren sich über die Zuordnung zu diesen Gruppierungen und stützen sich in ihren teils konträren Auffassungen auf diese Zuordnungen. Die einen sehen sich als Klimawandel-Skeptiker, die ihre Werte und Überzeugungen durch die anderen, die Klimaaktivistinnen und -aktivisten bedroht sehen, während die wiederum die Skeptiker als Bedrohung der Menschheit wahrnehmen (Mackay et al., 2021).

Aktuelle Befunde legen nun Folgendes nahe: Menschen, die den menschengemachten Klimawandel nicht nur als abstrakte Nachricht wahrnehmen, sondern sensibel genug sind, auch die lokalen, sie selbst betreffenden Folgen zu antizipieren *und* sich als Teil einer *globalen Menschheit* (global identity) betrachten, sind auch eher bereit, sich für Umweltschutz, klimafreundliche Energien und eine lebenswerte Zukunft zu engagieren (z. B. Loy & Spence, 2020; Masson & Fritsche, 2021). Auch die Identifikation mit der Natur (im Sinne einer engen Naturverbundenheit) hängt – wie kann es anders sein – eng mit einem umweltgerechtem Verhalten zusammen. Ähnlich wie die Identifikation mit sozialen Gruppen und Umweltbewegungen kann die Identifikation mit der Natur, klima- und umweltfreundliches Verhalten fördern (Mackay & Schmitt, 2019). Schließlich geht es nicht nur um Starkregen in Süddeutschland oder um trockene Böden in Mecklenburg-Vorpommern, auch nicht nur um schmelzende Gletscher in den Alpen oder Hitzewellen in ganz Europa; es geht nicht um das oder die und dort, sondern um reale, weltweite Bedrohungen für die Menschheit insgesamt.

Und das führt zum eingangs zitierten Satz aus dem ersten Buch Moses zurück: Nimmt man Moses beim Wort, so gilt nicht, sich die Erde zu unterwerfen, um sie irgendwann zu erneuern. Die Reihenfolge ist umgekehrt: Erneuere, fülle die Erde und dann kannst Du Dich ihrer bemächtigen. So steht es nicht nur bei Moses, sondern so lautet das Gebot für die Menschheit: „Es gibt weder ein Gebot noch eine Lizenz, die Erde zu zerstören […]. Die Erde soll vor Missbrauch geschützt werden, weil sie zur Freude des Menschen geschaffen wurde. Die Erde zu missbrauchen, ist kein ökologisches Verbrechen. Es ist ein Verbrechen gegen die Menschlichkeit" (Chighel, 2020, S. 278).

Literatur

Bronstert, A. et al. (2017). Hochwasser und Sturzfluten an Flüssen in Deutschland. In G. P. Brasseur, D. Jacob, & S. Schuck-Zöller (Hrsg.), *Klimawandel in Deutschland.* (S. 87–101). Springer Nature.

Brüggemann, M., Elgesem, D., Bienzeisler, N., Gertz, H. D., & Walter, S. (2020). Mutual group polarization in the blogosphere: Tracking the hoax discourse on climate change. *International Journal of Communication, 14,* 1025–1048.

Bundesverfassungsgericht. (2021). Verfassungsbeschwerden gegen das Klimaschutzgesetz teilweise erfolgreich, Pressemitteilung vom 29. April 2021. https://www.bundesverfassungsgericht.de/SharedDocs/Pressemitteilungen/DE/2021/bvg21-031.html. Zugegriffen: 17. Mai 2021.

Chighel, M. (2020). *Kabale. Das Geheimnis des Hebräischen Humanismus im Lichte von Heideggers Denken.* Vittorio Klostermann GmbH.

Cologna, V., & Siegrist, M. (2020). The role of trust for climate change mitigation and adaptation behaviour: A meta-analysis. *Journal of Environmental Psychology, 69.* https://doi.org/10.1016/j.jenvp.2020.101428.

Deutscher Bundestag. (2019). Drucksache 19/12631. https://dserver.bundestag.de/btd/19/126/1912631.pdf. Zugegriffen: 17. Juni 2021.

Eagleton, T. (2000). *Ideologie.* J.B. Metzler.

Engels, F. (1968, Original: 1893). Brief Engels an Franz Mehring vom 14. Juli 1893. *Marx-Engels Werke, Band 39.* Dietz.

Eurobarometer Public Opinion. (2020). https://ec.europa.eu/commfrontoffice/publicopinion/index.cfm/survey/getSurveydetail/instruments/special/surveyky/2257. Zugegriffen: 27. Dez. 2020.

Frankfurter Rundschau. (2019). Christian Lindner eckt mit Kritik an Schülerprotesten gegen Klimawandel an. https://www.fr.de/politik/fridays-for-future-christian-lindner-kritisiert-schuelerdemonstrationen-gegen-klimawandel-11842275.html. Zugegriffen: 17. Mai 2021.

Fridays for Future. (2021). FFF Academy. https://fridaysforfuture.de/neuigkeiten/klimaupdate/. Zugegriffen: 17. Juni 2021.

Haltinner, K., & Sarathchandra, D. (2021). The nature and nuance of climate change skepticism in the United States. *Rural Sociology*. https://doi.org/10.1111/ruso.12371

Hannoversche Allgemeine. (2019). AfD gehört in Europa zu den härtesten Klimawandel-Leugnern. http://www.haz.de/Nachrichten/Politik/Deutschland-Welt/AfD-gehoert-in-Europa-zu-den-haertesten-Klimawandel-Leugnern. Zugegriffen: 25. März 2019.

Häntzschel, J. (1./2. Juni 2019). Menschengewalt. *Süddeutsche Zeitung*.

Hemsley, J., Hopek, J., & Lee, J. (2021). Climate change deniers spread negative emotion laden tweets. https://ssrn.com/abstract=3837367. Zugegriffen: 13. Juni 2021.

Herrmann, B., & Kruse, U. (Hrsg.). (2010). *Schauplätze und Themen der Umweltgeschichte*. Universitätsverlag.

Hornsey, M. J., Harris, E. A., & Fielding, K. S. (2018). Relationships among conspiratorial beliefs, conservatism and climate scepticism across nations. *Nature Climate Change, 8*(7), 614–620.

Huffingtonpost. (2018). Von Storch steigt Hitze zu Kopf: AfD-Frau wütet gegen "Klimanazis". https://www.huffingtonpost.de/entry/von-storch-steigt-hitze-zu-kopf-afd-frau-wutet-gegen-klimanazis_de_5b602636e4b0fd5c73d2eac5. Zugegriffen: 20. Sept. 2018.

IPBES. (2019). Global assessment report on biodiversity and ecosystem services of the Intergovernmental Science-Policy Platform on Biodiversity and Ecosystem Services. https://www.ipbes.net/events/ipbes-7-plenary. Zugegriffen: 14. Juli 2021.

IPCC-Sonderbericht. (2021). https://www.ipcc.ch/report/sixth-assessment-report-cycle/. Zugegriffen: 17. Aug. 2020.

Jost, J. T. (2006). The end of the end of ideology. *American Psychologist, 61*(7), 651–670.

Klima Allianz Deutschland. (2021). Klimaschutz gestalten – Wir haben noch eine Wahl. https://www.klima-allianz.de/fileadmin/user_upload/Forderungen_zur_BTW_2021_Klima-Allianz_Deutschland.pdf. Zugegriffen: 16. Juni 2021.

Kamlage, J. H., Warode, J., Reinermann, J. L., de Vries, N., & Trost, E. (2020). Von Konflikt und Dialog: Manifestationen der Energiewende in den Transformationsfeldern Netzausbau, Biogas und Windkraft. In R. Duttmann, O. Kühne, & F. Weber (Hrsg), *Landschaft als Prozess*. Springer VS.

KfW. (2021). KfW-Energiewendebarometer: Hohe Zustimmung zur Energiewende trotz Corona, aber finanzielle Sorgen bedrohen die Umsetzung. https://www.kfw.de/KfW-Konzern/Newsroom/Aktuelles/Pressemitteilungen-Details_656896.html. Zugegriffen: 17. Juni 2021.

Koos, S. & Lauth, F. (2020). Die gesellschaftliche Unterstützung von *Fridays for Future*. In S. Haunss & M. Sommer (Hrsg.), *Fridays for Future-Die Jugend gegen den Klimawandel: Konturen der weltweiten Protestbewegung* (S. 205 ff.). transcript.

Kulin, J., Johansson Sevä, I.., & Dunlap, R. E. (2021). Nationalist ideology, rightwing populism, and public views about climate change in Europe. *Environmental Politics, 1–24.* https://doi.org/10.1080/09644016.2021.1898879

Loy, L. S., & Spence, A. (2020). Reducing, and bridging, the psychological distance of climate change. *Journal of Environmental Psychology, 67.* https://doi.org/10.1016/j.jenvp.2020.101388.

Luczak, A. (2020). *Deutschlands Energiewende – Fakten, Mythen und Irrsinn.* Springer.

Mackay, C. M., & Schmitt, M. T. (2019). Do people who feel connected to nature do more to protect it? A meta-analysis. *Journal of Environmental Psychology, 65.* https://doi.org/10.1016/j.jenvp.2019.101323.

Mackay, C. M., Schmitt, M. T., Lutz, A. E., & Mendel, J. (2021). Recent developments in the social identity approach to the psychology of climate. *Change Current Opinion in Psychology, 42.* https://doi.org/10.1016/j.copsyc.2021.04.009.

Mannheim, K. (1969). *Ideologie und Utopie.* Verlag G. Schulte-Bulmke.

Masson, T., & Fritsche, I. (2021). We need climate change mitigation and climate change mitigation needs the 'We': A state-of-the-art review of social identity effects motivating climate change action. *Current Opinion in Behavioral Sciences, 42,* 89 96. https://doi.org/10.1016/j.cobeha.2021.04.006.

McCright, A. M. & Dunlap, R. E. (2013). Bringing ideology in: the conservative white male effect on worry about environmental problems in the USA. *Journal of Risk Research, 16*(2), 211–226.

Merkur.de. (2021). Bidens Klimagipfel: Merkel-Rede sorgt für Kopfschütteln – Greta Thunberg spricht von „Schande". https://www.merkur.de/politik/biden-merkel-greta-thunberg-klimagipfel-usa-putin-xi-jinping-fridays-for-future-konferenz-zr-90470440.html. Zugegriffen: 17. Mai 2021.

Moore, J. W. (2020). Capitalocene & planetary justice. *Études digitales, 9,* 53–65. https://classiques-garnier.com/etudes-digitales-2020-1-n-9-capitalocene-et-plateformes-hommage-a-bernard-stiegler-capitalocene-planetary-justice.html. Zugegriffen: 6. Aug. 2021.

Pew Research. (2020a). Two-Thirds of Americans Think Government Should Do More on Climate. https://www.pewresearch.org/science/2020/06/23/two-thirds-of-americans-think-government-should-do-more-on-climate/. Zugegriffen: 17. Mai 2021.

Pew Research. (2020b). How important is climate change to voters in the 2020 election?. https://www.pewresearch.org/fact-tank/2020/10/06/how-important-is-climate-change-to-voters-in-the-2020-election/. Zugegriffen: 12. Mai 2021.

Pew Research Center. (2021). Local impact of climate change, environmental problems. https://www.pewresearch.org/science/2021/05/26/local-impact-of-climate-change-environmental-problems/. Zugegriffen: 14. Juni 2021.

Poortinga, W., Whitmarsh, L., Steg, L., Böhm, G., & Fisher, S. (2019). Climate change perceptions and their individual-level determinants: A cross-European analysis. *Global Environmental Change, 55*, 25–35.

Ruddat, M., & Sonnberger, M. (2019). Von Protest bis Unterstützung – eine empirische Analyse lokaler Akzeptanz von Energietechnologien im Rahmen der Energiewende in Deutschland. *Kölner Zeitschrift für Soziologie und Sozialpsychologie, 71*(3), 437–455.

Sarathchandra, D., & Haltinner, K. (2020). How Believing Climate Change is a "Hoax" Shapes Climate Skepticism in the United States. *Environmental Sociology*. https://doi.org/10.1080/23251042.2020.1855884.

Schaller, S., & Carius, A. (2019). *Convenient Truths. Mapping climate agendas of right-wing populist parties in Europe.* adelphi consult GmbH.

Soentgen, J., & Bilandzic, H. (2014). Die Struktur klimaskeptischer Argumente. Verschwörungstheorie als Wissenschaftskritik. *GAIA-Ecological Perspectives for Science and Society, 23*(1), 40–47.

Stanley, S. K., & Wilson, M. S. (2019). Meta-analysing the association between social dominance orientation, authoritarianism, and attitudes on the environment and climate change. *Journal of Environmental Psychology, 61*, 46–56,

Sturm, G. (2020). Populismus und Klimaschutz. Der AfD-Klimadiskurs. *Soziologiemagazin, 13*(2).

Süddeutsche Zeitung. (2019a). Wie die deutschen Parteien zu den Klimademonstrationen stehen. https://www.sueddeutsche.de/politik/fridays-for-future-parteien-position-spd-cdu-afd-gruene-linke-csu-fdp-1.4417558. Zugegriffen: 17. Mai 2021.

Süddeutsche Zeitung. (2019b). Ein AfD-Abgeordneter bezeichnet Thunberg als "krankes Kind". https://www.sueddeutsche.de/politik/fridays-for-future-parteien-position-spd-cdu-afd-gruene-linke-csu-fdp-1.4417558-2. Zugegriffen: 17. Mai 2021.

Tajfel, H., & Turner, J. C. (1979). An integrative theory of intergroup conflict. In W. G. Austin & S. Worchel (Hrsg.), *The social psychology of intergroup relations* (S. 33–47). Brooks/Cole.

Trischler, H., & Will, F. (2020). Anthropozän. In M. Heßler & K. Liggieri (Hrsg.), *Technikanthropologie* (S. 236–243). Nomos.

Vogl, G. (2020). *Klimadiktatur*. Idea.

WWF. (2020). Waldbrände weltweit. https://www.wwf.de/themen-projekte/waelder/waldbraende-weltweit. Zugegriffen: 27. Dez. 2020.

WWF. (2021). Vier Jahre, die zählen. https://www.wwf.de/2021/februar/vier-jahre-die-zaehlen. Zugegriffen: 17. Juni 2021.

21

Fake News und Verschwörungsmythen in Corona-Zeiten

„Ihr sollt nicht alles Verschwörung nennen, was dieses Volk Verschwörung nennt, und vor dem, was sie fürchten, fürchtet euch nicht …" (Jesaja 8, 12).

Martin Buber und Franz Rosenzweig übersetzen in ihrer Verdeutschung des Alten Testaments den Satz des Propheten Jesaja (hebräisch וְהִקְעֲשִׁי, ausgesprochen: Jeschajahu) folgendermaßen: „Sprecht nicht als Verrat an alles, was dies Volk als Verrat anspricht, seine Furcht fürchtet nicht…" (Buber & Rosenzweig, 1978, S. 31). Vielleicht trifft diese Übersetzung tatsächlich eher den Kern, der hinter vermeintlichen Verschwörungen vermutet wird. Das Volk, oder besser gesagt: manche Menschen sehen besonders in bedrohlichen Zeiten das Böse immer und überall; sie wittern Verrat an ihren Interessen und Bedürfnissen, Verrat an dem, was ihnen wichtig scheint und meinen die Verräter zu kennen. Es sind immer die anderen, die sich mit illegitimen Absichten in geheimen Gruppen zusammenfinden, um Verrat am Volke zu üben. Mal sind das, aus Sicht der Verschwörungsmystiker, die Hexen, die Jesuiten, die Jakobiner, die Freimaurer, die Illuminati, die Kommunisten und in den meisten Fällen werden die Juden verdächtigt, Verschwörungen und Verrat gegen die Menschheit anzuzetteln.

Postfaktische Zeiten und Verschwörungsmythen

Spätestens seit 2015 konnte man in den deutschen Feuilletons lesen, dass wir das Zeitalter faktischer Begründungen hinter uns gelassen hätten und uns nun im postfaktischen Zeitalter, in der Epoche der Fake News befänden.

Die Gesellschaft für deutsche Sprache kürte *postfaktisch* zum Wort des Jahres 2016. Zur Begründung hieß es: „Das Kunstwort *postfaktisch* […] verweist darauf, dass es in politischen und gesellschaftlichen Diskussionen heute zunehmend um Emotionen anstelle von Fakten geht. Immer größere Bevölkerungsschichten sind in ihrem Widerwillen gegen ‚die da oben' bereit, Tatsachen zu ignorieren und sogar offensichtliche Lügen bereitwillig zu akzeptieren. Nicht der Anspruch auf Wahrheit, sondern das Aussprechen der ‚gefühlten Wahrheit' führt im ‚postfaktischen Zeitalter' zum Erfolg" (Gesellschaft für deutsche Sprache 2016, Hervorh. im Original).

Ein Jahr später 2017 erhob die Gesellschaft die „Alternativen Fakten" zum Unwort des Jahres.

„Alternativen Fakten" gehören wie Fake News, das Postfaktische und die Verschwörungserzählungen zwar zu einem Bedeutungsraum, besitzen aber auch besondere Merkmale oder, wie es in der klassischen Logik heißt: eigentümliche bzw. spezifische Unterschiede. Erfinderin der „alternativen Fakten" ist Kellyanne Conway, die Wahlkampfmanagerin und Beraterin vom ehemaligen US-Präsidenten Donald Trump. Im Januar 2017 bestand Conway darauf, die vom damaligen Präsidentensprecher Sean Spicer geäußerte Behauptung, bei der Amtseinführung des US-Präsidenten seien so viele Feiernde auf der Straße gewesen wie nie zuvor bei der Einführung eines Präsidenten, stütze sich auf alternative Fakten und sei deshalb wahr. US-amerikanische Zeitungen, wie die *New York Times* oder die *Washington Post*, konnten allerdings nachweisen, dass bei der Amtseinführung von Barack Obama im Jahre 2009 die Besucherzahlen viel höher waren als 2017.

Alternative Fakten sind keine Fakten, sondern bewusst verbreitete Falschaussagen. Insofern sind auch nicht alle Falschaussagen oder Falschmeldungen zugleich Fake News, also gefälschte Nachrichten. Zu Fake News werden Falschaussagen dann, wenn sie, wie am Beispiel der „alternativen Fakten", mit der Absicht, andere zu täuschen, verbreitet werden (Götz-Votteler & Hespers, 2019, S. 19). Am 26. Oktober 2020, eine Woche vor den Präsidentschaftswahlen in den USA twitterte Donald Trump: „Cases up because we TEST, TEST, TEST. A Fake News Media Conspiracy. Many young people who heal very fast. 99.9 %. Corrupt Media conspiracy at all time high. On November 4th, topic will totally change. VOTE!" (Trump, 2020) Die Zahl der Neuinfektionen mit SARS-CoV-2 steige in den USA nur deshalb, weil so viel getestet werde. Die korrupten und falsch informierenden Medien würden die Pandemie ausschlachten und Verschwörungstheorien verbreiten (Redaktionsnetzwerk Deutschland, 2020). Tatsächlich dürfte der ehemalige US-Präsident derjenige sein, der im Jahre 2020 die meisten Fake News über Covid-19 in die Welt gesetzt hat. Zu diesem Ergebnis kommt eine Studie der Cornell University in Ithaca im Bundestaat New York (Evanega et al., 2020). Das Forscherteam um Sarah Evanega hat mehr als 38 Mio. zwischen Januar 2020 und Mai 2020 erschienene, englischsprachige Medienberichte (aus Printmedien, Fernsehen, Radio und Onlinemedien) ausgewertet, um den Umfang von Falschinformationen zu Covid-19 analysieren zu können. Mehr als 1,1 Mio. Beiträge enthielten gezielte Falschinformationen über Covid-19. Dazu gehören Beiträge, in denen SARS-CoV-2 als „chinesische Biowaffe", als Werkzeug zur Reduzierung der Weltbevölkerung, als Schwindel der US-Demokraten oder als Instrument eines „tiefen Staates", also als illegitime Macht, bezeichnet wird. In 37,9 % aller Falschinformationen wird Donald Trump erwähnt. Die von ihm verbreiteten Falschinformationen bezogen sich auf vermeintliche „Wundermittel" gegen Covid-19, auf die Möglichkeit, das Virus mit Desinfektionsmitteln bekämpfen zu können oder auf seine Aussagen, das Virus werde ganz plötzlich wieder verschwinden. Die Autorinnen und Autoren schlussfolgern: „We conclude therefore that the President of the United States was likely the largest driver of the COVID-19 misinformation ‚infodemic'", der (ehemalige) Präsident der Vereinigten Staaten war wahrscheinlich der größte Antreiber von Falschinformationen über Covid-19 – aber nicht nur er.

Das Beharren auf das „Postfaktische" ist eine mehr oder weniger ideologisch verbrämte und politisch intendierte Leugnung von nachprüfbaren Tatsachen. Anstelle von Wahrheiten (truth) werden bewusst und gezielt gefühlte Wahrheiten (truthiness) verbreitet, die nicht auf Fakten, sondern auf individuellen Wünschen und Zielen beruhen (Appel, 2020, S. 3). Das Verbreiten von „alternativen Fakten" gehört somit zu den postfaktischen Erzählmustern, mit denen Wirklichkeit verschleiert, verfälscht oder geleugnet wird.

Verschwörungserzählungen unterscheiden sich von „alternativen Fakten" oder Fake News u. a. dadurch, dass nicht alle gefälschten Nachrichten auch eine finstere Verschwörung zu behaupten versuchen. Die Produzentinnen und Produzenten gefälschter Nachrichten wissen, dass sie Lügen verbreiten. „Sie tun dies absichtlich, um Verwirrung zu stiften, ihr Publikum zu mobilisieren oder Gegner zu beschmutzen. Im Gegensatz dazu glaubt die Mehrheit derjenigen, die Verschwörungstheorien formulieren, wirklich an das, was sie sagen, und vermutet, dass es wahr sein könnte oder genauso gut wahr sein könnte" (Butter & Knight, 2020a, S. 2; eigene Übersetzung). Verschwörungsmythen eignen sich überdies, um die Grenzen der „politischen Korrektheit" auszureizen, etwa, wenn die „Lügen-" und „Systempresse" angegriffen, vom anschwellenden „Strom" von Flüchtlingen geschrieben oder von einer „Gesinnungsdiktatur" an den deutschen Universitäten gefaselt wird.

Supplementum

Im Januar 2015 wurde das Wort *Lügenpresse* von der „Sprachkritischen Aktion das Unwort des Jahres" zum *Unwort des Jahres 2014* gewählt. Damit wurde ein Wort auserkoren, dass eine lange und unselige Geschichte hat. 1835 taucht das Wort wohl erstmals in der Presse auf und zwar in der *Wiener Zeitung*. Die Zeitung berichtet über die Diskussion in der französischen Deputiertenkammer zu einem Pressegesetz. Ein französischer Abgeordneter, so die Meldung in der Wiener Zeitung, habe in dieser Diskussion von der Diktatur der Journalisten gesprochen und wird dann mit den Worten zitiert: „Nur durch Unterdrückung der Lügenpresse kann der wahren Presse aufgeholfen werden" (Wiener Zeitung vom 2. September 1835). Während der Märzrevolution im Jahre 1848 beschimpften konservativ-katholische Politiker die liberal-demokratische Presse als *jüdische Lügenpresse* (Journalistikon, 2018). Vor und während des Ersten Weltkrieges wurde das Wort *Lügenpresse* in Deutschland und Österreich-Ungarn genutzt, um die Presse der Feindstaaten, also namentlich die Presse Frankreichs, zu verunglimpfen. Im Nationalsozialismus war *Lügenpresse* das Schlagwort, um die *Unterwanderung* der Presse durch das *Weltjudentum* zu diffamieren. In der DDR galten die Medien im *Westen* als Organe der *kapitalistischen Lügenpresse*. Im Verlaufe dieser Geschichte wurde *Lügenpresse* zum Label für eine Verschwörungstheorie, in dem eine geheime, konspirative, mit illegitimen Absichten erfolgende und gegen das *Volk* gerichtete Zusammenarbeit von (staatlichen) Medien, politischen Eliten, staatlichen Institutionen oder geheimen Gruppierungen unterstellt wird (Seidler, 2016). Seit dem Herbst 2014 nutzen vor allem Anhänger der Pegida-Bewegung und der AfD die Verschwörungstheorie von der *Lügenpresse*, um den *Systemmedien* oder der *Systempresse* und der offiziellen Politik in Deutschland eine konspirative Zusammenarbeit im Umgang mit den Migrantinnen und Migranten sowie der Flüchtlingsproblematik zu unterstellen. Den Medien (vor allem dem öffentlich-rechtlichen Fernsehen) und der Politik (namentlich der Bundesregierung) wird unter anderem vorgeworfen, sie hätten sich insgeheim darauf verständigt, Probleme der Migration und der Einwanderung von Muslimen nicht ernst zu nehmen und so eine zunehmende *Islamisierung des Abendlandes* zu unterstützen. So einfach ist es indes nicht.

Rechtsextreme und neurechte Gruppen und Bewegungen, wie die Identitäre Bewegung oder Pegida, greifen zum Beispiel auf die Idee vom „großen Austausch" oder der „Umvolkung" zurück, um an fremdenfeindliche Vorurteile in der Bevölkerung anzuknüpfen und rassistische Verschwörungsmythen zu verbreiten. Der Begriff des „großen Austauschs" wurde vom Franzosen *Renaud Camus* geprägt und von den Neurechten in den politischen Auseinandersetzungen über Migration, Flucht und Vertreibung zum Kampfbegriff stilisiert. 2016 erschien das Buch „Le grand remplacement" von Camus in deutscher Übersetzung mit dem Titel „Revolte gegen den Großen Austausch" im neurechten Antaios Verlag, der von Götz Kubitschek, einem Weggefährten von Björn Höcke, geleitet wird. Hinter der Umvolkung, so die Argumentation der Neurechten, stünde eine systematische, im Geheimen geplante Verschwörung europäischer Eliten, die sich das Ziel gesetzt haben, Migrantinnen und Migranten massenhaft in Europa anzusiedeln, um den nationalen Zusammenhalt in den jeweiligen Ländern aufzubrechen (Kopke, 2017). Auf einem Treffen mit AfD-Sympathisantinnen und „Querdenkern" im September 2020 raunte Björn Höcke in diesem Sinne von der Antifa, den, wie er sagte, „neuen Kommunisten", die mit „globalen Geldmachteliten" zusammenarbeiten würden, um Nationen zu zersetzen (zit. n. Der Tagesspiegel, 2020).

In diesem Zusammenhang ist auf die weltweit agierende QAnon-Bewegung hinzuweisen. „Q" ist die US-amerikanische Bezeichnung für den Zugriffsstatus auf geheime Berichte und Akten. „Anon" bedeutet „anonym". Die QAnon-Bewegung glaubt an finstere Pläne der Eliten für eine „neue Weltordnung". Seit Oktober 2017 meldet sich unter dem Pseudonym „QAnon" ein unbekannter Nutzer in verschiedenen sozialen Medien und behauptet, als hoher Geheimnisagent Beweise für eine weltweite Verschwörung zu besitzen. Eine Schattenregierung, repräsentiert von sehr mächtigen Männern und Frauen (wie Bill Gates, George Soros, Barack Obama oder Hillary Clinton), bestimme die Geschicke der Menschheit in den USA und der Welt. Auch das Virus SARS-CoV-2, der Verursacher der Corona-Pandemie, sei von dieser Schattenregierung in die Welt gesetzt worden, um diese zu beherrschen. Mit Corona solle eine neue Weltordnung geschaffen werden; das Coronavirus sei in einem Labor gezüchtet worden; es verbreite sich über die neuen 5G-Netze; Bill Gates wolle die Menschheit zwangsimpfen, um sie überwachen zu können; die Schattenregierung halte in geheimen Kellern Kinder gefangen, foltere sie und zapfe ihnen Blut ab, um daraus ein Serum für die ewige Jugend zu gewinnen. Dass sich hinter solchen und ähnlichen Fake News und Verschwörungserzählungen auch antisemitische Mythen verbergen, ist offenkundig, so die uralte Lüge vom Ritualmord. Danach würden die Juden zum Pessachfest Christenkinder schlachten, um deren Blut zu trinken. Dieser Vorwurf ist seit dem 13. Jahrhundert ein mächtiges Werkzeug der Judenfeinde (siehe Kap 2).

An der Judenfeindlichkeit und am Antisemitismus wurden und werden die Verschwörungsmythen justiert und eingeübt. Das ist bekannt, muss aber immer wieder erinnert werden. Beispiele aus der Neuzeit: Als der frühere Ministerpräsident von Schleswig-Holstein, Uwe Barschel, im Oktober

1987 tot in der Badewanne des Genfer Luxushotels „Beau Rivage" gefunden wurde, kursierten diverse Mordtheorien, u. a. eine Mossad-Variante, nach der Barschel Mitwisser von Waffenschiebereien gewesen sei, die zwischen Israel und dem Iran stattgefunden hätten und über Schleswig–Holstein gelaufen seien. Barschel habe aus diesen Schiebereien seinen eigenen Nutzen ziehen wollen. Der israelische (jüdische) Mossad habe daraufhin Barschel liquidiert („Die Zeit" vom 20.12.1994). Hinter den Terroranschlägen von 9/11 könne der Mossad ebenfalls stecken und die Finanzkrise von 2008 lasse sich vielleicht auf die „Raffgier des jüdischen Finanzkapitals" zurückführen (Arnold, 2016). Im Dezember 2004 wütete ein Tsunami im Indischen Ozean; für den Tod von mehr als 300.000 Menschen machten Verschwörungsmystiker eine „Atombombe jüdisch-amerikanischer Herkunft" verantwortlich (siehe auch Benz, 2019). Der Attentäter, der an Jom Kippur 2019 einen Anschlag auf die Synagoge in Halle verübte und zwei Menschen erschoss, berief sich darauf, an eine jüdische Weltverschwörung zu glauben, die für den Zuzug von Migranten verantwortlich sein soll (Nocum & Lamberty 2020, S. 171 f.). Die antisemitische Schriftensammlung „Die Protokolle der Weisen von Zion", in der über die besagte Weltverschwörung gemunkelt wird, dient nicht zuletzt für Corona-Protestler als Blaupause, um gegen eine „Impfverschwörung" oder gegen „das Finanzjudentum", gegen „die Rothschilds" und den Staat Israel zu demonstrieren usw. usf. (Imhoff, 2020).

Übrigens erreichte „QAnon" am 3. November 2020 das Establishment der Republikanischen Partei in den USA. Die Republikanerin Marjorie Taylor Greene, eine Anhängerin von „QAnon", gewann mit Unterstützung von Donald Trump einen Sitz im Kongress. Und seit Herbst 2020 gehen auch hierzulande Corona-Leugnerinnen auf die Straße, bekennen sich offen zu den von „QAnon", verbreiteten (antisemitische) Verschwörungsmythen und teilen diese auf diversen Messenger-Diensten.

Corona – Erinnerungen

Das Virus SARS-CoV-2, der Erreger von Covid-19, wurde erstmals im Dezember 2019 in der Provinz Wuhan in China nachgewiesen. Im Verlaufe der nächsten Monate entwickelte sich die Infektionserkrankung zu einer Pandemie, zu einer weltweiten Ausbreitung, die keinen Halt an Ländergrenzen machte. Und mit der rasanten, lebensgefährlichen Ausbreitung des Virus vervielfältigten sich auch die Namen der Krankheit, ihre Deutungen und Erklärungen sowie die sozialen Bewegungen, die sich für oder gegen die Maßnahmen richteten, die auf wissenschaftlicher, wirtschaftlicher, politischer und gesamtgesellschaftlicher Ebene vorgeschlagen, entwickelt und realisiert wurden.

Ein erster Infektionsfall in Deutschland wurde am 28. Januar 2010 bestätigt. Im März und April 2020 entwickelte sich die italienische Lombardei, besonders die Provinz Bergamo, zu der Region in Europa, die am härtesten von der Corona-Pandemie betroffen war. Mehr als 16.000 Menschen starben dort an Covid-19. Die Friedhöfe in Bergamo waren nicht mehr in der Lage, all die Toten zu begraben. Militärfahrzeuge brachten die Särge in andere Städte. Die Regierungschefs der EU-Länder einigten sich am 17. März darauf, die EU-Außengrenzen zu schließen und zunächst für 30 Tage Nicht-EU-Bürgerinnen und -Bürgern die Einreise in die EU-Länder zu verbieten. In Deutschland wurden ab Mitte März 2020 zahlreiche Geschäfte, Schulen, Kitas und Hochschulen geschlossen, Gottesdienste sowie Treffen in Vereinen verboten und Spielplätze gesperrt. Der Lockdown begann. *Social distancing*, eigentlich ein *physical distancing*, die Aufforderung, soziale Kontakte auf ein Minimum zu reduzieren, wurde ebenso zum Gebot der Stunde wie das Tragen einer Mund-Nase-Maske und das regelmäßige Lüften geschlossener Räume. *Online-Lehre, E-Learning, Homeschooling, Home Office* hießen nun die neuen, nicht immer leicht zu bewältigenden Lehr- und Lernformen. Die Digitalisierungs-Affinen waren begeistert und sahen darin „ein großes Potential zur Entwicklung und zum Einsatz neuer Lehr- und Lernmethoden" (Corona School e. V. 2020). Die praktische Umsetzung war indes nicht einfach, scheiterte nicht selten an nicht vorhandener Soft- und Hardware und führte in vielen Fällen zu Belastungen und Konflikten im familiären Bereich. Vor allem Eltern mit niedrigem Bildungsstand und Alleinerziehende fühlten sich besonders belastet, den Anforderungen des Homeschoolings gerecht zu werden (Zinn & Bayer, 2021). Das Risiko von Frauen und Kindern, während COVID-19-bedingten Ausgangsbeschränkungen Gewalt in der Familie zu erleben, erhöhte sich ebenfalls (Steinert & Cara 2020).

Nicht zuletzt aufgrund wirtschaftlicher Erwägungen (andere sprachen vom *Druck* der Wirtschaft) begannen in Deutschland bereits Ende Mai 2020 erste Corona-Lockerungen, also eine Rücknahme der von Bund und Ländern in Deutschland beschlossenen Maßnahmen zur Schließung von Schulen, Kindergärten, Restaurants usw. Ganz einig waren sich die Regierungschefs einzelner Bundesländer über die schrittweisen Lockerungsmaßnahmen indes nicht. Anfang Juni 2020 konnte man wieder ungehindert und ohne Quarantänepflicht nach Italien, Frankreich, Spanien oder Österreich reisen. Museen, Strände und Restaurants öffneten wieder.

Die Urlaubssaison begann und die Tourismushochburgen wollten wieder verdienen. Beliebte Urlaubsländer der Deutschen wie die Türkei, Ägypten, Marokko und 130 weitere Länder setzte die Bundesregierung im Juni allerdings auf eine Risiko-Liste. Diejenigen, die in diese Länder verreisten, mussten sich bei ihrer Rückkehr nach Deutschland in eine vierzehntägige Selbstquarantäne begeben.

Dann kam im Herbst 2020 eine zweite Infektionswelle. Die täglich gemeldeten Infektions- und Sterbefälle nahmen wieder zu. In der zweiten Dezemberhälfte 2020 meldete das Robert Koch-Institut Spitzenwerte von über 32.000 Infektionen am Tag. Gastronomiebetriebe, Bars, Clubs, Discos, Freizeiteinrichtungen, wie Theater, Opern- und Konzerthäuser, Kinos, Fitnessstudios, Saunen und Kosmetikstudios waren seit Anfang November wieder geschlossen. Schulen und Kindergärten, Friseursalons sowie Läden des Einzel- und Großhandels sollten unter Hygiene-Auflagen geöffnet bleiben. Die Menschen wurden aufgefordert, auf nicht notwendige Reisen und Besuche zu verzichten und sich in der Öffentlichkeit nur mit Angehörigen des eigenen und eines weiteren Haushalts zu treffen. Damit kamen auf das Gastgewerbe, die Tourismusbranche und vor allem auf die vielen Kulturbetriebe erneut harte Zeiten zu. Viele Betroffene fürchteten um ihre Existenz, auch wenn ihnen großzügige staatliche Finanzhilfen versprochen wurden. In den Online-Medien und in der realen Welt organisierten sie sich und ihre Anhänger, u. a. mit dem Slogan „Ohne Kunst & Kultur wird's still", um auf die Systemrelevanz von Kunst und Kultur aufmerksam zu machen. Der Lockdown im Gaststättengewerbe und in der Kultur- und Kreativwirtschaft war für viele unverständlich, hatten doch die meisten Einrichtungen vorbildlichen Hygienekonzepte entwickelt und gezeigt, dass sie nicht zu den Hotspots der Neuinfektionen gehören.

Bereits zu Beginn der zweiten Infektionswelle hatte die Bundeskanzlerin in ihren Video-Podcasts an die Bürgerinnen und Bürger appelliert, das Gebot der Stunde heiße nun für alle: „Kontakte reduzieren, viel weniger Menschen treffen" (Die Bundesregierung, 2020). Von Merkels Appell ließen sich jene, die mit den staatlichen Verordnungen zur Eindämmung der Pandemie nicht einverstanden waren, allerdings nicht sonderlich beeindrucken. Das zeigte sich auch in repräsentativen Bevölkerungsumfragen. Drei Beispiele:

Beispiel 1: Ein Team um Tobias Rothmund befragte bereits im April 2020 mehr als 1.500 erwachsene Laien und 128 Experten (Virologen und Epidemiologen) mit einem standardisierten Fragebogen (Rothmund et al., 2020). Ohne auf das methodisch und statistisch ausgefeilte Vorgehen im Detail einzugehen, ließen sich die Laien aufgrund ihrer Antworten in vier

Gruppen einteilen: Da sind zunächst die *Mainstreamer,* zu denen etwa 55 % der befragten Personen gehören. Sie sind über Covid-19 gut informiert, glauben weniger an Verschwörungsmythen über Corona und besorgen sich die relevanten Informationen seltener über irgendwelche Online-Quellen. Dann folgen die *Zweifler oder Skeptiker* (Doubters), die zirka 19 % der Gesamtstichprobe ausmachen, eher eine niedrigere Bildung besitzen, sich vornehmlich in Online-Medien (über Messenger-Dienste und andere Online-Kanäle) informieren, gegenüber der Wissenschaft und den Wissenschaftler/innen skeptisch sind, Verschwörungsmythen glaubhaft finden und u. U. nationalistische und rechtsgerichtete Ideologien unterstützen. Zur dritten Gruppe, den *Besorgten und Vorsichtigen* (Cautious), gehören etwa *18 %* der Befragten. Sie sind etwas älter als der Durchschnitt der Gesamtstichprobe und gut ausgebildet; ein großer Teil befindet sich schon im Ruhestand; sie haben großes Vertrauen in die Wissenschaft, wissen viel über Covid-19, glauben weniger an Corona-Verschwörungsmythen, dafür aber mehr an die Äußerungen von Politikerinnen und Politiker; sie informieren sich vor allem über die klassischen Medien (Fernsehen, Tageszeitungen) und sie schätzen die Risiken von Covid-19 höher ein als die wissenschaftlichen Experten. Die *Leugner* (Deniers) gehören zur vierten Gruppe (die zirka acht Prozent der Gesamtstichprobe ausmacht). Die Mitglieder dieser Gruppe sind jünger als alle anderen; sie halten sich selbst für gesund, schätzen das Risiko, sich selbst zu infizieren, gering ein und halten wohl auch wenig von sozialen Hygieneregeln; sie sind skeptisch gegenüber der Wissenschaft und den Wissenschaftstreibenden, befürworten dafür eher Aussagen aus Verschwörungsmythen; ihre Informationen über Covid-19 beziehen sie überwiegend aus diversen Online-Medien; schließlich neigen sie zu einer kollektiven Selbstüberschätzung (die Autor/innen nennen es *kollektiven Narzissmus*) und besitzen eine relativ große Affinität zu rechtsgerichteten Ideologien. Gegenüber den *Skeptikern* sind die *Leugner* jene Menschen, die am stärksten die Risiken von Covid-19 ignorieren und die staatlichen Anti-Corona-Maßnahmen weitgehend ablehnen. Zusammengefasst haben wir es also mit 27 % an Zweiflern und Leugnern zu tun, die der Wissenschaft misstrauen und mehr oder weniger stark an Verschwörungserzählungen glauben.

Beispiel 2: Im Rahmen eines Gemeinschaftsprojekts mit dem Robert-Koch-Institut (RKI) befragt ein Team unter der Leitung von Cornelia Betsch von der Universität Erfurt seit dem 3. März 2020 alle 14 Tage zirka 1.000 erwachsene Personen im Alter zwischen 18 und 74 Jahren aus Deutschland. Gefragt wird u. a. nach den Sorgen angesichts der Pandemie, den Emotionen, dem Wissen um Ursachen und Folgen der Infektion sowie nach der Akzeptanz von staatlich verordneten Einschränkungen befragt (COVID-19 Snapshot Monitoring 2021a). Ende Oktober 2020 meinten 13 % der Befragten, dass sie bereit seien, an Anti-Corona-Demonstration teilzunehmen. Von den Befragten, die die Maßnahmen zur Bekämpfung der Pandemie ablehnen, äußerten gar 41 % ihre Bereitschaft, an derartigen Demonstrationen teilnehmen zu wollen (COVID-19 Snapshot Monitoring, 2020).

Beispiel 3: Im April 2021 zeigte der von *infratest-dimap* im Auftrag der ARD regelmäßig durchgeführte ARD-Deutschlandtrend, dass die Unzufriedenheit der Bürgerinnen und Bürger mit dem Corona-Krisenmanagement von Bund und Ländern so groß wie nie seit Ausbruch der Pandemie ist. Ein knappes Fünftel äußerte sich zufrieden mit dem staatlichen Krisenmanagement, vier Fünftel sahen das eher kritisch (infratest-dimap, 2021).

Bei allem Optimismus, den auch Vertreterinnen und Vertreter der deutschen Bundesregierung äußerten, wenn es um die Zustimmung zu den staatlich verordneten Corona-Maßnahmen ging, waren die „Corona-Skeptiker" und die Gegner der Corona-Maßnahmen seit Sommer 2020 nicht mehr zu übersehen. Sie trafen sich auf „Hygiene-Demos", um ihre „Corona-Wut" zu äußern; sie organisierten sich als „Ärzte für Aufklärung", um gegen die Maskenpflicht zu protestieren; sie nennen sich „Querdenker" und halten das Virus SARS-CoV-2 für weitgehend ungefährlich oder sympathisieren mit Verschwörungsmystikern, die sich einer QAnon-Bewegung zugehörig fühlen und behaupten, die Welt werde von einer mächtigen satanistischen Elite beherrscht usw.

Anfang August 2020 trafen sich in Berlin, Stuttgart, Dortmund und anderswo mehrere Tausend Menschen, um ohne Mund-Nasen-Schutz, dafür mit rosaroten Luftballons, mit Parolen, wie „Freiheit und Liebe" und einem gehörigen Maß querdenkerischem Dampf, gegen die „Corona-Diktatur" der „Merkel-Regierung" zu demonstrieren. Auch im lauschigen, heimischen Jena folgten etwa 350 Menschen der Einladung des Chef-Querdenkers und schwäbischen HNO-Arztes Bodo Schiffmann, gegen die Maskenpflicht und andere Corona-Auflagen der Regierung auf die Straße zu gehen. Olaf Sundermeyer konstatierte auf RBB24: „Am Anfang stand friedlicher Protest, dann paktierten die ‚Querdenker' mit Rechtsextremisten. Inzwischen hat sich ein Teil dieser Corona-Leugner selbst radikalisiert. Ihr Widerstand wird zunehmend extremistisch und gewaltbereit" (Sundermeyer, 2020). Hinweise für den Extremismus und die Gewaltbereitschaft der „Querdenker" sah Sundermeyer u. a. in den Morddrohungen gegen den Virologen und

Regierungsberater Christian Drosten und den SPD-Gesundheitspolitiker Karl Lauterbach.

Trotz der mehr oder minder wissenschaftlich erwiesenen Befunde zu Ursachen, Wirkungen und möglichen Schutzmaßnahmen kämpfen „Hygiene-Demonstrantinnen"[1], „Querdenker", gescheiterte Rundfunk- und Fernsehmoderatorinnen, vegane Köche (sorry, ich meine nur einen), Sänger, die nicht singen können oder ein ehemaliger US-amerikanischer Präsident mit ihren „gefühlten Wahrheiten" gegen den „tiefen Staat", gegen „Meinungsfaschisten", „Impfterrorismus" oder gegen Bill Gates und Christian Drosten. Aus Sicht der „Wahrheitsfühlerinnen" haben Politikerinnen, Virologen oder Bill Gates von langer Hand Lügen verbreitet, Statistiken gefälscht und Viren gezüchtet, um die Weltherrschaft zu übernehmen oder zumindest Bürger und Bürgerinnen in „Todesangst" zu versetzen. Es ist eine Mischung von Corona-Skeptikern, Reichsbürgern, Rechtsextremen, Verschwörungsmystikerinnen, Impfgegnern und „Querdenkern", die sich nach wie vor versammeln und auf Demonstrationen sowie in den verschiedenen Messenger-Diensten (z. B. WhatsApp, Telegram) gegen die Anti-Corona-Maßnahmen protestieren, gegen politische Gegner hetzen und diverse Verschwörungsmythen verbreiten (Potter, 2020).

Das Wissenschaftszentrum Berlin sieht auf der Basis einer repräsentativen Studie mit mehr als 5.000 Menschen, die zwischen Juni und November 2020 befragt wurden, in den Protesten gegen die Anti-Corona-Maßnahmen ein erhebliches Radikalisierungspotential. Während fast 70 % der Befragten den Verschwörungsmythen (z. B. vom „großen Austausch") der Coronaleugner keinen Glauben schenkt, äußern gut 30 % der Befragten viel bzw. sehr viel Verständnis für die Anti-Corona-Demonstrationen und für die dort verbreiteten Mythen über das Virus. Mehr als 60 % der „Protestversteher" verorten sich in der politischen Mitte, 12,5 % der Befragten sehen ihren Platz am extremen Rand des ideologischen Spektrums, der größere Teil davon (7,5 %) am rechtsextremen Rand (Grande et al., 2021).

Seit Oktober 2021 baute sich in Deutschland und anderen Ländern die vierte Welle der Corona-Pandemie auf. Anfang November 2021 vermeldete die Johns Hopkins University (JHU) in Baltimore (im US-Bundesstaat Maryland) weltweit 250 Mio. Menschen, die sich seit dem Ausbruch von SARS-CoV-2 mit dem Virus SARS-CoV-2 infiziert haben; mehr als fünf Millionen Menschen seien an bzw. mit der Erkrankung

---

[1] Selbstverständlich sind Männer, Frauen und andere Geschlechter immer mitgemeint.

gestorben. Für Deutschland registrierten die Wissenschaftler/innen der JHU insgesamt 4,8 Mio. Covid-19-Infektionen und etwas mehr als 96.000 Tote (Johns Hopkins University 2021). Nach offiziellen Angaben waren Anfang November 2021 zwei Drittel der Gesamtbevölkerung vollständig gegen SARS-CoV-2 geimpft. Zu jenen, die bis dato nicht geimpft sind, gehören Kinder unter zwölf Jahren, Menschen, denen aus gesundheitlichen Gründen abgeraten wird, sich impfen zu lassen, aber auch Personen, die eine Impfung strikt verweigern, weil sie deren Wirksamkeit bezweifeln und am Schutz andere weniger interessiert sind (vgl. auch: COVID-19 Snapshot Monitoring 2021b).

Verschwörungsmythen – Theoretisches

Umberto Eco, der große Semiotiker und Schriftsteller, wies gelegentlich darauf hin: „Spricht man [...] von Verschwörungstheorie, so meint man die Vorstellung eines weltweiten Komplotts (in manchen Theorien sogar mit kosmischer Dimension), nach der alle oder fast alle Ereignisse der Geschichte von einer einzigen, geheimnisvollen und im Dunkel agierenden Macht gelenkt werden" (Eco 2016, S. 82). Allerdings scheint es gar nicht so einfach, Verschwörungserzählungen oder „Verschwörungstheorien" begrifflich zu fassen, wie Michael Butter and Peter Knight in einem historischen Exkurs (2020, S 28 ff.) oder Türkay Salim Nefes und Alejandro Romero-Reche (2020b, S. 94) am Beispiel der vielen im Umlauf befindlichen soziologischen Definitionen demonstrieren. Versucht man aus den verschiedenen, aus unterschiedlichen wissenschaftlichen Perspektiven formulierten Definitionen quasi den größten gemeinsamen Nenner zu bestimmen, so ließe sich formulieren: Verschwörungserzählungen sind soziale Vorstellungen und Geschichten, mit denen aktuelle oder historische Ereignisse, kollektive Erfahrungen oder die Entwicklung gesellschaftlicher Strukturen und Prozesse als Folge einer Verschwörung (einer geheimen, konspirativen Entscheidung von Personen oder einer kleinen Gruppe mit meist illegitimen Absichten und zum eigenen Nutzen) interpretiert werden (vgl. auch Anton et al., 2015).

Verschwörungserzählungen sind keine wissenschaftlichen Theorien, sondern besitzen die Struktur von Mythen. Die Vorsokratiker, also die griechischen Philosophen der Antike, die vor Sokrates (470–399 v. Chr.) lebten und dachten, unterschieden zwischen „logos" und „mythos". Während der Logos jenes Deutungsmuster von Welt bezeichnet, für das ein Beweis bzw. eine vernünftige Erklärung beizubringen sei, bedarf der

Mythos keines Beweises bzw. keiner Begründung (vgl. Hübner, 1989). Die Begründung von Mythen geschieht allein durch die Erzählung, durch die sie übermittelt werden (vgl. auch Lévi-Strauss & Eribon, 1989, S. 206). Mythen funktionieren durch ihren Erzählwert, und das heißt: Der Mythos muss eine gute Geschichte sein; er muss also erzählt werden können. Es muss einen guten Erzähler oder eine gute Erzählerin geben, der oder die den Mythos „produziert" oder „reproduziert" (also nacherzählt). Es müssen sich Hörer finden, die der mythischen Erzählung lauschen und ihr glauben, den Mythos also rezipieren. Demzufolge sind Mythen schwerlich wissenschaftlichen Wahrheitskriterien zu unterwerfen. Der Mythos vom „fleißigen Deutschen" bedarf beispielsweise keinesfalls des aufwendigen Leistungsvergleichs zwischen der deutschen und der internationalen Wirtschaft. Es reicht durchaus, Erzähler zu finden, die ihren Zuhörern eine gute Geschichte über einen beliebigen Deutschen erzählen, in der dieser als fleißig, diszipliniert etc. geschildert wird, um den genannten Mythos schlüssig begründen zu können. Nach Roland Barthes (1964, S. 93 ff.), dem wir die Initialzündung zur Erforschung moderner Mythen verdanken, zeichnet sich ein Mythos dadurch aus, dass er die Bedeutung anderer Aussagen ausnutzt, um neue Bedeutungen zu schaffen.

Mythen besitzen, wie Verschwörungserzählungen auch, eine doppelte Codierung oder eine doppelte Aussagestruktur. Im primären Code, der ersten Aussageebene, wird ein Objekt oder ein Geschehen benannt, über dessen reale oder virtuelle Beschaffenheit weitgehend Konsens besteht. Auf der zweiten Aussageebene, dem sekundären Code, Barthes nennte das die „Metasprache", wird dem Objekt bzw. dem Geschehen eine neue Bedeutung übergestülpt. Um es am Beispiel zu illustrieren: Ein erster Code, eine erste Aussage, könnte lauten: „Es gibt Menschen, die man als Deutsche bezeichnen kann." Die zweite Aussage, mit der nun eine neue Bedeutung konstruiert wird, könnte heißen: „Es gibt Menschen mit ‚echter arischer Abstammung'". Mit der zweiten Aussage ist auf der Grundlage der ersten ein Mythos kreiert worden, mit dem sich jene Deutschen, die diese Abstammung von sich behaupten, in rassistischer Weise über „Nicht-Arier" zu erheben versuchen. In dieser Umdeutung erhalten die Mythen jene Merkmale, durch die sie sich als kollektive Muster zur Komplexitätsreduktion im weitergehenden Umgang mit der Welt geradezu anbieten. Beispiel: a. Entweder ist man ein Deutscher oder nicht; b. Ist man kein Deutscher, so besitzt man auch nicht die „wertvollen arischen" Eigenschaften der Deutschen.

Produziert und für diverse Zwecke instrumentalisiert werden die Mythen durch soziale Gruppen, die sogenannten Mythenmacher und Mythenmacherinnen. Hier passiert das, was Umberto Eco im Gegensatz zu

„spontaner" die „gelenkte" Mythenbildung nennt (Eco 1989, S. 188), die *gezielte* Herstellung mythischer Erzählungen. Man kann sich auch auf den Sozialen Konstruktionismus berufen (Kap. 17) und sagen: Mythen sind soziale Konstruktionen über soziale Konstruktionen. Es sind jene sozialen Konstruktionen über die Wirklichkeit, die die Sprach-, Lebens- und Kulturformen (primäre soziale Konstruktionen) einer sozialen Gemeinschaft in erzählerischer Weise vereinfachen und umdeuten, um auf diese Weise neue Sprach-, Lebens- und Kulturformen (soziale Meta-Konstruktionen) zu schaffen, die nicht mehr bewiesen und begründet werden müssen. Ähnlich verhält es sich mit den Verschwörungserzählungen. Wie Mythen stützen sich diese zunächst einmal auf Ereignisse und Erfahrungen, die durchaus einen wahren Kern haben können. Verschwörungserzählungen versuchen aber darüber hinaus, diese tatsächlichen oder erinnerten Ereignisse oder Erfahrungen umzudeuten, um neue Bedeutungen zu konstruieren.

Insofern können wir durchaus auch von Verschwörungsmythen sprechen. Durch die verschwörerischen Aussagen erhalten die Verschwörungsmythen den Charakter von Entscheidungen zugeschrieben, die in geheimen, illegitimen, elitären Zirkeln getroffen wurden.

Über die Macher (und Macherinnen) der gelenkten, mit Absicht produzierten Verschwörungsmythen und deren Intentionen wissen wir mittlerweile recht gut Bescheid. Es sind die eingangs genannten rechtsextremen, rassistischen und antisemitischen Gruppen, Think Tanks oder klandestinen Bünde, die die Mythen zum Beispiel über den „tiefen Staat" oder „zionistische Weltverschwörung" verbreiten. Forschungsbedarf gibt es indes nach wie vor hinsichtlich der Konstrukteure der spontanen Verschwörungsmythen, also etwa der Personen und Gruppen, die Mythen über die Chemtrails erfunden haben (Smallpage et al., 2020, S. 263 ff.).

Verschwörungsmythen beziehen sich bekanntlich nicht nur auf politische Ereignisse und Prozesse. Auch um den Tod von *Wolfgang Amadeus Mozart* ranken sich Verschwörungserzählungen; beispielsweise der neidische Hofkomponist *Antonio Salieri* habe Mozart ermorden lassen oder ihn gar selbst zu Tode gebracht. Zu denken ist eben auch an die Chemtrails, die von Flugzeugen erzeugten Kondensstreifen am Himmel. Anhänger und Anhängerinnen der „Chemtrails-Theorie" nehmen u. a. an, die Kondensstreifen enthielten giftige Gase, die bewusst versprüht würden, um die Denk- und Zeugungsfähigkeit der Menschen zu reduzieren. Etwas weniger dramatisch sind andere Vermutungen, die davon ausgehen, mit den Chemtrails solle der Treibhauseffekt reduziert werden. Mit der ersten Mondlandung der Amerikaner sind ebenfalls diverse Verschwörungen verknüpft;

die Mondlandung habe gar nicht stattgefunden, sondern sei in einem Hollywood-Studio inszeniert worden.

Von den Verschwörungsmythen, in denen von geheimen und im Dunkel agierenden Mächten, die die Welt oder einzelne Ereignisse kontrollieren bzw. lenken, die Rede ist, müssen allerdings die falszifizierbaren Hypothesen über tatsächliche oder mögliche Verschwörungen unterschieden werden. Man denke zum Beispiel an die Verschwörung gegen *Gaius Iulius Caesar*, der im März 44 v. Chr. im Zuge einer Verschwörung von römischen Senatoren ermordet wurde. Ob nun Caesar tatsächlich seine letzten Worte „Auch du, mein Sohn" an Marcus Brutus gerichtet hat und ob diese Worte überhaupt gefallen sind, ist eine hypothetische Annahme, die sich indes kaum noch überprüfen lässt. Die Vermutung hingegen, dass Wladimir Iljitsch Lenin Anfang April 1917 im versiegelten Zug von der Schweiz durch Deutschland nach Russland fahren konnte, weil das Deutsche Reich damit die Revolution in Russland anheizen wollte und einen schnellen Frieden im Osten anzustreben versuchte, ist eine Verschwörungshypothese, die prüfbar und unter Umständen auch verifizierbar ist (siehe Kap. 12). Die Verschwörungserzählung, die die Nationalsozialisten nach dem Brand des Reichstages im Februar 1933 verbreiteten, es handele sich um eine Verschwörung der Kommunisten, ist bereits widerlegt. Die Beteiligung der CIA am Putsch gegen die demokratisch gewählte Regierung des chilenischen Präsidenten Salvador Allende im September 1973 hingegen konnte verifiziert werden.

Die Beispiele verdeutlichen die unterschiedliche Komplexität von Verschwörungsmythen, sodass es naheliegend ist, zwischen ereignisbezogenen Verschwörungsmythen (z. B. dem Tod von Mozart), systematischen Verschwörungsmythen (z. B. zum „großen Austausch") und Metaverschwörungen (z. B. die jüdische Weltverschwörung) zu unterscheiden (vgl. auch Institut für Demokratie und Zivilgesellschaft 2019).

Empirisches

Die Forschung zu Verschwörungserzählungen und -mythen ist mittlerweile – nicht nur in Deutschland – ein weites, durchaus gut bestelltes Feld (Goreis & Voracek, 2019). Die Corona-Pandemie wirkte dabei sicher als Katalysator.

In einer von der Friedrich-Ebert-Stiftung 2021 veröffentlichten Studie, in der 1.500 erwachsene Deutsche befragt wurden, äußerten 22,9 % der Befragten, es gebe geheime Organisationen, die großen Einfluss auf politische Entscheidungen haben. Etwas mehr als 20 % glauben, Politikerinnen und Politiker sowie andere Führungspersönlichkeiten seien nur Marionetten von dahinterstehenden Mächten (Lamberty & Rees, 2021, S. 289). „Jede_r Zehnte in Deutschland glaubt, dass die Corona-Pandemie durch geheime Mächte verursacht wurde (9,8 %). Noch mehr Menschen glauben, dass durch die Pandemie Zwangsimpfungen eingeführt würden (17,2 %)" (ebd., S. 293). Besonders AfD-Wählerinnen und -Wähler (66,7 %) sowie Nichtwählerinnen und –wähler (57,6 %) glauben an Verschwörungen. Die wenigsten Verschwörungsgläubigen scheint es bei den Anhängerinnen und Anhängern von Bündnis 90/Die Grünen (7,2 %) und der FDP (5,6 %) zu geben (Lamberty & Rees, 2021, S. 295). Ähnliche Befunde lieferte auch die im Sommer 2020 veröffentlichte Leipziger Autoritarismus-Studie, in der 2.500 erwachsene Deutsche befragt wurden. Dabei stimmten 54,4 % der Ostdeutschen und 44,4 % der Westdeutschen der verschwörungsaffinen Aussage „Die Hintergründe der Corona-Pandemie werden nie ans Licht der Öffentlichkeit kommen" im starken Maße zu (Schließler, Hellweg & Decker 2020, S. 301).

Die Gründe, warum Menschen an Verschwörungsmythen glauben, sie befürworten und weitererzählen, können vielfältig sein. Verschwörungsmythen können von Menschen erfunden und verbreitet werden, weil sie sich von den gesellschaftlichen Entwicklungen abgekoppelt fühlen, weil sie unglücklich oder unzufrieden mit den gesellschaftlichen Verhältnissen sind, weil sie meinen, ihr Leben nicht selbst kontrollieren zu können, weil sie misstrauisch sind usw. (Goreis & Voracek, 2019, S. 10). Auch autoritäre Überzeugungen, populistische und politisch-extreme Einstellungen können den Glauben an Verschwörungsmythen verstärken (Prichard & Christman, 2020). Menschen, die einem Verschwörungsmythos Glauben schenken (z. B. Aids oder Corona sei in US-Laboratorien entwickelt worden), sind häufig auch Anhänger weiterer Verschwörungsmythen, zum Beispiel, dass der menschengemachte Klimawandel ein politischer Schwindel sei (z. B. Van Prooijen, 2017) und sie sind weniger bereit, sich mitmenschlich zu engagieren (z. B. Van der Linden, 2015).

Je größer der Glaube an Verschwörungsmythen, desto geringer auch das Vertrauen in die klassischen Medien, wie Zeitungen, Funk und Fernsehen (Jackob et al., 2017). Dem gegenüber werden Informationen aus Social Media eine höhere Glaubwürdigkeit zugeschrieben (Goreis & Kothgassner, 2020). Dass die sozialen Medien in der Inszenierung von Verschwörungstheorien eine besondere Rolle spielen können, hängt mit den in und durch die sozialen Medien entstehenden *Filter Bubbles* oder Echoräumen zusammen. Wichtig sind die sozialen Medien in diesem Sinne als Mittel zur Vernetzung der „Gläubigen" und als Instrument, um sich wechselseitig in der Richtigkeit des eigenen Verschwörungsglaubens zu bestärken (vgl. Salzborn, 2017, S. 119 ff.).

Verschwörungsmythen können die Radikalisierung gesellschaftlicher Gruppierungen befördern und zur Rechtfertigung von Gewalt gegen andere Gruppen instrumentalisiert werden (Jolley & Paterson, 2020). In der bereits zitierten Studie der Friedrich-Ebert-Stiftung aus dem Jahre 2021 billigen 14 % der Menschen, die an Verschwörungsmythen glauben, die Anwendung von Gewalt zur Erreichung politischer und sozialer Ziele. Bei den Menschen, die nicht oder weniger verschwörungsgläubig sind, waren es nur 4 %, die in diesem Sinne, Gewalt billigen würden (Lamberty & Rees, 2021, S. 297). Junge Menschen, die sich in Folge der Corona-Pandemie sehr belastet fühlen und mit Verschwörungsmythen sympathisieren (z. B. mit der Vorstellung, das Corona-Virus sei eine biologische Waffe, die in China entwickelt wurde und sich gegen den Westen richtet), neigen ebenfalls zu gewalttätiger Radikalisierung (Levinsson et al., 2021). Personen mit hoher Verschwörungsmentalität präferieren alternative Ansätze der Medizin und glauben der Empfehlung von Laien mehr als der Empfehlung von Experten (Appel & Mehretab, 2020). AfD-Anhänger (jeglichen Geschlechts) äußern signifikant häufiger als Anhänger anderer Parteien in Deutschland, dass Politik und Medien die Gefährlichkeit des Corona-Virus bewusst übertrieben haben, um die Öffentlichkeit zu täuschen (Infratest dimap Mai, 2020). Menschen mit populistischen Einstellungen und Meinungen sind eher als weniger oder nichtpopulistisch Eingestellte davon überzeugt, dass es eine kleine Gruppe von Menschen gebe, die die Welt kontrolliere, der menschengemachte Klimawandel ein Schwindel sei, der Holocaust eine Lüge und SARS-CoV-2 in einem Labor entwickelt wurde. Der Glaube an Verschwörungsmythen im Umfeld von Covid 19 verringert sowohl das Vertrauen in staatliche Institutionen als auch generell das soziale Engagement (Pummerer et al., 2020).

Sapre aude!

„Sapere aude! Habe Mut, dich deines eigenen Verstandes zu bedienen!" – so lautet der Wahlspruch der Aufklärung (Kant, 1784, S. 481; hier zitiert nach Kant 1974, S. 9). Wie kommt es, dass ausgerechnet die Menschen, die solchen Verschwörungserzählungen auf den Leim gehen, für sich selbst beanspruchen, sie seien die einzigen, die ihren eigenen Verstand benutzen, die restliche Bevölkerung bestehe nur aus „Schlafschafen"? Als „Schlafschafe" bezeichnen die Verschwörungserzähler und –erzählerinnen

Menschen, die nicht an Verschwörungserzählungen glauben und blindlinks den Mitteilungen der Medien sowie den Äußerungen von Politikerinnen und Politikern folgen. Diese Menschen müsse man erst aufwecken und sie ins Lager der „Erwachten" zurückholen (siehe auch: Fehr, 2021). Es handelt sich offenbar um *Attributionsverzerrungen.* Attributionen sind Zuschreibungen, um das Verhalten der Anderen und unser eigenes Verhalten zu erklären. In diesem Falle erklären die Verschwörungsideologinnen und deren Anhänger das Verhalten der „Schlafschafe" mit einer Zuschreibung, die auf sie selbst zutrifft. Psychologische Befunde zeigen: Diejenigen, die in der Lage sind, analytisch und komplex zu denken, lehnen Verschwörungsmythen um Covid-19 ab und sind auch eher bereit, die einschränkenden Maßnahmen zur Gesunderhaltung der Bevölkerung zumindest eine gewisse Zeit in Kauf zu nehmen (z. B. (Swami & Barron, 2020). Im Umkehrschluss muss man den Verschwörungsideologen attestieren, dass sie eben nicht in der Lage sind, analytisch zu denken. Und noch etwas scheint wichtig zu sein: Das Vertrauen in die Wissenschaft und Wissen darüber, dass Wissenschaft und Wissenschaftlerinnen Suchende sind, die sich auch irren können – das sind wichtige und funktionierende Voraussetzungen, um die Corona-Pandemie als wirkliche Krise und Gefahr wahrnehmen zu können. Schlussendlich: Verschwörungsmythische Querdenker und Querdenkerinnen greifen nicht nur die demokratische Verfasstheit unserer Gesellschaft, sondern auch die Würde des Menschen an. Dagegen hilft nur der Mut des aufrechten Ganges der Demokratinnen und Demokraten. Diesen Mut müssen wir selbst aufbringen und auch in den sozialen Medien sowie auf der Straße zeigen.

Literatur

Anton, A., Schetsche, M., & Walter, M. K. (Hrsg.). (2015). *Konspiration. Soziologie der Verschwörungsdenken.* Springer VS.

Appel, M. (2020). Die Psychologie des Postfaktischen – Einleitung und Überblick. In M. Appel (Hrsg.), *Die Psychologie des Postfaktischen: Über Fake News, „Lügenpresse", Clickbait & Co* (S. 1–7). Springer.

Appel, M., & Mehretab, S. (2020). Verschwörungstheorien. In M. Appel (Hrsg.), *Die Psychologie des Postfaktischen: Über Fake News, „Lügenpresse", Clickbait & Co* (S. 117–126). Springer.

Arnold, S. (2016). Das unsichtbare Vorurteil. *Antisemitismusdiskurse in der US-amerikanischen Linken nach, 9/11.* Hamburg: Hamburger Edition.

Barthes, R. (1964). *Mythen des Alltags.* Frankfurt a. M.: Suhrkamp.

Benz, W. (2019). *Die Protokolle der Weisen von Zion. Die Legende von der jüdischen Weltverschwörung.* C. H. Beck.
Buber, M. & Rosenzweig, F. (1978). *Die Schrift. Band 3: Bücher der Kündigung* (Verdeutschung). Heidelberg: Lambert Schneider.
Butter, M., & Knight, P. (Hrsg.). (2020). *Routledge Handbook of Conspiracy Theories.* Routledge.
Butter, M., & Knight, P. (2020). Conspiracy theory in historical, cultural and literary studies. In M. Butter & P. Knight (Hrsg.), *Routledge Handbook of Conspiracy Theories* (S. 28–42). Routledge.
Corona School e.V. (2020). https://www.corona-school.de/digital-lehren-lernen. Zugegriffen: 15. September 2020.
COVID-19 Snapshot Monitoring (2020). https://dfncloud.uni-erfurt.de/s/y5EFA7yJ9S8Qzkf#pdfviewer. Zugegriffen: 03. November 2020.
COVID-19 Snapshot Monitoring (2021a). https://projekte.uni-erfurt.de/cosmo2020/web/. Zugegriffen: 12. Juli 2021.
COVID-19 Snapshot Monitoring (2021b). https://projekte.uni-erfurt.de/cosmo2020/web/summary/54-55/. Zugegriffen: 11. November 2021.
Der Tagesspiegel (2020). Gyros und die große Weltverschwörung. Quelle: https://www.tagesspiegel.de/berlin/hoecke-in-hoppegarten-gyros-und-die-grosse-weltverschwoerung/26181836.html; aufgerufen: 28.12.2020.
Die Bundesregierung (2020). https://www.bundesregierung.de/breg-de. Zugegriffen: 26. Oktober 2020.
Eco, U. (1989). *Apokalyptiker und Integrierte. Zur kritischen Kritik der Massenkultur.* Frankfurt a. M.: Fischer.
Eco, U. (2016). *Pape Satàn.* Carl Hanser Verlag.
Evanega, S.; Lynas, M.; Adams, J. & Smolenyak, K. (2020). Coronavirus misinformation: quantifying sources and themes in the COVID-19 'infodemic'. Quelle: https://allianceforscience.cornell.edu/wp-content/uploads/2020/10/Evanega-et-al-Coronavirus-misinformation-submitted_07_23_20.pdf; aufgerufen: 28.10.2020.
Fehr, C. (2021). Verschwörungsmythen am Beispiel von QAnon und Neue Weltordnung-Eine rekonstruktive Metaphernanalyse. *Soziologiemagazin, 14*(1), 7–8.
Goreis, A., & Kothgassner, O. D. (2020). Social Media as Vehicle for Conspiracy Beliefs on COVID-19. *Digital Psychology, 1*(2), 36–39.
A Goreis M Voracek 2019 A systematic review and meta-analysis of psychological research on conspiracy beliefs: Field characteristics, measurement instruments, and associations with personality traits Frontiers in Psychology 10 doi.org/https://doi.org/10.3389/fpsyg.2019.00205
Götz-Votteler, K. & Hespers, S. (2019). *Alternative Wirklichkeiten? Wie Fake News und Verschwörungstheorien funktionieren und warum sie Aktualität haben.* Bielefeld: transcript Verlag.
Grande, E., Hutter, S., Hunger, S. & Kanol, E. (2021). Alles Covidioten? Politische Potenziale des Corona-Protests in Deutschland. WZB Discussion Paper, No. ZZ

2021–601, Wissenschaftszentrum Berlin für Sozialforschung (WZB). https://www.econstor.eu/bitstream/10419/234470/1/1759173207.pdf. Zugegriffen: 12. Juli 2021.

Hübner, K. (1989). Aufstieg vom Mythos zum Logos?. In: P. Kemper (Hrsg.), *Macht des Mythos – Ohnmacht der Vernunft?* . Frankfurt a. M.: Fischer.

Imhoff, R. (2020). Verschwörungsmentalität und Antisemitismus. In B. Bogerts, J. Häfele, & B. Schmidt (Hrsg.), *Verschwörung, Ablehnung, Gewalt* (S. 69–90). Springer VS.

Infratest dimap (2020). ARD-Deutschlandtrend. https://www.infratest-dimap.de/umfragen-analysen/bundesweit/ard-deutschlandtrend/2020/mai/. Zugegriffen: 12. August 2020.

infratest-dimap (2021). ARD-Deutschlandtrend. https://www.infratest-dimap.de/umfragen-analysen/bundesweit/ard-deutschlandtrend/2021/april/. Zugegriffen: 12. Juli 2021.

Institut für Demokratie und Zivilgesellschaft (2019): Neue Rechte und alte Ideen. Quelle: https://www.idz-jena.de/index.php?id=131; aufgerufen: 15.07.2019.

Jackob, N., Quiring, O., & Schemer, C. (2017). Wölfe im Schafspelz? Warum manche Menschen denken, dass man Journalisten nicht vertrauen darf – und was das mit Verschwörungstheorien zu tun hat. In K. N. Renner, T. Schultz, & J. Wilke (Hrsg.), *Journalismus zwischen Autonomie und Nutzwert* (S. 225–249). Herbert von Halem Verlag.

Johns Hopkins University (2021). https://coronavirus.jhu.edu/map.html. Zugegriffen: 8. November 2021.

Jolley, D., & Paterson, J. L. (2020). Pylons ablaze: Examining the role of 5G COVID-19 conspiracy beliefs and support for violence. *British Journal of Social Psychology, 59*(3), 628–640.

Journalistikon (2018). Das Wörterbuch der Journalistik. http://journalistikon.de/luegenpresse; Zugegriffen: 25. Mai 2018.

Kant, I. (1974; Original: 1784). Beantwortung der Frage: Was ist Aufklärung? In E. Bahr (Hrsg.), *Was ist Aufklärung?* Stuttgart: Reclam.

Kopke, C. (2017). Verschwörungsmythen und Feindbilder in der AfD und in der neuen Protestbewegung von rechts. *NK Neue Kriminalpolitik, 29*(1), 49–61.

Lamberty, P. & Rees, J. H. (2021). Gefährliche Mythen: Verschwörungserzählungen als Bedrohung für die Gesellschaft. In A. Zick & B. Küpper (Hrsg.), *Die geforderte Mitte – Rechtsextreme und demokratiegefährdende Einstellungen in Deutschland 2020/21*. Friedrich-Ebert-Stiftung. Bonn: Verlag Dietz Nachf.

Levinsson, A., Miconi, D., Li, Z. Y., Frounfelker, R. L., & Rousseau, C. (2021). Associations between Endorsement of Conspiracy Theories and Sympathy for Violent Radicalization in Young Adults During the COVID-19 Pandemic: Moderation by Psychological Distress. *Preprint available at SSRN:* https://doi.org/10.2139/ssrn.3769250

Lévi-Strauss, C. & Eribon, D. (1989). *Das Nahe und das Ferne*. Frankfurt a. M.: Fischer.

Mitteilung der Bundesregierung (2020). https://www.bundesregierung.de/breg-de/aktuelles/zustimmung-corona-massnahmen-1769540. Zugegriffen: 5. Oktober 2020.

Nefes, T. S., & Romero-Reche, A. (2020). Sociology, social theory and conspiracy theory. In M. Butter & P. Knight (Hrsg.), *Routledge Handbook of Conspiracy Theories* (S. 94–107). Routledge.

Nocun, K., & Lamberty, P. (2020). *Fake Facts. Wie Verschwörungstheorien unser Denken bestimmen*. Bastei Lübbe.

Potter, N. (2020). Hinter der Maske der besorgten „Corona-Rebellen" lauern Gewaltfantasien. https://www.belltower.news/telegram-leaks-hinter-der-maske-der-besorgten-corona-rebellen-lauern-gewaltfantasien-102519/. Zugegriffen: 03. November 2020.

EC Prichard SD Christman 2020 Authoritarianism, Conspiracy Beliefs, Gender and COVID-19: Links Between Individual Differences and Concern About COVID-19, Mask Wearing Behaviors, and the Tendency to Blame China for the Virus Frontiers in Psychology 11 https://doi.org/10.3389/fpsyg.2020.597671

L Pummerer R Böhm L Lilleholt K Winter I Zettler K Sassenberg 2020 Conspiracy theories and their societal effects during the COVID-19 pandemic Social Psychological and Personality Science, doi/https://doi.org/10.1177/19485506211000217.Zugegriffen:13.12.2021

Redaktionsnetzwerk Deutschland (2020). https://www.rnd.de/politik/corona-trump-gegen-seine-verschworung-der-fake-news-medien-S5PRBMJOS4ZH3YVTWHJBDOKP3U.html. Zugegriffen: 28. Oktober 2020.

Rothmund, T., Farkhari, F., Azevedo, F. & Ziemer, C.-T. (2020). Scientific Trust, Risk Assessment, and Conspiracy Beliefs about COVID-19-Four Patterns of Consensus and Disagreement between Scientific Experts and the German Public. https://doi.org/10.31234/osf.io/4nzuy. Zugegriffen: 12. Juni 2021.

Salzborn, S. (2017). *Angriff der Antidemokraten*. Weinheim, Basel: Beltz/Juventa.

Schließler, C., Hellweg, N., & Decker, O. (2020). Aberglaube, Esoterik und Verschwörungsmentalität in Zeiten der Pandemie. In O. Decker & E. Brähler (Hrsg.), *Autoritäre Dynamiken – Leipziger Autoritarismus-Studie* (S. 283–308). Psychosozial-Verlag.

Seidler, J. D. (2016). *Die Verschwörung der Massenmedien: Eine Kulturgeschichte vom Buchhändler-Komplott bis zur Lügenpresse*. Bielefeld: transcript.

Smallpage, S. M., Drochon, H., Uscinski, J., & Klofstad, C. (2020). Who are the conspiracy theorists? Demographics and conspiracy theories. In M. Butter & P. Knight (Hrsg.), *Routledge Handbook of Conspiracy Theories* (S. 263–277). Routledge.

Steinert, J. & Ebert, C. (2020). Gewalt an Frauen und Kindern in Deutschland während COVID-19-bedingten Ausgangsbeschränkungen: Zusammenfassung der Ergebnisse. *Unpubliziertes Manuskript, Technische Universität München*.

https://celleheute.de/sites/default/files/dokumente/2020-11/Zusammenfassung%20der%20Studienergebnisse.pdf. Zugegriffen: 12. Juli 2021.

Sundermeyer, O. (2020). Die "Querdenker" radikalisieren sich weiter. https://www.rbb24.de/politik/thema/2020/coronavirus/beitraege_neu/2020/10/berlin-corona-querdenker-demonstration-radikalisierung.html. Zugegriffen: 26. Oktober 2020.

Swami, V. & Barron, D. (2020). Analytic thinking, rejection of coronavirus (COVID-19) conspiracy theories, and compliance with mandated social-distancing: Direct and indirect relationships in a nationally representative sample of adults in the United Kingdom. Quelle: doi:https://doi.org/10.31219/osf.io/nmx9w; aufgerufen: 28.12.2020.

Trump, D. (2020). https://twitter.com/realDonaldTrump/status/1320708386476990464. Zugegriffen: 28.Oktober 2020.

Van der Linden, S. (2015). The conspiracy-effect: Exposure to conspiracy theories (about global warming) decreases pro-social behavior and science acceptance. *Personality and Individual Differences, 87*, 171–173.

Van Prooijen, J.-W. (2017). Why education predicts decreased belief in conspiracy theories. *Applied Cognitive Psychology, 31*(1), 50–58.

Wiener Zeitung vom 2. September 1835; Österreichische Nationalbibliothek. Historische österreichische Zeitungen und Zeitschriften. http://anno.onb.ac.at/cgi-content/anno?aid=wrz&datum=18350902&seite=2&zoom=33&query=%22L%C3%BCgenpresse%22&ref=anno-search. Zugegriffen: 25. Mai 2018.

Zinn, S., & Bayer, M. (2021). Subjektive Belastung der Eltern durch die Beschulung ihrer Kinder zu Hause zu Zeiten des Corona-bedingten Lockdowns im Frühjahr 2020. *Zeitschrift für Erziehungswissenschaft, 1–27*, 2021. https://doi.org/10.1007/s11618-021-01012-9.Zugegriffen:12.Juli

22

Rechtsextremismus und das Wagnis der Demokratie

„Eine Gesellschaft, die meint, rassistische und völkische Positionen – die gegen basale Grundnormen der Verfassung wie Art. 1 – »Die Würde des Menschen ist unantastbar« – und Art 3 des Grundgesetzes – »Alle Menschen sind vor dem Gesetz gleich« – verstoßen und damit außerhalb des demokratischen Pluralismus stehen – seien diskutierbar, läuft Gefahr, ihren demokratischen Kern zu zerstören" (Salzborn, 2017, S. 10).

Angriffe

„Wir wollen mehr Demokratie wagen…", so Willy Brandt in seiner Regierungserklärung vor dem Deutschen Bundestag in Bonn am 28. Oktober 1969. Eingeleitet wird diese, mittlerweile legendäre Aussage durch die folgenden zwei Sätze: „Unser Volk braucht wie jedes andere seine innere Ordnung. In den 70er Jahren werden wir aber in diesem Lande nur so viel Ordnung haben, wie wir an Mitverantwortung ermutigen. Solche demokratische Ordnung braucht außerordentliche Geduld im Zuhören und außerordentliche Anstrengung, sich gegenseitig zu verstehen" (Brandt, 1969, S. 20). Man könnte meinen, hier spräche jemand vom Deutschland im Jahre 2021 und es äußere sich ein Politiker, der nicht nur eine Vision formuliert, sondern eine Aufforderung ausspricht, dass und wie die deutsche Gesellschaft ihre Zukunft gestalten und sich den Angriffen auf die

---

Ich stütze mich in diesem Kapitel u. a. auf einen eigenen Aufsatz (Frindte, 2021).

Demokratie erwehren kann: Durch mehr Demokratie, Freiheit und Mitbestimmung.

Rechtspopulisten und Rechtsextreme greifen die Demokratie und ihre Grundwerte an. Das ist keine akademische These, sondern praktische Realität. Nicht nur in Deutschland und nicht nur in Europa. Es handelt sich um Angriffe auf die Menschenwürde, die Freiheit, die Mitmenschlichkeit, die Vernunft, die Solidarität, die Gleichberechtigung, eben das, was man getrost als humanistische Errungenschaften bezeichnen kann. Wer sind die Angreifer? Welch Geisteskind sind sie?

Rechtsextremistische und fremdenfeindliche Straftaten sind in Deutschland nichts Unbekanntes. Nach 1945 wurde die bundesdeutsche Gesellschaft immer wieder vom Rechtsextremismus bedroht: durch rechtsextreme Parteien (wie die *Sozialistische Reichspartei*, die 1952 verboten wurde, die *Nationaldemokratische Partei* oder die *Republikaner*), durch gewaltbereite Kameradschaften, durch Brandanschläge und durch Terrorakte (wie z. B. durch den rechtsextremistischen Terroranschlag während des Oktoberfestes am 26. September 1980, bei dem 13 Personen getötet und 221 schwer verletzt wurden).

Seit der Wende 1989 nehmen rechtsextreme Angriffe in Deutschland erschreckende Ausmaße an: 1990 berichtete der Verfassungsschutz von 1848 rechtsextremen und sonstigen Straftaten aus dem Bereich „politisch motivierte Kriminalität – rechts"; im Jahre 1993 waren es 10.561 und für das Jahr 2000 wurden 15.951 angegeben; 22.357 rechtsextremistische Straftaten sollen es 2020 gewesen sein (Bundesamt für Verfassungsschutz, 1990–2020).

Zu erinnern ist an die pogromähnlichen Ausschreitungen gegen Unterkünfte von Flüchtlingen und Vertragsarbeitern im September 1991 in Hoyerswerda, im August 1992 in Rostock-Lichtenhagen, sowie gegen Wohnhäuser türkischstämmiger Deutscher im Oktober 1991 in Hünxe, im November 1992 in Mölln und im Mai 1993 in Solingen. Die demokratische Öffentlichkeit reagierte u. a. mit Massendemonstrationen und „Lichterketten".

Im Jahre 2000 kam es zu einer Folge aufsehenerregender Gewalttaten. Im Juni wurde Alberto Adriano, ein mosambikanischer Arbeiter, in Dessau ermordet. Im Juli explodierte in Düsseldorf eine Rohrbombe, zehn Menschen wurden teils schwer verletzt. Am 2. Oktober 2000 verübten zwei Personen arabischer Herkunft einen Brandanschlag auf die Düsseldorfer Synagoge.

Im November 2011 wurde die rechtsterroristische Gruppierung *Nationalsozialistischer Untergrund* (NSU) aufgedeckt. Fast 14 Jahre waren Uwe

Mundlos, Uwe Böhnhardt und Beate Zschäpe untergetaucht und der Staat war unfähig, sie zu entdecken und festzusetzen. Zuvor waren die drei in der rechtsextremen Jenaer Jugendszene und im rechtsextremen „Thüringer Heimatschutz" aktiv, nahmen an rechtsextremen Demonstrationen in Jena, Dresden und anderswo teil und bauten Bomben. Am 6. Mai 2013 wurde in München der Prozess zu den Mordtaten des Nationalsozialistischen Untergrunds eröffnet. Angeklagt waren Beate Zschäpe, die einzige Überlebende des Mordtrios, sowie vier mutmaßliche Helfer und Unterstützer des NSU. Die Anklage gegen Zschäpe lautete Mittäterschaft in zehn Mordtaten, schwere Brandstiftung und Mitgliedschaft in einer terroristischen Vereinigung. Ermordet wurden acht türkischstämmige und ein griechischer Kleinunternehmer sowie eine deutsche Polizistin. Die nach dem November 2011 bekannt gewordenen Fahndungspannen und Ermittlungsfehler, die Blindheit der deutschen Behörden für das rassistische Tatmotiv, das systematische Vernichten von Akten bei Polizei und Verfassungsschutz, die Nichtverfolgung der meisten möglichen rechtsextremen Unterstützerinnen und Unterstützer des Terror-Trios und dessen offenbar vorhandene Kontakte zum Verfassungsschutz beschäftigen auch nach dem Abschluss des Prozesses noch immer die Öffentlichkeit. Und so ist es nicht verwunderlich, dass die Morde des NSU, seine Vernetzung mit in- und ausländischen rechtsextremen Bewegungen und seine Kontakte zum Verfassungsschutz schließlich noch immer irritieren, verstören, hilflos und wütend machen können. Inzwischen liegt die Annahme nahe, dass das Mörder-Trio aus Jena mutmaßlich Teil eines größeren rechtsterroristischen Netzwerkes (auch NSU-Komplex genannt) war, das noch immer zu existieren scheint. 2018 wurden Mitglieder der „Gruppe Freital" wegen der Gründung einer rechtsterroristischen Vereinigung und versuchten Mordes zu hohen Haftstrafen verurteilt. Die Gruppe hatte sich 2015 gegründet. Im selben Jahr verhafteten die Polizei etliche Mitglieder der rechtsterroristischen Vereinigung „Old School Society". Die Mitglieder planten u. a. Anschläge auf Moscheen, Kirchen und Asylbewerberheime. Im rechtsterroristischen Spektrum agierten auch die „Vereinigung S" und die Gruppierung „Revolution Chemnitz", deren Mitglieder ebenfalls wegen Gründung einer rechtsterroristischen Vereinigung angeklagt bzw. bereits verurteilt wurden (Philippsberg, 2021).

Nicht immer sind die Angriffe auf die Demokratie auch als solche zu erkennen: Im Wahlkampf zu den Landtagswahlen in Brandenburg im Jahre 2019 warb die Alternative für Deutschland (AfD) mit einem Plakat, auf dem ein Foto von *Willy Brand* und sein legendärer Satz abgebildet waren: „Mehr Demokratie wagen" (Zeit-Online, 2019). In der AfD sind

Personen aktiv, die man ungestraft, weil durch Gerichtsurteile gedeckt, Faschisten, Neonazi oder Rechtsextreme nennen darf. Die AfD ist aber – und das ist bekannt – nur die öffentlich wahrgenommene Spitze eines antidemokratischen „Eisberges", der die Fundamente des demokratischen Verfassungsstaates bedroht. Bedroht wird der demokratische Verfassungsstaat auch von den „Autonomen Nationalisten", den Parteien „Die Rechte" oder „Der III. Weg", der „Identitären Bewegung", den „Reichsbürgern". Rechtsextreme Strömungen in der Black-Metal-Subkultur oder in der Kampfsportszene, das verbotene Netzwerk „Blood and Honour" oder die „Hooligans gegen Salafismus" sind gleichfalls noch aktiv. Ideologische und motivationale Unterstützung bekommen derartige Bewegungen von neurechten Journalen und „Think Tanks", wie den Zeitschriften „Sezession" und „Compact", dem „Institut für Staatspolitik" oder von rechtsextremen Influencerinnen und Influencern in den sozialen Medien (Fielitz & Marcks, 2020; Kellershohn, 2016). Zu den gewalttätigsten Formen, die sich aus diesen Bewegungen entwickelt haben, gehören rechtsextreme Terroristen und Terroristinnen, wie die Mitglieder des „Nationalsozialistischen Untergrunds" (NSU), der Mörder des Kassler Regierungspräsidenten Walter Lübke, der Rechtsextremist, der an Jom Kippur 2019 einen Anschlag auf die Synagoge in Halle verübte und zwei Menschen erschoss, oder der Täter, der am 19. Februar 2020 in Hanau zehn Menschen ermordete.

Die Corona-Krise verdeutlicht noch einen anderen Zusammenhang: Der Rechtsextremismus ist nicht nur kein gesellschaftliches Randphänomen, sondern floriert in der Mitte der Gesellschaft. Am 1. August 2020 demonstrierten in Berlin zwischen 15.000 und 20.000 Menschen unter dem Motto „Das Ende der Pandemie – Tag der Freiheit" gegen die staatlichen Maßnahmen, mit denen die Ausbreitung der Covid-19-Pandemie bekämpft werden sollte (Abstandsregeln, Mund-und-Nasen-Schutz, Hygieneregeln, zeitweise Schließung von Schulen, Kitas, Restaurants etc.). Angemeldet hatte die Demonstration die Initiative „Querdenken 711". An der Demonstration nahmen Mitglieder und Sympathisanten rechtsextremer und rechtspopulistischer Parteien und Bewegungen teil. Abgesehen davon, dass der Titel „Tag der Freiheit" schon einmal von Leni Riefenstahl 1935 für einen Nazi-Propagandafilm genutzt wurde, machte die Demonstration in Berlin deutlich, wie groß die ideologische Nähe zwischen Rechtsextremisten, antisemitischen Verschwörungsmystikern, Rechtspopulisten, selbsternannten Bürgerrechtlern und „besorgten" Bürgerinnen und Bürgern ist. Am 29. August 2020 demonstrierten erneut mehrere Zehntausend Menschen in Berlin gegen die Corona-Maßnahmen. Hunderte Rechtsextreme stürmten die Treppe des Reichstagsgebäudes und schwenkten Reichsflaggen. Auch

2021 wurden Querdenkerinnen und Querdenker nicht müde, auf der Straße ihren Ärger über die staatlichen Corona-Maßnahmen auszudrücken, „Frieden, Freiheit, keine Diktatur" zu rufen und Politiker als „Lakaien" von WHO und „Milliardären" zu beschimpfen (z. B. Süddeutsche Zeitung, 2021).

Der Firnis des demokratischen Rechtsstaats ist dünn. *Matthias* Quent (2019, S. 61 ff.) bezeichnet den damit aufscheinenden Rechtsruck in Teilen der Bevölkerung in Anlehnung an *Seymour Lipset* (Lipset & Raab, 1971) als *Backlash* – als Reaktion von Gruppen, die aufgrund gesellschaftlicher Veränderungen das Gefühl haben, an Bedeutung, Einfluss und Macht zu verlieren und deshalb versuchen, diese Veränderungen umzukehren oder einzudämmen. Es handelt sich a) um einen rassistischen Rückschlag (der mit dem Wunsch verbunden ist, als weißer Deutscher allein unter weißen Deutschen leben zu wollen), b) um einen nationalistischen Rückschlag (um den deutschen Nationalismus zu rehabilitieren), c) um einen autoritären Rückschlag (weil die Autoritären das Gefühl haben, dass der Staat sich weigere, den angeblichen Volkswillen durchzusetzen), d) um einen antifeministischen Rückschlag (um reaktionäre Geschlechterrollen zu etablieren), e) um einen Anti-Gender-Rückschlag (der sich gegen Menschen richtet, die nicht in das zweigeteilte Rollenverständnis von „Frau" und „Mann" passen) und f) um einen antiaufklärerischen Rückschlag (der sich nicht zuletzt auch gegen den menschengemachten Klimawandel richtet).

Rechtsextremismus – Begriffliches

Sozialwissenschaftliche und psychologischen Diskussionen und Auseinandersetzungen um den Rechtsextremismus-Begriff prägen seit Jahrzehnten die einschlägigen wissenschaftlichen Debatten. Neben politikwissenschaftlichen Definitionen, in denen Rechtsextremismus als Gegensatz zum demokratischen Verfassungsstaat bestimmt wird (z. B. Backes & Jesse, 1993), wurden seit Beginn der 1990er Jahre zahlreiche soziologisch-psychologische Definitionsvorschläge vorgelegt (z. B. Frindte & Neumann, 2002; Heitmeyer et al., 1992; Virchow et al., 2016). Generelle Kritik am Rechtsextremismus-Begriff wird ebenfalls fleißig geübt. Manche halten den Begriff für verzichtbar (z. B. Kliche, 1996). Andere machen sich für den Rassismus-Begriff stark (z. B. Butterwegge, 2000) oder präferieren eher den Begriff *Rechtsradikalismus* (z. B. Quent, 2019). Hinzu kommen ernstzunehmende Vorschläge, zwischen Rechtsextremismus und Rechtspopulismus stärker zu differenzieren (z. B. Kohlstruck, 2008).[1] Ferner ist auf die *soziologische Bewegungsforschung* zu verweisen. Innerhalb dieser Forschungs-Community wird der Rechtsextremismus als soziale Bewegung betrachtet (was er trivialer Weise auch ist), um die Vielfalt relativ autonomer rechtsextremer Strömungen beobachten zu können (vgl. z. B. Rucht, 2002). Aus der Sicht der Bewegungsforschung ist der Rechtsextremismus nicht vorrangig als Ideologie mit Gewaltaffinität zu betrachten, sondern als Ensemble von Gruppen und Organisationen, die sich über Symbole, Idole und Slogans definieren, Protest mobilisieren, provozieren und praktizieren, um auf diese Weise einen grundsätzlichen gesellschaftlichen Wandel zu initiieren (vgl. Klärner, 2008, S. 39 ff.). Und schließlich ist nicht erst seit den Morden des Norwegers Anders Behring Breivik im Juli 2011, bei dem 77 junge Menschen starben, und der Aufdeckung der rechtsterroristischen Gruppierung Nationalsozialistischer Untergrund im November 2011 auch der Rechtsterrorismus wieder Teil der sozialwissenschaftlichen Semantik (Gräfe, 2017).

Neben den besagten Auseinandersetzungen über den Begriff von Rechtsextremismus dominierten in den 1990er Jahren vor allem Arbeiten, in denen auf der Basis der von Heitmeyer und Kollegen vorgelegten Sozialisations- und Desintegrationstheorie rechtsextreme Tendenzen als Folge von individuellen Deprivationsproblemen betrachtet werden (z. B. Heitmeyer et al., 1992). Rechtsextremistische Orientierungen setzen sich nach Heitmeyer et al. (1992) aus einer *Ideologie der Ungleichwertigkeit* und der *Gewaltaffinität* (bis hin zu gewalttätigem Handeln) zusammen. Für Andreas Zick (2004, S. 265) ist diese Bestimmung des Rechtsextremismus die „bekannteste und psychologisch interessanteste Definition".

Daniel Geschke und ich (Frindte & Geschke, 2016) haben der zweidimensionalen Rechtsextremismus-Definition von Heitmeyer und Mitarbeiterinnen noch eine dritte Dimension hinzugefügt, die wir „Intergruppen-Emotionen" nennen. Intergruppenemotionen sind Gefühle, die in Intergruppenkontexten ausgelöst, von den Mitgliedern einer Ingroup geteilt, gegenüber den Mitgliedern einer Fremdgruppe geäußert werden und die Nähe oder Distanz zu den Fremdgruppen regulieren. Dazu gehören mildere Gefühle, wie Furcht und Ekel, aber auch starke negative Gefühle, wie Verachtung, Neid, Wut oder Hass. Rechtsextremismus betrachten wir als fundamentalistische Ideologie (der Ungleichwertigkeit), durch die Gewalt-

---

[1] Der Populismus-Begriff ist ein schillernder, der „[…] aktuell ein nach außen nicht begrenztes Begriffsfeld" besetzt (Frankenberg, 2020, S. 85). Das Feld ist weit. Deshalb werde ich den Populismus-Begriff auch nicht weiter definieren.

potentiale (Gewaltakzeptanz, -bereitschaft und -handeln) und negative Gruppenemotionen legitimiert werden können.

Ungeachtet der ungelösten Definitionsprobleme schlugen einige Forscher 2004 sehr pragmatisch eine „Konsensdefinition" vor, nach der Rechtsextremismus als Einstellungsmuster mit sechs Dimensionen definiert wurde. Demnach zeichne sich dieses Muster durch die „Befürwortung einer rechtsautoritären Diktatur", durch „Antisemitismus", „Sozialdarwinismus", „Chauvinismus", „Ausländerfeindlichkeit" und durch eine „Verharmlosung des Nationalsozialismus" aus. Aus den Berichten über die Tagungen, auf denen die Konsensdefinition erarbeitet wurde, lässt sich nicht entnehmen, auf welchen *theoretischen* Prämissen oder Konzeptionen diese Definition aufbaut. Zum einen lehnt sie sich an der o. g. Rechtsextremismus-Definition von Heitmeyer und Mitarbeitern an, greift aber nur eine der in dieser Definition hervorgehobenen zwei Dimensionen auf (und vernachlässigt den Gewaltaspekt) und schließlich ist die „Konsensdefinition" eine Definition durch Aufzählung, ohne dass ein Kriterium angegeben wird, ob die Aufzählung vollzählig, hinreichend oder nur beispielhaft erfolgt. Und doch hat sich dieser pragmatische Ansatz in den deutschsprachigen Forschungen zum Rechtsextremismus weitgehend durchgesetzt. Die sechs Dimensionen aus der Konsensdefinition bilden bis heute die Basis, um rechtsextreme Einstellungen zu operationalisieren, also mit entsprechenden Skalen zu erfassen.

Empirisches

Seit 2002 beobachten *Oliver Decker* und *Elmar Brähler* mit ihren Kolleginnen und Mitarbeitern die rechtsextremen und autoritären Einstellungen in Deutschland. Alle zwei Jahre wurden die Ergebnisse der repräsentativen Befragungen bisher publiziert. Bis 2016 erschienen sie unter dem Label „Leipziger Mitte-Studien", gefördert von der Friedrich-Ebert-Stiftung (FES). Im Jahre 2016 vergab die FES die „Mitte-Studien" an das Institut für interdisziplinäre Konflikt- und Gewaltforschung in Bielefeld (Zick et al., 2016). Das Leipziger Projekt heißt seit 2018 „Leipziger Autoritarismus-Studie" (LAS) und wird von der Otto-Brenner-Stiftung und der Heinrich-Böll-Stiftung unterstützt.

In der Leipziger Autoritarismus-Studie 2020 wurden 2503 erwachsene Personen befragt (Decker & Brähler, 2020). Die Datenerhebung erfolgte in der Corona-Pandemie, was die Befunde noch einmal besonders interessant macht. Rechtsextreme Einstellungen werden in der Leipziger Autoritarismus-Studie, wie auch in den früheren Leipziger Studien seit 2002, durch die

Tab. 22.1 Geschlossene manifest-rechtsextreme Einstellungen je Dimension in Ost- und Westdeutschland, Angaben in Prozent. (Eigene Darstellung, nach Decker & Brähler, 2020, S. 52)

	Gesamt	Ost (N = 503)	West (N = 2000)
Befürwortung einer rechtsautoritären Diktatur**	3,2	8,8	1,8
Antisemitismus*	3,6	5,4	3,2
Sozialdarwinismus**	2,1	4,0	1,7
Verharmlosung des Nationalsozialismus*	2,3	3,6	2,0
Chauvinismus**	14,1	21,9	12,1
Ausländerfeindlichkeit**	16,5	27,8	13,7

Anmerkung: N = Anzahl der Befragten. Die Sternchen hinter den Dimensionen verweisen auf signifikante Unterschiede zwischen Ost- und Westdeutschland; **bedeutet einen signifikanten Unterschied von p<,01; * bedeutet eine Signifikanz von p<,05.

erwähnten sechs Dimensionen aus der Konsensdefinition operationalisiert und mit jeweils drei Items bzw. Aussagen erfasst. So ganz zufrieden sind die Autoren indes mit dem Rechtsextremismus-Begriff nicht. Das ist verständlich. Weil der Begriff nun einmal die gemeinten antidemokratischen Phänomene zu bezeichnen vermag und sicher auch, um in der Wissenschaftlergemeinschaft nicht missverstanden zu werden, behalten die Autoren den Begriff bei, verweisen aber darauf, dass rechtsextreme Einstellungen so wie gruppenbezogene Menschenfeindlichkeiten und Verschwörungsmentalitäten Ausdruck oder Indikatoren eines autoritären Syndroms sind. Darauf komme ich noch zurück. Sehen wir uns zunächst einige ausgewählte Befunde an. Tab. 22.1 gibt die prozentuale Verteilung der rechtsextremen Einstellungen in Ost- und Westdeutschland wider.

Die Befunde zeigen, um eine Auswahl zu referieren, u. a., dass die Befürwortung einer rechtsautoritären Diktatur im Osten Deutschlands signifikant ausgeprägter ist (8,8 %) als in Westdeutschland (1,8 %). Das Ausmaß antisemitischer sowie sozialdarwinistischer Einstellungen unterscheidet sich im Ost-West-Vergleich ebenfalls statistisch signifikant. Auch die Zustimmung zu Aussagen, mit denen die „Verharmlosung des Nationalsozialismus" und Chauvinismus gemessen werden, ist im Osten signifikant höher als im Westen. Am stärksten ausgeprägt sind die Zustimmungen zu ausländerfeindlichen Aussagen (im Osten 27,8 %, im Westen zwischen 13,7 %). Allerdings scheinen ältere Ostdeutsche (ab 61 Jahren) weniger rechtsextrem eingestellt zu sein als die Generation der 31- bis 60-Jährigen in Ost wie West. Außerdem weisen AfD-Wählerinnen und -Wähler im Vergleich mit Wählerinnen und Wählern der anderen im Bundestag vertretenen Parteien die höchsten Werte auf den o.g. sechs Dimensionen auf.

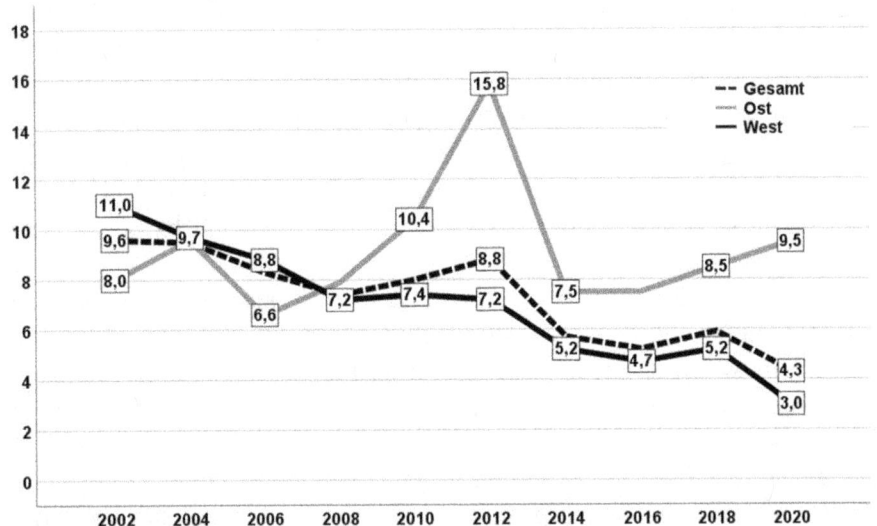

Abb. 22.1 Anteil der Befragten mit geschlossenem rechtsextremen Weltbild 2002–2020. (Eigene Darstellung, nach Decker & Brähler, 2020, S. 51)

Der Vorteil der Leipziger Autoritarismus-Studie ist ihre Längsschnittartigkeit. Es handelt sich zwar nicht um eine Panelstudie, mit der alle zwei Jahre dieselben Personen befragt werden, aber die wiederholten Befragungen erlauben einen Blick auf die Stärke rechtsextremer Einstellungen im Zeitverlauf (Abb. 22.1).

Hier ist die Ausprägung rechtsextremer Einstellungen insgesamt (also nicht differenziert für die einzelnen Dimensionen) über die verschiedenen Erhebungsjahre abgetragen. Bundesweit, schreiben die Autoren (Decker & Brähler, 2020, S. 50) ist ein leichter Rückgang des Ausmaßes rechtsextremer Einstellungen zu erkennen. Für Ostdeutschland gilt das allerdings nicht. Dort liegt das Ausmaß rechtsextremer Einstellungen auf dem Niveau wie zu Beginn der Studien im Jahre 2002.

Signifikante Unterschiede zwischen dem Ausmaß rechtsextremer Einstellungen in Ost- und Westdeutschland finden auch die neuen „Mitte-Forscherinnen" um Andres Zick und Beate Küpper, (2021). So wie in der Leipziger Autoritarismus-Studie werden in der „Mitte-Studie" rechtsextreme Einstellungen mit den oben genannten sechs Dimensionen operationalisiert und mit jeweils den Items erfasst, die in der Leipziger Studie in gleicher Formulierung genutzt werden. In der Studie aus dem Jahre 2021 befragten die Forscherinnen und Forscher 929 erwachsene Frauen und 821 Männer. Ostdeutsche befürworten signifikant eher eine rechtsgerichtete Diktatur, sind fremdenfeindlicher und sozialdarwinistischer eingestellt, allerdings auf einem wesentlich niedrigeren prozentualen Niveau als in der Leipziger Studie von 2020. Während sich zum Beispiel 5,4 % der Ostdeutschen und 3,2 % der Westdeutschen in der Leipziger Studie antisemitisch äußern, sind es in der „Mitte-Studie" 1,8 % bzw. 1,3 %. In der Leipziger Studie werden 27,8 % der Ostdeutschen und 13,7 der Westdeutschen als ausländerfeindlich und in der „Mitte-Studie" 7,1 bzw. 4,1 % als fremden- bzw. ausländerfeindlich eingeordnet.

Unterschiede in den *Prozenten* hin oder her, sie hängen wohl vor allem mit den unterschiedlichen methodischen Zugängen zu den Befragten zusammen. Während in der Leipziger Autoritarismus-Studie die Befragten einen Fragebogen vorgelegt bekommen, den sie – bis auf die Angaben zu den soziodemografischen Daten (Alter, Geschlecht etc.) – selbst ausfüllen, handelt es sich bei der „Mitte-Studie" um eine Telefonbefragung, in der die Interviewten die jeweiligen Fragen vorlesen und dann die Antworten notieren. Es ist also durchaus denkbar, dass die Befragten in der Leipziger Autoritarismus-Studie einen geringeren Druck empfinden, sozial erwünscht zu antworten.

Ostdeutsche Besonderheiten

Hypothesen, Vermutungen und Spekulationen zu den Unterschieden in den rechtsextremen Einstellungen sowie den politischen Orientierungen zwischen Ost- und Westdeutschland sind en vogue und zahlreich (z. B. Küpper et al., 2019; Quent, 2019; Rolfes, 2020; Salzborn, 2018 u. v. a.). Kürzlich meinte ein guter Freund und Kollege, es sei mittlerweile langweilig, ständig auf vermeintliche Ost-West-Unterschiede zu schielen. Menschenfeindlichkeiten und Zustimmungen zu rechtsextremen sowie rechtspopulistischen Deutungsangeboten fänden sich auch in „abgehängten" westdeutschen Regionen und Milieus. So ganz unrecht hat der Freund natürlich nicht. „Rechte" Affinitäten finden sich in Ost und West besonders bei Arbeitern, Gewerkschaftsmitgliedern und Erwerbslosen (siehe auch: Dörre et al., 2018). Überflüssig ist die Frage nach Ost-West-Unterschieden dennoch nicht, da die möglichen Antworten pars pro toto auch Hinweise auf mögliche Bedingungen für rechtspopulistische und rechtsextreme Tendenzen generell zu liefern vermögen. Mein Versuch, sich einen Überblick (siehe Abb. 22.2) über derartige Bedingungen zu verschaffen, bleibt trotzdem lückenhaft.

22 Rechtsextremismus und das Wagnis der Demokratie

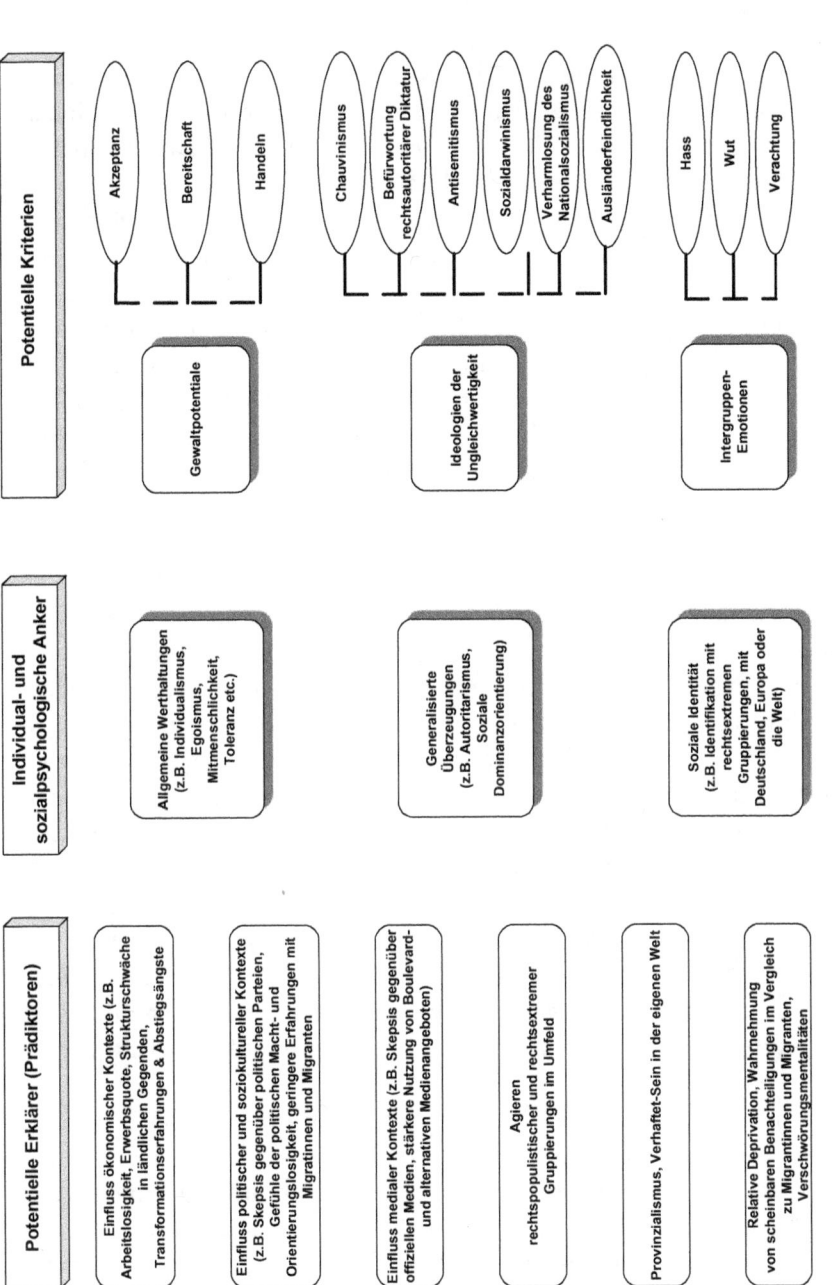

Abb. 22.2 Mögliche Erklärungen für die Unterschiede in den rechtsextremen Einstellungen zwischen Ost und West

Auf der rechten Seite der Abbildung sind die drei erwähnten Dimensionen rechtsextremer Einstellungen nach Frindte und Geschke (2016) aufgeführt: *Ideologien der Ungleichwertigkeit* mit den sechs Subdimensionen (Chauvinismus, Befürwortung einer rechtsautoritären Diktatur, Antisemitismus, Sozialdarwinismus, Verharmlosung des Nationalsozialismus und Ausländerfeindlichkeit), *Gewaltpotentiale* (Gewaltakzeptanz, Gewaltbereitschaft und Gewalthandeln) und *Intergruppen-Emotionen*. Rechtsextremismus ist eine Ungleichwertigkeits-Ideologie im mehrfachen Sinne: a) Rechtsextremismus richtet sich gegen die „Fundamente", „die den Kern der Moderne ausmachen und in den universellen Grundrechten ihren Ausdruck finden" (Meyer, 2011, S. 28). b) Rechtsextremismus tritt mit dem Anspruch auf, die eigene Ideologie für allgemein gültig zu erklären. c) Diejenigen Gemeinschaften, die sich nicht der rechtsextremen Ideologie unterordnen und die nicht den rechtsextremen Norm- und Wertvorstellungen entsprechen, werden abgewertet, diskriminiert und u. U. mit Gewalt bekämpft.

Über den Zusammenhang zwischen rechtsextremer Ideologie und den Gewaltpotentialen gibt es in der Literatur nach wie vor unterschiedliche Auffassungen und empirische Befunde. Rechtsextreme fundamentalistische Ideologien können einerseits als Legitimationsinstanzen für Gewalttendenzen fungieren; andererseits entfalten sie ihre Wirkung vor allem dann, wenn sie funktional für die Identifikation mit relevanten Bezugsgruppen sind (Logvinov, 2017). Dass rechtsextreme Aktionen, Tendenzen und Ideologien überdies auf der Seite der Akteure mit starken Emotionen verknüpft sein können, lässt sich nicht bezweifeln (z. B. Möller & Schuhmacher, 2007). Auch die Forschung zur Hasskriminalität thematisiert die Verknüpfung von rechtsextremen Gewaltaffinitäten, Vorurteilen und emotionaler Beteiligung (vgl. z. B. Geschke, 2017; Paterson et al., 2019).

Auf der linken Seite der Abbildung finden sich stichwortartig einige Thesen, die zur Erklärung von Unterschieden der rechtsextremen und rechtspopulistischen Tendenzen zwischen Ost- und Westdeutschland herangezogen werden:

- Beliebte und plausible Erklärungen verweisen auf die verschiedenen sozioökonomischen Bedingungen und Strukturen in Ost- und Westdeutschland, etwa auf die höhere Arbeitslosigkeit in strukturschwachen ostdeutschen Regionen, auf die Nachwirkungen der gravierenden Transformationserfahrungen nach der politischen Wende 1989, auf die damit verbundenen größeren Abstiegsängste im Osten oder generell auf die

prekäre demografische Lage in den ländlichen Gebieten (z. B. Best et al., 2018; Salomo, 2021).
- Die im Osten Deutschlands möglichweise größere Skepsis gegenüber etablierten Parteien (Rösel & Samartzidis, 2018), Gefühle der politischen Machtlosigkeit, der Orientierungslosigkeit und gering ausgeprägte Erfahrungen mit Migrantinnen und Migranten (z. B. Glorius & Schondelmayer, 2018) gehören ebenfalls zu wichtigen Erklärungsansätzen.

> **Supplementum**
>
> Dass Menschen aus Regionen mit einem relativ geringen Migrantinnen- bzw. Migranten-Anteil eher ablehnende Einstellungen gegenüber Ausländern und Migranten äußern, ist vor dem Hintergrund der vielfach bestätigten Kontakthypothese nicht verwunderlich. Die vor fast 70 Jahren von dem US-amerikanischen Sozialpsychologen Gordon Allport (1954) gemachte Beobachtung, dass Kontakt negative Einstellungen gegenüber bestimmten sozialen Gruppen reduzieren kann, ist mittlerweile empirisch gut begründet. Pettigrew & Tropp (2006) haben zirka 50 Jahre später hunderte empirische Studien zur Prüfung dieser Annahmen einer zusammenfassenden meta-analytischen Untersuchung unterzogen. Häufiger intergruppaler Kontakt geht demnach tatsächlich mit positiveren Einstellungen zu anderen Gruppen einher. Mittlerweile weiß man aus der Forschung auch, dass indirekter Kontakt (z. B. „wenn meine Freunde mit Muslimen befreundet sind", vgl. Wright et al., 1997) und stellvertretender Kontakt (z. B. durch Darstellung positiver intergruppaler Kontakte in den Medien, Cameron & Rutland, 2006) gleichfalls positive Effekte auf die Qualität der Intergruppenbeziehungen haben können.

- Keine Frage: Medien wirken. Eine kritische Sicht auf die Medien im Allgemeinen und auf die sozialen im Besonderen ist deshalb nicht unangebracht. Ich teile zwar die kritische Sicht von Niklas Luhmann auf die Verbreitungsmedien: „Was wir über unsere Gesellschaft, ja über die Welt, in der wir leben, wissen, wissen wir durch die Massenmedien. Das gilt nicht nur für unsere Kenntnis der Gesellschaft und der Geschichte, sondern auch für unsere Kenntnis der Natur. […] Andererseits wissen wir so viel über die Massenmedien, daß wir diesen Quellen nicht trauen können…" (Luhmann, 1996, S. 9). Als aufgeweckter und informierter Zeitgenosse weiß ich auch: Der Vorwurf der „Lügenpresse" beschreibt eher das Selbstverständnis und das Deutungsmuster derjenigen, die einen solchen Vorwurf zu erheben meinen. Tanjev Schultz und Kolleginnen (Schultz et al., 2021) nennen es Medienzynismus, um die Haltung derer zu beschreiben, die von „Lügenpresse" schreien, um ihre pauschalen Vorwürfe gegen etablierte Nachrichtenmedien auszudrücken. Medienzynismus hängt mit Politikverdrossenheit, AfD-Anhängerschaft, einer verstärkten Nutzung alternativer Informationsangebote, einer geringeren Nutzung öffentlich-rechtlicher Angebote, einem höheres Alter und wohl auch mit einer ostdeutschen Herkunft zusammen.

- Beate Küpper et al. (2019, S. 271) heben eine These hervor, die sie in Anlehnung an Tom Pettigrew, (2011) die These vom „Provinzialismus" nennen, nach der Menschen in eher ländlich geprägten Regionen stärker zu Ausländerfeindlichkeit neigen, weil sie auf ihre „kleine" Welt fixiert sind und über weniger interkulturelle Erfahrung verfügen. Geht man davon aus, dass Ostdeutschland im Vergleich mit den westdeutschen Regionen stärker von ländlichen Räumen geprägt ist, dürfte diese These gar nicht so abwegig sein (Buchstein & Heinrich, 2010).
- Bekanntlich kann der Frömmste nicht im Frieden bleiben, wenn es dem bösen Nachbarn nicht gefällt. Spätestens seit 1990 versuchen rechtsextreme Gruppierungen und Bewegungen auch physische Räume zu erobern. Dazu gehören die selbsterklärten „national befreiten Zonen" ebenso wie „Völkische Siedlungen", ob in Mecklenburg-Vorpommern, in Thüringen oder anderswo in Deutschland. Gemeinsam mit Anhängerinnen und Anhängern rechtspopulistischer Parteien und Bewegungen versuchen rechtsextreme Aktivistinnen und Aktivisten, die politische Atmosphäre in ihrem Umfeld zu verändern, um nationalistische und rechtsextreme Modelle im regionalen Umfeld mehrheitsfähig zu machen. „Sie sind nicht einfach radikale Nationalisten, sondern beharren auf jahrhundertalter, vermeintlich deutscher heldenhafter Geschichte, die wieder Gegenwart werden soll [...]. Vor Ort erscheinen den Nachbarn die völkisch Denkenden und Handelnden oft nur als »Alternative« mit vermeintlich humanistischen Motiven" (Röpke & Speit, 2019, S. 8).
- Gefühle relativer Deprivation, also das Erleben mancher Ostdeutscher, im Vergleich mit Bürgerinnen und Bürgern aus dem Westen, besonders im Vergleich mit Migrantinnen und Migranten, benachteiligt zu sein, werden – zusätzlich zu den schon beschriebenen makro-sozialen Unterschieden – ebenso thematisiert, wenn es um Unterschiede zwischen Ost- und Westdeutschland geht, z. B. die unter Umständen größere Neigung der im Osten Lebenden, an Verschwörungsmythen zu glauben (Neumann, 2020; Schließler et al., 2020).

Und damit zur *Mitte* der Abb. 22.2. Ob und inwieweit die Bedingungen, die sich hinter den verschiedenen Erklärungen, Thesen und Hypothesen auf der *linken* Seite der Abbildung verstecken, rechtspopulistische und rechtsextreme Einstellungen der Ostdeutschen beeinflussen, befördern bzw. zu verringern vermögen, hängt wohl nicht zuletzt von individuellen und sozialpsychologischen Faktoren ab, die sich – zunächst einmal unabhängig von Ost-West-Unterschieden – in zahlreichen Studien als relativ stabile und weitgehend geschlossene kognitiv-emotionale Deutungsmuster im Umgang mit politischen Wirklichkeiten erwiesen haben. Ich nenne diese Muster *individual- und sozialpsychologische Anker.*

Sieht man sich solche Anker im Hinblick auf rechtsextreme Ideologien genauer an, so fallen zumindest drei Deutungsmuster besonders auf.[2] Zunächst dürfte der Umgang mit ökonomischen, politischen und soziokulturellen Besonderheiten, wie der Arbeitslosigkeit, den Transformationserfahrungen oder dem Agieren rechtspopulistischer Bewegungen in der unmittelbaren Nachbarschaft, von den *allgemeinen Werthaltungen* und den Menschenbildern derjenigen abhängen, die z. B. die eigene Arbeitslosigkeit oder die gravierenden Umbrüche nach 1990 am eigenen Leibe erlebt haben. Menschen, für die Werte, wie Mitmenschlichkeit und Toleranz besonders wichtig sind, ob sie dies nun in der DDR oder im vereinten Deutschland erlernt haben, gehen mit ihren Abstiegsängsten oder ihrer Skepsis gegenüber politischen Parteien anders um als Personen, für die Individualismus und Egoismus wertvolle Bezugspunkte sind, ob sie es zugeben oder nicht. Mitmenschlichkeit oder Toleranz können in diesen Fällen Puffer sein, die vor Fremdenfeindlichkeit, Rechtspopulismus und Rechtsextremismus zu schützen vermögen. Andererseits können individualistische Werthaltungen fremdenfeindliche und u. U. rechtsextreme Einstellungen fördern (z. B. Rippl et al., 1998; Hadjar, 2005).

Desweiteren gehören *generalisierte Überzeugungen*, wie autoritäre und sozial-dominante Einstellungen[3], zu den robusten Deutungsmustern, mit denen ökonomische, politische, kulturelle und mediale Einflüsse, wahrgenommen und interpretiert werden. Eine besondere Relevanz, um rechtspopulistische und rechtsextreme Einstellungen zu erklären, besitzen bekanntlich autoritäre Einstellungen. Damit ist ein Erklärungskonzept angesprochen, das eine lange Geschichte besitzt, ganz eng mit den Arbeiten

---

[2] Je nach Perspektive können es auch dreiunddreißig sein.
[3] Autoritäre Überzeugungen und Soziale Dominanzorientierung werden in der sozialpsychologischen Literatur in Anlehnung an Allport, (1935) auch als *generalisierte Einstellungen* (Six, 1996) oder als ideologische Überzeugungen *(ideological beliefs)* bezeichnet (Jost, 2006).

von Erich Fromm verknüpft ist (siehe Kap. 13) und in jüngster Zeit einen neuen Schub erfahren hat (z. B. Frankenberg, 2020; Heitmeyer, 2018; Womick et al., 2019). Wie ich an früherer Stelle (Kap. 13) geschrieben habe, gelang ein innovativer Schritt in der Autoritarismusforschung in den 1980er Jahren. Robert Altemeyer, (1981, 1996) reduzierte das ursprüngliche Konzept aus „The Authoritarian Personality" (TAP) auf drei Subdimensionen: *Konventionalismus* (ein hoher Grad des Festhaltens an sozialen Konventionen und Traditionen), *autoritäre Unterwürfigkeit* (ein hohes Maß an Unterordnung unter Autoritäten, die als rechtmäßig in der Gesellschaft wahrgenommen werden) und *autoritäre Aggression* (gegen Personen oder Gruppen, die von den etablierten Autoritäten abgelehnt und sanktioniert werden). Die Leipziger-Autoritarismus-Studien (Decker et al., 2020) zeigen nun sehr eindrucksvoll, dass Ostdeutsche im Durchschnitt auf allen drei Dimensionen des Autoritarismus signifikant höhere Ausprägungen aufweisen als Westdeutsche. Das ist keine ganz neue Entdeckung. Auch in früheren Studien wurde intensiv danach gefahndet, ob und inwieweit die Ostdeutschen autoritärer eingestellt sind als die Westdeutschen. Meist mussten die staatsautoritären Strukturen in der DDR als wichtige Begründung herhalten. Man denke nur an die These des Kriminologen und vormaligen Justizminister Niedersachsens Christian Pfeiffer, der die Hauptursache für die fremdenfeindliche Gewalt im Osten in den autoritären Erziehungsstrukturen der DDR-Kinderkrippen, -Kindergärten, -Schulen und der Jugendorganisation zu finden meinte (Pfeiffer, 1999). Die empirischen Befunde über mögliche Zusammenhänge zwischen dem Staatsautoritarismus in der DDR und den autoritären Überzeugungen im heutigen Ostdeutschland sind zumindest umstritten (z. B. Lederer, 2000; Stellmacher et al., 2002). Unstrittig ist dagegen die generelle Wirkungsmächtigkeit autoritärer Deutungsmuster, wenn es darum geht, einen verlässlichen Erklärer für die verschiedenen Formen von Menschenfeindlichkeit, für Rechtspopulismus und Rechtsextremismus zu finden (z. B. Cuevas & Dawson, 2021; Heyder & Eisentraut, 2020).

Seit einiger Zeit versuchen Jim Sidanius und Mitarbeiterinnen mit der *Theorie der sozialen Dominanz* (SDT) einen weiteren Ansatz zur Erklärung von fremdenfeindlichen Einstellungen und sozialen Diskriminierungen zu etablieren (Sidanius & Pratto, 1999). Nach Ansicht der Autoren und Autorinnen könne davon ausgegangen werden, dass alle menschlichen Gesellschaften auf Gruppenhierarchien begründet sind. Durch solche Hierarchien sei es den Mitgliedern jener Gruppen, die quasi an der Spitze der gesellschaftlichen Hierarchien stehen, möglich, allein durch die Zugehörigkeit zu diesen Gruppen über einen herausgehobenen sozialen Status, über soziale und politische Autorität und über die damit verbundenen Privilegien zu verfügen, den Zugang zu ökonomischen Ressourcen zu bestimmen und gesellschaftlich relevante Werte und Normen zu formulieren und durchzusetzen. Die hierarchischen Unterschiede und Ungleichheiten zwischen sozialen Gruppen und deren Mitglieder müssen durch allgemein geteilte „Wahrheiten" gerechtfertigt und legitimiert werden. Dies geschieht durch ideologische Konstruktionen, die die Autoren der SDT „Hierarchie fördernde, legitimierende Mythen" nennen. Das können nationalistische Mythen, rassistische Ideologien, sexistische Auffassungen oder religiöse Glaubenssysteme sein. Nun müssen Ideologien, wenn sie verhaltensrelevante Wirkung entfalten wollen, von den Mitgliedern einer Gesellschaft mehr oder weniger geteilt werden. Und an dieser Stelle kommt ein Konzept ins Spiel, dass zumindest indirekt mit dem Autoritarismus zu tun hat, die Soziale Dominanzorientierung (SDO). Es handelt sich um eine allgemeine individuelle Orientierung, Einstellung oder Überzeugung, gruppenbasierte Hierarchien zu befürworten oder abzulehnen.

Ebenso wie in den Studien zu autoritären Überzeugungen finden sich in der nationalen und internationalen Forschung mittlerweile ebenfalls robuste Belege über den Zusammenhang von sozialen Dominanzorientierungen und fremdenfeindlichen, rechtspopulistischen und rechtsextremen Einstellungen (z. B. Andrejewski et al., 2016). In der Leipziger-Autoritarismus-Studie des Jahres 2020 bejahten signifikant mehr Ost- als Westdeutsche Aussagen, mit denen die soziale Dominanzorientierung gemessen wird (Decker & Brähler, 2020, S. 63).

Ob und inwieweit die Bedingungen, die sich hinter den verschiedenen Erklärungen, Thesen und Hypothesen auf der *linken* Seite der Abbildung verstecken, rechtspopulistische und rechtsextreme Einstellungen der Ostdeutschen beeinflussen, befördern bzw. zu verringern vermögen, hängt nicht zuletzt davon ab, inwieweit sich Ostdeutsche mit relevanten sozialen Gruppen, Gemeinschaften oder Bewegungen identifizieren und mit diesen sozialen Gruppen, Gemeinschaften oder Bewegungen relevante soziale Vorstellungen teilen. In diesem Sinne habe ich die *soziale Identität* als Kern der Theorie der sozialen Identität (SIT) an früherer Stelle eingeführt (Kap. 17). Die *soziale Identität* fungiert ebenfalls als Anker bzw. *Vermittler* zwischen ökonomischen, politischen, soziokulturellen Kontexten sowie individuellen und sozialen Besonderheiten ostdeutscher Subjektivitäten einerseits sowie den rechtsextremen Ideologien der Ungleichwertigkeit, den Gewaltpotentialen und den Gruppenemotionen auf der anderen Seite. Das heißt, welchen Einfluss die (in zahlreichen Studien nachgewiesenen) Prädiktoren auf rechtsextreme Einstellungen haben, hängt nicht ausschließlich, aber im hohen Maße von der Identifikation mit relevanten Bezugsgruppen ab, also von der sozialen Identität. Ostdeutsche ebenso wie Westdeutsche können sich mit ihrer Region, ihrem Bundesland, mit Deutschland, Europa und die Welt, aber auch mit politischen Parteien, mit rechtsextremen Bewegungen, rechten Subkulturen und Cliquen identifizieren. Hier finden sie Geborgenheit, Selbstbestätigung, soziale Unterstützung, Anregungen usw. Tatsächlich scheinen etliche empirischen Befunde dafür zu sprechen, dass die Identifikation mit relevanten Bezugsgruppen (z. B. die Identifikation mit Deutschland, mit rechtspopulistischen Parteien oder rechtsextremen Subgruppen) quasi der Dreh- und Angelpunkt dafür ist, ob Menschen mit rechtspopulistischen Ideen sympathisieren, sich gegenüber politischen Gegnern oder fremden Gruppen autoritär und rassistisch verhalten und unter Umständen auch Gewalt akzeptieren bzw. gar selbst anwenden (z. B. Frindte & Geschke, 2016; Obst et al., 2011).

Je nachdem wie die allgemeinen Werthaltungen, die generalisierten Überzeugungen und die soziale Identität in sozialen Gemeinschaften ausgeprägt sind, können sie auch als Hinweise auf die jeweiligen *Gesellschafts-Charaktere* in diesen Gemeinschaften gelesen werden, um auf Erich Fromms Schlüsselbegriff zurückzugreifen (Fromm, 1999, S. 379; siehe auch: Kap. 13). Angesichts der nachmodernen Ausdifferenzierungen von Gesellschaft ist es allerdings naheliegend, eher von *Gruppen-Charakter* zusprechen. So weisen zum Beispiel Anhängerinnen und Anhänger rechtspopulistischer Parteien und rechtsextremer Bewegungen oder die „völkischen Siedler" andere Gruppen-Charaktere auf als Menschen, die sich im Kampf gegen den menschengemachten Klimawandel engagieren oder sich – trotz gravierender eigener Transformationserfahrung – in Nichtregierungsorganisationen für Flüchtlingshilfe einsetzen. Die Gruppen-Charaktere sind sozusagen das Vermittlungsglied zwischen den individuellen Erfahrungen einzelner Personen und den jeweiligen gesellschaftlichen Verhältnissen, Umbrüchen und Herausforderungen. Während die einen mit rechtsextremen Ideologien sympathisieren, halten die anderen Mitmenschlichkeit und Solidarität für hohe Güter.

Gewiss, die in Abb. 22.2 illustrierten Erklärungen für die möglichen Unterschiede zwischen (rechtspopulistischen bzw. rechtsextremen) Einstellungen von Ost- und Westdeutschen sind mehr oder weniger empirisch prüfbare Hypothesen. Diese Hypothesen schließen sich nicht aus. Eher dürften es Puzzleteile eines angestrebten integrativen theoretischen Ansatzes sein, der noch zu leisten ist (vgl. auch Küpper et al., 2019, S. 265).

Und nun?

Kann man mit „Rechten" reden (Leo et al., 2017)? Auf rechtsextremen Rockkonzerten sicher nicht, auch kaum auf Demonstrationen gegen die staatlichen Corona-Maßnahmen. Vielleicht sollten wir den „Rechten" noch viel stärker und engagierter die Vorteile einer demokratischen Gesellschaft vor Augen führen. Aber wie?

Ein kleines Beispiel: In einer Befragungsstudie mit etwas mehr als 2000 Jugendlichen u. a. aus Hamburg, Thüringen und Nordrhein-Westfalen zeigte sich zunächst, dass junge Leute mit rechtsextremen Einstellungen und autoritären Überzeugungen keinen ausgeprägten Bock darauf haben, sich im Unterricht, in der Schule und der Gesellschaft an demokratisch-politischen Angelegenheiten zu beteiligen (ausführlich: Frindte, 2021). Ebenfalls nicht überraschend und dennoch bedenkenswert ist ein zweiter Befund: Eine positiv gestaltete Familiendemokratie und demokratiepraktizierende Unterrichtsbedingungen können wichtige Faktoren sein, um den besagten negativen Einfluss autoritärer Überzeugungen bzw. rechtsextremer Einstellungen auf die Bereitschaft, sich politisch im Unterricht und in der Schule (z. B. als Klassensprecherin oder in Nichtregierungsorganisationen, wie Greenpeace oder Amnesty International) zu engagieren, reduzieren. Eine positive Familiendemokratie zeichnet sich u. a. dadurch aus, dass jedes Familienmitglied über Familienangelegenheiten mit gleicher Stimme mitentscheiden kann. Von gemeinsamer Lösungssuche und politischer Offenheit im Unterricht kann beispielsweise dann die Rede sein, wenn Entscheidungen, die alle Schülerinnen und Schüler betreffen, auch gemeinsam diskutiert und getroffen oder politische Fragen auch kontrovers diskutiert werden dürfen.

Nicht nur diese, keinesfalls repräsentativen, Befunde belegen, dass es nötig ist, Strategien zu entwickeln, um Jugendlichen eine positive Einstellung zur Demokratie und zur politischen Partizipation zu vermitteln und sie noch mehr als bisher für ein eigenes politisches Engagement im Sinne demokratischer Prinzipien und Werte zu begeistern. Kollektive und gleichberechtigte Problemlösungen im Unterricht, Akzeptanz und Förderung von Schülerinnenmeinungen und politische Offenheit im Unterricht müssen weit mehr als bisher gefördert, unterstützt und realisiert werden. Das heißt u. a.: Spannungen gemeinsam diskutieren und lösen; gemeinsame Diskussion von Entscheidungen fördern, die alle betreffen; in wichtigen Fragen alle beteiligten Schülerinnen und Schüler einbeziehen; Schülerinnen und Schüler ermuntern, eigene Meinungen zu entwickeln und zu äußern;

Förderung und Unterstützung von Widerspruch auch in politischen Fragen; Unterstützung beim politischen und sozialen Engagement der Schülerinnen und Schüler; Förderung von Akzeptanz gegenüber Menschen, die scheinbar anders oder fremd sind. Kurz gesagt: Mehr Demokratie wagen, ganz praktisch und nicht nur in der Theorie. Es geht schlicht und ergreifend darum, wie sich die Menschen der Angriffe auf die Demokratie erwehren und eine humane Gesellschaft gestalten können: Durch Standhaftigkeit, Wagemut, durch den Glauben an die Macht der Menschen, Probleme durch Phantasie, Zusammenarbeit, Mitmenschlichkeit und Vernunft zu lösen.

Literatur

Allport, G. W. (1935/1967). Attitudes. In M. Fishbein (Hrsg.), *Readings in attitude theory and measurement* (S. 1–13). Wiley.

Allport, G. W. (1954). *The nature of prejudice*. Addison-Wesley.

Altemeyer, R. (1981). *Right-wing authoritarianism*. University of Manitoba Press.

Altemeyer, R. (1996). *The Authoritarian Specter*. Harvard University Press.

Andrejewski, S., Frindte, W., & Geschke, D. (2016). Der Einfluss von rechtsgerichtetem Autoritarismus und sozialer Dominanzorientierung auf homophobe Einstellungen. *Journal for Deradicalization, 7*, 26–67.

Backes, U., & Jesse, E. (1993). *Politischer Extremismus in der Bundesrepublik Deutschland*. Verlag Wissenschaft und Politik.

Best, H., Miehlke, M., & Salheiser, A. (2018). Topografie des Rechtsextremismus und der gruppenbezogenen Menschenfeindlichkeit in Thüringen. *Dokumentation und Analysen*. Friedrich-Schiller-Universität Jena: Zentrum für Rechtsextremismusforschung, Demokratiebildung und gesellschaftliche Integration.

Brandt, W. (1969). Regierungserklärung von Bundeskanzler Willy Brandt vor dem Deutschen Bundestag in Bonn am 28. Oktober 1969. www.willy-brandt-biografie.de/wp-content/uploads/2017/08/Regierungserklaerung_Willy_Brandt_1969.pdf. Zugegriffen: 10. Aug. 2020.

Buchstein, H., & Heinrich, G. (Hrsg.). (2010). *Rechtsextremismus in Ostdeutschland*. Wochenschau.

Bundesamt für Verfassungsschutz. (1990–2020). *Verfassungsschutzberichte*. Bundesministerium des Innern.

Butterwegge, C. (2000). Entschuldigung oder Erklärung für Rechtsextremismus, Rassismus und Gewalt? In C. Butterwegge & G. Lohmann (Hrsg.), *Jugend, Rechtsextremismus und Gewalt*. (S. 13–36). Leske + Budrich.

Cameron, L., & Rutland, A. (2006). Extended contact through story reading in school: Reducing children's prejudice toward the disabled. *Journal of Social Issues, 62*(3), 469–488.

Cuevas, J. A., & Dawson, B. L. (2021). An integrated review of recent research on the relationships between religious belief, political ideology, authoritarianism, and prejudice. *Psychological Reports, 124*(3), 977–1014.

Decker, O., & Brähler, E. (Hrsg.). (2020). *Autoritäre Dynamiken. Alte Ressentiments – neue Radikalität.* Psychosozial-Verlag.

Dörre, K., Bose, S., Lütten, J., & Köster, J. (2018). Arbeiterbewegung von rechts? Motive und Grenzen einer imaginären Revolte. *Berliner Journal für Soziologie, 28*, 55–89.

Fielitz, M., & Marcks, H. (2020). *Digitaler Faschismus.* Duden.

Frankenberg, G. (2020). *Autoritarismus.* Suhrkamp.

Frindte, W. (2021). „Mehr Demokratie wagen": Rechtsextreme Einstellungen von deutschen Jugendlichen und das Potenzial von demokratischer Praxis in Elternhaus und Schule. *ZRex – Zeitschrift für Rechtsextremismusforschung, 1*(1), 108–130.

Frindte, W., & Neumann, J. (Hrsg.). (2002). *Fremdenfeindliche Gewalttäter: Biografien und Tatverläufe.* Westdeutscher.

Frindte, W., & Geschke, D. (2016). Ideologien der Ungleichwertigkeit und Rechtsextremismus aus der Sicht der Theorie eines identitätsstiftenden politischen Fundamentalismus. In W. Frindte et al. (Hrsg.), *Rechtsextremismus und „Nationalsozialistischer Untergrund" – Interdisziplinäre Debatten, Befunde und Bilanzen.* (S. 149–192). Springer VS.

Fromm, E. (1999; Original: 1941). Die Furcht vor der Freiheit. In R. Funk (Hrag.,), *Erich-Fromm-Gesamtausgabe in 12 Bänden.* Deutsche Verlags-Anstalt.

Geschke, D. (2017). Alle reden von Hass. Was steckt dahinter? *Eine Einführung. Wissen schafft Demokratie, 1,* 169–187.

Glorius, B., & Schondelmayer, A.-C. (2018). Perspektiven auf Fluchtmigration in Ost und West. *Zeitschrift für Vergleichende Politikwissenschaft, 12*(1), 75–92.

Gräfe, S. (2017). *Rechtsterrorismus in der Bundesrepublik Deutschland.* Nomos Verlagsgesellschaft.

Hadjar, A. (2005). Hierarchisches Selbstinteresse und Fremdenfeindlichkeit bei Jugendlichen. *Gruppendynamik und Organisationsberatung, 36*(1), 103–126.

Heyder, A., & Eisentraut, M., et al. (2020). Antisemitismus und Autoritarismus – Eine traditionell stabile Beziehung? Eine empirische Studie unter Berücksichtigung von Messinvarianz anhand der ALLBUS – Daten 1996/2006/2012/2016. In A. Mays (Hrsg.), *Grundlagen – Methoden – Anwendungen in den Sozialwissenschaften* (S. 327–344). Springer VS.

Heitmeyer, W., et al. (1992). *Die Bielefelder Rechtsextremismus-Studie. Erste Langzeituntersuchung zur politischen Sozialisation männlicher Jugendlicher.* Juventa.

Heitmeyer, W. (2018). *Autoritäre Versuchungen. Signaturen der Bedrohung I.* Suhrkamp.

Jost, J. T. (2006). The End of the End of Ideology. *American Psychologist, 61*(7), 651–670.

Kellershohn, H. (2016). Das Institut für Staatspolitik und das jungkonservative Hegemonieprojekt. In S. Braun, A. Geisler, & M. Gerster (Hrsg.), *Strategien der extremen Rechten* (S. 439–467). Springer VS.

Klärner, A. (2008). *Zwischen Militanz und Bürgerlichkeit. Selbstverständnis und Praxis der extremen Rechten*. Hamburger Edition.

Kliche, T. (1996). Interventionen, Evaluationsmaßstäbe und Artefaktbildung. Zehn Thesen zur Konstruktion von Rechtsextremismus. In H. G. Heiland & C. Lüdemann (Hrsg.), *Soziologische Dimensionen des Rechtsextremismus* (S. 57 – 84). Westdeutscher.

Kohlstruck, M. (2008). Rechtspopulismus und Rechtsextremismus. Graduelle oder qualitative Unterschiede? In R. Faber & F. Unger (Hrsg.), *Populismus in Geschichte und Gegenwart* (S. 211 ff.). Verlag Königshausen und Neumann.

Küpper, B., Schröter, F., & Zick, A. (2019). Alles nur ein Problem der Ostdeutschen oder Einheit in Wut und Hass. In A. Zick, B. Küpper, & W. Berghan (Hrsg.), *Verlorene Mitte – feindselige Zustände*. J.H.W. Dietz Nachf.

Lederer, G. (2000). Autoritarismus und Fremdenfeindlichkeit im deutschdeutschen Vergleich: Ein Land mit zwei Sozialisationskulturen. In S. Rippl, C. Seipel, Christian, & A. Kindervater (Hrsg.), *Autoritarismus. Kontroversen und Ansätze der aktuellen Autoritarismusforschung*. (S. 199–214). Leske+Budrich.

Leo, P., Steinbeis, M., & Zorn, D. P. (2017). *Mit Rechten reden: Ein Leitfaden*. Klett-Cotta.

Lipset, S. M., & Raab, E. (1971). *The politics of unreason. Right wing extremism in America, 1790–1970*. Heinemann Educational Books.

Logvinov, M. (2017). *Rechtsextreme Gewalt*. Springer Fachmedien.

Luhmann, N. (1996). *Die Realität der Massenmedien* (2. Aufl.). Westdeutscher.

Meyer, T. (2011). *Was ist Fundamentalismus? Eine Einführung*. VS Verlag.

Möller, K., & Schuhmacher, N. (2007). *Rechte Glatzen. Rechtsextreme Orientierungs- und Szenezusammenhänge – Einstiegs-, Verbleibs- und Ausstiegsprozesse von Skinheads*. VS Verlag.

Neumann, A. (2020) Ostdeutsche Besonderheiten? Über Unterschiede politischer Kultur in Ost- und Westdeutschland mit Fokus auf den Freistaat Sachsen. In C. Bochmann, & H. Döring (Hrsg.), *Gesellschaftlichen Zusammenhalt gestalten*. Springer VS.

Obst, P., White, K., Mavor, K., & Baker, R. (2011). Social identification dimensions as mediators of the effect of prototypicality on intergroup behaviours. *Psychology, 2*(5), 426–432.

Paterson, J. L., Brown, R., & Walters, M. A. (2019). Feeling for and as a group member: Understanding LGBT victimization via group-based empathy and intergroup emotions. *British Journal of Social Psychology, 58*(1), 211–224.

Pettigrew, T. (2011). Deprovincialization. In D. Christie (Hrsg.), *The Encyclopedia of Peace Psychology* (S. 325–328). Wiley.
Pettigrew, T. F., & Tropp, L. R. (2006). A meta-analytic test of intergroup contact theory. *Journal of Personality and Social Psychology, 90,* 751–783.
Pfeiffer, C. (1999). Interview mit „Der Spiegel" vom 22. März 1999, S. 60 ff.
Philippsberg, R. (2021). Rechtsterroristische Gruppen in Deutschland nach dem NSU. *ZRex – Zeitschrift für Rechtsextremismusforschung, 1*(1), 147–165.
Quent, M. (2019). *Deutschland – Rechts Außen*. Piper.
Rippl, S., Boehnke, K., Hefler, G., & Hagan, J. (1998). Sind Männer eher rechtsextrem und wenn ja, warum? Individualistische Werthaltungen und rechtsextreme Einstellungen. *Politische Vierteljahresschrift, 39,* 758–774.
Rolfes, M. (2020). Der „Osten" ist anders!? Anmerkungen zu den Diskursen über die politischen Einstellungen in Ostdeutschland. In S. Becker & M. Neumann (Hrsg.), *Regionalentwicklung in Ostdeutschland* (S. 19–30). Springer Spektrum.
Röpke, A., & Speit, A. (2019). *Völkische Landnahme: Alte Sippen, junge Siedler, rechte Ökos*. Links Christoph Verlag.
Rösel, F., & Samartzidis, L. (2018). Wert- statt Geldmangel: AfD triumphiert im Osten dort, wo es an Toleranz und Vertrauen in die Politik fehlt. *ifo Dresden berichtet, 25*(3), 9–13.
Rucht, D. (2002). Rechtsextremismus aus der Perspektive der Bewegungsforschung. In D. Grumke & B. Wagner (Hrsg.). *Handbuch Rechtsextremismus. Personen – Organisationen – Netzwerke vom Neonazismus bis in die Mitte der Gesellschaft*. (S. 75–86). Leske + Budrich.
Salomo, K. (2021). Abwanderung, Alterung, Frauenschwund. Der Einfluss des demografischen Wandels auf die politische Kultur in Ostdeutschland. In I.-S. Kowalczuk, F. Ebert, & H. Kulik (Hrsg.), *(Ost)Deutschlands Weg, Teil I*. (S. 63–79). Bundeszentrale für politische Bildung.
Salzborn, S. (2017). *Angriff der Antidemokraten. Die völkische Rebellion der Neuen Rechten*. Beltz Juventa.
Salzborn, S. (2018). *Rechtsextremismus: Erscheinungsformen und Erklärungsansätze*. Nomos.
Schließler, C., Hellweg, N., & Decker, O. (2020). Aberglaube, Esoterik und Verschwörungsmentalität in Zeiten der Pandemie. In O. Decker & E. Brähler (Hrsg.), *Autoritäre Dynamiken – Leipziger Autoritarismus-Studie* (S. 283–308). Psychosozial-Verlag.
Schultz, T., Ziegele, M., Jackob, J., Jakobs, O. Quiring, O., & Schemer, C. (2021). Verschwörungsglaube, Medienzynismus und Militanz: Einstellungen und Informationsquellen von Menschen mit AfD-Wahlpräferenz – ein Beitrag zur Radikalisierungsforschung. *ZRex–Zeitschrift für Rechtsextremismusforschung, 1*(1), 60–89.

Sidanius, J., & Pratto, F. (1999). *Social dominance: An intergroup theory of social hierarchy and oppression*. Cambridge University Press.

Six, B. (1996). Generalisierte Einstellungen. In M. Amelang (Hrsg.), *Enzyklopädie der Psychologie* (S. 1–50). Hogrefe.

Stellmacher, J., Petzel, T., & Sommer, G. (2002). Autoritarismus und Einstellungen zu Menschenrechten im Ost-West-Vergleich. In K. Boehnke, D. Fuss & J. Hagan (Hrsg.), *Jugendgewalt und Rechtsextremismus. Soziologische und psychologische Analysen in internationaler Perspektive* (S. 93–118). Juventa.

Süddeutsche Zeitung. (2021). https://www.sueddeutsche.de/politik/berlin-demo-corona-querdenken-1.5370145. Zugegriffen: 2. Aug. 2021.

Virchow, F., Langebach, M., & Häusler, A. (Hrsg.). (2016). *Handbuch Rechtsextremismus*. Springer VS.

Wright, S. C., Aron, A., McLaughlin-Volpe, T., & Ropp, S. A. (1997). The extended contact effect: Knowledge of cross-group friendships and prejudice. *Journal of Personality and Social Psychology, 73*, 73–90.

Womick, J., Ward, S. J., Heintzelman, S. J., Woody, B., & King, L. A. (2019). The existential function of right-wing authoritarianism. *Journal of Personality, 87*(5), 1056–1073.

Zeit-Online. (2019). SPD sieht AfD-Wahlplakate als Missbrauch von Willy Brandts Erbe. https://www.zeit.de/politik/deutschland/2019-08/wahlwerbung-afd-willy-brandt-rechtspopulismus-missbrauch-kritik. Zugegriffen: 10. Aug. 2020.

Zick, A. (2004). Psychologie des Rechtsextremismus. In G. Sommer & A. Fuchs (Hrsg.), *Krieg und Frieden – Handbuch der Konflikt- und Friedenspsychologie* (S. 263–276). Beltz Psychologie Verlags Union.

Zick, A., Küpper, B., & Krause, D. (2016). *Gespaltene Mitte – Feindselige Zustände. Rechtsextreme Einstellungen in Deutschland 2016*. J.H.W. Dietz Nachf.

Zick, W., & Küpper, B. (Hrsg.). (2021). *Die geforderte Mitte. Rechtsextreme und demokratiegefährdende Einstellungen in Deutschland 2020/2021*. J.H.W. Dietz Nachf.

23

Islamistischer Terrorismus, Islamismus, Islamfeindlichkeit

„Biege nicht das Recht eines Gastsassen, einer Waise, beschlagnahme nicht das Gewand einer Witwe, gedenke, dass du Knecht warst in Ägypten, ER dein Gott dich von dort abgegolten hat, darum gebiete ich dir diese Sache zu tun" (5. Moses, 24,17).

Gäste und Gastfreundschaft.

„Gastsasse" ist die von Buber und Rosenzweig bevorzugte Übersetzung von „ger"; auch als „Fremdling" übersetzbar. Die *gerim* sind die Fremden, die aus existenziellen Gründen des Daueraufenthalts in einem für sie fremden Land bedürfen. Um diese *gerim* geht es, wenn im Pentateuch, den Fünf Büchern Moses, das Schutzverhalten, die Fürsorge und die Menschlichkeit der Juden gegenüber den Fremden angemahnt wird: „Den Gastsassen quäle nicht: ihr selbst kennt ja die Seele des Gasts, denn Gastsassen wart ihr im Land Ägypten" (5. Moses, 23, 9; in der Übersetzung von Buber und Rosenzweig 1987, S. 214). Nicht irgendeine technisch oder politisch beschriebene oder medial inszenierte Willkommenskultur wird hier beschworen und gefordert, sondern die pure Humanität gegenüber jenen, die in Bedrängnis sind und Zuflucht in sicherer Fremdheit zu finden hoffen.

Teile dieses Abschnitts wurden bereits an früherer Stelle publiziert (z. B. Frindte & Dietrich, 2017; Frindte & Haußecker, 2010).

Daran musste ich denken, als 2015 Tausende Menschen aus Syrien und dem Irak nach Europa flüchteten, die deutsche Regierung die Grenzen öffnete und die Bundeskanzlerin Angela Merkel am 31. August 2015 öffentlich verkündete „Wir schaffen das". Das war nicht nur eine Geste oder ein Satz für die Geschichtsbücher. Es war der Aufruf und die optimistische Selbstvergewisserung, dass Menschlichkeit gegenüber Flüchtlingen geboten und notwendig ist. Die Kanzlerin hatte ihren schaffenden Optimismus allerdings nicht mit allen Deutschen abgesprochen. Mitte August 2015 prognostizierte das bundesdeutsche Innenministerium, dass im laufenden Jahr mit ca. 800.000 Flüchtlingen zu rechnen sei.[1] Am 26. August 2015 besuchte die Bundeskanzlerin ein Flüchtlingsheim im sächsischen Heidenau und wurde von Einheimischen als „Volksverräterin" und „Hure" beschimpft (Reinhard 2015). Wenige Tage später rufen auf dem Budapester Bahnhof Syrer, Albaner und Iraker „Deutschland, Deutschland" und „Merkel, Merkel"; sie wollen nach Deutschland. Dort empfängt sie zunächst eine Woge der Gastfreundschaft; aber Teile der deutschen Bevölkerung äußerten auch Skepsis, Ablehnung und offene Feindschaft. Die Gewalt gegen Flüchtlinge nahm in den letzten Monaten des Jahres 2015 dramatisch zu. Und die offizielle Politik stritt darüber, ob und wie der „Flüchtlingsstrom" einzudämmen sei. Über die Fluchtursachen wurde hingegen selten diskutiert.

Nachdem sich in der Silvesternacht 2015 hunderte Männer mit überwiegend nordafrikanischer Herkunft vor dem Kölner Hauptbahnhof zusammenrotteten, Frauen massiv sexuell belästigten und die Verbreitungsmedien nur zögerlich über die Vorfälle und die vermeintlichen Täter berichteten, schien die Ablehnung von Flüchtlingen neue Nahrung zu bekommen. Auch die Angst vor dem Islam, den Muslimen und einer vermeintlichen Islamisierung der deutschen Gesellschaft wurde durch diese Vorkommnisse verstärkt. Im *ARD-DeutschlandTrend,* einer regelmäßig im Auftrag der ARD von Infratest dimap durchgeführten, repräsentativen Erhebung der politischen Stimmung, sorgten sich im März 2016 50,0 % der Befragten, dass der Einfluss des Islam in Deutschland zu stark werden könnte (Infratest dimap, 2016).

Der Verdacht, dass der Islam und Muslime von einer Mehrheit mit Terrorismus assoziiert werden, lässt sich ebenfalls nicht von der Hand weisen. Laut einer internationalen, repräsentativen Befragung in zehn europäischen Ländern meinten im Jahre 2016 immerhin 61 % der befragten

---

[1] Nach Schätzung des Bundesinnenministeriums kamen im Jahre 2015 letztlich 1,1 Mio. Flüchtlinge nach Deutschland.

Deutschen, durch die Flüchtlinge könne der Terrorismus im eigenen Lande zunehmen. Die größten Sorgen in diesem Zusammenhang äußerten die Befragten in Ungarn (76 %). Relativ weniger Sorgen machten sich die Franzosen (46 %) und die Spanier (40 %) (Pew Research, 2016).

Terrorismus.

Die Versuche, Terrorismus und Terror zu definieren, sind zahlreich. In manchen Definitionen werden die Motive, in andere die Mittel oder die Ziele der terroristischen Aktionen hervorgehoben. Als Ziele werden meist die beabsichtigten psychischen Effekte (wie Angst, Furcht und Schock) genannt. Die Neutralität der Opfer bzw. die Unterscheidung zwischen Terrorzielen und Terroropfern bilden einen weiteren Kern möglicher Begriffsbestimmungen. Die angestrebte massenmediale Verbreitung der geplanten und/oder realisierten terroristischen Aktionen gehört ebenfalls zu den Merkmalen von Terrorismus (ausführlich: Jenkins, 1975; Hoffman, 2002; Laqueur 2007; Waldmann, 2005).

Neben den genannten Unterschieden in den Definitionsansätzen von Terrorismus sind einige weitere Abgrenzungen zu bedenken: Terroristen wird, im Gegensatz zu Serien- oder Auftragsmördern, eine *politische Motivation* unterstellt. Terroristen treten – im Unterschied zu Guerilla-Kämpfern und Rebellen – nicht offen als bewaffnete Einheiten auf und vermeiden den Kampf mit feindlichen militärischen Kräften. Terrorismus unterscheidet sich von klassischen Kriegen, da er in der Regel durch nichtstaatliche Einheiten geplant und durchgeführt wird.

Ich bevorzuge folgende Arbeitsdefinition (Frindte, 2013, S. 57): Terrorismus (von lat. *terror:* Furcht, Schrecken) ist a) eine kalkuliert inszenierte gewalttätige Kommunikationsstrategie, mit der b) nichtstaatliche und staatliche Akteure versuchen, Gesellschaften, Staaten, deren Institutionen oder bestimmte gesellschaftliche Gruppen zu schädigen und/oder c) in Angst und Schrecken zu versetzen, um d) auf diese Weise politische Krisen auszulösen, zu verstärken und/oder von den eigentlichen Ursachen dieser Krisen abzulenken.

Moderner Terrorismus ist auf Verbreitungsmedien angewiesen und spekuliert auf deren Wirkungen. Seine wirksame Inszenierung bemisst sich nicht nur an der symbolhaften und spektakulären Gewaltperformance. An der Inszenierung des Terrorismus sind die Terroristen, ihre Netzwerke und Sympathisanten ebenso beteiligt wie die politischen Strategen, die wissenschaftlichen Beobachter, die bedrohte Bevölkerung und nicht zuletzt die

Medien. Nur so erhält der Terrorismus seine Form und kann seine Wirkung entfalten. Das heißt aber auch, die landläufig in der wissenschaftlichen und nichtwissenschaftlichen Öffentlichkeit genutzten zweiwertigen Unterscheidungen in „gut" versus „böse" oder „der Westen" versus „der Islam" funktionieren nicht mehr. Die bipolare Weltordnung (Beck, 2007, S. 82) ist spätestens seit 1989 zusammengebrochen und die bis dato genutzten Sprachspiele werden zwar noch gespielt, sind für die Analyse der komplexen globalen Risikolagen aber ungeeignet (vgl. auch: Kron, 2015).

Allerdings hat der Terrorismus eine lange Geschichte und ist älter als der Begriff. Vorläufer des Terrorismus lassen sich bis ins erste Jahrhundert n. Chr. zurückverfolgen. Rapoport (1984) und Laqueur (2001) verweisen, um den Beginn der Frühgeschichte des Terrorismus zu benennen, auf die *Sikarier*, von denen Flavius Josephus in seiner *Geschichte des Judäischen Krieges* (*De bello Judaico*) berichtet (Flavius Josephus, Ausgabe 1978). Josephus schildert den großen Aufstand der Juden gegen Rom in den Jahren 66 bis 70 n. Chr. Getragen und geführt wurde dieser Aufstand vor allem von den Zeloten (die „Eiferer"), eine – aus heutiger Sicht – paramilitärische Widerstandsbewegung. Eine Untergruppe der Zeloten waren die Sikarier (auch Dolchträger genannt; von lat. sica = Dolch), über die Josephus u. a. schreibt:

„Sie begingen am hellen Tage und mitten in der Stadt Morde, mischten sich besonders an Festtagen unter das Volk und erstachen ihre Gegner mit kleinen Dolchen, die sie unter ihrer Kleidung versteckt trugen. Stürzten ihre Opfer zu Boden, so beteiligten sich die Mörder an den Kundgebungen des Unwillens und waren durch dieses unbefangene Benehmen gar nicht zu fassen. Der erste, der von ihnen erdolcht wurde, war der Hohepriester Jonathan, und in der Folgezeit häuften sich die Morde von Tag zu Tag derart, dass die Furcht vor ihnen mehr Entsetzen verbreitete als die Unglücksfälle selbst, da wie in der Schlacht niemand auch nur einen Augenblick vor dem Tode sicher war" (Flavius Josephus; Ausgabe 1978, S. 177).

Nach der Zerstörung des Tempels und dem Fall Jerusalems zogen sich die Sikarier auf die Bergfestung Massada zurück. Dort konnten sich 973 Sikarier der Übermacht von 15.000 römischen Legionären der X. Legion unter dem Befehlshaber Flavius Silva noch bis 73 n. Chr. widersetzen. Flavius Josephus berichtet, dass die Belagerten, unter Führung von Eleazar ben-Ya'ir, angesichts ihrer aussichtslosen Lage beschlossen, lieber als freie Menschen zu sterben, als den Römern in die Hände zu fallen. Per Los bestimmten sie einige Soldaten, die den Rest der Gruppe und anschließend sich gegenseitig töten sollten. Als die römischen Legionäre die Festung schließlich stürmten, fanden sie nur noch zwei Frauen und fünf Kinder lebend vor.

Ein weiteres Beispiel findet sich im siebten Jahrhundert in Indien: die Glaubensgemeinschaft der „Thugs". Sie erdrosselten ihre Opfer, um sie dann ihrer Hindu-Göttin Kali zu opfern (Waldmann, 2005). Später, im 11. bis zum 13. Jahrhundert war die schiitische Glaubensgemeinschaft der „Assassinen" für eine Vielzahl an politischen Morden verantwortlich. Auch sie verwendeten wie die Sikarier den Dolch als Tatwaffe.

Der Begriff „Terrorismus" selbst taucht zum ersten Mal in der Zeit der französischen Revolution (1789–94) auf. Unter dem Terminus „terreur" verstand man zu dieser Zeit einen durchaus positiven Begriff. Der Jakobiner Maximilien de Robespierre glaubte, dass die Tugend zu Zeiten des Friedens die Hauptquelle einer volkstümlichen Regierung sei, aber dass sie sich in Zeiten revolutionärer Phasen mit Terror verbinden müsse, damit die Demokratie siegen könne (Hoffman, 2002). Nach dem Sturz des *regime de la terreur* und der Hinrichtung Robespierre durch die Guillotine, begann sich der Begriff des Terrors zu wandeln. Seitdem ist das Wort Terrorismus „ein politischer Kampfbegriff und wird je nach Interessenlage eingesetzt, wie das häufig kolportierte Diktum „des einen Terroristen, des anderen Freiheitskämpfer" zeigt (Schneckener, 2006, S. 31).

Beispielhaft erinnere ich an die „Propaganda der Tat", ein Konzept, das auf den italienischen Revolutionär *Carlo Pisacane* zurückgeht. Pisacane verband mit dem Begriff „Propaganda der Tat" eine Idee, die einen großen Einfluss auf spätere Terroristen und terroristische Organisationen ausüben sollte. Nach Pisacane sei Gewalttätigkeit nicht nur notwendig, um Aufmerksamkeit zu erregen, sondern um zu informieren und die Massen für die Ziele der Revolution zu motivieren. Das Volk müsse durch Gewaltanschläge aufgerüttelt und die Feinde der Revolution in Angst und Schrecken versetzt werden (vgl. auch Hoffman, 2002). Die sozialrevolutionäre Bewegung „Narodnaja Wolja" (auch als *Volkswille* bezeichnet) versuchte als eine der ersten Terrororganisationen der *Propaganda der Tat* zu folgen. Sie ging gegen die autokratische Unterdrückung in Russland vor, indem sie gezielt und mit Sorgfalt ausgewählte Repräsentanten des Zarismus verfolgte und schließlich 1881 Zar Alexander II. tötete. Die irisch-republikanische Armee ließ sich in ihrem Kampf gegen die englische Vorherrschaft lange Zeit ebenso von der *Propaganda der Tat* inspirieren wie manch separatistische Bewegungen oder linksextreme Terrorgruppen.[2]

---

[2] Erinnert sei beispielhaft an die Rote Armee Fraktion in Deutschland, an die japanische Rote Armee oder an die Brigate Rosse in Italien, aber auch an die Zusammenarbeit dieser Gruppierungen und anderer terroristisch agierender „Befreiungsbewegungen" mit den Geheimdiensten sozialistischer Länder. So gibt es Belege, dass die Regierungen der sozialistischen Länder nicht nur einzelnen Terroristen erlaubten, in ihren Ländern unterzutauchen, sondern dass Terroristen durch Geheimdienste und Regierungsbehörden in den sozialistischen Ländern finanzielle und logistische Unterstützung erhielten (z. B. Wunschik, 2007).

Seit 1972, dem spektakulären Attentat, bei dem Terroristen der palästinensischen Terrororganisation „Schwarzer September" während der Olympischen Sommerspiele in München elf Athleten der israelischen Olympia-Mannschaft als Geiseln nahmen und später ermordeten, hat sich der Terrorismus die internationalen Operationsgebiete erobert. Dieser Terroranschlag und seine Folgen dürfte eine Initialzündung für die Internationalisierung und spätere Globalisierung des Terrorismus gewesen sein.[3]

In den 1970er Jahren dürfte sich auch eine besondere Form der staatlichen Unterstützung international agierender Terrorgruppen herausgebildet haben. Bekannt und hinlänglich beschrieben sind die ehemalige Rolle Libyens als Hauptunterstützer des international agierenden Terrorismus, die Einflussnahme des Iran auf die Entwicklung und die Ziele des international agierenden Terrorismus in den 1980er Jahren bis heute oder die Hilfe, die die sozialistischen Länder und die mit ihnen verbündeten „Volksdemokratien" international operierenden Terrorgruppen angedeihen ließen (z. B. Laqueur, 2001, S. 204 ff.).

In den 1980er Jahren genossen neue Terrorgruppen auch die Unterstützung durch die westlichen Demokratien, vor allem durch die USA. So unterstützte die CIA noch vor dem Einmarsch sowjetischer Truppen in Afghanistan im Dezember 1979 die Widerstandsbewegungen, die sich im Lande nach der Machtübernahme durch die kommunistische *Demokratische Volkspartei Afghanistans* 1978 organisierten. So äußerte etwa *Zbigniew Brzezinski,* in der Zeit des Afghanistan-Krieges Berater für nationale Sicherheitsfragen unter US-Präsident Jimmy Carter, in einem 1998 erschienen Interview in *Le Nouvel Observateur* (Paris), dass Carter am 3. Juli 1979 (also noch vor dem Einmarsch der sowjetischen Truppen) den Befehl zur verdeckten Unterstützung der islamistischen Gegner des prosowjetischen Regimes in Kabul gegeben habe (Brzezinski, 1998). Nach der Besetzung des Landes durch sowjetische Truppen (im Jahre 1988 befanden sich mehr als 100.000 sowjetische Soldaten in Afghanistan) wurden die Widerstandsbewegungen neben den USA auch von Saudi-Arabien unterstützt. Diese Unterstützungen beliefen sich auf mehrere hundert Millionen Dollar pro Jahr. Die Waffen, die vor allem aus China, Ägypten, Israel, den USA und Großbritannien stammten, wurden von der CIA über Pakistan an die

---

[3] Bruce Hoffman (2002, S. 85) sieht diese Initialzündung bereits durch einen anderen, früheren Terroranschlag ausgelöst und meint, das erste Auftauchen des „modernen internationalen Terrorismus" könne auf den 22. Juni 1968 datiert werden. An diesem Tag kidnappten palästinensische Terroristen der *Volksfront für die Befreiung Palästinas* ein israelisches EL AL-Flugzeug auf dem Weg von Rom nach Tel Aviv.

Mudschahedin geliefert (vgl. auch Rashid, 2001). Nach dem Abzug der sowjetischen Truppen im Jahre 1989 eskalierte der Bürgerkrieg, an dem sich auch Al-Qaida und Osama bin Laden beteiligten und in den ab 1995 auch die Taliban eingriffen.

Die Etablierung von terroristischen Gruppierungen in den 1970er und 1980er Jahren in den westlichen Demokratien und die zeitversetzte Unterstützung terroristisch agierender muslimischer Gruppierungen durch die westlichen Demokratien verweisen auf zentrale Hintergründe des modernen (national und/oder international operierenden) Terrorismus. 1975 mussten die USA ihre Niederlage im Vietnam-Krieg eingestehen und 1979 begann mit dem Einmarsch der sowjetischen Truppen in Afghanistan die Selbstzerstörung der Sowjetunion. In beiden Fällen wurde der Weltöffentlichkeit vor Augen geführt, dass die Großmächte und ihre Ideen und Ideologien nicht unbesiegbar sind.

Spätestens nach ihrer nationalen Etablierung wurden die modernen Terrorgruppierungen von den Großmächten und den dominierenden ideologischen Deutegemeinschaften in West und Ost in die Definitionskämpfe des kalten Krieges eingebunden und instrumentalisiert. Die je nach ideologischen und Machtinteressen erfolgte Zusammenarbeit zwischen den Terrorgruppierungen und die internationalen Unterstützungen in den 1970er und 1980er Jahren verweisen letztlich auf die systeminternen Schwächen der sich im Kalten Krieg gegenüberstehenden Macht- und ideologischen Definitionssysteme. Angesichts solcher Zusammenhänge und Hintergründe wird verschiedentlich davor gewarnt, sich zu stark von der Einzigartigkeit der Ereignisse des 11. September 2001 fesseln zu lassen (z. B. Hillebrandt, 2007, S. 48). Eher ließe sich Folgendes vermuten: Nachdem 1990 „Marx' Gespenster" (Derrida 1995) offenbar geschlagen von der Weltbühne abtraten, schien sich zunächst auch der globale Wettlauf der Systeme erledigt zu haben. Der antagonistische Widerspruch zwischen Kapitalismus und Kommunismus hatte, weil einer der Gegensätze, nämlich der Kommunismus, aus dem Wettstreit ausschied, seine Form verloren, in der er sich bewegen konnte.[4] Für kurze Zeit schien sogar das „Ende der Geschichte" (Fukuyama, 1992) nahe, der weitere Lauf des weltpolitischen Geschehens klar, weil „there is no alternative", um an Margret Thatcher zu erinnern.

---

[4] Diese Formulierung ist eine Hommage an Karl Marx, der gelegentlich vermerkte, die Methode, wodurch sich wirkliche Widersprüche lösen, bestehe im Schaffen einer Form, worin sie sich bewegen könnten (Marx 1977, MEW, Bd. 23, S. 118).

Aber nicht nur die „großen Erzählungen" von der sozialistischen Utopie waren mit dem Zusammenbruch des „real existierenden Sozialismus" scheinbar an ihrem Ende angekommen, auch die Vorstellungen über die ständig prosperierende kapitalistische Gesellschaft gerieten angesichts der Risiken, die durch die hochentwickelten Industriegesellschaften weltweit produziert werden, zunehmend ins Wanken. Die Erwartungen, die in den Ländern des „Nordens" über die Länder des „Südens", die Länder der „Dritten Welt", gehegt wurden (z. B. diese Länder könnten sich mit ihrer Rolle als ständige Rohstofflieferanten, als Billiglohnländer, als friedliche Post-Kolonien, als ökologische Zukunftsnischen usw. abfinden), waren ebenfalls trügerisch. Der Hunger in der Dritten Welt, der zunehmende ökologische Kollaps in den Regionen des Regenwaldes und anderswo, das Patchwork der permanenten Kriege und Bürgerkriege, neue oder wiederbelebte alte Fundamentalismen, aber auch die beginnende wirtschaftliche Expansion einiger ehemaliger Dritte-Welt-Länder belehrten uns eines Besseren und sind Gründe für die weltweiten Migrations- und Widerstandsbewegungen.

Man könnte meinen, der internationale (islamistische) Terrorismus versuche seit Ende der 1990er Jahre, den Widerspruch zwischen den Weltsystemen mit neuen, gewaltsamen Inszenierungen fortzusetzen und zu dynamisieren. Vermuten ließe sich indes auch, dass der „westlichen Welt" unter Führung der USA die Dominanz im Weltgeschehen zunehmend entglitten ist und sie sich deshalb an den gewaltsamen Inszenierungen beteiligt.

Am 26. Februar 1993 erfolgte ein erster Bombenanschlag auf das World Trade Center in New York City; am 25. Juni 1996 verübten Mitglieder der Hezbollah einen Terroranschlag auf eine Wohnanlage in al-Chubar (Saudi-Arabien), in der Soldaten der US-Streitkräfte untergebracht waren; am 12. November 1997 wurden in Pakistan Mitarbeiter eines US-amerikanischen Ölkonzerns ermordet; am 7. August 1998 wurden die US-Botschaften in Kenia und Tansania durch Bombenanschläge zerstört, mehr als 200 Menschen wurden dabei getötet; nach dem 31. August 1999 verübten tschetschenische Separatisten mehrere Sprengstoffanschläge in Russland.

Das Netzwerk Al-Qaida, dessen Vorläufer mithilfe der CIA bereits in den 1980er Jahren in Afghanistan und Pakistan gegründet wurde, erklärte in der zweiten Hälfte der 1990er Jahre den USA und ihren Verbündeten den „Heiligen Krieg" („Declaration of War Against the Americans Occupying the Land of the Two Holy Places" vom 23.8.1996 und „Jihad Against Jews and Crusaders" vom 23.2.1998; vgl. Schneckener, 2006, S. 55).

In den 2000er Jahren wurden Terrorismus und Antiterrorismus zu Markenzeichen einer Bedrohung, die mit den Terroranschlägen am 11.

September 2001 Realität annahm. An diesem Septembertag 2001 um 8:46 Uhr New Yorker Ortszeit – 14:46 Uhr mitteleuropäischer Zeit – flog die erste *Boeing 767* in den Nordturm des World Trade Centers (WTC). Siebzehn Minuten später stürzte das zweite Flugzeug in den Südturm des WTC. *American-Airlines-Flug 77* traf das Pentagon in Arlington um 9:37 Uhr. Ein viertes Flugzeug, das ebenfalls von Terroristen entführt wurde und wahrscheinlich das Weiße Haus treffen sollte, stürzte gegen 10.00 Uhr nördlich von Pittsburgh ab. Durch die Anschläge wurden nach offiziellen Angaben mit den 19 Entführern mindestens 2.989 Menschen getötet. Wie die Ermittlungen später zeigten, handelte es sich bei den Flugzeugen um entführte Maschinen. Die Entführer wurden als islamistische Terroristen und das Terrornetzwerk *Al-Qaida* als das Führungszentrum identifiziert. Am Abend des 11.9.2001 sprach der damalige US-Präsident Bush vom „Krieg gegen den Terrorismus" und der Bundeskanzler Schröder sicherte Bush in einem Schreiben „die uneingeschränkte Solidarität" Deutschlands zu. Am 12. September 2001, dem Tag nach den Anschlägen, beschloss die NATO zum ersten Mal in ihrer Geschichte den Bündnisfall. Auch der Sicherheitsrat der Vereinten Nationen wertete in seinen Resolutionen 1368 und 1373 die Anschläge vom 11. September als Akte, die das Recht auf Selbstverteidigung zum Tragen bringen. Am 20. September 2001 sagte Bush in einer Rede vor dem US-Kongress: „Jede Nation in jeder Region muss nun eine Entscheidung treffen. Entweder sind sie auf unserer Seite oder auf der Seite der Terroristen" (Bush, 2001). Damit definierten die USA, die NATO und möglicherweise die gesamte „westliche Welt" den globalen Freund-Feind-Widerspruch neu: Auf der einen Seite, der Freundesseite, steht der „zivilisierte Westen", der auf der anderen Seite vom „Hauptfeind Nr. 1", dem globalen Terrorismus, bedroht und zum Krieg gezwungen wird.

Am 7. Oktober 2001 startete unter Führung der USA der Krieg in Afghanistan, um das Netzwerk Al-Qaida zu zerschlagen und dessen Führer *Osama bin Laden* gefangen zu nehmen oder zu töten. Im März 2003 begannen die USA – ohne UNO-Mandat – den Krieg im Irak. Dessen Diktator, Saddam Hussein, der wenig später getötet wurde, arbeite angeblich mit *Bin Laden* und dem Terrornetzwerk *Al-Qaida* eng zusammen und verfüge über Massenvernichtungswaffen, so die US-amerikanische Begründung für den Irakkrieg. Eine Lüge, wie sich bald herausstellen sollte. Der Krieg im Irak, aus dem sich die USA-Truppen 2011 zurückzogen, kostete mehr als 100.000 Menschen das Leben. Das Land versank in Chaos und die Terrororganisation „Islamischer Staat" (IS, vormals ISIS) gewann zunehmend an Einfluss.

Nachdem die USA durch ihren Rückzug aus dem Irak im Jahre 2011 mehr als ein Machtvakuum hinterlassen hatten, rief der „Islamische Staat" am 28. Juni 2014 in einer Videobotschaft ein neues „Islamisches Kalifat" nach dem Muster des Propheten Mohammed für den Irak und Syrien aus und erklärte allen „Nicht-Gläubigen" den „Heiligen Krieg". Die gewalttätige Expansion, mit der der sogenannte Islamische Staat ab 2014 den Nahen Osten überzog, Jesiden, Christen, aber auch Muslime ermordete, Frauen und Mädchen vergewaltigte und vor laufender Kamera Gefangene enthauptete und verstümmelte, schien sich schlüssigen Erklärungen zu entziehen. Insgesamt – so Schätzungen im Jahre 2015 – verfügte die Terrorgruppe des IS in Syrien und dem Irak über rund 50.000 Kämpfer. Davon kamen etwa 20.000 aus dem Ausland, insbesondere aus dem arabischen Raum und aus Europa (Merkur.de, 2015). Aus Deutschland waren bis 2018 mehr als 1000 Islamisten ausgereist, um sich dem IS anzuschließen. Darunter überwiegend junge Leute im Alter zwischen 18 und 30 Jahren, zirka 20 % waren Frauen. Die Mehrheit der ausgereisten Personen wurde in Deutschland geboren und stammt aus deutschen Kommunen mit sozialen Brennpunkten und ghetto-ähnlichen Stadtteilen (IMK, 2015).

Am 7. Januar 2015 erfolgten die Terroranschläge in Paris auf die Redaktion der Satirezeitschrift *Charlie Hebdo* und auf einen koscheren Supermarkt mit insgesamt 15 Toten. Am 13. November 2015 starben bei einem Terrorattentat auf das *Bataclan-Theater*, auf die Bar *Le Carillon* und das Restaurant *Le Petit Cambodge* in Paris 130 Menschen. Am 22. März 2016 töteten islamistische Attentäter in Brüssel 35 Menschen. Am 18. Juli 2016 verletzte ein Mann, der 2015 als Flüchtling nach Deutschland gekommen war, fünf Menschen mit einem Beil; am 24. Juli 2016 zündete ein syrischer Flüchtling in Ansbach eine Rucksackbombe und verletzte 15 Personen; am 10. Oktober 2016 wurde nach polizeilichen Fahndungspannen ein Syrer durch drei Landsleute festgesetzt. Nach Polizeiangaben hatte der festgenommene Mann Kontakt zum IS und war dabei, einen Terroranschlag in Deutschland vorzubereiten. Am 19. Dezember 2016 kamen bei dem Anschlag auf den Berliner Weihnachtsmarkt an der Gedächtniskirche zwölf Menschen zu Tode, 55 Personen wurden zum Teil schwer verletzt.

Im Jahre 2016 ermordeten Islamisten in Europa insgesamt 135 Menschen; 2017 wurden bei Terroranschlägen in Barcelona, London, Manchester, Paris und Stockholm 62 Menschen getötet; 2018 gab es 13 Tote und 2019 zehn Tote durch islamistische Terrorattacken (Europäisches Parlament, 2020).

Anfang 2019 schien der IS im Nahen Osten besiegt zu sein. Ein Großteil der IS-Kämpfer wurde getötet bzw. von kurdischen Kämpferinnen und Kämpfern oder den syrischen Regierungstruppen gefangen genommen. Auch Deutsche IS-Kämpfer befanden sich in Haft, warteten auf ihre Verurteilung und auf die Möglichkeit, wieder nach Deutschland zurückkehren zu können. Die Spannbreite der potentiellen Rückkehrer reicht von Mitläufern bis hin zu gewaltaffinen Personen (Deutscher Bundestag, 2019).

Am 4. Oktober 2020 ermordete ein Islamist einen deutschen Touristen in Dresden. Am 16. Oktober 2020 wurde bei Paris ein Lehrer von einem Islamisten enthauptet. Der Lehrer hatte einige Wochen zuvor in seinem Unterricht Mohammed-Karikaturen genutzt, um mit den Schülerinnen und Schülern seiner achten Klasse über Meinungsfreiheit zu diskutieren. Das hatten muslimische Eltern scharf kritisiert und dem Lehrer mit Vergeltung gedroht. Vierzehn Tage später tötete ein junger Tunesier drei Menschen in einer Kirche in Nizza.

> **Supplementum**
>
> Zwanzig Jahre nach der Invasion in Afghanistan verließen die US-amerikanischen Truppen und ihre Verbündeten im Sommer 2021 überstürzt das Land. Der Krieg war verloren, die Verteidigung Deutschlands am Hindukusch gescheitert. Die Taliban übernahmen die Herrschaft. Die Menschen, die die ausländischen Truppen unterstützten oder sich Freiheit und Gleichberechtigung von Frauen und Männern erhofften, müssen – sofern sie nicht schon von den Taliban ermordet wurden – um ihr Leben fürchten. Mit dem sogenannten Afghanistan-Einsatz sollten der islamistische Terrorismus bekämpft, Demokratie gesichert und die Menschenrechte garantiert werden (z. B. Auswärtiges Amt, 2008). Daraus wurde nichts. Im Afghanistan-Krieg starben zwischen 2001 und 2021 mehr als 240.000 Menschen; auch 59 deutsche Bundeswehrsoldaten kamen ums Leben. Insgesamt wurden mehr als 900.000 Menschen nach dem 11. September durch die Kriege in Afghanistan, Pakistan, Irak, Syrien, Jemen und anderswo getötet. Um ein Vielfaches höher liegt indes die Todesrate derer, die durch die Nachwirkungen der Kriege ums Leben kamen – zum Beispiel durch Wasserverlust, Abwasser- und andere Infrastrukturprobleme sowie durch kriegsbedingte Krankheiten, so eine Schätzung des Watson Instituts der Brown University (Brown University 2021).
>
> Und zurück bleibt nicht erst seit diesem Krieg die Frage: Sind die im „Westen" begründeten humanistischen Grundwerte wirklich so universell, dass sie sich auch in den Regionen der Welt realisieren lassen, in denen religiös-fundamentalistische Ideologien das Leben der Menschen bestimmen sollen?

Keine Frage: Der internationale Terrorismus im Allgemeinen und jener der Islamisten gehört – neben der Klimakrise, den Finanzkrisen, den zahlreichen Bürgerkriegen in den sogenannten Drittweltländern, den antisemitischen und rechtsextremen Angriffen auf die Demokratie – zu den größten Bedrohungen eines humanen Zusammenlebens der Menschheit.

Islamismus

Unter *Islamismus* lassen sich jene politisch-religiösen Strömungen subsumieren, in der a) der Islam nicht nur als Grundlage des eigenen Lebens, sondern als gesellschaftliche Grundordnung begriffen und b) die Welt in dualistischer Weise in „gut" und „böse" eingeteilt wird, c) in der Gebote und Verbote durch den Verweis auf die göttliche Autorität Allahs und den Propheten Mohammed begründet werden, als unantastbar gelten und die religiösen Lehren und die zugrunde liegenden Texte wortwörtlich zu befolgen sind, d) von denen allerdings nur bestimmte Elemente des Glaubens als heilig erachtet, während andere ignoriert oder umgedeutet werden, e) in der die Vorstellung vom bald bevorstehenden Ende der Welt bzw. eine starke Fokussierung auf das „Jenseits" dominiert und f) mit der alle anderen religiösen (muslimischen und nicht-muslimischen) Auffassungen als falsch und feindlich zurückgewiesen und bekämpft werden (vgl. z. B. Herriot, 2009).

Islamismus findet sich nicht nur in terroristischen Vereinigungen, wie dem IS, dessen Mitglieder meist nur eingeschränkte Kenntnisse vom Koran und dem Islam besitzen. Zum Islamismus gehören alle jene Bewegungen des politischen Islam, die sich auf dessen Fundamente berufen und die Auffassung vertreten, Allah sei der Inhaber der absoluten Souveränität (hākimiyya) und habe durch den Koran sowie den Propheten mit der Scharia den unumstößlichen gesetzlichen Rahmen für die Lebensgestaltung aller Menschen offenbart und verbindlich vorgegeben.

Unter der Überschrift „Islamischer religiöser Fundamentalismus ist weit verbreitet" veröffentlichte *Ruud Koopmans* vom Wissenschaftszentrum im Jahre 2013 die Ergebnisse einer Studie zum Fundamentalismus von Christen und Muslimen in sechs europäischen Ländern (Deutschland, Frankreich, den Niederlanden, Belgien, Österreich und Schweden). Insgesamt wurden 500 bis 600 Personen in jedem Land befragt. „Fast 60 % der Muslime", so Koopmans, „stimmen der Aussage zu, dass Muslime zu den Wurzeln des Islam zurückkehren sollten; 75 % meinen, dass nur eine Auslegung des Korans möglich sei, an die sich alle Muslime halten sollten" (Koopmans, 2013, S. 22). Das heißt, nicht nur weit hinter der Türkei, um Goethes Faust (Goethe, 1973, Original: 1808) zu persiflieren, wo die Völker aufeinanderschlagen, wird eine Islamisierung des öffentlichen Lebens eingefordert. In Deutschland und anderen europäischen Ländern versuchen Islamisten – im Gegensatz zu den verfassungsmäßigen demokratischen Grundlagen (Volkssouveränität, Trennung von Staat und Religion, freie Meinungsäußerung und allgemeine Gleichberechtigung) – das gesellschaftliche Leben und die politische Ordnung zu beeinflussen.

Fenella Fleischmann und Kolleginnen (2011) befragten 1.543 türkischstämmige und marokkanische Muslime der zweiten Generation in Belgien, den Niederlanden und in Schweden, um das Zustimmungspotential für den politischen/militanten Islam und für generelle politische Aktionen zu analysieren. Dabei zeigte sich u. a., dass sich Muslime, die sich als diskriminiert wahrnehmen, eher mit ihrer Religion identifizieren und diese religiöse Identifikation auch die Sympathien mit dem politischen bzw. militanten Islam verstärkt.

Warum sehen sich Muslime als Gruppe oder Religionsgemeinschaft diskriminiert und warum identifizieren sich manche mit dem islamischen Fundamentalismus? Weil sie die Kriege im Irak oder in Afghanistan als Kriege gegen den Islam betrachten? Oder weil sich in Deutschland und anderswo rechtspopulistische Bewegungen gegen die Lebenswelten der Muslime organisieren? Oder weil sich die Schweizer gegen den Bau von Minaretten ausgesprochen haben? Oder weil ein Mann ein Buch über ein Land schreibt, das sich wegen der muslimischen Migrantinnen und Migranten abschafft? Oder weil sie die Studien über die weit verbreitete Islamfeindlichkeit der Nicht-Muslime zur Kenntnis genommen haben? All dies wären gute Gründe, um sich als Gruppe diskriminiert zu fühlen, auch dann, wenn man als einzelner Muslim oder einzelne Muslima ein durchaus gutes Leben in diesem Lande zu leben vermag.

In einer umfangreichen Studie mit mehr als 6.500 erwachsenen Muslimen aus 26 Ländern konnten *Johannes Beller* und *Christoph Kröger* (2018) den engen Zusammenhang zwischen extremistischer Gewaltbereitschaft und religiös-fundamentalistischen Überzeugungen nachweisen. Muslime, die häufig beten, häufig die Moschee aufsuchen und sich vor allem mit religiös-fundamentalistischen Normen und Werten des Islam identifizieren, äußern feindliche Einstellungen gegenüber Menschen anderen Glaubens und unterstützen extremistische Gewalt. Also scheinen die Religion und die Religiosität der Muslime das Problem zu sein.

Die Rolle von Religiosität als Trigger bzw. Hauptursache für terroristische Gewalttaten ist allerdings umstritten. Manche Autorinnen und Autoren argumentieren, dass ein ursächlicher Zusammenhang zwischen Religion und Grausamkeit nicht generell bestehe (Hasenclever & Sändig, 2011), da die meisten Radikalisierten gar nicht religiös und ihre Kenntnisse beispielsweise über den Koran doch sehr begrenzt seien. Jene Muslime, die Terroranschläge u. U. befürworten würden, täten das weniger aus religiöser Überzeugung, sondern eher, weil sie sich religiös diskriminiert fühlen (Beller & Kröger, 2020). Überdies habe die Propaganda von *Al-Qaida,* des IS oder anderer Gruppen mehr mit Ideologie sowie mit aktionistischen Aufrufen und weniger mit Religion zu tun. Andere Autoren weisen darauf hin, dass propagandistische Botschaften durchaus auf Koranverse oder andere religiöse Botschaften basieren und sich somit auf den Islam als Religion beziehen (z. B. Neumann, 2015).

Im sehr strengen Werte- und Normensystem des fundamentalistischen Islams liegt offenbar seine Attraktivität *und* seine Problematik. Durch das völlige Bekenntnis zu den fundamentalistischen Glaubensbekenntnissen wird scheinbar eine Last von den Muslimen genommen: Man weiß wieder sicher, wer man ist und was von einem erwartet wird. Zugleich wird man Teil eines Kollektivs, in dem strenge Werte und Normen starke Gefühle von Homogenität, Geborgenheit und *Sinnhaftigkeit* erzeugen. Und trotzdem oder gerade deshalb ist der Islamismus eine militante Ideologie, die zur Grundlage von Vorurteilen, negativen Gefühlen und Gewaltbereitschaft gegenüber all jenen werden kann, die diese Ideologie nicht befürworten und/oder ablehnen. Islamismus bzw. islamistischer Fundamentalismus ist für *einen* Teil der Muslime die ausschließliche Möglichkeit, sich mit der Gemeinschaft der Muslime und dem Islam zu identifizieren. Islamistischer Fundamentalismus bedeutet in diesem Falle, im Islam und seiner Verschriftlichung nicht nur die Grundlage für die Gestaltung des eigenen Lebens, sondern darin auch die einzigen und alleingültigen Forderungen für die Gestaltung von Gesellschaft zu sehen. Für diejenigen, die in dieser Weise den Islam als kulturelles Referenzsystem betrachten, sind die daraus abgeleiteten Konventionen und Traditionen nicht verhandelbar. Eine *Eigengruppenfavorisierung* (siehe Kap 17) in dieser Zuspitzung fußt letztlich auf Mythen und die Protagonisten, die Mythenmacher (fundamentalistische Imame oder radikale Salifisten oder wer auch immer) inszenieren auf diese Weise Wirklichkeiten, die einen gewaltvollen Widerstreit mit Nicht-Muslimen wahrscheinlicher machen. Rechtspopulisten tun ein Übriges.

Neben der Religiosität spielt die Beziehung zwischen autoritären Überzeugungen und Identifikation mit der Gemeinschaft der Muslime eine Rolle bei der Hinwendung zu religiös-fundamentalistischen Strömungen.

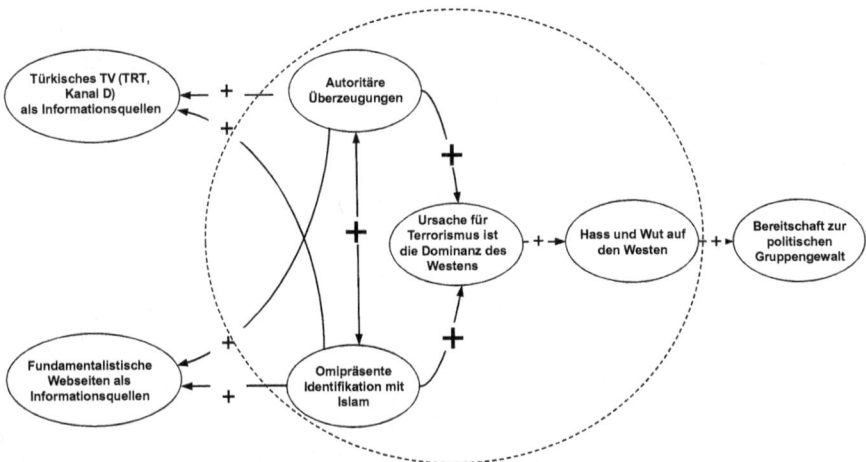

Abb. 23.1 Einflussfaktoren auf die Bereitschaft junger Muslime, politische Gewalt anzuwenden

Ein Beispiel: In Panelstudien (Erhebungen mit denselben Personen zu mehreren Erhebungszeitpunkten)[5] haben meine Kolleginnen, Kollegen und ich in den letzten Jahren u. a. junge Muslime im Alter von 14 bis 32 Jahren interviewt und nach ihren Medienpräferenzen sowie den Einstellungen gegenüber Gewalt gefragt. Junge Muslime, die sich vor allem im türkischen Fernsehen oder auf fundamentalistischen Webseiten informieren, akzeptieren auch eher ideologische Gruppengewalt, wie z. B. Terrorismus. Dagegen lehnen junge Muslime, die angeben, sie würden sich vornehmlich im öffentlich-rechtlichen deutschen Fernsehen oder auf den arabischen Nachrichtensendern Al Jazeera bzw. Al Arabiya informieren, politische Gewalt eher ab. Das – für das deutsche Fernsehen – schmeichelhafte Bild ändert sich allerdings, wenn weitere Überzeugungen und Einstellungen der jungen Muslime berücksichtigt werden. Sehen wir uns dazu die *Abb. 23.1* an. Die Bereitschaft, sich an politischen Gruppengewalttaten zu beteiligen, wird von einem komplexen kognitiv-emotionalen Deutungs-

---

[5] Bei Panelstudien oder Längsschnittstudien werden, im Unterschied zu Querschnittstudien, Personen zu mehreren Zeitpunkten bzw. Wellen befragt oder interviewt und die Ergebnisse der einzelnen Untersuchungswellen verglichen. Werden den gleichen Personen, wie es in Panelstudien in der Regel geschieht, über die Zeit immer wieder die gleichen Fragen gestellt, so lassen sich nicht nur Zusammenhänge (Korrelationen), sondern auch Veränderungen und u. U. auch kausale Prozesse analysieren. Wichtige Voraussetzung für Kausalbeziehungen ist, dass die verursachende Bedingung (also die unabhängige Variable, die z. B. in einer ersten Welle erhoben wird) der Wirkung (der abhängigen Variable in einer zweiten Welle) zeitlich vorausgeht.

muster vorangetrieben. Zu diesem Deutungsmuster (im gestrichelten Kreis) gehören a) ausgeprägte autoritäre Überzeugungen, b) eine omnipräsente Identifikation mit dem Islam, c) die Vorstellung oder der Glauben, die Dominanz des Westens sei die Ursache für den Terrorismus und d) der Hass und die Wut auf den Westen.

Omnipräsent ist eine soziale Identifikation mit dem Islam dann, wenn sie nahezu ausschließlich über die Identifikation mit *einer* sozialen Kategorie (hier mit den Muslimen und der muslimischen Gemeinschaft, der Umma) erfolgt und die Identifikation mit anderen sozialen Kategorien (z. B. mit einer Nation oder einer Berufsgruppe) als gar nicht wichtig angesehen wird. Das heißt, alles wird der Zugehörigkeit und der Identifikation mit der Gemeinschaft der Muslime untergeordnet. Alles andere zählt nicht.

Berücksichtigt man nun dieses Deutungsmuster aus Hass und Wut auf den Westen, dem Glauben, die Dominanz des Westens sei die Ursache für den Terrorismus, der omnipräsenten Identifikation mit dem Islam und den autoritären Überzeugungen und fragt – statistisch – nach dem Einfluss dieses Musters auf die Bereitschaft zur politischen Gruppengewalt, so verschwinden die Einflüsse der Präferenzen für das deutsche oder die arabischen Fernsehnachrichten. Dagegen finden sich Beziehungen zwischen Präferenzen für türkisches Fernsehen und für fundamentalistische Webseiten einerseits und den autoritären Überzeugungen sowie der omnipräsenten Identifikation mit dem Islam andererseits. Allerdings in *umgekehrter* Richtung (illustriert durch die umgekehrten Pfeile auf der linken Seite der Abbildung) und im statistisch zwar signifikanten, aber geringem Ausmaß. Überspitzt ließe sich das so interpretieren: Muslime mit autoritären Überzeugungen und dominanter Identifikation mit der muslimischen Gemeinschaft sowie starken antiwestlichen Emotionen akzeptieren eher ideologische Gruppengewalt (wie etwa Terroraktionen) und suchen nach Medienechos in den klassischen und/oder sozialen Medien, um ihre Weltvorstellungen zu bestätigen (siehe auch: Frindte & Haußecker, 2010; Frindte u. a. 2016; Frindte & Frindte, 2020).

Gelernt und sozialisiert werden die autoritären Überzeugungen vor allem in der muslimischen Familie (und durch den Respekt und die Akzeptanz familiärer Sitten und Gebräuche), aber auch in der Peer-Gruppe, in muslimischen Gemeinschaften oder durch medial vermittelte Modelle. Autoritäre Überzeugungen liefern auf diese Weise und in Verbindung mit der omnipräsenten Identifikation eine Grundlage, um sich vor Einflüssen „fremder" Kulturen, andersartiger Konventionen und Traditionen schützen zu können.

Auf einen weiteren, keinesfalls unwichtigen Befund verweisen die Zusammenhänge zwischen gruppenbezogener Diskriminierung, Identifikation mit der Gemeinschaft der Muslime und dem religiösen Fundamentalismus. Es handelt sich bei der gruppenbezogenen Diskriminierung – um genau zu sein – um die Angaben der Muslime, Diskriminierungen durch Nicht-Muslime wahrgenommen bzw. erlebt zu haben. Man könnte folgende Kausalkette annehmen: Die Diskriminierung der Muslime als Gruppe oder Religionsgemeinschaft durch Nicht-Muslime muss von den Muslimen eben als Gruppendiskriminierung wahrgenommen werden. Je stärker diese Diskriminierung empfunden wird, umso eher identifizieren sich Muslime mit ihrer Religion. Diese stärkere Identifikation fördert die Hinwendung zu religiös fundamentalistischen Strömungen im Islam und verstärkt unter Umständen die Sympathien für terroristische Gruppierungen und deren Aktionen. Eine solche Kausalkette wäre zwar wissenschaftlich reizvoll, gesellschaftlich aber fatal. Unabhängig davon, wie stark diese Diskriminierung nun tatsächlich stattfindet oder von Muslimen erlebt wird, muss sich die nichtmuslimische Mehrheitsgesellschaft deshalb fragen, ob und wie sie mit ethnischen Minderheiten im eigenen Lande umzugehen gedenkt.

Islam- und Muslimfeindlichkeit

Am 3. Oktober 2010 verband der damalige Bundespräsident Christian Wulff in seiner Rede zum Tag der Deutschen Einheit den Satz von Johann Wolfgang Goethe „Wer sich selbst und andre kennt, wird auch hier erkennen: Orient und Okzident sind nicht mehr zu trennen"[6] mit der Feststellung, auch der Islam gehöre inzwischen zu Deutschland (Wulff, 2010). Bekanntlich ist diese Feststellung nicht unwidersprochen geblieben. Zwar hatte Wolfgang Schäuble schon 2006, als er noch Bundesminister des Innern war, in einer Regierungserklärung zur Deutschen Islamkonferenz vor dem Deutschen Bundestag betont, der Islam sei Teil Deutschlands und Teil Europas (Schäuble, 2006); so richtig Fahrt nahmen die Gegenreden zu Wulffs Feststellung erst im Jahre 2010 auf. Ganz wesentlichen Anteil daran

---

[6] Dieser Satz ist die erste Strophe aus einem Gedicht ohne Titel aus dem Goethe'schen Nachlass. Die zweite Strophe lautet „Sinnig zwischen beiden Welten/Sich zu wiegen, laß ich gelten; / Also zwischen Ost- und Westen/Sich bewegen, seis zum Besten!" (Goethe 1988, S. 337).

hatte Thilo Sarrazin mit seinem Buch „Deutschland schafft sich ab: Wie wir unser Land aufs Spiel setzen" (Sarrazin, 2010).

In einer im Auftrag von *Report Mainz* von *Infratest dimap* im Oktober 2010 durchgeführten Umfrage stimmten 37 % der Befragten der Aussage zu: „Ein Deutschland ohne Islam wäre besser". 44 % befürworteten die Aussage: „Seit der Debatte über Thilo Sarrazins Buch kann man sich trauen, den Islam offener zu kritisieren". 35 % der Befragten machten sich „große Sorgen, dass sich der Islam in unserer Gesellschaft zu stark ausbreitet" (Report Mainz, 2010). Hinweise auf das zunehmend schlechter werdende Klima zwischen Muslimen und Nicht-Muslimen (Männer wie Frauen) kann man auch den Leipziger „Mitte-Studien" bzw. Autoritarismus-Studien von Oliver Decker und Elmar Brähler entnehmen. Im Jahre 2014 meinten 36,5 % der Deutschen „Muslimen sollte die Zuwanderung nach Deutschland untersagt werden"; im Jahre 2018 stimmten 44,1 % dieser Aussage zu (Decker & Brähler 2018, S. 102). Im Jahre 2020 ging dieser Prozentsatz zwar deutlich auf 27,4 % zurück (Decker & Brähler 2020, S. 64). Für „Patriotische Europäer", Anhänger der „identitären Bewegungen" und rechtsextremer Strömungen sowie für führende Politikerinnen und Politiker der *Alternative für Deutschland* (AfD) gehört der Islam indes nach wie vor nicht zu Deutschland. Für den Ehrenvorsitzenden der AfD, Alexander Gauland, ist der „verfasste Islam" verfassungswidrig (Frankfurter Allgemeine Zeitung, 2019). Pegida-Anhänger und Rassisten proben den „Aufstand der Anständigen", demonstrieren gegen eine „Islamisierung Europas" und bezeichnen Flüchtlinge als „Viehzeug".

Supplementum

Die Semantik sowie der Mythos vom „Westen" und dem „Islam" bieten offenbar neue Möglichkeiten, um die scheinbar unsicheren Wirklichkeiten zu deuten (vgl. auch Alikhani & Rommel 2018). *Islamfeindlichkeit, Muslimfeindlichkeit* und *Islamophobie* sind Teil dieser Semantik und werden als politische Kampfbegriffe genutzt (Kahlweiß & Salzborn, 2012). Das Wort *Islamophobie* bzw. *Islamophobia* (das international am häufigsten gebrauchte Wort, um negative Einstellungen gegenüber dem Islam zu benennen) stellt einen Neologismus dar, der sich aus dem Wort *Islam* und dem griechischen Begriff *Phobie* (abgeleitet von φόβος, phobos) zusammensetzt (Strüning, 2012). Phobie bedeutet so viel wie *Angst* oder *Furcht*. Die wortwörtliche Bedeutung lässt also auf eine unbegründete oder krankhafte – und damit entschuldbare – Furcht vor dem Islam schließen und kann schließlich als Psychologisierung und Pathologisierung gesehen werden (Naguib, 2016). Obwohl sich bereits in früheren Jahren der Begriff *Islamophobie* oder *Islamophobia* in verschiedenen, meist theologischen Arbeiten findet (z. B. Cook, 1923), hat der Terminus *Islamophobia* erst mit der Arbeit des britischen Thinktanks *Runnymede Trust*

> (1997) Einzug in die Forschung gehalten hat, obwohl es sich doch eher um ein „new word for an old concept" (Bleich, 2011, S. 1582) handelt. Die Arbeit des Runnymede Trust, insbesondere die Kriterien für Islamophobie, wurde vielfach zitiert und kritisch beleuchtet. Im deutschsprachigen Raum wird mittlerweile eher von Vorurteilen bzw. Einstellungen gegenüber Muslimen und dem Islam gesprochen und geschrieben (z. B. Frindte & Dietrich, 2017; Imhoff & Recker, 2012). Einstellungen zum Islam als Religion und Einstellungen zu Muslimen als Mitglieder einer kulturellen und/oder religiösen Gemeinschaft beziehen sich auf zwei verschiedene Aspekte und sollten deshalb theoretisch und methodisch unterschieden werden (vgl. auch Uenal et al., 2021).

In Deutschland leben zirka 5,3 bis 5,6 Mio. Muslime. Die im Auftrag des Bundesamtes für Migration und Flüchtlinge sowie der Deutschen Islamkonferenz durchgeführte Studie „Muslimisches Leben in Deutschland 2020" (Pfündel, Stichs & Tanis, 2021) ergab u. a.: Der Großteil der in Deutschland lebenden Muslime ist jung, gläubig und fühlt sich mit der deutschen Gesellschaft fest verbunden. Es ist durchaus denkbar, dass sich Muslime im Interesse einer fundierten sozialen Identität nicht nur mit ihrer Religion, sondern eben auch mit anderen relevanten sozialen Bezugssystemen identifizieren, z. B. mit der Gemeinschaft der Deutschen. In den Befunden zum Projekt „Lebenswelten junger Muslime in Deutschland" (Frindte, 2013) zeigte sich z. B., dass man jungen Muslimen in Deutschland einerseits die Zerrissenheit zwischen dem u. a. durch Eltern und Verwandte vermittelten Wunsch anmerkt, die muslimischen Wurzeln nicht zu verlieren; andererseits wurde auch das Bestreben deutlich, sich in die deutsche Gesellschaft zu integrieren. Eine große Zahl der Muslime möchte beides, sowohl religiös sein, als auch an der deutschen Gesellschaft teilhaben.

Auf der einen Seite scheint es also so, als ob ein nicht kleiner Teil der Deutschen sich dagegen wehrt, Musliminnen und Muslimen, Migrantinnen und Migranten und generell anderen Menschen auch einen Platz auf dem deutschen Sofa zu gönnen. Auf der anderen Seite beanspruchen deutsche Staatsangehörige muslimischer Herkunft mit Recht, als Gleiche unter deutschen Gleichen anerkannt zu werden. Es ist wie bei einem *dialektischen Widerspruch,* oder besser: es ist ein dialektischer Widerspruch, der sich auftut und entwickelt, wenn zwei oder mehrere soziale Gruppen (oder Deutegemeinschaften) innerhalb eines *gemeinsamen* Lebensraums aufeinandertreffen, diesen aber mit unterschiedlichen Konventionen, Traditionen und Mythen auszugestalten versuchen. Wenn Muslime und Nicht-Muslime einen gemeinsamen Lebensraum gestalten wollen, dann ist der Zusammenprall von wechselseitigen Vorurteilen unvermeidlich; er ist Teil des Widerstreits um die Bedeutung der interkulturellen Konventionen und Traditionen. In diesem Streit ist ein Konsens nicht ohne weiteres möglich. Lösungen hingegen sind denkbar, wenn der Streit eine Form findet, in der er sich bewegen kann. Islamismus und Islamfeindlichkeit gehören nicht zu diesen Formen, weil sie nichts mit Mitmenschlichkeit zu tun haben und die demokratische Verfasstheit unserer Gesellschaft ebenso infrage stellen wie der Rechtsextremismus.

Literatur

Auswärtiges Amt (2008). Frieden und Entwicklung in Afghanistan – Sicherheit für uns. https://www.auswaertiges-amt.de/blob/204850/dadcad1a4d1dc194d322d3c76f68a580/afghanistan-data.pdf. Zugegriffen: 17. August 2021.

Beck, U. (2007). *Weltrisikogesellschaft: Auf der Suche nach der verlorenen Sicherheit.* Suhrkamp.

Beller, J., & Kröger, C. (2018). Religiosity, religious fundamentalism, and perceived threat as predictors of Muslim support for extremist violence. *Psychology of Religion and Spirituality, 10*(4), 345–355.

Beller, J., & Kröger, C. (2020). Religiosity and perceived religious discrimination as predictors of support for suicide attacks among Muslim Americans Peace and Conflict: Journal of Peace Psychology. 2021 https://doi.org/10.1037/pac0000460. Zugegriffen: 27. Juli

Bleich, E. (2011). What is Islamophobia and how much is there? Theorizing and measuring an emerging comparative concept. *American Behavioral Scientist, 55*(12), 1581–1600.

Brown University (2021). Costs of War. https://watson.brown.edu/costsofwar/. Zugegriffen: 21. September 2021.

Brzezinski, Z. (1998). The CIA's Intervention in Afghanistan. https://archives.globalresearch.ca/articles/BRZ110A.html. Zugegriffen: 26. Juli 2021.

Buber, M., & Rosenzweig, F. (1987). *Die Schrift. Band 1: Die fünf Bücher der Weisung* (Verdeutschung). Heidelberg: Lambert Schneider.

Bush, G. W. (2001). Bush kündigt Beginn eines "Kriegs gegen den Terror" an. https://usa.usembassy.de/etexts/docs/ga1-092001d.htm. Zugegriffen: 4. August 2021.

Cook, S. A. (1923). The history of religions. *The Journal of Theological Studies, 25*(97), 101–109.

Decker, O., & Brähler, E. (Hrsg.). (2018). *Flucht ins Autoritäre*. Psychosozial-Verlag.

Decker, O., & Brähler, E. (Hrsg.). (2020). *Autoritäre Dynamiken. Alte Ressentiments – neue Radikalität*. Psychosozial-Verlag.

Derrida, J. (1995). *Marx' Gespenster*. Frankfurt a. M.: Fischer.

Deutscher Bundestag (2019). Drucksache 19/8155. http://dip21.bundestag.de/dip21/btd/19/087/1908739.pdf. Zugegriffen: 16. April 2019.

Europäisches Parlament (2020). Terrorismus in der EU: Anschläge, Todesopfer und Festnahmen. https://www.europarl.europa.eu/news/de/headlines/security/20180703STO07125/terrorismus-in-der-eu-anschlage-todesopfer-und-festnahmen-im-jahr-2019. Zugegriffen: 30. Dezember 2020

Josephus, F. (1978). *Geschichte des Judäischen Krieges*. Reclam Verlag.

Fleischmann, F., Phalet, K., & Klein, O. (2011). Religious identification and politicization in the face of discrimination: Support for political Islam and political action among the Turkish and Moroccan second generation in Europe. *British Journal of Social Psychology, 50,* 628–648.

Frankfurter Allgemeine Zeitung (2019). Gauland: „Verfasster Islam nicht mit dem Grundgesetz vereinbar". https://www.faz.net/aktuell/politik/inland/afd-chef-gauland-verfasster-islam-nicht-mit-grundgesetz-vereinbar-16171578.html. Zugegriffen: 11. Mai 2021.

Frindte, W. (2013). *Der Islam und der Westen*. Springer VS.

Frindte, W., & Haußecker, N. (Hrsg.). (2010). *Inszenierter Terrorismus. Mediale Konstruktionen und individuelle Interpretationen*. VS Verlag für Sozialwissenschaften.

Frindte, W., & Dietrich, N. (Hrsg.). (2017). *Muslime, Flüchtlinge und Pegida. Sozialpsychologische und kommunikationswissenschaftliche Studien in Zeiten globaler Bedrohungen*. Springer VS.

Frindte, W., Ben Slama, B., Dietrich, N., Pisiou, D., Uhlmann, M. & Kausch, M. (2016). Motivationen und Karrieren salafistischer Dschihadistinnen und Dschihadisten. In J. Biene, C. Daase, J. Junk & H. Müller (Hrsg.). *Salafismus und Dschihadismus in Deutschland*. Frankfurt a. M.: Campus.

Frindte, W., & Frindte, I. (2020). *Halt in haltlosen Zeiten. Eine sozialpsychologische Spurensuche*. Springer.

Fukuyama, F. (1992). *The end of history and the last man*. Hamish Hamilton.

Goethe, J. W. (1973, Original: 1808). Faust. Der Tragödie erster Teil. *Berliner Ausgabe. Band 8*. Berlin: Aufbau Verlag.

Goethe, J. W. (1988). *Berliner Ausgabe* (Bd. 3). Aufbau Verlag.

Hasenclever, A., & Sändig, J. (2011). Religion und Radikalisierung? Zu den säkularen Mechanismen der Rekrutierung transnationaler Terroristen im Westen. *Der Bürger im Staat, 61*(4), 204–213.

Herriot, P. (2009). *Religious fundamentalism: Global, local and personal*. New York, NY, US; New York, NY, US: Psychology Press.

Hillebrandt, F. (2007). Begriff und Praxis des Terrorismus. Eine praxistheoretische Annäherung. In T. Kron & M. Reddig (Hrsg.), *Analysen des transnationalen Terrorismus. Soziologische Perspektiven* (S. 45–58). Wiesbaden: VS Verlag für Sozialwissenschaften.

Hoffman, B. (2002). *Terrorismus – der unerklärte Krieg*. Neue Gefahren politischer Gewalt. Bonn: Bundeszentrale für Politische Bildung.

Imhoff, R., & Recker, J. (2012). Differentiating islamophobia: Introducing a new scale to measure Islamoprejudice and secular Islam critique. *Political Psychology, 33*, 811–824.

IMK – Ständige Konferenz der Innenminister und -senatoren der Länder (2015). Analyse der Radikalisierungshintergründe und -verläufe der Personen, die aus islamistischer Motivation aus Deutschland in Richtung Syrien oder Irak ausgereist sind. http://www.innenministerkonferenz.de/IMK/DE/termine/to-beschluesse/2015-12-03_04/anlage_analyse.pdf?__blob=publicationFile&v=2. Zugegriffen: 27. Juli 2021.

Infratest dimap (2016). https://www.infratest-dimap.de/fileadmin/user_upload/dt1603_bericht.pdf. Zugegriffen: 12. Juli 2021.

Jenkins, B. (1975). *International Terrorism*. Crescent Publication.

Kahlweiß, L. H., & Salzborn, S. (2012). „Islamophobie" als politischer Kampfbegriff. Zur konzeptionellen und empirischen Kritik des Islamophobiebegriffs. In Armin Pfahl-Traughber (Hrsg.), *Jahrbuch für Extremismus- und Terrorismusforschung 2011/2012* (II, S. 248–263). Brühl: Fachhochschule des Bundes.

Koopmans, R. (2013). Fundamentalismus und Fremdenfeindlichkeit Muslime und Christen im europäischen Vergleich. *WZB Mitteilungen, Heft 142*. https://www.wzb.eu/en/media/10498. Zugegriffen: 12. Juli 2017.

Kron, T. (2015). *Reflexiver Terrorismus Gewaltmassen*. Weilerswist: Velbrück Wissenschaft.

Laqueur, W. (2001). *Die globale Bedrohung. Neue Gefahren des Terrorismus*. Econ Ullstein List Verlag.

Marx, K. (1977). Das Kapital. Band 1. In *Karl Marx & Friedrich Engels, Werke, Band 23*. Berlin: Dietz Verlag.

Merkur.de (2015). *Extremer Zulauf für Terrorgruppe Islamischer Staat*. https://www.merkur.de/politik/extremer-zulauf-terrorgruppe-islamischer-staat-zr-3806698.html. Zugegriffen: 18. September 2015.

Naguib, T. (2016). Xeno-, Islamo-, Christianophobia etc. – eine Begriffskritik. *Kritische Justiz, 49*(2), 194–206.

Neumann, P. R. (2015). *Die neuen Dschihadisten. IS, Europa und die nächste Welle des Terrorismus*. Berlin: Econ.

Pew Research (2016). https://www.pewresearch.org/global/2016/07/11/europeans-fear-wave-of-refugees-will-mean-more-terrorism-fewer-jobs/. Zugegriffen: 25. Juli 2021.

Pfündel, K.; Stichs, A. & Tanis, K. (2021). Muslimisches Leben in Deutschland 2020. Studie im Auftrag der Deutschen Islamkonferenz. https://www.bamf.de/SharedDocs/Anlagen/DE/Forschung/Forschungsberichte/fb38-muslimisches-leben.pdf?__blob=publicationFile&v=12. Zugegriffen: 12. Mai 2021.

DC Rapoport 1984 Fear and trembling: Terrorism in three religious traditions American Political Science Review 78 3 658 677

Rashid, A. (2001). *Taliban. Afghanistans Gotteskrieger und der Dschihad*. Droemer.

Report Mainz (2010). „Islam in Deutschland" – Ergebnisse einer repräsentativen Erhebung. https://www.swr.de/report/-/id=7008568/property=download/nid=233454/yw9ihb/Umfrage_Islam_in_Deutschland.pdf. Zugegriffen: 10. Mai 2020.

Sarrazin, T. (2010). *Deutschland schafft sich ab. Wie wir unser Land aufs Spiel setzen.* Deutsche Verlags-Anstalt.

Schäuble, W. (2006). *Perspektiven für eine gemeinsame Zukunft.* Regierungserklärung des Bundesministers des Innern, Dr. Wolfgang Schäuble, zur Deutschen Islamkonferenz vor dem Deutschen Bundestag am 28. September 2006 in Berlin. https://www.bundesregierung.de/breg-de/service/bulletin/regierungserklaerung-des-bundesministers-des-innern-dr-wolfgang-schaeuble--797464. Zugegriffen: 10. Mai 2021.

Schneckener, U. (2006). *Transnationaler Terrorismus.* Suhrkamp.

Strüning, F. (2012). *Kampfbegriff Islamophobie.* Gustav Stresemann Stiftung.

Uenal, F., Bergh, R., Sidanius, J., Zick, A., Kimel, S., & Kunst, J. R. (2021). The nature of Islamophobia: A test of a tripartite view in five countries. *Personality and Social Psychology Bulletin, 47*(2), 275–292.

Waldmann, P. (2005). *Terrorismus: Provokation der Macht.* Murmann.

Wulff, C. (2010). *Rede zum 20. Jahrestag der Deutschen Einheit.* https://www.bundespraesident.de/SharedDocs/Reden/DE/Christian-Wulff/Reden/2010/10/20101003_Rede.html. Zugegriffen: 10. Mai 2021.

Wunschik, T. (2007). Baader-Meinhof international? http://www.bpb.de/themen/FMS9SI.html. Zugegriffen: 17. Oktober 2021.

24

Warum die Juden?

„Der Antisemitismus ist genau das, was er zu sein vorgibt: eine tödliche Gefahr für die Juden und sonst nichts" (Arendt 1986, S. 38; Original: 1951).

Es geschieht immer wieder

Brit Mila ist der Name der Beschneidung neugeborener jüdischer Jungen. In der Bibel heißt es dazu: „Dies ist mein Bund, den ihr wahren sollt, zwischen mir und euch und deinem Samen nach dir: Beschnitten unter euch sei alles Männliche. Am Fleisch eurer Vorhaut sollt ihr beschnitten werden, das sei zum Zeichen des Bundes zwischen mir und euch", so übersetzen Martin Buber und Franz Rosenberg die Forderung aus Genesis 17, 10 (Buber & Rosenberg, 1987, S. 45). Das Gebot wird von allen Juden beachtet, weil es eine wesentliche Grundlage der jüdischen Identität ist. Am 27. Oktober 2018 fand in der Synagoge *Tree of Life* in Pittsburgh, Pennsylvania, eine solche Beschneidungszeremonie statt. Gegen 10,00 Uhr morgens erschoss ein weißer Erwachsener elf Menschen, die an der Feier teilnahmen; mindestens sechs weitere wurden verletzt. Es handelt sich um die schwerste Attacke auf Juden in der neueren Geschichte der USA.

Jom Kippur ist der höchste Feiertag der Jüdinnen und Juden. Er wird zehn Tage nach dem jüdischen Neujahrsfest Rosch ha-Schana begangen. An diesem Tag herrscht Werkverbot. Es wird nicht gekocht, kein Feuer gemacht, nicht telefoniert und auf Speisen und Getränke verzichtet, sofern man nicht krank ist. Es ist ein Tag der Buße und der Versöhnung. Am Ende des Tages trifft man sich zuhause oder in der Synagoge zum Abschlussgebet und zu einem Festmahl. Zu Jom Kippur am 9. Oktober 2019, im jüdischen Jahr 5780, versammelten sich in der Synagoge in Halle an der Saale zirka fünfzig Menschen zum Gebet. Gegen Mittag versuchte der Rechtsextremist Stephan B. bewaffnet in die Synagoge einzudringen, um möglichst viele Menschen zu töten. Als ihm das nicht gelang, weil er die verschlossene Synagogentür auch nicht durch Gewehrschüsse öffnen konnte, erschoss er eine zufällig vorbeikommende Passantin und einen jungen Mann in einem nahegelegenen türkischen Imbiss. Seine Taten filmte er mit einer Helmkamera und übertrug alles live ins Internet. Wenig später wurde der Täter gefasst und im Dezember 2020 wegen zweifachen Mordes und versuchtem Mord in weiteren Fällen zu lebenslanger Haft mit anschließender Sicherungsverwahrung verurteilt.

Im Ersten Bezirk in der Wiener Innenstadt finden sich all die Sehenswürdigkeiten, die man gesehen haben muss, die Hofburg, der Stephansdom, Mozarts Wiener Wohnung, das Kunsthistorische Museum. Die Berggasse mit dem Sigmund-Freud-Museum im Neunten Bezirk ist auch nicht weit. Am Judenplatz befindet sich das Jüdische Museum. Und unweit vom Donauufer steht der jüdische Stadttempel, Wiens Hauptsynagoge. Dort, im Zentrum der österreichischen Metropole, erschoss am 2. November 2020 ein zwanzig Jahre alter Mann aus Nordmazedonien vier Menschen und verletzte 17 weitere Personen. Der Attentäter soll Anhänger des Islamischen Staates gewesen sein; antisemitische Tatmotive ließen sich wohl nicht ausschließen (Jüdische Allgemeine, 05.11.2020). Drei Wochen später, am 27. November, bedrohte eine Frau unweit vom Wiener Zentrum einen Rabbiner mit einem Messer. Sie riss dem Mann die Kippa vom Kopf und soll „Schlachtet alle Juden" gerufen haben (Jüdische Allgemeine, 27.11.2020).

Im Mai 2021 zogen Menschen durch deutsche Straßen und riefen „Freies Palästina vom Fluss bis zum Meer", „Tod Israel", „Israel Kindermörder" oder „Scheiß Juden". Israelische Flaggen wurden vor Synagogen verbrannt und Steine geworfen. Anlass der zahlreichen Demonstrationen, israelfeindlichen Ausschreitungen und antisemitischen Hassaktionen, ob in Berlin, Hamburg, Hannover, Leipzig oder Jena, waren Zwangsräumungen palästinensischer Wohnungen im Ostjerusalemer Stadtteil Scheich Dscharrah. Auch in anderen europäischen Städten kamen es zu pro-palästinensischen Demonstrationen, auf denen nicht nur palästinische und türkische Fahnen, sondern auch rote Fahnen geschwenkt wurden.

Antisemitismus ist kein genuin deutsches Problem. Die *Anti-Defamation League* (ADL), eine US-amerikanische Nichtregierungsorganisation, registrierte in den USA für 2019 zirka 2.000 antisemitische und extremistische Vorfälle (ADL, 2020). In Österreich wurden im selben Jahr 30 antisemisemitische Delikte offiziell (durch die Staatsorgane) erfasst; nach inoffiziellen Angaben von Nichtregierungsorganisationen lagen die Zahlen bei 550. In Tschechien wurden offiziell 23 und inoffiziell 694 antisemitische Vorfälle bekannt. In Frankreich erhöhten sich die offiziell registrierten antisemitischen Delikte auf den Rekordwert von 687. Die staatlichen Organe in Ungarn registrierten 2019 keinen antisemitischen Vorfall; inoffiziell wurden indes 35 antisemitische Delikte berichtet. Nach offiziellen Berichten wurden 2019 in Polen 128 antisemitische Vorfälle erfasst. In Großbritannien wurden zwischen April 2018 und März 2019 zirka 1300 antisemitische Straftaten begangen; nichtstaatliche Organisationen meldeten 1805 Delikte (European Union Agency for Fundamental Rights, 2020).

Fragt man Bürgerinnen und Bürger aus Europa indes nach ihren Einstellungen zu Jüdinnen und Juden, so sehen die Ergebnisse gar nicht so schlecht aus. Das schon häufig von mir zitierte unabhängige US-amerikanische Meinungsforschungsinstituts *Pew Research Center* befragte im Jahre 2018 knapp 25.000 Christen aus 15 europäischen Ländern u. a. danach, ob sie Jüdinnen und Juden als Mitglieder in ihren Familien akzeptieren würden. Im Durchschnitt (über alle Befragten hinweg) bejahten das 76 %. Besonders hohe Zustimmungen äußerten Befragte aus Norwegen (95 %), Dänemark (92 %) und Schweden (ebenfalls 92 %). In Italien (57 %), Großbritannien (69 %) und Deutschland (69 %) fielen die Zustimmungsraten nicht ganz so hoch aus (Pew Research Center, 2018).

Bleiben wir bei den deutschen Verhältnisse. Im Jahre 2020 registrierte das deutsche Bundeskriminalamt insgesamt 2428 Straftaten mit antisemitischem Hintergrund, darunter 57 Gewalttaten (Bundestag, 2021a). Nicht nur in Berlin ist es gefährlich für einen Juden, mit Kippa spazieren zu gehen. „Du Jude" ist zu einer gängigen Beschimpfung im bundesrepublikanischen Alltag geworden (Kiesel & Eppenstein, 2020, S. 9). Antijüdische Wörter, Beschimpfungen, Metaphern und antisemitischer Hass gehören zur Semantik der deutschen Alltagssprache. In repräsentativen Bevölkerungsumfragen scheint sich das allerdings nicht widerzuspiegeln. Die Autorinnen und Autoren der Leipziger Autoritarismus-Studien beobachten seit 2002 in Westdeutschland einen kontinuierlichen Rückgang der Zustimmungen zu tradierten antisemitischen Aussagen (z. B. „Die Juden arbeiten mehr als andere Menschen mit üblen Tricks, um das zu erreichen, was sie wollen"). Im Jahre 2002 lag die Zustimmung zu derartigen Aussagen im Westen Deutschlands bei 13,8 %; 2020 stimmten in Westdeutschland 3,2 % solchen Aussagen zu. „Der Osten startete dagegen 2002 mit einem relativ geringen Wert (4,8 %), verzeichnete stärkere Schwankungen und liegt mit seinen Antisemitismus-Werten aktuell bei 5,4 % und damit [...] über dem Wert des Westens" (Decker et al., 2020, S. 54 f.).

Auffälliger als in den Bevölkerungsumfragen finden sich antisemitische Ressentiments allerdings in den sozialen Medien und Messanger-Diensten, auf Youtube, bei Facebook, Twitter oder Telegram. Monika Schwarz-Friesel untersucht mit ihrem Team seit Jahren, wie sich Judenhass im Internet und in den Kommentarbereichen der klassischen Medien verbreitet. Riesige Textmengen wurden analysiert, Kommentare in Online-Qualitätsmedien, in Fan-Foren, auf Ratgeber-Portalen, in Blogs, auf Twitter, Youtube, Facebook oder Instagram. Dabei zeigen sich u. a. die Chamäleonhaftigkeit der Judenfeindschaft, eine zunehmende Radikalisierung, eine Kontinuität antijüdischer Stereotype und die Symbiose von Juden- und Israelhass. „Die Büchse der digitalen Pandora ist weit geöffnet" (Schwarz-Friesel, 2020, S. 182).

Supplementum

Freilich sind die sogenannten Qualitätsmedien und ihre Akteure ebenfalls nicht gefeit, hin und wieder antijüdische Stereotype zu bedienen. Ein kleines Beispiel mag genügen: Im Jahre 2015 berichteten deutsche Medien, dass *Kiril Petrenko* 2018 von den Berliner Philharmonikern zum künftigen Chefdirigenten gewählt worden sei. Eine NDR-Kommentatorin des Norddeutschen Rundfunks (NDR) verglich daraufhin den in der Wahl unterlegenen *Christian Thielemann* mit dem Göttervater Wotan und *Petrenko* mit Alberich, dem „winzigen Gnom, die jüdische Karikatur". Inzwischen ist der entsprechende Kommentar auf der Webseite des NDR gelöscht. Geblieben ist ein großes Unbehagen; vor allem aber der erneute Einblick in die nach wie vor wirksamen antisemitischen Klischees. Antisemitische Klischees und Stereotype funktionieren noch; sie werden auch in den Qualitätsmedien transportiert und sie scheinen auch für die bürgerliche Mitte in diesem Lande anschlussfähig zu sein.

Zirka 94.000 registrierte Jüdinnen und Juden leben in Deutschland. Es sind Deutsche mit mehr oder weniger gelebtem jüdischen Glauben. In einem Vorwort zum Buch „Globaler Antisemitismus" von Samuel Salzborn, (2018) fragt Josef Schuster der Präsident des Zentralrats der Juden in Deutschland, warum eine irrationale Menschenfeindlichkeit, wie der Antisemitismus, nach der Aufklärung und der massenhaften Judenvernichtung in den Jahren von 1933 bis 1945 überhaupt noch Bestand haben könne. Heute gebe es einerseits glücklicherweise wieder jüdisches Leben in Deutschland. Andererseits lasse sich tagtäglich beobachten, wie der Rechtspopulismus in Deutschland und Europa wieder erstarke, antisemitische Vorurteile in antisemitische Handlungen umschlagen und der israelbezogene Antisemitismus die neue Form des Antisemitismus darstelle, die von Rechtsextremen, von Linksextremen und von Islamisten kultiviert werde (Schuster, 2018, S. 7 ff.). Das Problem dürfte allerdings nicht nur in den extremen Ecken der deutschen Bevölkerung zu finden sein. Sorgen sollte uns vor allem der Antisemitismus in der Mitte der Gesellschaft machen. Über die „richtigen" Antisemiten scheinen wir gut informiert zu sein; was aber ist mit den mehr oder weniger 20 %, die zu den „Gelegenheitsantisemiten" oder Ambivalenten und Indifferenten gehören? Hier liegt „[…] das vielleicht gefährlichste Einfallstor für antisemitische Positionen und Politiken in der berühmten Mitte der Gesellschaft" (Schüler-Springorum, 2020, S. 104). Das hatte vor Jahren bereits Ignaz Bubis erkannt: „Wir reden nicht von Antisemiten – die Antisemiten stören mich nicht –, sondern von den Wohlmeinenden, den Bestmeinenden. Das ist ja schon fast die größte Gruppe. Ich rede auch von den völlig Indifferenten, die überhaupt keinen Unterschied machen, die sich weder mit der Vergangenheit noch mit der Zukunft beschäftigen – von denen kommt es auch. Für die überwiegende Mehrheit in unserem Lande und nicht nur für die Antisemiten ist der Jude ein Fremder – ein Überbleibsel des tausendjährigen Reiches" (Bubis, 1993, S. 115).

Antisemitismus

Der Terminus „Antisemitismus" knüpft sprach- und sachlogisch an den Begriff „Semitismus" an. Dieser wiederum basiert auf der alttestamentarischen Völkertafel (*Genesis 5, 1*), in der die drei Söhne Noahs, *Jafet, Ham und Sem*, und ihre Nachkommen genannt werden. *Sem*, Noahs ältester Sohn, wurde Stammvater Abrahams und damit des Volkes Israel und auch Ahnvater der Völker im Zweistromland, in Syrien und dem nördlichen Arabien, also der „semitischen Völker". Von *Jafet* leiten sich die Griechen, die Völker am Schwarzen Meer, am nördlichen Mittelmeer und die indogermanischen Völker ab. Die Nachfahren von *Ham* sind die Ägypter, die Babylonier, die Assyrer, die Kreter, die Philister und die Kanaaniter. Zu den Semiten gehören also recht heterogene Völkergruppen, deren Gemeinsamkeit darin besteht, dass ihre Schrift ohne Vokalbezeichnung auskommt. Deshalb wird in einschlägigen Publikationen meist darauf hingewiesen, dass der Begriff Antisemitismus im Sinne der Judenfeindschaft eigentlich unsinnig oder unglücklich gewählt sei (Bauman, 1992a, S. 48). Dennoch ist der Begriff mittlerweile eine „established convention" (Almog, 1990, S. 142), der zwar eine falsche Bedeutung hat, aus dem Begriffsinventar der scientific community und aus dem Alltag aber kaum noch zu entfernen ist.

Das European Monitoring Centre on Racism and Xenophobia (EUMC)[1] kam vor Jahren in einem Bericht zum Antisemitismus in Europa zu dem Schluss, dass alle Definitionen von Antisemitismus zwei Gemeinsamkeiten aufweisen: sie beziehen sich auf feindselige Einstellungen und/oder Handlungen gegenüber Juden *und* sie beinhalten als zentralen Aspekt, „that the hostility is directed towards Jews ‚as Jews', or towards Jews ‚because they are Jews', or towards Jews ‚because of their actual or perceived religious' or racial background or identification" (EUMC, 2004, S. 12). Es geht schlechterdings um die Juden als Juden. Um in diesem Sinne den Blick auf den Antisemitismus zu schärfen, hat die *International Holocaust Remembrance Alliance* (IHRA)[2], die Internationale Allianz zum Holocaustgedenken, im Mai 2016 eine erweiterte Arbeitsdefinition zum Antisemitismus vorgelegt: „Antisemitismus ist eine bestimmte Wahrnehmung von Juden, die im Hass auf Juden Ausdruck finden kann. Rhetorische und physische Manifestationen von Antisemitismus richten sich gegen jüdische oder nichtjüdische Individuen und/oder ihr Eigentum, gegen Institutionen jüdischer Gemeinden und religiöse Einrichtungen" (IHRA, 2021; eigene Übersetzung). Mit dieser Arbeitsdefinition machte die IHRA auf mehrere Sachverhalte aufmerksam (vgl. auch: Büttner, 2021): a) Antisemitismus *könne* sich zwar, wie im Judenhass, in emotionsgeladenen, hasserfüllten Aktionen ausdrücken, *müsse* es aber nicht zwangsläufig. Eher agieren Antisemiten beabsichtigt, auf scheinbar rationaler, sachlich motivierter Grundlage. b) Antisemitismus richte sich nicht nur gegen Jüdinnen und Juden, sondern auch gegen Nicht-Juden, die sich gegen Antisemitismus engagieren. c) Mit den antisemitischen Manifestationen gegen jüdisches oder nichtjüdisches Eigentum, Institutionen, Gemeinden und Einrichtungen sollen auch jene Aktionen als antisemitisch beurteilt werden, die sich zum Beispiel gegen wirtschaftliche, politische und kulturelle Einrichtungen in Israel richten.

Man könnte meinen, damit ließe sich ein scharfes Schwert schmieden, um antisemitische Einstellungen, judenfeindliche Handlungen sowie antisemitisch motivierte Massaker auch als solche beobachten und ächten zu können. Weit gefehlt. Am 25. Mai 2021 veröffentlichten mehr als 200 namhafte Wissenschaftlerinnen und Wissenschaftler u. a. aus Großbritannien,

---

[1] Nach einem Beschluss des EU-Parlaments wurde das EUMC im Jahre 2007 durch die *Agentur der Europäischen Union für Grundrechte* abgelöst.

[2] Die IHRA ist eine zwischenstaatliche Organisation, der mehr als 30 Länder angehören, die sich verpflichtet haben, die Shoa zu erforschen und an sie zu erinnern.

Deutschland, Israel und den USA die „Jerusalemer Erklärung zum Antisemitismus", mit der sie die Arbeitsdefinition der IHRA kritisieren und ihrerseits einen Begriffsvorschlag unterbreiten (The Jerusalem Declaration on Antisemitism, 2021). Antisemitismus sei der Ausdruck von Diskriminierung, Vorurteilen, Feindseligkeiten oder Gewalt gegen Juden als Juden. Damit möchten die Unterzeichnerinnen und Unterzeichner den Kampf gegen Antisemitismus stärken und eine offene Debatte über die brisante Frage zur Zukunft von Israel und Palästina anregen. Gleichzeitig halten sie Kritik an der israelischen Politik ebenso für gerechtfertigt wie wirtschaftliche, politische und kulturelle Boykott- und Sanktionsmaßnahmen. Das wiederum rief engagierte Antisemitismusforscherinnen und –forscher auf den Plan, die antiisraelische Proteste nicht als legitime Kritik an der israelischen Siedlungspolitik, sondern als antiisraelische, antizionistische, antisemitische Angriffe zu erkennen meinen. Außerdem sei die Antisemitismusdefinition in der Jerusalemer Erklärung unpräzise, oberflächlich und gefährlich. Wenn unter Antisemitismus ausschließlich der Angriff auf „Juden als Juden" gemeint sei, würden nicht nur zahlreiche antisemitisch motivierte Taten durch das Beobachtungsraster fallen, sondern auch der israelbezogene Antisemitismus in Abrede gestellt (z. B. Friesel, 2021; Rensmann, 2021). Während man sich also über Definitionen und deren Konsequenzen streitet und gehaltvolle Argumente für ihre jeweiligen Sichtweisen vorzubringen vermag, lachen sich möglicherweise die Antisemiten, so könnte man vermuten, ins Fäustchen und planen den nächsten Angriff.

Was also tun? Zunächst einmal: genau hinsehen. Antisemitismus kann sich in offenen Ressentiments äußern, in Angriffen gegen jüdisch aussehende Menschen, hinter vorgehaltener Hand am Stammtisch in der Kneipe oder in Reden über ein „Denkmal der Schande" in sächsischen Ballsälen. Antisemitismus findet sich dort, wo Juden und Jüdinnen verwehrt wird, Israel als ihre Heimstatt zu betrachten oder wenn das israelische Volk allein verantwortlich für die Konflikte und Kriege in Nahost gemacht wird. Spätestens seit der „Al-Aqsa Intifada" im Jahre 2000 und dem 11. September 2001 nahm die antisemitische Propaganda in islamisch geprägten Ländern neue Züge an. In Europa wurde ebenfalls ein *neuer* bzw. *islamistischer Antisemitismus* bzw. *Antizionismus* diagnostiziert (vgl. u. a. Holz & Kiefer, 2010). In einer Befragung mit jungen Muslimen und Nichtmuslimen (im Alter von 14 bis 32 Jahren) in Deutschland stimmten im Jahre 2010 mehr als 30 % der Muslime, aber nur knapp vier Prozent der jungen Nichtmuslime der Aussage zu: „Es wäre besser, wenn die Juden den Nahen Osten verlassen würden" (Frindte et al., 2012). Und nach dem Jahre

2015, als eine Million Flüchtlinge nach Deutschland kam, wurde erneut gefragt, wie stark der Antisemitismus bzw. die antiisraelischen Einstellungen unter Geflüchteten verbreitet seien. Im Sommer 2016 beantworteten rund 780 Geflüchtete in bayerischen Asylunterkünften einen standardisierten Fragebogen, in dem auch die Meinungen gegenüber Juden und Israel abgefragt wurden. Der Aussage „Juden haben auf der Welt zu viel Einfluss" stimmten mehr als die Hälfte der Befragten aus den mehrheitlich muslimisch geprägten Ländern Afghanistan, Irak und Syrien zu, aber nur etwas mehr als fünf Prozent der Geflüchteten aus Eritrea (Hanns Seidel Stiftung, 2017).

Antisemitismus tritt in klassischen Gewändern auf oder in neuzeitlicher Camouflage, als judenfeindliche Handlungen, in antisemitisch motivierten Massakern, als Gewalt gegen einzelne Jüdinnen und Juden, gegen das Judentum und das jüdische Volk an sich sowie gegen jene, die sich gegen Antisemitismus engagieren. Ich spreche vom Antisemitismus als *kalkulierte* Inszenierung und meine damit genau den Wortsinn, den das Wort „kalkuliert" bedeuten soll. In der Wirtschaftssprache und in der Mathematik geläufig hat es die Bedeutung von „berechnend" und „geplant". Und eben in diesem Sinne ist der Antisemitismus eine berechnende und geplante Inszenierung. Damit markiere ich den Unterschied zur hasserfüllten Judenfeindschaft, auch wenn dieser Unterschied nur ein relativer (oder besser: historischer) ist. Der Antisemitismus ist eine kalkulierte *Inszenierung,* weil er eine geplante und berechnende Aufführung und Vorstellung von etwas ist, das gleichzeitig verstellt und verschleiert aufgeführt wird. Die Antisemiten präsentieren ihrem Publikum ein Bild von den Juden, das mit den Juden nichts zu tun hat. Der Antisemitismus ist eine kalkulierte Inszenierung auch deshalb, weil sich die Akteure der Inszenierung mit ihrer Inszenierung selbst inszenieren. Keine antisemitische Inszenierung ohne Selbstinszenierung der Antisemiten. Die Selbstinszenierung der Antisemiten ist keine Selbstoffenbarung, sondern mit der Delegitimierung der Juden als Juden werden gleichzeitig die vermeintlichen Besonderheiten der Nichtjuden idealisiert und ihre eigenen Unzulänglichkeiten auf die Juden projiziert. Der Antisemitismus ist die kalkulierte Inszenierung, weil es ein Publikum gibt, das erst ob der Inszenierung staunt, um sich dann willig an der Inszenierung zu beteiligen und schließlich die Vernichtung der Juden als Juden selbst und in noch brutalerer Weise auszuführen. Es war letztlich immer das Publikum, das als populus, als Volk oder als „gemeines Volk" die inszenierte Judenfeindschaft (im Mittelalter) oder den ideologisierten Antisemitismus in die Tat umsetzte. Ich spreche vom Antisemitismus als kalkulierte Inszenierung der *Vernichtung der Juden als Juden.* Nicht nur einzelne Jüdinnen und Juden sind das Ziel der kalkulierten Inszenierung. Die Antisemiten verweigern den Jüdinnen und Juden die Rechtmäßigkeit ihrer Existenz als Mitglieder sozialer Gemeinschaften. Eben das meinte Hannah Arendt, um es zu wiederholen: „Der Antisemitismus ist genau das, was er zu sein vorgibt: eine tödliche Gefahr für die Juden und sonst nichts" (Arendt, 1986, S. 38).

Eine Erinnerung[3]

Manchmal lohnt es sich, die alten Daten herauszukramen, um sich ein Bild zu machen. In früheren Studien haben meine Kolleginnen und ich ein Modell antisemitischer Einstellungen entwickelt, das folgende Facetten umfasst (Frindte et al., 2005):

- *Klassische bzw. manifest antisemitische Einstellungen* (Beispielaussage: „Es wäre besser für Deutschland, keine Juden im Land zu haben.");
- *Latenter Antisemitismus* (Kommunikationslatenz[4], Beispielaussage: „Was ich über Juden denke, sage ich nicht jedem.");
- *Sekundärer Antisemitismus* (Beispielaussage: „Jahrzehnte nach Kriegsende sollten wir nicht mehr so viel über die Judenverfolgung reden, sondern endlich einen Schlussstrich unter die Vergangenheit ziehen.");
- *Antizionistische Einstellungen* gegenüber dem Staat Israel zeigen sich u. a. dann, wenn dem Staat Israel das Existenzrecht abgesprochen wird (Beispielaussage: „Es wäre besser, wenn die Juden den Nahen Osten verlassen würden.");
- *Antiisraelische Einstellungen* drücken sich zum Beispiel in Aussagen wie der folgenden aus: „Israel ist allein schuldig an der Entstehung und Aufrechterhaltung der Konflikte im Nahen Osten".

Abb. 24.1 illustriert die signifikanten Zusammenhänge zwischen den Facetten der antisemitischen Einstellungen. Es handelt sich um Ergebnisse einer kleinen, nichtrepräsentativen und schon etwas älteren Studie mit 410 erwachsenen Personen im Alter von 18 bis 83 Jahren (Frindte et al., 2005; Petzold, 2003). Die Zahlen geben die Stärke der Zusammenhänge

---

[3] Hier folgen bereits mehrfach von mir mitgeteilte Befunde (z. B. Frindte & Frindte, 2020, S. 157 ff.).
[4] Mit dem Konstrukt des latenten Antisemitismus haben wir den Ansatz von Bergmann und Erb (1991) über die Kommunikationslatenz im öffentlichen Umgang mit antisemitischen Phänomenen aufgegriffen und bezeichneten damit die Versuche, nicht über die kalkuliert inszenierten Diskriminierungen und Diffamierungen von Juden als Juden öffentlich zu reden.

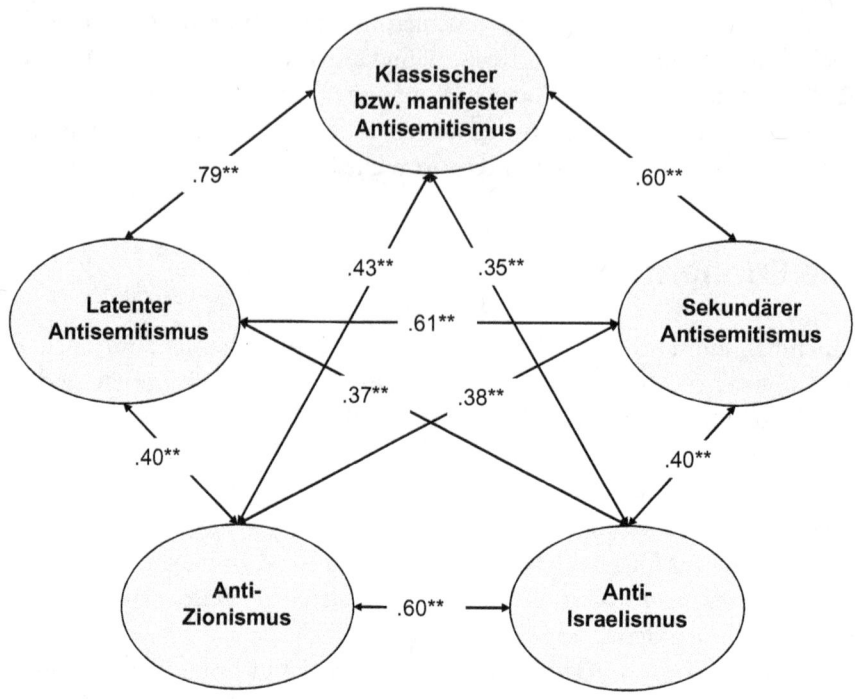

Abb. 24.1 Facetten antisemitischer Einstellungen

zwischen den Einstellungsfacetten an. Es sind Korrelationskoeffizienten, die Ausprägungen von −1,00 bis +1,00 annehmen können, wobei die doppelten Sternchen hinter den Zahlen auf sehr signifikante, also sehr enge Zusammenhänge, zwischen den Facetten verweisen.

Die simple Botschaft lautet: Nicht nur latent antisemitische und sekundär antisemitische Einstellungen sind eng mit manifesten antisemitischen Einstellungen verknüpft; auch antizionistische und antiisraelische Einstellungen hängen mit manifesten antisemitischen Einstellungen zusammen. Antisemiten nutzen antiisraelische und antizionistische Äußerungen zur Bestätigung und Verschleierung ihrer Vorurteile. Sie greifen in der öffentlichen Kommunikation auf Antiisraelismus und Antizionismus zurück, wenn die Thematisierung manifester judenfeindlicher Einstellungen erhebliche Nachteile mit sich bringen würde. Anzumerken ist hier allerdings, dass die Korrelationen zwischen manifestem Antisemitismus und Antizionismus bzw. Antiisraelismus Werte von ‚35 und ‚40 erreichen und damit weit entfernt vom Maximalwert 1,0 sind. Statistisch gesehen, gibt es also eine relativ geringe aufgeklärte Varianz, was bedeutet, dass es eben auch Anti-Zionisten und Israelkritiker zu geben scheint, die manifesten antisemitischen Aussagen nicht oder nur teilweise zustimmen.

2015 veröffentlichte Wilhelm Kempf einen Bericht über eine Studie zu antisemitischen Einstellungen (ASCI-Survey), an der insgesamt 2677 erwachsene Deutsche teilgenommen haben. Zwischen sieben und 25 % stimmten klassisch-antisemitischen Aussagen zu. Schlussstrich-Aussagen (wie „Man sollte endlich mit dem Gerede über unsere Schuld gegenüber den Juden Schluss machen) wurden von 44 bis 48 % der Befragten gerechtfertigt. Auch antizionistische Aussagen (z. B. „Der Holocaust ist den Juden ein willkommenes Mittel, um die Politik Israels zu rechtfertigen.") schienen mit 26 bis 33 % weit verbreitet zu sein. Wo, so fragt Kempf, (2015, S. 39 ff.), ist die rote Linie, an der sich antisemitische von anderen Formen der Israelkritik abgrenzen lassen? Bei den Unterstützern bzw. Kritikern an der israelischen Palästinenserpolitik ließen sich empirisch vier Spielarten unterscheiden: die Unterstützer der israelischen Palästinenserpolitik, die latent antisemitischen Vermeider von Israelkritik, die antisemitischen Israelkritiker und die menschenrechtsorientierten Israelkritiker, die keine antisemitische Einstellungen äußern, in ihren extremsten Ausprägungen allerdings eher dazu tendieren, an eine jüdische Weltverschwörung glauben und einen Schlussstrich unter die Vergangenheit fordern (Kempf, 2015, S. 257).

Die „Israelkritik" mittels Umwegkommunikation eignet sich „hervorragend", um in Deutschland und anderswo latente antisemitische Stereotype und Einstellungen transportieren zu können. Das ist zwar skandalös, aber nicht sonderlich neu. Allein schon das Wort „Israelkritik" ist ein absonderliches. Zwar hörte ich während der Finanzkrise von 2008 auch schon einmal die Rede von einer „Deutschlandkritik". Wenn das jüdische Volk und Israel allerdings in eins gesetzt werden, um eine „Israelkritik" zu legitimieren, dann hört der Spaß auf und die Grenze zum Antisemitismus wird überschritten.

Der moderne Antisemitismus nutzt Andeutungen, Metaphern und Mythen, die Bezüge zu traditionellen antisemitischen Ressentiments herstellen und diese in verschlüsselter und meist abgeschwächter Form reproduzieren. Etwa, wenn „den Juden" Mitschuld an ihrer Vertreibung und Ermordung gegeben oder wenn versucht wird, den Holocaust zu leugnen bzw. zu relativieren. Der israelisch-palästinensische Konflikt bildet ein neues Feld für antisemitische Ersatzhandlungen. Antisemitismen finden hier ihren Ausdruck etwa in der Gleichsetzung von „den Israelis" bzw. „den Juden" mit „den Nazis", wenn es um die Beschreibung der israelischen Repressionspolitik gegenüber den Palästinensern geht.

Den Jüdinnen und Juden ist es egal, ob der „muslimische Antisemitismus ein genuiner Bestandteil des Islam ist und sich auf entsprechende Suren im Koran stützt, ob er sich nur hinter der Camouflage der „Israelkritik" versteckt, ob er von rechten Nationalisten geäußert wird oder von linken Globalisierungsgegnern. Es ist immer ein Antisemitismus, der nichts mehr mit dem *Judentum* zu tun hat. Der Antisemitismus – in welcher Form auch immer – ist die kalkulierte Inszenierung der Vernichtung der Juden als Juden.

Kleiner Exkurs: Postkoloniale Gedankenspiele, Antisemitismus und Israel

Im Sommer 2021 gab es – vor allem in den Feuilletons – eine Aufregung über ein Essay, das der australische, in den USA tätige Historiker A. Dirk Moses im Schweizer Online-Portal *Geschichte der Gegenwart* publiziert hatte. Moses schreibt dort u. a.: „Die Erinnerung an den Holocaust als Zivilisationsbruch ist für viele das moralische Fundament der Bundesrepublik. Diesen mit anderen Genoziden zu vergleichen, gilt ihnen daher als eine Häresie, als Abfall vom rechten Glauben. Es ist an der Zeit, diesen Katechismus aufzugeben" (Moses, 2021a). Deutsche Wissenschaftseliten würden, so Moses, im Verein mit führenden Politikerinnen und Politikern auf der Einzigartigkeit der Shoa bestehen und den Holocaust als „heiliges Trauma" betrachten, „[...] das um keinen Preis durch andere Ereignisse – etwa durch nichtjüdische Opfer oder andere Völkermorde – kontaminiert werden darf, da dies seine sakrale Erlösungsfunktion beeinträchtigen würde".

Dirk Moses Argumentation passt zu jenen Deutungsmustern, die zu den Essentials der neuen *Postcolonial Studies* und *Critical Race Studies* gehören. Diese heterogenen, multidisziplinären Forschungsrichtungen beschäftigen sich nicht nur mit den Wirkungen und Hinterlassenschaften des Kolonialismus, sondern führen nahezu alle sozialen, politischen und kulturellen Probleme der Jetztzeit, einschließlich des menschengemachten Klimawandels, auf die koloniale Dominanz des „weißen Westens" zurück. Der Rassismus der Weißen sei Ursache *und* Folge der kolonialen Verbrechen in Vergangenheit und Gegenwart. Die Vertreterinnen und Vertreter des Postkolonialismus sehen den Antisemitismus und den Holocaust ebenso als Teil der Kolonialgeschichte wie die massenhafte Versklavung, Vertreibung und Vernichtung kolonialisierter Völker. Die moderne Form von Kolonialisierung manifestiere sich in der Unterdrückung der Palästinenser durch die Israelis (vgl. z. B. Barghouti, 2021). Keine Frage, die Aufarbeitung der kolonialen Verbrechen des „Westens" ist dringend notwendig (siehe auch: Kap. 3 und 11), die intellektuellen Vordenker müssen benannt und der alte und neue Rassismus bekämpft werden. Die Geschichte der Judenfeindlichkeit beginnt indes früher als die der Kolonialverbrechen. Das habe ich in den vorangegangenen Kapiteln zu zeigen versucht. Und was die Einzigartigkeit der Shoa betrifft, so halte ich es mit Volkhard Knigge: „Das Spezifische am Holocaust ist der Wille, die zur »Gegenrasse« stilisierten Juden um jeden Preis von dieser Welt zu tilgen. Das heißt aber nicht, dass es nicht auch Ähnlichkeiten mit anderen Genoziden gibt" (Knigge, 2021, S. 10).

Dirk Moses sieht das ganz anders. Deshalb ist es nicht verwunderlich, wenn er einen Beschluss des Deutschen Bundestages vom Mai 2019 als das „bislang unheilvollste Signal" für die Ignoranz betrachtet, mit der die bundesdeutschen Eliten den Kampf der Palästinenser gegen die Kolonialisierung durch Israel zu leugnen versuchen. Mit diesem Beschluss hatte der Deutsche Bundestag einen gemeinsamen Antrag von CDU/CSU, SPD, FDP und Bündnis 90/Die Grünen mit dem Titel „BDS-Bewegung entschlossen entgegentreten – Antisemitismus bekämpfen" mehrheitlich angenommen. Die BDS-Kampagnen wurden als antisemitisch, weil antiisraelisch und antizionistisch, eingestuft (Bundestag, 2021b, S. 2). BDS bedeutet: „Boycott, Divestment and Sanctions" bzw. Boykott, Desinvestitionen und Sanktionen. Die Anhängerinnen und Anhänger fordern, man solle den Staat Israel wegen der „Besetzung und Kolonialisierung des 1967 besetzten arabischen Landes" wirtschaftlich, politisch und kulturell boykottieren (BDS, 2021a). Es handelt sich um eine transnationale Kampagne, die sich zwar auf Beschlüsse der UNO beruft und die Beachtung der Menschenrechte einfordert, letztlich aber versucht, den Staat Israel vom Rest der Welt zu isolieren (Feuerherdt & Markl, 2020).

Über den Beschluss des Deutschen Bundestages zur Einstufung der BDS-Bewegung ist viel gestritten worden. Die Kampagne selbst monierte, mit dem Beschluss hätte der Bundestag die Unterstützung Israels zur Staatsräson erklärt und sich damit über das Grundgesetz gestellt und Verpflichtungen aus internationalen Abkommen leichtfertig ignoriert (BDS, 2019). Deutsche und internationale Wissenschaftlerinnen und Wissenschaftler sowie Kunstschaffende wandten sich im Sommer 2019 in verschiedenen Stellungnahmen ebenfalls gegen den Bundestagsbeschluss und wiesen die Einschätzung, BDS sei eine antisemitische Bewegung, zurück. Eine palästinensisch-deutsche Initiative reichte im Mai 2020 beim Berliner Verwaltungsgericht eine Klage ein, um den Bundestagsbeschluss für nichtig erklären zu lassen (BT3P, 2020). Die Antisemitismusbeauftragten von Bund und Ländern hingegen bezeichneten die BDS-Kampagne im Mai 2021 als „zentralen Akteur des antiisraelischen Antisemitismus" und die Konferenz der Europäischen Rabbiner forderte ein Verbot der BDS-Kampagne in der EU (Zeit Online, 2021). Die BDS-Bewegung veröffentlichte im Juli 2021 eine Erklärung, in der Israel für „regelmäßig massive Gewalt" gegen die „palästinensische Zivilgesellschaft" verantwortlich gemacht und der israelische Staat als „Apartheim-Regime" bezeichnet wird. Die „westlichen Mächte" hätten das „[…] israelische System der Kolonisierung, der ethnischen Säuberung und der Apartheid mehr als sieben Jahrzehnte […] sogar subventioniert" (BDS, 2021b).

„Antisemitismus oder nicht, es gibt Kritiker Israels, die die Vorstellung eines ethnischen Staates, in dem Juden Privilegien genießen, ablehnen. Diese kritisieren Israel auch für seine Bereitschaft zu militärischen Aktionen. Aber Israels Selbstverständnis umfasst die Souveränität, was auch Gewaltbereitschaft bedeutet. Auf diesem Selbstverständnis beharrt Israel auch dann, wenn jemand dem Staat vorwirft, Menschenrechte und Völkerrechte zu verletzen. Auch hier sollte man den historischen Hintergrund in Betracht ziehen. In der israelischen kollektiven Erinnerung zeichnet sich das klägliche Scheitern des internationalen Völkerrechts ab, das während des Holocaust nicht für den Schutz der Juden sorgen konnte. Dies ist einer der Gründe, warum sich die israelische Souveränität nicht der internationalen Rechtssprechung verpflichtet sieht" (Sznaider, 2020, S. 52).

Supplementum

Übrigens: Das Leben *in Israel* ist der beste Schutzfaktor, um die Schäden, die Holocaust-Überlebende und ihre Nachfahren an Leib und Seele erfahren haben, zu heilen. Zu diesem Ergebnis kommt eine Meta-Analyse, in der 71 Studien mit insgesamt 12.746 Holocaust-Überlebenden und Menschen ohne Holocaust-Erfahrung ausgewertet und die Gesundheit, das Wohlbefinden und mögliche posttraumatische Symptome der Teilnehmerinnen und Teilnehmer verglichen wurden (Barel et al., 2010).

Man kann wahrlich Vieles an der israelischen Politik der letzten Jahre kritisieren und beklagen, das Leid von Palästinenserinnen und Palästinensern, die Siedlungspolitik, die Korruptionsaffären von Politikerinnen und Politikern, den Führungsstil des ehemaligen Ministerpräsidenten Benjamin Netanjahu und etliches mehr. Meine vielen Reisen nach Israel, meine privaten und wissenschaftlichen Kontakte mit Israelis und schließlich die engen freundschaftlichen Beziehungen sowohl mit jüdischen *und* arabischen Israelis haben mich indes etwas Wichtiges, eigentlich Selbstverständliches gelehrt: Das Volk Israels und sein Staat sind nicht mit der Politik der israelischen Regierung identisch (Frindte, 2020).

Ein Blick auf den von *Natan Sharansky,* ehemaliger Innenminister und stellvertretender israelischen Ministerpräsident, entworfenen *3-D-Test für Antisemitismus* kann übrigens helfen, eine legitime Kritik an der israelischen Politik von antisemitischen Aussagen zu unterscheiden. Sharansky hat dafür drei Kriterien entworfen:

- *D wie Dämonisierung:* Die Juden wurden seit Jahrhunderten dämonisiert. Vergleiche zwischen den Israelis und den Nazis gehören zu solchen Dämonisierungen und sind deshalb antisemitisch.
- *D wie Doppelstandards:* Solche Doppelstandards verweisen dann auf Antisemitismus, wenn Israel als Staat anders als andere Staaten beurteilt und für Verhaltensweisen kritisiert wird, die im Umgang mit anderen Staaten erst gar nicht zur Kenntnis genommen werden.
- *D wie Delegitimierung:* Kritik an der israelischen Politik muss nicht antisemitisch sein. Sie ist es aber immer dann, wenn dem Staat Israel das Existenzrecht abgesprochen wird. Wenn andere Völker das Recht haben, sicher in ihrem Heimatland zu leben, dann muss den Jüdinnen und Juden ein solches Recht gleichfalls zugesprochen werden (Sharansky, 2004).

Den Anhängerinnen und Anhängern von BDS sei empfohlen, ihre Aussagen, Statements und Veröffentlichungen hin und wieder mit dem *3-D-Test* zu überprüfen.

Psychologische Hypothesen

„Ein Antisemit behauptet, die Juden seien am Krieg schuld; die Antwort lautet: Ja, die Juden und die Radfahrer; warum die Radfahrer? fragt der eine; warum die Juden? fragt der andere" (Arendt, 1986, S. 34). Mit diesem Witz weist Hannah Arendt auf „überstürzt hingeworfenen Arbeitshypothesen" hin, mit denen der Antisemitismus hin und wieder erklärt wird. Zu diesen hingeworfenen Arbeitshypothesen gehören Versuche, dem Antisemitismus in den Zeiten des Nationalsozialismus „mit psychologischen Erklärungen eines halb geistesgestörten Fanatismus" beizukommen oder „die Identifizierung des Antisemitismus mit Chauvinismus und Xenophobie" und die „Sündenbock- und Ventiltheorie".

Sehen wir uns die von Arendt kritisierten Arbeitshypothesen etwas genauer an: *Die psychologischen Erklärungen des Antisemitismus*, die auf Geistesstörungen, psychopathologische Strukturen oder andere individuelle „Normabweichungen" potentieller Antisemiten verweisen, sind seit Sigmund Freud en vogue. Der Ödipus-Komplex ist für Freud die zentrale Wurzel des Antisemitismus. Von diesem Grundverständnis, so *Hirschmüller* (Hirschmüller, 1988, S. 46), seien zunächst alle weiteren psychoanalytischen Auffassungen des Antisemitismus ausgegangen, um den Nachweis der unbewussten Struktur antisemitischer Einstellungen antreten zu können. Detlev Claussen, (1987, S. 22) beklagte schon vor Jahren, dass gerade in Deutschland schnell, wenn das Wort Antisemitismus falle, auf die Spezialisten fürs Irrationale zurückgegriffen werde, zu denen auch die Psychoanalytiker zu rechnen seien. Deren Erklärungen scheitern dann, wenn sie gesellschaftliche Phänomene und Prozesse, wie eben den Antisemitismus, auf individuelle Besonderheiten reduzieren; zum Beispiel, wenn die Sexualbiografie Hitlers als Ursache für sein politisches Programm verantwortlich gemacht wird (z. B. Machtan, 2001). Auch Ernst Simmel hat schon 1946 darauf hingewiesen, dass es völlig verfehlt sei anzunehmen, der Antisemitismus als Massenbewegung mit nationaler und internationaler Anziehungskraft käme durch das Zusammenwirken vieler neurotischer Individuen zustande (Simmel, 1993, S. 61; Original 1946).

Dass psychoanalytisch orientierte Forscherinnen und Forscher ihre empirischen Befunde überwiegend im klinisch-psychologischen Kontext erheben, mag ein gewichtiger Grund für die Skepsis sein, die „Nicht-Analytiker" den psychoanalytischen Interpretationen entgegenbringen. Ein anderer hängt wohl mit der impliziten Reduktion von sozial konstruierten Prozessen, in diesem Falle des Antisemitismus als sozialem Phänomen, auf individuelle Persönlichkeitsstrukturen zusammen. Das gilt im weitesten Sinne auch für die von Hannah Arendt kritisierte und von Otto Fenichel ins Spiel gebrachte *„Sündenbock- und Ventiltheorie"*[5] (Fenichel, 1946, hier: 1993). Auf die Frage, warum Juden für die Rolle des Sündenbocks geeigneter als Rothaarige sind, gibt Fenichel zwei Antworten: Erstens, weil die Juden stets wehrloser als die Rothaarigen gewesen sind. Zweitens, weil

---

[5] Am jüdischen Versöhnungstag wird dem Wüstendämon Asasel ein Bock, der „Sündenbock", zugetrieben, um sich selbst von seinen eigenen Sünden und Schulden zu befreien. Der Sündenbock ist das Ersatzopfer, um sich nicht selbst opfern zu müssen.

in Zeiten übermäßigen Elends die Opfer dieses Elends selten in der Lage sind, den tatsächlichen Ursprung der Miseren zu entdecken. Deshalb griffen die Opfer auf Aussagen zurück, die sich bereits in der Vergangenheit als Erklärungen ihres Elends angeboten hatten. Und dies seien eben die Juden, weil sie über Jahrhunderte hinweg als Repräsentanten des Geldes galten, unabhängig davon „wie viel Armut zur selben Zeit unter den Juden herrschte" (Fenichel, 1993, S. 40). Hannah Arendt scheint mit solchen Antworten nicht zufrieden zu sein, bleibt doch nach wie vor offen, warum die Juden stets wehrloser waren und warum sie als Verkörperung des Geldes und des Schachers angesehen wurden und werden (vgl. Arendt, 2001, S. 35 ff.).

Die von Hannah Arendt kritisierte *Identifizierung des Antisemitismus mit Xenophobie* und anderen Vorurteilen gehört ebenfalls zu den tradierten Argumentationssträngen in den Antisemitismus-Debatten. So entwickelte *Gordon W. Allport* in seinem Klassiker „The Nature of Prejudice" (1954) nicht nur einen aktuellen Zugang zur sozialpsychologischen Vorurteilsforschung, sondern provozierte auch die Frage, ob die modernen antisemitischen Vorurteile in ihrer psychologischen Struktur und Prozesshaftigkeit Vorurteile wie andere sind oder ob sie sich und in welcher Weise von anderen Vorurteilen unterscheiden lassen. Ohne Antisemitismus explizit zu definieren, behandelt Allport antisemitische Einstellungen und Handlungen quasi als Vorurteil. Beispiel: Für Allport stellt das „Hitler-Programm des Völkermordes ... den höchsten Grad von Gewalt" dar, „durch den sich ein Vorurteil ausdrückt" (Allport, 1971, S. 29). Georg Christoph Berger Waldenegg (2000, S. 116) meint, Allport habe sich mit einer solchen Formulierung des Vorwurfs ausgesetzt, den Antisemitismus im Allgemeinen und jenen, der zu Auschwitz führte, zu verharmlosen.

Allports Auffassung, Antisemitismus als ethnisches bzw. gruppenbezogenes Vorurteil zu betrachten, wird von Antisemitismusforschern noch immer weitgehend geteilt (z. B. Antoniou et al., 2020). Michael Billig bezweifelt allerdings, ob der den sozialpsychologischen Vorurteilstheorien zugrunde liegende „social cognitive approach of prejudice" (Billig, 2002) geeignet ist, Erklärungen für den Holocaust bereitzustellen. Am Beispiel von Henri Tajfels klassischem Artikel „Cognitive aspects of prejudice" (Tajfel, 1969), in dem quasi die zentralen Kategorien für die *Social Identity Theory* entwickelt wurden (siehe Kap. 17), versucht Billig zu zeigen, dass es „stärkerer" Begriffe als den des Vorurteils bedarf, um antisemitische Tendenzen erklären zu können. „To say that Hitler and other leading Nazis were 'prejudiced' against Jews would seem to be an understatement. Their anti-Semitism cries out for a stronger term" (Billig, 2002, S. 178). Ähnlich sieht es Julijana Ranc, die den Begriff *Ressentiment* für geeigneter hält, um dem Antisemitismus sprachlich beizukommen (Ranc, 2016).

Keinen stärkeren Begriff, durchaus aber wichtige psychologische Erklärungen liefern die modernen Forschungen zum Einfluss von generalisierten Überzeugungen, wie autoritäre und sozial-dominante Einstellungen, auf antisemitische Tendenzen (z. B. Heyder & Eisentraut, 2020; Imhoff, 2010). Diese Forschungen stehen, worauf ich an früherer Stelle hingewiesen habe, in der Tradition von Erich Fromm und der „The Authoritarian Personality", auch wenn es theoretische und empirische Gründe zu geben scheint, autoritäre und sozial-dominante Einstellungen als je eigenständige Konstrukte zu betrachten (Kap. 13 und 22).

Meine Kolleginnen und ich konnten zeigen (z. B. Frindte et al., 2005), dass Menschen mit stark ausgeprägten autoritären Überzeugungen an der klassischen Abwertung der Juden festhalten, deren Vertreibung aus Deutschland befürworten, ihren eigenen Antisemitismus allerdings dadurch zu legitimieren versuchen, in dem sie sich an öffentliche kulturelle und politische Diskurse anzupassen versuchen. Autoritäre Personen lehnen eine besondere Verantwortung der Deutschen gegenüber den Juden ab, möchten einen Schlussstrich unter die Vergangenheit ziehen und befürworten eine scharfe Kritik gegenüber Israel. Autoritäre reagieren auf die reale oder virtuelle Anwesenheit der Juden mit manifestem, latentem und sekundärem Antisemitismus sowie mit antiisraelischen und antizionistischen Ressentiments.

Allerdings stimme ich mit Hannah Arendt überein, dass der Antisemitismus nicht ausschließlich auf individuelle Besonderheiten der Antisemiten zurückgeführt werden kann. Samuel Salzborn hat zwar nicht Unrecht, wenn er meint, der moderne Antisemitismus sei die Unfähigkeit und Unwilligkeit, *„abstrakt zu denken und konkret zu fühlen"* (Salzborn, 2018, S. 23, Hervorh. im Original). Das Ursachengefüge ist allerdings komplizierter und erfordert demzufolge auch ein komplexeres Forschungsprogramm.

Antisemitische Ambivalenzen

Statt auf diverse psychologische Hypothesen zurückzugreifen, rückt *Hannah Arendt*, (1986) den Zusammenhang von Nationalismus und Antisemitismus in den Mittelpunkt ihrer Erklärungen. Die Juden bildeten aus ihrer Sicht ein konstitutives und zugleich ambivalentes Element für die Herausbildung der Nationalstaaten, weil diese vom „Internationalismus" der Juden profitierten. Gleichzeitig war es auch dieser Internationalismus, der die Integration der

Juden in den Nationalstaat verhinderte. Die Nationalstaaten definierten sich über die sich herausbildenden Klassen und deren Verhältnis zu anderen Klassen. „Die einzige Ausnahme dieser Regel bildeten die Juden. Sie waren weder eine gesonderte Klasse, noch gehörten sie einer der Klassen ihrer Heimatländer zu" (Arendt, 1986, S. 51). Und sie weigerten sich hartnäckig, sich in dieser Weise in die Entwicklung des Nationalstaates verstricken zu lassen, die „[…] ohne Zweifel mit einer wirklichen Assimilation, nämlich einem Absorbiertwerden von dem einheimischen Bürgertum, geendet hätte" (Arendt ebd., S. 53). Man muss allerdings hinzufügen, dass die neu entstehenden Nationalstaaten die Juden mit einem unauflösbaren Widerspruch konfrontierten: Akzeptanz als Menschen, sofern sie ihr Jüdischsein als Privatsache betrachteten. Auch wenn einige Juden diesen Widerspruch privat zu lösen versuchten, mussten sie letztlich am Projekt der europäischen Nationalstaatenbildung scheitern. Mit der imperialistischen Expansion und dem Streit der Nationen wurde die innereuropäische Solidarität durch einen Nationalismus ersetzt, der sich in Deutschland und anderen europäischen Ländern vor allem aus den nicht erfüllten Träumen von Reichtum, territorialer Überlegenheit und Gewalt speiste. Vor allem aber richtete sich der Nationalismus gegen die „einzige nichtnationale Gruppe, das einzig internationale Bevölkerungselement"[6], gegen das „intereuropäische jüdische Element", das zum Gegenstand allgemeinen Hasses und allgemeiner Verachtung „wegen seines nutzlosen Reichtums und […] wegen seiner offenbaren Machtlosigkeit" (Arendt, 1986 S. 56 ff.) wurde.

Moishe Postone kritisiert wie Hannah Arendt die Sündenbock-Theorie und macht auf antisemitische Ambivalenzen besonderer Art aufmerksam. Der Antisemitismus bleibe verdeckt, so lange er als bloßes Beispiel für Vorurteil, Fremdenhass und Rassismus behandelt werde (Postone, 1995, S. 6; zuerst erschienen 1982). Der moderne Antisemitismus sei eine Ideologie, die das „antikapitalistische" Selbstverständnis der Nationalsozialisten einschließe. Dieser „Antikapitalismus" richtete sich einerseits gegen die angeblich reichen Jüdinnen und Juden, die das deutsche Volk ausgeraubt hätten; andererseits wurden die Juden als Juden generell mit dem Kapitalismus identifiziert, mit seinen Krisen und Auswirkungen, sodass sie auch dann noch eine Gefahr darstellten, wenn sie individuell nicht von den kapitalistischen Verhältnissen profitieren. Postone greift, um die damit verknüpften antisemitischen Ambivalenzen aufzudecken, auf den Marxschen Ansatz vom *Fetischcharakter*

---

[6] Nicht zu vergessen die Sinti und Roma. Auch sie wurden als „nichtnationale" Gruppe behandelt, diskriminiert und ermordet (vgl. z. B. Benz, 2014).

der Ware auf (Marx, 1977, MEW, Bd. 23) zurück. So wie die Ware eine konkrete, dingliche und eine abstrakte, wertbezogene Dimension habe, so würde auch die kapitalistische Gesellschaft *in zwei voneinander getrennten Formen* erscheinen: Die Produktion, wie die Industrie, stehe für das Konkrete, für die Arbeit; das Geld hingegen, die Börse und die Wertform für das Abstrakte, für das, was das Kapital und den Kapitalismus eigentlich (aber eben fälschlicherweise) charakterisiere. Dass die mehrwertschaffende Produktion die eigentliche Basis kapitalistischer Produktion und Ausbeutung ist, werde von den Gesellschaftsmitgliedern nicht erkannt. Indem nun die Juden mit dem Geld, der Börse, also dem Finanzkapital identifiziert werden, würden sie mit dem Kapitalismus überhaupt gleichgesetzt. Die von den Nationalsozialisten propagierte „antikapitalistische" Revolte geriet so zur Revolte gegen die Juden.

Zygmunt Bauman findet noch andere Ambivalenzen. Juden und Jüdinnen sind für ihn „die inkarnierte Ambivalenz", gleichzeitig anziehend und abstoßend. „Ambivalenz, die Möglichkeit, einen Gegenstand oder ein Ereignis mehr als nur einer Kategorie zuzuordnen, ist eine sprachspezifische Unordnung: ein Versagen der Nenn- (Trenn-) Funktion, die Sprache doch eigentlich erfüllen soll. Das Hauptsymptom der Unordnung ist das heftige Unbehagen, das wir empfinden, wenn wir außerstande sind, die Situation richtig zu lesen und zwischen alternativen Handlungen zu wählen" (Bauman 1992b, S. 13). Und mit diesem Unbehagen sind die Antisemiten konfrontiert, wenn sie über die Juden zu urteilen und zu sprechen haben. Die Juden lassen sich nicht einordnen, weder in die Gruppe der Freunde noch in die der Feinde. Als Feinde sind sie physisch zu nahe und als Freunde bleiben sie den Einheimischen geistig zu fern. Damit untergraben die Juden als Juden die herrschenden sozialen Konstruktionen der Ordnung und „vergiften die Bequemlichkeit der Ordnung mit dem Misstrauen des Chaos". Jüdinnen und Juden sind die Personifikation der unsicheren, ambivalenten Situationen, vor denen sich die Antisemiten zu schützen versuchen. Die Juden verkörpern jene Ideen und Normen, die offen für Neues und darum gefährlich sind. „Der typisierte Jude erfüllte (erfüllt? W.F.) einen wichtigen Zweck. Er symbolisierte die grauenhaften Folgen der Grenzüberschreitung, die jedem drohten, der nicht an seinem Platz blieb und versuchte, bedingungsloser Loyalität oder eindeutiger Entscheidung auszuweichen; der Jude war Prototyp und Urbild von Nonkonformismus, Heterodoxie, Anomalität und Verirrung. Der typisierte Jude galt als sichtbarer Beweis für die wahnwitzige, unheimliche Vernunft des Abweichlerischen und diskreditierte von vornherein jeden Gegenentwurf zur kirchlich definierten, tradierten und praktizierten Ordnung" (Bauman, 1992a, S. 53 f.).

Allerdings: Dass die Juden die Ambivalenz und die damit verknüpfte Bedrohung verkörpern, ist eine Erfindung, wenn man will, eine soziale Konstruktion. Da der Antisemitismus ausschließlich den selbstdefinitorischen und identitätsstiftenden Zielen der antisemitischen Akteure dient, beschäftigen sich die kalkulierten Inszenierungen der Antisemiten damit, den Juden das zu unterstellen, was sie – die Antisemiten – selbst anstreben: Herrschaft, Macht, Ordnung – und das im Weltmaßstab. Mit ihrem Antisemitismus projizieren die Antisemiten ihre eigenen Wünsche und Unzulänglichkeiten auf die Juden.

„Von Anfang an, seit den Zeiten des Altertums, gab es eine widersprüchliche, auf gewisse Weise absurde Eigenschaft der jüdischen Existenz, die ihre Nachbarn verwunderte und nachdenklich gemacht haben muss: Sie waren eine zahlenmäßig winzige Nation, als militärische Macht zu vernachlässigen, eines der vielen Faustpfande, welche die alten Reiche von einem zum anderen übertrugen, als sie in schneller Folge aufstiegen und zusammenstürzten. Sie waren eine Nation, durchdrungen von der grandiosen Überzeugung, auserwählt zu sein, das unverrückbare Zentrum der Welt und der Geschichte zu bilden; wirklich so überzeugt von der eigenen Zentralität, dass sie auf den Rest des Universums – Natur wie Menschen – als Ressourcen Gottes blickten, derer er sich in seiner besonderen Beziehung zum auserwählten Volk bediente, um sie für Ehrfurcht zu belohnen oder für Missetaten zu strafen" (Bauman, 1995, S. 49).

Im Verlaufe ihrer Selbstdefinition und Selbstbehauptung behandelten die Christen die Juden in dieser Weise als etwas Sonderbares, als unheimliche, verwirrende und beängstigende Ungereimtheit. Man könne sagen, so Bauman, dass die Juden als Schuttplatz dienten, auf dem alle Ambivalenzen des Universums abgeladen werden konnten, sodass die Identität der christlichen Welt aus einem Block und in Frieden mit sich selbst bestehen konnte. In diesem Sinne eigneten sich die Juden auch als „Abladeplatz" im „Ordnungsgestöber" der Moderne. Und die Shoa „[…] war der extremste, mutwilligste und zügelloseste – letztlich der wörtlichste – Ausdruck dieser Tendenz, Ambivalenz und Unsicherheit in ihrem Abbild zu verbrennen; durchgesetzt von einem in totale Ordnung gezwungenen Staat einer maßgeschneiderten Gesellschaft" (Bauman, 1995, S. 58).

Mit den Ambivalenzen und den damit verbundenen Unsicherheiten kämpfen die Kritikerinnen und Kritiker Israels noch immer. Die kritische Sicht auf die Kolonialpolitik des „Westens", auf die Verbrechen der Kolonialmächte, auf den Rassismus der Weißen – all das ist wichtig. Warum muss man aber die koloniale Vergangenheit, die Genozide, die Europäer in Amerika oder die Deutschen in Afrika verübt haben (Moses 2021b) *und* den Antisemitismus sowie den Holocaust in eine Waagschale werfen?

Antisemitismus beruht nicht nur auf falscher Projektion (Horkheimer & Adorno, 1969, S. 196); Antisemitismus projiziert die falschen Bilder, mit denen Nichtjuden die Juden als Juden zu diffamieren versuchen. Die falschen Bilder funktionieren, weil sie sich auf einen Mythos stützen, dessen Entstehungs- und Wirkmechanismen kaum noch nachvollziehbar sind. Die Wirkmechanismen sind als Rituale der Zivilisation so alt wie die Zivilisation selbst (Horkheimer & Adorno, 1969, S. 180). Als Mythos liefert der Antisemitismus verzerrte, „vergiftete" Bilder und Geschichten über „den Juden" als Anderen und Fremden, der das Eigene der „Zivilisation" bedroht und zu vernichten versucht. Der Antisemitismus liefert keine Aussagen über die Existenz der Juden, keine Aussagen über die jüdische Geschichte, keine Aussagen über die jüdische Religion. Im Antisemitismus werden diese Aussagen vielmehr genutzt, um die Juden zu Sündenböcken für die antisemitischen Wirklichkeiten zu machen. Der Antisemitismus richtet sich gegen die Vernunft, die Freiheit, die Toleranz und die Verschiedenheit der Menschen und sozialen Gemeinschaften. Sein Hauptfeind ist der Humanismus.

Literatur

ADL. (2020). Antisemitic Incidents Hit All-Time High in 2019. https://www.adl.org/news/press-releases/antisemitic-incidents-hit-all-time-high-in-2019. Zugegriffen: 2. Aug. 2021.

Allport, W. G. (1954). *The nature of prejudice*. Addison-Wesley.

Allport, W. G. (1971). *Die Natur des Vorurteils*. Kiepenheuer & Witsch.

Almog, S. (1990). *Nationalism & anti-Semitism in modern Europe 1815–1945*. Pergamon Press.

Antoniou, G., Dinas, E., & Kosmidis, S. (2020). Collective victimhood and social prejudice: A post-Holocaust theory of anti-Semitism. *Political Psychology, 41*(5), 861–886.

Arendt, H. (1986; Original 1951). *Elemente und Ursprünge totaler Herrschaft*. Piper.

Barel, E., Van IJzendoorn, M. H., Sagi-Schwartz, A., & Bakermans-Kranenburg, M. J. (2010). Surviving the Holocaust: A meta-analysis of the long-term sequelae of a genocide. *Psychological Bulletin, 136*(5), 677

Barghouti, O. (2021). BDS: Nonviolent, Globalized Palestinian Resistance to Israel's Settler Colonialism and Apartheid. *Journal of Palestine Studies, 50*(2), 108–125.

Bauman, Z. (1992a). *Dialektik der Ordnung*. Europäische Verlagsanstalt.
Bauman, Z. (1992b). *Moderne und Ambivalenz*. Junius.
Bauman, Z. (1995). Große Gärten, kleine Gärten. Allosemitismus: Vormodern, Modern, Postmodern. In M. Werz (Hrsg.), *Antisemitismus und Gesellschaft*. (S. 44–65). Verlag Neue Kritik.
BDS. (2019). Deutscher Bundestag: Dem internationalen Recht entschlossen entgegentreten. Die Rechte der Palästinenser*innen bekämpfen. http://bds-kampagne.de/2019/05/20/deutscher-bundestag-dem-internationalen-recht-entschlossen-entgegentreten-die-rechte-der-palaestinenserinnen-bekaempfen/. Zugegriffen: 13. Aug. 2021.
BDS. (2021a). http://bds-kampagne.de/aufruf/deutschlandweiter-bds-aufruf/. Zugegriffen: 2. Aug. 2021.
BDS. (2021b). http://bds-kampagne.de/2021/07/11/erklaerung-zur-unterdrueckung-und-bestrafung-des-verbrechens-der-apartheid-im-historischen-palaestina/. Zugegriffen: 13. Aug. 2021.
Benz, W. (2014). *Sinti und Roma: Die unerwünschte Minderheit. Über das Vorurteil Antiziganismus*. Metropol Verlag.
Bergmann, W., & Erb, R. (1991). *Antisemitismus in der Bundesrepublik Deutschland. Ergebnisse der empirischen Forschung 1946 – 1989*. Leske und Budrich.
Billig, M. (2002). Henri Tajfel's 'Cognitive aspects of prejudice' and the psychology of bigotry. *British Journal of Social Psychology, 41*, 171–188.
BT3P. (2020). https://www.bt3p.org/de/bt3p-news/bundestag-antwort. Zugegriffen: 13. Aug. 2021.
Buber, M., & Rosenzweig, F. (1987). *Die Schrift. 1: Die fünf Bücher der Weisung* (Verdeutschung). Lambert Schneider.
Bubis, I. (1993). *Ich bin deutscher Staatsbürger jüdischen Glaubens*. Kiepenheuer & Witsch.
Bundestag. (2021a). Antisemitische Straftaten in 2020 und im ersten Quartal 2021. https://www.bundestag.de/presse/hib/842664-842664. Zugegriffen: 2. Aug. 2021.
Bundestag. (2021b). Bundestag verurteilt Boykottaufrufe gegen Israel. https://dserver.bundestag.de/btd/19/101/1910191.pdf. Zugegriffen: 2. Aug. 2021.
Büttner, H. P. (2021). Auf zum letzten Geflecht. Eine Kritik der „Jerusalem-Deklaration.https://www.kritiknetz.de/images/stories/texte/Buettner_Jerusalem_Deklaration.pdf. Zugegriffen: 3. Aug. 2021.
Claussen, D. (1987). *Grenzen der Aufklärung. Die gesellschaftliche Genese des modernen Antisemitismus*. Fischer.
Decker, O. (2020). Die Leipziger Autoritarismus Studie 2020: Methode, Ergebnisse und Langzeitverlauf. In O. Decker & E. Brähler,. (2020). *Autoritäre Dynamiken – Leipziger Autoritarismus-Studie* (S. 27–87). Psychosozial-Verlag.
EUMC. (European Monitoring Centre on Racism and Xenophobia, 2004). Manifestations of Antisemitism in the EU 2002 – 2003.

European Union Agency for Fundamental Rights. (2020). Antisemitism 2009–2019. https://fra.europa.eu/sites/default/files/fra_uploads/fra-2020-antisemitism-overview-2009-2019_en.pdf. Zugegriffen: 2. Aug. 2021.

Fenichel, O. (1993). Elemente einer psychoanalytischen Theorie des Antisemitismus. In E. Simmel (Hrsg.), *Antisemitismus*. Fischer.

Feuerherdt, A., & Markl, F. (2020). *Die Israel-Boykottbewegung. Alter Hass in neuem Gewand*. Hentrich & Hentrich.

Friesel, E. (2021). The Jerusalem Declaration on Antisemitism and Its Jewish Supporters. The Begin-Sadat center for Strategic Studies. https://besacenter.org/jerusalem-declaration-on-antisemitism/. Zugegriffen: 4. Aug. 2021.

Frindte, W. (2020). Aus meinem israelischen Tagebuch – Geschichten, Impressionen und Bilder. https://www.hagalil.com/2020/05/israelisches-tagebuch/. Zugegriffen: 6. Aug. 2021.

Frindte, W., Boehnke, K., Kreikenbom, H., & Wagner, W. (2012). *Lebenswelten junger Muslime in Deutschland*. Bundesministerium des Innern.

Frindte, W., Wettig, S., & Wammetsberger, D. (2005). Old and new anti-Semitic attitudes in the context of authoritarianism and social dominance orientation – two studies in Germany. *Peace and Conflict: Journal of Peace Psychology, 11*(3), 239–266.

Frindte, W., & Frindte, I. (2020). *Halt in haltlosen Zeiten. Eine sozialpsychologische Spurensuche*. Springer.

Hanns Seidel Stiftung. (2017). Asylsuchende in Bayern. https://www.hss.de/download/publications/Asylsuchende_in_Bayern.pdf. Zugegriffen: 16. Apr. 2019.

Heyder, A., & Eisentraut, M., et al. (2020). Antisemitismus und Autoritarismus – Eine traditionell stabile Beziehung? Eine empirische Studie unter Berücksichtigung von Messinvarianz anhand der ALLBUS-Daten. In A. Mays (Hrsg.), *Grundlagen-Methoden-Anwendungen in den Sozialwissenschaften* (S. 327–344). Springer VS.

Hirschmüller, A. (1988). *Psychoanalyse und Antisemitismus. Luzifer-Amor., 1*(2), 41–54.

Holz, K., & Kiefer, M. (2010). Islamistischer Antisemitismus. In W. Stender, G. Follert, & M. Özdogan (Hrsg.), *Konstellationen des Antisemitismus* (S. 109–137). VS Verlag.

Horkheimer, M., & Adorno, T. W. (1969, Original 1944). *Dialektik der Aufklärung*. Fischer.

IHRA. (2021). About the IHRA non-legally binding working definition of antisemitism. https://www.holocaustremembrance.com/resources/working-definitions-charters/working-definition-antisemitism?focus=antisemitismandholocaustdenial. Zugegriffen: 3. Aug. 2021.

Imhoff, R. (2010). Zwei Formen des modernen Antisemitismus? Eine Skala zur Messung primären und sekundären Antisemitismus. *Conflict & Communication, 9*(2), 1–13.
Jüdische Allgemeine. (27.11.2020). Attacke auf Rabbiner in Wien. https://www.juedische-allgemeine.de/juedische-welt/attacke-auf-rabbiner-in-wien/. Zugegriffen: 31. Dez. 2020.
Jüdische Allgemeine. (05.11.2020). Terror in Wien. https://www.juedische-allgemeine.de/juedische-welt/terror-in-wien/. Zugegriffen: 31. Dez. 2020.
Kempf, W. (2015). *Israelkritik zwischen Antisemitismus und Menschenrechtsidee. Eine Spurensuche*. Verlag Irena Regener.
Kiesel, D., & Eppenstein, T. (2020). Einleitung. In Zentralrat der Juden in Deutschland (Hrsg.), *„Du Jude". Antisemitismus-Studien und ihre pädagogischen Konsequenzen*. (S. 9–13). Hentrich & Hentrich Verlag.
Knigge, V. (2021). Wie gerecht ist unser Gedenken. *Die Zeit* vom 1. Juli 2021.
Machtan, L. (2001). *Hitlers Geheimnis – Das Doppelleben eines Diktators*. Alexander Fest Verlag.
Marx, K. (1977). Das Kapital. 1. In *Karl Marx & Friedrich Engels, Werke, 23*. Dietz.
Moses, A. D. (2021a). Der Katechismus der Deutschen. https://geschichtedergegenwart.ch/der-katechismus-der-deutschen/. Zugegriffen: 6. Aug. 2021.
Moses, A.D. (2021b). *Die Zeit, Nr. 27*, 1. Juli 2021.
Petzold, S. (2003). *Antisemitische Einstellungen in Deutschland. Eine Explorationsstudie*. Friedrich-Schiller-Universität Jena: unveröffentlichte Diplomarbeit.
Pew Research Center. (2018). Being Christian in Western Europe. https://www.pewforum.org/2018/05/29/being-christian-in-western-europe/. Zugegriffen: 12. Aug. 2021.
Postone, M. (1995). Nationalsozialismus und Antisemitismus. Ein theoretischer Versuch. https://thecharnelhouse.org/wp-content/uploads/2018/03/Moishe-Postone-Nationalsozialismus-und-Antisemitismus-Ein-theoretischer-Versuch-1991.pdf. Zugegriffen: 2. Aug. 2021.
Ranc, J. (2016). *„Eventuell nichtgewollter Antisemitismus". Zur Kommunikation antijüdischer Ressentiments unter deutschen Durchschnittsbürgern*. Westfälisches Dampfboot.
Rensmann, L. (2021). Eine Kritik aus Sicht der Antisemitismusforschung. https://www.belltower.news/die-jerusalemer-erklaerung-eine-kritik-aus-sicht-der-antisemitismusforschung-116093/. Zugegriffen: 3. Aug. 2021.
Salzborn, S. (2018). *Globaler Antisemitismus. Eine Spurensuche in den Abgründen der Moderne*. Beltz-Juventa.
Schüler-Springorum, S. (2020). Antisemitismus-Studien und ihre Folgen für die historisch-politische Bildungsarbeit. In Zentralrat der Juden in Deutschland (Hrsg.), *„Du Jude". Antisemitismus-Studien und ihre pädagogischen Konsequenzen*. (S. 91–104). Hentrich & Hentrich.

Schuster, J. (2018). Vorwort. In S. Salzborn. *Globaler Antisemitismus. Eine Spurensuche in den Abgründen der Moderne.* (S. 7–13). Beltz-Juventa.

Schwarz-Friesel, M. 2020). Antisemitismus im Web 2.0 – Judenhass zwischen Kontinuität und digitaler Adaption. In Zentralrat der Juden in Deutschland (Hrsg.), *„Du Jude". Antisemitismus-Studien und ihre pädagogischen Konsequenzen.* (S. 170–183). Hentrich & Hentrich.

Sharansky, N. (2004). Antisemitismus in 3-D. http://www.hagalil.com/antisemitismus/europa/sharansky.htm. Zugegriffen: 16. Apr. 2019.

Simmel, E. (1993; Original: 1946). Antisemitismus und Massen-Psychopathologie. In E. Simmel (Hrsg.), *Antisemitismus.* Fischer.

Sznaider, N. (2020). Antisemitismus zwischen Schwertern und Pflugscharen. In Zentralrat der Juden in Deutschland (Hrsg.), *„Du Jude". Antisemitismus-Studien und ihre pädagogischen Konsequenzen.* (S. 47–54). Hentrich & Hentrich.

The Jerusalem Declaration on Antisemitism. (2021). https://jerusalemdeclaration.org/. Zugegriffen: 3. Aug. 2021.

Waldenegg, G. C. B. (2000). Eine gefährliche Vokabel? Zur Diagnose eines Begriffs. In W. Benz (Hrsg.), *Jahrbuch für Antisemitismusforschung* . (Bd. 9). Campus.

Zeit Online. (2021). Antisemitismusbeauftragte kritisieren BDS-Bewegung als judenfeindlich.https://www.zeit.de/politik/2021-04/israel-boykott-antisemitismus-beauftragte-bds-bewegung-kritik-judenfeindlichkeit. Zugegriffen: 13. Aug. 2021.

25

Epilog

„Ich glaube, dass die Vernunft nicht weiterhelfen kann, wenn der Mensch nicht hofft und glaubt" (Fromm 1999a, S. 155; Original: 1962).

Optimisten leben länger

Unter dieser Überschrift berichteten deutschsprachige Feuilletons im August 2019 über eine wissenschaftliche Studie aus Boston. Lewina O. Lee, ihre Kolleginnen und Kollegen hatten zwei Langzeitstudien mit 69.744 Frauen und 1429 Männern (zwischen 41 und 90 Jahren) ausgewertet und kamen zu dem Schluss: Optimisten leben länger und erreichen ein höheres Alter als pessimistisch Gestimmte. Optimistische Männer und Frauen haben, zumindest in den USA, durchschnittlich eine um elf bis 15 % längere Lebensdauer als Menschen mit niedrigeren Optimismuswerten. Optimismus stelle, so die Autorinnen und Autoren, eine wichtige psychosoziale Quelle zur Förderung eines gesunden Alters dar (Lee et al., 2019). Optimisten seien Menschen, die daran glauben, dass gute Dinge passieren werden bzw. die Zukunft erstrebenswert und realisierbar sei.

Ganz so überraschend sind die Befunde nicht. Meta-Analysen verweisen auf Zusammenhänge zwischen einer optimistischen Lebenshaltung und gesundheitsförderlichen Verhaltensweisen, die vor Herz-Kreislauf-Erkrankungen schützen können, zum Beispiel weniger Alkohol trinken, körperlich aktiv sein, sich gesund ernähren (Boehm et al., 2018). Optimisten scheinen nicht nur risikobereiter als Pessimisten zu sein, weil sie, die Optimisten, an ihre eigenen zukünftigen Erfolge glauben. Menschen mit einer optimistischen Sicht auf die Zukunft sind offenbar auch politisch engagierter, besitzen ein größeres Vertrauen in andere Menschen und sind eher bereit, mit diesen auch bei möglichen Meinungsverschiedenheiten zusammenzuarbeiten (Stapleton, et al., 2021).

Die Studien, die im Rahmen der Theorie über Zeitperspektiven von Philip Zimbardo und John Boyd (1999) durchgeführt wurden, zeigen ein ähnliches Bild. Ich habe diese Theorie im Kap. 18 dieses Buches eingeführt. Menschen mit einer positiven Zukunftsorientierung, die also überzeugt sind, die Zukunft sei offen und vieles sei in der Zukunft möglich, sind optimistischer, zufriedener mit ihrem Leben, sozial aufgeschlossener, geben wenig depressive Symptome an und schätzen ihren Gesundheitszustand positiver ein (z. B. Konowalczyk et al., 2019). Die Ergebnisse einer bereits an früherer Stelle erwähnten, in Jena durchgeführten Studie (Frindte & Frindte, 2020, S. 276 f.; Brecht et al., 2016) lassen sich so zusammenfassen: Nicht die Menschen, die sich an der Vergangenheit orientieren und auch nicht die, die in fatalistischer Art und Weise auf die Gegenwart blicken, sind bereit, Zivilcourage zu zeigen. Zivilcouragiert sind vor allem jene Menschen, die sich entweder in hedonistischer Weise, spaßbetont und lustvoll der Gegenwart zuwenden oder die sich in ihren Erwartungen, Wünschen und Handlungen von einer optimistischen Sicht auf die Zukunft leiten lassen. Die Hedonisten engagieren sich gern spontan in Situationen, in denen Zivilcourage gefragt ist. Die Zukunftsorientierten planen mehr ihr Engagement und ihren Einsatz. Zimbardo und Boyd (2009, S. 176 ff.) kommen zu ähnlichen Schlussfolgerungen: Zukunftsmenschen achten auf ihre Gesundheit, sie sind fleißig, planvoll, aktive Problemlöser, erfolgreich, wissen um ihre Sterblichkeit und eine realistische Hoffnung stirbt für sie zuletzt. Das ist keine neue Erkenntnis. Ich wiederhole sie, um daran zu erinnern, dass Zukunftsoptimisten und -optimistinnen nicht zum Arzt müssen, sondern an die Macht. Positive Zukunftsvisionen zu entwickeln, ist nicht nur gesund, sondern lebensnotwendig und von gesellschaftlicher Relevanz und Dringlichkeit.

Erich Fromm und der sozialistische Humanismus

„Es gibt keinen Zweifel daran: Die *eine* Welt ist im Entstehen. Wahrscheinlich ist dies das revolutionärste Ereignis in der Geschichte der Menschheit. Die eine Welt kündigt sich, wie bereits beobachtet werden kann, darin an, dass die industrielle Produktion schließlich allen Völkern der Welt gemeinsam sein wird, und - durch unsere neuen Kommunikationsmethoden noch verstärkt -

eine größere Nähe zwischen allen Menschen schaffen wird. Allerdings ist es fraglich, ob das Kommen der einen Welt den Lebenswert steigern wird oder ob alles in einem großen Schlachtfeld enden wird" (Fromm, 1999b, S. 553; Original: 1962a; Hervorh. im Original).

Dieses Zitat stammt aus einem Vortrag, den Erich Fromm am 4. April 1962 in Kalifornien gehalten hat. Der Vortrag trägt den Titel „A new Humanism as a Condition for the One World". Mitten im Kalten Krieg und Jahrzehnte bevor vom „Megatrend Globalisierung" oder von der „erschöpften Globalisierung" die Rede ist, macht Fromm auf die lichten *und* auf die schattigen Seiten der globalen Vernetzung aufmerksam. Sollten wir, so Fromm 1962, nicht lernen, dass der *eine* Mensch in der *einen* Welt lebt, so bestehe die Gefahr, dass durch nationalistische Tendenzen Situationen entstehen könnten, in denen „der Mensch sich selbst zerstört". Um diesen Gefahren zu entgehen, seien – so das Credo Erich Fromms, das er in vielen seiner Arbeiten formulierte – eine radikale Analyse der kapitalistischen Verhältnisse und ein neuer Humanismus vonnöten. Die Auseinandersetzung mit den Arbeiten von Karl Marx und Friedrich Engels spielen dabei eine zentrale Rolle. 1961 veröffentlichte Fromm als erster in den USA eine englische Übersetzung der Marxschen „Ökonomisch-philosophischen Manuskripte" und versah sie mit einem ausführlichen Vorwort über das „Menschenbild bei Marx" („Marx's Concept of Man", GA V, S. 335 ff.; Original: 1961).[1] An den „Ökonomisch-philosophischen Manuskripten" schärfte Erich Fromm auch seinen Entfremdungsbegriff. In Anlehnung an Marx versteht er unter Entfremdung, „dass der Mensch sich selbst in seiner Aneignung der Welt nicht als Urheber erfährt, sondern die Welt (die Natur, die anderen, und er selbst) ihm fremd bleiben" (Fromm 1999c, S. 368). Wie Marx sieht Fromm die Ursache für die Entfremdung des modernen Menschen in der Entfremdung der Arbeit. Zwar existiere die „Entfremdung der Arbeit" in der ganzen Geschichte hindurch, erreiche aber ihren Höhepunkt in der kapitalistischen Gesellschaft.[2] Im Kapitalismus haben die Arbeiter und Arbeiterinnen keinen Bezug mehr zu dem, was sie produzieren, keinen Bezug mehr zur Arbeit (als Tätigkeit zur Befriedigung ihrer Bedürfnisse), keinen Bezug zu sich selbst (als schöpferischen Menschen) und keinen

---

[1] Diese Angabe bezieht sich auf die Erich-Fromm-Gesamtausgabe (zitiert als: GA und Angabe des jeweiligen Bandes).
[2] Der Bedeutungsgehalt von „Entfremdung" – so Fromm – sei viel älter als das Wort und verweise auf das, „was die Propheten des Alten Testaments unter *Götzendienst (idolatry)* verstanden" (Fromm 1999 f., S. 88; Hervorh. im Original).

Bezug mehr zu anderen Arbeiterinnen und Arbeitern (als gesellschaftlich tätige Menschen). Gegen diese Form der Entfremdung richten sich Fromms humanistischer Protest und seine Entwürfe für einen „Sozialistischen Humanismus".

„Der humanistische Sozialismus", so Fromm 1960, „wurzelt in der Überzeugung von der Einheit der Menschheit und der Solidarität aller Menschen. Er bekämpft jede Art der Verherrlichung von Staat, Nation oder Klasse. Er steht auf dem Standpunkt, dass sich der Mensch vor allem der Menschheit und den ethischen Prinzipien des Humanismus gegenüber loyal verhalten soll. Er möchte jene Ideen und Werte neu beleben, auf die unsere westliche Kultur gründet" (Fromm 1999d, S. 31).

Unter diesem Blickwinkel hat – nicht nur für Fromm – das humanistische Denken eine lange Geschichte. Darauf habe ich in den vorangegangenen Kapiteln hinzuweisen versucht. Erich Fromm hat sich an diesen humanistischen Traditionen orientiert und seine eigene humanistische Botschaft ausführlich dargestellt. Besonders ausformuliert findet sich diese Botschaft in seinem letzten großen Werk „To Have or To Be?" (deutsch: „Haben und Sein. Die seelischen Grundlagen einer neuen Gesellschaft"). Nicht das Haben, die Gier nach materiellen oder immateriellen Sachen, sei das Erstrebenswerte, sondern die aktive und bewusste Lebensführung, eben das Sein, sollte den neuen Menschen auszeichnen. Fromm kritisiert die kapitalistischen Heilsversprechen (Unterwerfung der Natur, materieller Überfluss, größtmögliches Glück und uneingeschränkte persönliche Freiheit), die sich nicht erfüllt haben, und schlägt mögliche Alternativen vor (Fromm 1999e, S. 393 ff.; Original: 1976):

- Die Produktion müsse auf einen „gesunden und vernünftigen Konsum" ausgerichtet werden.
- Das Streben der Konzerne und Aktionäre nach Profit und Wachstum müsse drastisch eingeschränkt werden.
- Eine industrielle und politische Mitbestimmung aller Gesellschaftsmitglieder sei notwendig.
- Eine solche Mitbestimmung erfordere die maximale Dezentralisierung von Wirtschaft und Politik.
- Methoden der Gehirnwäsche in der kommerziellen und politischen Werbung gehören verboten.
- Die Kluft zwischen den reichen und armen Nationen muss geschlossen werden.

- Viele Übel der Gesellschaften ließen sich durch ein garantiertes jährliches Mindesteinkommen beseitigen.
- Die Frauen müssten von der patriarchalischen Herrschaft befreit werden.
- Ein oberster Kulturrat müsse ins Leben gerufen werden, der die Regierung, die Politiker und die Bürgerinnen und Bürger in allen Angelegenheit berät.
- Die Trennung von wissenschaftlicher Grundlagenforschung und den industriellen und militärischen Anwendungen sei notwendig, um einen Missbrauch wissenschaftlicher Erkenntnisse zu verhindern.
- Eine unabdingbare Voraussetzung einer neuen Gesellschaft sei die atomare Abrüstung und Reduzierung der Rüstungsausgaben.
- All dies müsse vor dem Hintergrund der Gefahren eines Atomkrieges, der ökologischen Belastungen, der klimatischen Veränderungen und der Hungersnöte in großen Teilen der Welt geschehen.

Man mag Fromms Ideen für eine humane Gestaltung von Welt als veraltet abtun. Er hat sie in einer Zeit entwickelt, als sich der „real existierende" Sozialismus und der Kapitalismus unversöhnlich gegenüberstanden. Beide Gesellschaftsformen entsprachen seinen humanistischen Ansprüchen nicht. Seitdem ist viel Wasser geflossen, metaphorisch und buchstäblich. Ein „sozialistischer Humanismus" scheint für nur noch wenige Menschen und Gruppen ein erstrebenswertes Ziel zu sein. Zumal Erich Fromm, Ernst Bloch, Karl Marx und all die anderen Humanistinnen und Humanisten, von denen in diesem Buch die Rede geht, aus Sicht der Vertreterinnen und Vertreter der *Postcolonial Studies* eben weiße Europäer waren, die mit ihren humanistischen Bemühungen nur die kolonialen Ansprüche des „weißen Westens" theoretisch verbrämten. Ja, es waren weiße Männer und Frauen, die im sogenannten Abendland einen Humanismus entwickelten, in dessen Zentrum der Mensch, die Freiheit, Würde und Gleichheit sowie ein mitmenschliches Miteinander stehen. Deshalb muss man nicht auf diesen abendländischen, westlichen Humanismus verzichten.

Soziale Konstruktionen von Humanismus

Ein humanistisch-emanzipatorisches Programm, mit dem sich Menschen den antihumanistischen Bestrebungen und Angriffen entgegensetzen können und mit dem ein Kulturwandel hin zu einem Humanismus als Leitkultur (Nida-Rümelin, 2006) erreichbar ist, kann nicht nur ein Programm für eine menschengerechtere Bildungs- und Kulturpolitik sein, sondern sollte sich darauf richten, Menschen befähigen zu wollen, sich gegen jegliche Unmenschlichkeit im Großen wie im Kleinen erwehren sowie für humane Lebensbedingungen im Nahen und im Fernen engagieren zu können.

Bevor ich auf einige dieser mehr oder weniger visionären Konzeptionen über zukünftiges mitmenschliches Zusammenleben eingehe, berichte ich über einen ganz anderen Weg, um einen Einblick in Ideen zu bekommen, die Menschen vom Humanismus haben: Fragt man humanistisch gesinnte Menschen nach ihren Vorstellungen, nach den individuellen und sozialen Konstruktionen, die sie sich vom Humanismus machen oder gemacht haben, so äußern die Befragten sehr konkrete und zum Teil auch an die Wurzeln der westlichen Gesellschaften gehende Ideen. In einer qualitativen Internetstudie haben wir die Probe aufs Exempel gemacht und deutsche Erwachsene nach ihren Assoziationen zum Wort *Humanismus* befragt. Die Akquise der Befragten erfolgte über Facebook, indem die Mitglieder eines Facebook-Profils um die Teilnahme an der Befragung und um Weiterleitung des Ansinnens an andere Facebook-Nutzerinnen und –Nutzer gebeten wurden. Nach der erbetenen Zustimmung erhielten die potentiellen Teilnehmerinnen und Teilnehmer zwei Fragen zugeschickt: 1. „Was assoziieren Sie mit dem Wort Humanismus?" 2. „Was ist Ihrer Meinung nach nötig, um humanistische, menschenfreundliche Lebensbedingungen realisieren zu können?". Auf diese Fragen konnten die Befragten *mehrfach* antworten, also mehrere Assoziationen oder menschenfreundliche Lebensbedingungen nennen.

Supplementum für statistisch Interessierte

Die Befragung fand zwischen Januar und April 2021 statt. Insgesamt antworteten 365 Personen im Alter zwischen 24 und 76 Jahren, darunter 41 % Frauen und 55 % Männer; vier Prozent machten keine Angaben zu ihrem Geschlecht. 72 % der Befragten gaben an, über einen Hoch- bzw. Fachschulabschluss zu verfügen. Die Stichprobe ist also keineswegs repräsentativ. Frage 1 wurde von den Befragten mit 1613 Nennungen beantwortet und Frage 2 mit 621. Die schriftlich abgegebenen Antworten wurden anonymisiert und in einem Textkorpus zusammengefasst und mithilfe der Software MAXQDA[3] sowie der qualitativen Inhaltsanalyse nach Mayring (2003) codiert und ausgewertet. Mit der Codierung sollte der Textkorpus strukturiert, reduziert und Kategorien erstellt werden, mit denen sich die abgegebenen Assoziationen zu bestimmten Oberbegriffen (Oberkategorien) zusammenfassen lassen. Die Codierung übernahmen drei Personen, die zunächst unabhängig voneinander das Befragungsmaterial auswerteten. Dabei ging es u. a. darum, für Aussagen

---

[3] MAXQDA ist eine Software zur computergestützten qualitativen Daten- und Textanalyse.

> wie, „Humanismus bedeutet Gemeinschaftlichkeit" oder „Humanismus heißt, solidarisch zu handeln" gemeinsame Oberkategorien zu finden. Anschließend wurde die Übereinstimmung zwischen den Codierungen der drei Codierer (die Inter-Coder-Reliabilität) errechnet. Der Reliabilitätskoeffizient besitzt einen Wertebereich von r = 0,00 bis 1,00. Je höher der Wert ist, umso größer ist die Übereinstimmung zwischen den Codierern. Mit Werten zwischen 0,78 und 0,95 bei der Identifizierung von Oberkategorien sind die Reliablitätswerte durchaus zufriedenstellend. Am Ende der Codierphase diskutierten die Codierer über eventuelle Unstimmigkeiten oder Unklarheiten bei der Vergabe von Oberkategorien, sodass schließlich ein gemeinsam akzeptiertes Kategoriensystem für die weitere Auswertung zur Verfügung stand.

Welche kategorialen Assoziationen verbinden die Befragten nun mit dem Wort *Humanismus*? In *Abb. 25.1* sind die Oberkategorien dargestellt, denen – bei Mehrfachnennung – die jeweiligen Assoziationen zugeordnet wurden. Es handelt sich um eine Codewolke, die mithilfe von MAXQDA erstellt wurde. Je größer die Schrift ist, umso häufiger wurde diese Kategorie codiert und umso häufiger nannten die Befragten Assoziationen, die dieser Kategorie zugeordnet wurden.

Die häufigste Kategorie ist „Menschenwürde" (mit 53 % aller Nennungen), gefolgt von „Bildung" (32 %), „Emanzipation" (31 %), „Menschlichkeit" (29 %) und „Vernunft" (28 %). Neben diesen Assoziationen dürften auch die weiteren fünf nicht unerheblich sein: Gleichberechtigung (22 %), Frieden (18 %), Solidarität (16 %), Selbstbestimmung (15 %) und Selbstverwirklichung (12 %).

Auf die zweite Frage, „Was ist Ihrer Meinung nach nötig, um humanistische, menschenfreundliche Lebensbedingungen realisieren zu

Abb. 25.1 Codewolke zu „Humanismus" (Export aus MAXQDA)

Minderheitenschutz
Antikapitalismus Gerechte...Weltwirtschaft
Frieden Meinungsfreiheit Bezahlbare...Wohnungen
Gleichberechtigung Bedingungsloses...Grundeinkommen Umweltschutz
Mitbestimmung **Demokratie** Asylrecht Keine...Ausbeutung
Anti-Diskriminierung
Menschenrechtsgarantien
Vollbeschäftigung Abrüstung
Religionsfreiheit **Anti-Rassismus**
Klimaneutralität Mindesteinkommen
Kampf...gegen...Antisemitismus

Abb. 25.2 Codewolke zu „humanistische, menschenfreundliche Lebensbedingungen" (Export aus MAXQDA)

können?", kamen zwar weniger Antworten, die aber ebenfalls interessant sind und die Bilder, die sich Menschen vom Humanismus und seinen Voraussetzungen machen, weiter differenzieren. *Abb. 25.2* zeigt die Codewolke für die 22 Oberkategorien, denen die meisten Nennungen zugeordnet wurden; wiederum waren Mehrfachnennungen möglich.

„Anti-Diskriminierung" (mit 33 % aller Nennungen), „Menschenrechtsgarantien" (28 %), „Anti-Rassismus" (27 %), „Demokratie" (25 %) sowie „Anti-Kapitalismus" (23 %), „Frieden" (23 %), „Kampf gegen Antisemitismus" (20 %), „Asylrecht" (18 %), „Klimaneutralität" (17 %) und „bezahlbare Wohnungen" (10 %) sind die zehn am häufigsten genannten Bedingungen oder Voraussetzungen, um humanistische, menschenfreundliche Lebensbedingungen realisieren. Man könnte meinen, die Befragten hätten ihre Antworten aus einen Programm einer Anti-Diskriminierungsstelle oder einem einschlägigen ökologisch und antikapitalistisch orientierten Parteiprogramm abgeschrieben. Übersehen darf man allerdings nicht, dass die befragte Stichprobe von 365 Personen eben nicht repräsentativ ist, also kein Abbild der deutschen Mehrheitsgesellschaft liefern kann. Die Bilder vom Humanismus, falls man das so sagen darf, die sich die Befragten mit ihren Antworten zeichnen, sind Bilder von der Welt, aber keine Abbilder der Wirklichkeit. Denn das muss noch einmal betont werden: Menschen bilden die Welt, in der sie leben, nicht einfach ab. Sie konstruieren, interpretieren und deuten die Welt, die erlebten oder angelesenen humanistischen Anstrengungen vor dem Hintergrund bereits gemachter Erfahrungen. Zu diesen Erfahrungen können alle jene historischen und aktuellen Ereignisse gehören, die von den Befragten als Ausdruck von Menschlichkeit,

Menschenwürde usw. bezeichnet werden können. Historische Ereignisse und Prozesse sowie soziale Bewegungen, die sich gegen die Menschlichkeit und Menschenwürde richten, beeinflussen die Bilder, die sich Menschen von einer humanistischen Welt machen, ebenfalls; und nicht zuletzt explizite und implizite Kommunikationsregeln wie die political correctness, die soziale Erwünschtheit oder das Bedürfnis nach Selbstdarstellung. Insofern sind Antworten der Befragten mit kritischer Distanz zu lesen. Das gilt im Übrigen für alle Studien, auf die ich mich in diesem Buch beziehe.

Ich gebe aber zu, dass mir die humanistischen Vorstellungen, die die Befragten genannt haben, sowie die Bedingungen ihrer Erreichbarkeit nicht nur sehr sympathisch sind. Ich sehe darin auch meine Visionen über zukünftiges Miteinander ausgedrückt. Ein humanistisch-emanzipatorisches Programm muss antikapitalistisch sein; es kann sich nicht nur auf die Veränderung der gesellschaftlichen Verhältnisse im „Westen" richten; es muss anti-rassistisch sein, in radikaler Weise, die Menschenrechte aller Menschen, ihre Freiheit, Würde, Selbstbestimmung, Solidarität, den Schutz der Umwelt und das friedvolle Miteinander zum Ziel haben.

Brauchen wir eine humanistische Wende?

Im Jahre 2020 kürte UNICEF-Deutschland ein Foto des griechischen Fotograf Angelos Tzortzini zum Foto des Jahres. Aufgenommen wurde das Bild am 9. September 2020 nach der Brandkatastrophe im Flüchtlingslager auf der griechischen Insel Lesbos. Das Feuer zerstörte die Unterkünfte von 13.000 Menschen. Das Lager war überfüllt, die Lebensbedingungen unmenschlich. Auf dem Foto sieht man nun Kinder mit Atemschutzmasken vorm Gesicht, die Hand in Hand einen Weg durch die Rauchwolken suchen. Ein Junge, vielleicht 12 oder 13 Jahre alt, trägt einen kleineren. Zum ausgezeichneten Bild heißt es auf der Internetseite von UNICEF-Deutschland, dass das Foto alles gleichzeitig zeigt: „Flucht und Tapferkeit, Fassungslosigkeit und Hilfsbereitschaft in höchster Not. Die Stärke des Kleinen, der dem noch Kleineren die heile Haut bewahrt. Im Blick des jungen Retters: die ganze Hoffnung, es möge ein anderes, ein besseres Leben kommen. Unter den nach UNO-Schätzungen gegenwärtig rund 79,5 Mio. Menschen auf der Flucht sind etwa 32 Mio. Kinder und Jugendliche" (Unicef, 2020).

Blickt man auf die heutigen menschengemachten Verhältnisse, kann man sich des Eindrucks nicht erwehren, dass die von Erich Fromm gemachten Vorschläge vielleicht doch nicht veraltet sind. Flucht und Vertreibung, die

Schere zwischen Arm und Reich, Gewalt, Rechtsextremismus, Antisemitismus, menschengemachter Klimawandel, Neoliberalismus und autoritäre Strukturen in vielen Ländern der Welt, Fake News und Verschwörungstheorien, Angriffe auf Politikerinnen und Politiker, auf Journalistinnen und Journalisten, unbezahlbare Wohnungen und Pflegnotstände nicht nur in Deutschland – all das sind Zeichen, die auf unberechenbare politische Verhältnisse und auf haltlose Zeiten in Europa und der Welt verweisen. Über siebzig Jahre, nachdem die Allgemeine Erklärung der Menschenrechte verabschiedet wurde, missachten Populisten und Rechtsextreme in den USA, in Europa, Asien oder Afrika die Werte der Toleranz, des Respekts und der Solidarität mit Minderheiten. Die alten und neuen Formen des Rassismus, der Frauenfeindlichkeit und des Antisemitismus bedrohen ebenfalls die humanistischen Grundlagen unseres Lebens.

Was lässt sich dagegen tun? Bekanntlich ist der Kapitalismus nicht die Antwort, sondern die Frage (Hobsbawm 2014, S. 395), die Frage, ob der Kapitalismus künftig so wandlungsfähig bleiben wird, wie es in den vergangenen zwei Jahrhunderten den Anschein hatte. Es ist auch die Frage, ob der Kapitalismus in der Lage sein wird, die Schere zwischen Arm und Reich auf nationaler *und* internationaler Ebene schließen zu können. Sicher, das „amerikanische Jahrhundert" (Žižek, 2018, S. 404) dürfte vorbei sein. Der neoliberale Kapitalismus in den USA ist hingegen noch nicht am Ende. Neue Zentren des globalen Kapitalismus bilden sich in Europa, China und Lateinamerika aus. Die alten und neuen Supermächte versuchen, ihre je eigenen Herrschaftsregeln als allgemeingültige Normen für das globale Miteinander durchzusetzen. Sie tun das um des eigenen Vorteils willen und den meisten Menschen im kapitalistischen Westen geht es nicht schlecht dabei. Stephan Lessenich nennt das „Externalisierungsgesellschaft". „In der Externalisierungsgesellschaft leben die Leute nicht über ihre Verhältnisse. Sie leben über die Verhältnisse anderer" (Lessenich, 2015, S. 24). Externalisierungsgesellschaften funktionieren auf nationaler und internationaler Ebene. Während in kapitalistischen Wohlfahrtsgesellschaften im Norden die meisten Menschen gar nicht so schlecht leben, fehlt den meisten Menschen im sogenannten Süden das Mindeste für ein Leben in Würde. Die zahlreichen Stellvertreterkriege in den letzten Jahrzehnten sind ebenfalls Teil der Externalisierung – mit fatalen, meist tödlichen Folgen für die „Stellvertreter": in Korea, Vietnam, Syrien, im Jemen, in Afrika, in Afghanistan und jüngst im Angriffskrieg Russlands gegen die Ukraine.

Ein naturgemäßes Klima, Umweltschutz, soziale, religiöse und ethnische Gerechtigkeit, eine gerechte Weltwirtschaft, Vollbeschäftigung, bezahlbare Wohnungen für alle, universelle Menschenrechte und eine friedliche

Welt lassen sich weder mit dem Kapitalismus in seinen heutigen Formen noch in staatsautoritären oder fundamentalistisch verfassten Gesellschaften erreichen. Wie dann? Ideen gibt es.

Ich beschränke mich auf eine kleine Auswahl von Konzeptionen, die man getrost als „Reale Utopien" von menschengerechten Gesellschaften bezeichnen kann. So finden sich zunächst Ideen, die auf mögliche Veränderungen der kapitalistischen Gesellschaften von „innen" setzen. Ein solcher Ansatz stammt zum Beispiel *Jeremy Rifkin*. Er sieht das Ende der herkömmlichen, profitorientierten Produktionsarbeit gekommen und setzt auf die Stärkung des „Dritten Sektors", jenen, nicht auf Profit ausgerichteten Bereich, in denen sich Freiwilligenvereine und Gemeinschaften für das Gemeinwohl einsetzen, also sozusagen, neue mitmenschliche Formen des Zusammenlebens ausprobieren (Rifkin, 2004, S. 37). In eine ähnliche Richtung gehen die Überlegungen von *Erik Olin Wright*, einem 2019 verstorbenen US-amerikanischen Soziologen. Wright dachte nicht nur über ein bedingungsloses Grundeinkommen, politische Gerechtigkeit und radikale Demokratie nach, sondern auch über Wege, wie der Kapitalismus von innen erodiert und durch emanzipatorische Alternativen transformiert werden könnte (Wright, 2017, S. 11 ff.). Eine solche Transformation in eine demokratisch-egalitäre Gesellschaft ließe sich zunächst in Grenzbereichen und Freiräumen vollziehen, die dem Profitinteresse des Kapitals entzogen, vom Staat aber geschützt werden. Solche Freiräume fänden sich – ähnlich wie bei Rifkin – in Teilen der Zivilgesellschaft, in nichtkapitalistischen Wirtschaftsorganisationen oder in verbandsdemokratischen Kooperationen von Gewerkschaften und bürgerschaftlichen Gruppierungen.

Radikaler ist der Ansatz von *Paul Mason*. Er sieht die universellen Menschenrechte durch die wirtschaftlichen, politischen und moralischen Krisen der Jetztzeit weltweit gefährdet. Die neoliberale Weltordnung liege in Trümmern; die Vorstellung, komplexe Finanzsysteme könnten die Realwirtschaft stabilisieren, habe sich als Illusion erwiesen und Millionen Menschen seien in eine Identitätskrise geraten. Die Lösung müsse ein neues globales Gesellschaftssystem seien, „[…] um die Möglichkeiten der Automation zu nutzen, den Arbeitsaufwand für die Erhaltung unseres Lebens auf dem Planeten zu verringern und gleichzeitig das globale Ökosystem zu stabilisieren" (Mason 2019, S. 315). Dafür sollten schon heute strategische Projekte auf den Weg gebracht werden. Zum Beispiel: Kampf gegen Monopole und Preisabsprachen, Kampf gegen prekäre Arbeitsverhältnisse und Lohnstagnation, Kampf gegen das Horten von Information usw. Wer baut das neue Gesellschaftssystem, wer bringt die Projekte auf den Weg? Die liberale Mitte besitze dazu die Fähigkeiten nicht. Die alte Arbeiterklasse gebe es nicht mehr. Kultur und Solidarität der alten Arbeiterklasse seien längst ausgehöhlt. Anders als *Marx* glaubt *Mason* nicht, dass die kommende Revolution der Menschheit durch eine einzelne Klasse, in Sonderheit durch die Arbeiterklasse, getragen werden könnte, „sondern durch ein vielgestaltiges Netzwerk bewusst handelnder menschlicher Wesen herbeigeführt werden wird" (Mason ebd., S. 304). Dieses Netzwerk, so verstehe ich Paul Mason, müsse von jenen geknüpft werden, die ein „antifaschistisches Leben" führen wollen. Faschismus, Mason beruft sich auf Michel Foucault, sei nicht nur der Faschismus der extremen Rechten, sondern jene Ideologie, die „[...] uns die Macht lieben und genau das begehren lässt, was uns beherrscht und uns ausbeutet" (Mason 2019, S. 367). Um ein antifaschistisches Leben zu leben, müssten wir unsere Körper dorthin bewegen, wo wir den Faschismus tatsächlich stoppen können und uns mit denen verbünden, die denken, fühlen und leben wollen wie wir (Mason ebd., S. 375). „Arsch huh, Zäng ussenander" sang die Kölner Band BAP in diesem Sinne vor einigen Jahren, um die Massen gegen rechte Gewalt zu mobilisieren. Das ist gut und wichtig, reicht aber nicht.

Der leider zu früh verstorbene *Ulrich Beck* nahm die globalisierten Menschenbeziehungen ebenfalls in den Blick, um nach Auswegen aus den heutigen Dilemmata zu suchen. 1997 führte Beck den Begriff der zweiten Moderne ein, mit der sich der Weg in eine Weltgesellschaft öffne. „Weltgesellschaft meint *nicht* Weltstaatsgesellschaft oder Weltwirtschaftsgesellschaft, sondern eine *nicht*-staatliche Gesellschaft, d. h. einen Aggregatzustand von Gesellschaft, für den territorialstaatliche Ordnungsgarantien, aber auch die Regeln öffentlich legitimierter Politik ihre Verbindlichkeiten verlieren" (Beck, 1997, 174; Hervorh. im Original). Fünf Jahre später entwickelte Beck (2002) schließlich Grundlinien eines „kosmopolitischen Zeitalters", in dem an die Stelle der Nation der Kosmopolitismus treten werde. Kosmopolitismus sei „die säkularisierte Gottesordnung nach deren Ende" (Beck, 2002, S. 448). „Kosmopolitismus ist, mit anderen Worten, die nächste große Idee, die nach den historisch verschlissenen Ideen des Nationalismus, Kommunismus, Sozialismus, Neoliberalismus kommt, und diese Idee könnte das Unwahrscheinliche möglich machen, dass die Menschheit, ohne Rückfall in die Barbarei, das 21. Jahrhundert überlebt" (ebd., S. 16). Kosmopolitismus bedeutet für Beck im Kern „[...] die Anerkennung der Andersheit der Anderen [...]. Kosmopolitismus heißt, dem scheinbar zeitlosen und damit zukunftsfähigen Rassismus die Zukunft streitig zu machen. Es heißt aber auch: den ethnozentristischen Universalismus des Westens als einen überwindbaren Anachronismus darzustellen, ohne sich in den Fallstricken des Relativismus zu verfangen" (2000, S. 412).

Neben dem Kosmopolitismus werden natürlich gegenwärtig auch noch andere Visionen über eine mögliche Zukunft vor dem Hintergrund des Gegenwärtigen und Vergangenen erzählt; die Erzählung des globalen Antisemitismus, des Rechtspopulismus und Rechtsextremismus, nach wie vor die Erzählung des Nationalismus oder des religiösen Fundamentalismus. Dass mir die Beck'sche Vision im Vergleich zu diesen sympathischer ist, muss ich nicht begründen. Entscheidend ist, dass die Erzählungen des Kosmopolitismus utopische Elemente enthalten, die durchaus realisierbar sind. So schlägt Ulrich Beck (2002, S. 445 ff.) u. a. folgendes vor, um eine Weltgesellschaft kosmopolitischen Zuschnitts zu gestalten: a) die Gründung neuer transnationaler Organisationen, die als Gegenmacht zu transnationalen Konzernen und Banken handeln können, b) die Reform des Internationaler Währungsfonds und der Weltbank, um die demokratische Repräsentanz auch der ärmeren Länder zu garantieren, c) die Unterordnung der reichen und mächtigen Staaten unter ein kosmopolitisches Regime, d) die Garantie der Menschenrechte durch institutionelle, demokratische Strukturen, e) die Gründung eines Weltparlaments, in dem die Weltprobleme, einschließlich der Verletzung der Menschenrechte, wirkungsvoll verhandelt werden können, f) die Reformierung der internationalen Institutionen, wie UN-Vollversammlung, Weltsicherheitsrat.

Obwohl Ulrich Beck wiederholt insistiert, dass die Frage, wer als Gewinner aus der Zweiten Moderne hervorgehen werde, prinzipiell offen sei, geht er in optimistischer Weise davon aus, dass die „Gegenmacht der kosmopolitischen Linken" eine wesentliche Kraft für den Erfolg des angestrebten Kosmopolitismus sein könne. Diese kosmopolitische Linke existiere als geschlossene Bewegung aber nicht, sondern zerfalle in viele sehr unterschiedliche Initiativen, Parteien, Gruppen und Personen. Also müsse sich diese Linke nach innen und außen als „[…] nationale und globale Mitspieler im Metaspiel der Weltpolitik" erst einmal konstituieren. Die Vielfalt der Linken müsse dabei kein Hindernis oder Makel sein, „[…] sondern als Wesens- und Identitätsmerkmal des neuen Kosmopolitismus bejaht und praktiziert [werden]. In diesem Sinne müsste eine kosmopolitische Linke die Werte der kosmopolitischen Gesellschaft zunächst einmal selbst praktizieren, für die sie politisch streitet" (Beck, 2002, S. 401).

Der linke Kosmopolitismus könnte zur materiellen Gewalt werden, wenn er die Massen ergreift. Nun ließe sich einwenden, dass die Massen etwas ganz anderes im Sinn haben. Vor allem in den westlichen Gesellschaften, in denen offenbar die Singularitäten auf dem Vormarsch sind, scheinen kosmopolitische Vorstellungen von der Anerkennung der Andersheit der Anderen auf „pure Nostalgie" zu verweisen. Und doch gibt es soziale Bewegungen, die ihren Kampf genau darauf richten, Bewegungen, denen es nicht nur um die Durchsetzung partikulärer Interessen und singularisierter Lebensformen geht. Die seit Oktober 2017 in der internationalen Öffentlichkeit agierende *MeToo-Bewegung,* die internationale Bewegung „Fridays for Future", die sich im Dezember 2018 formierte oder die ebenfalls über Ländergrenzen hinaus wirksame *Black-Lives-Matter-Bewegung* (BLM) wollen nicht nur singuläre Lebensstile verändern, sondern die Massen gegen sexuelle Übergriffe und Ausbeutung, für eine lebenswerte, klimagerechte Zukunft und gegen Rassismus mobilisieren. Und sie haben Erfolg – bei aller Unterschiedlichkeit in den Zielen und Demonstrationsformen. Unumstritten sind sie indes auch nicht. Ich denke dabei u. a. an antisemitische Ressentiments in der BLM oder an manch antifeministische und rassistische Positionen in der MeToo-Bewegung (vgl. auch: Funkschmidt, 2020; Martini, 2020). Und doch kann man die MeToo-Bewegung, die Black-Lives-Matter-Bewegung und die Bewegung der „Fridays for Future" aus meiner Sicht ebenso zu den vielen unterschiedlichen Facetten einer möglichen kosmopolitischen Linken zählen wie die um mitmenschliche Hilfe bemühten zivilgesellschaftlichen Initiativen. In der Vergangenheit waren es die *Frauenbewegungen,* die das Wahlrecht der Frauen erstritten und für ihre Gleichberechtigung kämpften, die *Friedensbewegung,* die nicht ohne Erfolg gegen die atomare Abrüstung marschierte und für die sich auch Erich Fromm engagierte (Fromm & Maccoby, 1999) oder die US-amerikanische *Bürgerbewegung,* die *Anti-Atomkraft-Bewegung,* deren Mitglieder für einen Ausstieg aus der Atomkraft demonstrierten. Die *Occupy-Bewegung,* die sich im Herbst 2011, zunächst in den USA, später weltweit organisierte und den Anspruch hatte, 99 % der Bevölkerung gegen das eine Prozent der Superreichen vertreten zu wollen, lässt sich ebenfalls hier einzuordnen (Baecker, 2011)[4] wie die Koalition *Combat Antisemitism Movement,* eine überparteiliche globale Bewegung von Einzelpersonen und Organisationen im Kampf gegen Antisemitismus. Zukünftig könnten es soziale Bewegungen sein, die sich zum Beispiel für das Verschwinden der europäischen Nationalstaaten und für ein geeintes Europa (Menasse, 2012) oder für einen Solidarbeitrag bzw. einen Finanzausgleich einsetzen, den

---

[4] Auch wenn im Jahre 2021 von *Occupy* nicht mehr viel übrig ist, eines hat diese soziale Bewegung erreicht: Sie hat eine gegen die Bedrohung durch die kapitalistische Globalisierung gerichtete neue positive Erzählung zu etablieren versucht, in der es eine Zeit nach dem Kapitalismus geben könnte (auch Žižek 2018, S. 20).

die reichen Staaten und Großkonzerne an die ärmeren und vom Klimawandel bedrohten Länder zahlen müssen, um die globale Schere zwischen Arm und Reich zu schließen. Viele andere linke Initiativen sind denkbar. Sie gehören deshalb zum linken Bewegungsspektrum, weil sie sich gegen den konservativen Mainstream, gegen neoliberale Rechte und gegen rechtspopulistische sowie rechtsextreme Strömungen zu wehren versuchen. Es könnten soziale Minderheiten sein, die davon überzeugt sind, ein menschen- und umweltfreundlicher Wandel sei im globalen Maßstab notwendig und machbar.

Nun zeichnet sich nicht nur der global agierende Kapitalismus durch ein hohes Maß an Beharrungstendenz und die Fähigkeit aus, die Ideen und Praktiken innovativer Minderheiten für die eigenen Machtinteressen nutzbar zu machen. Auch die saturierten Mehrheiten in den „westlichen" Gesellschaften wollen den eigenen Status Quo praktisch nicht ändern. Keine Experimente – das war nicht nur ein Wahlslogan der CDU in Adenauer-Zeiten; es scheint auch den Lebensentwürfen und Wunschvorstellungen vieler Menschen in den kapitalistischen Ländern zu entsprechen. Man ist zwar zum Beispiel vom menschengemachten Klimawandel überzeugt, zumindest dürfte das für die Mehrheit der Bevölkerung in den „westlichen" Ländern zuzutreffen. Den eigenen Beitrag für einen umweltfreundlichen Wandel möchte man allerdings in Grenzen halten. „Deshalb kann man ohne Weiteres die imperiale Lebensweise beklagen und sie zugleich pflegen; ebenso zwanglos kann man den Klimawandel skandalisieren, aber dauernd Flugzeuge besteigen" (Brand & Welzer, 2019, S. 317). Man kann gegen Kinderarbeit in Bangladesch sein und doch den Anspruch haben, seine Kleider so billig wie möglich kaufen zu wollen. Wie meinte Stephan Lessenich: Wir leben nicht über unsere Verhältnisse, wir leben über die Verhältnisse anderer; und das wohl wissend. Wir haben zwar ein Bewusstsein für „Fairtrade", handeln aber ganz anders. Und so weiter.

Die scheinbaren Diskrepanzen zwischen dem individuellen Wissen über notwendige globale Veränderungen und dem eigenen Handeln hängen sicher *zum einen* von den differenzierten und nicht immer kompatiblen gesellschaftlichen Anforderungen ab, die Menschen in nachmodernen Gesellschaften zu bewältigen haben. *Zum anderen* hat das wohl auch mit den besagten Beharrungstendenzen gesellschaftlicher Mehrheiten zu tun.

Jeder systemisch gebildete Mensch weiß, dieser kurze Exkurs sei erlaubt, dass ein soziales System (seien es Familien, Kleingruppen, Organisationen oder Gesellschaften) im Interesse der systemeigenen Identität bestrebt ist, die systeminternen Strukturen, die systemeigenen Konstruktionen von Welt zu stabilisieren und zu konservieren. Das Zentrum eines sozialen Systems ist konservativ. Nur so kann es gelingen, eine systemeigene Identität auszubilden, beizubehalten und nach außen zu präsentieren, indem wir zum Beispiel sagen können, wir sind die Familie Frindte; wir sind die Wandergruppe WAD WAM; wir sind die Anhänger von FC Carl Zeiss; wir sind weiße Deutsche usw. Derartige soziale Identifikationsprozesse stabilisieren den „Kern" eines sozialen Systems und führen über Vergleichsprozesse zur Aufwertung der systemeigenen Strukturen und häufig zur Abwertung anderer sozialer Systeme. Auf diese Weise sind soziale Systeme und ihre Mitglieder bestrebt, die eigenen Strukturen, sozialen Konstruktionen, Mythen, Ideologien zu idealisieren, historisch zu verewigen und die Strukturen der „Anderen" zu stigmatisieren. „Randständige" Subsysteme, die meist innerhalb des übergreifenden Systems Minoritätenposititionen einnehmen, besitzen dagegen die herausragende Möglichkeit, über den „Rand" zu blicken und soziale Erfahrungen aufzugreifen, die in anderen sozialen Systemen gesammelt wurden. Innovative Entwicklungsschübe sind also eher von jenen Subsystemen zu erwarten, die den „Rand" des gesellschaftlichen Gesamtsystems bilden.

Um auf die linken Initiativen zurückzukommen: Was können sie tun, um erfolgreich zu sein und humanistische Visionen in die Praxis umzusetzen? Dazu müssten sie *erstens* eine Vorstellung von menschen- und umweltfreundlichen Lebensverhältnisse im globalen Maßstab entwickeln und Alternativen zu den herrschenden (mehr oder weniger kapitalistischen) Umständen präsentieren; d. h., sie müssten ein alternatives Agenda Setting betreiben. Als Kommunikations- und Handlungsgemeinschaften müssten sich die alternativen Minderheiten *zweitens* von den etablierten Macht- und Herrschaftsverhältnisse abgrenzen, eine eigene soziale Identität entwickeln (Rucht, 1995; siehe auch: die Theorie der sozialen Identität im Kap. 17) und diese durch „[…] Zeichen, Slogans, Lieder, Geschichten, Lebensstile, ikonische Figuren" symbolisieren (Brand & Welzer, 2019, S. 321). Damit konstituieren sich die innovativen Minderheiten als Gemeinschaften im Gegensatz zur Mehrheitsgesellschaft, womit einerseits die Erfahrung von Selbstwirksamkeit verbunden sein kann und andererseits Systemwidersprüche zwischen systeminternen Mehrheiten, die ja selbst ein *Patchwork* von Minderheiten[5] sind, und innovativen Minderheiten erzeugt werden. Auf diese Widersprüche könnten die Mehrheit bzw. politischen und wirtschaft-

---

[5] Jean-François Lyotard (1977, S. 37): "Was sich abzeichnet ist eine (noch zu definierende) Gruppe von heterogenen Räumen, ein großes patchwork aus lauter minoritären Singularitäten; der Spiegel, in dem sie ihre nationale Einheit erkennen sollten, zerbricht".

lichen Machteliten mit Ausgrenzung, mit Assimilation (also mit Konfliktvermeidung und der Integration der alternativen Minderheitenpositionen in eigene Machtagenda) oder mit kognitiven Dissonanzen reagieren. Die kognitiven Dissonanzen auf der Seite der konservativen Systemmitglieder könnten zum Ausgangspunkt neuer systemeigener Widersprüche führen, womit der ganze Prozess weiter kreist und das soziale Gesamtsystem u. U. in neue Systemqualitäten umschlagen kann. Der Erfolg der innovativen Minderheiten hängt *drittens* und nicht zuletzt davon ab, inwieweit die Mitglieder dieser Bewegungen bereit sind, sich von Identitätspolitiken zu verabschieden, in denen die eigene Zugehörigkeit zu bestimmten Gruppen und Gemeinschaften in ausschließlicher *Differenz* zu anderen Gruppen definiert wird. Das wäre dann auch der entscheidende Unterschied zu jenen rechtspopulistischen, rechtsextremen, fundamentalistischen und antisemitischen Minderheiten, die ebenfalls durch politische Alternativen Mehrheitsgesellschaften zu verändern versuchen. Das heißt, nicht die Abgrenzung, sondern die kommunikative Öffnung zu sozialen Bewegungen mit ähnlich innovativen menschen- und umweltfreundlichen Ansprüchen ist wichtig. Nur dann, wenn die Aktivistinnen und Aktivisten der neuen sozialen Bewegungen die *Anerkennung der Andersheit der Anderen* (sensu Beck) in das Zentrum ihrer sozialen Identität rücken und (im Sinne von Serge Moscovici; Kap. 17) *vehement, konsistent und ausdauernd* für eine *humanistische Wende* eintreten, könnte es bei aller sonstigen Verschiedenheit gelingen, eine radikale Gegenmacht zu den etablierten nationalen und globalen Herrschaftsstrukturen zu mobilisieren.

Die Zukunft ist offen, so oder so.

> „Zum ersten Mal in der Geschichte hängt das *physische Überleben der Menschheit von einer radikalen Veränderung des Herzens ab.* Dieser Wandel im »Herzen« des Menschen ist jedoch nur in dem Maße möglich, in dem drastische ökonomische und soziale Veränderungen eintreten, die ihm die Chance geben, sich zu wandeln, und den Mut und die Vorstellungskraft, die er braucht, um diese Veränderungen zu erreichen" (Fromm 1999 e, S. 279; Hervorh. im Original).

Literatur

Beck, U. (1997). *Was ist Globalisierung?* Suhrkamp.
Beck, U. (2002). *Macht und Gegenmacht im globalen Zeitalter.* Suhrkamp.

Baecker, D. (2011). Die Sehnsucht, wieder einmal neu anzufangen. *The European*. https://www.theeuropean.de/dirk-baecker/8593-die-occupy-bewegung. Zugegriffen: 28. März 2019.

Boehm, J. K., Chen, Y., Koga, H., Mathur, M. B., Vie, L. L., & Kubzansky, L. D. (2018). Is optimism associated with healthier cardiovascular-related behavior? Meta-analyses of three health behaviors. *Circulation Research, 122*(8), 1119–1134.

Brand, U. & Welzer, H. (2019). Alltag und Situation. Soziokulturelle Dimensionen sozial-ökologischer Transformation. In Dörre, K., Rosa, H., Becker, K., Bose, S., & Seyd, B. (Hrsg.), *Große Transformation? Zur Zukunft moderner Gesellschaften* (S. 313–332). Wiesbaden: Springer VS.

Brecht, M., Gröninger, D., Husung, T., de Koster, L. & Kuhnt, F. (2016). *Zeitperspektive und Zivilcourage. Der Einfluss der individuellen Zeitperspektive auf zivilcouragiertes Verhalten. Ein Studienprojekt*. Friedrich-Schiller-Universität (unveröffentlicht).

Frindte, W., & Frindte, I. (2020). *Halt in haltlosen Zeiten. Eine sozialpsychologische Spurensuche*. Springer.

Fromm, E. (1999a; Original: 1962). Jenseits der Illusionen. Die Bedeutung von Marx und Freud. In *Erich-Fromm-Gesamtausgabe in 12 Bänden, Bd. IX*, herausgegeben von R. Funk. (S. 37–157). Stuttgart: Deutsche Verlags-Anstalt.

Fromm, E. (1999b; Original: 1960). Ein neuer Humanismus als Voraussetzung für die Welt. In *Erich-Fromm-Gesamtausgabe in 12 Bänden, Bd. XI*, Schriften aus dem Nachlass herausgegeben von R. Funk. (S. 553–566). Stuttgart: Deutsche Verlags-Anstalt.

Fromm, E. (1999c; Original: 1961). Das Menschenbild bei Marx. In *Erich-Fromm-Gesamtausgabe in 12 Bänden, Bd. V*, herausgegeben von R. Funk. (S. 335–393). Stuttgart: Deutsche Verlags-Anstalt.

Fromm, E. (1999d; Original: 1960). Den Vorrang hat der Mensch! Ein sozialistisches Manifest und Programm. In *Erich-Fromm-Gesamtausgabe in 12 Bänden, Bd. V*, herausgegeben von R. Funk. (S. 19–41). Stuttgart: Deutsche Verlags-Anstalt.

Fromm, E. (1999e; Original: 1976). Haben und Sein. Die seelischen Grundlagen einer neuen Gesellschaft. In *Erich-Fromm-Gesamtausgabe in 12 Bänden, Bd. II*, herausgegeben von R. Funk. (S. 269–414). Deutsche Verlags-Anstalt.

Fromm, E. (1999f; Original: 1955). Wege aus einer kranken Gesellschaft. In *Erich-Fromm-Gesamtausgabe in 12 Bänden, Bd. IV*, herausgegeben von R. Funk. (S. 1–254). Deutsche Verlags-Anstalt.

Fromm, E. & Maccoby, M. (1999; Original: 1962). Die Frage der Zivilverteidigung. In *Erich-Fromm-Gesamtausgabe in 12 Bänden, Bd. V*, herausgegeben von R. Funk. (S. 225–242). Deutsche Verlags-Anstalt.

Funkschmidt, K. (2020). Der Antisemitismus in der „Black Lives Matter"-Bewegung und seine Ursprünge. *Materialdienst – Zeitschrift für Religions- und Weltanschauungsfragen, 83*(5), 358–366.

Hobsbawm, E. (2014). *Wie man die Welt verändert. Über Marx und den Marxismus.* Deutscher Taschenbuch Verlag.

S Konowalczyk M Buhl J Moon ZR Mello 2019 The past, present, and future all matter: How time perspective is associated with optimism and sensation seeking among young adults Research in human development 16 2 119 134

Lee, L. O., James, P., Zevon, E. S., Kim, E. S., Trudel-Fitzgerald, C., Spiro, A., & Kubzansky, L. D. (2019). Optimism is associated with exceptional longevity in two epidemiologic cohorts of men and women. *Proceedings of the National Academy of Sciences, 116*(37), 18357–18362.

Lessenich, S. (2015). Die Externalisierungsgesellschaft. *Soziologie, 44*(1), 22–32.

Lyotard, J.-F. (1977; Original: 1976). *Das Patchwork der Minderheiten. Für eine herrenlose Politik.* Merve Verlag.

Martini, F. (2020). Wer ist# MeToo? Eine netzwerkanalytische Untersuchung (anti-) feministischen Protests auf Twitter. *M&K Medien & Kommunikationswissenschaft, 68*(3), 255–272.

Mason, P. (2019). *Klare, lichte Zukunft. Eine radikale Verteidigung des Humanismus.* Suhrkamp.

Mayring, P. (2003). *Qualitative Inhaltsanalyse. Grundlagen und Techniken.* Beltz.

Menasse, R. (2012). *Der Europäische Landbote: Die Wut der Bürger und der Friede Europas oder Warum die geschenkte Demokratie einer erkämpften weichen muss.* Paul Zsolnay.

Nida-Rümelin, J. (2006). Humanismus als Leitkultur: Ein Perspektivenwechsel. In W. G. Fax & M. Auer (Hrsg.), *Kompetenz, Persönlichkeit, Bildung* (S. 117–137). C.H. Beck.

Rifkin, J. (2004). *Das Ende der Arbeit und ihre Zukunft: Neue Konzepte für das 21. Jahrhundert.* Campus Verlag.

Rucht, D. (1995). Kollektive Identität. Konzeptionelle Überlegungen zu einem Desiderat der Bewegungsforschung. *Neue Soziale Bewegungen, 8*(1), 9–23.

Stapleton, C., Oliver, J., & Wolak, J. (2021). The Political Consequences of an Optimistic Personality. *Political Behavior.* https://doi.org/10.1007/s11109-021-09717-7.pdf. Zugegriffen: 10. Aug. 2021.

UNICEF (2020). UNICEF-Foto des Jahres 2020. https://www.unicef.de/informieren/aktuelles/foto-des-jahres/wettbewerb-2020. Zugegriffen: 29. Sept 2021

Wright, E. O. (2017). *Reale Utopien. Wege aus dem Kapitalismus.* Suhrkamp.

Zimbardo, P. G., & Boyd, J. N. (1999). Putting time in perspective: A valid, reliable individual-differences metric. *Journal of Personality and Social Psychology, 77*(6), 1271–1288.

Zimbardo, P. G., & Boyd, J. N. (2009). *Die neue Psychologie der Zeit.* Spektrum Akademischer Verlag.

Žižek, S. (2018). *Der Mut der Hoffnungslosigkeit.* Frankfurt a. M.: S. Fischer Verlag.

Ausgewähltes Personenregister

A

Adorno, Theodor W. 172, 243, 246, 247, 265, 322–325, 328–330, 336, 337, 510
Agricola, Rudolph 27
Allport, Gordon W. 505
Altemeyer, Robert 248, 249, 456
Améry, Jean 266, 333
Arendt, Hannah 42, 43, 165, 169, 170, 243, 489, 497, 503, 504, 506, 507
Arndt, Ernst Moritz 118, 119, 122
Autoritäre Überzeugungen 480
Avicenna 18, 100

B

Bach, Carl Philipp Emanuel 54
Bach, Johann Sebastian 51, 52, 55, 56, 58
Bacon, Francis 39, 43–45, 398
Bahro, Rudolf 290, 291
Barthes, Roland 431
Bauer, Bruno 133, 136, 165, 167, 170
Bauman, Zygmunt 508, 509
Bebel, August 149, 150, 155, 183, 186, 187
Becher, Johannes R. 176, 177, 255, 257, 260, 280–282, 285, 286, 319, 320
Beck, Ulrich 526, 527
Becker, Rudolph Zacharias 71, 72, 104, 390
Benz, Wolfgang 344
Bergmann, Werner 163, 348
Bernstein, Fritz 180, 226, 365
Biden, Joe 407
Bismarck, Otto von 152, 153, 155, 175, 184, 186, 187
Bloch, Ernst 32, 60, 265, 289, 313, 325, 326, 328, 389, 399
Bolten, Johann Christian 60
Bonhoeffer, Karl 216
Borchert, Wolfgang 313, 314
Börne, Ludwig 125, 128
Brandt, Willy 441
Brant, Sebastian 27, 29
Braun, Volker 397
Brentano, Clemens 90, 105, 107, 120
Bruno, Giordano 43, 45

Buber, Martin 180, 226, 227, 235, 265, 419, 465, 489
Büchner, Georg 106, 117, 131, 139, 210
Buck, August 7, 28
Bühler, Karl 193–195, 238, 264, 335, 339
Busch, Wilhelm 157

C

Campe, Joachim Heinrich 103
Cancik, Hubert 6
Cattaneo, Carlo 147
Claussen, Detlef 171, 347, 504
Cohn-Bendit, Daniel 328, 347
Columbus, Christoph 25

D

Dante Alighieri 2, 17
Decker, Oliver 249, 287, 288, 338, 434, 447–449, 454, 456, 457, 482, 492
Derrida, Jacques 155, 331–333, 471
Descartes, René 43–45, 398
Dilthey, Wilhelm 193, 194
Döblin, Alfred 224–226, 265
Dohm, Christian Wilhelm 65
Dutschke, Rudi 327, 329

E

Ebbinghaus, Hermann 100, 192–194
Eco, Umberto 333, 430–432
Einstein, Albert 175, 188, 265
Einstellungen 479
Emotionen 480
Engels, Friedrich 59, 133, 135–138, 140, 145, 150, 152, 154, 155, 162, 164, 237, 398, 405
Erasmus von Rotterdam 29–32, 397

F

Fechner, Gustav Theodor 110, 111
Fernsehen 479, 480
Feyerabend, Paul 333, 361
Fichte, Johann Gottlieb 86, 89–91, 103, 110, 117, 118, 120
Foerster, Friedrich Wilhelm 183
Foerster, Wilhelm Julius 183
Foucault, Michel 191, 331–334, 526
Frenkel-Brunswik, Else 246, 247, 265
Freud, Sigmund 59, 111, 175, 188–192, 210, 227, 228
Friedländer, David 65
Friedländer, Moses 68, 74, 181
Fries, Jakob Friedrich 124, 125
Fröbel, Friedrich Wilhelm August 131, 132
Fromm, Erich 1, 4–7, 32, 44, 46, 189, 207, 233, 235–246, 249, 253, 456, 515, 516, 518, 531
Fuchs, Thomas 8
Funk, Rainer 44, 241–244

G

Galilei, Galileo 21, 43
Gàmbara, Veronica 27
Garve, Christian 99
Gauland, Alexander 368, 409, 482
Gellert, Christian Fürchtegott 58, 61
Georg Friedrich Händel 55
Gergen, Kenneth J. 362, 373–377
Gewalt 479
Giordano, Ralph 279
Giordano Bruno 21
Glagau, Otto 158, 161
Goethe, Johann Wolfgang 2, 53, 59, 61, 62, 67, 87–90, 93, 94, 101, 126, 129, 481
Gorki, Maxim 255, 256, 260, 284
Gouze, Marie 85
Grattenauer, Karl Wilhelm Friedrich 64

Ausgewähltes Personenregister 537

Grimmelshausen, Hans Jakob Christoffel 40
Groschopp, Horst 183, 255, 256, 258, 259, 282, 283, 287, 299
Gutenberg, Johannes 32

H

Habermas, Jürgen 190, 330, 333, 334, 350
Hacks, Peter 84
Händel, Georg Friedrich 56
Haury, Thomas 165, 170, 225, 301, 302, 305, 348
Hegel, Georg Wilhelm Friedrich 41, 86, 136
Heine, Heinrich 83, 125, 126, 130
Heinroth, Johann Christian August 106, 107
Hellpach, Willy 180, 192, 193, 219, 220
Herbart, Johann Friedrich 110
Herder, Johann Gottfried 58, 59, 62–64, 86, 138, 398
Herz, Henriette 65, 74
Herz, Marcus 65, 74, 102
Herzl, Theodor 161, 179, 180
Heym, Stefan 256, 260, 265, 287, 297, 302
Hiebsch, Hans 221, 292–296, 364
Hobbes, Thomas 43, 45
Hofstätter, Peter R. 295, 296, 335–337
Holz, Klaus 165, 301, 495
Holzkamp, Klaus 341, 362, 363, 373–375, 377
Horkheimer, Max 172, 234, 236, 239–243, 246, 249, 265, 322, 323, 328–330, 336–338, 510
Humboldt, Wilhelm von 65, 121, 123, 126, 398

I

Islam 480

J

Jaeger, Werner Wilhelm 217, 218, 321
Jahn, Friedrich Ludwig 118, 120, 124–126
Jaspers, Karl 315, 321
Jonas, Hans 32, 243, 327
Josel von Rosheim 33

K

Kafka, Franz 197, 258, 284, 285
Kant, Immanuel 53, 54, 58, 62, 72–75, 86, 91, 101–103, 108–111, 209, 210, 398
Kautsky, Karl 32, 187, 237
Kepler, Johannes 43
Kleist, Heinrich von 53, 119
Klemperer, Victor 282
Klopstock, Friedrich Gottlieb 61
Knigge, Adolph Freiherr 71, 72, 86
Knote, André 59, 60
Kopernikus, Nikolaus 21
Körner, Theodor 88, 119, 120, 122, 129
Korsch, Karl 220
Kurella, Alfred 259, 276, 285
Kurzweil, Raymond 386

L

Lassalle, Ferdinand 140, 149, 164
Laure de Sade 2
Lavater, Johann Kaspar 65–69, 210
Lazarsfeld, Paul F. 237, 238, 243, 265, 339
Lazarus, Moritz 137, 138
Leibniz, Gottfried Wilhelm 43, 46, 398
Lenin, Wladimir Illjitsch 207–212, 253, 254, 260, 433

Lessing, Gotthold Ephraim 58, 65–67, 398
Lessing, Theodor 169
Levinson, Daniel J. 246, 247
Lewin, Kurt 60, 190, 197, 220–222, 265, 293–295, 338, 364, 389
Lichtenberg, Georg Christoph 58, 62, 68, 69
Liebknecht, Karl 214
Liebknecht, Wilhelm 140, 149, 150, 155, 225
Locke, John 43
Löwenthal, Leo 165, 167, 235, 237, 265, 328
Luden, Heinrich 122
Lukács, Georg 220, 223, 265
Luther, Martin 23, 26, 30, 32–34
Luxemburg, Rosa 187, 214, 225, 304
Lyotard, Jean-François 332, 530

M

Mach, Ernst 209, 210
Maimon, Salomon 101, 102
Maimonides, Moses 18, 167
Mann, Heinrich 178, 233, 234
Mann, Klaus 255, 256, 258
Mann, Thomas 53, 178, 224, 319–322
Mannheim, Karl 224, 406
Marcuse, Herbert 328
Marr, Wilhelm 161
Marx, Karl 32, 59, 83, 133–140, 145, 149–152, 154, 155, 164–172, 184, 237, 245, 383, 398
Mason, Paul 8, 388, 525, 526
Mauthner, Fritz 177, 180
Melanchthon, Philipp 28
Mendelssohn, Moses 46, 51, 58, 65, 66, 68–72, 74, 90, 101, 102, 162, 163, 398
Mereau, Sophie 90
Merker, Paul 276, 300–303
Mesmer, Franz Anton 105

Mitscherlich, Alexander 330, 331, 337
Moede, Walther 191, 196
Morus, Thomas 30–32, 397
Moscovici, Serge 191, 338, 362, 369–377, 531
Moses, Dirk A. 500
Mozart, Wolfgang Amadeus 57, 432, 433
Münkler, Herfried 40, 129
Münsterberg, Hugo 180, 191, 195, 196
Müntzer, Thomas 25

N

Napoléon Bonaparte 86, 91, 92, 405
Newton, Isaac 47
Nida-Rümelin, Julian 7, 8, 400, 519
Niethammer, Friedrich Immanuel 7, 91, 123, 182, 398
Nietzsche, Friedrich 19, 21, 163, 386
Nizan, Paul 258
Nogarola, Isotta 27
Novalis 90, 102, 105, 107, 108

O

Oesterreich, Detlef 243, 249, 265
Oken, Lorenz 124, 125
Oppenheimer, Franz 42, 226

P

Pestalozzi, Johann Heinrich 104, 110
Petrarca, Francesco 1–4, 7, 13, 14, 17, 58, 63, 397
Pico della Mirandola, Giovanni 1, 28, 29, 32, 58, 397
Pinker, Steven 8
Pizan, Christine de 27, 397
Plessner, Helmuth 265, 321, 322, 337
Popper, Karl Raimund 327
Postone, Moishe 507

R

Reil, Johann Christian 105
Reuchlin, Johannes 28
Rifkin, Jeremy 525
Robespierre, Maximilien de 86, 87
Rogers, Carl R. 337, 339
Rosenzweig, Franz 180, 226, 227, 235, 419, 465
Rousseau, Jean-Jacques 53, 58
Ruben, Peter 291
Russel, Bertrand 5, 6

S

Salomon, Alice 183
Salzmann, Christian Gotthilf 104, 118
Sanford, Nevitt R. 246, 247
Sartre, Jean-Paul 6, 324, 325, 328, 329, 376
Schelling, Friedrich Wilhelm 86, 90, 103
Schiller, Friedrich 58, 62, 63, 65, 71, 88
Schlegel, August Wilhelm 90
Schlegel, Caroline 90
Schlegel, Friedrich 65, 90, 105, 107, 108
Schleiermacher, Friedrich 65, 119, 120
Schnitzler, Arthur 178, 189
Schönbach, Peter 344
Schuster, Josef 492
Schweitzer, Albert 218
Scrovegni, Maddalena 27
Silbermann, Alphons 265, 348
Simmel, Ernst 180, 246, 504
Slánsky, Rudolf 300, 301
Sofonisba Anguissola 22
Spinoza, Baruch de 45, 46
Spranger, Eduard 216–218, 269, 280
Steinthal, Chaim Heymann 137, 138
Stern, William 6, 191, 192, 195, 197, 265, 335
Stoecker, Adolf 161
Suttner, Bertha von 175, 179

T

Tajfel, Henri 151, 226, 362, 364–366, 369, 370, 373–375, 377, 414, 505
Terrorismus 479, 480
Thomasius, Christian Friedrich 60, 61, 101
Thomas von Aquin 17, 18
Tieck, Ludwig 90, 105, 107
Treitschke, Heinrich von 161, 162
Trotzki, Leo 211, 253, 254, 300
Tucholsky, Kurt 226, 234

U

Unzer, Johann August 60

V

Varnhagen, Rahel 65
Vico, Giambattista 58
Vorwerg, Manfred 292–296, 364
Vowinkel, Bernd 8

W

Wagner, Richard 140, 162, 163
Weerth, Georg 139, 140
Wieland, Christoph Martin 62
William von Ockham 17
Wolf, Frieder Otto 8, 377, 400
Wolff, Christian 58, 60, 100
Wright, Olin 525
Wundt, Wilhelm 111, 191–194, 209
Wut 480

Z

Zetkin, Clara 176, 187, 225, 260
Zimbardo, Philip 341, 389, 390, 516
Zweig, Arnold 30, 136, 226, 227, 302

GPSR Compliance

The European Union's (EU) General Product Safety Regulation (GPSR) is a set of rules that requires consumer products to be safe and our obligations to ensure this.

If you have any concerns about our products, you can contact us on

ProductSafety@springernature.com

In case Publisher is established outside the EU, the EU authorized representative is:

Springer Nature Customer Service Center GmbH
Europaplatz 3
69115 Heidelberg, Germany

www.ingramcontent.com/pod-product-compliance
Lightning Source LLC
LaVergne TN
LVHW011009250326
834688LV00004B/151

9 783658 366377